i COMPENDI d'AUTORE

C12

i COMPENDI d'AUTORE

C1 - Diritto Civile
C2 - Diritto Penale
C3 - Diritto Processuale Civile
C4 - Diritto Processuale Penale
C5 - Diritto Amministrativo
C6 - Diritto Internazionale privato e processuale
C7 - Diritto dell'Unione europea
C8 - Diritto Costituzionale
C9 - Diritto Ecclesiastico
C10 - Diritto del Lavoro, Sindacale e della Previdenza sociale
C11 - Diritto Commerciale
C12 - Diritto Tributario
C13 - Diritto Romano
C14 - Ordinamento giudiziario
C15 - Ordinamento forense e Deontologia
C16 - Contabilità pubblica
C17 - Istituzioni di diritto pubblico
C18 - Diritto fallimentare
C19 - Legislazione scolastica
C20 - Diritto Processuale Amministrativo
C22 - Scienze delle finanze
C23 - Diritto delle assicurazioni
C24 - Inglese giuridico - English for law
C25 - Diritto dell'Ambiente
C26 - Informatica Giuridica
C27 - Diritto dell'Urbanistica
C28 – Compendio di Diritto delle Regioni e degli Enti locali
C29 - Econometria
C30 - Sociologia
C31 - Diritto Agrario
C32 - Diritto Minorile
C33 - Diritto Penitenziario
C34 - Diritto Internazionale pubblico
C36 - Diritto della navigazione
C37 - Programmazione e contabilità degli enti locali
C38 - Compendio di previdenza sociale

Laura DE RENTIIS

COMPENDIO di DIRITTO TRIBUTARIO

Aggiornato a:

- **D.L. 7 ottobre 2020, n. 125**, convertito, con modificazioni, dalla l. 27 novembre 2020, n. 159.
- **D.Lgs. 10 giugno 2020, n. 49**, recante «Attuazione della direttiva (UE) 2017/1852 del Consiglio, del 10 ottobre 2017, sui meccanismi di risoluzione delle controversie in materia fiscale nell'Unione europea», emanato in attuazione dell'art. 8, comma 1, della l. n. 117 del 2019
- **L. 30 dicembre 2020, n. 178**, c.d. Legge di bilancio per il 2021

e alla ultimissima giurisprudenza 2021

X edizione

2021

Neldiritto Editore

FINITO DI STAMPARE NEL MESE DI MARZO 2021 DA:
Torgraf
Galatina (LE)

ISBN 978-88-3270-805-9

Gentile Lettore,
eventuali aggiornamenti, precisazioni, correzioni, e/o errata corrige, relativi ai contenuti del presente volume, saranno pubblicati sul sito shop.enneditore.it.
Per accedere ai suddetti servizi, è necessario:

- Creare un account nella sezione denominata "Il mio account";
- Accedere alla sezione "La mia libreria";
- Registrare la password presente nell'ultima pagina del volume e cliccare sulla foto della copertina relativa allo stesso.

PREMESSA

Il volume si inserisce nella collana **"I Compendi d'Autore"**, ideata e strutturata appositamente per tutti coloro che si apprestano alla **preparazione degli esami orali per l'università e per l'abilitazione alla professione forense** o ancora per le **prove dei principali concorsi pubblici**.

L'opera è frutto di una felice combinazione tra gli aspetti caratteristici, da un lato, della **tradizionale trattazione manualistica**, di cui conserva la struttura e l'essenziale impostazione nozionistica, e, dall'altro, della più moderna **trattazione "per compendio"**, di cui fa proprie la capacità di sintesi e la schematicità nell'analisi degli istituti giuridici. Al contempo, si è avuto cura nell'evitare sia l'eccessivo appesantimento teorico e dogmatico della manualistica classica, controproducente per chi deve comprendere e memorizzare "in fretta", sia l'estrema sintesi dei vecchi modelli di compendio, spesso "nemica" di un'agevole e chiara comprensione delle questioni trattate e quasi sempre causa di lacune nella preparazione.

Ne è derivato un **modello di "terza generazione" di testi per la preparazione alle prove d'esame**, destinato inevitabilmente a prevalere nel futuro scenario della formazione di studi, in cui l'imperativo è possedere **tutte le conoscenze necessarie e sufficienti** per raggiungere brillantemente l'obiettivo finale.

A tal fine, le direttrici lungo cui si è sviluppata la collana sono state **chiarezza nella forma** e **completezza nella sostanza**.

Nella forma, l'opera coniuga, infatti, semplicità ed eleganza espositiva, cercando di soddisfare l'aspirazione di quanti ambiscono a memorizzare velocemente, attraverso l'ausilio di espedienti grafici quali l'utilizzo di **grassetti e corsivi per i concetti-chiave** di ogni singolo istituto o ancora tramite l'**esposizione "per punti"** delle principali tesi emerse in dottrina e in giurisprudenza sulle questioni più problematiche.

Nella sostanza, la chiara comprensione degli istituti è agevolata da una **trattazione esaustiva**, **ma allo stesso tempo sintetica**, delle nozioni giuridiche di base e degli aspetti più "sensibili" in prospettiva concorsuale.

I problemi giuridici sono stati inquadrati equilibrandoli tra la loro profondità storica (tramite un contenuto richiamo ai principali **orientamenti dottrinari**) e la loro attualità concreta (tramite un'attenta selezione delle decisioni della **giurisprudenza**, segnalate in appositi **"Focus" giurisprudenziali**).

Infine, non sembra inutile ricordare, a chi si appresta ad affrontare le prove d'esame, che sempre *homo faber fortunae suae*, perché la fortuna, oltre a dipendere dalle favorevoli "stelle" del destino, risiede anche e soprattutto nel munirsi degli strumenti giusti per procurarsela. Strumenti che siamo certi di aver fornito – con questa nuova collana di compendi – per aiutare la "fortuna" di molti aspiranti avvocati e di molti concorsisti!

Il volume dedicato al **"Diritto Tributario"** è suddiviso in una:

• *Parte generale*, nella quale viene affrontato l'esame dei principi costituzionali posti alla base del sistema tributario nazionale (tra cui i principi di legalità e di capacità contributiva, di cui agli artt. 23 e 53, Cost.), degli istituti del prelievo fiscale (imposte, tasse e contributi), nonché della parte concernente la dichiarazione dei redditi, l'accertamento, la riscossione, il contenzioso e le sanzioni tributarie;

• *Parte speciale*, contenente le principali imposte, dirette e indirette, statali e locali (IRPEF, IRES, IVA, imposta di registro, IRAP, IMU, ecc.).

L'opera tiene conto delle rilevanti novità legislative che hanno interessato la materia nel corso nell'ultimo periodo:

- L. 30 dicembre 2020, n. 178, c.d. Legge di bilancio per il 2021
- D.Lgs. 10 giugno 2020, n. 49, recante «Attuazione della direttiva (UE) 2017/1852 del Consiglio, del 10 ottobre 2017, sui meccanismi di risoluzione delle controversie in materia fiscale nell'Unione europea», emanato in attuazione dell'art. 8, comma 1, della l. n. 117 del 2019.

Roma, marzo 2021 L'Autrice

Nel presente volume non ci sono richiami alla normativa dell'emergenza sulle tematiche che hanno interessato la materia tributaria (Pignoramenti dell'Agente della Riscossione, Notifica degli avvisi di accertamento e di altri atti impositivi, Proroga termini di decadenza per la notifica delle cartelle, Interessi per ritardato pagamento, Sospensione dei termini dei versamenti delle entrate tributarie e modalità di svolgimento dell'udienza tributaria) in quanto non potrebbero essere aggiornati in tempo reale e si rischierebbe di fornire indicazioni errate; in caso di necessità meramente operative su questi temi si consiglia di consultare banche dati aggiornate.

SOMMARIO

DIRITTO TRIBUTARIO
PARTE GENERALE

CAPITOLO IV
L'INTERPRETAZIONE DELLE NORME TRIBUTARIE 55

CAPITOLO V
I SOGGETTI DELL'OBBLIGAZIONE TRIBUTARIA 63

Capitolo VI

Capitolo VII

CAPITOLO X
LA RISCOSSIONE 278

CAPITOLO XI
IL RIMBORSO 327

DIRITTO TRIBUTARIO PARTE SPECIALE

DIRITTO TRIBUTARIO
PARTE GENERALE

CAPITOLO I
L'attività finanziaria dello Stato e il diritto tributario

SOMMARIO:

1. LA FINANZA PUBBLICA: NATURA E FINALITÀ.

Il diritto tributario -branca della più ampia materia del diritto finanziario- deve necessariamente essere ricondotto alla nozione di **attività finanziaria pubblica** (c.d. finanza pubblica), ovvero l'attività diretta ad acquisire le risorse economiche necessarie per soddisfare i bisogni della collettività.

In sede ridistributiva delle risorse finanziare, si opera un ulteriore distinguo tra bisogni *individuali* -che, in quanto facenti capo ad un singolo individuo, è quest'ultimo che li soddisfa direttamente (alimentarsi, vestirsi, disporre di un'abitazione, etc.) - e bisogni *collettivi* (difesa, giustizia, ordine pubblico, etc.) che sono percepiti dai singoli individui solo in quanto membri di una collettività organizzata e che, per loro natura, sono soddisfatti dallo Stato.

In particolare, lo Stato, attraverso il prelievo tributario, acquisisce ricchezza sottraendola ai singoli cittadini per poi, in sede ridistributiva, imprimerle una diversa destinazione individuata dai programmi di bilancio. La destinazione del gettito ad un determinato bisogno collettivo, di volta in volta individuato dal programma di bilancio, è frutto di una scelta *politica*.

L'attività finanziaria pubblica comprende:

- ***le entrate,*** costituite dalle risorse, reperite dallo Stato e dagli **altri enti pubblici;**
- ***le spese,*** costituite dal complesso delle erogazioni monetarie effettuate dallo Stato e dagli enti pubblici per soddisfare i

bisogni della collettività.

Uno degli obiettivi primari dell'intervento pubblico nei settori della vita sociale è individuato nell'erogazione dei **servizi pubblici** (come l'istruzione, la sanità, il trasporto pubblico, la viabilità ecc.), destinati a soddisfare le esigenze dei consociati, in quanto non sempre l'attività economica che si svolge sul libero mercato è in grado di ottemperare alle esigenze della collettività.

Tradizionalmente, si suole distinguere i servizi pubblici in:

- *generali*, ovvero rivolti alla generalità dei consociati e, dunque, goduti indistintamente da ciascun cittadino;
- *speciali*, qualora si tratti di prestazioni rivolte a singoli gruppi di utenti (come il servizio di trasporto pubblico) e, proprio per tale ragione, è possibile individuarne i singoli fruitori;
- *misti*, in quanto diretti a soddisfare bisogni specifici i cui effetti, tuttavia, si riflettono sull'intera collettività, assolvendo ad una funzione di carattere generale (ad esempio, la pubblica istruzione).

Lo *sforzo contributivo* che lo Stato impone a ciascun cittadino per l'acquisizione delle risorse finanziarie occorrenti per l'erogazione dei servizi pubblici si presenta sotto forme diverse, a seconda della categoria di prestazione per cui viene richiesto: in caso di servizi generali, prende il nome di **tributo,** mentre il corrispettivo dei servizi speciali è il **prezzo pubblico.**

2. IL DIRITTO TRIBUTARIO: RAPPORTI CON LE ALTRE BRANCHE DEL DIRITTO FINANZIARIO.

L'insieme delle operazioni che costituiscono l'attività finanziaria prende il nome di *fenomeno finanziario*, che può essere analizzato sotto tre diversi aspetti:

- aspetto **economico;**
- aspetto **politico;**
- aspetto **giuridico.**

La disciplina che studia i principi fondamentali della finanza pubblica, dal punto di vista economico, prende il nome di **scienza delle finanze.** Detta disciplina ha come scopo quello di individuare gli obiettivi, gli strumenti, i caratteri e gli effetti dell'attività economica del settore pubblico e i suoi riflessi sull'equilibrio economico generale.
La medesima attività, invece, studiata da un punto di vista "politico" suole essere denominata economia pubblica.
In un'ottica prettamente giuridica, infine, l'attività finanziaria degli enti pubblici è ricondotta a quella branca del diritto pubblico denominata **diritto finanziario** che studia il complesso delle norme che disciplinano ogni forma di entrata e di spesa di un ente pubblico. In altre parole, il diritto finanziario è la "veste giuridica" di ogni fatto finanziario posto in essere dalla Pubblica Amministrazione per *l'acquisizione delle entrate, la gestione dei mezzi finanziari raccolti* e *il loro impiego* mediante *l'erogazione delle spese pubbliche.*
Nell'ambito del diritto finanziario, a causa dell'eterogeneità delle norme che lo contraddistinguono, la dottrina è unanime nell'individuare due discipline giuridiche differenti: **contabilità pubblica** e **diritto tributario.**
L'oggetto della **contabilità pubblica,** in particolare, è stato identificato nell'insieme di norme che regolano la gestione del patrimonio e disciplinano i bilanci dello Stato e degli altri enti pubblici. La materia della contabilità pubblica, tra l'altro, è espressamente richiamata dalla Costituzione laddove è definito l'ambito della giurisdizione della Corte dei conti (in particolare, l'art. 103, 2° comma, della Costituzione stabilisce che alla Corte dei conti è riservata la giurisdizione "nelle materie di contabilità pubblica e nelle altre specificate dalla legge").
Il ***diritto tributario***, invece, è definito come la scienza giuridica avente ad oggetto lo studio delle norme che disciplinano ***l'istituzione e l'attuazione dei tributi***, ovvero l'attività dello Stato e degli enti pubblici volta al ***procacciamento***, in forza della potestà normativa di imposizione, ***delle risorse finanziarie necessarie al conseguimento degli obiettivi istituzionali***.

3. OGGETTO DEL DIRITTO TRIBUTARIO.

Le entrate pubbliche, intese come l'insieme delle risorse che affluiscono allo Stato e agli altri enti pubblici per far fronte al fabbisogno finanziario della loro gestione, possono avere una diversa natura:

- *tributaria*;
- *extra-tributaria*.

Ai fini dello studio della contabilità pubblica, le entrate di natura ***extra-tributaria*** a loro volta si suddividono in:

- entrate ***patrimoniali*** (es., entrate da alienazioni o da riscossione di un canone di locazione relativo ad un immobile di proprietà pubblica);
- entrate di ***debito pubblico*** (es. emissione di BOT, CCT, etc.).

Il diritto tributario, invece, studia unicamente le entrate di natura tributaria, ovvero quelle entrate che, in ragione del **rapporto giuridico obbligatorio** che intercorre tra l'Ente impositore (Stato ed enti locali) ed il cittadino, si connotano per essere "prelevamenti coattivi" di risorse dalle economie private.
La progressiva specializzazione ed autonomizzazione del diritto tributario rispetto agli altri rami di diritto pubblico è ascrivibile, in particolar modo, alla crescente importanza che il fenomeno impositivo ha assunto nel corso del tempo, anche in rapporto alla funzionalizzazione dell'intervento dello Stato moderno nella vita della collettività che, al fine di eliminare le diseguaglianze trai cittadini, sopperisce ai bisogni pubblici, in maniera preponderante, attraverso la riscossione dei tributi.

QUESTIONARIO

1. Quali sono i principali obiettivi dell'attività finanziaria dello Stato? (**I.1**)
2. In quali categorie si distinguono i servizi pubblici? (**I.1**)
3. Qual è l'oggetto del diritto finanziario? (**I.2**)
4. In che rapporto si pone il diritto tributario con il diritto finanziario? (**I.2**)
5. In cosa si differenziano la contabilità pubblica ed il diritto tributario? (**I.2**)

SCHEDA DI SINTESI

Il diritto finanziario studia il complesso delle norme che disciplinano ogni forma di entrata e di spesa di un ente pubblico.

Nell'ambito del diritto finanziario si distingue la materia della contabilità pubblica dal diritto tributario.

La contabilità pubblica è l'insieme di regole che disciplinano la gestione del patrimonio pubblico e i bilanci dello Stato e degli altri enti pubblici.

La materia del diritto tributario, invece, è rappresentata da quell'insieme di norme che disciplinano l'istituzione e l'attuazione dei tributi, ovvero l'attività dello Stato e degli enti pubblici volta al procacciamento, in forza della potestà normativa di imposizione, delle risorse finanziarie necessarie al conseguimento degli obiettivi istituzionali.

Le entrate pubbliche sono l'insieme delle risorse che affluiscono allo Stato e agli altri enti pubblici per far fronte al fabbisogno finanziario della loro gestione. Possono avere natura tributaria o extra-tributaria.

Le entrate extra-tributarie, a loro volta, si distinguono in entrate patrimoniali e entrate di debito pubblico.

Le entrate tributarie, invece, si connotano per essere "prelevamenti coattivi" di risorse dalle economie private.

CAPITOLO II
Il finanziamento dello Stato: entrate pubbliche e tributi

SOMMARIO:

1. LE ENTRATE PUBBLICHE.

1.1. GENERALITÀ.

Come ricordato nel capitolo precedente, le *entrate pubbliche* sono definite come l'insieme delle risorse finanziarie che lo Stato e gli Enti pubblici reperiscono al fine della copertura del *fabbisogno finanziario* derivante dal concreto esercizio della *sovranità*.
Lo Stato, infatti, per far fronte alle spese pubbliche, necessita di risorse, che si procura in modi diversi: la scelta delle *fonti* e delle *modalità* cui attingere tali risorse è una scelta di *politica economica*.
Lo Stato reperisce i finanziamenti necessari, in parte tramite la gestione delle sue stesse risorse (esercizio di impresa in qualità di privato, locazione o alienazione di beni pubblici, ecc.), in parte tramite il ***prelievo coattivo*** nei confronti dei privati (entrate tributarie).
Nel primo caso il rapporto tra Stato e soggetti privati è un rapporto paritetico, regolato, per volontà delle parti, da *negozi bilaterali* disciplinanti i profili patrimoniali e i reciproci diritti ed obblighi.
Nel secondo caso, invece, lo Stato agisce nei confronti del soggetto privato tramite il suo *potere autoritativo*, identificabile nell'*atto unilaterale* mediante il quale l'amministrazione impone al privato una

prestazione. L'*obbligo di concorrere alle spese pubbliche* è costituzionalmente previsto (art. 53 Cost.) e il cittadino non può esimersene: la Repubblica, infatti, richiede l'adempimento dei doveri inderogabili di *solidarietà politica*, *economica* e *sociale* (art. 2 Cost.).

1.2. CLASSIFICAZIONE.

Le entrate pubbliche possono essere classificate in diversi modi.

a. Sotto il **profilo economico,** si distinguono in:
- **originarie:** derivanti dal *patrimonio* dello Stato e degli Enti Pubblici attraverso lo svolgimento di *attività* svolte in campo economico (es: impresa pubblica);
- **derivate:** provenienti da *prelevamenti coattivi* di risorse dai privati (tributi).

b. Sotto il **profilo giuridico,** si distinguono in:
- **entrate di diritto privato:** derivanti dall'esercizio di un'attività economica da parte di un Soggetto pubblico che agisce in veste di soggetto privato. Sono regolate da *norme di diritto privato* (es: canone locativo di immobile di proprietà dello Stato, esercizio di attività commerciali in regime di concorrenza con i privati);
- **entrate di diritto pubblico:** sono espressione della *potestà di imperio* di un Soggetto pubblico che agisce con atti *autoritativi* e *coattivi*. Sono regolate da *norme di diritto pubblico* (tributi, sanzioni pecuniarie, confische).

c. Sotto il **profilo contabile,** si distinguono in:
- **ordinarie:** dipendenti da cause permanenti, che si rinnovano ad ogni esercizio finanziario (entrate originarie e derivate);
- **straordinarie:** saltuarie e poste a copertura di spese non aventi natura corrente (es. imposte *una tantum*, alienazione di beni pubblici).

d. Sulla base della sussistenza o meno di uno **scambio di utilità economiche** tra l'Ente pubblico e il soggetto privato, si distinguono in:
- **commutative:** che implicano uno scambio (es: canoni di concessione di beni pubblici);
- **contributive:** che tale scambio invece non implicano (es:

imposte).

e. Secondo la loro **natura,** si distinguono in:
- **entrate tributarie:** costituite da tributi.
- **entrate extra tributarie:** derivanti dalla gestione del patrimonio pubblico (anche sotto forma di esercizio di impresa) o dall'emissione di titoli di debito.

2. I TRIBUTI.

Alla luce della classificazione sopra riportata, dunque, si può affermare che, in presenza di un'**entrata pubblica**, l'interprete deve preliminarmente stabilire se si è in presenza o meno di un'**entrata tributaria** in quanto solo quando essa è riconducibile a detta categoria troveranno applicazione i principi estrapolati dalle fonti oggetto di esame nel successivo capitolo.
Così, ad esempio, con riferimento ai canoni demaniali marittimi la Corte costituzionale ha affermato a chiare lettere che non avendo essi natura tributaria, la relativa disciplina non deve essere informata al principio costituzionale della capacità contributiva (art. 53, primo comma Cost.). In maggior dettaglio, il Giudice delle leggi ha ripetutamente affermato che detti canoni "sono corrispettivi dell'uso di un bene di proprietà dello Stato e costituiscono quindi un prezzo pubblico calcolato in base a criteri stabiliti dalla legge" (*ex plurimis*, sentenze n. 302 del 2010, n. 174 del 1998 e n. 311 del 1995).
Nel nostro ordinamento non esiste una definizione di *tributo*; tuttavia, dottrina e giurisprudenza, nel tempo, ne hanno definito i contorni.
Il tributo è:

- una *entrata coattiva;*
- di una comunità organizzata;
- generata da un *fatto economico indice rivelatore di capacità contributiva* (in ciò si differenzia dalla *sanzione*, generata da un fatto illecito);
- che comporta il sorgere di una *obbligazione pubblicistica* (in quanto trae la sua fonte nella legge);
- avente ad oggetto una *prestazione pecuniaria;*
- con *finalità fiscali* (cioè ha la finalità di procurare entrate all'ente pubblico) e *di solidarietà* (perequazione delle risorse

per le necessità dei consociati).

La giurisprudenza costituzionale (sentenza n. 269 del 2017 che richiama la sentenza n. 70 del 2015) è costante nel ritenere che «gli elementi indefettibili della fattispecie tributaria sono **tre**:

1. la disciplina legale deve essere diretta, in via prevalente, a procurare una (definitiva) decurtazione patrimoniale a carico del soggetto passivo;
2. la decurtazione non deve integrare una modifica di un rapporto sinallagmatico;
3. le risorse, connesse ad un presupposto economicamente rilevante e derivanti dalla suddetta decurtazione, devono essere destinate a sovvenire pubbliche spese». Si deve cioè trattare di un «prelievo coattivo che è finalizzato al concorso alle pubbliche spese ed è posto a carico di un soggetto passivo in base ad uno specifico indice di capacità contributiva (sentenza n. 102 del 2008). Tale indice deve esprimere l'idoneità di tale soggetto all'obbligazione tributaria» (Corte cost. sentenza n. 70 del 2015).

Le conseguenze della qualificazione di una entrata come tributaria

L'operazione ermeneutica finalizzata a qualificare una entrata pubblica come "tributaria" è rilevante sotto il profilo giuridico per tre aspetti:

- la disciplina normativa che regola quell'entrata deve essere rispettosa dei principi costituzionali in materia fiscale (*vedi infra* cap. III);
- è il criterio per operare il riparto di giurisdizione tra Giudice ordinario (es. contributi previdenziali o sanzioni amministrative) e Commissione tributaria (entrate tributarie);
- è il discrimine per stabilire se il pagamento di un debito pecuniario sia o meno assoggettabile ad IVA: se è di natura tributaria non è assoggettabile ad IVA. Al contrario, se il pagamento ha natura di corrispettivo per acquisto di beni o servizi erogati da una Amministrazione pubblica è assoggettato ad IVA in quanto, in questo secondo caso, il pagamento è indice di capacità contributiva e, quindi, deve essere

sottoposto ad imposizione tributaria.

I tributi si distinguono in ***imposte***, ***tasse***, ***contributi*** e ***monopoli fiscali***.

3. LE IMPOSTE.

3.1. NOZIONE.

L'*imposta* è la figura di tributo più diffusa.
L'imposta è la prestazione coattiva (cioè è espressione della potestà di imperio dello Stato) che sorge in relazione ad una manifestazione di ricchezza. Il prelievo coattivo è finalizzato a ripartire fra i consociati il carico finanziario delle attività pubbliche, a ciascuno per la quota e nei modi previsti dalla legge (FALSITTA, GIANNINI), senza alcuna relazione specifica con una particolare attività dell'ente pubblico (TESAURO, MICHELI).
La mancanza di una diretta correlazione tra il prelievo coattivo e l'attività pubblica che detto prelievo è volto a finanziare, è l'elemento che distingue l'imposta dalla tassa.

3.2. IL PRESUPPOSTO D'IMPOSTA.

Il presupposto d'imposta è *l'atto* o la *circostanza di fatto* al cui verificarsi il *tributo è dovuto*.
Il presupposto d'imposta, essendo l'elemento che fa nascere il tributo, deve necessariamente essere previsto dalla legge (art. 23 Cost.). Esso, sostanziandosi nel *fatto generatore* che determina *l'an debeatur* del tributo, deve risolversi in un atto o un fatto che, anche indirettamente, sia *indice rivelatore della capacità contributiva* (cioè l'attitudine economica di un soggetto alla contribuzione alle pubbliche spese ex art. 53 Cost.).
Il presupposto, come vedremo, può essere anche assunto come punto di riferimento nella classificazione delle imposte.

3.3. ELEMENTI COSTITUTIVI DELL'IMPOSTA.

Gli elementi dell'imposta sono:

- **soggetto attivo:** lo Stato e gli Enti pubblici, titolari della capacità impositiva a norma degli artt. 117 e 119 Cost.
- **soggetto passivo:** il contribuente (persona fisica o persona giuridica) residente (per tutti i suoi redditi) o non residente (limitatamente ai redditi prodotti in Italia);
- **fonte:** la ricchezza a cui il contribuente attinge per pagare l'imposta stessa;
- **base imponibile:** il valore economico del reddito su cui si applica l'imposta (manca nelle *imposte fisse);*
- **aliquota:** la percentuale che, applicata alla base imponibile, consente di calcolare l'imposta dovuta (manca nelle *imposte fisse).*

3.4. CLASSIFICAZIONE DELLE IMPOSTE.

Le imposte si distinguono in:

a. **imposte dirette:** hanno come *presupposto* le *manifestazioni dirette e immediate di ricchezza.* Tali manifestazioni sono rappresentate dal conseguimento dei *redditi o* dal possesso di un *patrimonio* (IRPEF, IRES), ovvero dall'*autonoma organizzazione di un'attività imprenditoriale (*IRAP). È il tipo di imposta attraverso cui, maggiormente, si attua la ripartizione del carico tributario nel rispetto della capacità contributiva del singolo;
b. **imposte indirette:** hanno come *presupposto* l'*utilizzazione della ricchezza,* cioè atti o fatti che fanno indirettamente desumere la disponibilità di un reddito o di un patrimonio e sono rivelatori di capacità contributiva. Hanno per oggetto i *consumi*, i *trasferimenti* e gli *affari* (IVA, imposta di registro). Sono meno rispettose del principio di capacità contributiva, in quanto sono previste in misura uguale per tutti, indipendentemente dalla possibilità di concorrere alle spese pubbliche.

Le imposte possono essere distinte anche in:

a. **imposte personali:** il reddito è preso in considerazione in quanto appartiene a una determinata persona e non in quanto proviene da una determinata fonte. A parità di reddito, l'entità del prelievo è dunque diversa a seconda delle particolari situazioni personali e familiari in cui si trova il contribuente (familiari a carico, cure mediche...) (es. IRPEF);

b. **imposte reali:** assume rilievo soltanto l'esistenza oggettiva della materia imponibile, della *res* in sé e per sé considerata, indipendentemente da ogni altra circostanza (es. imposta di registro).

Ancora, le imposte si distinguono in:

a. **imposte fisse:** previste in misura fissa predeterminata (es. in alcuni casi l'imposta di registro);

b. **imposte variabili:** per le quali è prevista una aliquota. Queste, a loro volta, si distinguono in:
- **imposte proporzionali:** con aliquota costante al variare della base imponibile;
- **imposte progressive:** con aliquota crescente all'aumentare della base imponibile;
- **imposte regressive:** con aliquota decrescente all'aumentare della base imponibile.

4. LE TASSE.

4.1. NOZIONE.

La **tassa** è una prestazione pecuniaria obbligatoria, che non trova titolo giustificativo nella capacità contributiva del soggetto al quale è richiesta (Cass. civ., Sez. un., ord. 16 aprile 2007, n. 8956), ma è direttamente collegata alla fruizione di un servizio pubblico (divisibile), richiesto dal soggetto passivo, senza che perciò sorga un rapporto di sinallagmaticità tra ente percettore e soggetto passivo (non esiste, cioè, correlazione tra la tassa ed il costo del servizio, non ravvisandosi dunque uno scambio di prestazioni).

Ne consegue che la tassa, diversamente dall'imposta, è prelevata a fronte dello svolgimento di un'attività pubblica in favore del contribuente, ma non può essere qualificata come entrata di diritto privato perché manca il richiamato rapporto di sinallagmaticità.

Il presupposto della tassa è un ***rapporto di correlatività*** (ma non di corrispettività) con il servizio reso dalla P.A. Il rapporto di correlatività (diverso da quello di corrispettività) giustifica la percezione di un'entrata tributaria non commisurata esclusivamente alla capacità contributiva (come l'imposta), né concretandosi in un rapporto di scambio tra utilizzazione di servizi e prestazione pecuniaria (Cass., Sez. un., ord. 17 ottobre 2006, n. 22245).

Esempi: la tassa per l'occupazione di spazi ed aree pubbliche dei comuni e delle province, la tassa sul marchio dei metalli preziosi, le tasse scolastiche.

4.2. ELEMENTI COSTITUTIVI DELLA TASSA.

- **Soggetto attivo**: lo Stato e gli Enti Pubblici che erogano il servizio pubblico;
- **Soggetto passivo**: chi fa richiesta del servizio;
- **Oggetto**: la prestazione del servizio.

5. I CONTRIBUTI.

L'imposizione tributaria può concretizzarsi anche in una forma atipica di contribuzione non riconducibile alla categoria delle "tasse" o delle "imposte".

Con il termine "contributo" si definiscono fenomeni eterogenei tra loro e non sempre attinenti al campo del diritto tributario (ad esempio, i c.d. contributi previdenziali o i contributi di bonifica) (LUPI).

In proposito, la Corte costituzionale (sent. n. 269 del 17 dicembre 2017) - con specifico riferimento ai contributi obbligatori dovuti all'AGCOM dalle imprese di medio-grandi dimensioni- ha ribadito che essi sono «prestazioni patrimoniali dovute indipendentemente dal fatto che l'attività dell'ente abbia riguardato specificamente il singolo soggetto obbligato, e dalla circostanza che tale attività si configuri come servizio divisibile, ma è correlata all'attività dell'amministrazione in termini di vantaggio goduto o di costo causato da parte del contribuente: di tal che il tributo in esame si differenzia dalle "imposte" in senso stretto».

Il **contributo** (riconducibile alla più generale categoria dei tributi) ha come presupposto un diretto o indiretto vantaggio che il soggetto passivo ha dalla

realizzazione di un'opera pubblica o erogazione di un servizio destinati alla collettività in modo indistinto. Il contributo è prelevato coattivamente al soggetto passivo per il solo fatto della sussistenza del vantaggio, indipendentemente che l'opera o il servizio siano stati richiesti dal soggetto stesso. Così, ad esempio, se la Pubblica Amministrazione costruisce una strada che aumenta il valore dei fondi limitrofi, i proprietari di tali beni potranno essere obbligati a versare un contributo per la sua costruzione.
Dal punto di vista della contabilità pubblica le risorse così prelevate vengono iscritte nel bilancio dell'ente impositore come entrate "vincolate" per finanziare la specifica spesa che l'ente dovrà sostenere per realizzare l'opera pubblica o erogare il servizio.
Il contributo rinviene il suo fondamento giuridico nella soggezione allo *ius imperii* dello Stato e nel particolare *vantaggio* che il contribuente trae dall'intervento pubblico.
Nell'ambito della categoria dei tributi rientra anche il cd. **contributo unificato di iscrizione a ruolo** dovuto, ai sensi dell'art. 9 del D.p.r. 115/02 (Testo unico in materia di spese di giustizia), nel caso in cui il cittadino sia parte in un procedimento civile, penale, amministrativo o tributario.
La circolare del Ministero della Giustizia (n. 6/1517/035/2011/CA del 19 settembre 2011) ha stabilito che "il contributo unificato viene assolto dalla parte che si costituisce in giudizio per l'avvio e l'espletamento di un procedimento giurisdizionale che implica l'attività del giudice e del cancelliere".

La natura giuridica del c.d. contributo unificato.

Sulla natura giuridica del c.d. contributo unificato si è espressa la Corte Costituzionale che ha chiarito che la sua natura di "entrata tributaria erariale", indipendentemente dal *nomen iuris* utilizzato dal TU sulle spese di giustizia, si desume: "a) dalla circostanza che esso è stato istituito in forza di legge a fini di semplificazione e in sostituzione di tributi erariali gravanti anch'essi su procedimenti giurisdizionali, quali l'imposta di bollo e la tassa di iscrizione a ruolo, oltre che dei diritti di cancelleria e di chiamata in causa dell'ufficiale giudiziario (art. 9, commi 1 e 2, della legge n. 488 del 1999); b) dalla conseguente applicazione al contributo unificato delle stesse esenzioni previste dalla precedente legislazione per i tributi sostituiti e per l'imposta di registro sui medesimi procedimenti giurisdizionali (comma 8 dello stesso art. 9); c) dalla sua espressa configurazione quale prelievo coattivo volto al finanziamento delle «spese degli atti giudiziari» (rubrica del citato art. 9); d) dal fatto, infine, che esso, ancorché connesso alla fruizione del servizio giudiziario, è commisurato forfetariamente al valore dei processi (comma 2 dell'art. 9 e tabella 1 allegata alla legge) e non al costo del servizio reso od al valore della prestazione erogata. Il contributo ha, pertanto, le caratteristiche essenziali del tributo e cioè la doverosità della prestazione e il collegamento di questa ad una pubblica spesa, quale è quella per il servizio giudiziario" (Corte Cost., sent. n. 73/2005).

La Corte di cassazione ha, quindi, confermato che il c.d. contributo unificato "ha natura di entrata tributaria" che ha un presupposto economicamente rilevante (Cass., sentenza 17 aprile 2012, n. 5994 che richiama i precedenti interventi a Sezioni Unite n. 3007/08 e n. 3008/08).

6. I MONOPOLI FISCALI.

Il **monopolio fiscale** è il *regime giuridico* mediante il quale lo Stato riserva a sé stesso la produzione e/o la vendita di determinati beni o servizi, vietando a terzi l'esercizio di tale attività (ad esempio, il monopolio sul gioco del lotto e sui tabacchi lavorati).

I *monopoli fiscali* sono funzionali a procacciare un'entrata tributaria. Lo Stato infatti stabilisce il prezzo del bene o del servizio erogato in una misura superiore a quello corrispondente al costo di produzione del bene, tale per cui l'eccedenza non possa rivestire il margine di utile tipico di una attività imprenditoriale: la somma dovuta per l'utilizzo di un bene o servizio è il *tributo* ed ha come presupposto il *consumo del bene o del servizio.*

L'adesione alla CEE ha comportato un recesso alla fruizione dei regimi di monopolio fiscale da parte degli Stati membri, in ottemperanza al principio europeo di libera concorrenza. L'art. 106 del Trattato sul Funzionamento

dell'Unione Europea (ex art. 86 TCE), infatti, include nell'ambito delle imprese sottoposte alle regole della concorrenza, anche quelle che hanno carattere di monopolio fiscale.
Invero non sussiste uniformità di vedute in dottrina circa la appartenenza alla categoria delle entrate tributarie.

- Parte della dottrina (TESAURO) sostiene che, dal punto di vista strutturale, l'entrata derivante dal monopolio non costituisca un tributo, ma un *corrispettivo dovuto per la compravendita*.
- Altra parte (FALSITTA), invece, riconduce l'istituto alla categoria delle *imposte sulle vendite* in quanto le aliquote applicate rappresenterebbero una percentuale del prezzo di vendita.

QUESTIONARIO

1. Come si possono classificare le entrate pubbliche? (**II.**1.2)
2. Cosa connota le entrate tributarie? (**II.2**)
3. Quali sono i tributi? (**II.**2)
4. Cos'è l'imposta? (**II.3.1**)
5. Cos'è il presupposto d'imposta? (**II.**3.2)
6. Chi sono i soggetti attivi e i soggetti passivi delle imposte? (**II.3.3**)
7. Che differenza c'è tra imposte dirette e imposte indirette? (**II.**3.4)
8. Che differenza c'è tra imposte e tasse? (**II.4.1**)
9. Cosa è un contributo? (**II.**5)
10. Cosa sono i monopoli fiscali? (**II.6**)

SCHEDA DI SINTESI

I tributi (*alias*, le entrate tributarie) si distinguono in imposte, tasse, contributi e monopoli fiscali.
L'imposta è il prelievo tributario connotato dalla mancanza di una diretta correlazione tra il prelievo coattivo e l'attività pubblica che esso finanzia.
Il presupposto d'imposta è l'atto o la circostanza di fatto al cui verificarsi il tributo è dovuto; deve risolversi in un atto o un fatto che, anche indirettamente, è indice rivelatore della capacità contributiva (cioè

l'attitudine economica di un soggetto alla contribuzione alle pubbliche spese ex art. 53 Cost.).

Le imposte dirette hanno come presupposto le manifestazioni dirette e immediate di ricchezza. Le imposte indirette, invece, hanno come presupposto l'utilizzazione della ricchezza.

La tassa è una prestazione pecuniaria obbligatoria direttamente collegata alla fruizione di un servizio pubblico (divisibile), richiesto dal soggetto passivo, senza che perciò sorga un rapporto di sinallagmaticità tra ente percettore e contribuente.

Il contributo ha come presupposto un diretto o indiretto vantaggio che il soggetto passivo ha dalla realizzazione di un'opera pubblica o erogazione di un servizio destinati alla collettività in modo indistinto.

Il monopolio fiscale è il regime giuridico mediante il quale lo Stato riserva a sé stesso la produzione e/o la vendita di determinati beni o servizi, vietando a terzi l'esercizio di tale attività.

TI RICORDI

Le entrate pubbliche sono l'insieme delle risorse che affluiscono allo Stato e agli altri enti pubblici per far fronte al fabbisogno finanziario della loro gestione. Possono avere natura tributaria o extra-tributaria.

Le entrate tributarie si connotano per essere "prelevamenti coattivi" di risorse dalle economie private (Cap. I).

CAPITOLO III
Le fonti del diritto tributario

SOMMARIO:

1. LE FONTI IN MATERIA TRIBUTARIA.

Le leggi e le norme tributarie costituiscono *l'espressione del potere impositivo* dello Stato e degli altri Enti pubblici competenti e, pertanto, contengono dei comandi diretti alla generalità dei consociati o, quantomeno, a determinate categorie di contribuenti.

Le regole che disciplinano l'imposizione tributaria traggono la loro origine dalle cd. **fonti di produzione normativa.**

Le fonti sono quegli **atti** o **fatti** che costituiscono l'ordinamento giuridico, producendo o modificando quelle norme dalle quali esso risulta costituito. In particolare, la categoria di fonti di produzione si distingue da quella di "cognizione" la cui tipica funzione è quella di divulgare il diritto positivo vigente, tramite forme pubblicitarie ufficiali (accessibili a tutti).

1.1. LE NORME COSTITUZIONALI.

La Costituzione rappresenta la fonte di rango più elevato all'interno del nostro ordinamento, in cui trovano legittimità e fondamento tutti i processi di produzione normativa.
Le disposizioni costituzionali fondamentali in materia fiscale sono le seguenti:

- **Art. 23:** "*Nessuna prestazione patrimoniale o personale può essere imposta se non in base alla legge*" **(riserva di legge relativa)**. La categoria delle c.d. prestazioni imposte include non solo tutti i tributi, ma anche altre prestazioni coattive prive di carattere tributario come, ad esempio, le sanzioni amministrative;
- **Art. 53, comma 1:** "*Tutti sono tenuti a concorrere alle spese pubbliche in ragione della loro capacità contributiva*" **(universalità dell'imposta e capacità contributiva)**;
- **Art. 53, comma 2:** "*Il sistema tributario è informato a criteri di progressività*" **(progressività del sistema tributario)**;
- **Art. 75, comma 2:** "*Non è ammesso referendum per le leggi tributarie e di bilancio*" **(divieto di referendum abrogativo in materia tributaria)**.
- **Art. 119, comma 2:** "*Comuni, le Province, le Città metropolitane e le Regioni hanno risorse autonome. Stabiliscono e applicano tributi ed entrate propri, in armonia con la Costituzione e secondo i principi di coordinamento della finanza pubblica e del sistema tributario. Dispongono di compartecipazioni al gettito di tributi erariali riferibile al loro territorio*" **(autonomia finanziaria degli enti territoriali)**.

Con legge costituzionale 20 aprile 2012, n. 1 (a partire dall'esercizio finanziario relativo all'anno 2014) è stato eliminato il riferimento che era contenuto nell'art. 81, comma 3, secondo il quale: "*Con la legge di bilancio non si possono stabilire nuovi tributi e nuove spese*". La mancata riproposizione del terzo comma dell'art. 81 Cost., attraverso l'abolizione del divieto di introdurre con legge di bilancio nuovi tributi e nuove spese, eleva il rango legislativo della legge di bilancio da "formale" a "sostanziale".

Anche se non direttamente riferiti alla materia tributaria, assumono rilievo altresì i seguenti principi costituzionali:

- **art. 3 (eguaglianza** e **ragionevolezza dell'onere tributario),** laddove per eguaglianza si intende non solo trattare allo stesso modo situazioni uguali, ma anche in modo diverso situazioni diverse;
- **art. 2 (solidarietà),** che ispira la gestione e la redistribuzione delle risorse per il soddisfacimento dei bisogni pubblici.

1.2. LA RISERVA DI LEGGE.

L'art. 23 Cost. in merito alle fonti del diritto tributario afferma **il principio di riserva di legge relativa**: "*Nessuna prestazione personale o patrimoniale può essere imposta se non in base alla legge*".
La definizione *prestazione patrimoniale* si riferisce non soltanto alla prestazione di natura tributaria, ma comprende *tutte le prestazioni coattive che possono essere richieste al privato senza che la volontà del privato vi concorra* (DE MITA). Il carattere "coattivo" della prestazione patrimoniale al quale si ricollega il principio della riserva di legge, in realtà, non è di esclusiva pertinenza della materia tributaria; infatti, esso può rinvenirsi anche in presenza di prestazioni patrimoniali dedotte in una contrattazione non rimessa alla libera volontà dei contraenti (ad es. in regime di monopolio) oppure erogate nell'ambito di servizio pubblico destinato a soddisfare un bisogno essenziale della vita.
La dottrina tradizionale considera l'imposizione tributaria uno strumento di politica sociale e di redistribuzione del reddito e, pertanto, attribuisce alla riserva di legge la funzione principale di salvaguardare l'interesse generale e, solo in via consequenziale e subordinata, gli interessi individuali (FEDELE).
Il termine "legge" utilizzato nella disposizione in parola sta ad indicare, non soltanto la legge in senso formale, ovvero gli atti normativi emanati dal Parlamento e promulgati dal Presidente della Repubblica (conformemente alla procedura prevista dagli artt. 71-74 Cost.), ma anche le **leggi regionali** (e provinciali, per Trento e Bolzano) e **gli atti aventi forza di legge**: decreti-legge e decreti legislativi.
La riserva di legge in questione non impedisce che in materia tributaria possano esserci fonti dell'Unione Europea in quanto, con l'adesione al

Trattato CE, l'Italia ha stabilito una limitazione della propria sovranità (art. 11 Cost.) (TESAURO). In ragione dell'art. 11 della Costituzione, dunque, le fonti di produzione normativa del diritto tributario possono essere ***interne*** o ***esterne***.

Con riferimento al *contenuto minimo* che deve avere la legge che istituisce il tributo, poiché si è in presenza di una riserva relativa, questa non necessariamente deve regolare integralmente il rapporto tributario, ma può limitarsi a disciplinare le linee fondamentali della materia, demandando a norme di rango non legislativo la disciplina specifica degli elementi fissati in generale dalla legge stessa. Dunque, può affermarsi che il principio della riserva di legge riguarda solo le **norme tributarie sostanziali,** il che equivale a dire che è riservato alle leggi e agli atti aventi forza di legge il compito di individuare gli elementi essenziali delle norme tributarie, mentre la disciplina dei procedimenti applicativi dei tributi (accertamento e riscossione) può essere indistintamente curata sia da fonti primarie sia da fonti secondarie.

Si parla, a tal proposito, di **riserva di legge *relativa*** e non assoluta, in quanto è specificamente richiesto dall'art. 23 che la legge fornisca una base legislativa: un *minimum* che consenta di determinare:

- **il presupposto** (situazioni di fatto che ingenerano l'obbligo di pagare il tributo);
- **i soggetti passivi** (debitore principale, sostituto, responsabile);
- i criteri per l'individuazione della **misura** del tributo (in particolare, la legge deve fissare la *base imponibile* e l'*aliquota*);
- le **sanzioni**.

La Corte costituzionale è consolidata nell'affermare che la riserva di legge di cui al citato art. 23 Cost. ha carattere relativo. Da detta qualificazione consegue che «la legge, pur non potendo limitarsi a conferire un potere regolativo attraverso una "norma in bianco", rispetta la riserva quando determina sufficienti criteri direttivi e traccia le linee generali della disciplina. Con riguardo alle prestazioni patrimoniali imposte, il rispetto della riserva relativa di cui all'art. 23 Cost. si traduce nell'onere per il legislatore di indicare compiutamente il soggetto e l'oggetto della prestazione imposta, mentre l'intervento complementare ed integrativo da parte della pubblica amministrazione deve rimanere circoscritto alla specificazione quantitativa (e qualche volta, anche qualitativa) della prestazione medesima: senza che residui la possibilità di scelte del tutto libere e perciò eventualmente arbitrarie della stessa pubblica amministrazione, ma sussistano nella previsione legislativa – considerata nella complessiva disciplina della materia – razionali ed adeguati criteri per la concreta individuazione dell'onere imposto al soggetto nell'interesse generale» (sent. n. 269 del 14 dicembre 2017, sentenze n. 69 del 2017 e n. 83 del 2015).

1.3. L'UNIVERSALITÀ DELL'IMPOSIZIONE E IL DOVERE DI SOLIDARIETÀ.

Per universalità dell'imposizione fiscale si intende che tutti i cittadini hanno il dovere di contribuire alle spese pubbliche attraverso il pagamento dei tributi. Questo significa che il versamento è finalizzato a finanziare il funzionamento della amministrazione pubblica e ritorna ai cittadini in termini di prestazioni e servizi (es. istruzione, sanità, ordine pubblico, sicurezza, espletamento della funzione della giustizia, ecc..). I cittadini che hanno un reddito inferiore a quello minimo sono esonerati dall'obbligo fiscale ma, in base al principio della solidarietà economica e sociale contenuto nell'articolo 2 della Costituzione, hanno diritto di usufruire ugualmente di tutti i servizi.

Specularmente, il singolo cittadino deve contribuire alle spese pubbliche non in base a quanto riceve dallo Stato (o da altri enti pubblici), ma in quanto membro della collettività, secondo un generale *dovere di solidarietà*. D'altra parte, se lo Stato preleva i tributi in relazione ad un dovere di solidarietà, ciò vuol dire che la funzione dei tributi non è soltanto quella di procurare entrate, ma anche di redistribuire ricchezza, con attenzione per le aree svantaggiate, con finalità di incentivo per determinati consumi, etc. (FICHERA).

Il fatto che "*tutti*" debbano concorrere alla spesa pubblica comporta che ogni soggetto appartenente alla comunità-Stato (persona fisica o giuridica) è sottoposto ad imposizione fiscale. Possono aversi, tuttavia, alcune eccezioni al regime di universalità espressamente previste dal legislatore (ad es. per i titolari di redditi minimi).

La Corte costituzionale ha, recentemente, ricordato che «nella Costituzione il dovere tributario, inteso come concorso alle spese pubbliche in ragione della propria capacità contributiva, è qualificabile

come dovere inderogabile di solidarietà non solo perché il prelievo fiscale è essenziale – come ritenevano risalenti concezioni che lo esaurivano nel paradigma dei doveri di soggezione – alla vita dello Stato, ma soprattutto in quanto esso è preordinato al finanziamento del sistema dei diritti costituzionali, i quali richiedono ingenti quantità di risorse per divenire effettivi: sia quelli sociali – come, ad esempio, la tutela della salute, che peraltro deve essere assicurata gratuitamente agli indigenti (art. 32, primo comma, Cost.) – sia gran parte di quelli civili (si pensi alla spesa necessaria per l'amministrazione della giustizia, che è funzionale a garantire anche tali diritti).
È infatti da tale legame, anche in forza della **funzione redistributiva dell'imposizione fiscale** e del nesso funzionale con l'art. 3, secondo comma, Cost., che discende la riconducibilità del dovere tributario al crisma dell'inderogabilità di cui all'art. 2 Cost., che rende, oltretutto, di immediata evidenza come il disattenderlo rechi pregiudizio non a risalenti paradigmi ma in particolare al suddetto sistema dei diritti.
Tale qualifica, tuttavia, dato il contesto sistematico in cui si colloca, si giustifica solo nella misura in cui il sistema tributario rimanga saldamente ancorato al complesso dei principi e dei relativi bilanciamenti che la Costituzione prevede e consente, tra cui, appunto, il rispetto del principio di capacità contributiva (art. 53 Cost.)» (Corte cost., sent. 23 dicembre 2019, n. 288).

1.4. LA CAPACITÀ CONTRIBUTIVA.

Il nostro sistema tributario è fondato sul **principio della capacità contributiva**, sancito dall'**art. 53 Cost.**, che dispone: "*Tutti sono tenuti a concorrere alle spese pubbliche in ragione della loro capacità contributiva*" e aggiunge "*Il sistema tributario è informato a criteri di progressività*".
Il principio della capacità contributiva rappresenta tanto un vincolo per il legislatore, quanto una norma di garanzia per i soggetti passivi dell'imposizione tributaria. È costituzionalmente legittimo imporre tributi solo "**in ragione**" di un fatto che è indicativo della capacità contributiva; conseguentemente, il legislatore nell'individuare i presupposti dei tributi può assoggettare ad imposizione solo quelli che sono espressivi di capacità contributiva.

In base al principio della capacità contributiva, il pagamento dei tributi deve essere basato sulla possibilità economica dei cittadini; il presupposto di imposta deve essere ricollegato a dati oggettivi come il reddito, il patrimonio, i consumi e i trasferimenti di ricchezza. Il rispetto di questo principio è previsto per garantire una giusta ripartizione del carico fiscale, escludendo dalla tassazione chi non ha capacità contributiva. In altri termini, la capacità contributiva di un soggetto esprime la **forza economica** quale presupposto cui commisurare la ripartizione della spesa pubblica (TINELLI, FERLAZZO NATOLI), che può essere individuata in base ad indici rivelatori di ricchezza.

Le Sezioni Unite della Corte di cassazione, pronunciandosi in tema di "patto traslativo dell'imposta" (di cui si dirà nel successivo cap. V, par. 2.3), hanno statuito che in base alla previsione di cui all'art. 53 Cost., tutti sono tenuti a concorrere alla spesa pubblica in ragione della rispettiva capacità contributiva, e secondo il criterio della progressività dell'imposta. Dunque, il sacrificio economico derivante dal pagamento del tributo, e cioè la riduzione patrimoniale conseguente all'adempimento, deve essere sopportato effettivamente e definitivamente dal soggetto alla cui capacità contributiva si riferisce l'obbligazione, e non già da altri soggetti. Sempre secondo questa pronuncia, l'art. 53 Cost. esige che ad una determinata capacità contributiva faccia seguito l'adempimento del dovere di concorrere alla spesa pubblica e, quindi, si deve escludere che tale obbligo possa sorgere in capo a soggetto privo di capacità contributiva; come pure che un soggetto possa accollarsi – anche di fatto – il carico contributivo altrui, essendo contrario all'interesse della collettività che il concorso alla spesa pubblica gravi – anche di fatto- su soggetto diverso da colui che vi è tenuto *ex lege*, in quanto ogni soggetto dotato di capacità contributiva deve in misura corrispondente contribuire personalmente al costo dei servizi e dei vantaggi sociali (Cass., Sez. un., n. 5/1985).

Nelle **imposte dirette** la correlazione con la capacità contributiva è immediata, sicché più pressante è l'esigenza che il tributo incida effettivamente sul soggetto obbligato per legge, e non su soggetti diversi. La rivalsa obbligatoria, in questi casi, è lo strumento idoneo a far concorrere alla spesa pubblica il titolare della capacità contributiva ogniqualvolta altri adempia alla correlata obbligazione tributaria (es. sostituto d'imposta).

Per **capacità contributiva** si intende la disponibilità di ricchezza personale, attuale, effettiva ed in eccedenza rispetto al minimo vitale.

L'individuazione dei presupposti economici come manifestazione di capacità contributiva ha portato la dottrina e la giurisprudenza a schierarsi con due orientamenti divergenti:

- secondo il più risalente orientamento "garantista", che adotta una concezione soggettiva del principio in esame, la capacità contributiva indicherebbe *l'effettiva idoneità soggettiva* del contribuente a far fronte al dovere tributario, manifestata attraverso "indici concretamente rivelatori di ricchezza";
- secondo l'orientamento meno rigoroso, che si attesta su una concezione "oggettiva", la capacità contributiva viene ravvisata in qualsiasi fatto economico, anche non espressivo dell'idoneità soggettiva del contribuente obbligato. In base a tale concezione, nettamente più elastica rispetto a quella garantista, trova giustificazione anche un'imposta sulle imprese (ad es. IRAP) che assume come presupposto il valore lordo della produzione, a prescindere dal reddito e che colpisce, quindi, anche le imposte che chiudono il bilancio in perdita (TESAURO).

La Corte costituzionale, inoltre, è sovente investita di questioni di legittimità che attengono ai limiti della **discrezionalità del legislatore** in sede di individuazione degli indici di capacità contributiva. In questo senso, la Consulta ha affermato che «al legislatore spetta un'ampia discrezionalità in relazione alle varie finalità alle quali s'ispira l'attività di imposizione fiscale» (sentenza n. 240 del 2017), con il solo il limite della non arbitrarietà e della non manifesta irragionevolezza e sproporzione (sentenza n. 269 del 2017).
Con riferimento a questo tema, senza pretesa di esaustività, si possono enucleare tre principi che devono orientare l'interprete in sede di individuazione dei limiti della discrezionalità per selezionare i presupposti fattuali che sono indici di capacità contributiva:

1. il requisito della effettività;
2. il requisito dell'attualità;
3. il principio di uguaglianza e ragionevolezza *(di cui si dirà nel successivo paragrafo)*.

Il contributo interpretativo della Corte costituzionale ha portato ad ancorare il principio della capacità contributiva al requisito dell'**effettività**, ponendo in risalto l'esigenza che il collegamento tra fatto rivelatore di capacità contributiva e tributo sia effettivo e non apparente o fittizio (TESAURO).

La Corte costituzionale, in proposito, anche recentemente (sent. n. 269 del 2017) ha ricordato che il legislatore gode di un'ampia discrezionalità nell'individuare «i singoli fatti espressivi della capacità contributiva che, quale idoneità del soggetto all'obbligazione di imposta, può essere desunta da qualsiasi indice rivelatore di ricchezza e non solamente dal reddito individuale» (sentenza n. 156 del 2001).

Più recentemente, la Consulta ha affermato che «in un contesto complesso come quello contemporaneo, dove si sviluppano nuove e multiformi creazioni di valore, il concetto di capacità contributiva non necessariamente deve rimanere legato solo a indici tradizionali come il patrimonio e il reddito, potendo rilevare anche altre e più evolute forme di capacità, che ben possono denotare una forza o una potenzialità economica» (Corte cost., sent. 23 dicembre 2019, n. 288).

Con riferimento al requisito della "effettività", inoltre, la Corte costituzionale segue un indirizzo "realistico" ritenendo illegittime le presunzioni legali assolute di capacità contributiva e ammettendo, invece, le presunzioni relative nella misura in cui consentono al contribuente di fornire una prova contraria nel rispetto sia del principio di capacità contributiva sia del diritto di difesa (LUPI).

A tal proposito, autorevole dottrina ha individuato indici diretti ed indici indiretti di ricchezza:

- tra gli **indici diretti** della capacità contributiva, vengono individuati **il reddito**, **il patrimonio** e gli **incrementi del patrimonio**;
- mentre il **consumo** ed i **trasferimenti di ricchezza** rappresentano gli **indici indiretti** per eccellenza.

Gli indici rivelatori della capacità contributiva, quali parametri di riferimento per l'imposizione fiscale

La Corte costituzionale ha identificato i limiti dell'imposizione fiscale rapportandoli agli indici rivelatori della capacità contributiva e attribuendo, al concetto di capacità contributiva, la funzione oggettiva di riparto degli oneri fiscali; a mente della Consulta, «il requisito della capacità contributiva, presupposto dell'imposizione

> fiscale, non esige necessariamente l'esistenza di un reddito o di un reddito nuovo, ma è sufficiente che vi sia un collegamento tra la prestazione imposta ed i presupposti economici presi in considerazione, in termini di forza e consistenza economica dei contribuenti o di loro disponibilità monetarie attuali, quali indici concreti di situazione economica degli stessi contribuenti» (Corte cost., sent. 21 maggio 2001, n. 156).

Oltre che al requisito dell'effettività, la capacità contributiva dev'essere correlata al requisito dell'**attualità** (che non è altro che espressione della stessa effettività), da intendersi come sussistenza di una connessione tra il momento in cui avviene l'imposizione ed il momento in cui si verifica il presupposto della fattispecie impositiva, ovvero il fenomeno economico.

Sono quindi esclusi -anche in ragione del principio di certezza del diritto- i tributi retroattivi che colpiscono fatti pregressi e rappresentativi di una capacità contributiva passata non "ancora in atto". Si ammette, tuttavia, che il legislatore possa emanare norme retroattive qualora colpiscano fatti del passato che non interessano diritti costituzionalmente protetti e che sono in concreto espressivi di una capacità contributiva ancora attuale.

1.5. PRINCIPIO DI EGUAGLIANZA E RAGIONEVOLEZZA.

Il principio dell'eguaglianza tributaria è desumibile dal combinato disposto degli artt. 3 e 53 Cost. Con riferimento alle entrate di natura tributaria, infatti, la giurisprudenza della Corte costituzionale è costante nel porre in relazione gli artt. 3 e 53 Cost.: la discrezionalità del Legislatore incontra un limite nel divieto di prevedere un diverso trattamento impositivo a situazioni che manifestano la medesima capacità contributiva.

Le c.d. **discriminazioni qualitative dei redditi** rappresentano tra le questioni di maggiore interesse per il «diritto costituzionale tributario: infatti, sebbene il legislatore goda, in astratto, di ampia discrezionalità, pur con il limite della non arbitrarietà, nell'identificare gli indici di capacità contributiva, questa discrezionalità si riduce laddove sul piano comparativo vengano in evidenza, in concreto, altre situazioni in cui lo stesso legislatore, in difetto di coerenza nell'esercizio della stessa, ha effettuato scelte impositive differenziate a parità di presupposti» (Corte cost., sent. 23 dicembre 2019, n. 288).

La capacità contributiva in rapporto al principio di eguaglianza

Con la sentenza n. 97 del 10 luglio 1968, la Consulta ha fornito il significato di "capacità contributiva", di cui all'art. 53 Cost., rapportandolo al principio di eguaglianza: «l'art. 53 della Costituzione, nello stabilire che tutti devono concorrere alla spesa pubblica, fa riferimento alla "capacità contributiva" dei soggetti e con ciò, mentre da un lato impone che a maggior capacità corrisponda un maggior concorso da realizzarsi con il criterio della progressività, dall'altro esclude che l'obbligo tributario possa sorgere ove tale capacità manchi del tutto. Non è quindi esatto che l'art. 53 Cost. esiga che ad ogni reddito, indipendentemente dalla sua entità, debba necessariamente corrispondere un prelievo di imposta. D'altra parte, il principio di eguaglianza sostanziale, di cui all'art. 3, comma secondo, Cost., al quale lo Stato deve ispirarsi anche nell'uso dello strumento fiscale, presuppone (fra l'altro) che a nessuno l'imposizione fiscale tolga quei mezzi che appaiono indispensabili alle fondamentali esigenze dell'uomo».

Il principio di eguaglianza impone al legislatore di **trattare in modo uguale situazioni uguali ed in modo differente situazioni differenti.** Il legislatore tributario, pertanto, nella sua discrezionalità, ha il compito di realizzare una giustizia fiscale, individuando e eventualmente disciplinando, in maniera diversa, situazioni differenti, fatto salvo il potere della Corte Costituzionale di sindacarne le scelte, sotto il profilo della ragionevolezza o meno della disparità di trattamento.

Dunque, «ogni diversificazione del regime tributario, per aree economiche o per tipologia di contribuenti, deve essere supportata da adeguate giustificazioni, in assenza delle quali la differenziazione degenera in arbitraria discriminazione» (C. cost., sent. n. 10/2015;

nonché, in precedenza, C. cost., sent. n. 104/1985 relativa agli emolumenti arretrati per lavoro dipendente, e sent. n. 42/1980, in tema di imposta locale sui redditi).

Il principio dell'uguaglianza impone, in altri termini, una **coerenza interna** alla legge tributaria: il canone della coerenza, rispetto alla disciplina di un tributo, implica che, una volta assunto un dato presupposto come indice di una determinata capacità contributiva, ogni fattispecie imponibile sia espressione di quella particolare ipotesi di capacità contributiva (TESAURO).

1.6. PRINCIPIO DI PROGRESSIVITÀ DEL SISTEMA TRIBUTARIO.

L'art. 53, comma 2, Cost. pone **il principio della progressività,** disponendo che: "*il sistema tributario è informato a criteri di progressività*", ovvero a criteri che prevedano un aumento dell'imposizione più che proporzionale rispetto all'aumento dell'imponibile. In altri termini, la tassazione non è semplicemente proporzionale (sistema che imporrebbe un rapporto diretto tra il carico tributario e il crescere della ricchezza che rappresenta l'imponibile), bensì è progressiva in quanto il carico tributario cresce in misura maggiore (*alias*, non c'è una semplice corrispondenza diretta) con il crescere della ricchezza imponibile.

Il criterio della progressività riguarda l'intero sistema tributario nel suo complesso, non i singoli tributi.

Poiché il principio di progressività si riferisce all'ordinamento tributario nel suo complesso e non alla singola imposta (sent. n. 269 del 2017 che richiama le sentenze n. 21 del 1996 e n. 158 del 1985), secondo la giurisprudenza della Corte costituzionale il principio di progressività non è inficiato dall'esistenza di molteplici tributi non progressivi (proporzionali o fissi), purché esista un tributo progressivo che qualifichi tutto il sistema (qual è, all'interno del nostro ordinamento, per l'appunto l'IRPEF).

Il principio di progressività tributaria è uno strumento di perequazione fra i diversi contribuenti. In ogni caso, per evitare che il prelievo fiscale, continuando a crescere più che in proporzione, arrivi ad assorbire tutto l'imponibile, è stabilito un limite massimo oltre il quale l'aliquota diventa costante.

Il significato del secondo comma dell'art. 53 Cost. va inquadrato in

stretto collegamento con il principio di "eguaglianza sostanziale", sancito nel secondo comma dell'art. 3: *"È compito della Repubblica rimuovere gli ostacoli di ordine economico e sociale, che, limitando, di fatto, la libertà e l'eguaglianza dei cittadini, impediscono il pieno sviluppo della persona umana e l'effettiva partecipazione di tutti i lavoratori all'organizzazione politica, economica e sociale del Paese"*.
La scelta di un sistema tributario "informato a criteri di progressività" è finalizzata a una forma di riequilibrio sociale: ampie disparità nel reddito dei cittadini sono considerate "ostacoli di ordine economico" tali da impedire libertà ed eguaglianza dei cittadini, nonché il pieno sviluppo della persona umana.
La Costituzione ha segnato il passaggio da un sistema di imposizione prevalentemente ***reale*** (incentrato sul concetto secondo cui le imposte si applicano direttamente alla manifestazione di ricchezza, senza tener conto delle condizioni personali del contribuente) ad un sistema di tassazione ***personale*** (secondo cui le imposte si applicano in considerazione delle condizioni personali, ossia tenendo conto della fonte, del numero dei componenti il nucleo familiare e simili.).
Il criterio di progressività si è trasformato, nel tempo, in forme sempre più innovative dell'imposizione reddituale. In proposito, infatti, è stato osservato che l'idea di un'accentuata progressività delle aliquote –ossia, l'emblema del concetto di "progressività" dell'imposizione– è stata abbandonata a favore della "personalità" dell'imposta.
Si contrappone al principio di progressività quello di **Flat Tax**, ossia un sistema fiscale caratterizzato da un'**aliquota fissa** e non progressiva.
Si colloca nell'alveo della c.d. flat tax il regime fiscale agevolato c.d. forfettario di cui si dirà nei prossimi capitoli (ossia, un regime fiscale che prevede che le partite IVA con ricavi inferiori a 65 mila euro siano assoggettabili ad una tassazione fissa con l'aliquota del 15%).
Altra forma di *flat* tax, inoltre, è stata individuata, ad esempio, nella **c.d. cedolare secca per le locazioni**.

2. LE FONTI PRIMARIE DI DIRITTO COMUNITARIO IN MATERIA FISCALE: I PRINCIPI FONDAMENTALI.

Oltre le fonti *interne* di produzione del diritto tributario, rivestono un ruolo fondamentale le fonti *esterne* **comunitarie ed internazionali,** che

rinvengono il loro fondamento nell'art. 11 della Costituzione.
Le **fonti di diritto comunitario** si distinguono in *fonti primarie* e *fonti derivate.*
In merito alle prime si ricorda che il sistema tributario italiano è vincolato dalle norme tributarie del Trattato sul Funzionamento dell'Unione Europea ("TFUE") e dalle norme comunitarie di diritto derivato (contenute, ad esempio, nei regolamenti).
Pur non essendo prevista una competenza generale dell'Unione Europea in ambito fiscale né un autonomo sistema di imposte europeo, esistono alcuni princìpi che spiegano effetti negli ordinamenti tributari dei singoli Stati membri, volti ad assicurare un regime di **libera concorrenza** nel mercato comune europeo.
Tra i principi fondamentali del diritto comunitario primario, si evidenziano:
1) **il divieto di imposizione di dazi doganali sulle merci degli Stati Membri;**
2) **il principio di armonizzazione delle normative interne sulle imposte indirette.**
Entrambi i principi sono strumentali al generale principio di libera circolazione delle merci, dei capitali e dei servizi (MANZON – MODOLO).
In merito al primo aspetto, in particolare, è previsto il divieto di dazi doganali e restrizioni quantitative all'entrata e all'uscita tra gli Stati membri (artt. 30 e 34 TFUE), ed ogni ostacolo ad una delle quattro libertà fondamentali (circolazione di merci, persone, servizi e capitali).
Il Trattato prevede alcuni principi volti a garantire la libera concorrenza, tra cui si ricordano:

- il divieto di aiuti di Stato (come le agevolazioni fiscali) che possano falsare la concorrenza (art. 107 TFUE);
- il divieto di tassare prodotti provenienti da Stati membri in misura superiore rispetto ad analoghi prodotti nazionali (art. 110 TFUE);
- il divieto di concedere ristorni di imposizioni interne in misura superiore alle imposizioni effettivamente applicate (art. 111 TFUE).

Con riferimento al secondo aspetto, invece, ai sensi dell'art. 113 TFUE è attribuito al Consiglio il potere di adottare disposizioni volte ad armonizzare la normativa nazionale sulle imposte indirette (ciò non è previsto per le imposte dirette).

2.1. IL PRINCIPIO DI NON DISCRIMINAZIONE E LE QUATTRO LIBERTÀ FONDAMENTALI.

Il **principio di non discriminazione (fiscale),** desunto dall'art. 18 TFUE, comporta il divieto di qualsiasi discriminazione fiscale in base alla nazionalità del soggetto (persona fisica o giuridica).
Tale principio trova applicazione, in via residuale, nei casi che non siano espressamente disciplinati dalle norme che prevedono le seguenti quattro libertà fondamentali:

- libertà di circolazione dei lavoratori (art. 45 TFUE);
- libertà di stabilimento (art. 49 TFUE);
- libertà di prestazione dei servizi (art. 56 TFUE);
- libertà di circolazione dei capitali (art. 63 TFUE).

Con riferimento all'applicazione in ambito tributario della **libertà di circolazione dei lavoratori** occorre rilevare che residenti e non residenti sono assoggettati nei diversi ordinamenti a regimi fiscali diversi, in quanto i residenti sono assoggettati ad imposta per la totalità del reddito, mentre i non residenti solo per i redditi prodotti nello Stato (TESAURO).
La **libertà di stabilimento** comporta da un lato il diritto di esercitare un'attività economica in uno Stato membro diverso da quello di origine, e dall'altro quello di aprire filiali, agenzie o succursali in un altro Stato membro. Con riguardo al primo aspetto, in particolare, lo Stato di origine non deve ostacolare il diritto della società residente di stabilirsi anche in altri Stati. Relativamente al secondo aspetto, la libertà di stabilimento non può essere limitata dalle normative nazionali in materia di tassazione dei redditi prodotti dalle stabili organizzazioni di società estere.
In base alla giurisprudenza della Corte di giustizia, la libertà di stabilimento non può essere invocata da una società italiana, con sede in Italia, avverso una normativa italiana (sent. Corte cost. n. 269/2017).
Più volte la Corte di Giustizia ha censurato per violazione della **libertà di prestazione di servizi**, norme fiscali degli Stati membri che negavano o limitavano la deducibilità di costi sostenuti per prestazioni

rese da imprese non residenti (cfr. *Corte Giust., 28* ottobre 1999, causa C-55/98, Bent Vestergaard).
La libera prestazione dei servizi non è ostacolata dall'imposizione di contributi (di natura tributaria) volti al finanziamento di enti controllori, purché tali contributi siano destinati esclusivamente alla copertura dei costi dell'autorità e siano proporzionati, obiettivi e trasparenti (sentenza CGUE 18 luglio 2013, nelle cause da C-228/12 a C-232/12 e da C-254/12 a C-258/12).
Non costituiscono violazioni della **libertà di circolazione dei capitali** eventuali diversificazioni di trattamento fiscale dei redditi di capitale dei non residenti rispetto a quello dei residenti, purché ciò non costituisca un mezzo di discriminazione arbitraria, né una restrizione dissimulata al libero movimento dei capitali e dei pagamenti.

2.2. LE FONTI COMUNITARIE DERIVATE: I RAPPORTI TRA L'ORDINAMENTO COMUNITARIO E L'ORDINAMENTO INTERNO.

Nelle fonti comunitarie derivate si ascrivono i regolamenti e le direttive.
I regolamenti:

- hanno portata generale;
- sono obbligatori in tutti i loro elementi;
- sono direttamente applicabili in ciascuno degli Stati Membri, senza necessità di essere recepiti all'interno dei singoli ordinamenti;
- in quanto dotati di un'immediata efficacia diretta, attribuiscono ai cittadini diritti tutelabili in sede giurisdizionale.

Le direttive comunitarie, invece, vincolano gli Stati Membri cui sono rivolte per quanto riguarda il risultato da raggiungere, lasciando impregiudicata la discrezionalità dei singoli ordinamenti nella scelta dei mezzi e della forma; tuttavia, necessitano dell'emanazione di norme di recepimento.
In ambito tributario, per l'applicazione sia delle fonti primarie sia delle derivate, assolve ad un ruolo fondamentale l'apporto interpretativo della Corte di Giustizia delle Comunità Europee.

2.3. LE CONVENZIONI INTERNAZIONALI.

Il diritto internazionale tributario è formato prevalentemente dalle **convenzioni internazionali.** Queste assumono rilevanza giuridica nell'ordinamento italiano soltanto con l'emanazione della legge di ratifica (art. 80 Cost.).
A seguito dell'emanazione della legge di ratifica, le norme contenute nelle convenzioni internazionali assumono, all'interno dell'ordinamento, natura di **norme precettive di carattere speciale che prevalgono su altre norme interne,** salvo che queste non siano più favorevoli rispetto a quelle convenzionali, come precisato dall'art. 169 TUIR.
Il crescente sviluppo di relazioni economiche a livello internazionale ha reso indispensabile il coordinamento della normativa tributaria dei vari Stati onde evitare di incorrere in una doppia imposizione **(c.d. doppia imposizione internazionale).** Infatti, non essendoci dei limiti derivanti dalla legge interna o dal diritto pubblico internazionale al potere di imposizione dei singoli Stati, ciascuno di essi può sottoporre a tassazione il medesimo presupposto di fatto (De Mita): pertanto, a fronte di una medesima capacità contributiva, in assenza di una convenzione internazionale stipulata dagli Stati interessati si corre il rischio che il medesimo contribuente venga assoggettato ad una tassazione simultanea da parte di più Paesi.
Dunque, proprio per scongiurare il rischio della c.d. doppia tassazione, gli Stati tendono a stipulare convenzioni internazionali bilaterali o plurilaterali, preordinate alla regolamentazione del potere di imposizione in presenza di rapporti fiscalmente rilevanti per detti Stati.
In ragione delle convenzioni internazionali sulla c.d. imposizione, è possibile che redditi prodotti in Italia da un soggetto residente in uno Stato estero (con il quale appunto è stata stipulata una convenzione) non siano tassabili in Italia e, quindi, detti redditi saranno esenti da tassazione nel nostro Stato in deroga alla normativa interna (ovvero, in deroga all'art. 128 TUIR).
Il d.lgs. 10 giugno 2020, n. 49, recante «Attuazione della direttiva (UE) 2017/1852 del Consiglio, del 10 ottobre 2017, sui meccanismi di risoluzione delle controversie in materia fiscale nell'Unione europea», emanato in attuazione dell'art. 8, co. 1, della l. n. 117 del 2019 (legge di delegazione europea 2018).

La direttiva - nota come **direttiva DRM** (*Dispute Resolution Mechanism*) ha introdotto una procedura amichevole (*Mutual Agreement Procedure*, “MAP”) in combinazione con una (eventuale) fase arbitrale per la risoluzione amministrativa delle controversie tra Stati membri derivanti dall’interpretazione e applicazione di Accordi e Convenzioni per l’eliminazione della doppia imposizione. La direttiva DRM, in buona sostanza, ha istituito un meccanismo non giurisdizionale, vincolante e con obbligo di risultato per eliminare i conflitti tra Stati nascenti dalla c.d. imposizione.
La direttiva DRM si inserisce nel più ampio quadro della cooperazione fiscale internazionale volta ad agevolare il perseguimento della ***tax compliance***, ossia la composizione delle controversie tributarie internazionali tra Stati non attraverso il ricorso alle corti giurisdizionali nazionali, bensì attraverso metodi non giurisdizionali o al più para-giurisdizionali tributario, basati principalmente sul negoziato tra Stati. La peculiarità di questi modelli su base negoziale è che la negoziazione, per lo più diretta a risolvere i casi di doppia imposizione internazionale, non viene condotta per via diplomatica, ma ha per protagonisti le competenti Autorità amministrative tributarie.
Con il recepimento della direttiva sono stati novellati anche gli artt. 19 e 39 del codice del processo tributario (d.lgs. n. 546/1992). In particolare, la lettera h bis) dell’art. 19 cit. indica tra gli atti impugnabili anche «la decisione di rigetto dell’istanza di apertura di procedura amichevole presentata ai sensi della direttiva (UE) 2017/1852 del Consiglio del 10 ottobre 2017 o ai sensi degli Accordi e delle Convenzioni internazionali per evitare le doppie imposizioni di cui l’Italia è parte ovvero ai sensi della Convenzione relativa all’eliminazione delle doppie imposizioni in caso di rettifica degli utili di imprese associate n. 90/436/CEE».
La novella dell’art. 39 del medesimo d.lgs. n. 546/92, invece, ha previsto che il processo tributario può essere sospeso su richiesta «del contribuente, nel caso in cui sia stata presentata un’istanza di apertura di procedura amichevole ai sensi della direttiva (UE) 2017/1852 del Consiglio del 10 ottobre 2017».

3. LE FONTI PRIMARIE: LA LEGGE E GLI ALTRI ATTI AVENTI FORZA DI LEGGE.

In posizione subordinata rispetto alla Costituzione, ma preminente rispetto alle altre fonti, si trova la **legge in senso formale** (alla quale si riconducono gli atti normativi emanati dal Parlamento e promulgati dal Presidente della Repubblica, in conformità con la procedura designata dagli artt. 71-74 Cost.) capace di creare, modificare o estinguere norme tributarie.
La legge in senso formale si contraddistingue per una particolare *efficacia*, in virtù della quale ha il potere di abrogare norme contrarie anteriori di pari rango e di prevalere su norme contrarie future provenienti da fonti inferiori.

3.1. LA POTESTÀ LEGISLATIVA DELLE REGIONI IN MATERIA TRIBUTARIA.

Secondo il nostro impianto costituzionale, lo Stato ha la potestà legislativa ***esclusiva*** con riferimento al proprio sistema tributario, mentre ha una potestà legislativa ***concorrente*** a quella delle Regioni in materia di coordinamento del sistema tributario nel suo complesso, pur rimanendo riservata alla competenza statale la fissazione dei principi fondamentali (art. 117 Cost.). Ne consegue che i principi del sistema tributario devono necessariamente essere disciplinati dallo Stato, mentre le leggi regionali possono svolgere una funzione di coordinamento della finanza regionale e locale (LUPI).
Le Regioni a statuto ordinario e gli altri Enti locali godono, inoltre, di una potestà impositiva propria: possono, cioè, istituire ed applicare tributi propri, nel rispetto dei principi costituzionali e secondo i principi di coordinamento della finanza pubblica e del sistema tributario, in virtù dell'autonomia finanziaria (tributaria) attribuita ai sensi dell'art. 119 Cost.
Anche le Regioni a statuto speciale, che godono di una "autonomia differenziata", possono istituire tributi propri, secondo la disciplina dei rispettivi statuti, purché nel rispetto delle leggi statali e dei principi costituzionali.

Per quanto riguarda gli enti locali, invece, ad essi è riconosciuta potestà regolamentare in materia di entrate tributarie, ma in ragione del principio costituzionale della riserva di legge (art. 23 Cost.), poiché detti enti non emanano leggi in senso formale, non possono adottare regolamenti in materia di fattispecie imponibili, soggetti passivi ed aliquota massima.

3.2. DECRETI LEGGE E DECRETI LEGISLATIVI.

Per quanto riguarda gli *atti aventi forza di legge,* i **decreti-legge** ed i **decreti legislativi** sono strumenti normativi utilizzati dal Governo rispettivamente, in casi straordinari di necessità ed urgenza e su delega del Parlamento per regolamentare aspetti particolarmente tecnici della materia tributaria. In via generale, il Parlamento delega il Governo ad adottare decreti legislativi per dare attuazione a progetti organici e complessi di riforma tributaria o per provvedere a correzioni ed integrazioni necessarie del sistema tributario; con il ricorso ai decreti leggi, invece, il Governo interviene per elevare il livello delle aliquote di taluni tributi oppure per indicare i mezzi per far fronte a nuove spese introdotte dalla legge.
La Giurisprudenza costituzionale si è sovente interrogata circa la legittimità della decretazione d'urgenza in materia tributaria, ossia l'adozione di decreti-legge per introdurre norme che comportino nuove spese e/o minori, provvedendo contestualmente a reperirne la relativa copertura finanziaria.
I dubbi di legittimità sono stati superati dalla Consulta ricordando che «l'obbligo, imposto dall'art. 81 Cost., di darsi carico delle conseguenze finanziarie delle leggi – se di regola grava sul Parlamento, istituzionalmente preposto all'esercizio della funzione legislativa – "grava invece sul Governo, allorché, ricorrendo i presupposti di cui all'art. 77 Cost., si faccia esso stesso legislatore, sostituendosi in via di urgenza alle Camere nella forma del decreto-legge" (sentenza n. 226 del 1976)» (C. cost., sent. 23 dicembre 2019, n. 288).

3.3. LO STATUTO DEI DIRITTI DEL CONTRIBUENTE.

Tra le fonti *interne* di produzione normativa del diritto tributario, assume un rilievo particolare lo **Statuto dei diritti del Contribuente,** approvato con L. 27 luglio 2000, n. 212, le cui disposizioni dettano i **principi generali**

dell'ordinamento tributario e si "autoqualificano" come attuative degli artt. 3, 23, 53 e 97 della Costituzione. In particolare, l'art. 1, comma 1, dello Statuto dei diritti del contribuente stabilisce che "le disposizioni della presente legge, in attuazione degli artt. 3, 23, 53 e 97 Cost., costituiscono principi generali dell'ordinamento tributario e possono essere derogate o modificate solo espressamente e mai da leggi speciali".
Gli interpreti ritengono che il fatto che questa normativa si "autoqualifichi" in termini di legislazione attuativa di principi costituzionali, fa sì che le norme dello Statuto dei diritti del contribuente debbano trovare diretta ed immediata applicazione in materia tributaria (Corte cost., ord. n. 216 del 6 luglio 2004) salva l'eventuale opportunità, valutata dal Giudice del merito, di rimettere gli atti alla Corte costituzionale in tutti i casi in cui una norma tributaria si ponga in contrasto con i principi stabiliti dalla legge n. 212/2000 in attuazione del dettato costituzionale.
In altri termini, le norme dello Statuto dei diritti del contribuente, in quanto norme attuative dei richiamati principi costituzionali, si pongono necessariamente in una posizione privilegiata nella gerarchia delle fonti che disciplinano la materia fiscale, trattandosi di "clausole rafforzative".

La "clausola rafforzativa" dello statuto dei diritti del contribuente

Sulla collocazione nel sistema delle fonti dello Statuto del contribuente le Sezioni unite della Corte di cassazione hanno affermato che «anche se è consolidato il principio secondo il quale alle norme statutarie non può essere attribuito, nella gerarchia delle fonti, rango superiore alla legge ordinaria (e quindi esse non costituiscono, neppure come norme interposte, parametro idoneo a fondare il giudizio di legittimità costituzionale) (da ult., Corte cost., ord. n. 112 del 2013; Cass. nn. 8254 del 2009, 8145 del 2011), tuttavia alla specifica "clausola rafforzativa" di autoqualificazione delle disposizioni stesse come attuative delle norme costituzionali richiamate e come "principi generali dell'ordinamento tributario" non può non essere attribuito un preciso valore normativo: quest'ultima espressione, in particolare, e per quanto qui interessa, deve essere intesa nel significato di **"principi generali del diritto, dell'azione amministrativa e dell'ordina-**

mento tributari” e si riferisce evidentemente, in primo luogo, a quelle disposizioni statutarie che dettano **norme volte ad assicurare la trasparenza e il buon andamento dell’attività amministrativa e ad orientare in senso garantistico tutta la prospettiva costituzionale del diritto tributario** (Cass. n. 17576 del 2002). A buona parte di dette disposizioni va attribuito il ruolo di espressione di principi immanenti nell’ordinamento tributario, già prima dell’entrata in vigore dello Statuto, e quindi di criteri guida per orientare l’interprete nell’esegesi delle norme, anche anteriormente vigenti (oltre a Cass. n. 17576 del 2002, cit., cfr. Cass. nn. 7080 del 2004, 9407 del 2005, 21513 del 2006, 9308 del 2013)» (Cass., Sez. un., sent. n. 18184 del 29 luglio 2013).

Lo Statuto del contribuente sottende la volontà del legislatore di raccogliere in un testo organico i principi della legislazione tributaria, allo stato, carente di un codice di raccolta.

Le disposizioni dello Statuto godono di una forza particolare, potendo essere derogate o modificate solo *espressamente* e mai da *leggi speciali*.

Si può dire che lo Statuto contenga delle **linee guida** per l’applicazione delle norme tributarie, principi tratti dalla Costituzione che il legislatore ha tradotto in legge ordinaria (FALSITTA, LUPI). Tra le **prescrizioni dettate dallo Statuto** sulla produzione normativa tributaria, le principali riguardano:

- l’eccezionalità e la necessità di auto-qualificazione espressa dell’interpretazione legislativa autentica (art. 1, comma 2),
- la chiarezza dei testi normativi (art. 2),
- la regola dell’irretroattività delle disposizioni legislative (art.3),
- il divieto di istituire nuovi tributi, ovvero di ampliare l’applicazione soggettiva di quelli esistenti mediante decreti-legge (art. 4).

La funzione di orientamento ermeneutico dei principi dello statuto dei diritti del contribuente

Pur non riconoscendo allo Statuto dei diritti del contribuente una posizione di supremazia, rispetto alle altre fonti di produzione normativa in ambito tributario, dottrina e giurisprudenza attribuiscono, in ogni caso, ai principi in esso contenuti la funzione di orientamento ermeneutico, vincolante per l'interprete: qualsiasi dubbio interpretativo o applicativo sorga sul significato o sulla portata di una disposizione tributaria, dev'essere risolto dall'interprete nel senso più conforme ai principi dello Statuto.

In tal senso, si è pronunciata la Corte di cassazione affermando che «la maggior parte delle disposizioni della legge 27 luglio del 2000, n. 212 (c.d. «Statuto del contribuente») costituisce attuazione di «principi generali dell'ordinamento tributario» come risulta chiaramente dall'autoqualificazione stessa delle disposizioni della legge e dal loro contenuto normativo, dal loro oggetto, dal loro scopo e dalla loro incidenza nei confronti di altre norme della legislazione e dell'ordinamento tributari, nonché dei relativi rapporti. In particolare, alle specifiche «clausole rafforzative» di autoqualificazione delle disposizioni stesse dello Statuto del contribuente come attuative delle norme costituzionali e come «principi generali dell'ordinamento tributario» deve essere attribuito il preciso valore normativo di formulazione sintetica di quattro diversi e specifici significati: in primo luogo, quello di "principi generali del diritto, dell'azione amministrativa e dell'ordinamento particolare tributari" (artt. 3 e 5 - 19, che dettano disposizioni volte sia a disciplinare l'efficacia temporale delle norme tributarie, sia ad assicurare la "trasparenza" dell'attività stessa, sia ad orientare in senso garantistico tutta la prospettiva costituzionale del diritto tributario); in secondo luogo, quello di "principi fondamentali della legislazione tributaria", tesi a vincolare in vario modo l'attività del futuro legislatore tributario, statale e regionale, sia nella scelta della fonte di produzione (artt. 1, comma 2 e 4) e del relativo oggetto (art. 2, comma 2), sia nella tecnica di redazione delle leggi (art. 2, commi 1, 3 e 4); in terzo luogo, quello di «principi fondamentali della materia tributaria», in relazione all'esercizio della relativa «potestà legislativa concorrente» da parte delle Regioni (cfr. combinato disposto degli artt. 1, comma 3, dello Statuto del contribuente, 117, commi 2, lett. e, quarto periodo e 3, e 119, commi 1 e 2 Cost., nei testi sostituiti, rispettivamente, dagli artt. 3 e 5 della legge costituzionale 18 gennaio 2001, n. 3); ed infine, quello di "norme fondamentali di grande riforma economico sociale", in relazione all'esercizio della potestà legislativa "esclusiva" da parte delle Regioni ad autonomia speciale e delle Province autonome di Trento e di Bolzano (cfr. artt. 1, comma 3, secondo periodo, dello Statuto del contribuente e 116, comma 1, Cost., nel testo sostituito dall'art. 2 della legge costituzionale n. 3 del 2001, nonché art. 10 di quest'ultima legge), naturalmente laddove, in tutte o in alcune disposizioni statutarie, sia possibile individuare, secondo i criteri elaborati dalla Corte Costituzionale, siffatta caratteristica. Di conseguenza, deve ritenersi che le disposizioni statutarie (al di là di ogni eventuale ostacolo «formale» o sistematico) *magis valeant* nella legislazione tributaria, oltre alla circostanza secondo cui è insita nella categoria dei «principi giuridici» la funzione di orientamento ermeneutica ed applicativo vincolante nell'interpretazione della legge tributaria, pur dovendosi distinguere nell'ambito delle disposizioni dello Statuto del contribuente tra quelle di principi già «immanenti» nel diritto o nell'ordinamento tributario (come quelle in tema di conoscenza, chiarezza e motivazione degli atti) e quelle che - pur dettate in attuazione delle richiamate norme costituzionali - presentano, invece, un contenuto totalmente o parzialmente innovativo rispetto allo stato della legislazione tributaria preesistente (esempi ne sono le disposizioni in materia di interpello del contribuente, dettate dall'art. 11, e, almeno in parte, quelle in tema di diritti e garanzie del contribuente sottoposto a verifiche fiscali, dettate dall'art. 12)» (Cass., 10 febbraio 2002, n. 17576).

Lo Statuto dei diritti del contribuente dà attuazione ai principi di democraticità e trasparenza del sistema impositivo, contribuendo a migliorare il rapporto tra Fisco e cittadini.
Ai contribuenti lo Statuto attribuisce strumenti di tutela e di garanzia nei confronti dell'Amministrazione Finanziaria, sia in materia di conoscibilità del sistema normativo tributario, sia nell'ambito delle attività di accertamento e riscossione esercitate dagli uffici fiscali.

- All'**art. 1** ("Principi generali"), come già evidenziato, lo Statuto contiene disposizioni generali dell'ordinamento tributario, in attuazione dei principi costituzionali di:
- - uguaglianza di tutti i cittadini nei confronti delle disposizioni di legge (art. 3 Cost.);
  - riserva di legge in materia di prestazioni patrimoniali (art. 23 Cost.);
  - capacità contributiva e progressività del sistema tributario (art. 53 Cost.);
  - buon andamento e imparzialità dell'amministrazione (art. 97 Cost.).
- Per assicurare l'accessibilità e la comprensibilità delle norme fiscali con l'**art. 2** ("Chiarezza e trasparenza delle disposizioni tributarie"), lo Statuto richiede che l'oggetto delle disposizioni tributarie di leggi ed altri atti aventi forza di legge sia esplicitamente richiamato nel titolo.
- Inoltre, per un'adeguata trasparenza delle norme è previsto che, quando vi siano richiami ad altre disposizioni normative, debba essere riportata una sintesi di quest'ultime e, nel caso di modifiche ai testi di legge è previsto che queste siano accompagnate da una nuova versione del testo normativo, integrata con le modifiche stesse.
- L'art. 3 dello Statuto (rubricato "Efficacia temporale delle norme tributarie") ribadisce il principio della efficacia non

retroattiva delle disposizioni tributarie, che divengono efficaci solo dopo la loro emanazione (*vedi paragrafo successivo sull'efficacia nel tempo delle fonti*).

- Per gli adempimenti tributari le norme diventano efficaci per i contribuenti dopo un termine minimo di 60 giorni dalla loro entrata in vigore.
- L'art. 4 dello Statuto ("Utilizzo del decreto legge in materia tributaria"), sempre con riferimento alle fonti del diritto tributario, sancisce il divieto di istituire nuovi tributi tramite decreto-legge.
- L'art. 4 cit., inoltre, stabilisce che il ricorso a norme interpretative, finalizzate cioè ad esplicitare il significato di disposizioni di legge non sufficientemente chiare, deve essere eccezionale e le stesse devono essere espressamente qualificate come "interpretazioni autentiche".

Dalla lettura del testo emerge chiaramente che l'intero corpo della legge è incentrato sul primario principio della collaborazione tra Fisco e contribuente, nonché della buona fede di quest'ultimo, di cui all'art. 10.
Tra gli spunti di riflessione di maggior interesse vi sono, senza dubbio, le problematiche connesse alla chiarezza e motivazione degli atti, alla non sanzionabilità delle violazioni formali, ai diritti e ai doveri dei contribuenti in sede di accesso e verifica fiscale.
Pe un approfondimento dei principi contenuti nello Statuto dei diritti del contribuente (soprattutto con riferimento all'attività di accertamento e riscossione esercitate dagli uffici fiscali) si rimanda alla *Parte generale – Capitolo V (Rapporti con l'Amministrazione finanziaria).*

4. LE FONTI NORMATIVE SECONDARIE: I REGOLAMENTI.

In posizione subordinata rispetto alle fonti di produzione primaria, si collocano nel sistema tributario le **fonti secondarie,** costituite prevalentemente dai ***regolamenti,*** ossia gli atti normativi emanati dal Governo, dai singoli Ministri, dagli organi della Pubblica Amministrazione, dalle Regioni e dagli Enti locali.
I regolamenti, ancorché sforniti dell'efficacia della legge formale, rappresentano un valido strumento per la disciplina applicativa e di

dettaglio del sistema tributario; vengono tradizionalmente distinti dai provvedimenti normativi, in quanto, a differenza di quest'ultimi destinati a risolvere casi concreti, i regolamenti presentano i caratteri della generalità e dell'astrattezza: vengono definiti atti *formalmente* amministrativi, ma *sostanzialmente* normativi.

In particolare, la potestà regolamentare governativa è stata disciplinata con L. 400/1988, che ha dettato in maniera puntuale il procedimento formativo dei regolamenti governativi, eliminando qualsiasi residuo dubbio rispetto alle differenze intercorrenti con gli atti amministrativi a carattere generale: si parla di regolamenti, dunque, esclusivamente in riferimento a quegli atti per i quali sia stato adottato il procedimento formativo dettato ai sensi dell'art. 17, secondo il quale sono emanati con decreto del Presidente della Repubblica, previa deliberazione del Consiglio dei Ministri, sentito il parere obbligatorio, ma non vincolante del Consiglio di Stato. I regolamenti, riconducibili alle tassative ipotesi indicate dall'art. 3 della legge n. 20/94, sono assoggettati al visto ed alla registrazione della Corte dei conti (c.d. controllo preventivo di legittimità). Infine, i regolamenti pubblicati sulla Gazzetta Ufficiale.

La legge n. 400/1988 ha, inoltre, distinto le varie tipologie di regolamenti governativi in:

- *regolamenti di esecuzione*, volti ad introdurre prescrizioni di dettaglio, per rendere concretamente operativi le leggi e i decreti legislativi;
- *regolamenti di attuazione o integrazione*, che recano norme di completamento della disciplina dettata da fonti primarie, costituite da norme di principio che necessitano di sviluppo ad opera della normativa di fonte secondaria (FALSITTA);
- *regolamenti delegati*, che traggono origine da una norma di legge che, nell'autorizzare l'esercizio della potestà regolamentare del Governo, fissa le norme generali regolatrici della materia e dispone l'abrogazione delle norme vigenti, dall'entrata in vigore del regolamento; a tali atti si ricollega il fenomeno della cd. **delegificazione,** caratterizzato, dunque, dall'affidamento alla normativa regolamentare del compito di disciplinare una determinata materia, attraverso la sostituzione di quella di fonte primaria (FALSITTA);
- *regolamenti indipendenti*, sono tali quegli atti che disciplinano

> materie (non coperte da riserva assoluta di legge) non regolate da leggi o atti aventi forza di legge che, tuttavia, non sono ritenuti ammissibili in materia tributaria (TESAURO, SANTAMARIA).

Ai sensi dell'art. 7, comma 5, d.lgs. n. 546/92 (disposizioni sul processo tributario), "le commissioni tributarie, se ritengono illegittimo un regolamento o un atto generale rilevante ai fini della decisione, non lo applicano, in relazione all'oggetto dedotto in giudizio, salva l'eventuale impugnazione nella diversa sede competente". Dunque, il regolamento non conforme a legge può essere **disapplicato** dal Giudice tributario limitatamente alla controversia pendente; diversamente, per ottenere l'annullamento *erga omnes* del regolamento illegittimo questo deve essere impugnato innanzi al Giudice amministrativo (LUPI). Quanto sinora chiarito in merito ai regolamenti governativi, può ritenersi valido anche per quanto riguarda i regolamenti delle Regioni e degli Enti locali (escludendo, chiaramente, il procedimento di formazione); rispetto ai quali assumono un'importanza peculiare i regolamenti attuativi ed integrativi.
Come già anticipato in merito alla potestà legislativa delle Regioni, gli Enti locali possono esclusivamente emanare regolamenti in materia di tributi propri, la cui disciplina di base, tuttavia, dev'essere dettata da una legge statale o regionale.

5. L'EFFICACIA DELLA LEGGE NEL TEMPO: IL PRINCIPIO DI IRRETROATTIVITÀ.

In generale la norma giuridica ricollega al verificarsi di una data fattispecie (ossia di un fatto o di una serie di fatti) una certa conseguenza giuridica quale, ad esempio, l'acquisto o la perdita di un diritto, il sorgere o l'estinguersi di un obbligo, la soggezione ad una sanzione e così via. In altre parole, la fattispecie descritta in astratto dalla norma determina la conseguenza giuridica ivi prevista quando si verificano in concreto i fatti astrattamente previsti da quella norma.
Relativamente all'entrata in vigore delle norme tributarie, vige la regola generale di cui all'art. 10 disp. prel. cc.: le leggi ed i regolamenti diventano efficaci *erga omnes* decorsi 15 giorni dalla loro pubblicazione

sulla Gazzetta Ufficiale; tuttavia, è prevista la possibilità di procrastinare o anticipare il momento di inizio dell'efficacia delle norme, estendendo o riducendo il periodo di *vacatio legis*.

Il **rapporto tra fonti normative** nel tempo, anche per leggi tributarie, è regolato dal **criterio cronologico** secondo cui, tra fonti normative aventi lo stesso rango gerarchico e aventi la stessa competenza, si applica la norma emanata successivamente *(lex posterior derogat priori).*

Il suddetto principio, deputato a risolvere le antinomie tra norme, è in ogni caso subordinato:

- al **criterio gerarchico,** in base al quale la norma posta da una fonte di rango inferiore non può mai abrogare una norma posta da fonte superiore, ancorché sia ad essa posteriore (*lex superior derogat inferiori);*
- e al **criterio di specialità:** la norma posteriore generale non abroga la norma anteriore speciale *(lex posteriori non derogat priori speciali)* (SINISCALCHI).

L'efficacia delle norme tributaria viene a cessare:

- in caso di **abrogazione espressa;**
- in caso di **abrogazione tacita;**
- per **scadenza del tempo** (qualora si tratti di leggi temporanee);
- per effetto di una **sentenza di accoglimento della Corte Costituzionale** che dichiara *erga omnes* l'illegittimità costituzionale e cancella retroattivamente gli effetti ad essa collegati (efficacia *ex tunc);*
- per la **sopravvenuta entrata in vigore di una norma comunitaria incompatibile.**

L'articolo 11, comma 1, delle preleggi stabilisce che **la legge non dispone che per l'avvenire: essa non ha effetto retroattivo.** Per norma retroattiva, dunque, s'intende una norma che attribuisca conseguenze giuridiche a fattispecie verificatesi in momenti anteriori alla sua entrata in vigore.

Tuttavia, nel nostro ordinamento, **il precetto costituzionale dell'irretroattività delle leggi è limitato solo alle disposizioni del diritto penale**. Ne consegue che, non sarebbe costituzionalmente illegittima una norma tributaria retroattiva ma, si ritiene, che detta efficacia retroattiva non possa esserle riconosciuta in via interpretativa a meno che non sia lo stesso legislatore a qualificarla come tale e con formulazione non equivoca.

Detto principio, valido per tutto l'ordinamento giuridico, in campo tributario è stato positivizzato con lo **Statuto dei diritti del contribuente** (legge 27 luglio 2000, n. 212) che all'**art. 3** (di cui si è già detto in precedenza) sancisce a chiare lettere che, salvo casi eccezionali e con legge ordinaria (mai, dunque, con regolamenti), **le disposizioni tributarie non hanno effetto retroattivo.**

Più nel dettaglio, viene previsto che:

- relativamente ai **tributi periodici,** le modifiche introdotte si applicano solo a partire dal periodo d'imposta successivo a quello in corso alla data di entrata in vigore delle disposizioni che lo prevedono;
- **le disposizioni tributarie,** anche quelle introdotte con regolamenti, **non possono prevedere adempimenti a carico dei contribuenti** la cui scadenza sia fissata **anteriormente al sessantesimo giorno dalla data della loro entrata in vigore** o dall'adozione dei provvedimenti espressamente previsti;
- i **termini di prescrizione e di decadenza** per gli accertamenti non possono essere prorogati.

Inoltre, per quanto concerne la materia delle sanzioni amministrative (non solo, quindi, quelle penali), con l'art. 3 del d.lgs. n. 472/1997, è stato stabilito che nessuno può essere assoggettato a sanzione se non in forza di una legge entrata in vigore prima della commissione della violazione e che se la legge vigente al momento in cui è stata commessa la violazione e le leggi successive stabiliscono sanzioni di diversa entità, si applica la legge più favorevole, salvo che il provvedimento di irrogazione sia divenuto definitivo (principio del *favor rei*).

Il principio di irretroattività delle leggi tributarie, tra l'altro, è stato oggetto di numerosi interventi interpretativi della Corte Costituzionale che, con una risalente pronuncia ha chiarito come detto principio deve essere messo in rapporto con l'**art. 53 Cost.** In particolare, «la legge tributaria retroattiva si pone in contrasto con l'art. 53 della Costituzione, non soltanto quando essa ponga a base della prestazione un fatto verificatosi nel passato, ma anche quando alteri, modifichi o trasformi con effetto retroattivo gli elementi dell'obbligazione tributaria e i criteri di valutazione che vi sono connessi» (Corte cost., 11 luglio 1961, n. 48).

Le leggi di interpretazione autentica

Diversamente, hanno efficacia retroattiva le cosiddette leggi interpretative, ossia le leggi emanate per chiarire il significato di norme antecedenti e che, quindi, si applicano a tutti i fatti regolati da queste ultime, anche se anteriori all'emanazione della legge interpretativa (art. 1, comma 2, Statuto del contribuente).

La giurisprudenza ha ricordato che le norme di interpretazione autentica si caratterizzano «indefettibilmente per la determinazione, vincolante per il giudice che ne dovrà fare applicazione, del significato che il legislatore ha voluto ascrivere alla norma interpretata, assunto in un contesto di incertezza (intrinseca alla formulazione dell'enunciato o derivante da contrasti giurisprudenziali) sulla relativa applicazione oppure soltanto perché lo stesso legislatore ha inteso selezionare - e così imporre - uno soltanto dei plurimi significati già insiti nella medesima norma» (Cass., Sez. un., sent. 7 maggio 2020, n. 8631).

La tecnica legislativa dell'interpretazione autentica opera generando una "saldatura" «tra la disposizione interpretativa e una disposizione precedente su cui la prima imprime un certo significato normativo, pur lasciandone intatto il dato testuale, così da generarsi un precetto unitario nel quale vengono a congiungersi le due disposizioni implicate dall'operazione messa in campo dal legislatore» (Cass., Sez. un., sent. 7 maggio 2020, n. 8631 che richiama, tra le molte, le sentenze n. 397 del 1994 e n. 94 del 1995, n. 425 del 2000).

La ratio e la funzione dell'intervento del legislatore in chiave interpretativa di una disposizione di legge risiedono nell'obiettivo «di chiarire il senso di norme preesistenti ovvero di escludere o di enucleare uno dei sensi fra quelli ritenuti ragionevolmente riconducibili alla norma interpretata, allo scopo di imporre a chi è tenuto ad applicare la disposizione considerata un determinato significato normativo» (Cass., Sez. un., sent. 7 maggio 2020, n. 8631 che richiama, tra le molte, le sentenze n. 132 del 2016 e n. 424 del 1993).

Ne consegue che l'intervento legislativo - di chiarificazione, con effetti vincolanti, del significato normativo di una certa disposizione di legge – può trovare ragione di essere solo «in presenza di incertezze sull'applicazione di una disposizione o di contrasti giurisprudenziali", ovvero anche soltanto "quando la scelta imposta dalla legge rientri tra le possibili varianti di senso del testo originario» (Cass., Sez. un., sent. 7 maggio 2020, n. 8631 che richiama, tra le tante, le sentenze n. 232/2016, n. 314/2013, n. 15/2012, n. 271/2011).

Tant'è che «la norma che residua dall'operazione legislativa di interpretazione autentica "non può dirsi costituzionalmente illegittima qualora si limiti ad assegnare alla disposizione interpretata un significato già in essa contenuto, riconoscibile come una delle possibili letture del testo originario"» (Cass., Sez. un., sent. 7 maggio 2020, n. 8631 che richiama le sentenze n. 271 e n. 257 del 2011, n. 209 del 2010 e n. 24 del 2009).

6. L'EFFICACIA DELLA LEGGE NELLO SPAZIO.

In relazione all'efficacia delle norme tributarie nello spazio vige il principio della territorialità, ovvero, le norme producono effetto nell'ambito territoriale in cui lo Stato esercita la propria sovranità.

In realtà, non è precluso che il legislatore possa configurare come presupposto di un'imposta da applicare in Italia un fatto che è avvenuto all'estero (come, ad esempio, il caso di un immobile posseduto all'estero che assume rilevanza ai fini Irpef), se il soggetto passivo del tributo è un soggetto residente.

In questi casi, tuttavia, come si è già detto in merito alle convenzioni internazionali, al fine di scongiurare una doppia imposizione (ossia, assoggettare a tassazione due volte la medesima ricchezza), lo Stato italiano stipula apposite convenzioni con i Paesi in cui si è realizza il presupposto impositivo per risolvere i problemi di coordinamento delle rispettive normative fiscali.

QUESTIONARIO

1. È ammesso il referendum abrogativo in caso di leggi tributarie? (**III.1.1.**)?
2. Cosa si intende per "riserva di legge relativa" e qual è la norma che la prevede? (**III.1.2**)
3. Cosa si s'intende per "prestazione patrimoniale", di cui all'art. 23 Cost.? (**III.1.2**)
4. La definizione del principio dell'universalità dell'imposizione (**III.1.3**).
5. Cosa si intende per capacità contributiva? Quale articolo della Costituzione lo prevede? (**III.1.4**)
6. Qual è il significato del principio di progressività del sistema tributario? Cosa è la progressività per scaglioni? (**III.1.6**)
7. Quali sono i principi comunitari in materia fiscale? (**III.2**)
8. Quali sono le fonti comunitarie che interessano la materia tributaria? (**III.2.2**)
9. La potestà legislativa delle regioni in materia fiscale (**III.3.1**).
10. In quale testo normativo sono contenuti i principi generali dell'ordinamento tributario? (**III.3.3**)
11. Lo Statuto dei diritti del contribuente. Quali sono i principi fondamentali che ha introdotto? (**III.3.3**)
12. Che rango ha nel sistema delle fonti lo Statuto del contribuente? (**III.3.3**)
13. Quali sono i casi in cui viene a cessare l'efficacia di una norma tributaria? (**III.5**)
14. Qual è il principio che regola l'efficacia della legge tributaria nello spazio? (**III.5**)
15. Il principio di efficacia nel tempo delle norme tributarie (**III.5**)
16. L'irretroattività della legge tributaria (**III.5**).

SCHEDA DI SINTESI

Nella Carta costituzionale si rinvengono i seguenti principi riconducibili direttamente alla materia del diritto tributario: la riserva di legge relativa (art. 23);

il principio dell'universalità dell'imposta e della capacità contributiva (art. 53, comma 1); il principio della progressività del sistema tributario (art. 53, comma 2);

il divieto di referendum abrogativo in materia tributaria (art. 75, comma 2); l'autonomia finanziaria degli enti territoriali (art. 119, comma 2).

Anche se non ascrivibili direttamente alla materia tributaria, assumono altresì rilievo i principi costituzionali di uguaglianza e ragionevolezza dell'onere tributario (art. 3) e il principio di solidarietà (art. 2).

In merito alle fonti ascrivibili al diritto comunitario, pur non essendo prevista una competenza generale dell'Unione Europea in ambito fiscale né un autonomo sistema di imposte europeo, esistono alcuni princìpi che spiegano effetti negli ordinamenti tributari dei singoli Stati membri, volti ad assicurare un regime di libera concorrenza nel mercato comune europeo.

Tra i principi fondamentali del diritto comunitario primario, si evidenziano: il divieto di imposizione di dazi doganali sulle merci degli Stati Membri e il principio di armonizzazione delle normative interne sulle imposte indirette.

Il principio di non discriminazione (fiscale), desunto dall'art. 18 TFUE, comporta il divieto di qualsiasi discriminazione fiscale in base alla nazionalità del soggetto (persona fisica o giuridica). Detto principio trova applicazione, in via residuale, nei casi che non siano espressamente disciplinati dalle norme che prevedono le seguenti quattro libertà fondamentali: libertà di circolazione dei lavoratori (art. 45 TFUE); libertà di stabilimento (art. 49 TFUE); libertà di prestazione dei servizi (art. 56 TFUE); libertà di circolazione dei capitali (art. 63 TFUE).

Le convenzioni internazionali assumono rilevanza giuridica nell'ordinamento italiano soltanto con l'emanazione della legge di ratifica (art. 80 Cost.). Esse hanno la principale funzione di coordinare la normativa tributaria degli Stati stipulanti onde evitare che un medesimo contribuente incorra in una doppia imposizione (c.d. doppia imposizione internazionale).

Tra le fonti interne di produzione normativa del diritto tributario, assume un rilievo particolare lo Statuto dei diritti del Contribuente,

approvato con L. 27 luglio 2000, n. 212, le cui disposizioni dettano i principi generali dell'ordinamento tributario
Ai contribuenti lo Statuto attribuisce strumenti di tutela e di garanzia nei confronti dell'Amministrazione Finanziaria, sia in materia di conoscibilità del sistema normativo tributario, sia nell'ambito delle attività di accertamento e riscossione esercitate dagli uffici fiscali.
Il precetto costituzionale dell'irretroattività delle leggi è limitato solo alle disposizioni del diritto penale, tuttavia, ai sensi dell'art. 3 dello Statuto dei diritti del contribuente, le disposizioni tributarie possono avere effetto retroattivo solo in casi eccezionali e solo se previsto con legge ordinaria.

TI RICORDI

Il presupposto d'imposta è l'atto o la circostanza di fatto al cui verificarsi il tributo è dovuto. Conseguentemente, poiché al suo venire in essere sorge l'obbligazione tributaria, detto atto o circostanza di fatto deve essere individuata dalla legge in ossequio al principio costituzionale della riserva di legge (art. 23 Cost.).
Il presupposto di imposta, inoltre, deve risolversi in un atto o un fatto che, anche indirettamente, sia indice rivelatore della capacità contributiva (cioè l'attitudine economica di un soggetto alla contribuzione alle pubbliche spese *ex* art. 53 Cost.).

CAPITOLO IV
L'interpretazione delle norme tributarie

SOMMARIO:

1. L'attività di interpretazione di una norma. – **1.1.** Le circolari interpretative dell'Amministrazione finanziaria. – **2.** L'interpretazione analogica in campo tributario.

1. L'ATTIVITÀ DI INTERPRETAZIONE DI UNA NORMA.

L'attività di interpretazione di una norma deve essere scomposta in due momenti cronologicamente conseguenti.

I) La prima operazione consiste nell'individuazione della norma applicabile al caso concreto.

Come ricordato nel precedente capitolo, se al caso concreto sono astrattamente applicabili più disposizioni di legge quando le fonti normative in conflitto fra loro, detto conflitto deve esser risolto, in primo luogo, alla stregua del **criterio della gerarchia tra le fonti** (ad esempio, le norme costituzionali prevalgono su quelle ordinarie) e, in seconda battuta, facendo ricorso al **criterio cronologico** (ossia, la norma posteriore prevale su quella anteriore) o al **criterio di specialità** (la norma speciale prevale su quella di portata più generale).

II) La seconda fase dell'operazione, successiva a quella dell'individuazione della norma applicabile al caso concreto, consiste nel definire il contenuto e la portata del precetto normativo in modo da risolvere il caso concreto attraverso i principi contenuti nella fattispecie astratta precedentemente individuata.

In materia tributaria, per compiere questa seconda operazione, non esistono regole specifiche; pertanto, si applicano i criteri generali previsti dall'art. 12 disp. prel. cc. (ossia, il primo comma che stabilisce che "*Nell'applicare la legge non si può ad essa attribuire altro senso che quello fatto palese dal significato proprio delle parole secondo la connessione di esse, e dalla intenzione del legislatore*").

L'interpretazione, dunque, non può mai esaurirsi nel mero esame dei dati testuali. In tal senso, lo stesso articolo 12 delle disposizioni preliminari, dopo aver prescritto di attribuire alle parole il loro significato proprio (attraverso l'interpretazione cd. letterale), impone di tener conto, altresì, dell'intenzione del legislatore che l'interprete può ricostruire avvalendosi di elementi extra-testuali, mediante un'interpretazione logica basata sui seguenti criteri interpretativi:

- il criterio sistematico, fondato sulla coerenza dell'ordinamento considerato nella sua complessità;
- il criterio storico che richiede all'interprete di analizzare il problema concreto che il legislatore intendeva affrontare introducendo la norma, avvalendosi anche dei lavori preparatori della norma;
- il criterio teleologico in base al quale va ricercato il fine che il legislatore intendeva realizzare con la disposizione oggetto di esame. In ambito tributario detto criterio va in ogni caso valutato tenendo conto del fatto economico che il tributo mira a colpire (SINISCALCHI).

Nel nostro ordinamento si suole distinguere l'attività interpretativa in base ai soggetti che la espletano.

- **Dottrinale:** operata dagli studiosi della materia per fini scientifici, didattici o pratici e, quindi, non può mai assumere carattere vincolante.
- **Giurisprudenziale:** compiuta dai giudici nell'esercizio della funzione giurisdizionale, vincolante soltanto per le parti del giudizio, anche se rivestono un ruolo fondamentale i precedenti giurisprudenziali delle Sezioni unite della Corte di cassazione, con la specifica funzione nomofilattica, preordinata a garantire l'uniformità dell'interpretazione del diritto oggettivo.
- **Autentica:** fornita dallo stesso legislatore, per chiarire il significato di norme preesistenti e che è vincolante per tutti (art. 1, comma 2, Statuto dei diritti del contribuente).

1.1. LE CIRCOLARI INTERPRETATIVE DELL'AMMINISTRAZIONE FINANZIARIA.

L'Amministrazione finanziaria, nell'esercizio della sua attività di controllo degli atti dei privati e dell'attività di imposizione, pone in essere un costante ed intenso lavoro interpretativo finalizzato ad orientare gli uffici periferici per renderne uniforme il comportamento e, contestualmente, a fornire ai contribuenti un punto di riferimento in materia di adempimenti tributari.
La suddetta attività interpretativa si manifesta attraverso l'emanazione di:

- **circolari,** preordinate a dare chiarimenti di una determinata disciplina, in particolare quando subisce modifiche normative;
- **risoluzioni,** contenenti risposte a determinati quesiti (relativi a specifici casi), posti dai contribuenti o dagli uffici periferici della stessa Amministrazione finanziaria;
- **istruzioni,** relative all'esatta modalità di compilazione della modulistica fiscale;
- **pareri,** espressi a seguito dell'istanza di interpello presentata da un contribuente (SINISCALCHI).

La dottrina ha evidenziato che la rilevanza giuridica delle circolari e delle risoluzioni è sostanzialmente la medesima; la differenza consiste solo nel fatto che le prime hanno la funzione di commentare in generale una certa normativa, mentre le seconde sono risposte riguardanti questioni interpretative specifiche (LUPI).
Le circolari interpretative, nonostante rappresentino l'interpretazione concreta data dall'Amministrazione alle leggi tributarie, sono **atti meramente interni**; pertanto, esse non costituiscono una fonte di diritto.
Il contribuente è libero di disattendere le indicazioni contenute nella circolare perché queste non sono vincolanti all'esterno dell'amministrazione fiscale; conseguentemente, non vincolano nemmeno il Giudice di un eventuale futuro contenzioso. In questo senso è consolidato l'orientamento della Corte di cassazione laddove afferma che «*le circolari ministeriali in materia tributaria non sono fonte del diritto, e pertanto non*

possono imporre al contribuente adempimenti non previsti dalla legge e men che meno istituire cause di revoca della agevolazione fiscale non contenute in una norma di legge» (Cass., Sez. V, 31 ottobre 2017, ord. n. 25905 che richiama Cass., Sez. V, n. 22486 del 2013).

Tuttavia, nonostante la non vincolatività "esterna" di detti atti, l'indirizzo interpretativo contenuto nella circolare è vincolante per gli Uffici finanziari territoriali deputati all'espletamento dei controlli fiscali che, in ragione del rapporto di subordinazione gerarchica, devono attenersi alle linee interpretative impresse dall'Amministrazione centrale con dette circolari. Dunque, il contribuente disattendendo la circolare incorrerà nel rischio di un contenzioso tributario perché l'Amministrazione finanziaria in sede di controllo e di riscossione, diversamente dai soggetti esterni all'amministrazione medesima, è tenuta a conformarsi alla circolare.

Se l'Amministrazione finanziaria modifica una circolare, il contribuente che aveva seguito l'indirizzo interpretativo indicato nella circolare successivamente modificata è tutelato dai primi due commi dell'art. 10 dello statuto del contribuente: "i rapporti tra contribuente e amministrazione finanziaria sono improntati al principio della collaborazione e della buona fede" (primo comma) e "non sono irrogate sanzioni né richiesti interessi moratori al contribuente, qualora egli si sia conformato a indicazioni contenute in atti dell'amministrazione finanziaria, ancorché successivamente modificate dall'amministrazione medesima, o qualora il suo comportamento risulti posto in essere a seguito di fatti direttamente conseguenti a ritardi, omissioni od errori dell'amministrazione stessa".

In ottemperanza del principio della "**tutela dell'affidamento** e della buona fede", dunque, se l'Amministrazione finanziaria modifica il proprio orientamento interpretativo emanando una nuova circolare o modificando quella precedente, può procedere per il recupero dell'imposta ma non può applicare le sanzioni (Lupi).

Sull'efficacia esclusivamente interna delle circolari interpretative dell'agenzia delle entrate

Il principio secondo cui le circolari interpretative dell'Agenzia delle Entrate, anche qualora contengano direttive agli uffici gerarchicamente subordinati, esprimono esclusivamente un parere dell'amministrazione non vincolante per il contribuente, è stato esplicitato in maniera puntuale dalle Sezioni unite della Cassazione: «Per la sua natura e per il suo contenuto (di mera interpretazione di una norma di legge), non potendo esserle riconosciuta alcuna efficacia normativa esterna, la circolare non può essere annoverata fra gli atti generali di imposizione, impugnabili innanzi al giudice amministrativo, in via di azione, o disapplicabili dal giudice tributario od ordinario, in via incidentale. Il che rileva, in primo luogo, sul piano generale, perché le circolari, come è stato affermato dalla dottrina prevalente, non possono né contenere disposizioni derogative di norme di legge, né essere considerate alla stregua di norme regolamentari vere e proprie, che, come tali vincolano tutti i soggetti dell'ordinamento, essendo dotate di efficacia esclusivamente interna nell'ambito dell'amministrazione all'interno della quale sono emesse; e, in secondo luogo, con particolare riferimento all'ordinamento tributario, il quale come è noto, è soggetto alla riserva di legge. (....) Anche la giurisprudenza ha da tempo espresso analoga opinione sulla inefficacia normativa esterna delle circolari. A quest'ultime, infatti, è stata attribuita la natura di atti meramente interni della pubblica amministrazione, i quali, contenendo istruzioni, ordini di servizio, direttive impartite dalle autorità amministrative centrali o gerarchicamente superiori agli enti o organi periferici o subordinati, esauriscono la loro portata ed efficacia giuridica nei rapporti tra i suddetti organismi ed i loro funzionari. Le circolari amministrative, quindi, non possono spiegare alcun effetto giuridico nei confronti di soggetti estranei all'amministrazione, nè acquistare efficacia vincolante per quest'ultima, essendo destinate esclusivamente ad esercitare una funzione direttiva nei confronti degli uffici dipendenti, senza poter incidere sul rapporto tributario, tenuto anche conto che la materia tributaria è regolata soltanto dalla legge, con esclusione di qualunque potere o facoltà discrezionale dell'amministrazione finanziaria» (Cass., Sez. un., 2 novembre 2007, n. 23031).

2. L'INTERPRETAZIONE ANALOGICA IN CAMPO TRIBUTARIO.

Nell'ambito dell'interpretazione delle norme si inserisce l'istituto **dell'analogia** positivizzato dall'articolo 12 delle preleggi. Con detto istituto il legislatore consente all'interprete di colmare alcune "lacune" del sistema normativo applicando norme che regolano casi simili. Più nello specifico, quando una data fattispecie normativa non è regolata in tutti i suoi elementi, l'interprete attraverso il procedimento dell'analogia può ricavare, da disposizioni che regolano casi simili o materie analoghe a quelle da decidere, una norma non scritta applicabile al caso concreto.
In linea generale, il ricorso alla analogia è limitato a quelle ipotesi in cui non soltanto sussista un rapporto di somiglianza o affinità tra le due fattispecie ma che vi sia anche una identità di *ratio*, nel senso che la giustificazione della soluzione data al caso disciplinato appaia tale da poter essere estesa anche alla fattispecie non regolata.
Inoltre, l'articolo 12 citato autorizza non solo il ricorso alla *analogia legis* (ovvero all'applicazione analogica di altre singole disposizioni), ma pure, se il caso rimane ancora dubbio, il ricorso alla *analogia iuris*, ossia ai principi generali dell'ordinamento giuridico dello Stato: vale a dire, ricavando una norma (non scritta) non già da specifiche altre norme, bensì addirittura dai principi generali sui quali si fonda il sistema giuridico.
È espressamente vietato il ricorso all'analogia per le leggi penali e le leggi eccezionali (art. 14 disp. prel. cc.).
Chiarito ciò in termini generali, si pone la specifica questione se l'istituto dell'analogia possa essere utilizzato dall'interprete che deve colmare una "lacuna" nell'ambito della materia del diritto tributario. La soluzione fornita è differente a seconda del tipo di "lacuna" che deve essere colmata in via analogica dall'interprete del caso concreto.
Non è ammissibile l'applicazione analogica delle norme fiscali "impositrici" (ovvero, quelle norme che stabiliscono le fattispecie imponibili, il presupposto e il soggetto passivo dell'imposta) (LUPI), nonché quelle che stabiliscono le **esenzioni** e le **agevolazioni** (queste ultime, in quanto, sono norme eccezionali che prevedono deroghe alle norme impositrici) (TESAURO). In altri termini, essendo esclusa per legge l'applicazione analogica di norme eccezionali, detto criterio non può essere impiegato dall'interprete per norme tributarie che, ad

esempio, prevedono una esenzione totale o parziale dall'obbligazione tributaria.
All'esclusione dell'applicazione dell'analogia alle norme tributarie impositrici, corrisponde, del resto, l'esclusione dell'analogia anche per le **norme sanzionatorie,** in quanto, ove si ammettesse l'estensione analogica di un'imposta a casi non previsti espressamente dalla legge tributaria, si dovrebbe, altresì, considerare non punibile l'evasione, non potendo estendere, in parallelo la norma sanzionatoria.
Diversamente, è prevista la possibilità di ricorrere all'interpretazione analogica delle **norme tributarie non impositive** (o, in ogni caso, non sostanziali) nei casi in cui si riscontrino lacune tecniche per la determinazione del *quantum debeatur* (lacune c.d. tecniche). In altri termini, nelle ipotesi in cui la legge stabilisce che una determinata fattispecie è imponibile ma non preveda i criteri per la determinazione dell'imponibile, l'interprete può ricorrere all'analogia per risolvere la controversia.
Infine, la dottrina prevalente ritiene che sia consentita l'interpretazione analogica con riguardo alle **norme tributarie "strumentali",** ovvero quelle "procedimentali" e "processuali".

QUESTIONARIO

1. Cosa si intende per interpretazione logica basata su criteri sistematici? **(IV.1)**
2. Che efficacia hanno le circolari interpretative dell'Amministrazione Finanziaria? **(IV.1.1)**
3. Per quale tipologia di norme tributarie è ammessa l'interpretazione analogica? **(IV.2)**

SCHEDA DI SINTESI

I criteri per interpretare le disposizioni tributarie sono quelli indicati dall'articolo 12 delle disposizioni preliminari: l'interpretazione cd. letterale, il criterio sistematico (fondato sulla coerenza dell'ordinamento considerato nella sua complessità), il criterio storico (ossia, l'interprete deve analizzare il problema concreto che il legislatore intendeva affrontare introducendo la norma, avvalendosi anche dei lavori preparatori della norma) e il criterio teleologico (ossia, il fine che il legislatore intendeva realizzare con la disposizione oggetto di interpretazione).

L'attività interpretativa dell'Amministrazione finanziaria si manifesta attraverso l'emanazione di: circolari (preordinate a dare chiarimenti di una determinata disciplina), risoluzioni (risposte a determinati quesiti formulati dai contribuenti o dagli uffici periferici della stessa Amministrazione finanziaria in merito a specifici casi), istruzioni (sull'esatta modalità di compilazione della modulistica fiscale) e pareri (espressi a seguito dell'istanza di interpello presentata da un contribuente).

Non è ammissibile l'interpretazione analogica delle norme fiscali "impositrici", di quelle che stabiliscono esenzioni, agevolazioni o, diversamente, comminano sanzioni.

Gli interpreti, invece, consentono l'applicazione del criterio dell'analogia per le norme tributarie non impositive e per quelle "strumentali".

TI RICORDI

Il rapporto tra fonti normative è regolato dal criterio cronologico secondo cui, tra norme aventi lo stesso rango gerarchico e aventi la stessa competenza, si applica la norma emanata successivamente.

Il suddetto principio, deputato a risolvere le antinomie tra norme, è in ogni caso subordinato: al criterio gerarchico (in base al quale la norma posta da una fonte di rango inferiore non può mai abrogare una norma posta da fonte superiore, ancorché sia ad essa posteriore) e al criterio di specialità (la norma posteriore generale non abroga la norma anteriore speciale).

CAPITOLO V
I soggetti del diritto tributario

SOMMARIO:

1. PREMESSA SULL'OBBLIGAZIONE TRIBUTARIA. I SOGGETTI ATTIVI.

Lo studio del diritto tributario può essere impostato sull'*aspetto sostanziale* (statico), concernente gli elementi essenziali del tributo ed il rapporto giuridico che ne rappresenta il contenuto, o sull'*aspetto dinamico*, relativo all'attuazione del prelievo tributario (SINISCALCHI). Preliminarmente, si analizzerà il "profilo statico" dell'obbligazione tributaria per procedere, poi, sotto il "profilo funzionale-dinamico", all'esame delle modalità di attuazione dell'imposizione tributaria attraverso lo studio dei poteri di cui è dotata l'Amministrazione finanziaria e delle forme di esercizio di detti poteri (TESAURO), regolati dalle norme procedimentali (di accertamento, di riscossione, sanzionatorie, etc.).

L'obbligazione tributaria è un'obbligazione di diritto pubblico posta a carico di ciascun privato-contribuente. Essa consiste nell'obbligo di pagare all'erario una determinata somma di danaro in ragione della propria capacità contributiva.

Gli **elementi essenziali** della fattispecie tributaria, in cui si concretizzano le scelte politiche ed economiche su cui si fonda il tributo, sono:

- **il soggetto attivo;**
- **il soggetto passivo;**
- il **presupposto;**
- **la base imponibile;**
- **la misura dell'imposta.**

L'obbligazione tributaria, dunque, come una qualsiasi obbligazione pecuniaria è caratterizzata da un soggetto attivo (creditore del tributo) e da un soggetto passivo (debitore del tributo).

Il **soggetto attivo** è il creditore e non sempre coincide con il soggetto che percepisce le somme prelevate (es. IRAP).

Il **soggetto passivo** è il debitore e di norma coincide con il contribuente, cioè con colui che subisce un decremento della propria ricchezza. Tuttavia, vi sono dei casi in cui tale coincidenza non si realizza; ad esempio, nel caso dell'IVA, come si vedrà nel prosieguo della trattazione, soggetto passivo è l'imprenditore, ma è il consumatore finale che subisce in concreto un decremento della propria ricchezza.

Il sistema tributario italiano vigente attribuisce allo Stato la titolarità dell'obbligazione tributaria, mentre l'esercizio dei poteri impositivi è attribuito all'Agenzia delle Entrate (TESAURO).

Il *soggetto attivo* è la persona giuridica pubblica (Stato, Regioni, Province, Comuni) alla quale il legislatore riconosce il diritto di riscuotere e percepire il tributo, incrementando il proprio patrimonio.

Al soggetto attivo fa capo la *potestà impositiva*, ovvero il potere amministrativo previsto dalla legge di accertare e riscuotere i tributi.

La struttura organizzativa del Governo attribuisce al **Ministero dell'Economia e delle Finanze** il compito di controllare le spese e le entrate dello Stato, nonché di sovraintendere alla politica economica e finanziaria, al bilancio e al fisco.

Alle **agenzie fiscali,** soggette ai poteri di indirizzo e vigilanza del Ministero, compete la gestione pratica dei tributi.

Presso ogni Direzione regionale dell'Agenzia delle Entrate è istituito il **Garante del contribuente**. Sono organi monocratici presenti in ogni regione con il compito di tutelare i diritti del contribuente e garantire un rapporto di fiducia tra cittadini e Amministrazione finanziaria. Sono

nominati dal Presidente della Commissione tributaria regionale o sua sezione distaccata, nella cui circoscrizione è compresa la Direzione regionale dell'Agenzia delle entrate.
Il Garante, anche su segnalazione del contribuente, può: richiedere documenti o chiarimenti agli uffici competenti e attivare le procedure di autotutela nei confronti di atti amministrativi di accertamento o di riscossione notificati al contribuente; rivolgere raccomandazioni ai dirigenti degli uffici ai fini della tutela del contribuente e della migliore organizzazione dei servizi; richiamare gli uffici al rispetto delle norme dello Statuto del contribuente o dei termini relativi ai rimborsi d'imposta; segnalare i casi di particolare rilevanza in cui le disposizioni vigenti o i comportamenti dell'Amministrazione sono suscettibili di determinare un pregiudizio ai contribuenti o conseguenze negative nei loro rapporti con l'Amministrazione; accedere agli uffici finanziari e controllare la funzionalità dei servizi di informazione e assistenza al contribuente.

1.1. IL MINISTERO DELL'ECONOMIA E DELLE FINANZE.

Ai sensi dell'art. 23 del d.lgs. 30 luglio 1999 n. 300, al MEF sono attribuite le funzioni e i compiti spettanti allo Stato in materia di politica economica, finanziaria e di bilancio, programmazione degli investimenti pubblici, coordinamento della spesa pubblica e verifica dei suoi andamenti. Competono al MEF anche le politiche fiscali, incluso il sistema tributario, il demanio, il patrimonio statale, il catasto e le dogane.
Con specifico riferimento alle **politiche fiscali** (art. 24 lett. d), il MEF compie "l'analisi del sistema fiscale e delle scelte inerenti alle entrate tributarie ed erariali in sede nazionale, comunitaria e internazionale", nonché svolge "le attività di coordinamento, indirizzo, vigilanza e controllo previste dalla legge sulle agenzie fiscali e sugli altri enti o organi che comunque esercitano funzioni in materia di tributi ed entrate erariali di competenza dello Stato", infine, svolge una attività di "coordinamento, monitoraggio e controllo del sistema informativo della fiscalità e della rete unitaria di settore", di "informazione istituzionale nel settore della fiscalità" e "le funzioni previste dalla legge in materia di demanio, catasto e conservatorie dei registri immobiliari".

Quindi al MEF, per il tramite del Dipartimento delle Finanze, spettano anche i poteri di *indirizzo* della politica fiscale. Infatti, dopo l'approvazione da parte del Parlamento del documento di programmazione economico-finanziaria ed in coerenza con i vincoli e gli obiettivi stabiliti in tale documento, il Ministero entro il mese di settembre di ciascun anno, con un proprio *documento di indirizzo triennale*, indica gli sviluppi della politica fiscale, le linee generali, gli obiettivi della gestione tributaria, le grandezze finanziarie e le altre condizioni nelle quali si sviluppa l'attività delle agenzie fiscali.
In particolare (art. 56 d.lgs. 300/1999), il MEF svolge le funzioni di:

- **analisi**, **indagini** e **studi** sulle politiche fiscali e sulla loro attuazione;
- predisposizione dei relativi **atti normativi**;
- **indirizzo**, **vigilanza** e **controllo** sui risultati di gestione delle Agenzie fiscali e coordinamento e vigilanza su altri enti o organi che comunque esercitano funzioni in settori della fiscalità di competenza dello Stato;
- **comunicazione istituzionale** con i contribuenti e con l'opinione pubblica per favorire la corretta applicazione della legislazione tributaria;
- amministrazione del personale e delle risorse necessarie allo svolgimento dei compiti del ministero e all'attività giurisdizionale delle **commissioni tributarie**.

1.2. LE AGENZIE FISCALI.

Per la gestione delle funzioni esercitate dai dipartimenti delle entrate, delle dogane, del territorio e di quelle connesse svolte da altri uffici del ministero sono istituite tre Agenzie fiscali (art. 57 d.lgs. 300/1999), che svolgono le *funzioni operative* e si *rapportano con i contribuenti*.

Agenzia delle entrate

Ha una competenza generale, in materia di *tributi diretti*, dell'*imposta sul valore aggiunto* e di tutte le *entrate tributarie erariali che non sono assegnate alla competenza di altre Agenzie, enti od organi*. Dal 1° dicembre 2012 (art. 23 *quater* del d.l. 6 luglio 2012, n. 95, c.d. *spending review bis*), nell'Agenzia dell'Entrate è stata incorporata l'Agenzia del Territorio che era competente a svolgere i servizi relativi al catasto, i servizi geotopocartografici e quelli relativi alle conservatorie dei registri immobiliari, con il compito di costituire l'anagrafe dei beni immobiliari esistenti sul territorio nazionale.

L'attività di controllo del corretto adempimento degli obblighi fiscali dei contribuenti rientra tra i compiti istituzionali affidati all'Agenzia delle Entrate ed è finalizzata a contrastare i fenomeni evasivi ed elusivi, nonché a favorire l'adempimento spontaneo del contribuente. In altri termini, l'Agenzia delle Entrate ha il compito di perseguire il massimo livello di adesione agli obblighi fiscali (c.d. ***tax compliance***).

Da un lato, quindi, l'Agenzia ha il compito di contrastare i comportamenti fiscalmente non corretti e, dall'altro, di provocare un effetto dissuasivo che stimoli al massimo l'adesione spontanea sia attraverso l'assistenza ai contribuenti, sia attraverso i controlli diretti al recupero dell'evasione fiscale. Le sue principali attività sono:

- l'informazione e l'assistenza al fine di semplificare il rapporto con i contribuenti e agevolare gli adempimenti fiscali;
- il contrasto all'evasione fiscale, con la collaborazione della Guardia di Finanza;
- la gestione del contenzioso tributario dinanzi alle Commissioni tributarie;
- la consulenza ai contribuenti e agli altri enti interessati al sistema della fiscalità.

Agenzia delle dogane e dei monopoli

Competente a svolgere i servizi relativi ai diritti doganali e della fiscalità interna negli scambi internazionali, delle accise sulla produzione e sui consumi, operando in stretto collegamento con gli organi dell'Unione europea nel quadro dei processi di armonizzazione. La parte Monopoli regola il comparto del gioco pubblico in Italia attraverso una verifica costante dell'operato dei concessionari e una mirata azione di contrasto all'irregolarità. Inoltre, esercita l'attività di controllo sulla produzione, distribuzione e vendita dei tabacchi lavorati e sulla riscossione e versamento delle imposte che vi gravano.

Agenzia del Demanio

Si occupa dell'amministrazione dei beni immobili dello Stato.

Tutte le agenzie fiscali hanno personalità giuridica di diritto pubblico. L'Agenzia del demanio, inoltre, è un ente pubblico economico.

Le agenzie fiscali hanno autonomia regolamentare, amministrativa, patrimoniale, organizzativa, contabile e finanziaria. Operano nell'esercizio delle funzioni pubbliche ad esse affidate in base ai principi di legalità, imparzialità e trasparenza, con criteri di efficienza, economicità ed efficacia nel perseguimento delle rispettive missioni (art. 61 d.lgs. 300/1999).

Sono articolate in tre diversi livelli:

- livello centrale: composto di una Direzione Centrale;
- livello intermedio: articolato in Direzioni Regionali;
- livello periferico: articolato in Direzioni Provinciali.

Gli *organi* delle Agenzie sono:

- il *direttore dell'agenzia*;
- il *comitato digestione*.
- il *collegio dei revisori dei conti*.

Con il comma 93 dell'art. 1 della legge di bilancio per il 2018 (l. n. 205 del 27 dicembre 2017), il legislatore ha introdotto la potestà delle Agenzie fiscali di adottare propri regolamenti volti a disciplinare l'istituzione di posizioni organizzative e l'assunzione di nuovi dirigenti.

Il MEF e ciascuna Agenzia, sulla base del documento *di indirizzo*, stipulano, per ciascun esercizio finanziario, una convenzione triennale, con la quale vengono fissati:

- i servizi dovuti e gli obiettivi da raggiungere;
- le direttive generali per la gestione ed i vincoli da rispettare;
- le risorse disponibili;
- gli indicatori ed i parametri in base ai quali misurare l'andamento della gestione;
- le modalità di verifica dei risultati gestionali e di vigilanza sull'operato dell'Agenzia;
- le modalità di vigilanza sull'operato dell'agenzia sotto il profilo della trasparenza, dell'imparzialità e della correttezza nell'applicazione delle norme, con particolare riguardo ai rapporti con i contribuenti.

L'ANAC con la deliberazione n. 1310 del 28 dicembre 2016 ("*Prime linee guida recanti indicazioni sull'attuazione degli obblighi di pubblicità, trasparenza e diffusione di informazioni contenute nel d.lgs. n. 33/2013 come modificato dal d.lgs. 97/2016*") -in ordine all'interrogativo sul se e in che termini alle Agenzie fiscali si applica **la disciplina sulla trasparenza**- ha chiarito che «il d.lgs. 97/2016 abrogato la norma contenuta nell'art. 1, co. 611, lett. f) l. 27 dicembre 2013, n. 147 che prevedeva alcune limitazioni alla pubblicazione di dati delle Agenzie fiscali. Ne consegue che all'Agenzia delle Entrate e all'Agenzia delle Dogane e dei Monopoli, enti pubblici non economici, si applica integralmente il d.lgs. 33/2013. L'Agenzia del Demanio, ente pubblico economico (art. 61, co. 1, d.lgs. 300/1999), applica invece le disposizioni del decreto con gli adattamenti, secondo il principio della compatibilità, previsti per gli enti pubblici economici ai sensi delle Linee guida in corso di adozione».
Per agevolare i contribuenti nell'adempimento degli obblighi contributivi, sono stati istituiti i **centri di assistenza multicanale** (**CAM**) che forniscono ai contribuenti informazioni di base sullo stato delle pratiche fiscali, sugli adempimenti tributari (normativa, scadenze) e sulla posizione fiscale del singolo contribuente (dichiarazioni, avvisi di irregolarità). Forniscono inoltre assistenza sull'invio telematico delle dichiarazioni dei redditi e, nei casi meno complessi, gli operatori possono correggere eventuali errori e annullare atti amministrativi (es.

comunicazioni di irregolarità) di cui accertino l'illegittimità. Attraverso i CAM è possibile ottenere informazioni fiscali senza doversi recare presso gli uffici.

1.3. ALTRI SOGGETTI: L'AGENTE DELLA RISCOSSIONE.

Dal lato attivo dell'obbligazione tributaria, pur non essendo parte del rapporto giuridico, assumono rilievo anche altri soggetti:

- **Guardia di Finanza**: è un corpo militare che svolge le funzioni di *polizia tributaria* (alle dipendenze del MEF) e di *ordine pubblico* (alle dipendenze del Ministero dell'Interno).
- L'**Agenzia delle entrate-Riscossione** (subentrata *ex lege* ai concessionari del servizio della riscossione).

L'**Agenzia delle entrate-Riscossione** svolge le funzioni relative alla riscossione nazionale. È un **ente pubblico economico** istituito ai sensi dell'art. 1 del D.L. 22 ottobre 2016, n. 193, convertito con mod. dalla L. 1° dicembre 2016 n. 225.
L'Ente è sottoposto all'indirizzo e alla vigilanza del MEF ed è **strumentale** dell'Agenzia delle entrate a cui è attribuita la titolarità della riscossione nazionale ai sensi dell'articolo 3, comma 1, del D.L. 30 settembre 2005 n. 203, convertito con mod. dalla L. 2 dicembre 2005, n. 248. L'Agenzia delle entrate provvede a monitorare costantemente l'attività dell'Agenzia delle entrate-Riscossione, secondo principi di trasparenza e pubblicità.
L'ente ha assunto la qualifica di **agente della riscossione** con i poteri e secondo le disposizioni di cui al titolo I, capo II, e al titolo II, del d.P.R. 29 settembre 1973, n. 602. L'Agenzia può anche svolgere le attività di riscossione delle entrate tributarie o patrimoniali dei comuni e delle province e delle società da essi partecipate. Nella **Regione Sicilia**, invece, la Società incaricata di gestire la riscossione dei tributi e delle altre entrate è Riscossione Sicilia S.p.A.
L'Agenzia delle entrate-Riscossione ha autonomia organizzativa, patrimoniale, contabile e di gestione. Gli organi dell'Agenzia delle entrate-Riscossione sono il Presidente, il Comitato di gestione e il Collegio dei revisori dei conti, «il cui presidente è scelto tra i magistrati della Corte dei conti» (art. 1, comma 3, D.L. n. 193/16).

Il Comitato di gestione è composto dal Direttore dell'Agenzia delle entrate in qualità di Presidente dell'Ente e da due componenti nominati dall'Agenzia medesima tra i propri dirigenti.
L'Agenzia delle entrate-Riscossione è subentrata, **a titolo universale, nei rapporti giuridici attivi e passivi, anche processuali**, delle società del Gruppo Equitalia sciolte a decorrere dal 1° luglio 2017 (ad eccezione di Equitalia Giustizia). Le società del gruppo Equitalia, quindi, sono state cancellate d'ufficio dal registro delle imprese ed estinte, senza che sia stata esperita alcuna procedura di liquidazione.
Le disposizioni contenute nello Statuto dei diritti del contribuente "si applicano anche nei confronti dei soggetti che rivestono la qualifica di concessionari e di organi indiretti dell'amministrazione finanziaria, ivi compresi i soggetti che esercitano l'attività di accertamento, liquidazione e riscossione di tributi di qualunque natura" (art. 17 St. contr.).
Per le questioni afferenti alla rappresentanza in giudizio dell'Agente della riscossione si rimanda al Capitolo sul *processo tributario*.

2. IL SOGGETTO PASSIVO DIRETTO: IL CONTRIBUENTE.

Il *soggetto passivo* dell'obbligazione tributaria è denominato **contribuente** ed è tenuto al pagamento del tributo in quanto ne ha realizzato il presupposto.
La *soggettività passiva tributaria* (ovvero l'attitudine ad essere soggetto passivo di un'obbligazione tributaria) è attribuita alle persone fisiche, agli enti collettivi dotati di personalità giuridica, nonché ai soggetti privi di personalità giuridica (soggetti non personificati). In altri termini, in un'ottica civilistica, si può assurgere a soggetto passivo-contribuente se si è dotati di autonomia patrimoniale, a prescindere dall'esistenza della personalità giuridica.
Ogni soggetto passivo-contribuente, anche "virtuale" (cioè, ogni soggetto che possa diventare soggetto passivo di obblighi verso il Fisco), viene identificato attraverso il **codice fiscale** individuale (rappresentato da una serie di 16 segni alfanumerici per le persone fisiche, 11 segni numerici per gli altri soggetti).
I soggetti dotati di codice fiscale sono iscritti **all'anagrafe tributaria** (istituita con il d.P.R. 29 settembre 1973 n. 605), ovvero la banca dati

utilizzata per la raccolta e l'elaborazione dei dati relativi alla fiscalità dei contribuenti italiani (si veda il *cap. VIII, sez. II*).

Ogni contribuente ha un proprio **domicilio fiscale** (art. 58, d.P.R. n. 600/1973) in un Comune dello Stato. Il domicilio fiscale assume un'importanza fondamentale sotto il profilo formale, in quanto serve a determinare l'ufficio finanziario territorialmente competente ai fini dell'accertamento fiscale.

Per le *persone fisiche residenti* in Italia, il domicilio fiscale è nel Comune alla cui anagrafe risultano iscritte. Le *persone fisiche non residenti* in Italia, invece, hanno il proprio domicilio fiscale nel Comune in cui si è prodotto il reddito, mentre le *persone giuridiche* hanno il proprio domicilio fiscale nel Comune in cui si trova la loro sede amministrativa.

La **residenza fiscale**, infine, rappresenta un concetto di diritto tributario *sostanziale*, rilevante alla luce del principio di tassazione del reddito mondiale dei soggetti residenti (c.d. *worldwide taxation principle),* il quale determina la tassazione in Italia della totalità dei redditi del residente, anche se prodotti all'estero: la *residenza* del soggetto è dunque il principale *criterio di collegamento* con lo Stato ai fini della soggettività ad imposizione.

2.1. GLI ALTRI SOGGETTI PASSIVI: LA SOLIDARIETÀ TRIBUTARIA.

I soggetti passivi dell'obbligazione tributaria possono essere talvolta più di uno per il medesimo tributo. In coerenza con il generale principio sancito dall'articolo 1294 del codice civile, i condebitori di una obbligazione «sono tenuti in solido, se dalla legge o dal titolo non risulta diversamente».

La *ratio* della solidarietà passiva si ravvisa pacificamente nell'aumentare le possibilità di soddisfacimento del creditore rendendo più agevole la riscossione del dovuto.

Il diritto tributario non conosce la solidarietà "attiva" ma solo quella "passiva" in ragione della quale più debitori sono tutti obbligati per la medesima prestazione e il creditore (ovvero, il Fisco) può pretendere l'adempimento per la totalità da ciascuno di essi che, eseguendo il pagamento dovuto, libera gli altri verso il Fisco.

La pluralità di soggetti passivi può essere originata da situazioni diverse.

Possono ricorrere ipotesi in cui ci sono più soggetti che realizzano congiuntamente la medesima manifestazione economica che assurge a presupposto di imposta. Diversamente, ci possono essere più soggetti passivi in quanto, oltre al contribuente, c'è un *soggetto terzo* responsabile del pagamento del tributo o, più semplicemente, un soggetto che agevola il prelievo tributario (ipotesi di cui si dirà nel *successivo paragrafo*).

Il diritto civile distingue la solidarietà passiva paritetica da quella dipendente. La prima si profila quando più soggetti sono tenuti all'identica prestazione in virtù di un medesimo titolo; mentre la seconda si configura allorché, ferma restando l'identità della prestazione, la coobbligazione di cui questa costituisce l'oggetto si giustifica sul piano sostanziale in virtù di titoli differenziati, connettendosi quindi a fattispecie ontologicamente distinte ancorché collegate.

Le richiamate figure della solidarietà assumono valenza anche nel diritto tributario. Infatti, il coinvolgimento di più soggetti (che possono anche essere, in tutto o in parte, terzi rispetto alla manifestazione economica che viene tassata) dà luogo alla c.d. *solidarietà passiva tributaria*; ma, a seconda della ragione che ha determinato il coinvolgimento degli stessi, si configurano due tipi di solidarietà passiva tributaria (LUPI).

- La **solidarietà passiva paritetica** (o **paritaria**): quando il presupposto del tributo è posto in essere congiuntamente da una pluralità di soggetti e, conseguentemente, questi sono solidalmente obbligati all'adempimento dell'obbligazione tributaria trovandosi nella medesima posizione rispetto al Fisco (es.: nel caso dell'imposta di registro quando, per la registrazione di un contratto, le parti contraenti sono obbligate in solido). In questo caso, il coobbligato che paga l'intero ha **diritto di regresso pro quota**.
- La **solidarietà passiva dipendente**: quando il presupposto del tributo è riferibile ad un unico soggetto (*obbligato principale*), ma dell'obbligazione tributaria risponde in solido ed *in via dipendente* anche un soggetto diverso (*obbligato dipendente* o c.d. **responsabile d'imposta**) che è solidalmente responsabile per aver posto in essere una fattispecie "collaterale" ulteriore e

diversa (es.: nel caso dell'imposta di registro quando il notaio o altro pubblico ufficiale che redige un atto o lo autentica, è tenuto al pagamento dell'imposta insieme con le parti contraenti). La fattispecie principale (cui attiene il debito dell'obbligato principale) e la fattispecie secondaria (da cui deriva l'obbligazione del responsabile d'imposta) sono in un rapporto di *pregiudizialità-dipendenza*, in quanto l'obbligazione del responsabile dipende dall'esistenza dell'obbligazione principale: ne deriva che il responsabile è un *coobbligato in via dipendente* (TESAURO). In questo caso il responsabile d'imposta che paga il tributo ha **diritto di regresso per l'intero** nei confronti del debitore principale (art. 64, co. 3, d.P.R. n. 600/1973).

Le leggi tributarie normalmente prevedono i casi di solidarietà passiva, come ad esempio l'art. 57, comma 1, del Testo Unico dell'imposta di registro (TUR) che prevede espressamente la solidarietà passiva per il debito d'imposta di registro.

La solidarietà passiva per agevolare il soddisfacimento del creditore

«Le parti contraenti di una vendita immobiliare sono solidalmente obbligate al pagamento della relativa imposta di registro, ai sensi dell'art. 57 del D.P.R. 26 aprile 1986, n. 131, senza che l'Amministrazione sia vincolata, nella sua riscossione, dal beneficio dell'ordine, né da quello della previa escussione, mirando la norma a **garantire il creditore di imposta rendendogli più sicura ed agevole la percezione del tributo**. Ne consegue che ciascun debitore è tenuto per l'intero corrispondente debito verso l'Erario, il quale, a sua volta, può indifferentemente esigere il totale adempimento dall'uno o dall'altro condebitore, non essendogli precluso, fin quando non l'abbia ottenuto, di agire anche separatamente nei loro confronti» (Cass., 23 aprile 2014, n. 9126).

2.1.1. LA DISCIPLINA DELLA SOLIDARIETÀ TRIBUTARIA.

Gli interpreti si sono interrogati in ordine all'individuazione della disciplina della solidarietà tributaria passiva e, più in generale, se si possa rinviare integralmente a quella contenuta nel codice civile.

Il problema dell'applicazione della presunzione di solidarietà ex art. 1294 c.c.

La prima questione ermeneutica riguarda i casi in cui il legislatore (diversamente da quanto visto sopra) non qualifichi espressamente in termini di solidarietà una fattispecie in cui a fronte di una "unica obbligazione tributaria" siano presenti più debitori e, quindi, gli interpreti si sono chiesti se anche in ambito tributario possa o meno trovare applicazione la presunzione di solidarietà dettata dall'articolo 1294 c.c.

Secondo autorevole dottrina (TESAURO), la presunzione di solidarietà non dovrebbe trovare spazio nel sistema tributario, perché le norme civilistiche relative alle obbligazioni solidali non possono essere automaticamente applicate anche in campo tributario, in quanto sistema sorretto da principi suoi propri riassumibili nel concetto della "mutua rappresentanza" (FALSITTA) tra tutti i coobbligati passivi. Di contro, secondo altra parte della dottrina (SINISCALCHI, GIANNINI), l'art. 1294 c.c. trova applicazione anche in ambito tributario.

La giurisprudenza sul punto è consolidata nel senso che, in presenza di una obbligazione tributaria che ha il carattere dell'*unicità* e che grava in capo a più soggetti, opera la presunzione di solidarietà passiva prevista dall'art. 1294 c.c.

Così, a titolo esemplificativo, gli interpreti ritengono che il contributo dovuto al Consorzio di bonifica sia un tributo avente il carattere dell'unicità in relazione all'immobile che cade sotto il perimetro di contribuenza, pur in presenza di una pluralità di comproprietari pro-indiviso. Quindi, a prescindere dalle varie tesi giuridiche che ricostruiscono la figura del contributo di bonifica o come onere reale o come obbligazione *propter rem* o, infine, un *tertium genus*, il medesimo si configura quale peso fiscale imposto in via periodica sul bene immobile in ragione di un'utilità che il bene stesso trae dall'opera svolta dall'ente preposto al miglioramento fondiario. L'unicità del titolo che grava sull'immobile quale *res unica* rende indivisibile l'obbligazione, prescindendo dalla situazione di contitolarità indivisa sul bene medesimo: il rapporto tributario che sorge involge il bene immobile nella sua interezza e l'ente impositore. La soggettività passiva è radicata nel primo titolare del bene secondo il principio del cumulo e la solidarietà passiva dei contitolari del diritto di proprietà sul bene ha titolo nell'unicità dell'obbligazione tributaria, in piena conformità con il disposto dell'art. 1294 c.c. Il debitore che ha pagato l'intero può agire in regresso sugli altri debitori solidali ai sensi dell'art. 1299 c.c. Il predetto impianto normativo soddisfa, peraltro, il principio della capacità contributiva in quanto ripartisce in via di regresso l'onere tributario fra i vari condebitori, in proporzione alle rispettive quote reali.

La giurisprudenza, in conclusione, ritiene che in ambito tributario viga la solidarietà passiva *ex* art. 1294 c.c., in quanto «il meccanismo della sostituzione di imposta non comporta il venir meno dell'obbligazione tributaria in capo al sostituito, il quale, come percettore del reddito, deve considerarsi direttamente obbligato nei confronti dell'amministrazione finanziaria». Tra l'altro, «il rapporto che si costituisce tra il sostituto d'imposta e il sostituito è quello dell'obbligazione solidale passiva con il fisco, con la conseguente applicabilità dei principi disciplinanti tale tipo di obbligazioni, ivi compreso quello di cui all'art. 1306 c.c., riguardante l'estensione del giudicato; a tale conclusione non è di ostacolo né la diversità della fonte normativa delle obbligazioni relative a sostituto e sostituito, né il carattere meramente strumentale di quella del sostituto rispetto all'altra; infatti, a parte l'espressa previsione della solidarietà nella fase della riscossione - pur limitata al caso della ritenuta d'imposta - di cui all'art. 35, d.P.R. n. 602 del 1973, che male si adatta alla concezione autonomistica dei due rapporti di obbligazione, nella specie opera la presunzione, stabilita dall'art. 1294 c.c., secondo la quale i condebitori sono ritenuti obbligati in solido se dalla legge o dal titolo non risulta diversamente, e ciò in ragione dell'unicità della prestazione, almeno fino a concorrenza della ritenuta dovuta dal sostituto» (Cass., 25 giugno 2003, n. 10082 e, in senso conforme, anche Cass., 10 settembre 2014, n. 19034).

L'applicazione dell'art. 1295 c.c.

La giurisprudenza tributaria ritiene, altresì, applicabile la disciplina prevista dall'art. 1295 c.c. per cui, salva diversa previsione di legge, l'obbligazione tributaria gravante sul *de cuius* si divide tra gli eredi di uno dei condebitori **in proporzione alle rispettive quote**.

Dunque, la **responsabilità solidale** dei coeredi riguarda solo i debiti del *de cuius* per il mancato pagamento delle imposte sui redditi *ex* 65 del d.P.R. 29 settembre 1973, n. 600 (norma che stabilisce espressamente che «gli eredi rispondono in solido delle obbligazioni tributarie il cui presupposto si è verificato anteriormente alla morte del dante causa»).

Stessa esplicita previsione è dettata dall'art. 36 del d.lgs. 31 ottobre 1990, n. 346, che stabilisce la solidarietà dei coeredi con riferimento alla sola imposta di successione («Gli eredi sono obbligati solidalmente al pagamento dell'imposta nell'ammontare complessivamente dovuto da loro e dai legatari»).

La solidarietà dei coeredi per il mancato pagamento delle imposte sui redditi e per il pagamento dell'imposta di successione, invece, non si estende all'imposta di registro; infatti, l'art. 57 del d.P.R. 26 aprile 1986, n. 131, che nell'individuare i soggetti solidalmente obbligati al pagamento dell'imposta non cita i coeredi del debitore solidale dell'imposta di registro (Cass. sent. n. 18451 del 21 settembre 2016). In conclusione, in materia tributaria, salva una espressa previsione di solidarietà passiva, in ossequio all'art. 1295 c.c. i coeredi sono responsabili «in proporzione delle rispettive quote ereditarie». In maggior dettaglio, «in tema di responsabilità per i debiti ereditari tributari, in mancanza di norme speciali che vi deroghino, si applica la disciplina comune di cui agli artt. 752 e 1295 cod. civ., in base alla quale gli eredi rispondono dei debiti in proporzione delle loro rispettive quote ereditarie» (Cass. sent. n. 18451 del 21 settembre 2016, sent. n. 22426 del 22 ottobre 2014).

Il problema dell'estensione della disciplina della solidarietà passiva agli obblighi formali

Un altro interrogativo, nascente dal fatto che la solidarietà tributaria non ha una propria disciplina, investe la questione se in presenza di detta solidarietà la stessa si esaurisca nell'attuazione del rapporto obbligatorio di imposta (ovvero, nel pagamento del debito tributario) o se essa operi anche per i numerosi **obblighi e doveri formali** che strumentalmente si collegano al pagamento dell'imposta. Secondo un orientamento i coobbligati in solido sono tenuti ad adempiere ai "doveri formali" imposti dalla legge o dall'autorità finanziaria. D'altra parte, alcune norme prevedono che l'adempimento di un obbligo formale da parte di un condebitore ha effetto liberatorio nei confronti degli altri coobbligati e, quindi, vi è una fungibilità soggettiva di detti obblighi.

Secondo altro orientamento, invece, gli "obblighi formali" non si estendono necessariamente a tutti i condebitori in solido, sia perché gli artt. 1292 ss. c.c. si riferiscono costantemente e unicamente alle sole obbligazioni, sia perché in caso di adempimento degli obblighi in discorso non sarebbero possibili le successive azioni di regresso tra i condebitori.

Il problema del litisconsorzio necessario (a) e quello dell'estensione del giudicato processuale ai condebitori in solido (b)

In caso di solidarietà passiva, l'Amministrazione ha *la facoltà,* e non l'obbligo, di **notificare l'avviso di accertamento** a tutti i condebitori in solido.

L'atto di accertamento notificato ad uno solo dei condebitori ha effetto esclusivamente nei confronti di questi e non anche degli altri ai quali non è stato notificato l'atto.

Rappresentano un'eccezione al principio generale secondo il quale l'avviso di accertamento notificato ad uno solo dei coobbligati produce effetti solo nei suoi confronti, le ipotesi di **successione nel debito d'imposta** (che può avvenire *mortis causa,* oppure a seguito di fusione o scissione societaria) e **di privilegio speciale** a favore del Fisco (SINISCALCHI). Resta, tuttavia, impregiudicato il principio secondo il quale il pagamento di un condebitore libera tutti gli altri debitori in solido.

Fatta questa premessa, ad ogni buon conto, nella prassi generalmente si riscontra che l'Amministrazione finanziaria notifichi avvisi di accertamento autonomi per ciascun coobbligato. Detta prassi genera un duplice ordine di problemi:

a) stabilire, in via preliminare, se si è in presenza di un litisconsorzio necessario;

b) risolto il problema a) in senso negativo (ossia, escluso che si sia in presenza di ipotesi di litisconsorzio necessario), stabilire se ciascun coobbligato che instaura un autonomo processo o se alcuni di essi non impugnano l'avviso di accertamento notificato possano avvalersi del principio dettato dall'art. 1306 c.c., ossia la norma che detta le regole sull'estensione degli effetti del giudicato ai condebitori in solido per i quali non è stato integrato il contraddittorio nel medesimo giudizio.

a) Primo interrogativo: stabilire se si è in presenza di un litisconsorzio necessario.

Preliminare alla soluzione del quesito è la definizione dell'ambito dell'obbligazione tributaria; ossia stabilire se si tratta di un *rapporto inscindibile plurisoggettivo*, o, al contrario, di una pluralità di rapporti collegati tra loro nel nesso solidale.

Secondo un primo orientamento (teoria della c.d. super-solidarietà o solidarietà formale), sarebbe da ritenersi inscindibile la posizione giuridica di tutti i coobbligati in solido, tanto in sede di accertamento, quanto in sede processuale, in considerazione della sussistenza di un'identità di fatto tra il litisconsorzio necessario e la solidarietà tributaria. Le ragioni a sostegno di tale configurazione "litisconsortile" risiedono nella necessità che la definizione del rapporto obbligatorio d'imposta, dovendo avvenire in maniera uniforme per tutti i coobbligati, vada perseguita con il coinvolgimento di tutti in ogni fase e, dunque, la prospettiva di litisconsorzio necessario appare la soluzione più conforme ai principi costituzionali di giusto riparto della spesa, nel rispetto della capacità contributiva (RUSSO - FALSITTA).

Un secondo orientamento, invece, propende per la negazione del litisconsorzio necessario, in quanto incompatibile con la previsione di cui all'art. 1306 c.c. che, nel regolare in ambito processuale i rapporti tra creditore e condebitori in solido *esclude l'estensibilità degli effetti negativi* di una sentenza pronunciata tra un creditore e uno dei debitori in solido, nei confronti degli altri debitori estranei al processo, prevedendo, tuttavia (secondo la giurisprudenza consolidata), *l'estensione del giudicato favorevole* anche ai debitori che non abbiano preso parte al giudizio e che non abbiano impugnato, a loro volta, con autonomo giudizio, l'avviso di accertamento e che non abbiano, nelle more, già provveduto a pagare l'imposta accertata (SINISCALCHI).

La giurisprudenza, invece, ritiene che spetti all'interprete del caso concreto di volta in volta stabilire se si è in presenza o meno di una ipotesi processuale riconducibile a quella del litisconsorzio necessario.
Le Sezioni unite della Corte di cassazione, sul rapporto tra litisconsorzio necessario e solidarietà passiva in materia tributaria, si sono espresse ne senso che «ogni volta che per effetto della norma tributaria o per l'azione esercitata dall'Amministrazione finanziaria l'atto impositivo debba essere o sia unitario, coinvolgendo nell'**unicità della fattispecie costitutiva** dell'obbligazione una pluralità di soggetti, e il ricorso proposto da uno o più degli obbligati abbia ad oggetto non la singola posizione debitoria del ricorrente, ma la **posizione inscindibilmente comune a tutti i debitori** rispetto all'obbligazione dedotta nell'atto autoritativo impugnato, ricorre una ipotesi di litisconsorzio necessario nel processo tributario ai sensi dell'art. 14, comma 1, del D.lgs. 31 dicembre 1992, n. 546» (Cass. civ., Sez. un., 18 gennaio 2007, n. 1052).

b) Secondo interrogativo conseguente all'esclusione che sussista un litisconsorzio necessario: stabilire se al diritto tributario si estenda o meno l'art. 1306 del codice civile.

Chiariti quali sono i criteri ermeneutici per risolvere la questione se in presenza di una ipotesi di solidarietà passiva tributaria si sia anche in presenza di una fattispecie di litisconsorzio necessario, quando l'interprete esclude che ricorra quest'ultima ipotesi processuale, si pone l'ulteriore questione interpretativa di stabilire se sia o meno applicabile l'art. 1306 c.c.
Nella prassi la questione è stata affrontata quando i rapporti facenti capo a più condebitori sono stati definiti diversamente in esito alle distinte vicende procedimentali e processuali (ad esempio, perché i distinti giudizi tributari instaurati autonomamente da ciascun

condebitore ha avuto esito differente o quando un condebitore non impugna tempestivamente l'avviso di accertamento notificatogli).

La Suprema Corte di Cassazione (Cass. civ., Sez. un., 22 giugno 1991, n. 7053) ha ritenuto che nell'ambito del diritto tributario trovi applicazione il secondo comma della norma richiamata. Ne consegue che i condebitori in solido possono opporre al Fisco la sentenza favorevole ottenuta da altro condebitore "salvo che sia fondata sopra ragioni personali al condebitore". Ad esempio, è una "ragione personale" la sentenza che dichiara illegittimo il provvedimento di accertamento in quanto notificato quando l'Amministrazione finanziaria era già decaduta dalla potestà di accertamento.

Anche la definizione agevolata di una controversia (ad esempio, aderendo a un condono), «avente ad oggetto un'obbligazione tributaria gravante su più soggetti solidalmente, proposta anche da uno solo dei coobbligati, ha effetto per tutti gli altri poiché ciò che rileva è l'unicità dell'obbligazione (quindi del relativo credito), la cui estinzione, benché intervenuta per effetto dell'attività di uno solo degli obbligati, non può che rilevare anche nei confronti degli altri» (Cass., 10 settembre 2014, n. 19034).

In conclusione, anche in merito all'applicabilità dell'art. 1306 c.c., la giurisprudenza ha sostanzialmente parificato la disciplina della solidarietà passiva tributaria a quella di diritto comune: l'atto posto in essere dall'Amministrazione nei confronti di uno solo dei condebitori o l'atto posto in essere da uno solo di essi spiega i suoi effetti nei confronti degli altri condebitori solo se a loro giovano.

Conseguentemente, il condebitore in solido può avvalersi del "giudicato riflesso" favorevole oggetto di sentenza emessa nei confronti di altro condebitore in solido purché:

- **la sentenza favorevole non si fondi su ragioni personali**;

- **il contribuente abbia comunque tempestivamente impugnato l'avviso di accertamento e non abbia pagato l'imposta in contestazione;**
- **la sentenza sfavorevole non sia passata in giudicato.**

Casistica sull'estensione degli effetti favorevoli del giudicato

(Cass. ord. n. 25401 del 17 dicembre 2015, Cass. ord. n. Cass. Sez. VI - 5, Ordinanza n. 276 del 08/01/2013): «Nell'ipotesi di più soggetti debitori in solido della stessa imposta, uno dei quali soltanto abbia impugnato l'avviso di accertamento, in applicazione del principio generale di cui all'art. 1306, secondo comma, cod. civ. in tema di obbligazioni solidali, la definitività di detto accertamento nei confronti del debitore inerte non preclude a quest'ultimo di avvalersi del giudicato riduttivo di quel valore formatosi a favore del debitore più solerte, sia in sede di impugnazione dell'avviso di liquidazione dell'imposta che non abbia tenuto conto di tale giudicato, sia invocando il giudicato sopravvenuto al ricorso nel giudizio promosso avverso l'avviso di liquidazione, sempre che le **ragioni** che hanno determinato il giudicato più favorevole **non siano personali** al condebitore diligente e che **l'interessato non** abbia **provveduto al pagamento dell'imposta**, consumando così la facoltà di far valere l'eccezione».

(Cass., ord. 23 giugno 2017, n. 15787 che richiama la sentenza n. 14814 del 05/07/2011): «in tema di solidarietà tributaria, la facoltà per il coobbligato d'imposta di avvalersi del giudicato favorevole emesso in un giudizio promosso da un altro coobbligato, secondo la regola generale stabilita dall'art. 1306 cod. civ., opera, come riflesso dell'unicità dell'accertamento e della citata estensibilità del giudicato, sempre che **non si sia già formato un giudicato contrario sul medesimo punto**. Pertanto, il coobbligato non può invocare a proprio vantaggio la diversa successiva pronuncia emessa nei riguardi di altro debitore in solido, nel caso in cui egli non sia rimasto inerte, ma abbia a propria volta promosso un giudizio già conclusosi (in modo a lui sfavorevole) con una decisione avente autonoma efficacia nei suoi confronti».

(Cass., ord. 23 giugno 2017, n. 15787 che richiama la sentenza Cass. n. 19580 del 17/09/2014): «in tema di solidarietà tributaria, la facoltà per il coobbligato, destinatario di un atto impositivo, di avvalersi del giudicato favorevole formatosi in un giudizio promosso da altro coobbligato secondo la regola generale stabilita dall'art. 1306 cod. civ., non è preclusa per il solo fatto di non essere rimasto inerte e di **avere autonomamente impugnato l'avviso di accertamento**, essendo di ostacolo al suo esercizio solo la definitiva conclusione del giudizio da lui instaurato con sentenza sfavorevole passata in giudicato».

2.1.2. LA RISCOSSIONE DEI DEBITI TRIBUTARI NEI CONFRONTI DEI COOBBLIGATI IN SOLIDO.

Quando si affronta il tema della solidarietà passiva tributaria bisogna prestare attenzione a non confondere il piano dell'accertamento del tributo, di cui si è detto nel precedente paragrafo, con quello della **riscossione tributaria**.

Sin qui si è detto dell'accertamento (in sede amministrativa e giudiziaria) ove è pacifico che l'Amministrazione finanziaria possa agire in sede di cognizione per munirsi di uno specifico titolo esecutivo nei confronti del condebitore in solido, sia che si tratti di una solidarietà paritetica sia che si tratti di una solidarietà sussidiaria (Cass. 12 agosto 2004, n. 15713; 15 luglio 2005, n. 15036; 10 gennaio 2017, n. 279 e, da ultimo, 16 ottobre 2020, n. 22629).

Tendenzialmente, però, l'ente creditore agisce quindi, per mezzo dell'agente della riscossione, azionando un titolo (ossia, il ruolo) che si è formato nei confronti del proprio debitore d'imposta, ossia dell'obbligato in via principale. Il ruolo assume una posizione di assoluta centralità anche in sede di riscossione dei tributi: l'art. 10 del

d.P.R. n. 602/1973 definisce il ruolo come "l'elenco dei debitori e delle somme da essi dovute formato dall'ufficio ai fini della riscossione a mezzo del concessionario" e l'art. 17 del d.lgs. n. 46/1999 stabilisce che la riscossione coattiva delle entrate dello stato "si effettua mediante ruolo". Ne consegue che l'impianto normativo tiene distinte le funzioni dell'ufficio impositore e dell'agente della riscossione: il primo individua i debitori e le somme dovute formando i relativi ruoli, il secondo le riscuote formando le cartelle di pagamento.
L'atto impositivo di accertamento (c.d. avviso di accertamento), quindi, può essere notificato dall'ente impositore soltanto al debitore principale, «senza necessità di *simultaneus processus*» con i coobbligati in solido in via sussidiaria. Il soggetto passivo del tributo è il debitore principale ed è rispetto ad esso «che va accertato che il tributo è dovuto, ai fini della formazione del titolo esecutivo, ossia del ruolo (art. 49, comma 1, del d.P.R. n. 602/73)» (Cass., Sez. un., 16 dicembre 2020, n. 28709 che richiama Cass. 21 novembre 2014, n. 24795; 5 dicembre 2014, n. 25765; 11 maggio 2016, n. 9527).
Tuttavia, il titolo (ossia, il ruolo) che si forma nei confronti del debitore principale, anche se in base a presupposti distinti, «diviene riferibile ai coobbligati in via sussidiaria. Ed è da quel titolo, che concerne il tributo, che dipende la cartella notificata al coobbligato: **l'art. 25, comma 1, del d.P.R. n. 602/1973** stabilisce difatti che "il concessionario notifica la cartella di pagamento al debitore iscritto a ruolo **o** al coobbligato nei confronti dei quali procede, a pena di decadenza", entro i termini ivi previsti», ossia entro due anni dalla data in cui sono divenuti definitivi gli accertamenti effettuati dall'Ufficio (Cass., Sez. un., 16 dicembre 2020, n. 28709).
La notifica della cartella di pagamento al coobbligato in solido, dunque, «vale come notificazione di quel ruolo, e determina, al pari del precetto, la pretesa esecutiva (Cass., Sez. un., 14 aprile 2020, n. 7822, punto 3.2)». Tant'è che tramite l'impugnazione della cartella il coobbligato in solido «contesta il diritto di procedere all'esecuzione con riferimento a quel titolo, e quindi per debiti tributari, allo stesso modo in cui per gli altri debiti» del debitore principale «egli può contestare la propria responsabilità mediante opposizione all'esecuzione (Cass. 14 maggio 2019, n. 12714, in motivazione)» (Cass., Sez. un., 16 dicembre 2020, n. 28709).

È quindi sufficiente notificare al condebitore in solido, «atti giuridicamente dipendenti dal ruolo già formatosi nei confronti del soggetto passivo d'imposta (sulla giuridica dipendenza della cartella dal ruolo, si veda Cass., Sez. un., 2 ottobre 2015, n. 19704)». In questi casi, tuttavia, il condebitore in solido, con l'impugnazione della cartella di pagamento, può lamentare non soltanto l'inesistenza originaria o sopravvenuta del titolo formatosi nei confronti del debitore principale, «ma anche l'inesistenza originaria o sopravvenuta del credito in esso consacrato, ossia della pretesa tributaria, per inesistenza dei fatti costitutivi o per esistenza di fatti impeditivi, modificativi o estintivi (arg. da Cass., Sez. un., 23 luglio 2019, n. 19889)» (Cass., Sez. un., 16 dicembre 2020, n. 28709).

Così, ad esempio, nel caso di socio di una società di persone che è, in via sussidiaria, illimitatamente responsabile dei debiti tributari della società, se il primo atto impositivo che gli viene notificato è la cartella di pagamento, con l'impugnazione della stessa può «contestare il fondamento della propria responsabilità, ossia la propria qualità di socio, allegando ad esempio il recesso dalla compagine sociale in epoca antecedente al sorgere del debito d'imposta, oppure la qualità di semplice accomandante di una società in accomandita semplice, oppure ancora l'esistenza di un patto limitativo della responsabilità, purché opponibile al terzo ai sensi dell'art. 2267, comma 2, c.c.: in questo modo ha la possibilità di sottrarsi all'efficacia esecutiva del titolo "sociale" (sulla possibilità per il socio di contestare la propria responsabilità mediante opposizione all'esecuzione si vedano, tra varie, Cass. 14 giugno 1999, n. 5884; 6 ottobre 2004, n. 19946)» (Cass., Sez. un., 16 dicembre 2020, n. 28709).

In questi casi, il ricorso con cui è impugnata la cartella di pagamento riguarda un credito tributario e poiché il citato art. 25 del d.P.R. n. 602/73 individua come destinatario della notificazione della cartella di pagamento il coobbligato d'imposta, la controversia deve necessariamente essere instaurata innanzi al Giudice tributario. D'altra parte, «l'ambito di cognizione del giudice tributario si estende sino all'inizio della fase dell'esecuzione forzata, sicché sono sottratte alla giurisdizione tributaria le sole controversie attinenti alla fase dell'esecuzione forzata, mentre quelle scaturite dall'impugnazione degli atti prodromici all'esecuzione, quali la cartella di pagamento o l'intimazione di pagamento, se autonomamente impugnabili ai sensi dell'art. 19 del d.lgs. n. 546/92, sono devolute alla giurisdizione delle commissioni tributarie (Cass., Sez. un., 31 marzo 2008, n. 8279; Sez. un., 3 maggio 2016, n. 8770)» (Cass., Sez. un., 16 dicembre 2020, n. 28709).

Il beneficio di preventiva escussione del condebitore in solido in via sussidiaria

Si è posto l'interrogativo se il coobbligato in via sussidiaria che gode del beneficio della preventiva escussione del debitore principale possa invocare il *beneficium excussionis* soltanto nella fase esecutiva o anche nella fase prodromica, ossia quando gli viene notificata la cartella di pagamento consentendogli di impugnare la stessa innanzi al Giudice competente.

Prima dell'intervento delle Sezioni unite della Corte di cassazione (Cass., Sez. un., sent. 16 dicembre 2020, n. 28709) la Giurisprudenza era divisa. Secondo l'orientamento maggioritario, il condebitore in solido non poteva impugnare la cartella di pagamento al fine di eccepire il beneficio di preventiva escussione in quanto, in materia tributaria, la cartella di pagamento non è un atto esecutivo, ma si limita a preannunciare l'azione esecutiva, rispondendo per quest'aspetto a funzione di precetto (Cass. 3 gennaio 2014, n. 49; 5 dicembre 2014, n. 25764; 16 giugno 2016, n. 12494; 29 luglio 2016, n. 15966; 21 dicembre 2016, n. 26549; 31 maggio 2018, n. 13917; 24 gennaio 2019, n. 1996).

Secondo l'orientamento minoritario, invece, in caso di ricorso al procedimento di riscossione di tributi mediante ruolo, il coobbligato in via sussidiaria poteva legittimamente far valere il *beneficium excussionis* con l'impugnazione della cartella di pagamento.

Le Sezioni unite hanno risolto il contrasto affermando che in tema di riscossione ed esecuzione a mezzo ruolo di tributi il cui presupposto impositivo sia stato realizzato dall'obbligato principale e la cui debenza risulti da un avviso di accertamento notificato ad esso senza che venisse impugnato, il coobbligato in via sussidiaria "può impugnare la cartella notificatagli eccependo (tra l'altro) la violazione del beneficio di preventiva escussione del patrimonio" del debitore principale. Il coobbligato in via sussidiaria, «inoltre, non decade dal diritto di far valere il beneficio, sicché se non lo fa valere impugnando la cartella, lo potrà fare contro l'eventuale intimazione successiva e, in mancanza, impugnando il pignoramento, ma stavolta dinanzi al giudice dell'esecuzione: e ciò perché la natura sussidiaria della propria obbligazione resta tale anche se non la si fa valere immediatamente» (Cass., Sez. un., sent. 16 dicembre 2020, n. 28709).

2.2. LA CANCELLAZIONE DELLA SOCIETÀ: EFFETTI SOSTANZIALI E PROCESSUALI DELL'ESTINZIONE DEL CONTRIBUENTE.

In linea generale, la cancellazione della società dal Registro delle Imprese, stante la valenza di pubblicità legale dell'iscrizione, determina l'effetto estintivo del soggetto giuridico: con la cancellazione la società si estingue. Dunque, con la riforma del diritto societario del 2003, l'estinzione della società è conseguenza della cancellazione dal registro delle imprese e non della definizione di tutti i rapporti giuridici ad essa facenti capo.

Nel diritto tributario, però, per le società cancellate dopo il 13 dicembre 2014 vige la norma speciale contenuta nell'**art. 28, comma 4, del d.lgs. n. 175/2014** che stabilisce che «ai soli fini della validità e dell'efficacia degli atti di liquidazione, accertamento, contenzioso e riscossione dei tributi e contributi, sanzioni e interessi, l'estinzione della società di cui all'articolo 2495 del codice civile ha effetto trascorsi **cinque anni dalla richiesta di cancellazione** del Registro delle imprese».

Con riferimento alla norma testè citata la Corte costituzionale (sent. 8 luglio 2020, n. 142) ha rigettato la questione di costituzionalità in quanto «l'art. 28, co. 4, D.lgs. n. 175 del 2014, nel favorire l'adempimento dell'obbligazione tributaria verso le società cancellate dal registro delle imprese, non determina alcuna ingiustificata disparità di trattamento tra l'Amministrazione finanziaria e gli altri creditori sociali in violazione dell'art. 3 Cost. Tanto per la forte ragione che non è configurabile una piena equiparazione fra le obbligazioni pecuniarie di diritto comune e

quelle tributarie, per la particolarità dei fini e dei presupposti di queste ultime, che si giustificano con la garanzia del regolare svolgimento della vita finanziaria dello Stato».
La Consulta, tra l'altro, avalla l'orientamento della Corte di cassazione per una applicazione estensiva della norma anche alle società di persone (Cass., n. 6743/2015) in quanto l'estinzione della società, derivante da cancellazione "su richiesta" del privato (e non d'ufficio), non può far venir meno la validità ed efficacia degli atti tributari. Se così non fosse il contribuente potrebbe, in qualsiasi momento, sottrarsi all'adempimento degli obblighi tributari chiedendo la cancellazione della società.
La Corte di cassazione, inoltre, nel delimitare l'ambito applicativo della norma ha affermato a chiare lettere che la stessa non ha natura meramente interpretativa: «il differimento quinquennale degli effetti dell'estinzione della società derivanti dall'art. 2495 c.c., comma 2, che, ai sensi dell'art. 28, comma 4, del d.lgs. n. 175 del 2014, opera soltanto nei confronti dell'Amministrazione finanziaria e degli altri enti creditori o di riscossione indicati, con riguardo a tributi o contributi, si applica esclusivamente ai casi in cui la richiesta di cancellazione della società dal registro delle imprese, che costituisce il presupposto di tale differimento, sia stata presentata nella vigenza della disposizione, e pertanto il 13 dicembre 2014 o successivamente, in quanto la norma reca disposizioni di natura sostanziale sulla capacità della società cancellata dal registro delle imprese e non ha pertanto efficacia retroattiva» (*ex multis* Cass., ord., 21 febbraio 2020, n. 4536).
Dunque, detto differimento temporale degli effetti della cancellazione della società ai soli fini fiscali e contributivi risponde all'esigenza di consentire all'Amministrazione finanziaria di effettuare i controlli e i conseguenti accertamenti negli ordinari termini previsti dalla disciplina tributaria, consentendole di notificare gli eventuali atti impositivi direttamente all'originario debitore.
A prescindere dalla disposizione speciale sin qui richiamata (art. 28, comma 4 cit.) sul differimento quinquennale degli effetti estintivi della cancellazione rispetto alla società che assume la veste di contribuente, bisogna altresì analizzare gli "effetti successori" dei rapporti giuridici in essere facenti capo alla società estinta rispetto ai soci; effetti successori, questi, che si verificano sul piano sostanziale e processuale non solo in ambito tributario, ma più in generale in quello civilistico.

Sempre in linea generale (ossia, oltre l'ambito strettamente fiscale), ai sensi del terzo comma dell'art. 2495 codice civile, come modificato dalla riforma del diritto societario attuata dal d.lgs. n. 6 del 2003, «ferma restando l'estinzione della società, dopo la cancellazione i creditori sociali non soddisfatti possono far valere i loro crediti nei confronti dei soci, fino alla concorrenza delle somme da questi riscosse in base al bilancio finale di liquidazione, e nei confronti dei liquidatori, se il mancato pagamento è dipeso da colpa di questi. La domanda, se proposta entro un anno dalla cancellazione, può essere notificata presso l'ultima sede della società».

La giurisprudenza (Cass., Sez. un. 13 marzo 2013, n. 6070; Cass., Sez. un. 4 luglio 2014, n. 15295) è consolidata nell'affermare «la cancellazione determina l'estinzione della **società di capitali** e la presunzione d'estinzione della **società di persone**, indipendentemente dall'esaurimento dei rapporti giuridici ad esse facenti capo (avendo la riforma adottato, per una *ratio* di certezza giuridica, il sistema della liquidazione formale)». L'estinzione del soggetto giuridico (*alias* la cancellazione della società dal registro delle imprese che ha valore di pubblicità legale) determina sui rapporti giuridici esistenti effetti successori che possono essere distinti in **effetti sostanziali** e in **effetti processuali**.

Effetti successori sostanziali della estinzione della società rispetto ai soci limitatamente responsabili

In materia tributaria, vige anche la speciale disposizione contenuta nel comma 3 dell'**art. 36 del d.P.R. n. 602/73:** «i soci o associati, che hanno ricevuto nel corso degli ultimi due periodi d'imposta precedenti alla messa in liquidazione danaro o altri beni sociali in assegnazione dagli amministratori o hanno avuto in assegnazione beni sociali dai liquidatori durante il tempo della liquidazione, sono responsabili del pagamento delle imposte dovute dai soggetti di cui al primo comma nei limiti del valore dei beni stessi, salvo le maggiori responsabilità stabilite dal codice civile. Il valore del denaro e dei beni sociali ricevuti in assegnazione si presume proporzionalmente equivalente alla quota di capitale detenuta dal socio od associato, salva la prova contraria».

Il comma 4 del medesimo articolo, poi, aggiunge che «le responsabilità previste dai commi precedenti sono estese agli amministratori che hanno compiuto nel corso degli ultimi due periodi d'imposta precedenti alla messa in liquidazione operazioni di liquidazione ovvero hanno occultato attività sociali anche mediante omissioni nelle scritture contabili».

A questa previsione speciale per la responsabilità dei soci che hanno ricevuto in assegnazione beni nei due anni precedenti alla messa in liquidazione società (responsabilità che ha natura diretta verso l'Amministrazione finanziaria), si aggiunge la responsabilità di tipo "successorio" -nei confronti della medesima Amministrazione finanziaria- che trova fondamento nella generale disposizione contenuta nel **secondo comma dell'art. 2495 c.c.** Alla stregua della norma richiamata, in seguito all'estinzione della società, «si determina un fenomeno di tipo successorio, in virtù del quale l'obbligazione della società non si estingue ma si trasferisce ai soci, i quali ne rispondono, nei limiti di quanto riscosso a seguito della liquidazione o illimitatamente, a seconda che, *pendente societate*, fossero limitatamente o illimitatamente responsabili per i debiti sociali» (Cass., 16 giugno 2017, n. 15035 che richiama Cass., Sez. un., 12 marzo 2013, n. 6070 e n. 6072).

Con riferimento agli **effetti sostanziali**, la Giurisprudenza, a sua volta, distingue tra: a) gli effetti sostanziali **passivi** che implicano il trasferimento del debito sociale ai soci, con responsabilità limitata o illimitata, a seconda della responsabilità connessa al modello societario prescelto; b) gli effetti sostanziali **attivi** che determinano l'acquisto in comunione tra i soci dei diritti e beni non compresi nel bilancio di liquidazione, escluse le mere pretese e le ragioni creditorie incerte, la cui mancata liquidazione manifesta rinuncia. I diritti e beni non compresi nel bilancio di liquidazione della società estinta «si trasferiscono ai soci, in regime di contitolarità o comunione indivisa, con la sola esclusione delle mere pretese, ancorché azionate o azionabili in giudizio, e dei crediti ancora incerti o illiquidi, la cui inclusione in detto bilancio avrebbe richiesto un'attività ulteriore (giudiziale o extragiudiziale), il cui mancato espletamento da parte del liquidatore consente di ritenere che la società vi abbia rinunciato, a favore di una più rapida conclusione del procedimento estintivo» (Cass. n. 9094/2017 che richiama Cass. 19 ottobre 2016, n. 21105).

La Giurisprudenza, invece, ritiene che l'effetto successorio non possa operare per le sanzioni amministrative di natura tributaria in quanto l'estinzione della società determina «l'**intrasmissibilità della sanzione** (arg. ex art. 8 del d.lgs. n. 472/97), regola che costituisce corollario del principio della responsabilità personale, codificato nell'art. 2, 2° co., del medesimo decreto, sia ai soci, sia al liquidatore. E tale principio assume viepiù rilevanza, ove si consideri che l'art. 7, 10 comma, del d.l. 30 settembre 2003 n. 269, convertito con I. 24 novembre 2003 n. 326, ha introdotto il canone della riferibilità esclusiva alla persona giuridica delle sanzioni amministrative tributarie» (Cass. n. 9094/2017 che richiama Cass. 3 luglio 2015, n. 13730).

Effetti successori processuali della estinzione della società rispetto ai soci limitatamente responsabili

Gli effetti processuali conseguenti all'estinzione della società per la sua cancellazione dal registro delle imprese sono: la incapacità della società di stare in giudizio, l'interruzione del giudizio pendente, la prosecuzione o riassunzione da parte o nei confronti dei soci, l'inammissibilità dell'impugnazione proposta dalla società o contro di essa, anzichè dai soci o contro di essi.

La Giurisprudenza è divisa sul presupposto che radica la legittimazione passiva del socio limitatamente responsabile che succede nel debito societario *ex* art. 2495 c.c.

In particolare, secondo un orientamento giurisprudenziale (Cass. 31/01/2017, n. 2444, Cass. 23/11/2016, n. 23916,

Cass. 26/06/2015, n. 13259) sussiste la legittimazione passiva del socio solo in caso di effettiva esistenza di un attivo dal liquidare e ripartire. Secondo questo orientamento, dunque, la sussistenza dell'attivo costituisce fondamento sostanziale e misura (nonché limite) della responsabilità di ciascuno dei successori. In assenza di detto presupposto, il socio non assumerebbe la qualità di successore e, quindi, non sussisterebbe la legittimazione passiva nei suoi confronti ai sensi dell'art. 110 c.p.c.

Secondo un orientamento più recente, invece, «che i soci abbiano goduto, o no, di un qualche riparto in base al bilancio finale di liquidazione non è dirimente neanche ai fini dell'esclusione dell'interesse ad agire del fisco creditore». Secondo questa prospettazione «il creditore potrebbe avere comunque interesse all'accertamento del proprio diritto». D'altra parte, «la possibilità di sopravvenienze attive o anche semplicemente la possibile esistenza di beni e diritti non contemplati nel bilancio non consentono di escludere l'interesse dell'Agenzia a procurarsi un titolo nei confronti dei soci, in considerazione della natura dinamica dell'interesse ad agire, che rifugge da considerazioni statiche allo stato degli atti» (Cass. n. 9094/2017, Cass. 16 giugno 2017, n. 15035, Cass. n. 1723/2018).

La responsabilità diretta (non successoria) rispetto alla società estinta degli amministratori e liquidatori

Gli effetti successori delle obbligazioni facenti capo alla società estinta rispetto ai soci limitatamente responsabili, di cui sin qui si è detto, non vanno confusi con l'autonoma responsabilità configurabile in capo agli amministratori prima della messa in liquidazione e ai liquidatori dopo l'apertura della liquidazione che, invece, è una responsabilità verso i terzi di tipo risarcitorio per le azioni intraprese nello svolgimento delle loro funzioni di **amministratori** o di **liquidatori**.

I primi due commi dell'**art. 36 del d.P.R. n. 602/73** recitano che «i liquidatori dei soggetti all'imposta sul reddito delle persone giuridiche che non adempiono

all'obbligo di pagare, con le attività della liquidazione, le imposte dovute per il periodo della liquidazione medesima e per quelli anteriori rispondono in proprio del pagamento delle imposte se non provano di aver soddisfatto i crediti tributari anteriormente all'assegnazione di beni ai soci o associati, ovvero di avere soddisfatto crediti di ordine superiore a quelli tributari. Tale responsabilità è commisurata all'importo dei crediti d'imposta che avrebbero trovato capienza in sede di graduazione dei crediti» (primo comma) e che «la disposizione contenuta nel precedente comma si applica agli amministratori in carica all'atto dello scioglimento della società o dell'ente se non si sia provveduto alla nomina dei liquidatori» (secondo comma).
Ai sensi dell'art. 36 del d.P.R. n. 602/1973, dunque, i soci limitatamente responsabili (delle società di capitali e il socio accomandante delle società di persone) sono responsabili dei debiti tributari societari limitatamente a quanto risulta dal bilancio di liquidazione, anzichè limitatamente alla quota conferita (Cass., 17 settembre 2020, n. 19364).

Con riferimento alla portata delle norme citate, la Corte di cassazione ha ribadito che «la responsabilità del liquidatore rispetto agli obblighi sullo stesso identificati dal D.P.R. n. 602 del 1973, art. 36, comma 1 trova la sua fonte in un'obbligazione civile propria *ex lege*, in relazione agli artt. 1176 e 1218 c.c., ed è esercitabile a condizione che i tributi a carico della società siano stati iscritti a ruolo e che sia acquisita certezza legale che i medesimi non siano stati soddisfatti con le attività di liquidazione medesima» (Cass. ord., 14 settembre 2020, n. 19008).

Nello stesso senso, è stato precisato che «la responsabilità dei liquidatori e degli amministratori per le imposte non pagate con le attività della liquidazione, prevista dall'art. 36 del d.P.R. n. 602 del 1973, trova la sua fonte in un'obbligazione civile propria *ex lege* in relazione agli artt. 1176 e 1218 c.c.; sicché, non avendo natura strettamente tributaria, a carico dei predetti non vi è alcuna successione o coobbligazione nei debiti tributari per effetto della cancellazione della società dal registro delle imprese» (Cass. n. 17020/2019).

Dunque, anche il processo tributario iniziato in relazione alle imposte sui redditi nei confronti di una società non può proseguire, una volta che questa si sia estinta per cancellazione dal registro delle imprese, ad opera o nei confronti dell'ex-liquidatore o degli ex-amministratori, poiché essi non sono successori, e neppure coobbligati della stessa. Ciò in quanto l'azione di responsabilità prevista dall'art. 36 del d.P.R. 29 settembre 1973, n. 602, è esercitabile, nei confronti del primo di tali soggetti, solo se i ruoli in cui siano iscritti i tributi della società possano essere posti in riscossione e se sia acquisita legale certezza che i medesimi non siano stati soddisfatti con le attività della liquidazione, e, nei confronti degli ex-amministratori, alle condizioni della sussistenza di attività nel patrimonio della società e della distrazione di esse a fini diversi dal pagamento delle imposte dovute, e, quindi, in entrambi i casi, sulla base di un titolo autonomo dall'obbligazione fiscale, di natura civilistica, ex artt. 1176 e 1218 c.c., ancorché accertabile nelle forme del procedimento e del processo tributario (Cass. n. 11968/2012).

L'attuale testo dell'art. 36 cit. è stato novellato dal c.d. decreto semplificazioni (d.lgs. n. 175/2014) che ha introdotto un'inversione dell'onere della prova: spetta ai liquidatori provare di aver pagato i tributi erariali, prima dell'assegnazione dei beni ai soci, nel rispetto della graduazione dei crediti assistiti da privilegio e nei limiti in cui avrebbero trovato capienza nel patrimonio societario. In atri termini, i liquidatori hanno l'onere di provare di aver gestito la fase liquidatoria nel rispetto della legge, ossia di non aver lasciato insoluti con l'erario prima di aver proceduto ad assegnare beni ai soci o di aver soddisfatto crediti di rango inferiore rispetto a quelli tributari.

Sulla natura della responsabilità dei liquidatori, degli amministratori e dei soci di società in liquidazione, in presenza dell'integrazione delle distinte fattispecie previste dall'art. 36 del d.P.R. n. 602/73, per l'ipotesi di mancato pagamento delle imposte sul reddito delle persone giuridiche i cui presupposti si siano verificati, la Cassazione è costante nell'affermare che si tratta di responsabilità per obbligazione propria *ex lege* (per gli organi, in base agli artt. 1176 e 1218 c.c., e per i soci di natura sussidiaria), avente natura civilistica e non tributaria, non ponendo la norma alcuna successione o coobbligazione nei debiti tributari a carico di tali soggetti, nemmeno allorché la società sia cancellata dal Registro delle Imprese (Cass., ord. 20 luglio 2020, n. 15377). In questi casi, tuttavia, il credito dell'Amministrazione finanziaria, pur essendo un credito civilistico (piuttosto che strettamente tributario) in quanto l'obbligazione fiscale vera e propria costituisce un mero presupposto della responsabilità *ex* art. 36 cit., viene comunque accertato dall'Amministrazione finanziaria con atto motivato da notificare ai sensi dell'art. 60, d.P.R. n. 600/1973, avverso il quale è ammesso ricorso secondo le disposizioni relative al contenzioso tributario (Cass., ord. 20 luglio 2020, n. 15378).

La responsabilità solidale sussidiaria dei soci illimitatamente responsabili delle società di persone.

Per le società di persone vige il principio della responsabilità illimitata dei soci per le obbligazioni sociali (art. 2291) con la specificazione della responsabilità dei soci per i crediti non soddisfatti sopravvissuti alla estinzione della società, forma di responsabilità più ampia e comprensiva della minore responsabilità di cui al citato art. 36 del d.P.R. n. 602/1973, prevista per i soci della società di capitali dotate di personalità giuridica (Cass., 17 settembre 2020, n. 19364).

Una responsabilità civile diretta (da tenere ben distinta dalla responsabilità "successoria" dei soci limitatamente responsabili di cui si è detto prima) si configura anche in capo ai **soci illimitatamente responsabili delle società di persone** che rispondono **solidalmente** (e non solo in virtù del fenomeno successorio ex art. 2495 c.c.) dei debiti contratti dalla società, a prescindere dal meccanismo successorio.

I soci delle società in nome collettivo rispondono illimitatamente delle obbligazioni societarie e, quindi, anche dei debiti tributari ex art. 2304 c.c. (detta regola si estende anche alle società in accomandita semplice e per azioni, per i rinvii degli artt. 2315 e 2461 c.c.); i soci, tuttavia, godono del **beneficio della preventiva escussione** dall'art. 2268 c.c. (applicabile anche alle società irregolari, in base agli artt. 2297 e 2317 c.c.). In ambito tributario, la problematica interessa **anche il cessionario d'azienda o di ramo d'azienda** (nonché il conferitario: si veda, anche in relazione al regime antecedente all'entrata in vigore dell'art. 16 comma 1, lett. g), del d.lgs. 24 settembre 2015, n. 158, che l'ha espressamente contemplato, Cass. 31 ottobre 2019, n. 28057) che assume la veste di coobbligato in solido col cedente per il pagamento dell'imposta e delle sanzioni, nei limiti indicati dall'art. 14, comma 1, del d.lgs. 18 dicembre 1997, n. 472; e si tratta anche in questo caso di un coobbligato in via sussidiaria, perché gode del beneficio della preventiva escussione del cedente.

Nei confronti dell'Amministrazione finanziaria «il socio illimitatamente responsabile è obbligato, per i debiti sociali, **in via sussidiaria**, ma al pari della società (Cass., Sez. un., 13 febbraio 2015, n. 3022), anche per quelli tributari, e pure se sia receduto (…), in base all'art. 2290 c.c. (tra varie, Cass. 22 dicembre 2014, n. 27189 e 4 marzo 2020, n. 6020). Si tratta di una responsabilità "da posizione", perché deriva dalla qualità di socio e concerne indistintamente e automaticamente tutti i debiti della società: quella del socio non è un'obbligazione da fatto proprio, ma è propria, e scaturisce direttamente dalla legge. Anche il cessionario o conferitario d'azienda risponde di un'obbligazione propria, perché subentra al cedente, e ne risponde in via sussidiaria, in base all'art. 14 del d.lgs. n. 472/97, pur non avendo realizzato il fatto indice di capacità contributiva (Cass. 12 gennaio 2012, n. 255)» (Cass., Sez. un., 16 dicembre 2020, n. 28709).

La responsabilità sussidiaria scatta soltanto quando il creditore non riesca a soddisfarsi, in tutto o in parte, sui beni dell'obbligato principale. Il coobbligato in solido, quindi, ha l'onere di dimostrare che la società ha la capacità patrimoniale di soddisfare i propri debiti (Cass. 8 luglio 1983, n. 4606; 3 marzo 2011, n. 5136). Dunque, si tratta «di una questione di prova di esistenza, o di inesistenza, di quella capacità. Del resto, quando l'incapacità patrimoniale della società è accertata con sentenza che ne dichiara il fallimento, la legge ammette, immediatamente e senza attendere i risultati dell'esecuzione concorsuale, l'azione esecutiva del creditore sociale sul patrimonio del socio, facendo conseguire al fallimento della società quello dei soci illimitatamente responsabili (art. 147 l. fall. Nella **società semplice** (e nelle **società irregolari**) è sul socio che incombe l'onere di provare che il creditore può agevolmente soddisfarsi sul patrimonio sociale (arg. da Cass. 15 dicembre 1990, n. 11921 e da Cass. n. 7000/03, cit.). Nel caso della **società in nome collettivo e di quelle in accomandita semplice e per azioni** l'onere della prova s'inverte: qui è il creditore a dover provare l'insufficienza del patrimonio sociale.

Queste diverse modalità processuali si spiegano per la diversa condizione giuridica della società registrata rispetto a quella non registrata: è soltanto in relazione alla prima, difatti, che il creditore sociale è posto in grado di conoscere, attraverso la pubblicità del contratto sociale e delle sue modificazioni, i conferimenti dei soci e le loro successive vicende, sicché il socio è giustamente dispensato dall'onere d'indicargli i beni sui quali potersi soddisfare.

E una scelta analoga a quella relativa alla società registrata è stata adottata in favore del cessionario d'azienda o di ramo di essa (*ex* art. 14 del d.lgs. n. 472/97).

Le modalità della prova divengono poi tanto più gravose, e il coefficiente di rischio di soccombenza aumenta, quanto più dubbie siano le circostanze.

Così, quando risulti *aliunde* dimostrata in modo certo l'insufficienza del patrimonio sociale per la realizzazione anche parziale del credito (ad esempio, in caso in cui la società sia cancellata), non c'è necessità per il creditore di sperimentare l'azione esecutiva sul patrimonio della società (Cass. n. 4606/83, cit.). Sul versante opposto, anche l'esito negativo del pignoramento presso terzi è inidoneo a far ritenere certa l'incapienza del patrimonio societario, potendo la società disporre di altri beni sufficienti a garantire il soddisfacimento del credito (così Cass. n. 5136/11, cit.).

Sicché se l'amministrazione prova la totale incapienza patrimoniale, il ricorso andrà respinto. Se, invece, il coobbligato beneficiato prova la sufficienza del patrimonio, il ricorso andrà accolto. Se la prova della capienza è parziale, il ricorso sarà accolto negli stessi limiti. Se nessuna prova si riesce a dare, l'applicazione della regola suppletiva posta dall'art. 2697 c.c. comporterà che il ricorso sarà accolto o respinto, a seconda che l'onere della prova gravi sul creditore, oppure sul coobbligato sussidiario» (Cass., Sez. un., sent. 16 dicembre 2020, n. 28709).

La medesima responsabilità sussidiaria si configura nei confronti del **cessionario d'azienda o di ramo d'azienda** che assume la veste di coobbligato in solido col cedente per il pagamento dell'imposta e delle sanzioni, nei limiti indicati dall'art. 14, comma 1, del d.lgs. 18 dicembre 1997, n. 472.

3. IL SOSTITUTO DI IMPOSTA E IL RESPONSABILE D'IMPOSTA.

Si parla di **sostituzione tributaria** nei casi in cui l'obbligazione

tributaria, ovvero altri debiti tributari, siano posti a carico di un soggetto diverso (**sostituto**) da colui il quale ha realizzato il presupposto del tributo (**sostituito**).
Il sostituto è il soggetto che, "*in forza di una disposizione di legge è obbligato al pagamento di imposte in luogo di altri, per fatti o situazioni a questi riferibili ed anche a titolo d'acconto*" (art. 64, d.P.R. n. 600/1973).
L'istituto della **sostituzione** e va tenuto distinto dall'istituto della **solidarietà dell'imposta**.
In particolare, in caso di sostituzione, il soggetto passivo dell'imposta rimane il sostituito, mentre la relativa obbligazione è posta solamente a carico del sostituto (art. 64 d.P.R. n. 600/1973). Dalla lettera dell'art. 64 cit. si evince che il versamento della ritenuta d'acconto costituisce un'obbligazione autonoma rispetto all'imposta e che essa grava unicamente sul sostituto.
Il principio di solidarietà dell'imposta (*ex* art. 35 d.P.R. n. 602/1973) è, invece, espressamente condizionata alla circostanza che il sostituto non abbia effettuato la ritenuta e non l'abbia versata solo qualora il sostituto non abbia operato le ritenute. Detta condizione della mancata effettuazione delle ritenute è speculare al riconoscimento a favore del sostituito del diritto di scomputo (art. 22 del DPR 917) della ritenuta subita, anche se non versata.
Le ipotesi tipiche di *sostituzione soggettiva tributaria* del nostro ordinamento sono:

- la **sostituzione a titolo d'imposta** (anche detta, *a titolo definitivo*)
- la **sostituzione a titolo d'acconto** (cd. *sostituzione impropria*).

Il rapporto interno che si viene a creare tra sostituto e sostituito è detto **rapporto di rivalsa** e prevede il meccanismo attraverso il quale il sostituto, coinvolto nel pagamento del tributo, ha il **diritto-dovere** di recuperare l'importo dell'imposta da versare al Fisco nei confronti del sostituito, effettuando una **ritenuta alla fonte**: il sostituto, nel momento in cui corrisponde la somma soggetta a ritenuta, ne trattiene una quota, in virtù tanto di un diritto spettantegli, quanto di un obbligo, la cui violazione viene punita con una sanzione amministrativa.
L'istituto della rivalsa ha, sostanzialmente, la funzione di ristabilire la

regola costituzionale secondo cui l'imposta deve essere pagata da colui che realizza il presupposto del tributo. Per questa ragione la rivalsa è obbligatoria per il sostituto, e non facoltativa.

La **sostituzione a titolo d'imposta** implica l'applicazione di un'aliquota fissa predeterminata su di un determinato provento **(ritenuta)** che, in tal modo, viene sottratto all'inclusione nel reddito complessivo del percipiente, in deroga alla ordinaria tassazione progressiva del reddito complessivo delle persone fisiche (TESAURO).

Con tale fenomeno si realizza, contestualmente, una *sostituzione di tipo oggettivo* (cioè la ritenuta a titolo d'imposta, quale regime fiscale sostitutivo) e *di tipo soggettivo*, in quanto il sostituto, con l'effettuazione della ritenuta, esaurisce definitivamente il prelievo tributario dovuto dal sostituito, soggetto percettore del reddito.

L'art. 64 del d.P.R. n. 600 del 1973 fornisce una definizione univoca del **sostituto d'imposta** e del **responsabile d'imposta.** Tuttavia, mentre nel caso del responsabile d'imposta l'obbligazione tributaria ricade, oltre che su colui che realizza il presupposto, anche su di un altro soggetto (responsabile d'imposta) configurandosi, così, un'ipotesi di solidarietà dipendente di più soggetti passivi (obbligato principale e responsabile d'imposta), nel caso di **sostituzione a titolo d'imposta,** il soggetto passivo, di regola, è soltanto uno (sostituto) che, attraverso la ritenuta, libera dal carico tributario l'obbligato passivo principale (sostituito). Riveste la qualifica di **responsabile d'imposta** il *notaio* in sede di rogito di compravendita immobiliare, mentre i soggetti obbligati al pagamento del tributo restano le parti sostanziali dell'atto. Tra il notaio e gli acquirenti del cespite si configura un vincolo di solidarietà passiva; ne consegue che, nonostante la qualità pubblicistica del professionista, i contribuenti sono comunque tenuti a controllare che la somma versata a titolo di imposta al notaio sia da questi correttamente ed effettivamente versata all'Erario. In questo senso, in caso di omesso versamento da parte del notaio delle somme destinate al pagamento dell'imposta, soggetto obbligato resta comunque il privato (Cass. sent. 12 giugno 2009 n. 13653). Detto principio è stato ribadito anche nel caso di procedura di registrazione telematica: "in tema di imposta di registro, il notaio rogante che, in sede di rogito di compravendita immobiliare si sia avvalso della procedura di registrazione telematica, ai sensi del d. lgs. 18 dicembre 1997 n. 463, è responsabile d'imposta ma, come stabilito dall'art. 57 del D.P.R. 26 aprile 1986 n. 131, i soggetti obbligati al pagamento del tributo restano le parti sostanziali dell'atto medesimo, alle quali, pertanto, è legittimamente notificato, in caso d'inadempimento, l'avviso di liquidazione" (Cass. ord. n. 5016 del 12 marzo 2015; Cass. sent. n. 9952 del 15 maggio 2015 e Cass. n. 12755 del 21 giugno 2016).

Le ipotesi più frequenti di **sostituzione a titolo d'imposta** si verificano:

- **a.** su determinati redditi di capitali erogati alle persone fisiche, al di fuori dell'esercizio dell'attività d'impresa;
- **b.** sui compensi corrisposti a lavoratori autonomi non residenti;
- **c.** sui dividendi, su premi e su talune vincite.

Nella sostituzione a titolo d'imposta vengono posti degli obblighi tributari a carico di un soggetto diverso dal materiale realizzatore del presupposto tributario, in quanto "*il sostituto è debitore verso il sostituito di somme la cui corresponsione realizza, presso il creditore, un fatto fiscalmente rilevante*" (TESAURO).

Gli obblighi gravanti sul sostituto consistono nel:

- **a.** operare le ritenute e versarle al Fisco, mediante il modello di pagamento F24;
- **b.** trasmettere in via telematica all'Agenzia delle Entrate, le certificazioni relative ai redditi di lavoro dipendente, ai redditi di lavoro autonomo e ai redditi diversi (Modello CU);
- **c.** rilasciare ad ogni soggetto percipiente (ossia, il sostituito) **un'apposita certificazione** delle somme erogate e delle corrispondenti ritenute (attraverso Modello CU per i redditi di lavoro dipendente, di lavoro autonomo e per i redditi diversi e attraverso un apposito schema di certificazione approvato con provvedimento dell'Agenzia delle entrate per gli utili e altri proventi derivanti dalla partecipazione in società di capitali);
- **d.** presentare per via telematica, nell'anno seguente a quello durante il quale sono state effettuate le ritenute, una dichiarazione annuale con un riepilogo delle operazioni realizzate.

Il sostituto potrebbe essere inadempiente in quanto:

- **non opera la ritenuta e non provvede al versamento:** nei confronti dell'Erario, si configurerà un'ipotesi di solidarietà passiva successiva di entrambi i soggetti (sostituto e sostituito) in sede di riscossione; tuttavia, l'accertamento dovrà essere intestato esclusivamente a carico del sostituto (essendo l'unico soggetto originariamente obbligato) e sarà, pertanto, suo onere informare il sostituito dell'avvenuta notificazione dell'imposizione (ovvero, dell'atto di accertamento);

- **non opera la ritenuta ma effettua il versamento:** si applica la sanzione espressamente prevista per la violazione dell'obbligo di operare la ritenuta alla fonte (di cui all'art. 14 d.lgs. n. 471/1997), ma non verrà accollata alcuna conseguenza a carico del sostituito, essendo comunque stato assolto il debito tributario;
- **opera la ritenuta ma non versa la somma dovuta:** si applicano le sanzioni previste in caso di omesso versamento di ritenute (art. 13 d.lgs. n. 47/1997). Il sostituito è liberato nei confronti del Fisco.

Il fenomeno della **sostituzione a titolo d'acconto** prevede, a differenza della sostituzione d'imposta, *l'imposizione, nei confronti del debitore di una somma, dell'obbligo di operare una ritenuta e di versarla all'Erario, a titolo d'acconto dell'imposta dovuta dal creditore* (FALSITTA).

In questi casi, il sostituto non è obbligato nei confronti del Fisco "in sostituzione" del sostituito, ma è soggetto passivo di un **autonomo obbligo di versamento** (una volta operata la ritenuta).

Pertanto, il sostituto, in tali ipotesi, è obbligato verso il Fisco, in forza dell'erogazione di somme al sostituito, al quale consegue un diritto di dedurre dal suo proprio debito tributario complessivo, l'importo delle ritenute d'acconto subite nell'anno di riferimento/periodo d'imposta.

La **ritenuta d'acconto,** nonostante sia strettamente collegata al verificarsi del presupposto dell'obbligo tributario, **realizza un prelievo anticipato** rispetto alla nascita dell'obbligazione tributaria stessa in quanto, ai sensi dell'art. 35, d.P.R. n. 602 del 1973, il prelievo avviene prima della chiusura del periodo d'imposta corrispondente ad un momento vicino all'effettivo conseguimento del reddito (FALSITTA).

Il sostituito, quale unico soggetto passivo dell'obbligazione tributaria

per aver realizzato il presupposto d'imposta, deve indicare la somma percepita al lordo della ritenuta subita (che, in questo caso, non ha estinto l'obbligazione tributaria) nella propria dichiarazione annuale, quale componente del suo reddito imponibile, fatto salvo il diritto di dedurre, dall'imposta globalmente dovuta, l'importo delle ritenute subite e certificate dal sostituto (che, sostanzialmente fungono da "acconti" nei confronti dell'adempimento della sua obbligazione d'imposta).
L'effettuazione della ritenuta fa, dunque, sorgere in capo al sostituito che la subisce, un credito nei confronti dell'Erario, pari all'importo della ritenuta stessa.

- Se **il sostituto non opera, né versa la ritenuta d'acconto,** nei suoi confronti verranno irrogate le sanzioni per l'omessa effettuazione della ritenuta, ma non anche quelle previste per il mancato versamento della stessa. Mentre, in merito alle conseguenze per il sostituito, parte della dottrina ritiene che sia tenuto al versamento della sola **differenza** tra l'imposta totale e l'importo delle ritenute che il sostituto avrebbe dovuto operare (TESAURO), in virtù dell'assenza di una solidarietà tra sostituto e sostituito nei confronti del Fisco per ritenute non operate e non versate, al cui pagamento è tenuto in ogni caso solo il sostituto; altra parte della dottrina, invece, sostiene che il sostituito in questi casi non goda del diritto alla detrazione sull'imposta totale delle ritenute non operate e non versate (dunque non subite).
- Se **il sostituto opera la ritenuta, ma non la versa,** nei suoi confronti opereranno le sanzioni previste per il mancato versamento, ma in ogni caso al sostituito spetterà il diritto alla detrazione, ovvero il diritto di scomputare le ritenute subite dall'imposta totale, in quanto su di esso non possono gravare, oltre al depauperamento subito a titolo di ritenuta d'acconto, anche gli effetti del comportamento omissivo del sostituto.

Con riferimento a quest'ultima ipotesi sono intervenute le Sezioni unite della Corte di cassazione per dirimere un contrasto sul fatto se il sostituito, a fronte delle ritenute subite senza che venisse operato il versamento dell'imposta da parte del sostituto, fosse liberato o meno del debito tributario nei confronti dell'Erario.
In particolare, sulla nozione di solidarietà tributaria in materia di ritenute

tra sostituto e sostituito, le Sezioni unite della Corte di cassazione (sent. n. 10378 del 12 aprile 2019) hanno chiarito che **non sussiste la responsabilità solidale in materia di ritenute d'acconto, in sede di riscossione, qualora siano state comunque operate dal sostituto** (*alias* il datore di lavoro che è il soggetto obbligato al pagamento) **le ritenute** sulle somme pagate al sostituito che è il titolare della situazione che genera l'obbligo dell'imposta (come, ad esempio, il dipendente o lavoratore autonomo). In altri termini, non sussiste la solidarietà passiva per il pagamento dell'imposta da parte del soggetto sostituito a meno che il sostituto non avesse operato le ritenute. Conseguentemente è stato affermato il seguente principio di diritto: «nel caso in cui il sostituto ometta di versare le somme, per le quali ha però operato le ritenute d'acconto, il sostituito **non** è tenuto in solido in sede di riscossione, atteso che la **responsabilità solidale** prevista dall'art. 35 d.p.r. n. 602 cit. è espressamente condizionata alla circostanza che non siano state effettuate le ritenute».

4. LA TRASLAZIONE E I PATTI DI ACCOLLO.

❖ Con la **traslazione economica** si trasferisce, totalmente o parzialmente, l'onere fiscale dal soggetto passivo (detto "percosso" o **contribuente di diritto**) a carico di un soggetto terzo estraneo al presupposto del tributo (**contribuente di fatto**, cd. "inciso"), che in genere è l'acquirente di un bene o di un servizio, in forza di un rapporto di scambio, attraverso la determinazione di un prezzo (MANZON - MODOLO). Si ha:

- **traslazione di fatto**: il tributo, posto a carico di un soggetto, è destinato a gravare economicamente su un altro soggetto (è il caso dell'imposta sui consumi, di cui è debitore l'operatore economico, ma che economicamente grava sul consumatore, attraverso l'inglobamento dell'onere del tributo nel prezzo del bene).
- **traslazione di diritto**: quando è previsto il diritto di rivalsa del soggetto passivo del tributo, nei confronti di colui cui è riferibile il presupposto d'imposta (la traslazione rappresenta dunque *l'effetto economico della rivalsa*).

Con riferimento alla traslazione delle imposte dirette si pone il problema di compatibilità con l'art. 53 Cost. perché detto fenomeno finisce per colpire una capacità contributiva diversa da quella del soggetto passivo dell'imposta, rendendo del tutto aleatoria la verifica dell'idoneità alla contribuzione dei soggetti terzi che subiscono la traslazione. Infatti, come hanno recentemente affermato le Sezioni unite della Corte di cassazione si pone l'interrogativo «se l'obbligo costituzionalmente rilevante di concorrere alle spese pubbliche in ragione della propria capacità contributiva abbia un significato esclusivamente oggettivo – nel senso di obbligo di adempiere a quanto è giustificato dalla capacità contributiva – oppure anche soggettivo – nel senso che l'adempimento debba essere compiuto non solo oggettivamente in modo completo, ma altresì dal soggetto che per legge ne ha l'obbligo -, escludendosi quindi il trasferimento dell'obbligo ad un soggetto diverso» (Cass., Sez. un., 8 marzo 2019, sent. n. 6882). In particolare, si è posta l'esigenza di chiarire se la norma imperativa e, quindi, direttamente precettiva fissata dall'art. 53 Cost. - "a parte le ipotesi in cui vi siano espressi divieti di traslazione da parte di specifiche norme tributarie" - incida o meno sulla ampiezza dell'autonomia negoziale delle parti in sede di "individuazione del soggetto passivo dell'imposta (…) neutralizzando così gli effetti della capacità contributiva".

La questione è stata affrontata premettendo che è estranea alla normativa comunitaria; in particolare, la legittimità del patto traslativo di imposta attiene alla mera disciplina interna (Corte Giust., 16 gennaio 2014, n. 226; Corte Giust., 6 novembre 2011, n. 398) in quanto esso, di per sé, non si pone in contrasto con la normativa comunitaria, potendo assumere viceversa rilievo in caso di violazione di altri principi o norme, come ad esempio nell'ipotesi in cui esso determini un abusivo squilibrio nei contratti dei consumatori o integri l'abuso del diritto (Corte Giust., 21 febbraio 2006).

Sono qualificati come **espressi divieti di legge** alla stipula di "patti traslativi di imposta" ai sensi del nostro ordinamento interno, l'art. 40 della l. n. 246/1963 (che prevende la sanzione della nullità per i patti diretti a trasferire l'onere fiscale ad altri che non siano i soggetti del contributo di miglioria); l'art. 18 del d.P.R. n. 633/1972 (in materia di I.V.A.); l'art. 16 del d.P.R. n. 643/1972 (in tema di imposta sugli spettacoli); l'art. 60 del d.P.R. n. 634/1972 (in tema di imposta di registro); l'art. 23 del d.P.R. n. 642/1972 (in tema di imposta di bollo) e gli artt. 23, 24, 25, 25 *bis*, 26, 27 e 28 del d.P.R. n. 600/1973 in materia di imposte dirette.

Chiarito che il tema del "patto traslativo di imposta" deve essere ricondotto al più generale principio costituzionale della capacità contributiva, le Sezioni unite della Corte di cassazione hanno ricordato che l'art. 53 sancisce «il carattere di centralità che il dovere tributario è venuto assumendo nella Costituzione repubblicana» e il precetto in esso contenuto «si pone come fonte immediata ed imperativa la cui violazione può comportare la sanzione della nullità delle manifestazioni di autonomia negoziale con esso confliggenti».

Ne consegue che l'autonomia negoziale delle parti «non può alterare i connotati dei tributi diretti, strutturati in modo che "ad ogni capacità contributiva debba corrispondere inderogabilmente una riduzione del patrimonio del titolare della capacità contributiva stessa", poiché, alla stregua dei principi scaturenti dal coordinamento degli artt. 2 e 53 Cost., esige che quel concorso, imposto al contribuente, incida sul suo patrimonio» (Cass., Sez. un., sent. n. 6882 dell'8 marzo 2019 che richiama Cass., Sez. un., n. 6445/1985).

Dunque, nel «vigente sistema costituzionale tributario non basta oggettivamente che sia soddisfatta l'obbligazione verso il fisco, ma occorre altresì che tale obbligazione sia adempiuta dal soggetto tenuto a corrisponderla a cui carico gli artt. 53 e 2 Cost., pongono un dovere ribadito dall'art. 1, della legge sul contenzioso tributario. La prestazione imposta di carattere tributario postula infatti che "una quota di ricchezza sia sottratta a quel determinato soggetto" individuato dalla legge come "soggetto passivo del tributo", con "correlativo sacrificio personale"» (Cass., Sez. un., 8 marzo 2019, sent. n. 6882 che richiama Cass., Sez. un., n. 6445/1985).

La figura del c.d. sostituto di imposta non è confliggente con l'art. 53 cost. in quanto è l'istituto della rivalsa che rende «"neutrale" la tassazione in testa al sostituto, "presentandosi come un credito del… medesimo verso il contribuente pari alla somma di cui egli è debitore verso il fisco (e che ha già corrisposto)", pervenendo quindi a concludere che "una pattuizione di esonero dalla rivalsa, se consentita, comporterebbe l'effetto di alterare immediatamente e direttamente il carico tributario perché il patrimonio del contribuente non verrebbe inciso, non verificandosi da parte sua quell'esborso verso il fisco che realizza il doveroso carico tributario e non presentandosi qui con effetto compensativo l'incremento tassabile che ne consegue poiché tale ulteriore tassazione non vale a ripristinare il vuoto contributivo da cui è conseguito l'aumento di reddito, non essendo omologhe le situazioni in raffronto"» (Cass., Sez. un., 8 marzo 2019, sent. n. 6882 che richiama Cass., Sez. un., n. 6445/1985).

La giurisprudenza ha affrontato la questione della legittimità del patto traslativo di imposta, sia per i patti traslativi aventi ad oggetto le imposte dirette (Cass., Sez. un., n. 5 e n. 6445 del 1985) sia i patti traslativi aventi ad oggetto le imposte sul bene immobile concesso in locazione (Cass., Sez. un., 8 marzo 2019, sent. n. 6882).

Con riferimento alle **imposte dirette**, in particolare, le Sezioni Unite si sono pronunciate su clausole afferenti a un contratto di mutuo ed hanno statuito che la clausola, con la quale venga convenuta l'imposizione a carico del mutuatario di quanto il mutuante è tenuto a versare all'erario in ragione dello stipulato contratto, è nulla ai sensi dell'art. 1418 c.c., comma 1, e per contrasto con l'art. 53 Cost. Infatti, stante l'immediato valore vincolante del principio del concorso di tutti alle spese pubbliche alla stregua della rispettiva capacità contributiva fissato dalla norma costituzionale, è inderogabile per il debitore d'imposta il divieto di riversare il relativo onere su un altro soggetto, e quindi su un patrimonio diverso da quello rispetto al quale è contemplato il prelievo fiscale. In altri termini, è nullo il patto «con il quale un soggetto, ancorché senza effetti nei confronti dell'erario, riversi su altro soggetto, pur se diverso dal sostituto, dal responsabile d'imposta e dal cosiddetto contribuente di fatto il peso della propria imposta, sia che si tratti d'imposta diretta che di imposta indiretta» (Cass., Sez. un., n. 5/1985).

La successiva pronuncia, sempre a Sezioni unite della Corte di cassazione, ha, tuttavia precisato che il patto traslativo d'imposta «è nullo per illiceità della causa contraria all'ordine pubblico solo quando esso comporti che effettivamente l'imposta non venga corrisposta al fisco dal percettore del reddito». Detta fattispecie ricorre «nelle ipotesi di rivalsa facoltativa, quando il sostituto viene a perdere la qualità tipica di mero anticipatore del tributo, non corrisposto al fisco, né recuperato dal sostituto medesimo, sicché effettivamente il dovere tributario non viene adempiuto, pur verificandosi un aumento di ricchezza del

contribuente». Non ricorre, invece, una effettiva "traslazione", nell'ipotesi in cui «l'imposta è stata regolarmente e puntualmente pagata dal contribuente al fisco, allorquando cioè l'obbligazione di cui si stipula l'accollo non ha per oggetto direttamente il tributo, né mira a stabilire che esso debba essere pagato da soggetto diverso dal contribuente", ma "riguarda... una somma di importo pari al tributo dovuto ed ha la funzione di integrare il "prezzo" della prestazione negoziale» (Cass., Sez. un., n. 6445/1985).
Con riferimento alle **imposte gravanti su un bene immobile** (ad esempio, nel caso di contratto di locazione in cui il costo del pagamento delle tasse, imposte e oneri gravanti sull'immobile sono posti a carico del conduttore), in linea con i principi sin qui espressi, le Sezioni unite hanno ribadito che è valida la clausola di un contratto di locazione che attribuisca al conduttore di farsi carico di ogni tassa, imposta ed onere relativo ai beni locati ed al contratto solo nell'ipotesi in cui detta manleva (non opponibile nei confronti del fisco ed avente ad oggetto la somma corrispondente a quella degli assolti oneri tributari) costituisca una "integrazione del canone locativo, concorrendo a determinarne l'ammontare complessivo a tale titolo dovuto dalla conduttrice" (Cass., Sez. un., 8 marzo 2019, sent. n. 6882 e, successivamente, Cass., sent. 28 giugno 2019, n. 17453).

> ❖ Per **patti di accollo d'imposta** s'intendono quegli accordi (solitamente formalizzati attraverso clausole contrattuali) in base ai quali un soggetto **(accollante)** s'impegna, verso un altro soggetto **(accollato),** a pagare un debito d'imposta, cui quest'ultimo è tenuto nei confronti del Fisco.

L'accollo d'imposta è sempre **cumulativo** e mai liberatorio per il debitore originario. In questo senso l'art. 8, comma 2, Statuto dei diritti del contribuente stabilisce che "È ammesso l'accollo del debito d'imposta altrui senza liberazione del contribuente originario".
Il D.L. n. 124/2019 collegato alla legge di bilancio 2020, specificato le modalità con le quali deve avvenire il pagamento del debito accollato e ha introdotto uno specifico **divieto di compensazione** in caso di accollo del debito d'imposta altrui.
In particolare, con riferimento al primo aspetto, l'all'art. 1 del d.l. cit. ha

stabilito che «chiunque, ai sensi dell'articolo 8, comma 2, della legge 27 luglio 2000, n. 212, si accolli il debito d'imposta altrui, procede al relativo pagamento secondo le modalità previste dalle diverse disposizioni normative vigenti».
Con riferimento allo specifico divieto di compensazione, inoltre, i successivi commi del medesimo art. 1 hanno chiarito che «per il pagamento, in ogni caso, è escluso l'utilizzo in compensazione di crediti dell'accollante» e «i versamenti in violazione del comma 2 si considerano come non avvenuti a tutti gli effetti di legge».

❖ La **successione nel debito di imposta.** Gli eredi subentrano in tutte le situazioni soggettive del *de cuius*, incluse le situazioni soggettive tributarie, relative tanto all'obbligazione tributaria, quanto agli obblighi formali e procedimentali connessi.

Anche con riferimento all'obbligazione tributaria si applica l'art. 752 c.c., in base al quale **gli eredi** non **rispondono** in solido dei debiti ereditari, ma ne rispondono **in proporzione delle loro quote,** ma questa regola subisce una deroga in caso di debiti per imposte sui redditi, qualora il presupposto dell'obbligazione tributaria si sia verificato prima della morte del *de cuius:* in tale ipotesi, l'art. 65, d.P.R. n. 600 del 1973 prevede espressamente la **responsabilità solidale paritetica** degli eredi.

5. I C.A.F.

I **C.A.F. (Centri di assistenza fiscale)** -istituiti con l'art. 78 della l. n. 413/1991, ed attualmente disciplinati dal d.lgs. n. 241/1997 e dal D.M. n. 164/199, successivamente novellati dal d.lgs. n. 175/2014 che ha, tra l'altro, introdotto la c.d. dichiarazione precompilata- sono organizzazioni costituite in società di capitali, autorizzate e iscritte in apposito albo, che supportano i lavoratori dipendenti, i pensionati e i datori di lavoro in vari adempimenti: assistenza alla compilazione e trasmissione dei modelli 730 (con relativo rilascio del visto di conformità sulla documentazione esibita), presentazione delle altri dichiarazioni fiscali, della DSU (Dichiarazione Sostitutiva Unica) utile a rilascio delle attestazioni ISEE, quali indicatori della situazione economica (reddituale e patrimoniale).

I C.A.F. possono essere costituiti da lavoratori dipendenti o da datori di lavoro. In particolare, i soggetti che li costituiscono possono essere: associazioni sindacali di categoria fra imprenditori, presenti nel Consiglio nazionale dell'economia e del lavoro (Cnel), istituite da almeno dieci anni; associazioni sindacali di categoria fra imprenditori, non presenti nel Cnel (queste associazioni devono essere istituite da almeno dieci anni e avere rilevanza nazionale); organizzazioni aderenti alle associazioni di cui sopra su delega della propria associazione nazionale; organizzazioni sindacali dei lavoratori dipendenti e pensionati o organizzazioni territoriali da esse delegate, aventi complessivamente almeno cinquantamila aderenti; sostituti d'imposta aventi complessivamente almeno 50.000 dipendenti; associazioni di lavoratori promotrici di istituti di patronato aventi complessivamente almeno 50.000 aderenti.
I C.A.F., anche dopo aver ottenuto l'autorizzazione a prestare l'attività di assistenza fiscale ed essere iscritti all'albo nazionale dei CAF tenuto presso il Ministero delle Finanze., vengono sottoposti a specifici controlli sull'attività posta in essere.

QUESTIONARIO

1. A chi spettano i poteri di indirizzo della politica fiscale? (**V.1.1**)
2. Quale funzione svolge il Garante del contribuente? (**V.1.1**)
3. Quali sono le Agenzie fiscali? (**V.1.2**)
4. Che differenza c'è tra domicilio fiscale e residenza fiscale? (**V.2**)
5. I soggetti passivi (**V.2. e V.2.1**)
6. La solidarietà nel diritto tributario e, in particolare, la differenza tra quella paritaria e sussidiaria (**V.2.1**)
7. La presunzione di solidarietà passiva (**V.2.1.1.**)
8. Gli eredi come rispondono dei debiti d'imposta del *de cuius*? (**V.2.1.1.**)
9. La solidarietà passiva e il litisconsorzio dei coobbligati (**V.2.1.1.**)
10. Cos'è il sostituto di imposta? E l'obbligo di rivalsa? (**V.3**)
11. Che differenza c'è tra sostituto di imposta e responsabile d'imposta? (**V.3**)
12. Cosa accade in caso di inadempienza del sostituto di imposta? (**V.3**)
13. Cos'è la ritenuta alla fonte a titolo definitivo e a titolo d'acconto? (**V.3**)
14. In materia tributaria, sono consentiti i patti traslativi di imposta o di accollo di

imposta? **(V.4)**

15. Cosa sono e quali funzioni svolgono i CAF? **(V.5)**

SCHEDA DI SINTESI

L'obbligazione tributaria è un'obbligazione di diritto pubblico a carico di ciascun privato, consistente nell'obbligo di pagare all'erario una determinata somma di danaro in ragione della propria capacità contributiva.

Gli elementi essenziali della obbligazione tributaria sono: il soggetto attivo, il soggetto passivo, il presupposto, la base imponibile e la misura dell'imposta.

Per la gestione delle funzioni esercitate dai dipartimenti delle entrate, delle dogane, del territorio e di quelle connesse svolte da altri uffici del ministero sono istituite tre Agenzie fiscali: Agenzia delle Entrate, Agenzia delle Dogane e dei Monopoli, Agenzia del Territorio.

L'Agenzia delle entrate-Riscossione (ente strumentale dell'Agenzia delle Entrate) è subentrata, a titolo universale, nei rapporti giuridici attivi e passivi, anche processuali, delle società del Gruppo Equitalia sciolte a decorrere dal 1° luglio 2017 (ad eccezione di Equitalia Giustizia).

Il soggetto passivo dell'obbligazione tributaria è denominato contribuente ed è tenuto al pagamento del tributo in quanto ne ha realizzato il presupposto.

La soggettività passiva tributaria è l'attitudine ad essere soggetto passivo di un'obbligazione tributaria.

Il diritto tributario non conosce la solidarietà "attiva" ma solo quella "passiva" in ragione della quale più debitori sono tutti obbligati per la medesima prestazione e il creditore (ovvero, il Fisco) può pretendere l'adempimento per la totalità da ciascuno di essi che, eseguendo il pagamento dovuto, libera gli altri verso il Fisco.

Come nel diritto civile, anche nel diritto tributario, si distingue la solidarietà passiva paritetica da quella dipendente.

Si parla di responsabile d'imposta quando l'obbligazione tributaria ricade, oltre che su colui che realizza il presupposto, anche su di un altro soggetto (responsabile d'imposta) configurandosi, così, un'ipotesi di solidarietà dipendente di più soggetti passivi (obbligato principale e responsabile d'imposta). Si parla di sostituzione a titolo d'imposta, invece, quando il soggetto passivo è soltanto uno (sostituto) che, attraverso la ritenuta, libera dal carico tributario l'obbligato passivo principale (sostituito).

Con la traslazione economica si trasferisce, totalmente o parzialmente, l'onere fiscale dal soggetto passivo (detto "percosso" o contribuente di diritto) a carico di un soggetto terzo estraneo al presupposto del tributo.

I patti di accollo d'imposta sono accordi in base ai quali un soggetto (accollante) s'impegna, verso un altro soggetto (accollato), a pagare un debito d'imposta, cui quest'ultimo è tenuto nei confronti del Fisco.

TI RICORDI

Il tributo è una entrata coattiva di una comunità organizzata generata da un fatto economico indice rivelatore di capacità contributiva (in ciò si differenzia dalla sanzione, generata da un fatto illecito). Il tributo comporta il sorgere di una obbligazione pubblicistica (in quanto trae la sua fonte nella legge), avente ad oggetto una prestazione pecuniaria con finalità fiscali (cioè ha la finalità di procurare entrate all'ente pubblico) e di solidarietà (perequazione delle risorse per le necessità dei consociati) (Cap. III).

CAPITOLO VI
La struttura dell'obbligazione tributaria

SOMMARIO:

1. Il presupposto dell'imposta. - **2.** La classificazione delle imposte in base al presupposto. – **2.1.** L'ampliamento del presupposto tipico d'imposta: le fattispecie equiparate e le fattispecie supplementari. – **2.2.** Il restringimento del presupposto tipico: agevolazioni, esenzioni ed esclusioni d'imposta - le norme fiscali di favore (c.d. *tax expenditures* o spese fiscali). – **3.** La misura dell'imposta: la base imponibile e l'aliquota. – **4.** Le sovrimposte e le addizionali.

1. IL PRESUPPOSTO DELL'IMPOSTA.

Lo studio della obbligazione tributaria, nel suo aspetto *sostanziale-statico*, impone -come già anticipato- anche un approfondimento della sua struttura caratterizzata dalla combinazione di una serie di elementi che sono propri, appunto, del diritto tributario:

- il **presupposto dell'imposta;**
- la **base imponibile;**
- la **misura dell'imposta.**

Il **presupposto** è il fatto o requisito al cui verificarsi sorge l'obbligazione tributaria, ovvero l'obbligo di provvedere al pagamento del tributo.

La **base imponibile** è la quantificazione monetaria del presupposto che si esprime in un numero e può variare da soggetto a soggetto. In altri termini, il presupposto determina l'applicabilità di un tributo *(an debeatur)*, la base imponibile ne determina la misura *(quantum debeatur)*. Nella gran parte dei casi, la base imponibile è costituita da una grandezza monetaria.

La **misura dell'imposta** può essere <u>fissa</u> o <u>variabile</u>, ed è correlata all'individuazione della base imponibile.

Per **obbligazione tributaria** deve intendersi un'obbligazione di diritto pubblico a carico di ciascun privato, consistente nell'obbligo di pagare all'erario una determinata somma di danaro in ragione della propria capacità contributiva.
La sua fonte è legale in quanto ha origine esclusivamente nella legge, in forza del principio sancito dall'art. 23 Cost. e la sua disciplina è stabilita interamente dalla legge, restando irrilevante la volontà dei soggetti del rapporto. E', pertanto, caratterizzata **dall'indisponibilità** non solo per i privati, ma anche per la stessa Amministrazione finanziaria i cui poteri sono vincolati.
Parte della dottrina (tra cui FALSITTA) ritiene che il carattere dell'indisponibilità dell'obbligazione tributaria derivi dal complesso di principi costituzionali (artt. 2, 3 e 53) posti a tutela del contribuente -ossia, l'imposizione tributaria deve essere giusta e proporzionale alla capacità contributiva- e dell'Erario (ossia, ottenere un gettito sufficiente a coprire le spese). Pertanto, ove si ammettesse il potere di disporre dell'obbligazione tributaria, si andrebbe contro gli interessi della collettività.

2. LA CLASSIFICAZIONE DELLE IMPOSTE IN BASE AL PRESUPPOSTO.

Il **presupposto** rappresenta l'elemento essenziale oggettivo, costitutivo della fattispecie impositiva: consiste nel fenomeno economico (atto o fatto), il cui verificarsi determina direttamente o indirettamente la nascita dell'obbligazione tributaria.
Il presupposto del tributo (insieme alla base imponibile che ne rappresenta la sua "misura") è indice dell'esistenza di una determinata capacità contributiva. In relazione ai singoli indici di forza economica assunti dal legislatore quali presupposti, si suole distinguere tra:

- **a. Imposte dirette,** le quali colpiscono gli indici rappresentati da manifestazioni dirette di capacità contributiva (quali il reddito ed il patrimonio); le imposte sui redditi si distinguono, a loro volta, in **personali** e **reali** a seconda della rilevanza o meno assegnata, in sede di quantificazione del tributo, ad elementi relativi alla sfera personale del soggetto passivo.
- **b. Imposte indirette,** che hanno come presupposto indici che manifestano in via indiretta (indiziaria) la capacità contributiva di un soggetto (come i consumi e i trasferimenti di ricchezza).

L'esempio per eccellenza di imposta diretta sul reddito, di natura personale, è l'IRPEF che colpisce tutti i redditi di un soggetto; mentre l'IMU (come in precedenza l'ICI) rappresenta la principale imposta diretta sul patrimonio.

Sotto il **profilo temporale**, l'obbligazione tributaria può essere **periodica** o **istantanea**, a seconda che il presupposto consista in un fatto continuativo o istantaneo.

Sono *istantanee* le imposte che colpiscono un patrimonio in un dato momento oppure, ad esempio, l'imposta di registro che tassa ciascun atto giuridico.

La categoria delle imposte *periodiche*, invece, prende in considerazione presupposti economici costituiti da un insieme di fatti che si prolungano nel tempo, collocandosi in un arco temporale detto "periodo d'imposta" (normalmente coincidente con l'anno solare) a ciascuno dei quali corrispondono diversi rapporti d'imposta e, di conseguenza, diversi procedimenti attuativi (si pensi all'IRPEF, all'IRES, e all'IVA).

Esplicativo di tale principio, l'art. 7 T.U.I.R. in tema di IRPEF prevede che *"l'imposta è dovuta per anni solari, a ciascuno dei quali corrisponde un'obbligazione tributaria autonoma"*.

Un'ulteriore differenziazione che può essere operata nel campo delle obbligazioni tributarie attiene l'ampiezza del presupposto del tributo; in quest'ottica si distinguono:

- le imposte **generali** che prendono in considerazione manifestazioni di ricchezza colpite nella loro interezza (come il reddito o il patrimonio, globalmente considerati);
- le imposte **speciali** che, invece, riguardano solo porzioni di manifestazione di ricchezza (come nel caso in cui viene tassata solo parte del reddito o parte del patrimonio).

2.1. L'AMPLIAMENTO DEL PRESUPPOSTO TIPICO D'IMPOSTA: LE FATTISPECIE EQUIPARATE E LE FATTISPECIE SUPPLEMENTARI.

In ragione di scelte di politica fiscale, sovente, la legge prevede delle "varianti" alla fattispecie tipica d'imposizione: a volte, *ampliando il* presupposto d'imposta con la configurazione di una serie di ipotesi di equiparazione, altre volte, invece, *restringendo il* campo di applicazione della fattispecie impositiva.

Le **norme che estendono** l'ordinario campo di applicazione di un'imposta, sostanzialmente, aggiungono altre fattispecie imponibili a quelle tipiche.
Le norme suddette, che dispongono una vera e propria **equiparazione,** sono ispirate da una duplice *ratio*.

- Vi sono ipotesi in cui il legislatore **attrae** certi **fatti economici** nel campo della tassazione, equiparandoli al presupposto tipico di un'imposta, ancorché presentino rispetto a questo elementi di eterogeneità.

Si pensi all'imposta di registro, la cui fattispecie tipica è costituita da un negozio o da un atto redatto per iscritto; ebbene, in taluni casi, il legislatore ha ritenuto opportuno che determinati contratti verbali fossero assoggettati all'imposta mediante la registrazione della denuncia del contratto.

- In altri casi, la *ratio* dell'equiparazione -e, dunque, l'ampliamento della sfera di applicazione del tributo- risponde a logiche antielusive: in tali ipotesi si parla di **fattispecie surrogatorie (o supplementari).**

Si pensi al mandato irrevocabile con dispensa dall'obbligo di rendiconto: non risulta soggetto all'imposta normalmente stabilita per il mandato, ma alla più gravosa imposta prevista per l'atto per il quale è stato conferito (ad es. vendita immobiliare), con il precipuo scopo di evitare che venga utilizzato, ad esempio, un mandato a vendere per dissimulare una vendita al mandatario (soggetta alla minore imposizione del mandato, rispetto a quella della vendita).

2.2. IL RESTRINGIMENTO DEL PRESUPPOSTO TIPICO: AGEVOLAZIONI, ESENZIONI ED ESCLUSIONI D'IMPOSTA - LE NORME FISCALI DI FAVORE (c.d. *TAX EXPENDITURES* o SPESE FISCALI).

Dal fenomeno dell'*ampliamento* del presupposto d'imposta, va distinto il fenomeno del **restringimento** dell'ambito di applicazione della fattispecie impositiva, caratterizzato dalle **norme fiscali di favore**.
Nell'ambito delle norme di favore, si definisce **agevolazione**, o **aiuto fiscale**, ogni tipo di norma che, in deroga a quanto previsto in via ordinaria, riduce il peso dell'imposta (TESAURO).

Per definire l'eterogenea categoria nella quale sono ricomprese queste misure fiscali di favore si suole adoperare l'espressione inglese ***tax expenditures*** (ossia, le c.d. "**spese fiscali**"). Il legislatore riconduce a detta categoria «qualunque forma di esenzione, esclusione, riduzione dell'imponibile o dell'imposta ovvero regime di favore, derivante da disposizioni normative vigenti» (così, il d.lgs. n. 160/2015). Il citato intervento legislativo del 2015, in particolare, ha introdotto due strumenti per programmare, al livello di previsione di spesa, queste misure fiscali: 1) il **rapporto annuale sulle spese fiscali** (affidato ad una Commissione sulle *tax expenditures* e allegato allo stato di previsione dell'entrata della legge di bilancio) che elenca qualunque forma di esenzione, esclusione, riduzione dell'imponibile o dell'imposta ovvero regime di favore, derivante da disposizioni normative vigenti, con separata indicazione di quelle introdotte nell'anno precedente e nei primi sei mesi dell'anno in corso; 2) il **rapporto programmatico** (allegato alla Nota di aggiornamento del DEF) che indica gli interventi volti a ridurre, eliminare o riformare le spese fiscali in tutto o in parte ingiustificate o superate alla luce delle mutate esigenze sociali o economiche ovvero che si sovrappongono a programmi di spesa aventi le stesse finalità, che il Governo intende attuare con la manovra di finanza pubblica.

La dottrina tradizionale, con riferimento alla categoria delle agevolazioni fiscali, suole distinguere tra:

- **esenzioni d'imposta**. Quando una norma (speciale) restringe il campo di applicazione del presupposto di un tributo, sottraendo all'imposizione situazioni (*esenzione oggettiva*) e soggetti (*esenzione soggettiva*) che, altrimenti, in assenza di una specifica deroga, ricadrebbero nell'ambito di applicazione della norma impositiva generale (D'AMATI). Le esenzioni possono tanto nascere da previsioni legislative, quanto possono essere subordinate alla presentazione di un'istanza di parte o all'emissione di un provvedimento autoritario di esonero.
  Un esempio tipico di esenzione oggettiva, nascente *ex lege*, è rappresentato dalle operazioni esenti IVA, di cui all'art. 10 del D.P.R. 633/1972; mentre l'esenzione dalle imposte sui redditi per gli immobili con destinazione ad usi culturali (art. 5 *bis* D.P.R. 601/1973), presuppone la richiesta del contribuente.

La distinzione tra esenzione e non imponibilità in materia di imposta sul valore aggiunto

La Corte di cassazione ha chiarito la distinzione esistente tra "non imponibilità" ed "esenzione" in materia di IVA, nei termini seguenti: «In materia di imposta sul valore aggiunto, la "non imponibilità" dell'operazione si distingue dalla "esenzione d'imposta", in quanto nel primo caso manca del tutto il presupposto impositivo, mentre nel secondo caso tale presupposto esiste, ma per scelta del legislatore non viene applicata l'imposta. Ne consegue che il trasferimento coattivo di un immobile, appartenente a soggetto privato e disposto dall'autorità giudiziaria all'esito di un procedimento di esecuzione forzata, in quanto operazione "non imponibile" ai fini dell'imposta sul valore aggiunto (I.V.A.), non può beneficiare dell'applicazione dell'imposta di registro nella misura fissa dell'1%, ai sensi dell'art. 1, comma 1, della Tariffa allegata al d.p.r. 26 aprile 1986, n. 131, essendo tale beneficio è accordato dalla legge solo nel caso di trasferimenti immobiliari che siano "esenti" dall'I.V.A.». (Cass., sentenza 11 marzo 2011, n. 5835; in senso conforme e più recente anche Cass., 17 gennaio 2014, n. 859)

- Si differenzia dall'esenzione, l'istituto dell'**esclusione d'imposta** che si configura quando le disposizioni normative che la contraddistinguono hanno la funzione di delimitare i confini del presupposto tipico d'imposta chiarendo, sostanzialmente, i limiti di applicabilità del tributo, senza per questo derogare agli enunciati di carattere generale (FALSITTA - TESAURO). Esemplificando, è una norma di esclusione quella in base alla quale i dividendi percepiti da soggetti IRES sono esclusi dal reddito complessivo in misura pari al 95% (art. 89, secondo comma, TUIR.).
- I **regimi fiscali sostitutivi** (**o imposte sostitutive**) consentono di sottrarre talune specifiche fattispecie all'ordinario regime impositivo al quale dovrebbero soggiacere per essere assoggettate ad altro regime speciale.

Nella categoria dell'imposizione sui redditi, rappresentano regimi sostitutivi le norme che sottopongono determinati redditi a ritenuta alla fonte, a titolo d'imposta, o a un'imposta sostitutiva di altre imposte. È il caso del regime forfetario per contribuenti di minori dimensioni. I soggetti che (in presenza dei requisiti di legge) aderiscono al regime forfetario applicano sul reddito un'unica imposta, nella misura del 15%, sostitutiva delle imposte sui redditi, delle addizionali regionali e comunali e dell'IRAP.

- I **crediti d'imposta** possono indicare tanto il credito vantato dal contribuente nei confronti del Fisco, quanto, viceversa, il credito del Fisco nei confronti del contribuente. Per quanto riguarda la prima tipologia, nel nostro ordinamento tributario sono operanti diversi tipi di crediti d'imposta che rispondono a finalità diverse: possono, infatti, essere destinati ad evitare fenomeni di doppia imposizione (es.: credito per le imposte pagate all'estero di cui all'art. 165 T.U.R.) o costituire una mera agevolazione per l'esercizio di determinata attività, temporanea o permanente (es.: credito d'imposta per attività di ricerca e sviluppo).

3. LA MISURA DELL'IMPOSTA: LA BASE IMPONIBILE E L'ALIQUOTA.

La quantificazione del debito d'imposta dipende, principalmente, dalla **base imponibile** (o parametro), rappresentata dalla grandezza che *esprime il* fenomeno economico – identificato nel presupposto – alla quale si applica **un'aliquota,** attraverso la quale si determina la misura numerica di tale debito.

La base imponibile può essere, dunque, del tutto autonoma rispetto al presupposto e influire successivamente sulla misura del tributo; tuttavia, in alcuni casi può esserci identificazione o sovrapposizione dei concetti: il reddito, per esempio, è tanto presupposto, quanto base imponibile.

In ogni caso, la **base imponibile,** nella maggior parte delle fattispecie impositive, è costituita da un **valore monetario** (si pensi all'IRPEF, all'IRES, all'IVA), ma può anche essere rappresentata da una **quantità di beni** (come nel caso delle accise, la cui misura è rapportata alle quantità fisiche – espresse in litri, kilogrammi, etc. – di prodotto assoggettate ad imposizione) (SINISCALCHI).

L'imposta può essere stabilita in misura:

- *fissa,* quando l'ammontare dell'imposta è dato da un importo determinato, che prescinde dalla base imponibile (un esempio di imposta fissa può essere l'imposta di registro talvolta dovuta in misura fissa per ciascun atto che s'intende registrare, a prescindere dal valore dell'atto stesso);
- *variabile,* quando l'ammontare dell'imposta dipende dall'applicazione dell'**aliquota** alla base imponibile. A sua volta, l'imposta variabile può essere **proporzionale, progressiva e regressiva,** a seconda dell'aliquota applicata.

L'**aliquota** è la percentuale da applicare alla base imponibile per determinare l'imposta, ossia rappresenta il rapporto (espresso in percentuale) tra l'importo dell'imposta e la base imponibile.

L'imposta *variabile*, a seconda del tipo di aliquota che si applica, può essere:

- ***proporzionale.*** Si applica una aliquota in misura fissa alla base imponibile (es. IRES, c.d. cedolare secca);
- ***progressiva,*** quando l'aliquota cresce all'aumentare della base imponibile (es. IRPEF)
- ***regressiva,*** quando l'aliquota decresce all'aumentare della base imponibile (es. l'abrogato contributo sanitario).

4. LE SOVRAIMPOSTE E LE ADDIZIONALI.

Quando un medesimo presupposto è preso in considerazione come elemento costitutivo anche di più fattispecie impositive si suole distinguere tra due categorie: le addizionali e le sovrimposte.

Sia nella sovraimposta sia nell'addizionale, l'imposizione "aggiuntiva" interessa il medesimo presupposto del tributo principale (ad es. il reddito).

Tuttavia, nel caso della **sovraimposta**, il prelievo "aggiuntivo" (imposta figlia o sovrimposta) è a carico solo di determinati soggetti passivi e su una base imponibile in parte differenziata da quella dell'imposta principale (imposta madre). Si parla, ad esempio, di sovraimposta con riferimento all'imposta introdotta con l'art. 2, comma 2, del d.l. n. 133 del 2013, che, in via straordinaria e temporanea, ha incrementato il prelievo fiscale a carico di un'unica, ristretta, cerchia di soggetti; una sorta di addizionale IRES per banche e compagnia assicurative introdotta, nel solo 2013, per dare copertura finanziaria al minore gettito fiscale derivante dall'abolizione della seconda rata dell'imposta municipale propria (IMU).
Si ha **addizionale** quando, sulla base imponibile di una determinata imposta, si prevede l'applicazione di un'ulteriore aliquota rispetto a quella già prevista per l'imposta principale. La misura del tributo è calcolata come aumento percentuale dell'aliquota applicata ad un altro tributo (detto tributo base). Si pensi alle addizionali comunali e regionali dell'IRPEF.

QUESTIONARIO

1. In cosa consiste il presupposto di un tributo? (**VI.2**)
2. Qual è la differenza tra imposte dirette e indirette? (**VI.2**)
3. Qual è l'esempio per eccellenza di imposta diretta sul reddito? (**VI.2**)
4. Come può presentarsi l'obbligazione tributaria sotto il profilo temporale? (**VI.2**)
5. Imposte istantanee e periodiche (**VI.2**)
6. Cosa sono le c.d. spese fiscali o *tax expenditures*? (**VI.2.2**)
7. Cosa è un regime fiscale sostitutivo? (**VI.2.2.**)
8. Che differenza c'è tra l'esenzione e l'esclusione d'imposta? (**VI.2.2**)
9. I parametri di quantificazione dell'imposta (**VI.3**)
10. Da cosa è rappresentata la base imponibile di un tributo? (**VI.3**)
11. Che s'intende per "aliquota"? (**VI.3**)
12. Qual è la differenza tra sovraimposte e addizionali? (**VI.4**)

SCHEDA DI SINTESI

All'interno della categoria delle imposte la classificazione più rilevante è quella delle imposte dirette (le quali colpiscono gli indici rappresentati da manifestazioni dirette di capacità contributiva) e le imposte indirette, che hanno come presupposto indici che manifestano in via indiretta (indiziaria) la capacità contributiva di un soggetto (come i consumi e i trasferimenti di ricchezza).
L'esenzione di imposta ricorre quando una norma (speciale) restringe il campo di applicazione del presupposto di un tributo, sottraendo all'imposizione situazioni (esenzione oggettiva) e soggetti (esenzione soggettiva) che, altrimenti, in assenza di una specifica deroga, ricadrebbero nell'ambito di applicazione della norma
I regimi fiscali sostitutivi (o imposte sostitutive) consentono di sottrarre talune specifiche fattispecie all'ordinario regime impositivo al quale dovrebbero soggiacere per essere assoggettate ad altro regime speciale.

TI RICORDI

L'imposta è la figura di tributo più diffusa.
L'imposta è la prestazione coattiva che sorge in relazione ad una manifestazione di ricchezza. Il prelievo coattivo è finalizzato a ripartire fra i consociati il carico finanziario delle attività pubbliche, a ciascuno per la quota e nei modi previsti dalla legge senza alcuna relazione specifica con una particolare attività dell'ente pubblico.

CAPITOLO VII
I rapporti con l'amministrazione finanziaria

SOMMARIO:

1. LA POTESTÀ IMPOSITIVA DELL'AMMINISTRAZIONE FINANZIARIA E IL "PROCEDIMENTO" TRIBUTARIO.

I precedenti capitoli, come anticipato, hanno interessato il "profilo statico" dell'obbligazione tributaria, mentre i seguenti analizzeranno, sotto il "profilo funzionale-dinamico", le modalità di attuazione dell'imposizione tributaria che si esplica attraverso l'esercizio dei poteri autoritativi di cui è dotata l'Amministrazione finanziaria (poteri di accertamento, di riscossione, sanzionatorie, etc.).

Sul corretto esercizio dei poteri dell'Amministrazione finanziaria, in ambito tributario, si pronuncia un Giudice Speciale (il Giudice Tributario), che presiede il processo tributario, caratterizzato da regole proprie e, in assenza, dal rinvio a quelle di procedura civile.
La violazione degli obblighi tributari gravanti sul privato dà luogo a sanzioni e, talvolta, la loro violazione può integrare fattispecie di reato (c.d. reati tributari) il cui accertamento spetta al Giudice Ordinario, in sede di penale.
Nel sistema tributario italiano, in prima battuta, l'attuazione dei tributi è affidata agli stessi contribuenti in ragione della regola **dell'auto-liquidazione dei tributi.** Detta regola consiste nell'affidare ai contribuenti l'attuazione delle imposte, **tramite obblighi di dichiarazione e di versamento.**
I poteri che la legge riconosce all'Amministrazione finanziaria (**potere impositivo**, **potere sanzionatorio** e **potere di riscossione**), dunque, vengono esercitati successivamente al dovere dei contribuenti di determinare il proprio imponibile e liquidare le imposte da versare in base al principio di autotassazione.
Nell'attuale sistema tributario, dunque, i contribuenti sono tenuti a determinare il proprio imponibile e liquidare le imposte da versare in base al principio di autotassazione, secondo cui è il cittadino a comunicare al Fisco, attraverso la dichiarazione dei redditi, quanto deve pagare. In questo contesto il controllo fiscale assume una notevole importanza in quanto ha lo scopo di indurre i contribuenti a effettuare onestamente l'autodeterminazione dei tributi.
L'Amministrazione, quindi, in prima istanza ha il dovere di controllare che i contribuenti adempiano correttamente l'obbligo di denuncia e, in seconda battuta, qualora dovessero risultare omissioni o irregolarità ha il dovere di esercitare i c.d. **poteri di rettifica** con cui procede a determinare il tributo in misura diversa da quella autoliquidata dal contribuente.
La c.d. rettifica dell'amministrazione è la sintesi dell'esercizio dei poteri di controllo che l'Amministrazione finanziaria esercita nella sua attività di "accertamento", ossia la fase nel corso della quale l'Amministrazione medesima raccoglie elementi, dati e notizie utili finalizzate ad adottare un eventuale atto impositivo.
La potestà accertativa dell'Amministrazione finanziaria -che, talvolta, si

traduce in vere e proprie attività di indagine-, quando vengono riscontrate irregolarità in capo al contribuente, si conclude con l'adozione di un **atto impositivo**, ossia un provvedimento con cui l'Amministrazione "costituisce" una obbligazione tributaria.

L'atto impositivo, alla stregua di un qualsiasi provvedimento amministrativo, è impugnabile innanzi al Giudice competente; tuttavia, la dottrina ha osservato che il provvedimento di accertamento non può essere sindacato sotto il profilo dell'eccesso di potere in quanto l'Amministrazione finanziaria non opera con "discrezionalità" essendo la legge che disciplina i presupposti, la misura e i soggetti passivi dell'imposta oggetto di accertamento (art. 23 Cost.) (TESAURO).

La Giurisprudenza di legittimità è consolidata nell'affermare che «il processo tributario è un **giudizio di impugnazione-merito**, piuttosto che di impugnazione-annullamento, diretta alla pronuncia di una decisione di merito sostitutiva dell'accertamento e implicante la quantificazione della pretesa tributaria entro i limiti posti dalle domande di parte» (*ex multis* Cass. ord. n. 10896/2019; Cass. n. 20052/2014; Cass. n. 21759/2011). Ne consegue che la sentenza passata in giudicato pronunciata dal Giudice innanzi al quale è impugnato l'atto impositivo ha "il valore di indiscutibile accertamento della pretesa tributaria" (Cass. ord. n. 10896/2019).

In altri termini, l'atto impositivo è il provvedimento finale con il quale si chiude la fase dell'accertamento e, al contempo, è l'atto dal quale ha origine l'eventuale e successiva fase della riscossione (si veda cap. sulla riscossione).

Per completezza, tuttavia, è doveroso precisare che l'impianto sin qui descritto ha carattere "tendenziale", ossia può conoscere delle eccezioni che la dottrina riconduce al modello della "imposizione eventuale", secondo cui il prelievo tributario si realizza autonomamente senza l'intervento dell'Amministrazione finanziaria, la quale ha il compito di controllare e di intervenire – in via meramente eventuale – con l'attività di accertamento, ovvero tramite un procedimento tributario di natura collaborativa tra ente impositore e contribuente. Si fa riferimento a questo tipo di modello in relazione agli istituti dell'interpello, dell'accertamento con adesione, della conciliazione e dell'autotutela.

Inoltre, recentemente, detto modello ha trovato esplicito riconoscimento normativo nell'art. 7 del d.lgs. n. 128/2015 ("Disposizioni sulla certezza del diritto nei rapporti tra fisco e contribuente") che ha introdotto il **regime di adempimento collaborativo** o di "*Cooperative compliance*". Possono aderire a questo regime (ossia, non è un regime obbligatorio ma si tratta di un istituto a cui si accede su adesione volontaria) i contribuenti dotati di un sistema di rilevazione, misurazione, gestione e controllo del rischio fiscale, inteso quale rischio di operare in violazione di norme di natura fiscale o in contrasto con i principi o con le finalità dell'ordinamento tributario. I requisiti soggettivi per l'ammissione a detto regime sono piuttosto stringenti e sono connessi a volumi di affari o di ricavi piuttosto importanti. L'istituto dell'adempimento collaborativo si pone l'obiettivo di instaurare un rapporto di fiducia tra amministrazione e contribuente che miri ad un aumento del livello di certezza sulle questioni fiscali rilevanti. Tale obiettivo è perseguito tramite l'interlocuzione costante e preventiva con il contribuente su elementi di fatto, ivi inclusa l'anticipazione del controllo, finalizzata ad una comune valutazione delle situazioni suscettibili di generare rischi fiscali.

Il legislatore non detta una disciplina generale del **procedimento** tributario idonea a regolare tutti i casi in cui l'Amministrazione finanziaria esplica la sua potestà impositiva; tuttavia, il quadro normativo è individuabile richiamando le seguenti fonti:

I) le disposizioni dello **Statuto dei diritti del contribuente** (L. n. 212 del 2000);

II) i **principi generali del procedimento amministrativo previsti nella L. n. 241/90** e succ. modif. (detto richiamo, tuttavia, avviene con talune limitazioni);

III) le disposizioni previste in **specifici testi normativi,** come ad esempio per gli accertamenti delle imposte sui redditi (d.P.R. n. 600 del 1973) o in materia di IVA (d.P.R. n. 633 del 1972).

1.1. I DIRITTI SANCITI DALLO STATUTO DEL CONTRIBUENTE.

Come già anticipato in relazione alle *fonti del diritto tributario*, lo **Statuto dei diritti del contribuente** (L. n. 212 del 2000) è un insieme di norme che definiscono i diritti de**l contribuente e i doveri dell'Amministrazione finanziaria per favorire un rapporto di collaborazione e fiducia.**

In tal senso, il primo comma dell'art. 10 afferma che "I rapporti tra contribuente e amministrazione finanziaria sono improntati al principio della **collaborazione** e della **buona fede**".
In relazione alla potestà accertativa/impositiva e sanzionatoria dell'Amministrazione finanziaria, detti principi, a loro volta assumono particolare pregnanza in ulteriori disposizioni del medesimo Statuto e nella elaborazione giurisprudenziale.
In questo senso, si richiamano il dovere dell'amministrazione di motivare gli atti impositivi e il dovere di non sanzionare comportamenti tenuti in ossequio al principio di buona fede in senso oggettivo.

1.1.1. L'OBBLIGO DELL'AMMINISTRAZIONE DI MOTIVARE GLI ATTI IMPOSITIVI (ART. 7 ST. CONTR.).

L'art. 7, co. 1, dello St. contr., sancisce il principio della chiarezza e della motivazione: gli atti dell'amministrazione finanziaria devono essere motivati e devono riportare chiaramente i presupposti di fatto e le ragioni giuridiche che sono posti a fondamento degli stessi. Qualora, poi, la motivazione richiami un separato atto, questo dovrà essere allegato al primo.
All'obbligo di motivazione previsto dall'art. 7 cit. si attribuisce natura sostanziale: l'Amministrazione lo assolve quando espone non solo le ragioni di diritto, ma anche i presupposti di fatto, e soprattutto, i passaggi logici che l'Amministrazione medesima ha compiuto dal momento delle acquisizioni istruttorie alla adozione dell'atto impositivo.
L'atto impositivo è espressione del potere amministrativo che la legge riconosce agli uffici tributari; tuttavia, l'obbligo di motivazione previsto dall'art. 7 dello statuto del contribuente non è riconducibile al concetto di motivazione degli atti amministrativi che connota gli atti discrezionali della pubblica amministrazione (ovvero, motivazione intesa come sintesi dei contrapposti interessi sui quali incide l'atto amministrativo).
La motivazione degli atti impositivi ha la funzione di indicare le ragioni della pretesa delimitando la materia del contendere del successivo ed eventuale processo tributario. In questo senso, la Corte di cassazione ha affermato che esso «persegue il fine di porre il contribuente in condizione di

conoscere la pretesa impositiva in misura tale da consentirgli sia di valutare l'opportunità di esperire l'impugnazione giudiziale, sia, in caso positivo, di contestare efficacemente l'*an* e il *quantum debeatur*. Detti elementi conoscitivi devono essere forniti all'interessato, non solo tempestivamente (e cioè inserendoli ab origine nel provvedimento impositivo), ma anche con quel grado di determinatezza ed intelligibilità che permetta al medesimo un esercizio non difficoltoso del diritto di difesa» (Cass. 12 luglio 2006, n. 15842; v. in senso conforme Cass. 27 novembre 2006, n. 25064; Cass. 30 ottobre 2009, n. 23009; Cass. 20 settembre 2013, n. 21564).

Conseguenza della «non secondarietà del ruolo della motivazione nella legittimazione dell'imposizione», è un'interpretazione non formalistica della motivazione, in quanto il sindacato giurisdizionale si esprime «sulla pretesa tributaria mediante un giudizio sul rapporto e non un giudizio sull'atto; l'amministrazione finanziaria è dunque obbligata ad **indicare i presupposti di fatto e di diritto** che hanno determinato la decisione dell'amministrazione (anche se **non è necessario fornire in dettaglio la notizia di ogni singolo elemento di prova**: cfr. Cass. n. 26472/2014), in modo da consentire il controllo interno e giurisdizionale dell'atto, al fine di valutare la correttezza dell'operato dell'amministrazione» (Cass., sent. 28 marzo 2018, n. 7644).

La questione relativa alla esistenza di una motivazione quale elemento che attiene alla sostanza e non alla forma dell'atto, nonché quale requisito formale di validità dell'avviso di accertamento, deve essere, comunque, «nettamente distinta da quella attinente alla dimostrazione della effettiva esistenza dei presupposti per far valere la pretesa tributaria, che non è richiesta quale elemento costitutivo della validità formale dell'atto, ma rimane disciplinata dalle regole proprie del giudizio di impugnazione eventualmente introdotto dal contribuente» (Cass., ord. 27 novembre 2020, n. 27135; Cass., n. 4639 del 2020). Più nello specifico, la regolarità formale dell'avviso di accertamento va tenuta distinta dall'effettiva «indicazione degli elementi sui quali l'amministrazione tributaria fonda la propria pretesa. L'esplicitazione di tali elementi (o del criterio astratto che si riferisca ad essi) può essere sufficiente a sorreggere la motivazione dell'avviso, mettendo il contribuente in condizione di conoscere i termini e le ragioni della pretesa fiscale e, al contempo, circoscrivendo i termini del futuro eventuale giudizio contenzioso, ma non esonera l'Amministrazione dal compito di fornire in tale giudizio, ove esso abbia luogo, la dimostrazione delle concrete circostanze sulle quali la medesima pretesa si sorregge» (Cass., ord. 27 novembre 2020, n. 27135).

Quando il Giudice tributario riscontra la violazione dell'obbligo di motivazione (ovvero, dichiara illegittimo l'atto impositivo per una ragione di invalidità formale), non può esaminare il merito della pretesa fiscale sostituendosi all'Amministrazione nella valutazione circa l'esistenza del presupposto d'imposta (Cass. n. 25946 del 2015).

È ammissibile la motivazione per relationem ma l'amministrazione ha l'obbligo di allegare gli atti richiamati o di riprodurne il contenuto essenziale

Per un principio di economicità è ammessa la **motivazione *per relationem***, ossia quando l'atto impositivo rimanda ad un atto esterno senza riprodurlo integralmente o in modo parziale (ad esempio, l'avviso di liquidazione e rettifica basato su una perizia del Territorio o a un avviso di accertamento fondato anche sul processo verbale di constatazione). In questi casi l'Amministrazione ha l'obbligo di allegare gli atti richiamati o di riprodurne il contenuto essenziale. Ne consegue che è illegittimo un avviso di accertamento che richiama altri documenti non precisati né tanto meno allegati all'atto impositivo (Cass., Sez. V, sent. 6 aprile 2016, n. 6636).

Ne consegue che è illegittimo l'avviso di accertamento quando manca l'allegazione degli atti richiamati *per relationem* nella motivazione: «nel regime introdotto dall'art. 7 della legge 27 luglio 2000, n. 212, l'obbligo di motivazione degli atti tributari può essere adempiuto anche "per relationem", ovverosia mediante il riferimento ad elementi di fatto risultanti da altri atti o documenti, a condizione che questi ultimi siano allegati all'atto notificato ovvero che lo stesso ne riproduca il contenuto essenziale, per tale dovendosi intendere l'insieme di quelle parti (oggetto, contenuto e destinatari) dell'atto o del documento che risultino necessarie e sufficienti per sostenere il contenuto del provvedimento adottato, e la cui indicazione consente al contribuente - ed al giudice in sede di eventuale sindacato giurisdizionale - di individuare i luoghi specifici dell'atto richiamato nei quali risiedono quelle parti del discorso che formano gli elementi della motivazione del provvedimento» (Cass. 25 luglio 2016, n. 15348; Cass. n. 6914/2011).

Naturalmente, l'onere di allegazione posto a carico dell'Amministrazione finanziaria non si estende agli atti di carattere normativo o regolamentare; ovvero, gli atti generali come le delibere del consiglio comunale che legittimano il potere impositivo. Sono, comunque, soggette a pubblicità legale e, quindi, sono oggetto di conoscenza "legale" da parte del contribuente.

1.1.2. LA BUONA FEDE E LA TUTELA DELL'AFFIDAMENTO (ART. 10 ST. CONTR.).

Diverse norme dello Statuto dei diritti del contribuente sono riconducibili al **principio della collaborazione** e **della buona fede** che deve improntare i rapporti tra l'Amministrazione finanziaria e il contribuente (art. 10, comma 1, l. n. 212/2000). La buona fede è intesa in senso oggettivo.

L'*incipit* del comma 7 dell'art. 12 dello Statuto, «nel richiamare il "rispetto del principio di cooperazione tra amministrazione e contribuente", qualifica chiaramente la norma come espressiva dei principi di "collaborazione" e "buona fede", i quali, ai sensi del precedente art. 10, comma 1, devono improntare i rapporti tra contribuente e fisco e vanno considerati (analogamente al principio di tutela dell'affidamento, più specificamente contemplato nello stesso art. 10, comma 2) quali diretta applicazione dei principi costituzionali di buon andamento e imparzialità dell'amministrazione (art. 97 Cost.), di capacità contributiva (art. 53) e di uguaglianza, intesa sotto il profilo della ragionevolezza (art. 3), e quindi, in definitiva, come fondamenti dello Stato di diritto e canoni di civiltà giuridica (cfr., tra le altre, oltre a quelle già indicate, Cass. nn. 24217 del 2008, 3559 e 25197 del 2009, 21070 del 2011, 6627 del 2013)» (Cass., Sez. un., sent. n. 18184 del 29 luglio 2013).

Il **principio di "collaborazione"** tra Amministrazione finanziaria e contribuente «è andato assumendo, in giurisprudenza e in dottrina (e nella stessa legislazione), proprio con specifico riferimento alla materia tributaria, un valore sempre maggiore, quale strumento diretto non solo a garantire il contribuente, ma anche ad assicurare il migliore esercizio della potestà impositiva, il quale, nell'interesse anche dell'ente impositore, risulterà tanto più efficace, quanto più si rivelerà conformato ed adeguato - proprio in virtù del dialogo tra le parti, ove reso possibile - alla situazione del contribuente, con evidenti riflessi positivi anche in termini di deflazione del contenzioso (se non, ancor prima, nel senso di indurre l'amministrazione ad astenersi da pretese tributarie ritenute alfine infondate)» (Cass., Sez. un., sent. n. 18184 del 29 luglio 2013).

Con l'art. 10 cit., il Legislatore ha inteso consacrare un principio generale del nostro ordinamento, ossia quello del **legittimo affidamento**: è tutelato il contribuente che ha tenuto un comportamento facendo affidamento sulle indicazioni fornite dall'Amministrazione.

Corollari della tutela della **buona fede oggettiva** sono:

1. Il divieto di sanzionare il contribuente per violazioni meramente formali. Il contribuente non può essere sanzionato, secondo quanto previsto dal terzo comma dell'**art. 10** dello Statuto, per aver commesso mere **violazioni formali** che non comportano alcun debito d'imposta. Non sono, peraltro, punibili le violazioni che non arrecano pregiudizio all'esercizio delle azioni di controllo e che non incidono sulla determinazione della base imponibile dell'imposta.
2. Il divieto di comminare sanzioni qualora la violazione dipenda da **obiettive condizioni di incertezza** sulla portata e sull'ambito di applicazione della norma tributaria (art. 10, terzo comma, cit.).

Il significato del concetto "**obiettiva incertezza**" è ricavabile dall'antecedente Circolare Ministeriale n. 180/E del 10 luglio 1998, con la quale il Ministero delle Finanze ha avuto modo di precisare che si ha *obiettiva incertezza* quando si è di fronte a previsioni normative equivoche, tali da ammettere interpretazioni diverse e da non consentire, in un determinato momento, l'individuazione certa di un significato determinato.

In sostanza, quindi, al fine di evitare l'irrogazione della sanzione non sarà sufficiente per il contribuente dimostrare che la violazione non ha comportato debito d'imposta, ma l'irregolarità commessa non dovrà essere idonea a pregiudicare (od ostacolare) l'azione ispettiva dell'amministrazione finanziaria.
Nell'ottica dello spirito "collaborativo", si richiama anche l'art. 11 (come da ultimo modificato dal d.lgs. 24 settembre 2015, n. 156) che, sotto la rubrica "Interpello del contribuente", disciplina l'istituto in ragione del quale ciascun contribuente può interpellare l'Amministrazione finanziaria per ottenere una risposta riguardante fattispecie concrete e personali relativamente a:

- l'applicazione di disposizioni tributarie, quando vi sono condizioni di obiettiva incertezza sulla corretta interpretazione di tali disposizioni e la corretta qualificazione di fattispecie alla luce delle disposizioni tributarie applicabili alle medesime, ove ricorrano condizioni di obiettiva incertezza;
- la sussistenza delle condizioni e la valutazione della idoneità degli elementi probatori richiesti dalla legge per l'adozione di specifici regimi fiscali nei casi espressamente previsti;
- l'applicazione della disciplina sull'abuso del diritto ad una specifica fattispecie.

La Giurisprudenza ha ricondotto al principio della "collaborazione" i rapporti tra Amministrazione/contribuente anche norme riferibili a specifici tributi.

a) In materia di tributi doganali, la Corte di Giustizia Europea ha valorizzato il principio della partecipazione del contribuente il quale "deve essere messo in condizione di far valere le proprie osservazioni" se l'Amministrazione avvia procedimenti finalizzati ad adottare atti che possono avere natura lesiva (Corte di giustizia dell'Unione Europea, sentenza 18 dicembre 2008, causa C349/07, Sopropè).

b) In materia di imposte sui redditi, con riguardo alla norma che prevede l'invio di un **questionario al contribuente sottoposto ad accertamento** (D.P.R. n. 600 del 1973, art. 32, comma 1, n. 4).

La norma sui c.d. questionari in materia di accertamenti delle

imposte sui redditi, in realtà, è stata individuata come espressione del principio di collaborazione, inteso sia come fonte di "diritti" ma anche come fonte di "doveri" per il contribuente.
Per un approfondimento del tema si rinvia al successivo capitolo VIII, par. 3.1.2.
Tra i vari diritti riconosciuti al contribuente vi è anche quello di rivolgersi per iscritto al **Garante** (di cui all'art. 13 dello Statuto) qualora ritenga che i verificatori procedano con modalità non conformi alla legge, ovvero per lamentare disfunzioni, irregolarità, scorrettezze, prassi amministrative anomale o irragionevoli o qualunque altro comportamento suscettibile di incrinare il rapporto di fiducia tra cittadini ed amministrazione finanziaria.

1.1.3. LE VERIFICHE *IN LOCO* DELL'AMMINISTRAZIONE FINANZIARIA (ART. 12 ST. CONTR.).

Le tipologie di verifiche che l'Amministrazione finanziaria può avviare nei confronti del contribuente, nonché i presupposti che legittimano le diverse modalità con le quali l'Amministrazione può espletare i suoi controlli saranno analizzati nel successivo *Capitolo VIII Sez. II.* In questa sede, ci si soffermerà solo sulla portata del **principio del contraddittorio endoprocedimentale** che deve essere rispettato nelle ipotesi di c.d. verifiche *in loco*.
Il contraddittorio endoprocedimentale -previsto dall'articolo 12, comma 7, dello Statuto- non trova applicazione per le infrazioni relative ai tributi «non armonizzati», qualora esse non derivino da «accessi, ispezioni e verifiche fiscali nei locali destinati all'esercizio di attività commerciali, industriali, agricole, artistiche o professionali», ai sensi del comma 1 della medesima legge (Cass., ord. n. 8545/2017). Ad esempio, le violazioni per Irpef conseguenti ad accertamenti bancari sui conti del contribuente, non impongono il rispetto della particolare procedura di contraddittorio.
Detto obbligo trova la sua fonte normativa nei primi due periodi dell'art. 12, comma 7, cit. laddove recitano che: «Nel rispetto del principio di cooperazione tra amministrazione e contribuente, dopo il rilascio della copia del processo verbale di chiusura delle operazioni da parte degli organi di controllo, il contribuente può comunicare entro sessanta giorni

osservazioni e richieste che sono valutate dagli uffici impositori. L'avviso di accertamento non può essere emanato prima della scadenza del predetto termine, salvo casi di particolare e motivata urgenza».

Quali conseguenze ha il mancato rispetto del termine di 60 giorni?

Fino all'intervento delle Sezioni Unite della Corte di cassazione, la giurisprudenza tributaria era divisa sulla questione se l'inosservanza del termine dilatorio di sessanta giorni per l'emanazione dell'avviso di accertamento - termine decorrente dal rilascio al contribuente, nei cui confronti sia stato effettuato un accesso, un'ispezione o una verifica nei locali destinati all'esercizio della propria attività (art. 12, comma 1), della copia del processo verbale di chiusura delle operazioni - costituisse, nel silenzio della norma, una mera irregolarità sostanzialmente priva di conseguenze esterne, ovvero desse luogo, ad eccezione di casi di "particolare e motivata" urgenza, ad un vizio di legittimità dell'atto impositivo emesso *ante tempus*, che può essere fatto valere dal contribuente al fine di ottenere, per ciò solo, in sede contenziosa, l'annullamento dell'atto stesso.

È prevalso il secondo orientamento: **l'avviso di accertamento non può essere emanato prima della scadenza di tale termine, salvo casi di particolare e motivata urgenza.** Ne consegue che, quando l'Amministrazione viola il comma 7 dell'art. 12 cit., ossia notifica l'avviso di accertamento prima dello scadere del termine di 60 giorni, **l'atto impositivo va dichiarato nullo a meno che non ricorra il presupposto dell'urgenza.** In particolare, l'art. 12 «introduce nell'ordinamento una particolare e concreta forma di "collaborazione" tra amministrazione e contribuente, attraverso la previsione di un termine dilatorio di sessanta giorni dalla chiusura delle operazioni di verifica, prima della cui scadenza, e salvo le eccezioni di cui si dirà, l'atto impositivo - come la norma prescrive con espressione "forte"- "non può essere emanato": tale intervallo temporale è destinato a favorire l'interlocuzione tra le parti anteriormente alla (eventuale) emissione del provvedimento, e cioè il contraddittorio procedimentale» (**Cass., Sez. un., sent. n. 18184 del 29 luglio 2013**).

Il vizio invalidante non consiste nella mera omessa enunciazione nell'atto dei motivi di urgenza che ne hanno determinato l'emissione anticipata, bensì nell'effettiva assenza di detto requisito (esonerativo dall'osservanza del termine), la cui ricorrenza, nella concreta fattispecie e all'epoca di tale emissione, deve essere provata dall'ufficio (Cass., ord. 30 ottobre 2018, n. 27623 che richiama Cass., Sez. un., 29 luglio 2013, n. 18184).

Ad ogni modo, il termine in parola deve essere «rispettato a prescindere dalla allegazione da parte del contribuente di avere subito uno specifico nocumento alla propria difesa, non avendo potuto produrre nel ristretto lasso temporale concesso, osservazioni, memorie e documenti. Il termine è infatti stabilito a presidio del pieno dispiegarsi del contraddittorio procedimentale, espressione dei principi di collaborazione e di buona fede». L'art. 12 comma 7 cit. infatti, «non prevede, per le verifiche svolte nei locali del contribuente, la c.d. prova di resistenza al fine di rendere operante l'invalidità dell'atto emesso senza il rispetto del termine dilatorio di sessanta giorni» (Cass., ord. 30 ottobre 2018, n. 27623).

La deroga per i "casi di particolare e motivata urgenza"

La deroga prevista per i "casi di particolare e motivata urgenza", in presenza dei quali l'Ufficio è esonerato dal rispetto del termine dilatorio, va intesa nel senso che l'illegittimità non deriva *ex se* «dalla mancanza, nell'atto notificato, della motivazione circa la ricorrenza di un caso di urgenza, bensì dalla non configurabilità, in fatto, del requisito dell'urgenza». La Giurisprudenza giunge a detto assunto per una duplice ragione (Cass., Sez. un., sent. n. 18184 del 29 luglio 2013):

a) «l'espressione "salvo casi di particolare e motivata urgenza" non appare in sè decisiva, poiché non individua con certezza nell'atto impositivo la (unica) sede in cui la "motivata urgenza" deve essere addotta dall'Ufficio: l'uso del termine "motivata" non implica, infatti, necessariamente il richiamo alla motivazione dell'avviso di accertamento»;

b) «deve ritenersi che risponda a criteri di equilibrio degli interessi coinvolti e di ragionevolezza far dipendere la validità o meno dell'atto emesso *ante tempus* dalla sussistenza o meno, nella realtà giuridico - fattuale, del requisito dell'urgenza, anziché dalla circostanza (avente valore del tutto secondario) che tale requisito sia, o no, enunciato nell'atto: ciò che conta, in definitiva, ai fini dell'esonero dell'Ufficio dall'osservanza del termine dilatorio, è unicamente il fatto che la particolare urgenza di provvedere effettivamente nella fattispecie vi sia stata. Ne deriva che la questione si sposta in sede contenziosa, nel senso che, a fronte di un avviso di accertamento emesso prima della scadenza del termine *de quo* e privo dell'enunciazione dei motivi di urgenza che lo legittimano, il contribuente potrà, ove lo ritenga, anche limitarsi ad impugnarlo per il solo vizio della violazione del termine (cfr. Cass., Sez. un., nn. 16412 del 2007 e 5791 del 2008, in tema di mancato rispetto della sequenza procedimentale prevista per la formazione della pretesa tributaria): spetterà, quindi, all'Ufficio l'onere di provare la sussistenza (all'epoca) del requisito esonerativo dal rispetto del termine e,

> dunque, in definitiva, al giudice, a seguito del dibattito processuale (e senza, perciò, che il contribuente subisca alcuna menomazione del diritto di difesa), stabilire l'esistenza di una valida e "particolare" - cioè specificamente riferita al contribuente e al rapporto tributario in questione - ragione di urgenza, idonea a giustificare l'anticipazione dell'emissione del provvedimento».

In questo senso, la Cassazione (*ex multis*, ord. n. 15527 del 27 luglio 2016) ha ripetutamente affermato che "l'urgenza dell'atto impositivo può profilarsi allo scopo di bloccare una condotta che appaia una palese e grave violazione continuata degli obblighi fiscali".
Diversamente non può essere qualificato come un caso di urgenza l'imminente scadenza dei termini di decadenza per notificare l'avviso di accertamento.
La Giurisprudenza, infatti, è consolidata nell'affermare che la scadenza del termine di accertamento è una circostanza oggettivamente prevedibile e rimessa all'organizzazione dell'Ufficio accertatore (*ex multis*, Cass. sent. 15 gennaio 2019, n. 701 e Cass. 10 aprile 2018, n. 8749).
L'amministrazione, come giustificazione dell'urgenza, potrebbe invece fornire «la prova che l'esercizio nell'imminenza della scadenza del termine sia dipeso da fattori ad essa non imputabili che hanno inciso sull'attività accertativa fino al punto da rendere comunque necessaria l'attivazione dell'accertamento, a pena di vedere dissolta la finalità di recupero delle imposte ritenute non versate dal contribuente. Non è, quindi, l'imminenza della scadenza del termine ad integrare l'urgenza, ma, semmai, l'insorgenza di fatti concreti e precisi che possono rendere giustificata l'attivazione dell'ufficio quando non può più essere rispettato il termine dilatorio a pena di vedere decaduta l'amministrazione (per esempio in caso di reiterate violazioni delle leggi tributarie aventi rilevanza penale oppure per la partecipazione del contribuente ad una frode fiscale» (Cass., ord. 30 ottobre 2018, n. 27623 che richiama Cass., 2 luglio 2018, n. 17211).

Il termine dilatorio di sessanta giorni decorre dal momento del rilascio di copia del verbale di constatazione al termine della verifica svolta presso il contribuente e deve essere rispettato a pena di nullità del successivo avviso di accertamento (salvo ricorre il presupposto della "motivata urgenza")

Le Sezioni unite della Corte di cassazione, nel dirimere un contrasto sorto in seno alla giurisprudenza di legittimità, hanno affermato il seguente principio di diritto: «In tema di diritti e garanzie del contribuente sottoposto a verifiche fiscali, la L. 27 luglio 2000, n. 212, art. 12, comma 7, deve essere interpretato nel senso che l'inosservanza del termine dilatorio di sessanta giorni per l'emanazione dell'avviso di accertamento - termine decorrente dal rilascio al contribuente, nei cui confronti sia stato effettuato un accesso, un'ispezione o una verifica nei locali destinati all'esercizio dell'attività, della copia del processo verbale di chiusura delle operazioni- determina di per sè, salvo che ricorrano specifiche ragioni di urgenza, la illegittimità dell'atto impositivo emesso *ante tempus*, poiché detto termine è posto a garanzia del pieno dispiegarsi del contraddittorio procedimentale, il quale costituisce primaria espressione dei principi, di derivazione costituzionale, di collaborazione e buona fede tra amministrazione e contribuente ed è diretto al migliore e più efficace esercizio della potestà impositiva. **Il vizio invalidante non consiste nella mera omessa enunciazione nell'atto dei motivi di urgenza che ne hanno determinato l'emissione anticipata, bensì nell'effettiva assenza di detto requisito (esonerativo dall'osservanza del termine), la cui ricorrenza, nella concreta fattispecie e all'epoca di tale emissione, deve essere provata dall'Ufficio**».

1.2. I PRINCIPI GENERALI DELLA L. N. 241/90.

Con riferimento alla generale questione se alla materia tributaria si estendono le norme della L. n. 241 del 1990 (Legge generale sui procedimenti amministrativi – cd. *L.a.c.*), preliminarmente, si deve ricordare che detta legge nel regolare, al capo terzo, la "partecipazione al procedimento amministrativo", esclude espressamente dalla disciplina partecipativa ivi prevista "i procedimenti tributari per i quali restano parimenti ferme le particolari norme che li regolano ...". Tra le norme del richiamato capo terzo, si inserisce l'art. 7 (l'obbligo dell'Amministrazione di comunicare agli interessati l'"avvio del procedimento", al fine di consentirne l'interlocuzione prima dell'adozione del definitivo provvedimento amministrativo) e, quindi, già in ragione di detta espressa esclusione si può affermare che, alla materia tributaria, non si applicano le norme in tema di partecipazione del cittadino al procedimento (TESAURO).

Il procedimento d'imposizione inizia sempre **d'ufficio**: sia che il contribuente ometta completamente di adempiere all'obbligo di denuncia sia che lo assolva in modo irregolare (facendo scattare il dovere dell'Amministrazione di "rettificare" la denuncia). Il contribuente non attiva un procedimento per aspirare ad un provvedimento ampliativo della sua sfera personale (salvo i casi in cui promuove un'istanza di rimborso), bensì assolve un obbligo di legge.

1.2.1. IL CONTRADDITTORIO ENDOPROCEDIMENTALE CON IL CONTRIBUENTE.

Come si è detto nei precedenti paragrafi, lo statuto del contribuente afferma il principio del contraddittorio solo per i provvedimenti impositivi che trovano un loro antecedente in verifiche compiute nei locali del contribuente (art. 12, comma 7, St. contr.).

Più dibattuta è la questione se alla materia tributaria si estenda il **principio del contraddittorio**, inteso come un diritto del contribuente a dialogare con l'Amministrazione finanziaria e diritto che, secondo alcuni interpreti, è direttamente riconosciuto da norme costituzionali di portata generale (artt. 3 e 97 Cost.). Tesi, quest'ultima, che è stata recentemente smentita dalle Sezioni unite della Corte di cassazione hanno escluso l'esistenza di un generalizzato obbligo dell'Amministrazione di attivare il contraddittorio endoprocedimentale in campo tributario possa essere direttamente ancorato agli artt. 24 e 97 Cost. Infatti, «le garanzie di cui all'art. 24 Cost. attengono, testualmente, all'ambito giudiziale; così pure quella di difesa di cui al comma 2, sia per collocazione, tra i commi 1 ed i commi 3 e 4 (che recano il testuale inequivocabile riferimento all'ambito giudiziale), sia per l'esplicito riferimento al "procedimento" in ogni suo "stato e grado"». Né si può ritenere che «l'anticipazione dei poteri partecipativi del contribuente a momento anteriore all'emanazione dell'atto impositivo, si proietterebbe (ponendo rimedio ad una supposta situazione di "disparità delle armi" in dotazione alle parti processuali), sulla stessa effettività della tutela giudiziale del contribuente». Si aggiunga che anche «l'art. 97 Cost. non reca, in alcuna delle sue articolazioni, il benché minimo indice rivelatore dell'indefettibilità del contraddittorio endoprocedimentale; né in seno al procedimento amministrativo (in relazione al quale l'obbligo del contraddittorio procedimentale» è sancito da legge ordinaria (*alias*, dalla l. n. 241/90) (sent. n. 24823 del 6 ottobre 2015).

Più nello specifico, la giurisprudenza ha dovuto affrontare la questione se le garanzie, di carattere procedimentale, predisposte dall'art. **12, comma 7,** dello Statuto dei diritti del contribuente –ossia, formazione di un verbale di chiusura delle operazioni; rilascio di copia del medesimo al contribuente; facoltà del contribuente di comunicare osservazioni e richieste e corrispondente dovere dell'Ufficio di valutarle; divieto per l'Ufficio di emettere avviso di accertamento prima della scadenza del termine dilatorio di sessanta giorni dal rilascio di copia del verbale, salva la ricorrenza di particolare e motivata urgenza-si applichino soltanto agli accertamenti emessi in esito ad accessi, ispezioni e verifiche fiscali effettuate nei locali ove si esercita l'attività imprenditoriale o professionale del contribuente; ovvero se esse -in quanto espressione di un generalizzato obbligo di contraddittorio nell'ambito del procedimento amministrativo di formazione dell'atto fiscale, eventualmente riferibile a dati normativi *aliunde* desumibili nell'ordinamento nazionale o in quello dell'Unione europea- operino pure in relazione agli accertamenti conseguenti ad ogni altro tipo di verifica fiscale e, in particolare, in relazione agli accertamenti derivanti da verifiche effettuate presso la sede dell'Ufficio, in base alle notizie acquisite da altre pubbliche amministrazioni, da terzi ovvero dallo stesso contribuente, in conseguenza della compilazione di questionari o in sede di colloquio (cd. "verifiche a tavolino").

La giurisprudenza, in tal senso, fino all'anno 2014 è stata pressoché costante nell'affermare che, anche dopo l'entrata in vigore dello Statuto del contribuente (in particolare, dell'art. 12, comma 7, l. 212/2000), non fosse possibile ritenere esistente un principio generale di contraddittorio per gli accertamenti relativi ai più svariati tipi di imposta: irpef, ilor,

irap, iva, accise (Cass. 26316/10; Cass. 21391/14, 15583/14, 13588/14, 7598/14, 25515/13, 2360/13, 446/13 16354/12). Questa conclusione, tuttavia, fu superata da due pronunce gemelle delle Sezioni unite (Cass., Sez. un., sent. n. 19667/14 e n. 19668/14) che avevano affermato l'esistenza di un principio generale, immanente all'ordinamento anche per derivazione comunitaria, che impone l'osservanza del contraddittorio endoprocedimentale in rapporto a qualsiasi atto dell'Amministrazione fiscale lesivo dei diritti e degli interessi del contribuente, indipendentemente dal fatto che la necessità del contraddittorio fosse specificamente sancita da una norma positiva.
L'anno successivo, però, le medesime Sezioni Unite della Corte di cassazione (sent. n. 24823 del 6 ottobre 2015), sono intervenute nuovamente sul punto affermando che l'Amministrazione finanziaria **non** ha un **generalizzato obbligo** di instaurare il **contraddittorio con il contribuente.** In particolare, per stabilire se sussiste in concreto l'obbligo dell'Amministrazione di instaurare il contraddittorio o se, al contrario, questa ha **una mera facoltà,** bisogna analizzare la metodologia di accertamento prescelta e stabilire se si è in presenza di un tributo "armonizzato" o meno.
La richiamata pronuncia afferma che «la previsione dell'art. 12, comma 7, 1. 212/2000 non è fonte di un generalizzato obbligo di contraddittorio endoprocedimentale a carico dell'Amministrazione fiscale; e, dunque, dell'obbligo dell'Amministrazione medesima, ogni qual volta si accinga ad adottare un provvedimento lesivo dei diritti del contribuente e pur in assenza di specifica norma positiva che per quel provvedimento lo sancisca, di attivare con l'interessato contraddittorio preventivo, pena l'invalidità dell'atto, ad operazioni, cioè, che costituiscono categorie d'intervento accertativo dell'Amministrazione tipizzate ed inequivocabilmente identificabili, in base alle indicazioni di cui all'art. 52, comma 1, d.p.r. 633/1972, richiamato, in tema di imposte dirette dall'art. 32, comma 1, d.p.r. 600/1973 e, in materia di imposta di registro, dall'art. 53 bis d.p.r. 131/1986».
Diversamente, ravvisare nel comma 7 dell'art. 12 cit. «la fonte di un generalizzato diritto del contribuente al contraddittorio fin dalla fase di formazione della pretesa fiscale comporterebbe un'inammissibile interpretazione *abrogans* di parte qualificante del dato normativo. Ciò tanto più in considerazione del fatto che non irragionevole proiezione teleologica

del riportato dato testuale - univocamente tendente alla **limitazione della garanzia del contraddittorio procedimentale di cui all'art. 12, comma 7, 1. 212/00 alle sole verifiche** ***in loco*** è riscontrabile nella peculiarità stessa di tali verifiche, caratterizzate dall'autoritatività dell'Amministrazione nei luoghi di contribuente alla diretta ricerca, quivi, in quanto intromissione pertinenza del di elementi valutativi a lui sfavorevoli: peculiarità, che specificamente giustifica, quale controbilanciamento, il contraddittorio al fine di correggere, adeguare e chiarire, nell'interesse del contribuente e della stessa Amministrazione, gli elementi acquisiti presso i locali aziendali».

In altri termini, gli interpreti **escludono** che, in campo tributario, esista **una clausola generale di contraddittorio endoprocedimentale** e che la stessa possa essere riferita a norme ordinarie dell'ordinamento nazionale diverse da quella di cui all'art. 12, comma 7, cit. Tuttavia, detta regola incontra **due eccezioni**:

1. Ci sono **norme tributarie speciali** che prescrivono espressamente l'obbligo del contraddittorio endoprocedimentale. Dette norme, tra l'altro, impongono che l'obbligo del contraddittorio venga espletato «a condizioni e con modalità ed effetti differenti, in rapporto a singole ben specifiche ipotesi. In particolare, al riguardo, rilevano: il già esaminato art. 12, comma 7, 1. 212/2000, con riguardo agli avvisi conseguenti a verifiche effettuate presso i locali del contribuente; gli artt. 3, comma 185, 1. 549/1995 e 10, comma 3 bis, 1. 146/1998 (introdotto dall'art. 1, comma 409 lett. b, 1. 311/2004), in tema di "accertamenti standardizzati" (...); gli artt. 36 bis, comma 3, d.p.r. 600/1973 e 54 bis, comma 3, d.p.r. 633/1972 nonché l'art. 6, comma 5, 1. 212/2000, con riferimento alle liquidazioni delle imposte in base alla dichiarazione; l'articolo 36 ter, comma 4, d.p.r. 600/1973, in rapporto al controllo formale delle dichiarazioni ai fini delle imposte dirette; l'articolo 38, comma 7, d.p.r. 600/73 (come modificato dall'art. 22, comma 1, d.l. 78/2010, convertito in 1. 122/2010), in tema di accertamento sintetico; il comma 11 dell'art. 110 (e, in precedenza, il comma 7 ter dell'art. 76 d.p.r. 917/1986), in tema di recupero a tassazione di deduzioni di costi relativi ad operazioni intercorse con imprese con sede in Paesi Black list; il comma 4 dell'art. 37 bis (introdotto dal d.lgs. 358/1997 ed abrogato dall'art. 1, comma 2, d.lgs. 128/2015), in merito agli accertamenti in materia di imposte dirette fondati su ipotesi di abuso di diritto (anche innominate...); il comma 6 dell'art. 10 bis 212/2000 (introdotto, in sostituzione della disposizione prima esaminata, dall'art. 1, comma 1, d.lgs. 128/2015); l'articolo 11, comma 4 bis, d.lgs. 374/90 (introdotto dall'art. 92, comma 1, d.l. 1/2012, convertito in l. 27/2012), in materia doganale» (Cass., Sez. un., sent. n. 24823 del 6 ottobre 2015).

Le varie ipotesi di contraddittorio tipizzate da specifiche norme di diritto tributario, ad ogni modo, sono tra loro **eterogenee sia per le modalità** con cui concretamente deve essere assicurato il diritto al contraddittorio **sia per le conseguenze della relativa violazione** (in alcuni casi determina la nullità dell'atto impositivo, in altri casi una mera irregolarità dello stesso).

2. Il principio del contraddittorio endoprocedimentale, anche in materia tributaria, ha una diversa valenza **l'ordinamento europeo.** In questo ambito, esso costituisce esplicazione del diritto alla difesa e, quindi, assurge principio fondamentale dell'ordinamento europeo. Ne consegue che, «ogniqualvolta l'Amministrazione si proponga di adottare nei confronti di un soggetto un atto ad esso lesivo, sicché il destinatario di provvedimento teso ad incidere sensibilmente sui suoi interessi deve, pena la caducazione del provvedimento medesimo, essere messo preventivamente in condizione di manifestare utilmente il suo punto di vista in ordine agli elementi sui quali l'amministrazione intende fondare la propria decisione». Il principio è attualmente codificato nell'art. 41 della Carta dei diritti fondamentali dell'Unione europea laddove, prevede, al § 2, che, nell'ambito del menzionato diritto, va, tra gli altri, ricompreso «il diritto di ogni persona ad essere ascoltata prima che nei suoi confronti venga adottato un provvedimento individuale che le rechi pregiudizio».

Dunque, **la disciplina europea (diversamente da quella nazionale) prevede, in materia tributaria, il «contraddittorio endoprocedimentale quale principio di generale applicazione, pur valutandone gli effetti in termini restrittivamente sostanzialistici»**. Ne consegue che **per i tributi cd. "armonizzati" (in particolare:**

l'iva), rientranti nella competenza dell'ordinamento europeo, si applica il principio del generale obbligo di contraddittorio endoprocedimentale (seppur inteso in senso sostanzialistico).
Diversamente per i tributi cd. "non armonizzati" (in particolare: quelli diretti), estranei alla sfera di competenza del diritto dell'Unione europea, si applica la regola generale per la quale non vige detto obbligo, a meno che non ricorra una norma specifica in tale senso (di cui si è detto alla precedente eccezione) (Cass., Sez. un., sent. n. 24823 del 6 ottobre 2015).

La facoltà (no obbligo) del contraddittorio con il contribuente nelle c.d. verifiche a tavolino per i tributi non armonizzati

Le Sezioni unite della Corte di cassazione hanno stabilito il seguente principio di diritto: «Differentemente dal diritto dell'Unione europea, il diritto nazionale, allo stato della legislazione, non pone in capo all'Amministrazione fiscale che si accinga ad adottare un provvedimento lesivo dei diritti del contribuente, in assenza di specifica prescrizione, un generalizzato obbligo di contraddittorio endoprocedimentale, comportante, in caso di violazione, l'invalidità dell'atto. Ne consegue che, in tema di tributi "non armonizzati", l'obbligo dell'Amministrazione di attivare il contraddittorio endoprocedimentale, pena l'invalidità dell'atto, sussiste esclusivamente in relazione alle ipotesi, per le quali siffatto obbligo risulti specificamente sancito; mentre in tema di tributi "armonizzati", avendo luogo la diretta applicazione del diritto dell'Unione, la violazione dell'obbligo del contraddittorio endoprocedimentale da parte dell'Amministrazione comporta in ogni caso, anche in campo tributario, l'invalidità dell'atto, purché, in giudizio, il contribuente assolva l'onere di enunciare in concreto le ragioni che avrebbe potuto far valere, qualora il contraddittorio fosse stato tempestivamente attivato, e che l'opposizione di dette ragioni (valutate con riferimento al momento del mancato contraddittorio), si riveli non puramente pretestuosa e tale da configurare, in relazione al canone generale di correttezza e buona fede ed al principio di lealtà

processuale, sviamento dello strumento difensivo rispetto alla finalità di corretta tutela dell'interesse sostanziale, per le quali è stato predisposto».
Ne consegue che, «quando il contribuente sottoposto a verifiche fiscali, non sussiste per l'Amministrazione finanziaria alcun obbligo di contraddittorio endoprocedimentale per gli accertamenti ai fini Irpeg e Irap, assoggettati esclusivamente alla normativa nazionale, vertendosi in ambito di indagini cd. "a tavolino"» (sent. n. 24823 del 6 ottobre 2015).

La valenza dell'obbligo del contraddittorio endoprocedimentale per i tributi c.d. armonizzati

La giurisprudenza della Corte di Giustizia fornisce una interpretazione del principio dell'obbligatorietà del contraddittorio endoprocedimentale non in termini assoluti e puramente formali. Detto obbligo, quindi, deve conformarsi al criterio di effettività e proporzionalità, nonché ad obiettivi di interesse generale. In particolare, con specifico riferimento a procedimento tributario, è stato affermato che l'obbligo del contraddittorio non investe l'attività d'indagine e di acquisizione di elementi probatori anche testimoniali svolta dall'Amministrazione fiscale ("l'Amministrazione, quando procede alla raccolta d'informazioni, non è tenuta ad informarne 11 contribuente né a conoscere il suo punto di vista", così Corte giust., 22 ottobre 13, in causa C-276/12, Jirì Sabou: punto 41).
Ulteriore conseguenza è che la violazione dell'obbligo del contraddittorio endoprocedimentale da parte dell'Amministrazione fiscale, in tema di accertamenti relativi a tributi "armonizzati" –poiché detto obbligo ha natura "sostanzialistica" - «**determina l'annullamento del provvedimento adottato al termine del procedimento soltanto se, in mancanza di tale irregolarità, il procedimento "avrebbe potuto comportare un risultato diverso**"». Per evitare che detto onere probatorio diventi troppo gravoso per il contribuente, si ritiene che sia sufficiente che lo stesso provi che se fosse stato assolto

l'obbligo del contraddittorio si sarebbe potuto difendere più facilmente e non che "la decisione avrebbe avuto un contenuto differente" (cfr.: Corte giust. 1° ottobre 2009, in C141/08, Foshan Shunde Yongjian Housewares, punto 94; 2 ottobre 2003, in C194/99, Thyssen Stahl/Commissione, punto 31; 8 luglio 1999, causa C-51/92, Hercules Chemicals/Commissione, punto 81).

Alla luce delle indicazioni fornite dalle sezioni Unite, la giurisprudenza di legittimità si è divisa sulla reale portata del principio dell'obbligo del contraddittorio endoprocedimentale per i c.d. tributi armonizzati.

Secondo un orientamento, il diritto nazionale riserva ai tributi armonizzati una protezione inferiore a quella assicurata ai tributi non armonizzati. Infatti, per i tributi non armonizzati nel triplice caso previsto dall'art. 12, comma 7, St. contr. (accesso, ispezione o verifica), il mancato rispetto del termine di 60 giorni determinerebbe necessariamente la nullità del provvedimento per violazione del contraddittorio endoprocedimentale.

Al contrario, per gli armonizzati, questo effetto conseguirebbe solo eventualmente, all'esito della necessaria valutazione da parte del giudice della c.d. prova di resistenza (Sezioni Unite n. 24823/2015), al fine di verificare in concreto l'impatto della violazione sull'esito del provvedimento, a condizione che l'allegata violazione sia sostanziata da parte del contribuente.

Secondo un altro orientamento, invece, anche per i tributi non armonizzati, il maggior grado di tutela è costituzionalmente legittimo perché in piena armonia con il principio della massimizzazione delle tutele, che consente ad un singolo ordinamento di apprestare più elevati livelli di protezione di un diritto fondamentale - nella specie quello al contraddittorio (endoprocedimentale)- rispetto a quelli garantiti dal sistema eurounitario per i tributi non armonizzati (Cass. 25 gennaio 2017 n. 1969).

In questo senso, la recentissima Cassazione (sent. 15

gennaio 2019, n. 701) ha affermato che «sono due i principi cardine del diritto comunitario che regolano il diritto fondamentale al contraddittorio endoprocedimentale:

1) il **principio di equivalenza**, ossia le modalità previste per l'applicazione del tributo armonizzato non devono essere meno favorevoli di quelle che riguardano analoghi procedimenti amministrativi per tributi di natura esclusivamente interna;
2) il **principio di effettività**, ovvero la disciplina nazionale non deve rendere in concreto impossibile o eccessivamente difficile l'esercizio dei diritti conferiti dall'ordinamento giuridico dell'Unione, e quindi il contribuente dev'essere posto nelle condizioni di esercitare il contraddittorio».

Secondo quest'ultimo orientamento, «l'art. 12, comma 7, I. n. 212/2000 non distingue tra tributi armonizzati e no. Infatti, in via generale, nel triplice caso di accesso, ispezione o verifica nei locali destinati all'esercizio dell'attività, è già stata operata dal legislatore una valutazione ex ante in merito al rispetto del contraddittorio, attraverso la comminatoria di nullità dell'atto impositivo nel caso di violazione del termine dilatorio di 60 giorni per consentire al contribuente l'interlocuzione con l'Amministrazione finanziaria, a far data dalla conclusione delle operazioni di controllo. Questa è una disciplina nazionale che, già a monte, assorbe la "prova di resistenza", nel pieno rispetto della giurisprudenza della CGUE (cfr. sentt. Kamino, cit., § 80 e Sopropè, cit., § 37). Così interpretato, l'art. 12, comma 7, I. 212/2000 garantisce pienamente sia il principio di equivalenza (il quale, anzi, risulterebbe violato se la norma fosse applicabile ai soli tributi non armonizzati), sia quello di effettività. La norma, nel prevedere la deroga alla regola generale del rispetto del termine dilatorio nel caso di esistenza di ragioni di urgenza, opera un bilanciamento degli interessi coinvolti, escludendo che siano compromessi gli effetti della normativa unionale in tema di riscossione dell'IVA (cfr. sent. Kamino, cit., § 77)».

In conclusione, la sentenza da ultimo citata (Cass. 15 gennaio 2019, n. 701) ha affermato i seguenti «principi di diritto:

> **1.** l'art. 12, comma 7, della legge n. 212 del 2000 prevede, nel triplice caso di accesso, ispezione o verifica nei locali destinati all'esercizio dell'attività, una valutazione ex ante in merito al rispetto del contraddittorio operata dal legislatore, attraverso la previsione di nullità dell'atto impositivo per mancato rispetto del termine dilatorio, che già, a monte, assorbe la "prova di resistenza" e, volutamente, la norma dello Statuto del contribuente non distingue tra tributi armonizzati e non;
>
> **2.** il principio di strumentalità delle forme ai fini del rispetto del contraddittorio, principio generale desumibile dall'ordinamento civile, amministrativo e tributario, viene meno in presenza di una sanzione di nullità comminata per la violazione, e questo vale anche ai fini del contraddittorio endoprocedimentale tributario;
>
> **3.** per i tributi armonizzati la necessità della "prova di resistenza", ai fini della verifica del rispetto del contraddittorio endoprocedimentale, scatta solo se la normativa interna non preveda già la sanzione della nullità».

1.2.2. IL DIRITTO DI ACCESSO DEL CONTRIBUENTE NEI CONFRONTI DELL'AMMINISTRAZIONE FINANZIARIA.

Di particolare importanza è **il divieto di accesso agli atti del procedimento tributario** (art. 24, comma 1, lett. b, della l. n. 241/1990).

Tale limitazione è stata imposta a tutela di esigenze di segreto e riservatezza di determinati documenti amministrativi (o meglio, tributari), affinché l'interesse pubblico e l'interesse di terzi sia prevalente rispetto al generale interesse della conoscenza dei documenti tributari (AMATUCCI, LUPI, PISANI). La giurisprudenza, invece, dà una lettura diversa, giungendo a soluzioni più garantiste e vicine al contribuente: asserendo che - una volta terminata l'istruttoria tipica del procedimento tributario ed emesso l'avviso di accertamento - può essere esercitato il diritto di accesso.

In merito all'istituto dell'**accesso civico** (disciplinato dal d.lgs. n.

33/2013), con la deliberazione n. 1309 del 28 dicembre 2016 (“*linee guida recanti indicazioni operative ai fini della definizione delle esclusioni e dei limiti all’accesso civico di cui all’art. 5 co. 2 del d.lgs. 33/2013*”, l’ANAC ha precisato che «per quanto riguarda le eccezioni all’accesso che operano nei procedimenti tributari, il legislatore rinvia alle specifiche norme che regolano detti procedimenti. Si rammenta, a titolo esemplificativo, quanto previsto dall’art. 68 del d.P.R. n. 600/1973 in relazione al segreto di ufficio in materia di accertamenti tributari. Ciò comporta, da una parte che gli atti definitivi sono accessibili anche ai fini dell’accesso generalizzato e che, di conseguenza, l’amministrazione deve, semmai, usare il potere di differimento dell’accesso come previsto al co. 5 dell’art. 5 bis; d’altra parte, l’ostensione di tali atti, data la loro peculiare natura, è opportuno avvenga nei limiti derivanti dall’applicazione della normativa in materia di tutela della riservatezza, eventualmente anche con un accesso parziale ai sensi del co. 4 dell’art. 5 bis. Una volta divenuti accessibili, anche i dati e documenti dei procedimenti tributari saranno poi soggetti all’applicazione dei limiti di cui all’art. 5 bis, co. 1 e 2».
Infine, non si applicano le norme che disciplinano l’attività amministrativa discrezionale; pertanto, i poteri dell’amministrazione **non sono discrezionali** ma **vincolati**, in quanto sono predeterminati dalla legge.

2. LE ATTIVITÀ DEI CONTRIBUENTI: LE DICHIARAZIONI TRIBUTARIE.

In dottrina sussistono due tesi concernenti la natura giuridica delle dichiarazioni tributarie:

- la **teoria costitutiva**: la dichiarazione del contribuente ha natura negoziale o è una dichiarazione di volontà. Le norme tributarie attribuiscono all’Amministrazione finanziaria il potere non di accertare ma di “costituire” l’obbligazione tributaria e a fronte di detto potere il contribuente vanta una posizione di interesse legittimo. Ne consegue che il processo tributario si instaura solo con l’impugnazione di un provvedimento autoritativo e si connota in termini di giurisdizione di “annullamento” del provvedimento costitutivo);
- la **teoria dichiarativa**: la dichiarazione del contribuente è una

dichiarazione di scienza; è un atto non negoziale in cui il contribuente espone fatti e dati, dandogli una qualificazione anche giuridicamente (es.: non è sufficiente dichiarare un reddito, ma è necessario anche inquadrarlo ai fini fiscali, indicando la categoria di appartenenza). L'obbligazione tributaria ha la sua fonte nella legge che descrive compiutamente il presupposto dell'imposta. L'Amministrazione finanziaria ha il potere di accertare (non di costituire) l'obbligazione tributaria sorta *ex lege* e, conseguentemente, il contribuente nei confronti dell'atto impositivo vanta una posizione di diritto soggettivo.

Dalla lettura degli artt. 1, comma 2, e 2, d.P.R. 29 settembre 1973, n. 600 si evince che il **contenuto** peculiare delle dichiarazioni è costituito dall'indicazione dei dati del contribuente, degli elementi attivi e passivi dell'imponibile e dei dati che consentono di procedere ai controlli.

In base alla legge di imposta di riferimento, il contenuto delle dichiarazioni tributarie può avere **ampiezza diversa**: in taluni casi, si prevede un *ampliamento* del contenuto, in quanto deve indicare analiticamente tutti gli elementi costitutivi della base imponibile e deve liquidare l'ammontare del tributo (es.: dichiarazioni dei redditi); in altri casi, la dichiarazione ha un contenuto *riepilogativo* dell'attività di autoaccertamento e di versamento dell'imposta (es.: dichiarazione annuale IVA; dichiarazione annuale dei sostituti di imposta).

La dichiarazione costituisce, alternativamente, **titolo** sia **per la riscossione** di quelle imposte dovute ma non versate in base ai dati dichiarati, sia **per il rimborso** del possibile saldo creditizio a favore del contribuente che l'Amministrazione finanziaria ha l'obbligo di restituire.

La dichiarazione è **sempre sottoposta al controllo dell'amministrazione** (mediante la cd. *liquidazione* e, eventualmente, con il *controllo formale*; ovvero condiziona il *controllo sostanziale*; il tipo di avviso di accertamento): si parla infatti di **rilevanza procedimentale** (TESAURO).

Inoltre, in relazione ai fatti indicati nella dichiarazione dal contribuente, **all'Amministrazione finanziaria non spetta l'onere probatorio** dei fatti esposti in dichiarazione (cd. **rilievo probatorio**).

2.1. LA DICHIARAZIONE PER LE IMPOSTE DIRETTE.

All'interno dell'ampia categoria delle dichiarazioni tributarie è di particolare rilievo la **dichiarazione per le imposte dirette**, comunemente chiamata **"dichiarazione dei redditi"**, le cui peculiarità sono:

- l'**annualità**, in quanto deve essere presentata per ciascun periodo d'imposta;
- l'**unicità**, in quanto essa comprende tutti i redditi del contribuente, secondo le regole specifiche dettate per ogni tipo di reddito e di imposta correlata;
- la **perentorietà**, nel senso che la dichiarazione deve essere presentata nei termini tassativamente previsti;
- l'**obbligatorietà**, in quanto sono obbligati alla presentazione tutti coloro che nel periodo d'imposta di riferimento abbiano conseguito dei redditi, salvo che per alcuni soggetti indicati esplicitamente dalla legge.

Dichiarazione dei redditi delle persone fisiche

Di regola, le persone fisiche sono obbligate a presentare, ogni anno, la dichiarazione relativa ai **redditi posseduti, anche se** da tali redditi dichiarati **non deriva alcun obbligo di versamento** (art. 1, comma 1, d.P.R. n. 600/1973). Inoltre, i soggetti obbligati alla tenuta delle scritture contabili (ossia imprenditori e lavoratori autonomi, art. 13 d.P.R. n. 600/1973) devono presentare la **dichiarazione anche in mancanza di redditi.**

Tuttavia, il legislatore ha previsto dei casi in cui il contribuente **è esonerato** dall'obbligo di presentazione della dichiarazione dei redditi:

- soggetti che hanno solo redditi di lavoro dipendente e il reddito dell'abitazione principale;
- soggetti che possiedono solo redditi esenti (es.: le pensioni sociali);
- redditi soggetti a ritenuta alla fonte a titolo di imposta, purché non obbligati alla tenuta di scritture contabili (es.: interessi su conti correnti bancari).

In ogni caso, anche chi non è obbligato a presentare la

dichiarazione dei redditi può avervi interesse, ad es. qualora abbia sostenuto delle spese rimborsabili ed il presupposto del rimborso è costituito dalla presentazione della dichiarazione.

Dichiarazione dei redditi delle società di persone

Le società di persone (s.s., s.n.c. e s.a.s.) sono **obbligate** a presentare, **annualmente,** la dichiarazione – agli effetti dell'IRPEF dovuta dai soci – in relazione ai redditi posseduti, anche se non ne deriva alcun debito di imposta.

Dichiarazione dei redditi dei soggetti ires

I soggetti IRES (società di capitali, enti commerciali, enti non commerciali ma obbligati alla tenuta delle scritture contabili) sono **sempre obbligati** a presentare, **annualmente,** la **dichiarazione** dei redditi, sia in mancanza di reddito che di obbligo di versamento (art. 1 d.P.R. n. 600/1973).

2.2. LA DICHIARAZIONE DEI SOSTITUTI D'IMPOSTA.

È previsto un **obbligo** di dichiarazione **annuale** anche a carico dei **sostituti d'imposta** (es.: datori di lavoro, banche), nella quale devono essere indicati i compensi erogati e le ritenute operate, nonché bisogna individuare i soggetti percipienti di ritenute d'acconto (art. 4 d.P.R. n. 322/1998).
I sostituti d'imposta utilizzano la Certificazione Unica (CU) -utilizzando il modello approvato ogni anno dall'Agenzia delle Entrate- per attestare sia i redditi di lavoro dipendente e assimilati sia i redditi di lavoro autonomo, provvigioni e redditi diversi.

2.3. LA DICHIARAZIONE IVA.

Sono obbligati alla presentazione della dichiarazione annuale Iva tutti i titolari di partita Iva che esercitano attività d'impresa, attività artistiche o professionali. I soggetti passivi dell'IVA sono tenuti a presentare una **dichiarazione annuale** relativa all'imposta dovuta per l'anno solare precedente.

Tale obbligo incombe **anche** sui contribuenti che **non hanno effettuato operazioni imponibili**, mentre – salvo che la legge non disponga diversamente – **ne sono esonerati** coloro che hanno registrato esclusivamente **operazioni esenti** (art. 8 d.P.R. 22 luglio 1998, n. 322).
Tale dichiarazione consiste, essenzialmente, in un riepilogo delle operazioni effettuate nel precedente periodo d'imposta.
Dal 2017 la dichiarazione Iva non può più essere presentata in forma unificata insieme alla dichiarazione dei redditi.
Per gli anni d'imposta precedenti, invece, era stata introdotta la dichiarazione unificata, comprendente sia la dichiarazione dei redditi che la dichiarazione IVA.
Si trattava di una dichiarazione a **contenuto plurimo,** costituito dalla sommatoria delle dichiarazioni relative alle singole imposte reddituali ed all'IVA, la cui redazione tuttavia rimaneva disciplinata dalle rispettive leggi istitutive.
L'obbligo di presentazione della dichiarazione in forma unificata spettava a quei soggetti che – congiuntamente – avevano un periodo d'imposta coincidente con quello solare ed erano tenuti alla presentazione sia della dichiarazione dei redditi sia della dichiarazione annuale IVA.
Sebbene la dichiarazione IVA confluisse nel Modello Unico, rimanevano delle ipotesi residuali in cui vigeva l'obbligo di presentare la dichiarazione IVA in via autonoma (es. soggetti passivi IRES con periodo d'imposta non coincidente con l'anno solare o soggetti che intendono chiedere in compensazione o a rimborso il credito d'imposta risultante dalla dichiarazione annuale).
La dichiarazione dei sostituti d'imposta e la **dichiarazione annuale IRAP,** invece, non potevano confluire nel Modello Unico ma, anche prima del 2017, dovevano essere presentate **autonomamente.**

2.4. MODALITÀ DI COMPILAZIONE E INVIO DELLA DICHIARAZIONE DEI REDDITI.

Modalità di compilazione

La dichiarazione è nulla quando non è redatta su modelli conformi a quelli approvati dall'Agenzia delle Entrate ovvero se non è sottoscritta.
A partire dalla dichiarazione dei redditi 2017 (anno

d'imposta 2016), al tradizionale **modello 730,** si aggiunge il **modello Redditi** che rappresenta una novità rispetto al **modello unico** (in buona sostanza, il nome del modello di dichiarazione viene **modificato da Unico a Redditi** poiché, come anticipato nel paragrafo precedente, la dichiarazione Iva non può più essere presentata in forma unificata insieme alla dichiarazione dei redditi).

In caso di mancata sottoscrizione, il contribuente è invitato a sanare la nullità **entro 30 giorni** dal ricevimento dell'invito da parte dell'Ufficio finanziario; solo se il contribuente non ottempera a tale invito, si producono gli effetti della nullità.

La dichiarazione è, invece, da considerarsi **omessa** quando il contribuente, sebbene abbia tale obbligo, **non la presenta.**

Sono da considerare **valide** le dichiarazioni presentate **entro 90 giorni** dalla scadenza dei termini ordinari, ma per il ritardo si applica una sanzione amministrativa.

La dichiarazione presentata con un ritardo **superiore ai 90 giorni** rispetto alla scadenza, è da considerarsi **omessa.** Tali dichiarazioni sono dette *ultratardive* e costituiscono titolo per la riscossione delle imposte dovute.

La dichiarazione è **infedele** quando un reddito netto non è indicato nel suo esatto ammontare; invece, è **incompleta** quando non è indicata la fonte reddituale.

Dichiarazione precompilata

Dal 15 aprile 2015, in via sperimentale, l'Agenzia delle Entrate ha messo a disposizione dei titolari di redditi di lavoro dipendente e assimilati, il modello 730 precompilato. Modello che può essere accettato o modificato.

Il vantaggio fondamentale per il contribuente (oltre a quello relativo all'ulteriore semplificazione nella compilazione del modello) è legato ai controlli. Infatti, se il 730 precompilato viene presentato senza effettuare

modifiche, direttamente oppure al sostituto d'imposta, non dovrà più esibire le ricevute che attestano oneri detraibili e deducibili (Es. le ricevute dei soggetti che erogano mutui fondiari e agrari, delle imprese di assicurazione e degli enti previdenziali per interessi passivi, premi assicurativi e contributi previdenziali).
Inoltre, il contribuente che ha accettato il modello precompilato senza apportare modifiche non sarà sottoposto a controlli documentali.
Se il 730 precompilato viene presentato, con o senza modifiche, al Caf o al professionista abilitato, i controlli documentali saranno effettuati nei confronti di questi ultimi.
Resta ferma la possibilità di presentare la dichiarazione dei redditi autonomamente compilata con le modalità ordinarie (730 ordinario o modello Redditi PF).

Modalità di invio

Le dichiarazioni – tra le quali le dichiarazioni dei redditi, IVA e dei sostituti d'imposta – devono essere redatte, a pena di nullità, **sui modelli conformi** a quelli approvati annualmente dall'Agenzia delle Entrate **ed inviati esclusivamente in via telematica** (salvo particolari eccezioni).
La trasmissione telematica avviene tramite appositi servizi telematici resi disponibili dall'Agenzia delle Entrate.
La trasmissione telematica può avvenire direttamente o tramite intermediari abilitati:

- **trasmissione diretta**, consegnandola personalmente in qualsiasi ufficio o avvalendosi dei servizi online messi a disposizione dall'Agenzia delle Entrate;
- **trasmissione tramite intermediari abilitati** (professionisti, associati di categoria, Caf o altri), al quale si può chiedere supporto anche per la compilazione del modello stesso. Questi soggetti sono tenuti a rilasciare una dichiarazione di impegno, datata e sottoscritta e, entro

trenta giorni dal termine previsto per la presentazione, l'originale del modello firmato dai contribuenti e la comunicazione di avvenuta ricezione da parte dell'Agenzia delle Entrate.

Dichiarazione telematica: i dati della ricevuta prevalgono sulla documentazione cartacea

La Corte di cassazione con la sentenza 10 gennaio 2013, n. 385, ha precisato la rilevanza probatoria della presentazione della dichiarazione in via telematica e soprattutto i dati che emergono dalla relativa ricevuta. Secondo gli Ermellini, infatti, «la dichiarazione e la sua presentazione costituiscono un unico, complesso atto, che viene ad esistenza giuridica soltanto con l'invio da parte del contribuente», con la conseguenza che proprio il contribuente «non può addurre dati diversi desunti da una propria dichiarazione cartacea», poiché proprio tale dichiarazione cartacea "è irrilevante".

3. LA RETTIFICA DELLE DICHIARAZIONI: DICHIARAZIONE CORRETTIVA E DICHIARAZIONE INTEGRATIVA.

La **natura**, essenzialmente, **non negoziale delle dichiarazioni** tributarie ne implica la loro **ritrattabilità**.
In linea generale, in tema di emenda delle dichiarazioni fiscali, le Sezioni Unite hanno affermato che «il contribuente, indipendentemente dalle modalità e termini di cui alla dichiarazione integrativa [...] e dall'istanza di rimborso [...], in sede contenziosa può sempre opporsi alla maggiore pretesa tributaria dell'amministrazione finanziaria, allegando errori, di fatto o di diritto, commessi nella redazione della dichiarazione, incidenti sull'obbligazione tributaria». Infatti, i diversi ambiti delle norme in materia di accertamento e di riscossione comportano la necessaria distinzione tra la dichiarazione (anche integrativa) e il diritto al rimborso ed evidenziano le relative specificità funzionali, del tutto distinte dalla attività di controllo automatizzato (Cass., Sez. un., sent. n. 13378 del 30 giugno 2016).
La citata sentenza ritiene che le decadenze prescritte per la fase amministrativa non governino il processo tributario per le seguenti ragioni:

- «la dichiarazione fiscale ha la natura giuridica di mera esternazione di scienza;

- il principio di capacità contributiva di cui all'art. 53 Cost.;
- il disposto dell'art. 10, dello Statuto del contribuente - secondo cui i rapporti tra contribuente e fisco sono improntati al principio di collaborazione e buona fede;
- le norme in materia di accertamento e riscossione operano su un piano differente rispetto a quelle che governano il processo tributario.

Oggetto tipico del contenzioso giurisdizionale, secondo le Sezioni unite, è l'accertamento della legittimità della pretesa impositiva, «onde non può escludersi il diritto del contribuente a contestare il provvedimento impositivo, fornendo prova delle circostanze, quali anche errori o omissioni».

Per il contribuente dichiarante sono previste due possibilità:

- ***la dichiarazione correttiva (nei termini)***: il dichiarante presenta **una nuova dichiarazione**, entro il termine ordinario di presentazione della stessa, con il fine di **correggere qualsiasi errore od omissione** commesso nella dichiarazione iniziale.
  La dichiarazione correttiva, presentata nel termine predetto, **sostituisce a tutti gli effetti la dichiarazione *ab origine* presentata**, ne consegue la sua irretrattabilità, pur essendo comunque emendabile - da parte del contribuente - per far valere gli errori a suo danno. In tale ipotesi, a carico del soggetto passivo dichiarante non sono previste sanzioni amministrative.
- ***La dichiarazione integrativa***: il contribuente **può rettificare** ovvero **integrare** una dichiarazione precedente - che sia stata, a suo tempo, validamente e tempestivamente (ossia nei termini stabiliti) presentata – una volta che siano **scaduti i termini** di presentazione della dichiarazione stessa.
  Tale facoltà del dichiarante può essere esercitata nello stesso termine entro cui l'ufficio impositore può rettificare la dichiarazione (ossia **entro il 31 dicembre del quarto anno successivo a quello in cui è stata presentata la prima dichiarazione**); inoltre, il ravvedimento da parte del contribuente comporta una riduzione della sanzione amministrativa applicata.

Per converso, con riferimento alla possibilità di regolarizzare quanto dichiarato, la Corte di cassazione ha statuito che «dopo la contestazione di una violazione è preclusa ogni possibilità di regolarizzazione, posto che, ove fosse possibile porre rimedio alla mancata separata indicazione dei costi in oggetto (o a qualunque altra irregolarità) anche dopo la contestazione della relativa violazione o l'inizio di attività di verifica e controllo, la correzione stessa si risolverebbe (come rilevato da Corte Cost. n. 392 del 23 luglio 2002) in un inammissibile strumento di elusione delle sanzioni predisposte dal legislatore per l'inosservanza della correlativa prescrizione» (Cass., ord. n. 28172 del 24 novembre 2017 che richiama Cass. nn. 23745 e 15285 del 2015; n. 20081 del 2014; n. 5398 del 2012).
Dunque, anche alla luce dell'attuale formulazione degli articoli 2, comma 8, e 8, comma 6-bis, del D.P.R. 322/1998 che, come si vedrà, consentono una generale possibilità di correggere errori o omissioni commessi nella compilazione delle dichiarazioni già presentate, non oltre i termini previsti per l'accertamento da parte del Fisco (articolo 43 del D.P.R. 600/1973), la notifica dell'atto di contestazione da parte dell'ufficio fa scattare l'impossibilità di emendare la dichiarazione oggetto di accertamento.
Con specifico riferimento al tema delle imposte sui redditi, costituisce "causa ostativa" alla presentazione della dichiarazione integrativa (articolo 2, comma 8, del DP.R. 322/1998) la notifica della contestazione di una violazione commessa nella redazione della dichiarazione originaria in quanto "se fosse possibile porre rimedio alle irregolarità anche dopo la contestazione delle stesse la correzione si risolverebbe in un inammissibile strumento di elusione delle sanzioni previste dal legislatore" (Cass., ord. n. 28172 del 24 novembre 2017).
In queste ipotesi, infatti, al più potrebbe configurarsi una fattispecie riconducibile al c.d. ravvedimento operoso (art. 13 d.lgs. 472/1997), ma non una dichiarazione integrativa.

- La **dichiarazione integrativa** può essere **a favore del Fisco** (cd. *integrativa a debito*): il contribuente presenta una dichiarazione successiva, a favore del Fisco, per rimediare agli errori commessi nella precedente dichiarazione, che hanno determinato un **minor imponibile** o un **minor debito d'imposta** o un **maggior credito d'imposta**, ovvero influiscono sul controllo dell'Amministrazione finanziaria (art. 2, comma 8, d.P.R. n. 322/1998).

Al contribuente sono comunque irrogate le sanzioni previste; il contribuente può fruire di sanzioni ridotte laddove si avvalga del **ravvedimento operoso** (art. 13 D.lgs. n. 472/97).

❖ La dichiarazione integrativa può essere, anche, **a favore del contribuente** (cd. *integrativa a credito del contribuente*): si tratta di una dichiarazione successiva per correggere gli errori commessi nella originaria dichiarazione che hanno determinato un **maggior imponibile** o un **maggior debito d'imposta** o un **minor credito d'imposta** (art. 2, comma 8 bis, d.P.R. n. 322/1998).

Non sono applicate sanzioni amministrative e l'eventuale credito risultante dalla dichiarazione integrativa può essere utilizzato in compensazione o richiesto a rimborso.

Sulla portata dei commi 8 e 8 bis dell'art. 2 d.P.R. n. 322/88, prima che venissero riformulati dall'art. 5 del D.L. n. 193/2016, in dottrina ed in giurisprudenza, era sorto un contrasto (poi risolto dalle Sezioni unite) sull'individuazione del termine di decadenza per la presentazione della dichiarazione rettificativa in favore del contribuente.

- Parte della dottrina (TESAURO) e dell'Amministrazione finanziaria, riteneva che il contribuente potesse presentare la dichiarazione correttiva *non oltre il termine prescritto per la presentazione della dichiarazione relativa al periodo di imposta successivo*, con la possibilità di utilizzare in compensazione il credito in eccesso; decorso tale termine, il contribuente può solamente presentare istanza di rimborso (per le dichiarazioni dei redditi, il termine per l'istanza di rimborso è 48 mesi dalla data del versamento in eccesso).
- Altra parte della dottrina (FALSITTA) e della giurisprudenza, invece, riteneva che contribuente potesse presentare la dichiarazione integrativa a proprio favore, entro lo stesso termine previsto per il Fisco (ossia entro il 31 dicembre del quarto anno successivo a quello di presentazione della dichiarazione originaria).

Il richiamato contrasto è stato risolto dalle Sezioni unite della Corte di cassazione.

A composizione del contrasto, le Sezioni unite hanno ritenuto che il sistema normativo creatosi a seguito dell'introduzione dei commi 8 e 8-bis consente di distinguere, nell'ambito dell'articolo 2 del d.P.R. 322/1998, i limiti e l'oggetto delle rispettive dichiarazioni integrative, nel senso, precisamente, che la correzione di **errori od omissioni in danno della P.A.** sono emendabili non oltre i termini stabiliti dall'art. 43 del d.P.R. n. 600/1973, mentre gli **errori o omissioni in danno del contribuente** possono, di contro, essere emendati non oltre il termine prescritto per la presentazione della dichiarazione relativa al periodo d'imposta successivo, portando in compensazione il credito eventualmente risultante.

Tale distinzione, circa l'oggetto delle dichiarazioni integrative di cui ai commi 8 (*in malam partem*) e 8 bis (*in bonam partem*) porta ad escludere che il disposto di cui al comma 8 bis si ponga in rapporto di *species* a *genus* rispetto al comma 8.

D'altra parte, il diverso campo applicativo delle norme in materia di accertamento (d.P.R. n. 600/1973, d.P.R. 322/1998) rispetto a quelle relative alla riscossione (d.P.R. 602/1973) comporta la necessità di distinguere tra la dichiarazione integrativa (art. 2, comma 8-bis, d.P.R. 322/1998) e il diritto al rimborso *ex* art. 38 d.P.R. n. 602/1973. Ne consegue che ove il contribuente opti per la presentazione della istanza di rimborso di cui all'art. 38 cit., verrà introdotto un autonomo procedimento amministrativo (in cui la istanza di parte costituisce l'atto di impulso della fase iniziale) del tutto distinto dalla attività di controllo automatizzato - formale ed in rettifica - originato dalla mera presentazione della dichiarazione fiscale.

I principi di diritto affermati dalle sezioni unite (sent. n. 13378 del 30 giugno 2016) sui termini per la presentazione della dichiarazione integrativa e di quella rettificativa:

«La possibilità di emendare la dichiarazione dei redditi, per correggere errori od omissioni che abbiano determinato l'indicazione di un maggior reddito o, comunque, di un maggior debito d'imposta o di un minor credito, mediante la dichiarazione integrativa di cui all'art. 2 comma 8-bis, è esercitabile non oltre il termine prescritto per la presentazione della dichiarazione relativa al periodo d'imposta successivo, con compensazione del credito eventualmente risultante. La possibilità di emendare la dichiarazione dei redditi conseguente ad errori od omissioni in grado di determinare un danno per l'amministrazione, è esercitabile non oltre i termini stabiliti dall'art. 43 d.P.R. n. 600/1973.

Il rimborso dei versamenti diretti di cui all'art. 38 d.P.R. 602/1973 è esercitabile entro il termine di decadenza di quarantotto mesi dalla data del versamento, indipendentemente dai termini e modalità della dichiarazione integrativa di cui all'art. 2, comma 8-bis, d.P.R. 322/1998.

Il contribuente, indipendentemente dalle modalità e termini di cui alla dichiarazione integrativa prevista dall'art. 2 d.P.R. 322/1998 e dall'istanza di rimborso di cui all'art. 38 d.P.R. 602/1973, in sede contenziosa, può sempre opporsi alla maggiore pretesa tributaria dell'amministrazione finanziaria, allegando errori, di fatto o di diritto, commessi nella redazione della dichiarazione, incidenti sull'obbligazione tributaria».

L'art. 5 del D.L. n. 193/2016 ha riformulato i commi 8 e 8 bis dell'art. 2 d.P.R. n. 322/88:

- Per le dichiarazioni volte a correggere **errori od omissioni in danno della P.A.** (comma 8): «Salva l'applicazione delle sanzioni e ferma restando l'applicazione dell'articolo 13 del decreto legislativo 18 dicembre 1997, n. 472, le dichiarazioni dei redditi, dell'imposta regionale sulle attività produttive e dei sostituti d'imposta possono essere integrate per correggere errori od omissioni, compresi quelli che abbiano determinato l'indicazione di un maggiore o di un minore imponibile o, comunque, di un maggiore o di un minore debito d'imposta ovvero di un maggiore o di un minore credito, mediante successiva dichiarazione da presentare, secondo le disposizioni di cui all'articolo 3, utilizzando modelli conformi a quelli approvati per il periodo d'imposta cui si riferisce la dichiarazione, non oltre i termini stabiliti dall'articolo 43 del decreto del Presidente della Repubblica 29 settembre 1973, n. 600» (ossia, entro i termini nei quali l'Amministrazione finanziaria può notificare l'avviso di accertamento);

- Per le dichiarazioni volte a correggere **errori od omissioni in danno del contribuente** (comma 8-bis): «L'eventuale credito derivante dal minor debito o dal maggiore credito risultante dalle dichiarazioni di cui al comma 8 può essere utilizzato in compensazione ai sensi dell'articolo 17 del decreto legislativo 9 luglio 1997, n. 241. Ferma restando in ogni caso l'applicabilità della disposizione di cui al primo periodo per i casi di correzione di errori contabili di competenza, nel caso in cui la dichiarazione oggetto di integrazione a favore sia presentata oltre il termine prescritto per la presentazione della dichiarazione relativa al periodo d'imposta successivo, il credito di cui al periodo precedente può essere utilizzato in compensazione, ai sensi del citato articolo 17 del decreto legislativo n. 241 del 1997, per eseguire il versamento di debiti maturati a partire dal periodo d'imposta successivo a quello in cui è stata presentata la dichiarazione integrativa; in tal caso, nella dichiarazione relativa al periodo d'imposta in cui è presentata la dichiarazione integrativa è indicato il credito derivante dal minor debito o dal maggiore credito risultante dalla dichiarazione integrativa. Resta ferma in ogni caso per il contribuente la possibilità di far valere, anche in sede di accertamento o di giudizio, eventuali errori, di fatto o di diritto, che abbiano inciso sull'obbligazione tributaria, determinando l'indicazione di un maggiore imponibile, di un maggiore debito d'imposta o, comunque, di un minore credito».

4. I REGIMI DI CONTABILITÀ: REGIME ORDINARIO E REGIME SEMPLIFICATO.

Con la riforma generale tributaria del 1971, il legislatore – al fine di rendere più agevole l'attività di controllo dell'Amministrazione finanziaria – ha esteso l'obbligo della tenuta di un impianto contabile, oltre che per le imprese di grandi dimensioni, anche per tutti i soggetti titolari di redditi d'impresa e di redditi di lavoro autonomo (AMATUCCI, LUPI-COVINO).

Per molti contribuenti (società commerciali, imprenditori individuali) **l'obbligo di tenuta delle scritture contabili è imposto dalle leggi civili**: la normativa tributaria si affianca a quella civilista, pur mantenendo la propria autonomia dal punto di vista disciplinare e funzionale.

In molti altri casi (lavoratori autonomi, professionisti o artisti), invece, gli obblighi contabili sono imposti esclusivamente **dal diritto tributario**.

Il regime di contabilità ordinaria

Il regime ordinario è un **regime obbligatorio** per le società e gli enti commerciali soggetti all'IRES; per gli imprenditori individuali e le società di persone con ricavi superiori ad un dato ammontare; per gli enti non commerciali che svolgono un'attività commerciale.

I contribuenti non obbligati a tale regime hanno la **facoltà** di scegliere il regime ordinario; l'opzione ha effetto fino a quando non è revocata e in ogni caso per il periodo nel corso del quale è esercitata e per i due successivi.

I soggetti che sono in regime di contabilità ordinaria, per obbligo o per scelta, devono tenere le seguenti scritture contabili (artt. 14 ss. d.P.R. n. 600/1973):

- il **libro giornale** e il **libro degli inventari**;
- i **registri previsti ai fini dell'IVA**;
- le **scritture ausiliarie** (cd. *libro mastro*);

- le **scritture ausiliarie di magazzino**;
- il **registro dei cespiti** (cd. *registro dei beni ammortizzabili*).

Tale registro può non essere tenuto laddove le annotazioni da eseguire nello stesso siano effettuate nel libro degli inventari.

il regime di contabilità semplificata

Il regime semplificato è **il regime naturale delle cd. imprese minori (art. 66 TUIR)**, ossia le imprese individuali e le società di persone il cui fatturato non supera una determinata soglia.

Tali limiti di soglia sono pari a 400.000 euro per le imprese che prestano in prevalenza servizi e a 700.000 euro per le altre imprese.

Il regime di contabilità semplificata è **il regime naturale dei lavoratori autonomi (persone fisiche che esercitano arti o professioni,** sia individualmente che associativamente). Ai contribuenti che hanno diritto di avvalersi della contabilità semplificata è comunque data la **facoltà di optare per il regime di contabilità ordinaria:** tale opzione ha effetto fino a quando non è revocata e in ogni caso per il periodo nel corso del quale è esercitata e per i due successivi.

I soggetti ammessi a tale regime semplificato **sono esonerati dalla tenuta delle scritture contabili previste per il regime ordinario (libro giornale e libro degli inventari), ma sono obbligati alla tenuta dei registri obbligatori ai fini dell'IVA.**

La semplificazione dell'obbligo di contabilità consiste, quindi, nella tenuta delle sole seguenti scritture:

- **i registri IVA;**
- i **registri degli incassi e dei pagamenti** (per gli esercenti arti e professioni);
- il **registro dei beni ammortizzabili.** Tale registro può non essere tenuto se le relative annotazioni sono effettuate nel registro acquisti dell'IVA.

La legge di bilancio per il 2017 ha riformato il regime contabile delle imprese in contabilità semplificata introducendo il principio di cassa anche per questa particolare tipologia di contribuenti.
La **contabilità per cassa** significa che il reddito viene determinato facendo riferimento ai ricavi effettivamente incassati (ossia la c.d. cassa), a prescindere dal momento in cui è divenuta esigibile la prestazione (ossia la c.d. **competenza economica** che caratterizza il regime contabile ordinario).
Il nuovo regime di cassa per le imprese in contabilità semplificata **è obbligatorio.** In altre parole, dal 2017, chi non aderisce al nuovo meccanismo della cassa non può avvalersi del regime contabile semplificato anche se rientra tra i soggetti che ne avrebbero diritto e, quindi, è costretto ad adottare il regime ordinario.

4.1. I REGIMI FISCALI AGEVOLATI.

Il legislatore nel corso degli anni ha previsto regimi fiscali di favore per le piccole attività economiche. In linea generale, si tratta di regimi destinati alle sole persone fisiche esercenti attività d'impresa o arti e professioni, non dotati di struttura dimensionale rilevante che, al verificarsi di talune condizioni di accesso ai regimi, possono fruire di significative riduzioni degli adempimenti, inclusa la soppressione dei registri rilevanti ai fini IVA e delle imposte sui redditi. Il reddito è assoggettato a imposta sostitutiva di Irpef, relative addizionali e IRAP.
A decorrere dal 1° gennaio 2015 (ossia, con la legge di stabilità 2015 che ha introdotto il regime forfettario), sono stati abrogati regimi fiscali agevolati che erano in precedenza in vigore:

- il regime delle nuove attività produttive;
- il regime fiscale di vantaggio, in vigore dal 1° gennaio 2012, che aveva assorbito il regime dei contribuenti minimi;
- il regime contabile agevolato;
- l regime di vantaggio per l'imprenditoria giovanile e lavoratori in mobilità disciplinato dall'art. 27, D.L. n. 98 del 2011 (hanno potuto usufruire di questo regime le persone fisiche che hanno esercitato o intrapreso un'attività d'impresa o di lavoro autonomo, successivamente al 31 dicembre 2007 ed entro il 31 dicembre 2015).

Attualmente, l'ordinamento prevede quale sistema semplificato prevede il regime forfetario.

4.1.1. IL REGIME FORFETARIO.

Il **regime forfetario** è un regime fiscale per le imprese e i professionisti di minori dimensioni. Il regime consente di godere di agevolazioni fiscali e contributive, purché si rispettino i requisiti di accesso e permanenza nel regime.
Il regime forfetario previsto dall'art. 1, c. 65 ss. della legge n. 190/2014 ha subito diverse modifiche dalle leggi di stabilità e, poi, di bilancio che si sono susseguite.
La legge di bilancio 2019 (l. 31 dicembre 2018, n. 145) ha modificato i requisiti di accesso e le cause di esclusione dal regime forfetario di cui alla L. 190/2014, ampliando la platea dei soggetti che possono accedervi; infatti, detto regime è stato esteso ai contribuenti con ricavi o compensi fino a 65.000 euro. Al limite dei ricavi/compensi pari a 65.000 euro ragguagliati all'anno di imposta precedente, la legge di bilancio per il 2020 ha aggiunto ulteriori limitazioni di accesso (ad esempio, le spese per lavoro accessorio, dipendente o collaboratori per un importo non può essere superiore a ventimila euro annui e il contribuente non può dichiarare un reddito da lavoro dipendente superiore a trentamila euro).
Si può accedere al regime fiscale in discorso a prescindere dal numero di anni di attività o dal raggiungimento di una particolare età anagrafica. Quindi, possono accedere al regime forfetario i soggetti già in attività e/o i soggetti che iniziano un'attività di impresa, arte o professione.
Una volta determinato il reddito imponibile in base a dei codici prefissati e distinti per attività, il contribuente forfetario applica un'unica imposta, nella misura del 15%, sostitutiva delle imposte sui redditi, delle addizionali regionali e comunali e dell'IRAP (con riferimento a questo regime si parla di c.d. ***flat tax*** della quale si è detto con riferimento al principio costituzionale della progressività del sistema tributario).
Ai fini Iva, coloro che applicano il regime forfetario non addebitano l'Iva in fattura ai propri clienti e non detraggono l'iva sugli acquisti. Non liquidano l'imposta, non la versano, non sono obbligati a presentare la dichiarazione e la comunicazione annuale Iva. Non devono

comunicare all'Agenzia delle entrate le operazioni rilevanti ai fini Iva (cd. spesometro) né quelle effettuate nei confronti di operatori economici aventi sede, residenza o domicilio in Paesi cosiddetti black list. Chi applica il regime forfetario, inoltre, non ha l'obbligo di registrare i corrispettivi, le fatture emesse e ricevute.
Inoltre, a dette semplificazioni in materia di imposta dei redditi e di Iva, per i contribuenti che applicano il regime forfetario si aggiunge il beneficio **dell'esonero dagli obblighi di registrazione e tenuta delle scritture contabili,** fermo restando l'obbligo di tenere e conservare i registri previsti da disposizioni diverse da quelle tributarie.

5. L'INTERPELLO. DIFFERENZE DALLA CONSULENZA GIURIDICA.

Il nostro sistema tributario, basandosi sull'auto-accertamento dei tributi, consente al contribuente **il diritto di interpellare** l'Amministrazione finanziaria **per l'interpretazione** di una qualsiasi norma tributaria.
In attuazione della legge delega n. 23/2014, il legislatore, con il d.lgs. 24 settembre 2015, n. 156, ha radicalmente rivisto la disciplina dell'**interpello**, recata dall'art. 11, L. n. 212 del 2000 (cd. *Statuto dei diritti del contribuente*)
Sono previste 5 tipologie di interpello:

- **a)** ordinario (o interpretativo);
- **b)** probatorio;
- **c)** antiabuso;
- **d)** disapplicativo;
- **e)** sui nuovi investimenti.

Gli interpelli di cui sono **facoltativi**, ad eccezione di quello disapplicativo che è per sua natura **obbligatorio**.
Le istanze di interpello possono essere presentate solo prima di porre in essere il relativo comportamento fiscale, cioè prima della scadenza dei termini di presentazione della dichiarazione o per l'assolvimento di altri obblighi tributari aventi ad oggetto o comunque connessi alla fattispecie a cui si riferisce l'istanza medesima. Se l'istanza non è presentata "preventivamente" questa è inammissibile; in questo senso si dice che l'istituto dell'interpello ha una "**funzione preventiva**".
Ciascun contribuente, **per iscritto**, può richiedere all'ufficio competente

dell'Agenzia delle Entrate **un parere interpretativo** sull'applicabilità di talune norme ad **un caso concreto e personale.**

L'istanza d'interpello deve contenere: i dati identificativi del contribuente o del suo eventuale rappresentante (codice fiscale); l'indicazione della specifica tipologia di interpello, la descrizione puntuale della fattispecie e, quindi, l'esposizione analitica della situazione concreta che ha generato il dubbio interpretativo (il contribuente non può limitarsi a una rappresentazione sommaria e approssimativa del caso); le disposizioni di legge di cui si chiede l'interpretazione, l'applicazione o la disapplicazione; l'indicazione dei recapiti per comunicare la risposta, compresi quelli telematici; la soluzione interpretativa proposta dal contribuente e, infine, la sottoscrizione dell'istante o del legale rappresentante o del procuratore generale o speciale (in tal caso la procura, se non contenuta in calce o a margine dell'atto, deve essere allegata all'istanza).

A meno che la domanda non sia carente sotto il profilo della identificazione dell'istante e della descrizione puntuale della fattispecie, è possibile "regolarizzare" l'istanza di interpello. In particolare, l'ufficio invita il contribuente a regolarizzare la domanda e quest'ultimo ha l'onere di fornire i dati mancanti entro 30 giorni.

L'Ufficio competente a pronunciarsi sull'istanza di interpello è tenuto a dare una **risposta, scritta e motivata, entro 90 giorni**, per gli interpelli ordinari e **120 giorni** per le altre tipologie. La mancata risposta vale come assenso (**c.d. silenzio-assenso)** e gli effetti sono i medesimi di quelli che si verificano in caso risposta espressa. La risposta deve essere notificata o comunicata al contribuente, anche telematicamente, entro 90 giorni (o 120 giorni quando non si tratta di interpello ordinario) dalla presentazione dell'istanza all'ufficio competente o entro 60 giorni dalla consegna all'ufficio competente della documentazione integrativa.

Come detto se l'Agenzia non si pronuncia, si forma il silenzio assenso sulla soluzione interpretativa indicata dal contribuente; per questa ragione è necessario, a pena di inammissibilità che il contribuente, nel parere richiesto, indichi la propria prospettazione.

Diversamente, se non sussistono i presupposti sostanziali o formali dell'istanza, l'Amministrazione non è tenuta a dare una risposta ed è precluso il formarsi del silenzio-assenso.

Il parere espresso dall'Agenzia **non vincola il contribuente,** che può decidere di non uniformarsi. Gli uffici dell'Agenzia, invece, salva la possibilità di rettificare il parere, non possono emettere atti impositivi e/o sanzionatori difformi dal contenuto della risposta fornita in sede di interpello, nel presupposto che i fatti accertati coincidano con quelli rappresentati nell'istanza. Se, invece, quanto emerge in sede di controllo non coincide con la descrizione dei fatti contenuta nell'istanza, la risposta all'interpello non produce effetti vincolanti per l'Agenzia. L'Agenzia delle Entrate ha, inoltre, la **possibilità di rettificare** il parere espresso in precedenza, sia esso tacito o espresso **e comunicare la nuova interpretazione** al contribuente. Ma se il contribuente abbia già posto in essere un **comportamento conforme** all'interpello, è da considerarsi nullo qualsiasi atto impositivo o sanzionatorio conseguente alla risposta rettificativa.

Gli Uffici competenti a ricevere le domande di interpello sono:

- per questioni concernenti tributi erariali di competenza dell'Agenzia delle Entrate: la Direzione regionale competente in base al domicilio fiscale dell'istante oppure direttamente la Direzione centrale Normativa (ricorre questa seconda ipotesi quando si tratta di interpelli presentati da Amministrazioni centrali dello Stato, Enti pubblici a rilevanza nazionale, soggetti non residenti nel territorio dello Stato e soggetti di più rilevante dimensione, ossia con volume d'affari o ricavi non inferiori a 100 milioni di euro).
- per questioni concernenti l'imposta ipotecaria dovuta in relazione agli atti diversi da quelli di natura traslativa, le tasse ipotecarie e i tributi speciali catastali nonché le istanze aventi ad oggetto disposizioni o fattispecie di natura catastale: la Direzione regionale nel cui ambito opera l'ufficio competente ad applicare la norma tributaria oggetto di interpello oppure la Direzione centrale Catasto, Cartografia e Pubblicità immobiliare (ricorre questa seconda fattispecie se si tratta di interpelli presentati da Amministrazioni centrali dello Stato, Enti pubblici a rilevanza nazionale, soggetti non residenti nel territorio dello Stato e soggetti di più rilevante dimensione, ossia con volume d'affari o ricavi non inferiori a 100 milioni di euro).

Diverso dall'interpello, è l'istituto della **consulenza giuridica**: mentre il primo è finalizzato alla soluzione di casi concreti e personali, il secondo si occupa dell'individuazione del corretto trattamento fiscale di fattispecie riferite a problematiche di carattere generale, prospettate anche nel corso di attività di controllo o in sede di esame di istanze di rimborso o di autotutela. L'istituto della consulenza giuridica può essere attivato dagli Uffici dell'Amministrazione Finanziaria, da Associazioni sindacali e di categoria o Ordini professionali e dalle Amministrazioni dello Stato, enti pubblici, enti pubblici territoriali e assimilati o altri enti istituzionali operanti con finalità di interesse pubblico. La competenza a trattare le istanze di consulenza giuridica è attribuita alle Direzioni regionali e alla Direzione centrale Normativa in ragione della rilevanza territoriale del soggetto richiedente regionale o nazionale (sull'ambito di competenza si veda la circolare n. 42/2011).

5.1. L'INTERPELLO ORDINARIO.

Le istanze di interpello ordinario sono finalizzate ad ottenere il parere dell'Agenzia delle Entrate in merito a un caso concreto e personale: con esso il contribuente chiede indicazioni sull'interpretazione di una norma tributaria che presenta obiettive condizioni di incertezza. Ne consegue che poiché l'incertezza sull'applicazione della norma deve essere "oggettiva", l'istanza può essere presentata se l'Amministrazione finanziaria non abbia ancora fornito indicazioni di interpretazione della norma tramite circolare, note o istruzioni.

Con l'istanza di interpello, il contribuente non può presentare quesiti per i quali ha già ottenuto un parere, salvo che vengano indicati elementi di fatto o di diritto nuovi. Sempre a pena di inammissibilità, inoltre, le istanze non possono riguardare le materie oggetto delle speciali procedure di accordo preventivo ai sensi dell'art. 31-ter d.P.R. n. 600/1973.

Quando a presentare l'istanza sono un numero elevato di contribuenti ed ha un contenuto uguale o analogo, l'Agenzia può presentare una risposta collettiva (es.: mediante circolare).

Assume una configurazione autonoma all'interno del c.d. interpello ordinario l'istituto dell'**interpello qualificatorio** dove l'istanza investe la corretta qualificazione di una fattispecie. In particolare, quest'ultimo differisce da quello interpretativo puro per il rilievo che assume la

valutazione della fattispecie obiettivamente incerta rispetto all'interpretazione delle norme di legge invocate dal contribuente nel caso concreto.
L'Ufficio competente a pronunciarsi sull'istanza, ai fini dell'inquadramento corretto della questione e della compiutezza della risposta, può chiedere al contribuente di integrare la documentazione esibita se necessario. La richiesta dei documenti interrompe il termine assegnato per la risposta che "inizia a decorrere dalla data di ricezione, da parte dell'ufficio, della documentazione integrativa consegnata o spedita con le stesse modalità dell'interpello".

5.2. L'INTERPELLO PROBATORIO.

L'interpello probatorio si sostanzia in una richiesta all'amministrazione tesa a ottenere un parere sulla sussistenza delle condizioni o sulla idoneità degli elementi probatori offerti dal contribuente ai fini dell'«accesso» o dell'«uscita» da un determinato regime fiscale.
La richiesta di interpello "probatorio" può essere inoltrata solo nei casiespressamente previsti dalla legge (così dispone la lettera *b* del comma 1 dell'art. 11 del novellato Statuto dei diritti del contribuente). Sono riconducibile a questa fattispecie:

- le istanze di interpello cosiddetta CFC (*Controlled Foreign Companies*) ai sensi dell'articolo 167 del TUIR, attraverso le quali il soggetto residente dimostra, fornendo le informazioni necessarie e allegando idonea documentazione, la sussistenza dei presupposti per ottenere la disapplicazione della normativa sulle imprese estere partecipate, relativamente a ciascuna controllata estera. La presentazione di questo tipo di istanza, per le partecipazioni in Paesi a fiscalità privilegiata, è prevista anche in materia di utili da partecipazione (articolo 47, comma 4, del Tuir), di plusvalenze da partecipazioni (articolo 68, comma 4, del Tuir); di *participation exemption* (articolo 87 del Tuir) e di dividendi (articolo 89 del Tuir).
- le istanze per le partecipazioni acquisite per il recupero dei crediti bancari di cui all'articolo 113 del TUIR (gli enti creditizi possono scegliere di non applicare il regime proprio delle partecipazioni di cui all'articolo 87 TUIR a quelle acquisite

nell'ambito degli interventi finalizzati al recupero di crediti o derivanti dalla conversione in azioni di nuova emissione dei crediti verso imprese in temporanea difficoltà finanziaria, nel rispetto delle diposizioni di vigilanza per le banche emanate da parte di Banca d'Italia).

- le istanze di interpello per la continuazione del consolidato, ai sensi dell'articolo 124 del TUIR, presentate in occasione della effettuazione di operazioni di riorganizzazione generalmente interruttive del medesimo, tese a verificare che, anche dopo l'effettuazione di tali operazioni, permangono tutti i requisiti previsti dalle disposizioni di cui agli articoli 117 e seguenti ai fini dell'accesso al regime.
- le istanze di interpello per l'accesso al consolidato mondiale di cui all'articolo 132 del TUIR.
- le istanze presentate dalle società che presentano i requisiti per essere considerate "non operative" ai sensi e per gli effetti della disciplina prevista dall'articolo 30 della legge 30 dicembre 1994, n. 724.
- le istanze previste ai fini del riconoscimento del beneficio ACE di cui all'articolo 1 del decreto-legge 6 dicembre 2011, n. 201, convertito con la legge 22 dicembre 2011, n. 214, in presenza di operazioni potenzialmente suscettibile di comportare indebite duplicazioni di benefici, ai sensi dell'articolo 10 del decreto ministeriale 14 marzo 2012.

5.3. L'INTERPELLO ANTI-ABUSO.

L'**interpello antiabuso** costituisce il nuovo strumento attraverso il quale il contribuente può chiedere all'amministrazione se le operazioni che intende realizzare costituiscano fattispecie di abuso del diritto.
In altri termini, l'istanza è finalizzata ad ottenere un parere sull'applicazione della nuova disciplina dell'abuso del diritto in merito ad una fattispecie specifica. Diversamente da quanto previsto dalla precedente disciplina antielusiva che era applicabile solo in materia di imposte sui redditi, la nuova disposizione concerne ogni settore impositivo, con la conseguenza che le istanze di interpello, potendo riguardare ogni profilo, dovranno correttamente indicare il settore o i

settori impositivi in relazione ai quali si pone il dubbio in ordine alla abusività della fattispecie.

5.4. L'INTERPELLO DISAPPLICATIVO.

L'interpello disapplicativo, diversamente dai precedenti, ha carattere "obbligatorio": consente al contribuente di richiedere un parere in ordine alla sussistenza delle condizioni che legittimano la disapplicazione di norme tributarie che, allo scopo di contrastare comportamenti elusivi, limitano deduzioni, detrazioni, crediti d'imposta o altre posizioni soggettive del soggetto passivo.
In buona sostanza, l'istanza è presentata allo scopo di ottenere un parere in ordine alla disapplicazione di una norma antielusiva che, in linea di principio, trova applicazione in riferimento alla fattispecie prospettata, limitando deduzioni, detrazioni, crediti d'imposta, ecc. A tal fine, il contribuente deve provare che nella situazione concreta non possono realizzarsi gli effetti elusivi che la norma intende evitare (in questo senso, richiamano l'art. 11, comma 2, dello Statuto, l'art. 84 e l'art. 172 TUIR in materia di utilizzo delle perdite).

5.5. L'INTERPELLO SUI NUOVI INVESTIMENTI. IL C.D. *RULING* INTERNAZIONALE.

L'interpello sui nuovi investimenti (introdotto dall'articolo 2 del D. Lgs. n. 147/2015, c.d. "decreto internazionalizzazione") è un'istanza che può essere rivolta all'Agenzia delle Entrate da parte degli investitori, italiani o stranieri, che intendono effettuare nel territorio dello Stato importanti investimenti, aventi un valore non inferiore a trenta milioni di euro, con rilevanti e durature ricadute occupazionali. Per le istanze presentate dal 1 ° gennaio 2019 il valore degli investimenti scende a venti milioni di euro (legge 17 dicembre 2018, n. 136).
Gli investitori interessati possono formulare, mediante presentazione di un'istanza unitaria, quesiti riconducibili ad una o più delle tipologie di interpello disciplinate dallo Statuto dei diritti del contribuente (interpretativo, qualificatorio, probatorio e antiabuso), nonché presentare istanze dirette ad individuare con certezza il complessivo trattamento tributario applicabile al *business plan* descritto.

L'istanza d'interpello deve essere presentata alla Direzione Centrale Normativa - Ufficio Interpelli Nuovi Investimenti, o, per i soggetti in regime di *cooperative compliance*, al competente ufficio della Direzione Centrale Accertamento, e deve contenere la descrizione del *business plan* che può prevedere sia operazioni di *asset deal* e che di *share deal*.

L'istanza può essere presentata dalle imprese residenti e non residenti (con o senza stabile organizzazione nel territorio dello Stato), nonché da soggetti che non siano qualificabili come imprese, in quest'ultimo caso a condizione che l'investimento si traduca nello svolgimento di un'attività commerciale o comporti operazioni aventi come *target* imprese.

La risposta deve essere fornita entro 120 giorni (prorogabili, se necessaria documentazione integrativa, di ulteriori 90 giorni) e vincola l'Agenzia delle Entrate, in relazione al piano di investimento descritto nell'istanza, nei confronti di tutti i soggetti coinvolti nell'investimento, senza possibilità di rettifica in autotutela, restando valida fino a che sono invariate le circostanze di fatto e di diritto sulla cui base è stata resa (o desunta in caso di silenzio-assenso). Qualsiasi organo chiamato a esercitare attività di accertamento sugli investitori coinvolti è tenuto, prima di redigere atti di contestazione o altri atti a contenuto impositivo o sanzionatorio, a interpellare l'Ufficio che ha redatto la risposta, per verificare se l'accertamento in corso riguardi la stessa fattispecie già risolta in sede di interpello sui nuovi investimenti (per chiarimenti sull'ambito applicativo e sulle modalità di presentazione dell'interpello sui nuovi investimenti, si rimanda alla Circolare n. 25/E del 1 giugno 2016).

Diverso dall'interpello di cui sin qui si è detto è il c.d. ***Ruling internazionale*** introdotto dall'art. 8 del D.L. 30 settembre 2003 n. 269 (convertito, con modificazioni, nella Legge 24 novembre 2003, n. 326).

Detto istituto consente alle imprese con attività internazionale, la possibilità di utilizzare una procedura di ***ruling internazionale***, con principale riferimento al regime dei prezzi di trasferimento, degli interessi, dei dividendi e delle ***royalties***, e alla valutazione preventiva della sussistenza o meno dei requisiti che configurano una stabile organizzazione situata nel territorio dello Stato, tenuti presenti i criteri previsti dall'articolo 162 del Tuir nonché dalle Convenzioni contro le doppie imposizioni stipulate all'Italia.

Sono legittimate ad avviare questa procedura le imprese residenti in

Italia con attività internazionale ovvero alle imprese non residenti in Italia, ma che operano nel territorio dello Stato mediante una stabile organizzazione.
Il contribuente legittimato ad avviare la procedura deve presentare una istanza all'Ufficio Ruling Internazionale che valuta la sussistenza dei requisiti soggettivi e oggettivi, entro 30 giorni dal ricevimento dell'istanza ovvero dall'ultimazione dell'ulteriore attività istruttoria necessaria a tal fine. Quando ritiene che l'istanza sia ammissibile, l'Ufficio in questione l'impresa a comparire per l'instaurazione della procedura che si svolge in contraddittorio tra le parti.
La procedura si conclude con la sottoscrizione dell'accordo tra Amministrazione finanziaria ed impresa, **entro 180 giorni** dal ricevimento dell'istanza.
Tale accordo ha **efficacia vincolante**, sia per l'Amministrazione finanziaria che per l'impresa, per il periodo d'imposta nel quale è stato sottoscritto e per i quattro successivi, e **limita i poteri di accertamento** dell'Amministrazione finanziaria a materie diverse da quelle di oggetto di ***ruling***, per il suo periodo di efficacia.
Prima della scadenza dell'accordo, può essere **rinnovato almeno 90 giorni prima**, ma se il Fisco dovesse accertare che i termini previsti nell'accordo non siano stati rispettati dall'impresa, ne deve dare immediata comunicazione alla stessa e la deve invitare a presentare **memorie difensive entro 30 giorni**. Se l'impresa non ottempera a tale invito o se le memorie difensive sono ritenute inidonee dall'Amministrazione finanziaria, l'accordo è **risolto** a decorrere dalla data in cui è stata accertata la violazione.

5.6. IL PROBLEMA DELL'IMPUGNABILITÀ DEGLI INTERPELLI.

L'art. 6 del d.lgs. n. 156/2015 ha sancito la **non impugnabilità** delle risposte rese in sede di interpello facoltativo (ossia, interpello ordinario, probatorio, antiabuso e sui nuovi investimenti) in quanto trattasi di pareri. Diversamente, la medesima norma prevede che è **impugnabile l'interpello disapplicativo**, ma **solo unitamente** alla impugnazione dell'eventuale e successivo di **atto impositivo**.
La Cassazione, tuttavia, ha affermato che detta norma non è suscettibile di applicazione retroattiva in quanto essa «non ha una valenza

interpretativa (…) ma di ridisciplina della materia dell'interpello e, quindi, non dispone che per l'avvenire. Del resto, né la struttura né la funzione della nuova e articolata disciplina, contenente tra l'altro la limitazione dell'impugnazione, manifestano le caratteristiche tipiche dell'interpretazione autentica (in saldatura con la pregressa disciplina) o dell'innovazione retroattiva, secondo i parametri ermeneutici tracciati dal giudice delle leggi (es. C. cost. n. 41/11), in disparte, diversamente opinando, i rilievi di dubbia conformità convenzionale (art. 6 CEDU) desumibili da taluna giurisprudenza europea (Corte EDU, Maggio vs. Italia)» (Cass. sent. 6 ottobre 2017, n. 23469).

Dunque, la norma citata, per gli anni di imposta *ante* 2015, non pone fine a orientamenti contrastanti in seno alla Corte di cassazione, sia sulla questione se il provvedimento adottato dall'Amministrazione finanziaria fosse *ex se* impugnabile, sia sulla questione (conseguente alla soluzione positiva della precedente) circa la configurazione di una mera facoltà d'impugnazione (il cui mancato esercizio non determinava alcuna conseguenza sfavorevole in ordine alla possibilità di contestare la pretesa tributaria in un secondo momento) o, al contrario, di un vero e proprio obbligo di impugnare le determinazioni in senso negativo espresse dalla Amministrazione finanziaria (pena la decadenza della possibilità di contestare le ragioni dell'Amministrazione riprodotte nel successivo atto impositivo).

Con riferimento alla prima questione (ovvero, sulla impugnabilità *ex se* del provvedimento che definisce una richiesta di interpello), secondo un orientamento il provvedimento emesso dall'Agenzia delle Entrate in sede di interpello non è autonomamente impugnabile sia perché detto atto non è ricompreso tra quelli tassativamente indicati nell'art. 19 d.lgs. 546/92, sia perché il processo tributario è un tipico processo impugnatorio. Conseguenza della natura "impugnatoria" del processo tributario è che la decisione su questo tipo di provvedimenti non potrebbe concludersi con la conferma o la demolizione del provvedimento impugnato, bensì imporrebbe la sostituzione dell'organo giurisdizionale all'Ufficio in una determinazione tecnica a contenuto discrezionale.

Secondo un diverso orientamento, invece, l'impugnazione di atti diversi da quelli specificamente indicati dall'art. 19 cit. è in ogni caso da ritenere ammissibile alla stregua del «principio secondo il quale il detto "catalogo"

degli atti impugnabili è suscettibile di interpretazione estensiva, sia in ossequio alle norme costituzionali di tutela del contribuente (artt. 24 e 53 Cost.) e di buon andamento della p.a. (art. 97 Cost.), che in conseguenza dell'allargamento della giurisdizione tributaria operato con la L. n. 448 del 2001». In particolare, il contribuente può impugnare innanzi al giudice tributario «tutti gli atti adottati dall'ente impositore che, con l'esplicitazione delle concrete ragioni (fattuali e giuridiche) che la sorreggono, porti, comunque, a conoscenza del contribuente una ben individuata pretesa tributaria, senza necessità di attendere che la stessa, ove non sia raggiunto lo scopo dello spontaneo adempimento cui è *naturaliter* preordinata, si vesta della forma autoritativa di uno degli atti dichiarati espressamente impugnabili dal D.Lgs. n. 546 del 1992, art. 19: sorge, infatti, in capo al contribuente destinatario, già al momento della ricezione della notizia, l'interesse, ex art. 100 c.p.c., a chiarire, con pronuncia idonea ad acquisire effetti non più modificabili, la sua posizione in ordine alla stessa e, quindi, ad invocare una tutela giurisdizionale, comunque, di controllo della legittimità sostanziale della pretesa impositiva (e/o dei connessi accessori vantati dall'ente pubblico)» (Cass., 5 ottobre 2012, sent. n. 17010).
Ammessa l'impugnabilità autonoma del provvedimento che definisce l'istanza di interpello, in merito alla seconda questione ermeneutica posta, la Cassazione, ad ogni modo, è orientata nel senso che il contribuente ha una mera facoltà di impugnare il provvedimento in discorso e, pertanto, il mancato esercizio di detta facoltà non determina alcuna conseguenza sfavorevole in ordine alla possibilità di contestare la pretesa tributaria in un secondo momento (Cass., 5 ottobre 2012, sent. n. 17010).

6. L'AUTOTUTELA.

L'autotutela tributaria (prevista dall'art. 2-*quater*, d.l. n. 564/1994, conv. dalla l. n. 656/1994 e dall'art. 7 dello Statuto dei diritti del contribuente) è espressione di **un potere-dovere di ripristino della legalità violata**, incidente sul diritto del contribuente (art. 7, L. n. 212/2000): l'Amministrazione finanziaria **riesamina un atto**, emanato in precedenza, e ravvisandovi **vizi** lo annulla o lo revoca. Nell'ambito dell'autotutela si distingue tra: annullamento e revoca.

a) Annullamento: riguarda un atto sin dall'origine affetto in tutto o in parte da un vizio di legittimità (attinente a questioni di diritto) o infondatezza (attinente a questioni di fatto). L'annullamento ha effetto *ex tunc* in quanto il vizio è contemporaneo alla formazione dell'atto; l'invalidità è originaria, e quindi l'efficacia viene meno sin dall'origine.

b) Revoca: consiste nel ritiro di un provvedimento per sopravvenuta inopportunità dello stesso. Poiché deriva da una nuova valutazione degli interessi implicati nell'atto, indipendentemente da qualsiasi difetto iniziale di questo, la revoca opera *ex nunc*, facendo salvi gli effetti già prodotti.

In materia tributaria l'autotutela si configura essenzialmente come annullamento, in quanto gli atti impositivi sono atti tipicamente vincolati; mentre la revoca presupponendo valutazioni discrezionali è difficilmente riscontrabile nella prassi. Per quanto riguarda la **natura del potere di autotutela** si distinguono due opposti orientamenti.
La dottrina prevalente (DE MITA, FALSITTA, TESAURO, RUSSO) attribuisce a tale potere **natura vincolante**: l'esercizio di autotutela non presuppone valutazioni di convenienza per l'Amministrazione finanziaria e ciò avviene nel rispetto del principio di buona fede e del dovere di ogni pubblica amministrazione di ripristinare la legalità.
Altra parte della dottrina (LUPI) attribuisce **natura discrezionale** a questo potere, in quanto si richiede la presenza di un interesse pubblico concreto per l'*agere* dell'Amministrazione finanziaria.
L'autotutela può essere esercitata: **a seguito di richiesta presentata dal contribuente** (in carta semplice all'ufficio dell'Agenzia delle Entrate che ha emanato l'atto viziato o, in caso di grave inerzia, alla Direzione regionale dalla quale dipende l'ufficio) ovvero **d'ufficio**, sia in pendenza di giudizio, sia dopo che l'atto sia divenuto definitivo, sia in caso di giudicato, purché il ritiro dell'atto non contrasti con il contenuto della sentenza passata in giudicato.
La presentazione di un'istanza da parte del contribuente non sospende i termini per la presentazione del ricorso al giudice tributario.

La non impugnabilità del provvedimento di diniego di autotutela

Le Sezioni unite della Corte di cassazione hanno affermato il principio secondo cui il provvedimento con cui l'Amministrazione rigetta una richiesta del contribuente di annullare o modificare un atto in autotutela non è impugnabile. In particolare, «in tema di contenzioso tributario, l'atto con il quale l'Amministrazione manifesti il rifiuto di ritirare, in via di autotutela, un atto impositivo divenuto definitivo, non rientra nella previsione di cui all'art. 19 del d.lgs. 31 dicembre 1992, n. 546, e non è quindi impugnabile, sia per la discrezionalità da cui l'attività di autotutela è connotata in questo caso, sia perché, altrimenti, si darebbe ingresso ad una inammissibile controversia sulla legittimità di un atto impositivo ormai definitivo» (Cass., Sez. un., 16 febbraio 2009, n. 3698).

In altre parole, la Corte di cassazione è consolidata nell'affermare che **avverso il provvedimento di diniego in autotutela non possa essere proposta impugnazione per contestare la fondatezza della pretesa tributaria dell'Amministrazione** altrimenti, attraverso l'impugnazione del diniego di esercizio di autotutela, si consentirebbe l'aggiramento del termine di decadenza previsto, a garanzia del principio di certezza del diritto e di tendenziale stabilità dei rapporti giuridici, per la impugnazione degli atti impositivi, che rimarrebbero quindi esposti a riesame a tempo indeterminato tutte le volte che il contribuente, pur divenuto definitivo l'avviso di accertamento o rettifica, presenti istanza di revisione in autotutela e ritenga di impugnare il provvedimento espresso o tacito non satisfattivo del proprio interesse rivolto alla rimozione dell'atto impositivo definitivo.

In ogni caso -ossia, anche nell'ipotesi in cui la richiesta del contribuente volta a sollecitare il provvedimento in autotutela fosse presentata prima della decadenza dai termini per impugnare l'atto impositivo e, quindi, la richiesta in autotutela non possa ritenersi preordinata ad aggirare i termini per l'impugnazione-, «la sollecitazione all'utilizzo del potere di autotutela, in quanto diretta a favorire l'esercizio di un potere discrezionale della P.A., non determina di per sé alcun effetto rispetto alla definitività dell'accertamento conseguente alla mancata impugnazione» (Cass., 26 gennaio 2018 n. 1965).

Il problema della impugnabilità del provvedimento parziale di autotutela

Altra questione è se sia impugnabile il provvedimento di annullamento **parziale** dell'originario atto impositivo che non era stato impugnato ma nei confronti del quale l'amministrazione ha esercitato il potere in autotutela.

Secondo una parte della giurisprudenza è impugnabile l'annullamento parziale di un atto impositivo già definitivo, trattandosi di un atto contenente la manifestazione di una compiuta e definitiva pretesa tributaria rispetto a cui, pur se riduttivo dell'originaria pretesa, non può privarsi il contribuente della possibilità di difesa (Cass., 8 luglio 2015, n. 14243).

Secondo un altro orientamento, nel caso di annullamento parziale o comunque di provvedimento in autotutela di portata riduttiva rispetto alla pretesa impositiva contenuta negli atti impositivi originari (divenuti definitivi per mancata impugnazione), il contribuente non può impugnare il provvedimento di annullamento parziale perché questo non ha effettiva innovazione lesiva degli interessi del contribuente rispetto al quadro a lui già noto e consolidatosi in ragione della mancata tempestiva impugnazione del precedente accertamento. Solo se il nuovo atto adottato in autotutela fosse di portata ampliativa rispetto a quello di cui all'originaria pretesa, sarebbe possibile ammetterne una autonoma impugnabilità (Cass., 30 ottobre 2015, n. 22253).

In altre parole, «In tema di contenzioso tributario, l'annullamento parziale adottato dall'Amministrazione in via di autotutela o comunque il provvedimento di portata riduttiva rispetto alla pretesa contenuta in atti divenuti definitivi, non rientra nella previsione di cui all'art. 19 del d.lgs. n. 546 del 1992 e non è quindi impugnabile, non comportando alcuna effettiva innovazione lesiva degli interessi del contribuente rispetto al quadro a lui noto e consolidato per la mancata tempestiva impugnazione del precedente accertamento, laddove, invece, deve ritenersi ammissibile un'autonoma impugnabilità del nuovo atto se di portata ampliativa rispetto all'originaria pretesa (Cass., 15 aprile 2016, n. 7511).

Il provvedimento di diniego di **procedere all'esercizio del potere di autotutela, tuttavia, può essere impugnato per dedurre eventuali profili di illegittimità del rifiuto**. Ciò significa che avverso il rifiuto di autotutela si possa esercitare **solo un sindacato sulla legittimità del rifiuto stesso e non anche sulla fondatezza della pretesa tributaria**. In questo caso, il contribuente sarebbe titolare di un interesse legittimo o addirittura di un diritto soggettivo, con conseguente **possibilità di risarcimento del danno** in caso di lesione della posizione giuridica violata (in questo senso, Cass., sent. del 3 marzo 2011, n. 5120). In altri termini, l'Amministrazione finanziaria può essere ritenuta responsabile ai sensi dell'art. 2043 c.c., e quindi tenuta al risarcimento del danno recato al contribuente, per il mancato o ritardato annullamento di un atto illegittimo, nell'esercizio del potere di autotutela (Cass., 19 gennaio 2010, n. 698).

QUESTIONARIO

1. Quali sono i modelli impositivi previsti nel nostro sistema tributario? (**VII.1**)
2. La motivazione degli atti impositivi (**VII.1.1.1**)
3. La tutela della buona fede e dell'affidamento nello statuto dei contribuenti (**VII.1.1.2.**)
4. Quali I principi generali della l. n. 241/90 applicabili al "procedimento" tributario (**VII.1.2**)
5. Il contraddittorio endoprocedimentale (**VII.1.2.1.**)
6. L'accesso agli atti previsto dalla L. 241/90 si applica nel procedimento tributario? (**VII. 1.2.2**)
7. La natura delle dichiarazioni rese dai contribuenti (**VII.2**)
8. Quando si parla di nullità della dichiarazione e quando di dichiarazione omessa? (**VII.2.2**)
9. Modalità di compilazione e invio della dichiarazione dei redditi (**VII.2.4.**)
10. Qual è il termine di presentazione delle dichiarazioni rettificate a favore del contribuente? (**VII.3**)
11. Quali sono i regimi di contabilità? (**VII.4.**)
12. Qual è la distinzione tra regime ordinario e regime semplificato di contabilità?

(**VII.4**)

13. Quali sono i regimi agevolati? (**VII.4.1.**)
14. Quali sono le caratteristiche del regime forfetario? (**VII.4.1.**)
15. Quali sono le tipologie di interpello disciplinate dall'art. 11 Statuto dei diritti del contribuente e quali sono i requisiti dell'istanza di interpello? (**VII.5**)
16. Cos'è l'interpello disapplicativo? (**VII.5**)
17. Qual è la natura del potere di autotutela dell'Amministrazione finanziaria e chi può azionare la procedura di autotutela? (**VII.6**)
18. È impugnabile il provvedimento di diniego di autotutela? E quello di annullamento parziale? (**VII.6**)

SCHEDA DI SINTESI

I rapporti tra contribuente e amministrazione finanziaria sono improntati al principio della collaborazione e della buona fede. Corollari di questo principio sono il dovere dell'Amministrazione di motivare gli atti impositivi e il dovere di non sanzionare comportamenti tenuti in ossequio al principio di buona fede in senso oggettivo.

L'Amministrazione finanziaria, in sede di espletamento delle funzioni di controllo, ha l'obbligo di garantire il rispetto del contraddittorio endoprocedimentale quando l'esercizio dei poteri di rettifica avviene al termine di verifiche in loco.

Il principio del contraddittorio, inteso come diritto del contribuente a dialogare con l'Amministrazione finanziaria, oltre che nel caso di verifiche *in loco*, è stato esteso in via giurisprudenziale ai tributi cd. "armonizzati" (in particolare: l'iva), in quanto si tratta di tributi rientranti nella competenza dell'ordinamento europeo e, comunque, detto principio in questi casi trova applicazione in chiave sostanzialistica.

Diversamente per i tributi cd. "non armonizzati" (in particolare: quelli diretti), estranei alla sfera di competenza del diritto dell'Unione europea, si applica la regola generale per la quale non vige detto obbligo, a meno che non ricorra una norma specifica in tale senso.

Non si applica al procedimento tributario il diritto di accesso agli atti sancito dall'art. 24 della l. n. 241/90.

Le dichiarazioni tributarie costituiscono, alternativamente, titolo sia per la riscossione di quelle imposte dovute ma non versate in base ai dati dichiarati, sia per il rimborso del possibile saldo creditizio a favore del contribuente, che l'Amministrazione finanziaria ha l'obbligo di restituire. Inoltre, in relazione ai fatti indicati nella dichiarazione dal contribuente, all'Amministrazione finanziaria non spetta l'onere probatorio dei fatti esposti in dichiarazione (cd. rilievo probatorio).

L'istituto dell'interpello consente al contribuente di chiede all'Amministrazione finanziaria l'interpretazione di una norma tributaria. Sono previste 5 tipologie di interpello: ordinario (o interpretativo), probatorio, antiabuso, disapplicativo e sui nuovi investimenti.

Gli interpelli sono facoltativi, ad eccezione di quello disapplicativo che è per sua natura obbligatorio.

L'autotutela tributaria è espressione di un potere-dovere di ripristino della legalità violata, incidente sul diritto del contribuente (art. 7, St. contr.): l'Amministrazione finanziaria riesamina un atto, emanato in precedenza, e ravvisandovi vizi lo annulla o lo revoca. Nell'ambito dell'autotutela si distingue tra annullamento e revoca.

TI RICORDI

Tra le fonti *interne* di produzione normativa del diritto tributario, assume un rilievo particolare lo Statuto dei diritti del Contribuente, approvato con L. 27 luglio 2000, n. 212, le cui disposizioni dettano i principi generali dell'ordinamento tributario e si "autoqualificano" come attuative degli artt. 3, 23, 53 e 97 della Costituzione (Cap. III).

Il Garante, anche su segnalazione del contribuente, può: richiedere documenti o chiarimenti agli uffici competenti e attivare le procedure di autotutela nei confronti di atti amministrativi di accertamento o di riscossione notificati al contribuente; rivolgere raccomandazioni ai dirigenti degli uffici ai fini della tutela del contribuente e della migliore organizzazione dei servizi; richiamare gli uffici al rispetto delle norme dello Statuto del contribuente o dei termini relativi ai rimborsi d'imposta; segnalare i casi di particolare rilevanza in cui le disposizioni vigenti o i comportamenti dell'Amministrazione sono suscettibili di determinare un pregiudizio ai contribuenti o conseguenze negative nei loro rapporti con l'Amministrazione; accedere agli uffici finanziari e controllare la funzionalità dei servizi di informazione e assistenza al contribuente (cap. V).

CAPITOLO VIII
I controlli dell'amministrazione finanziaria

SEZIONE I - Le tipologie dei controlli

SOMMARIO:

1. I CONTROLLI DELL'AMMINISTRAZIONE FINANZIARIA: ATTIVITÀ DI ACCERTAMENTO E DI LIQUIDAZIONE.

Il compito istituzionale dell'Amministrazione finanziaria è quello di attuare la gestione dei tributi ed esso si traduce, come detto nei capitoli precedenti, nell'attività impositiva, sanzionatoria e di riscossione. Funzionale a detta attività è il potere di controllo e, ancora più nello specifico, il potere di **accertare il corretto adempimento** delle **obbligazioni tributarie da parte dei contribuenti**.

Oggetto dell'attività di controllo in senso lato sono essenzialmente le **dichiarazioni fiscali** e, se prescritte, le **attività contabili** ad esse funzionali. Detta attività, in buona sostanza, si esplica in una serie di controlli, effettuati dai competenti uffici dell'Agenzia delle Entrate,

sulle dichiarazioni dei redditi e su altri atti a valenza tributaria.
In linea generale le dichiarazioni presentate dai contribuenti possono essere oggetto di un triplice intervento di controllo:

- **controllo automatizzato;**
- **controllo formale o documentale;**
- **controllo sostanziale o di merito (nelle modalità di accertamento analitico, induttivo e sintetico).**

I controlli dell'Amministrazione finanziaria si esplicano in una più complessa attività di accertamento o in una mera attività di liquidazione.
L'attività di **liquidazione** designa una mera operazione di calcolo dell'imposta ad opera dell'Amministrazione finanziaria. Il procedimento di verifica della corretta quantificazione dell'imposta, normalmente, si conclude con una comunicazione della irregolarità che, solo se il contribuente non si adegua, porta all'emissione di un c.d. avviso di liquidazione.
L'attività di **accertamento**, invece, sottende una più ampio potere di controllo che il legislatore attribuisce all'Amministrazione finanziaria per procede ad una corretta determinazione dell'imponibile. L'attività di accertamento si conclude con un provvedimento impugnabile (c.d. avviso di accertamento).
La disciplina sull'accertamento è contenuta nel **d.P.R. 600/1973** per le imposte sui redditi (applicabili anche ai fini IRAP) e nell'art. 54 d.P.R. 633/72 per l'IVA.

1.1. I CONTROLLI NEI CONFRONTI DEI C.D. GRANDI CONTRIBUENTI.

Nella categoria dei c.d. "**grandi contribuenti**" rientrano quelli di rilevanti dimensioni per i quali, in considerazione del notevole impatto sull'Amministrazione Finanziaria in caso di violazioni tributarie, l'Agenzia delle Entrate (Uffici delle Direzioni Regionali) attiva, di norma entro l'anno successivo a quello di presentazione delle dichiarazioni, un controllo sostanziale sia in materia di imposte dirette sia di IVA. Detto controllo viene attivato in base alle risultanze di specifiche analisi di rischio concernenti il settore produttivo di appartenenza dell'impresa o, se disponibile, il profilo di rischio della singola impresa, dei soci, delle partecipate e delle operazioni effettuate,

desunto anche dai precedenti fiscali.
Dunque, per i c.d. grandi contribuenti i tradizionali strumenti di controllo a disposizione dell'Amministrazione finanziaria (quali, per esempio, gli accessi, le ispezioni, le verifiche, ecc.) sono impiegati in seguito ad una attività di analisi di qualsiasi informazione che fornisca indicazioni utili al riscontro di rischi di comportamenti suscettibili di generare sottodimensionamento della base imponibile.
L'attività di tutoraggio consiste, pertanto, in un monitoraggio dei comportamenti di queste imprese riassunti in un'apposita "scheda di analisi del rischio" predisposta per tutti i grandi contribuenti. La scheda è strutturata in modo da poter fornire una visione complessiva della posizione del contribuente, attraverso la descrizione e la contestuale valutazione degli elementi informativi necessari alla determinazione del livello di rischio fiscale correlato ai comportamenti dello stesso.
I principali elementi informativi strumentali all'attività di tutoraggio riguardano: il settore produttivo di appartenenza dell'impresa, il profilo di rischio dei soci, delle partecipate e delle operazioni effettuate (desunto anche dai precedenti fiscali), le istanze di interpello presentate dal contribuente e ogni altro elemento informativo utile.
In relazione alle istanze di interpello presentate dai c.d. grandi contribuenti, l'attività dell'Amministrazione finanziaria di verifica di conformità, tra i comportamenti effettivamente posti in essere e le condizioni rappresentate nelle istanze di interpello, deve essere espletata nell'ambito della metodologia di controllo sostanziale, da avviare entro l'anno successivo a quello di presentazione delle dichiarazioni.

2. IL CONTROLLO AUTOMATICO DI LIQUIDAZIONE.

L'Amministrazione finanziaria verifica – mediante **procedure informatiche automatizzate** – il contenuto di tutte le dichiarazioni trasmesse dal contribuente e ne correla le risultanze creditorie e debitorie da questi emergenti con i versamenti effettuati.
La procedura di liquidazione è disciplinata dall'**art. 36-bis d.P.R. n. 600/1973** (per le dichiarazioni dei redditi e dei sostituti d'imposta) e dall'**art. 54 *bis* d.P.R. n. 633/1972** (per l'IVA).
Nel c.d. controllo automatico di liquidazione l'Amministrazione **non** compie una **rettifica, ma** più semplicemente **corregge errori** risultanti

dalle dichiarazioni presentate. In altri termini, questa tipologia di controllo si esaurisce in una verifica sull'esattezza dei dati numerici indicati; ossia, detto controllo ha ad oggetto solo la liquidazione dell'imposta o del rimborso risultante dalla dichiarazione e, conseguentemente, sotto il profilo degli **effetti** non è finalizzato alla rettifica del reddito, ma alla quantificazione dell'imposta dovuta in base al reddito correttamente dichiarato (TESAURO).

Se dal raffronto dei dati riportati in dichiarazione con quelli rilevati dall'Anagrafe Tributaria risulta che **l'importo versato è inferiore a quello da versare,** l'Amministrazione finanziaria non emette un avviso di accertamento, ma provvede ad inviare una **comunicazione d'irregolarità (o avviso bonario)** in cui vengono evidenziate le rettifiche effettuate, le imposte, le sanzioni e gli interessi da versare. In maggior dettaglio, il controllo automatico consente di:

- correggere gli errori materiali e di calcolo commessi dai contribuenti nella determinazione degli imponibili, delle imposte, dei contributi e dei premi;
- correggere gli errori materiali commessi dai contribuenti nel riporto delle eccedenze delle imposte, dei contributi e dei premi risultanti dalle precedenti dichiarazioni;
- ridurre le detrazioni d'imposta e/o le deduzioni dal reddito indicate in misura superiore a quella prevista dalla legge ovvero non spettanti sulla base dei dati risultanti dalle dichiarazioni;
- ridurre i crediti d'imposta esposti in misura superiore a quella prevista dalla legge ovvero non spettanti sulla base dei dati risultanti dalle dichiarazioni;
- controllare la corrispondenza con la dichiarazione e la tempestività dei versamenti delle imposte, dei contributi e dei premi dovuti a titolo di acconto e di saldo e delle ritenute alla fonte operate in qualità di sostituto d'imposta.

Le comunicazioni con cui si chiude il c.d. controllo automatico di liquidazione evidenziano la correttezza della dichiarazione (comunicazione di regolarità) o l'eventuale presenza di errori (comunicazione di irregolarità).

L'Amministrazione finanziaria non è obbligata dallo Statuto del contribuente a comunicare "in ogni caso" l'esito della liquidazione, ma

esclusivamente quando dai controlli automatici eseguiti emerga un risultato non conforme a quello indicato in dichiarazione.
Quando il contribuente riceve una comunicazione di irregolarità (alla quale è allegato il modello per effettuare il versamento) ha due possibilità:

a) concordare con il suo contenuto e, quindi, regolarizzare **(definizione in via breve)** la propria posizione con il pagamento di una sanzione ridotta, oltre all'imposta e agli interessi.

b) ritenere che sia sbagliata. In questo caso, oltre a richiedere chiarimenti, il contribuente può rivolgersi a un qualsiasi ufficio dell'Agenzia delle Entrate, fornendo gli elementi che provano la correttezza dei dati dichiarati. Se l'ufficio rettifica parzialmente l'importo, il termine per usufruire della sanzione ridotta parte dalla data di comunicazione della correzione.

Trascorsi 30 giorni dalla comunicazione di irregolarità senza il pagamento da parte del contribuente o rettifica da parte dell'Amministrazione finanziaria sulla scorta dei chiarimenti forniti dal contribuente, l'ufficio avvia la procedura di riscossione per recuperare l'imposta, gli interessi e la sanzione piena procedendo alla notifica del c.d. **avviso di liquidazione**.
A decorrere dall'anno d'imposta 2017 il controllo automatico è effettuato anche sulle "Comunicazioni dei dati delle liquidazioni periodiche Iva". In questo caso, prima dell'emissione della comunicazione di irregolarità, le eventuali incoerenze riscontrate a seguito del controllo sono rese disponibili al contribuente attraverso un'apposita lettera di invito alla *compliance*.

3. IL CONTROLLO FORMALE VERO E PROPRIO.

L'Amministrazione finanziaria prevede delle procedure cosiddette di **controllo formale volte a rettificare le dichiarazioni** presentate dai contribuenti **senza svolgere attività ispettive**, ma solo mediante il semplice **riscontro del contenuto** delle stesse. In particolare, consiste nella verifica della corrispondenza dei dati relativi a deduzioni, detrazioni e ritenute indicati in dichiarazione con la documentazione conservata dal contribuente e i dati desunti dalle dichiarazioni presentate

e dalle informazioni trasmesse da altri soggetti o a quelli forniti da enti esterni (per esempio enti previdenziali e assistenziali).
Lo scopo dei controlli formali è non solo quello di **correggere** gli errori materiali e di calcolo commessi dai contribuenti nella redazione delle dichiarazioni, ma anche di **individuare i documenti** che devono corredare la dichiarazione (TESAURO).
In maggior dettaglio, la procedura per il controllo formale delle dichiarazioni (**art. 36 *ter* d.P.R. n. 600/1973**) consiste nella verifica della corrispondenza dei dati indicati in dichiarazione con:

- la documentazione conservata dal contribuente;
- i dati desunti dal contenuto delle dichiarazioni presentate da altri soggetti(sostituti d'imposta, enti previdenziali e assistenziali, banche, imprese assicuratrici, ecc.).

Nel caso, quindi, ci siano differenze fra i dati in possesso dell'Agenzia delle Entrate e quelli dichiarati, il contribuente viene prima di tutto invitato dall'ufficio a presentare o trasmettere la propria documentazione e a fornire chiarimenti.
In caso di esito negativo per il contribuente del procedimento di controllo formale, l'Amministrazione può:

- escludere, in tutto o in parte, le ritenute d'acconto, le detrazioni d'imposta e le deduzioni dal reddito non spettanti;
- rideterminare i crediti d'imposta;
- calcolare la maggiore imposta e i maggiori contributi dovuti;
- correggere gli errori materiali e di calcolo commessi nelle dichiarazioni dei sostituti d'imposta.

In questi casi, l'Amministrazione finanziaria comunica al contribuente le rettifiche apportate e le imposte, le sanzioni e gli interessi da versare, attraverso la notifica a mezzo posta di **avvisi bonari** con l'indicazione dei motivi che hanno generato la rettifica. Anche in questo caso si tratta di una comunicazione di "irregolarità" e, quindi, non essendo in presenza di un vero e proprio atto impositivo detta comunicazione **non è impugnabile dinanzi alle Commissioni tributarie** (sul punto, però, si rinvia al paragrafo sugli atti impugnabili in quanto -come anticipato- la giurisprudenza non esclude la facoltà di impugnare anche gli avvisi bonari).

L'Amministrazione finanziaria può esercitare tale potere entro il 31 dicembre del secondo anno successivo a quello di presentazione della dichiarazione; ai fini dell'IVA non è previsto un controllo formale della dichiarazione.
Con tali avvisi bonari, il contribuente è invitato o a **pagare le differenze riscontrate** o a voler **fornire chiarimenti e/o ulteriore documentazione in relazione ai fatti contestati.**
A fronte del ricevimento della comunicazione di irregolarità il contribuente ha due possibilità:

- **a)** concordare con il suo contenuto e, quindi, regolarizzare **(definizione in via breve)** la propria posizione con il pagamento di una sanzione ridotta, oltre all'imposta e agli interessi.
- **b)** ritenere che sia sbagliata. In questo caso, il contribuente può segnalare all'ufficio di competenza (ossia, quello che ha trasmesso la comunicazione) eventuali dati o elementi non considerati o valutati in maniera sbagliata. Se l'ufficio rettifica la comunicazione, il contribuente usufruisce della sanzione ridotta.

Trascorsi 30 giorni dalla comunicazione di irregolarità senza il pagamento da parte del contribuente o rettifica da parte dell'Amministrazione finanziaria sulla scorta dei chiarimenti forniti dal contribuente, l'ufficio **iscrive direttamente a ruolo** l'importo dovuto a titolo di imposte, sanzioni e interessi: l'Agenzia delle Entrate **notifica la cartella di pagamento, senza** la necessità di **alcun avviso di accertamento.**
Il contribuente ha l'onere di impugnare la cartella di pagamento per contestare l'imposizione dell'Amministrazione finanziaria.

3.1. ATTIVITÀ DI LIQUIDAZIONE DELLE IMPOSTE SUI REDDITI A TASSAZIONE SEPARATA.

Le comunicazioni di irregolarità possono essere notificate al contribuente anche in seguito ad una terza tipologia di attività dell'Amministrazione finanziaria, ovvero quella di liquidazione delle imposte sui redditi a tassazione separata; redditi per i quali sono state già versate delle somme a titolo d'acconto (Tfr, pensioni e stipendi arretrati,

ecc.) per i quali, comunque, non sono dovuti interessi e sanzioni nel caso in cui il contribuente paghi entro 30 giorni.
Sulla base dei redditi dichiarati dal contribuente viene calcolata definitivamente la somma eventualmente dovuta o il rimborso spettante. Se emergono somme da versare, è inviata direttamente al contribuente, tramite raccomandata con ricevuta di ritorno, una comunicazione che contiene la richiesta di pagamento **(senza sanzioni e interessi).**
Queste comunicazioni si distinguono da quelle relative al controllo delle dichiarazioni. Può, infatti, accadere che il contribuente abbia prima ricevuto la comunicazione di regolarità (o di irregolarità) per la dichiarazione, e che, successivamente, ne riceva un'altra per le somme ancora dovute su redditi a tassazione separata.

4. L'ATTIVITÀ DI CONTROLLO SOSTANZIALE (O DI MERITO): LE DIVERSE METODOLOGIE.

Il cd. **controllo sostanziale** delle dichiarazioni (art. 37 d.P.R. n. 600/73) si traduce negli "accertamenti in rettifica delle **dichiarazioni presentate**" e negli "accertamenti d'ufficio nei confronti dei soggetti che hanno **omesso la dichiarazione**".
Sulla base di criteri selettivi fissati annualmente dal Ministro dell'Economia e delle Finanze, gli organi preposti procedono al controllo delle dichiarazioni presentate dai contribuenti e alla individuazione dei soggetti che ne hanno omesso la presentazione.
Gli organi preposti (Agenzia delle Entrate e Guardia di Finanza) effettuano tale controllo attraverso specifici poteri d'indagine (*si veda la successiva sezione di questo capitolo*) e procedono secondo le metodologie di controllo indicate dalla legge. Con riferimento a questo secondo aspetto, il legislatore tributario, accogliendo con favore **la c.d. *teoria dei diversi metodi di accertamento*** (AMATUCCI; FANTOZZI; LA ROSA), ha previsto **diverse metodologie di accertamento,** le quali si distinguono a seconda dei presupposti che ne legittimano l'adozione o a seconda dei criteri di quantificazione del reddito. Vi sono, pertanto, **diverse tipologie di accertamenti sostanziali, tutte funzionali all'emissione dell'avviso di accertamento.**
Si parla di metodi e non di modalità di accertamento, in quanto la loro classificazione e/o differenziazione avviene in ragione dei criteri

mediante i quali l'ufficio pone in essere l'attività volta ad accertare un maggiore imponibile.
I criteri sono indicati nell'art. 38 del d.P.R. n. 600/73 ("Rettifica delle dichiarazioni delle persone fisiche") che, al primo comma, recita: «L'ufficio delle imposte procede alla rettifica delle dichiarazioni presentate dalle persone fisiche quando il reddito complessivo dichiarato risulta inferiore a quello effettivo o non sussistono o non spettano, in tutto o in parte, le deduzioni dal reddito o le detrazioni di imposta indicate nella dichiarazione».
In particolare, si distingue tra i seguenti metodi di accertamento:

- accertamento **analitico** (sia per persone fisiche sia per persone giuridiche) ed accertamento **sintetico** (solo per persone fisiche);
- accertamento **deduttivo** ed accertamento **induttivo:** il primo è fondato su prove dirette, mentre il secondo è fondato su presunzioni semplici (gravi, precise e concordanti);
- accertamento **generale** ed accertamento **parziale:** il primo costituisce la regola ed ha ad oggetto tutte le categorie di reddito del contribuente, mentre con il secondo l'Amministrazione finanziaria indaga soltanto su una categoria. In tale distinzione è compreso anche l'accertamento **integrativo,** emesso nel caso in cui l'Amministrazione finanziaria, dopo avere emesso un avviso di accertamento generale, viene a conoscenza di fatto non conosciuti né conoscibili che legittimano l'emissione di un ulteriore avviso di accertamento (appunto, integrativo).

5. L'ACCERTAMENTO ANALITICO.

Il legislatore tributario ha individuato nell'accertamento analitico la regola per la determinazione del reddito imponibile; tale accertamento, anche ai fini IVA, rappresenta il **metodo ordinario** a cui l'Amministrazione finanziaria si attiene nell'esercizio dei suoi poteri.
Il metodo analitico ha la **funzione di ricostruire la base imponibile del reddito partendo da una analisi delle singole componenti reddituali**. Infatti, l'Ufficio ricostruisce l'imponibile considerando le singole componenti e può operare con questa metodologia perché conosce le fonti di reddito del contribuente.

L'**accertamento analitico** può essere condotto nei confronti di **tutti i contribuenti**; ossia, può essere utilizzato per rettificare sia **reddito delle persone fisiche** (art. 38, commi 1, 2 e 3, d.P.R. n. 600/1973) sia i **redditi d'impresa o di lavoro autonomo** (art. 39 d.P.R. n. 600/1973).
L'incompletezza, la falsità e l'inesattezza delle singole componenti reddituali può essere desunta dalla medesima dichiarazione o dal confronto con le dichiarazioni relative ad anni precedenti, dai dati e dalle notizie raccolti nell'espletamento dei poteri istruttori di cui è titolare l'amministrazione finanziaria, con facoltà di far ricorso altresì a presunzioni semplici, purché queste siano gravi, precise e concordanti.

5.1. L'ACCERTAMENTO ANALITICO-CONTABILE (PER I REDDITI DI IMPRESA E DI LAVORO AUTONOMO).

L'**accertamento analitico-contabile** è il metodo **ordinario** di accertamento in materia di redditi d'impresa e di reddito di lavoro autonomo (art. 39, commi 1 e 3, d.P.R. n. 600/1973): esso consiste nel rettificare le componenti reddituali dichiarate sia per ragioni di diritto che per ragioni di fatto. L'accertamento analitico-contabile rappresenta il **metodo ordinario anche in materia di IVA** (art. 54 d.P.R. n. 633/1972).
Quando l'accertamento è svolto nei confronti di soggetti obbligati alla tenuta di scritture contabili (ossia esercenti attività d'impresa, artisti o professionisti, società, enti commerciali, ecc.) l'accertamento analitico si basa essenzialmente sulla contabilità del contribuente: per questo si parla di accertamento "analitico-contabile".

I presupposti per procedere con il metodo dell'accertamento analitico-contabile

Ai sensi dell'art. 39, primo comma, d.p.r. 600/73, l'Amministrazione finanziaria procede all'accertamento analitico-contabile in **ipotesi tassative**, ossia quando emergono discrasie:

- dal **confronto** tra dichiarazione, bilancio e scritture contabili;
- dall'**esame** della documentazione che sta alla base della contabilità;
- da **circostanze estranee** alla contabilità ovvero **provenienti da terzi**.

Alla luce dei presupposti che legittimano un accertamento analitico-induttivo, ossia l'inattendibilità parziale degli elementi indicati nelle scritture contabili, anche i poteri di rettifica dell'Amministrazione finanziaria sono limitati: questa può solo completare le lacune riscontrate (ad esempio, il volume dei ricavi) ma non può rettificare completamente le risultanze contabili. **Poiché i dati non sono inattendibili nel loro complesso, l'Ente accertatore nel procedere alla ricostruzione induttiva deve comunque partire dalle risultanze contabili non specificamente considerate inattendibili e/o non provate come tali.**

L'accertamento analitico-contabile, in altri termini, non mette in discussione la contabilità del contribuente nel suo complesso, ma la corregge in alcune componenti individuando ad esempio specifici ricavi o compensi in tutto o in parte non dichiarati, oppure costi non documentati o fittizi. In pratica ciò significa che se, ad esempio, l'Ufficio accertatore ha contestato i ricavi di un determinato periodo d'imposta, per ricostruire induttivamente detta "lacuna" deve partire dalla stima dei ricavi presumibili sulla scorta dei prezzi che il contribuente applicava nel periodo impositivo oggetto di accertamento e che risultano dagli scontrini che non sono stati oggetto di contestazione.

La valutazione degli elementi acquisiti in sede di applicazione di questo metodo di accertamento

L'art. 39, primo comma, secondo periodo della lett. d), d.p.r. 600/73, stabilisce che per i redditi d'impresa delle persone fisiche l'ufficio procede alla rettifica quando "l'esistenza di attività non dichiarate o la inesistenza di passività dichiarate è desumibile anche sulla base di presunzioni semplici, purché queste siano gravi, precise e concordanti".

Per questo il metodo di accertamento in discorso è anche detto induttivo "misto": esso non prescinde dalle scritture contabili ma comporta la rettifica induttiva di determinati elementi attivi o passivi, per cui l'esistenza di specifiche attività non dichiarate o l'inesistenza di specifiche passività dichiarate può essere desunta sulla base di **presunzioni semplici, dotate però dei requisiti di gravità, precisione e concordanza.**

5.2. L'ACCERTAMENTO INDUTTIVO-EXTRACONTABILE O c.d. INDUTTIVO PURO (PER I REDDITI DI IMPRESA O DI LAVORO AUTONOMO).

L'**accertamento induttivo-extracontabile** è utilizzato per l'accertamento in materia di **redditi d'impresa** o di **reddito di lavoro autonomo** (art. 39, comma 2, d.P.R. n. 600/1973) nonché l'**imponibile IVA** (art. 55 d.P.R. n. 633/1972). Tale accertamento **è attuato** quando la **contabilità** risulta **inattendibile** nel suo complesso o si verificano **altre circostanze** che possono legittimare un accertamento induttivo.
Nell'accertamento induttivo extracontabile, l'Amministrazione ha disposizione **tre «facoltà»**:

1. **può avvalersi dei dati e delle notizie comunque raccolti o di cui sia venuta a conoscenza;**
2. **può non considerare in tutto o in parte i risultati del bilancio e delle scritture contabili;**
3. **può usufruire anche di presunzioni prive dei requisiti di gravità, precisione e concordanza.**

L'Amministrazione finanziaria, ad ogni modo, deve servirsi di **prove concrete e non astratte**, riguardanti il singolo contribuente (**prima fase**); una volta accertata, in concreto, **l'inattendibilità della contabilità,** l'Amministrazione finanziaria può **ricostruire il reddito mediante l'utilizzo di medie statistiche ed altri simili dati di carattere astratto**, non desumibili dal singolo contribuente (**seconda fase**).
Il discrimine tra dette metodologie di accertamento deve essere rinvenuto, rispettivamente, nella parziale ovvero assoluta inattendibilità dei dati risultanti dalle scritture contabili.
Nel primo caso, la "incompletezza, falsità o inesattezza" degli elementi indicati non consente di prescindere dalle scritture contabili, essendo l'ufficio accertatore legittimato a "completare" le lacune riscontrate utilizzando, ai fini della dimostrazione dell'esistenza di componenti positivi di reddito non dichiarati ovvero della inesistenza di componenti negativi dichiarati, anche presunzioni semplici, che rispondano ai requisiti di gravità, precisione e concordanza prescritti dall'articolo 2729 del codice civile.
Nel secondo caso, invece, le "omissioni o le false e inesatte

indicazioni" ovvero "le irregolarità formali delle scritture contabili" risultano talmente gravi, numerose e ripetute da inficiare l'attendibilità - e, dunque, l'utilizzabilità ai fini dell'accertamento - anche degli altri dati contabili, apparentemente regolari, con la conseguenza che, in tale ipotesi, l'Amministrazione finanziaria è legittimata a determinare l'imponibile in base a elementi meramente indiziari, anche se privi dei predetti requisiti richiesti per assurgere a prova presuntiva (vedi Cassazione, 20914/2014).

I presupposti per procedere con il metodo dell'accertamento analitico- extra contabile

L'Amministrazione finanziaria, dunque, può "in deroga" alla metodologia ordinaria dell'accertamento analitico-contabile- procedere a tale accertamento soltanto in quattro casi **tassativamente** indicati dal secondo comma dell'art. 39 del d.P.R. n. 600/1973:

1. quando **il reddito d'impresa non è stato indicato nella dichiarazione**;
2. quando **dal verbale di ispezione risulta** che il contribuente non ha tenuto o ha comunque **sottratto all'ispezione una o più scritture contabili**, ovvero quando le scritture **non siano disponibili per forza maggiore**;
3. quando **le omissioni e le false o inesatte indicazioni** accertate mediante i verbali di ispezione o le irregolarità formali delle scritture contabili **sono così gravi, numerose e ripetute da rendere inattendibili nel loro complesso le scritture stesse** per mancanza delle garanzie proprie di una contabilità sistematica;
4. quando **il contribuente non ha dato seguito agli inviti della Amministrazione finanziaria**.

Sui presupposti per l'avvio legittimo di un procedimento di accertamento induttivo, la giurisprudenza tributaria ritiene che la ricostruzione dei ricavi e del volume d'affari di un contribuente possa essere effettuata indirettamente sulla base di presunzioni gravi precise e concordanti, **anche qualora la contabilità** dello stesso **sia formalmente regolare** (Cass., 27 novembre 2015, n. 24271).

La sindacabilità della scelta sulla metodologia da applicare per effettuare il controllo sostanziale

La Giurisprudenza, partendo dal presupposto che l'obbligo di motivare l'atto impositivo ha natura sostanziale e non meramente formale, è consolidata nell'affermare che **la mancata specificazione, nell'avviso di accertamento, del tipo di accertamento condotto** (ossia, ad esempio, se con metodo analitico contabile o con metodo induttivo) non è motivo di illegittimità dell'atto impositivo. Infatti, «la scelta di un tipo o l'altro di accertamento non è significativa ove non mutino i presupposti di fatto su cui poggiano le due valutazioni e purché (...) siano stati messi in campo fin dall'accertamento originario gli elementi presuntivi attraverso cui sia possibile individuare induttivamente un reddito imponibile diverso rispetto a quello dichiarato» (Cass., sent. 28 marzo 2018, n. 7644 che richiama Cass. n. 24278/2014, 19477/2016).

La Corte di cassazione ha precisato che l'eventuale **errore qualificatorio sul tipo di accertamento** (ossia, l'errore tra accertamento analitico-contabile (c.d. induttivo misto) e accertamento induttivo "extracontabile" (c.d. induttivo puro) **non rileva *ex se*** come violazione di legge, potendo, eventualmente, refluire in un errore sull'attività processuale (ex articolo 360, comma 1, n. 4, cpc) o in un errore sulla selezione e valutazione del materiale probatorio (ex articolo 360, co. 1, n. 5, cpc) "fermo restando che la scelta di un tipo o l'altro di accertamento" -così come la sua modifica di prospettazione in corso di giudizio- «non è significativa ove non mutino i presupposti di fatto su cui poggiano le due valutazioni e purché siano stati messi in campo fin dall'accertamento originario gli elementi presuntivi attraverso cui sia possibile individuare induttivamente un reddito imponibile diverso rispetto a quello dichiarato» (Cass. sent. n. 2473 del 31 gennaio 2017, Cass., n. 19477/2016 e n. 24278/2014).

I giudici di legittimità confermano, dunque, il principio secondo cui «**in tema di accertamento dei redditi, allorquando ricorrano i presupposti sia dell'accertamento analitico, sia dell'accertamento induttivo, l'Amministrazione finanziaria può legittimamente utilizzare sia l'uno che l'altro metodo**» (Cass. sent. n. 17587/2003).

Nel giudizio innanzi alla Corte di cassazione, l'esistenza dei presupposti per l'avvio dell'accertamento analitico induttivo è sindacabile solo «nei limiti residuali consentiti dall'attuale formulazione dell'art. 360, comma 1, n. 5 c.p.c. (sul *discrimen* tra vizio di violazione di legge e vizio di motivazione, tra le molte, cfr., più di recente, Cass. sez. 6-5, ord. 5 settembre 2016, n. 17610; Cass., sez. V, 30 dicembre 2015, n. 26110; Cass., sez. VI e V, ord. Cass., sez. lav., 26 marzo 2010, n. 7394)» (Cass., ord. n. 3012 del 3 febbraio 2017).

Il Giudice tributario, verificata la legittimità del ricorso al metodo di accertamento induttivo, ha il potere di controllare l'operato della Pubblica Amministrazione e di verificare se gli effetti che l'Ufficio ha ritenuto di desumere dai fatti utilizzati come indizi, siano o meno compatibili con il **criterio della normalità** (Cass., 1° ottobre 2015, n. 19602).

Conseguenze sull'ampiezza dei poteri di rettifica dell'amministrazione finanziaria derivanti dalla metodologia di accertamento induttivo (contabile o extracontabile) scelta

La giurisprudenza della Corte di cassazione è consolidata nell'affermare che il «noto discrimine tra l'accertamento condotto con metodo c.d. analitico-contabile (art. 39, comma 1, lett. d, d.P.R. n. 600 del 1973) e l'accertamento condotto con metodo c.d. induttivo puro (art. 39, comma 2 lett. d, d.P.R. n. 600 del 1973), va ricercato rispettivamente nella "parziale od assoluta" inattendibilità dei dati risultanti dalle scritture contabili (Cass., sent. 7 ottobre 2016, n. 20132; Cass., sent. 4 febbraio 2015, n. 1951). Ne consegue che:

- **nell'accertamento analitico con metodo analitico-contabile (il cui presupposto è l'inattendibilità parziale)**, poiché la «incompletezza, falsità od inesattezza" degli elementi indicati non è tale da non consentire di prescindere dalle scritture contabili», **l'Ufficio accertatore può soltanto «completare le lacune riscontrate»**;
- **nell'accertamento analitico-extracontabile (il cui presupposto è l'inattendibilità assoluta)**, invece, poiché «le omissioni o le false od inesatte indicazioni risultano tali da inficiare la attendibilità – e dunque la utilizzabilità, ai fini dell'accertamento – anche degli "altri" dati contabili (apparentemente regolari)», **l'Ufficio** accertatore «può prescindere in tutto od in parte dalle risultanze del bilancio e delle scritture contabili in quanto esistenti» e **può «determinare l'imponibile in base ad elementi meramente indiziati** anche se inidonei ad assurgere a prova presuntiva ex artt. 2727 e 2729 cod. civ.».

6. GLI INDICI SINTETICI DI AFFIDABILITÀ FISCALE (c.d. ISA) DALL'ANNO DI IMPOSTA 2018.

Gli indici sintetici di affidabilità fiscale (c.d. ISA) sono stati introdotti nell'ottica di realizzare la *tax compliance*, ossia facilitare i contribuenti nell'adempimento spontaneo degli obblighi tributari. L'introduzione è avvenuta ad opera del D.L. n. 50/2017, con operatività dal periodo d'imposta 2018 (dichiarazione dei redditi 2019).

Gli ISA sostituiscono gli studi di settore e i parametri: mentre gli studi di settore -in un'ottica "accertativa" del reddito- erano finalizzati a stabilire se un contribuente era o non era "congruo", gli Isa perseguono la finalità di

attribuire al contribuente un punteggio di **affidabilità fiscale**.
Più nel dettaglio, gli Isa sono indicatori sostanzialmente riconducibili a due gruppi: indicatori elementari di affidabilità e indicatori elementari di anomalia. Detti indicatori, attraverso un metodo statistico-economico, misurano dati e informazioni relativi a più periodi d'imposta, consentendo agli operatori economici di valutare autonomamente la propria posizione e di verificare il grado di affidabilità su una scala di valori che va da 1 a 10.
Ai lavoratori autonomi e alle imprese che raggiungono un certo grado di affidabilità, in un'ottica premiale, sono riconosciuti alcuni benefici come, ad esempio, quello di essere escluso dall'assoggettabilità ad alcuni tipi di controlli o di beneficiare di una riduzione dei termini per gli accertamenti da parte dell'Agenzia delle entrate. Più alto è il punteggio ottenuto in termini di affidabilità maggiori sono i benefici premiali per gli interessati.
Gli Isa sono stati costruiti facendo riferimento a specifici **Modelli di Business** (MoB), cioè gruppi omogenei di imprese con caratteristiche simili, ai quali il contribuente viene assegnato sulla base di quanto indicato nel modello dichiarativo.
Gli Isa non si applicano per i periodi d'imposta in cui il contribuente:

- ha iniziato o cessato l'attività;
- non si trova in condizioni di normale svolgimento dell'attività;
- dichiara ricavi (articolo 85, comma 1, esclusi quelli di cui alle lettere c, d ed e del Tuir), o compensi (articolo 54, comma 1, del Tuir), di ammontare superiore a € 5.164.569;
- si avvale del regime forfettario agevolato o del regime fiscale di vantaggio per l'imprenditoria giovanile e lavoratori in mobilità;
- esercita due o più attività di impresa, non rientranti nel medesimo Isa, qualora i ricavi dichiarati, relativi alle attività non rientranti tra quelle prese in considerazione dall'Isa sull'attività prevalente, superi il 30% dell'ammontare totale dei ricavi dichiarati (tali soggetti sono comunque tenuti alla compilazione del modello Isa).

Sono escluse poi alcune categorie di contribuenti come, ad esempio, le società cooperative.

6.1. GLI STUDI DI SETTORE FINO ALL'ANNO DI IMPOSTA 2017.

Nell'ambito degli accertamenti analitico-induttivi, la maggior parte della dottrina comprende anche quelli **mediante studi di settore.** Si tratta di uno strumento diretto alla determinazione **presuntiva** dei ricavi, fondati su elementi e circostanze interne ed esterne al complesso aziendale attraverso un **procedimento matematico-sistematico** (AMATUCCI; FANTOZZI; TESAURO).

Gli studi di settore si applicano agli imprenditori e lavoratori autonomi i cui ricavi o compensi rientrino nei limiti stabiliti in ciascuno studio. In particolare, gli studi di settore, **elaborati mediante analisi economiche e tecniche statistico-matematiche, consentono di stimare i ricavi o i compensi che possono essere attribuiti al contribuente**. Individuano, a tal fine, le relazioni esistenti tra le variabili strutturali e contabili delle imprese e dei lavoratori autonomi con riferimento al settore economico di appartenenza, ai processi produttivi utilizzati, all'organizzazione, ai prodotti e servizi oggetto dell'attività, alla localizzazione geografica e agli altri elementi significativi (ad esempio area di vendita, andamento della domanda, livello dei prezzi, concorrenza, ecc.).

In altri termini, gli studi di settore «rappresentano la predisposizione di indici
rilevatori di una possibile anomalia del comportamento fiscale, evidenziata dallo scostamento delle dichiarazioni dei contribuenti [...] rispetto a quello che l'elaborazione statistica stabilisce essere il livello "normale" in relazione alla specifica attività svolta dal dichiarante» (Cass., Sez. un., sentenze n. 26635, n. 26636, n. 26637 e n. 26638 del 18 dicembre 2009).

✓ Gli studi di settore sono utilizzati **dal contribuente**, nella **fase dichiarativa**, per verificare:
  - la **congruità.** Il contribuente è congruo se i ricavi o i compensi dichiaratisono uguali o superiori a quelli stimati dallo studio, tenuto conto delle risultanze derivanti dall'applicazione degli indicatori di normalità economica;
  - la **coerenza.** Questo parametro misura il comportamento del contribuente rispetto ai valori di indicatori economici predeterminati, per ciascuna attività, dallo studio di settore.

Ogni contribuente che appartenga ad una categoria alla quale si applicano gli studi di settore **deve presentare, insieme con la dichiarazione dei redditi, un modulo** con il quale comunica i dati degli studi di settore.
Tali **moduli** si compilano mediante un **software (**Ge.ri.co.**)** fornito dall'Agenzia delle entrate, il quale consente il calcolo della congruità e della coerenza economica per **ciascuno studio di settore**.
I contribuenti che non risultano congrui o coerenti rispetto agli studi di settore secondo le risultanti di Ge.ri.co. possono –mediante gli **istituti dell'attestazione e/o dell'asseverazione del professionista-** avere maggiori possibilità di difesa. L'**asseverazione** è disciplinata dall'art. 35, comma 1, lett. b), d.lgs. 241 del 1997 e può essere rilasciata esclusivamente da taluni soggetti (professionisti o responsabili del Caf): si tratta di **un controllo «formale» dei dati dichiarati**, volto a certificare la corrispondenza delle scritture contabili o di altra documentazione di supporto. L'**attestazione**, invece, è disciplinata dall'art. 10, comma 3-*ter*, L. n. 146 del 1998 e può essere **utilizzata solamente** in riferimento ai soggetti non congrui o non coerenti.
Tramite tale istituto, il professionista abilitato certifica, in via preventiva, che si siano verificate delle **situazioni specifiche** tali da non consentire una corretta applicazione dello studio di settore di appartenenza e che, conseguentemente, la non congruità o la non coerenza, segnalata da Ge.ri.co., nei fatti risultino **giustificate**.
Sia l'attestazione che l'asseverazione **non prevedono la "certificazione" della congruità del contribuente.**

✓ Gli studi di settore sono, inoltre, utilizzati dall'**Amministrazione finanziaria** quali strumenti di ausilio **in fase di controllo**.

La presenza del**lo scostamento «legittima l'avvio di una procedura finalizzata all'accertamento** nel cui quadro i segnali emergenti dallo studio di settore (o dai parametri) devono essere "corretti", in contraddittorio con il contribuente, in modo da "fotografare" la specifica realtà economica della singola impresa la cui dichiarazione dell'ammontare dei ricavi abbia dimostrato una significativa "incoerenza" con la "normale redditività" delle imprese omogenee considerate nello studio di settore

applicato». Ne consegue che «è il contraddittorio - previsto espressamente dalla legge n. 146 del 1998, art. 10, come modificato dalla legge n. 311 del 2004, art. 1, comma 409, lett. b), e comunque già affermato come indefettibile, a prescindere dalla espressa previsione, dalla giurisprudenza, in ossequio al principio del giusto procedimento amministrativo (v. Cass., n. 17229 del 2006), e dalla prassi amministrativa - l'elemento determinante per adeguare alla concreta realtà economica del singolo contribuente l'ipotesi dello studio di settore» (Cass., Sez. un., sentenze n. 26635, n. 26636, n. 26637 e n. 26638 del 18 dicembre 2009).
Ne consegue che è onere del contribuente fornire, «in contraddittorio, i propri chiarimenti e gli elementi giustificativi del rilevato scostamento o dell'inapplicabilità nella specie dello standard»; in questo modo, il contribuente ha la facoltà di adeguare le risultanze degli studi di settore alla concreta realtà economica in cui ha operato. Infatti, nel caso di accertamento che origina dallo scostamento degli studi di settore **è necessaria l'insaturazione del contraddittorio** con il contribuente "per consentire un necessario adeguamento della elaborazione parametrica - che, essendo un'estrapolazione statistica a campione di una platea omogenea di contribuenti, soffre delle incertezze da approssimazione dei risultati proprie di ogni strumento statistico - alla concreta realtà reddituale oggetto dell'accertamento nei confronti di un singolo contribuente" (C. cost., sent. n. 105/03).
Tuttavia, i dati statistici di settore da cui traggono origine gli accertamenti, «pur costituendo presupposto per il legittimo ricorso all'accertamento induttivo, non assurgono di per sé stessi, se contrastati, al valore di prova nemmeno presuntiva, all'uopo necessitando di essere integrati da elementi concreti desunti dalla realtà economica dell'impresa del singolo contribuente» (per consolidata giurisprudenza v. Cass. 13741/13, 12428/12, 13594/10, 4148/09, 26459/08, 19829/08, 9625/07, 6758/07, 18038/05, 26388/05).
Gli studi di settore sono atti amministrativi generali di organizzazione (TESAURO); non possono essere applicati in via automatica dall'Amministrazione finanziaria ma è necessario il contraddittorio con il contribuente prima di emettere l'avviso di accertamento. La valutazione di affidabilità dello studio nel caso concreto deve, dunque, essere effettuata nell'ambito del contraddittorio instaurato con il contribuente a seguito dell'avvio della procedura dell'accertamento con

adesione, sulla base degli elementi forniti dal contribuente stesso.

L'onere della prova nell'accertamento induttivo avviato mediante l'applicazione di studi di settore

L'onere della prova a fronte di un accertamento induttivo basato su studi di settore «è così ripartito:

a) all'ente impositore fa carico la dimostrazione dell'applicabilità dello standard prescelto al caso concreto oggetto dell'accertamento;

b) al contribuente (...) fa carico la prova della sussistenza di condizioni che giustificano l'esclusione dell'impresa dall'area dei soggetti cui possano essere applicati gli standard o della specifica realtà dell'attività economica nel periodo di tempo cui l'accertamento si riferisce» (Cass., Sez. un., n. 26635, 26636, 26637, e 26638 del 18 dicembre 2009, Cass. 12558/2010, Cass. 12428/2012, Cass. 23070/2012).

il sindacato del giudice tributario sull'esistenza di elementi indiziari gravi, precisi e concordanti

L'accertamento basato unicamente sugli studi di settore è legittimo quando vengono puntualmente analizzati gli elementi «indiziari, ritenuti dotati dei requisiti di gravità, precisione e concordanza (reddito negativo dichiarato nell'anno oggetto di accertamento e nei tre anni successivi; assenza di redditi imponibili dichiarati nei soci in detti anni; sproporzione rilevante degli elementi negativi, cioè dei costi, rispetto ai ricavi, i costanti acquisti di merce incompatibili con le continue perdite dichiarate e, conclusivamente, la sostanziale antieconomicità ed irragionevolezza della gestione aziendale), a fianco del notevole scostamento del ricavo puntuale, desumibile dallo studio di settore di riferimento, rispetto a quello dichiarato» (Cass., sez. V. ord. n. 3012 del 3 febbraio 2017 che richiama Cass., Sez. un., n. 26635, 26636, 26637, e 26638 del 18 dicembre 2009 e successiva giurisprudenza conforme).

In questo senso, la giurisprudenza ha affermato che «la procedura di accertamento tributario standardizzato mediante l'applicazione dei parametri o degli studi di settore **costituisce un sistema di presunzioni semplici**, la cui gravità, precisione e concordanza non è "ex lege" determinata dallo scostamento del reddito dichiarato rispetto agli "standard" in sé considerati – meri strumenti di ricostruzione per elaborazione statistica della normale redditività – ma nasce solo in esito al contraddittorio da attivare obbligatoriamente, pena la nullità dell'accertamento, con il contribuente. In tale sede, quest'ultimo ha l'onere di provare, senza limitazione alcuna di mezzi e di contenuto, la sussistenza di condizioni che giustificano l'esclusione dell'impresa dall'area dei soggetti cui possono essere applicati gli "standards" o la specifica realtà dell'attività economica nel periodo di tempo in esame, mentre la motivazione dell'atto di accertamento non può esaurirsi nel rilievo dello scostamento, ma deve essere integrata con la dimostrazione dell'applicabilità in concreto dello "standard" prescelto e con le ragioni per le quali sono state disattese le contestazioni sollevate dal contribuente» (Cass., ord. n. 11436 del 1° giugno 2016).

7. L'ACCERTAMENTO SINTETICO PER LE PERSONE FISICHE.

L'accertamento sintetico è un **metodo alternativo all'accertamento analitico** per rettificare il reddito delle **persone fisiche** (art. 38, commi 4 e ss., d.P.R. n. 600/1973): l'Ufficio determina il reddito imponibile partendo da elementi e circostanze di fatto certi e non dalle singole fonti di reddito. Con questa metodologia, applicabile solo alle persone fisiche, l'Amministrazione può rettificare le dichiarazioni presentate o ricostruire la posizione fiscale di contribuenti che hanno omesso la presentazione delle dichiarazioni stesse, sulla base di elementi "sintomatici di ricchezza" (o, meglio, di capacità contributiva) come le "spese o investimenti" che presuppongono, appunto, una disponibilità di ricchezza.

L'accertamento c.d. sintetico, quindi, diversamente dall'accertamento analitico, ricostruisce il reddito del contribuente-persona fisica non in ragione delle sue fonti produttive di reddito, bensì **in ragione di fatti**

economici (consumi e investimenti personali). In altre parole, l'Ufficio determina il reddito complessivo senza prima identificare le singole e specifiche fonti produttive, tant'è che con questa metodologia l'Ufficio può recuperare a tassazione anche redditi di fonte sconosciuta. Ne consegue che se le spese per consumi e le spese per investimenti sono superiori ai redditi dichiarati dal contribuente, l'Ufficio accerta un presunto maggior reddito.

Poiché questo metodo è volto a rettificare **la misura del reddito complessivo** prendendo come punto di partenza elementi e fatti economici diversi dalle fonti di reddito, in buona sostanza, è un **accertamento presuntivo** basato sulle uscite (TESAURO; LUPI). Nella fattispecie tipizzata dal quarto comma dell'art. 38 cit. il ragionamento induttivo viene spostato nel legame che intercorre tra spesa e reddito: la spesa viene posta quale parametro dimostrativo dell'esistenza di un reddito pari almeno alla sua misura.

La determinazione sintetica del reddito avviene in modo induttivo, ossia mediante la **presunzione relativa** che tutto ciò che è stato speso nel periodo d'imposta sia stato finanziato con i redditi posseduti nel periodo medesimo, fermo restando la possibilità per il contribuente di provare che le spese siano state finanziate con altri mezzi, ivi compresi i redditi esenti o soggetti a ritenuta alla fonte a titolo di imposta o, comunque, legalmente esclusi dalla formazione della base imponibile.

Stabilito che l'accertamento si basa su una presunzione legale relativa, incombe sul **contribuente l'onere di provare** che i consumi e le spese di investimento, non sostenibili in ragione del reddito dichiarato in quel medesimo periodo di imposta, sono avvenuti utilizzando disponibilità economiche di natura non reddituale, oppure risparmi accantonati in anni precedenti o, ancora, ad esempio impiegando disponibilità ricevute per successione, donazione, disinvestimenti, risarcimenti o vincite. In altri termini, l'**onere della prova spetta al contribuente** e non all'Amministrazione finanziaria, giacché tale accertamento si basa su una **presunzione legale relativa**: il contribuente **può opporre di aver utilizzato disponibilità economiche di natura non reddituale**, ovvero risparmi accantonati in anni precedenti; beni ricevuti per successione o donazione; somme provenienti da disinvestimenti, risarcimenti o vincite (TESAURO).

Il contribuente nell'ipotesi di accertamento induttivo sintetico del

reddito può sempre dimostrare che il maggior reddito determinato sinteticamente sia costituito da reddito esente o da redditi soggetti a ritenute alla fonte a titolo di imposta; tuttavia, l'entità di tali redditi e la durata del loro possesso devono risultare da idonea documentazione (Cass., ordinanza n. 11388 del 9 maggio 2017). Secondo la Corte di cassazione, dunque, sul contribuente non incombe nessun'altro onere di dimostrazione circa l'effettiva destinazione del reddito esente o tassabile se non la dimostrazione dell'esistenza di detti redditi.
In proposito, la Corte di cassazione ha precisato che, a fronte di un accertamento induttivo sintetico, il contribuente può dimostrare che «il maggior reddito determinato o determinabile sinteticamente è costituito in tutto o in parte da redditi esenti o da redditi soggetti a ritenute alla fonte a titolo di imposta». Tuttavia, in questi casi, "l'entità di tali redditi e la durata del loro possesso devono risultare da **idonea documentazione**" (art. 38, comma 6, d.P.R. n. 600/1973). La norma citata, infatti «chiede qualcosa di più della mera prova della disponibilità di ulteriori redditi (esenti ovvero soggetti a ritenute alla fonte), e, pur non prevedendo esplicitamente la prova che detti ulteriori redditi sono stati utilizzati per coprire le spese contestate, chiede tuttavia espressamente una prova documentale su circostanze sintomatiche del fatto che ciò sia accaduto (o sia potuto accadere). In tal senso va letto lo specifico riferimento alla prova (risultante da idonea documentazione) della entità di tali eventuali ulteriori redditi e della "durata" del relativo possesso, previsione che ha l'indubbia finalità di ancorare a fatti oggettivi (di tipo quantitativo e temporale) la disponibilità di detti redditi per consentire la riferibilità della maggiore capacità contributiva accertata con metodo sintetico in capo al contribuente proprio a tali ulteriori redditi, escludendo quindi che i suddetti siano stati utilizzati per finalità non considerate ai fini dell'accertamento sintetico, quali, ad esempio, un ulteriore investimento finanziario, perché in tal caso essi non sarebbero ovviamente utili a giustificare le spese e/o il tenore di vita accertato, i quali dovrebbero pertanto ascriversi a redditi non dichiarati» (Cass., ord. n. 3885 del 26 febbraio 2016, sent. n. 8995/2014, sent. n. 25104/2014).

Regole e presupposti per l'avvio del procedimento accertativo

L'Amministrazione finanziaria che intende avvalersi dell'accertamento sintetico ha **l'onere** di instaurare il **contraddittorio** con il contribuente, il quale è invitato a comparire personalmente, o per mezzo di rappresentanti, al fine di fornire dati e notizie rilevanti per l'accertamento e, in secondo luogo, di avviare il **procedimento di accertamento con adesione.** Come ricordato nel *paragrafo dedicato al principio del contraddittorio,* l'art. 22, comma 1, d.l. 78/2010 (conv. nella l. 122/2010), ha introdotto l'obbligo del contraddittorio endoprocedimentale in tema di accertamento sintetico "con effetto per gli accertamenti relativi ai redditi per i quali il termine di dichiarazione non è ancora scaduto alla data di entrata in vigore del presente decreto".

L'Amministrazione può **legittimamente avviare** questo tipo di accertamento solo quando il reddito complessivo accertabile **ecceda di almeno 1/5 quello dichiarato,** o ancora, a prescindere dal reddito accertabile, il **contribuente non abbia risposto o risponda in modo incompleto alle richieste e agli inviti** dell'Amministrazione finanziaria durante l'attività istruttoria.

L'Amministrazione finanziaria, dunque, può basarsi sulle **spese di qualsiasi genere** sostenute nel corso del periodo d'imposta e sul c.d. Redditometro.

Il **redditometro** (art. 38, comma 5, d.P.R. n. 600/1973) è lo **strumento** attraverso il quale l'Amministrazione finanziaria determina sinteticamente il reddito complessivo del contribuente, **in base alla disponibilità di elementi indicativi di capacità contributiva, differenziati in funzione del nucleo familiare e dell'area territoriale di appartenenza.**

Il Decreto Ministero Economia e Finanze 24 dicembre 2012, pubblicato in Gazzetta Ufficiale 4 gennaio 2013, n. 3 (cd. D.M. Economia 24.12.2012), ha dunque individuato i nuovi parametri del redditometro. Nel 2020 sono state aggiornate le voci raggruppate nelle grandi categorie indicative di reddito (es. abitazione, mezzi di trasporto, altre spese significative).

La Corte di cassazione ha asserito che l'accertamento secondo redditometro si fonda su una presunzione legale relativa per cui «da un lato, il contribuente non potrà impugnare il coefficiente di redditività oggettivamente considerato; dall'altro, il giudice non potrà tagliare, sua sponte, la capacità contributiva presunta dai decreti, ma dovrà valutare solamente la prova contraria come indicata dal contribuente» (Cass., ord. 29 ottobre 2012, n. 18604, che richiama la sent. 19 dicembre 2011 n. 27545). Con detta sentenza, la Corte di cassazione ha fatto "dietro-front" rispetto al precedente orientamento (Cass., sentenza 17 giugno 2011, n. 3289) secondo cui la difesa contro gli accertamenti da redditometro poteva essere strutturata come se le risultanze dei coefficienti fossero una presunzione semplice. Secondo tale orientamento, la capacità contributiva presunta non poteva che formarsi nel contraddittorio tra le parti.

Tra gli strumenti finalizzati a combattere l'evasione non bisogna confondere tre istituti che, nonostante l'assonanza, sono tra loro differenti:

- Il **Redditometro** (di cui sin qui si è detto) è lo strumento attraverso il quale il Fisco può stimare il reddito presunto di un contribuente, sulla base delle spese che quest'ultimo ha effettuato, grazie ad una serie di indici fissati a priori, e successivamente convocarlo, per chiedergli di giustificare lo scostamento tra spese effettuate e reddito dichiarato.
- Lo **spesometro** che ha lo scopo di controllare i pagamenti che superano una certa soglia. Tutti i soggetti con partita Iva (imprese, professionisti, esercizi commerciali) sono obbligati a comunicare via internet, all'Agenzia delle Entrate, qualsiasi incasso di pari o superiore a un certo importo. Lo spesometro era stato introdotto con il D.L. n. 193/2016, per contrastare l'evasione

fiscale nell'ambito dell'imposta sul valore aggiunto (Iva), ed è stato abolito con il c.d. "decreto dignità" (d.l. 87/2018) dal 1° gennaio 2019. Lo spesometro, infatti, con l'avvento della fatturazione elettronica è stato soppiantato dall'obbligo di comunicazioni "Dati Fatture emesse e ricevute" (art. 4 D.L. n. 193/2016); detto obbligo talvolta viene chiamato "nuovo spesometro".

- Il **riccometro** (o, anche più comunemente, **Isee**) che è un indicatore della situazione economica equivalente. È uno strumento che permette di misurare la condizione economica delle famiglie, col fine di determinare chi ha effettivamente diritto a prestazioni sociali agevolate, esenzioni e agevolazioni tariffarie in vari ambiti. Oltre al reddito complessivo della famiglia, tiene conto anche di altri elementi, come le proprietà mobiliari e immobiliari e i depositi bancari.

8. L'ACCERTAMENTO PARZIALE E L'ACCERTAMENTO INTEGRATIVO.

L'**accertamento parziale** (art. 41-*bis*, D.P.R. n. 600/1973) e **l'accertamento integrativo** (art. 43, ultimo comma, D.P.R. n. 600/1973) costituiscono delle **deroghe alla regola generale**, in quanto quest'ultima si basa sull'unità e globalità dell'avviso di accertamento.
L'Amministrazione finanziaria, pertanto, **non può emettere un primo avviso**, **servendosi solo di una parte dei dati acquisiti**, per poi emetterne altri sulla base di dati già acquisiti o sulla base di una valutazione diversa dei dati già utilizzati con il primo avviso.
L'accertamento parziale si distingue per il fatto di basarsi, anziché su un'istruttoria svolta dall'ufficio, su segnalazioni provenienti da determinati soggetti "esterni" ad esso: Guardia di Finanza, altre Pubbliche Amministrazioni, Anagrafe Tributaria. In linea generale, si tratta di accertamenti che non richiedono elaborazioni complesse, come quelli induttivi e sintetici.

Sulla base di tali segnalazioni, l'Amministrazione finanziaria può **rettificare** la dichiarazione indicata dal contribuente; tale tipo di accertamento **non preclude la possibilità di eseguire ulteriori accertamenti** nei confronti dello stesso contribuente.

Va osservato che la *ratio* dell'accertamento parziale e la differenza di esso da quello ordinario sono diventate più difficili da cogliere in quanto, negli ultimi anni, si è accentuata la "parzialità" dell'attività di imposizione in generale ed ampliato l'ambito in cui l'Ufficio può scegliere tra l'uno e l'altro. In particolare, alcune disposizioni hanno esteso l'applicazione dell'accertamento parziale ad ipotesi caratterizzate non dalla "parzialità" o dalla provenienza di segnalazioni dall'esterno ma solo dall' "automatismo" inteso come immediatezza di determinazione senza bisogno di indagini approfondite.

L'**accertamento integrativo** può essere esperito solo **a condizione** che siano **sopravvenuti nuovi elementi**, **relativi al periodo di imposta accertato in precedenza,** i quali non erano conosciuti o conoscibili dall'Amministrazione finanziaria al momento dell'emissione del precedente avviso di accertamento.

Detto accertamento è esperibile solo ai fini delle **imposte sul reddito** (art. 43, ultimo comma, d.P.R. n. 600/1973) **e dell'IVA** (art. 57, comma 4, d.P.R. n. 633/1972).

Secondo una certa dottrina (FALSITTA), con la pronuncia n. 4272 del 23 febbraio 2010, la Cassazione avrebbe reso inoperante il divieto di accertamenti integrativi e modificativi in difetto del presupposto della sopravvenuta conoscenza di nuovi elementi con la sola accortezza di accompagnare l'emanazione del secondo accertamento (recante l'incremento della pretesa impositiva) con il contestuale annullamento dell'accertamento originario.

9. L'ACCERTAMENTO D'UFFICIO.

L'**accertamento d'ufficio** presuppone l'**omissione** o la **nullità della dichiarazione**, ai fini delle **imposte sul reddito** (art. 41 d.P.R. n. 600/1973) **e dell'IVA** (art. 55 d.P.R. n. 633/1972).

Con tale metodo di accertamento, l'Amministrazione finanziaria **determina l'imponibile e l'imposta sostituendosi totalmente al contribuente inadempiente** (FALSITTA), ma l'uso di tali facoltà non

deve essere arbitrario e deve comunque trovare **giustificazione nel caso concreto** (TESAURO).
Nel caso di omessa dichiarazione, in tema di accertamento delle imposte sui redditi, con l'accertamento d'ufficio l'Amministrazione finanziaria ha **il potere- dovere** di ricorrere a **presunzioni anche prive dei requisiti di gravità, precisione e concordanza**, basandosi solo su dati e notizie comunque raccolte o venuti a sua conoscenza.
Da ciò ne consegue che **l'accertamento,** per definizione **induttivo, potrà essere,** a seconda delle scelte dell'Ufficio impositore – e con riferimento ai dati utilizzabili – **analitico o sintetico**, giacché l'esistenza del potere di accertamento non è condizionata dal metodo che verrà adottato, dovendosi rilevare che **quel potere sussiste in astratto** in modo indipendente dal come, di fatto, verrà esercitato, a seconda della particolarità del caso concreto.

10. L'ACCERTAMENTO CON ADESIONE.

L'**accertamento con adesione** è un procedimento mediante il quale si addiviene ad **un atto di accertamento formato al termine di un contradditorio** tra il contribuente e l'Amministrazione finanziaria e consta di un provvedimento della predetta Amministrazione **sottoscritto, per adesione, dal contribuente.**
L'accertamento con adesione consente al contribuente di definire le imposte dovute ed evitare, in tal modo, l'insorgere di una lite tributaria.
Si tratta, sostanzialmente, di un "accordo" tra contribuente e ufficio che può essere raggiunto sia prima dell'emissione di un avviso di accertamento, che dopo, sempre che il contribuente non presenti ricorso davanti al giudice tributario. Dalla data di presentazione della domanda di accertamento con adesione **i termini restano sospesi per un periodo di 90 giorni**, sia per un eventuale ricorso, sia per il pagamento delle imposte accertate. Anche l'iscrizione a ruolo a titolo provvisorio delle imposte accertate dall'ufficio è effettuata, ricorrendone i presupposti, dopo la scadenza del termine di sospensione. Al termine di questo arco di tempo il contribuente se non ha raggiunto l'accordo con l'Amministrazione può impugnare l'atto ricevuto dinanzi alla Commissione tributaria provinciale.
La procedura dell'accertamento con adesione riguarda **sia le imposte**

dirette che indirette; può essere **attivata tanto dal contribuente quanto dall'ufficio dell'Agenzia delle Entrate** nella cui circoscrizione territoriale il contribuente ha il domicilio fiscale.
Il raggiungimento o meno dell'accordo avviene in contraddittorio e può richiedere più incontri successivi, per la partecipazione ai quali il contribuente può farsi rappresentare o assistere da un procuratore.
Se le parti raggiungono un accordo, i contenuti dello stesso vengono riportati su un atto di adesione che va sottoscritto da entrambe le parti.
L'intera procedura si perfeziona soltanto con il pagamento delle somme risultanti dall'accordo stesso. Solo così, infatti, si può ritenere definito il rapporto tributario.
Se non si raggiunge un accordo, il contribuente può sempre presentare ricorso al giudice tributario contro l'atto già emesso (o che sarà in seguito emesso) dall'ufficio.
L'accertamento con adesione deve essere **motivato** e deve contenere la **liquidazione delle imposte e degli altri importi dovuti**; tale accertamento non è notificato al contribuente, come l'accertamento ordinario, in quanto è un atto dell'ufficio sottoscritto, per adesione, dal contribuente.
Si tratta di un accertamento che nasce **definitivo**, ovvero **vincola sia l'Amministrazione finanziaria**, che non può modificarlo, **sia il contribuente** che non può proporre ricorso (da qui la definizione di **strumento "deflattivo"** del contenzioso tributario).
Vi sono, però, dei **casi tassativi** in cui l'accertamento con adesione - relativo alle imposte sui redditi o all'IVA - può essere **integrato con un successivo accertamento**:

- **sopravvenienza di nuovi elementi**;
- **accertamenti parziali**;
- **redditi derivanti da partecipazione** nelle società di persone, o da associazioni, o da aziende coniugali non gestite in forma societaria;
- **se l'azione accertatrice è esercitata nei confronti della società o della associazione o dell'azienda coniugale, alle quali partecipa il contribuente nei cui riguardi è intervenuta la definizione.**

Il contribuente ha, con tale accertamento, il **beneficio di riduzione della**

sanzione amministrativa ad 1/3 del minimo ex art. 2, d. lgs. n. 218/1997.

In caso di mancato accordo tra il contribuente e l'Amministrazione finanziaria, il procedimento si conclude con **l'emanazione di un mero avviso di accertamento.** In dottrina si distinguono diversi orientamenti sulla **natura giuridica del concordato:**

- una parte **minoritaria** della dottrina (LUPI) ricorrendo a **concetti privatistici,** ravvisa nel concordato un **contratto:** in particolare una **transazione,** in ragione dell'accordo tra contribuente ed Amministrazione finanziaria;
- la dottrina **maggioritaria** (AMATUCCI, FALSITTA) attribuisce all'adesione la natura di **atto unilaterale di accertamento,** espresso in un documento che prevede anche la sottoscrizione del contribuente. Secondo tale orientamento, l'accertamento con adesione **ha la sostanza di un normale accertamento, salvo la circostanza dell'adesione del contribuente;**
- altri autorevoli autori (TESAURO) non aderiscono né alla natura privatistica né alla natura unilaterale dell'atto di accertamento. In particolare, si ritiene che l'adesione in questione sia una forma di esercizio del **potere impositivo;** la formalizzazione dell'accordo non avviene in forme privatistiche, ma con un provvedimento impositivo, accettato dal contribuente.

QUESTIONARIO

1. Qual è la differenza tra attività di accertamento e attività di liquidazione dell'Amministrazione finanziaria? (**VIII., sez. I, 1**)
2. Quali sono le metodologie di controllo? (automatico, formale e sostanziale) (**VIII., sez. I, 1**)
3. Cosa s'intende per controllo automatico di liquidazione? (**VIII., sez. I, 2**)
4. Cos'è il controllo formale? (**VIII., sez. I, 3**)
5. Qual è la funzione dell'accertamento analitico? (**VIII., sez. I, 5**)
6. Quali sono i presupposti per l'attivazione di un controllo analitico-contabile? (**VIII., sez. I, 5.1**)
7. Il controllo analitico extracontabile. Quando l'Amministrazione può attivare questa tipologia di controllo? (**VIII., sez. I, 5.2**)

8. Costituisce un vizio di legittimità dell'avviso di accertamento l'aver scelto di esperire un controllo induttivo contabile anziché quello extracontabile o viceversa? (**VIII., sez. I, 5.2**)

9. Il controllo sintetico (**VIII., sez. I, 6**)

10. Cosa è il redditometro? Cosa si intende per inversione dell'onere della prova nell'ambito del controllo c.d. sintetico? (**VIII., sez. I, 6**)

11. Cosa sono gli ISA? (**VIII., sez. I, 7**)

12. Cosa s'intende per accertamento mediante studi di settore? Cosa sono la congruità e la coerenza? (**VIII., sez. I, 7.1**)

13. L'accertamento parziale e l'accertamento integrativo. (**VIII., sez. I, 8**)

14. L'accertamento d'ufficio. (**VIII., sez. I, 9**)

15. Cosa s'intende per accertamento con adesione e quando può essere richiesto? È possibile modificare l'accordo? Ha effetti penali? (**VIII., sez. I, 10**)

16. Quali sono i benefici dell'accertamento con adesione o concordato? (**VIII., sez. I, 10**)

SCHEDA DI SINTESI

L'attività di accertamento dell'Amministrazione finanziaria si esplica in una serie di controlli sulle dichiarazioni dei redditi e su altri atti a valenza tributaria. Le dichiarazioni presentate dai contribuenti possono essere oggetto di un triplice intervento di controllo: controllo automatizzato, controllo formale o documentale, controllo sostanziale o di merito (nelle modalità di accertamento analitico, induttivo e sintetico).

Attraverso il controllo automatico di liquidazione l'Amministrazione finanziaria verifica (mediante procedure informatiche automatizzate) il contenuto di tutte le dichiarazioni trasmesse dal contribuente e ne correla le risultanze creditorie e debitorie da questi emergenti con i versamenti effettuati.

Con riferimento ai metodi di accertamento sostanziale o di merito si distingue tra accertamento analitico ed accertamento sintetico: il primo costituisce la regola mentre il secondo -applicabile, solo alle persone fisiche- l'eccezione, in quanto basato non su dati precisi ma su presunzioni.

Per i contribuenti obbligati a tenere le scritture contabili, l'accertamento analitico-contabile rappresenta la regola, mentre l'accertamento

analitico-extracontabile è l'eccezione.
Un'ulteriore distinzione è operata tra accertamento deduttivo ed accertamento induttivo: il primo è fondato su prove dirette, mentre il secondo è fondato su presunzioni semplici (gravi, precise e concordanti).
Gli Indici Sintetici di Affidabilità fiscale (c.d. Isa) sostituiscono gli studi di settore e i parametri: mentre gli studi di settore -in un'ottica "accertativa" del reddito- erano finalizzati a stabilire se un contribuente era o non era "congruo", gli Isa perseguono la finalità di attribuire al contribuente un punteggio di affidabilità fiscale.

TI RICORDI

L'attività di controllo del corretto adempimento degli obblighi fiscali dei contribuenti rientra tra i compiti istituzionali affidati all'Agenzia delle Entrate ed è finalizzata a contrastare i fenomeni evasivi ed elusivi, nonché a favorire l'adempimento spontaneo del contribuente. In altri termini, l'Agenzia delle Entrate ha il compito di perseguire il massimo livello di adesione agli obblighi fiscali (c.d. *tax compliance*).

SEZIONE II - I poteri istruttori funzionali ai controlli

SOMMARIO:

1. PREMESSA.

Come si è visto nella sezione precedente, per verificare il regolare adempimento degli obblighi tributari, l'Agenzia delle Entrate adotta diverse metodologie di controllo.
L'attività di accertamento, tra l'altro, può prendere le mosse dall'acquisizione di elementi presso il contribuente (verifiche, ispezioni, accessi, richieste di documenti, questionari, ecc.) oppure da elementi in possesso dell'Agenzia delle Entrate (dichiarazioni, atti registrati, comunicazioni varie). In quest'ottica, la dottrina (AMATUCCI) suole distinguere **tre tipologie** di poteri istruttori esercitabili dall'Amministrazione finanziaria:

a. **poteri istruttori esterni** che si concretizzano in un intervento presso il luogo in cui si svolge l'attività del contribuente;
b. **poteri istruttori** operati per iscritto **"a distanza"** nei confronti del soggetto controllato;
c. **poteri istruttori nei confronti di terzi.**

Di rilevante importanza è la **cd. anagrafe tributaria:** banca dati utilizzata dall'Amministrazione finanziaria per la raccolta e l'elaborazione dei dati relativi alla fiscalità dei contribuenti, identificati mediante il loro **codice fiscale** rilasciato su richiesta del contribuente o d'ufficio. In maggior dettaglio, i soggetti dotati di codice fiscale sono iscritti all'anagrafe tributaria (istituita con il d.P.R. 29 settembre 1973 n. 605), ovvero la **banca dati** utilizzata per la raccolta e l'elaborazione dei dati relativi alla fiscalità dei contribuenti italiani. Ai sensi dell'art. 1 del

d.P.R. cit. "l'anagrafe tributaria raccoglie e ordina su scala nazionale i dati e le notizie risultanti dalle dichiarazioni e dalle denunce presentate agli uffici dell'amministrazione finanziaria e dai relativi accertamenti, nonché i dati e le notizie che possono comunque assumere rilevanza ai fini tributari". Inoltre, "i dati e le notizie raccolti sono comunicati agli organi dipendenti dal Ministro per le finanze preposti agli accertamenti ed ai controlli relativi all'applicazione dei tributi ed, in particolare, ai fini della valutazione della complessiva capacità contributiva e degli adempimenti conseguenziali di rettifica delle dichiarazioni e di accertamento, all'ufficio distrettuale delle imposte nella cui circoscrizione il soggetto ha il domicilio fiscale".
Il codice fiscale deve essere indicato in una seri di atti indicati dall'art. 6 del d.P.R. n. 605/73 come, ad esempio, contratti di appalto pubblici, atti di concessioni, autorizzazioni e licenze, iscrizioni, variazioni e cancellazioni negli albi, registri ed elenchi tenuti dagli ordini professionali, dati relativi agli esercenti di aeromobili, dati relativi alle iscrizioni di aeromobili ed alla loro proprietà, dati relativi alle iscrizioni di natanti ed alla loro proprietà. L'onere di comunicare, anche in via telematica, detti atti all'Anagrafe tributaria incombe sul soggetto di volta in volta è indicato dal legislatore a seconda della tipologia di atto (ad esempio, il soggetto pubblico che ha affidato l'appalto o l'ordine professionale in cui è avvenuta l'iscrizione).
Inoltre, entro il 31 marzo 2016, le banche, le poste e gli operatori finanziari si sono dovuti adeguare all'obbligo di comunicare all'Anagrafe tributaria i movimenti bancari, nonché i saldi mensili e annuali relativi ai rapporti finanziari in esser con ciascun operatore.

L'attività istruttoria, normalmente, si articola in due fasi:

1. una prima fase in cui l'Amministrazione compie un mero **riscontro documentale e cartolare delle dichiarazioni rese** dai contribuenti per verificare che il contribuente non abbia violato la normativa tributaria. Detta fase, si sostanzia nella metodologia del controllo automatico di liquidazione o del controllo formale vero e proprio di cui si è già detto;
2. una seconda fase in cui l'Amministrazione finanziaria, mediante **specifici poteri d'indagine** rivolti ad un numero ristretto di contribuenti, verifica che gli stessi abbiano correttamente e fedelmente rappresentato, in fatto e in diritto, il contenuto del

proprio debito tributario (detti poteri istruttori si attivano in presenza della metodologia di controllo sostanziale).

L'emanazione dell'**avviso di accertamento**, con cui si chiude l'attività di *controllo sostanziale* quando si riscontra l'esistenza di un debito tributario, è una prerogativa dell'Amministrazione finanziaria, mentre l'attività investigativa può essere demandata anche ad altri organi come, ad esempio, la Guardia di finanza. Nella prassi, quest'ultima ipotesi è molto frequente tanto che l'Amministrazione si limita a recepire i risultati dell'attività investigativa della Guardia di finanza riportando negli avvisi di accertamento i "rilievi" contenuti nei "**processi verbali di constatazione**" (c.d. p.v.c.) (TESAURO).
Gli avvisi di accertamento sono atti impositivi impugnabili innanzi alle Commissioni tributarie (mentre i processi verbali di constatazione, anche se sovente riportati integralmente nei successivi avvisi di accertamento, non sono autonomamente impugnabili).

2. I POTERI DI INDAGINI ESERCITABILI NELL'AMBITO DEL CONTROLLO SOSTANZIALE: ACCESSI, ISPEZIONI E VERIFICHE.

L'art. 12 dello Statuto del contribuente ("*Diritti e garanzie del contribuente sottoposto a verifiche fiscali*") contiene una sorta di decalogo dei **diritti e dei doveri dei contribuenti** che risultino oggetto di verifica *in loco* fiscale da parte degli organi dell'amministrazione finanziaria. Per il rispetto del principio del contraddittorio endoprocedimentale all'esito dell'espletamento di questa forma di indagine (comma 7, art. 12 cit.) si rinvia a quanto detto in precedenza (*Cap. VII par. 1.1.3)*.
La premessa fondamentale è che ogni accesso, ispezione o verifica fiscale all'interno dei locali destinati all'attività oggetto di controllo deve essere necessariamente giustificato da *effettive esigenze di indagine sul luogo*, trattandosi di atti estremamente intrusivi della *privacy* del contribuente.
Le verifiche *in loco* consistono in quella specifica attività mediante la quale l'organo accertatore si porta materialmente (e vi si sofferma) nei luoghi ove sia possibile reperire, mediante ispezioni documentali, verifiche e ricerche, dati attinenti all'attività da verificare, senza –

ovvero, contro - la volontà del contribuente (che ne ha la disponibilità).
Le verifiche *in loco* devono essere eseguite durante l'orario ordinario di esercizio dell'attività (salvo situazioni eccezionali ed urgenti da motivarsi adeguatamente) e con modalità idonee ad arrecare la minor turbativa possibile allo svolgimento dell'attività stessa, nonché alle relazioni commerciali e professionali. Per le modalità delle verifiche si rimanda all'art. 52 del d.P.R. n. 633 /1972 in materia di IVA e all'art. 33 del d.P.R. n. 600 /1973 in materia di imposte dirette.
Di estrema importanza è, poi, il diritto del contribuente all'informazione, nel senso che all'atto dell'accesso lo stesso deve essere informato delle ragioni che abbiano giustificato l'intervento (da intendersi come "stimolo" dell'attività ispettiva) nonché l'oggetto del controllo. Nel contempo, è previsto l'obbligo in capo ai verificatori di informare, sempre all'atto dell'accesso, il contribuente di tutti i diritti esercitabili e dei doveri previsti in capo al medesimo.
L'attività di **verifica fiscale *in loco***, dunque, si traduce in una serie di operazioni che iniziano con **l'accesso,** si snodano attraverso **ispezioni** e **verificazioni** e si concludono con la predisposizione di un **processo verbale di constatazione.**

A) L'accesso.

Il **potere di accesso** intestato agli uffici finanziari si sostanzia nell'ingresso e nella permanenza degli impiegati dell'Amministrazione finanziaria presso la sede del contribuente, anche contro la volontà dell'avente diritto.
La permanenza degli operatori finanziari presso la sede del contribuente non può superare i **30 giorni lavorativi, prorogabili per ulteriori 30 giorni** nei casi di particolare complessità dell'indagine individuati e motivati dal Dirigente dell'ufficio (art. 12, comma 5, L. n. 212/2000).
L'accesso deve essere **autorizzato capo dell'ufficio o dal Comandante di zona** al fine di non violare diritti di rilevanza costituzionale: quali il diritto alla libertà individuale, al domicilio e più in generale alla riservatezza; per tali motivi l'autorizzazione deve, **obbligatoriamente, contenere i motivi dell'accesso.** Il provvedimento di autorizzazione all'accesso può essere impugnato innanzi al Giudice amministrativo.
Per **l'accesso presso le abitazioni private,** tali motivazioni dovranno essere particolarmente incisive e l'autorizzazione, in tale ipotesi, dovrà

essere rilasciata, oltre che dal capo dell'ufficio o dal Comandante di zona, anche dal **Procuratore della Repubblica**, così come in caso di perquisizioni personali e all'apertura coattiva di plichi sigillati, borse, casseforti, mobili, ripostigli e simili.
L'autorizzazione del Procuratore della Repubblica è un atto amministrativo discrezionale: deve essere motivato ed è sindacabile dal giudice tributario sia sotto il profilo dell'adeguatezza della motivazione, sia sotto il profilo della correttezza in diritto della valutazione fatta circa gravi indizi di evasione. Per tali ordini di motivi, essa non può mai essere concessa sulla base di notizie anonime e se è illegittima, le prove reperite mediante l'autorizzazione, non potranno essere utilizzate (AMATUCCI, TESAURO).
La Corte di cassazione (sent. 16 ottobre 2009, n. 21974) ha asserito in tema di motivazione delle autorizzazioni per gli accessi fiscali che «le autorizzazioni illegittime per mancanza o carente motivazione sui gravi indizi di violazione delle norme tributarie determinano l'inutilizzabilità degli atti acquisiti in sede di accesso ex art. 52, d.P.R. n. 633 del 1972» e, più recentemente, ha affermato che «il giudice tributario, in sede di impugnazione dell'atto impositivo basato su libri, registri, documenti ed altre prove reperite mediante accesso domiciliare autorizzato dal procuratore della Repubblica, ai sensi dell'art. 52 del d.P.R. 26 ottobre 1972, n. 633 (...), ha il dovere (...), oltre che di verificare la presenza di una motivazione sulla sussistenza di gravi indizi del verificarsi dell'illecito fiscale, anche di controllare la correttezza di tale apprezzamento. Ne consegue che lo stesso, quando nel processo tributario non sia prodotta dall'Amministrazione la richiesta di accesso degli organi accertatori cui sia stata correlata l'autorizzazione del P.M., può legittimamente ritenere impedita la verifica della effettiva esistenza dei gravi indizi necessari per rilasciare l'autorizzazione, in conformità con la disposizione di cui all'art. 2697 cod. civ.» (Cass., 19 ottobre 2012, n. 17957).

B) L'ispezione.

Una volta effettuato l'accesso l'Amministrazione finanziaria esercita il potere di ispezione: esso consiste in un **esame della documentazione contabile** in possesso del soggetto sottoposto a verifica, compresi i documenti la cui tenuta e conservazione non è obbligatoria.

C) La verifica: il processo verbale di costatazione (c.d. p.v.c.).

In terzo luogo, all'Amministrazione finanziaria spetta il potere di verifica: esso consiste in **una forma specifica di controllo**, rivolta ad esaminare la completezza, esattezza e veridicità della contabilità, sulla base di fatture ed altri documenti, anche in possesso di terzi (**cd. controllo incrociato**).

Dal potere di verifica si distingue la **verificazione**, che consiste in un controllo nei confronti del personale, degli impianti e delle merci al fine di **verificare l'attendibilità della contabilità**.

Di ogni accesso l'Amministrazione finanziaria ha l'obbligo di redigere un ***processo verbale di verifica,*** il quale **contiene** la descrizione, cronologica ed analitica, delle operazioni ispettive (accesso, ispezioni, verifiche), nonché le richieste fatte al contribuente e le risposte ricevute. Tale verbale deve essere **sottoscritto dal contribuente** e gli deve essere consegnata una copia.

L'attività di verifica fiscale si conclude con la predisposizione di un *processo verbale di constatazione*: tale verbale **sintetizza i dati rilevanti del controllo**. Dunque, in caso di verifica fiscale presso la sede del contribuente, l'attività di controllo svolta dagli uffici dell'Agenzia o dalla Guardia di finanza si conclude con la consegna di un processo verbale di constatazione (**p.v.c.**) in cui sono indicate le eventuali violazioni rilevate e i relativi addebiti. Dunque, in caso di verifica fiscale presso la sede del contribuente, l'attività di controllo svolta dagli uffici dell'Agenzia o dalla Guardia di finanza si conclude con la consegna di un processo verbale di constatazione (pvc) in cui sono indicate le eventuali violazioni rilevate e i relativi addebiti.

Il processo verbale di constatazione è un atto **non impugnabile autonomamente**, il contribuente deve attendere la notifica dell'avviso di accertamento per poter adire la commissione tributaria.

I verbalizzanti del **processo verbale di constatazione** rivestono la qualifica di **pubblici ufficiali** e, dunque, il processo verbale da loro redatto assume la valenza di **atto pubblico**.

Sulla natura del processo verbale di constatazione (c.d. p.v.c.), la Corte di cassazione (sent. 19 giugno 2009, n. 14328 e sent. 28 gennaio 2010, n. 1818) ha affermato che esso ha natura di atto pubblico, anche rispetto a quegli atti richiamati esplicitamente nel medesimo processo verbale che, a loro volta, siano stati posti in essere da pubblici ufficiali. Ne

deriva che qualora l'interessato voglia contestare la veridicità dell'atto richiamato nel processo verbale dovrà necessariamente proporre querela di falso.
Inoltre, «il processo verbale di constatazione redatto dalla Guardia di Finanza, in quanto atto amministrativo extraprocessuale costituisce prova documentale anche nei confronti di soggetti non destinatari della verifica fiscale; tuttavia, qualora emergano indizi di reato, occorre procedere secondo le modalità previste dall'art. 220 disp. att., giacché altrimenti la parte del documento redatta successivamente a detta emersione non può assumere efficacia probatoria e, quindi, non è utilizzabile» (Cass., sent. 15 luglio 2011, n. 28053).
Dopo il rilascio della copia del processo verbale di chiusura delle operazioni da parte degli organi preposti, il contribuente può comunicare **entro 60 giorni osservazioni e richieste agli uffici impositori.**
Come detto nel *precedente cap. VII par. 1.1.3.*, le modalità e i tempi con i quali l'Amministrazione finanziaria adempie questi obblighi nei confronti del contribuente si sostanziano nel rispetto del principio del **contraddittorio endoprocedimentale.** Ci si limita a ricordare in questa sede che la violazione del richiamato principio è sanzionata dal legislatore con la **nullità** dell'accertamento.

2.1. LE INDAGINI BANCARIE.

Le disposizioni di legge, sostanzialmente identiche, che legittimano gli accertamenti bancari sono contenute nei corpi normativi per le imposte sui redditi (art. 32 del d.P.R. 600/73) e per l'IVA (art. 51 del d.P.R. 633/72).
Ai fini dell'accertamento dei redditi del contribuente, l'Agenzia delle Entrate (previa autorizzazione del direttore centrale dell'accertamento dell'Agenzia delle entrate o del direttore regionale della stessa) e la Guardia di finanza (previa autorizzazione del comandante regionale) possono svolgere **indagini bancarie senza il limite imposto dal segreto bancario:** non sono, in tal caso, applicabili le garanzie proprie dei diritti di libertà personale in quanto, alla base del segreto bancario, non vi sono valori della persona umana da tutelare (Corte cost., sentenza 3 febbraio 1992, n. 51).
In materia di imposte dirette e IVA, l'autorizzazione ad effettuare indagini bancarie può essere giustificata dalla finalità di mero controllo delle

dichiarazioni e dei versamenti d'imposta; quindi, di fatto, l'autorizzazione non necessita di alcuna motivazione. In questo senso, la Cassazione ha affermato che la mancata esibizione dell'autorizzazione al contribuente sottoposto ad accertamento «non comporta l'illegittimità dell'avviso di accertamento fondato sulle risultanze delle movimentazioni bancarie acquisite dall'Ufficio o dalla Guardia di Finanza, potendo l'illegittimità essere dichiarata soltanto nel caso in cui dette movimentazioni siano state acquisite in materiale mancanza dell'autorizzazione, e sempre che tale mancanza abbia prodotto un concreto pregiudizio per il contribuente» (Cass., 14 luglio 2017, n. 17457).

Il potere di richiesta dell'Amministrazione finanziaria è piuttosto illimitato: si può estendere a **qualsiasi documento di natura bancaria relativo a qualunque rapporto e a qualunque operazione.**

La valenza probatoria degli accertamenti bancari

La giurisprudenza di legittimità, in materia di presunzioni reddituali su movimentazioni finanziarie, ha affermato due principi di diritto.

1. Quando l'accertamento effettuato dall'Ufficio finanziario si fonda su verifiche di conti correnti bancari, l'onere probatorio dell'Amministrazione è soddisfatto attraverso i soli dati e gli elementi risultanti dai conti predetti e si determina **un'inversione dell'onere della prova, a carico del contribuente,** il quale deve dimostrare che gli elementi desumibili dalla movimentazione bancaria non sono riferibili a operazioni imponibili (Cass., sent. nn. 10578/2011, 587, 18081 e 23873 del 2010 e 7766/2008, 4589 del 2009).
2. Stante l'esistenza di una **presunzione legale,** l'Amministrazione finanziaria è dispensata dal dover dimostrare la sua pretesa e la **prova contraria** fornita dal contribuente deve essere **circostanziata** rispetto all'attività esercitata in concreto (in questo senso, Cass., sent. n. 14847/2008, Cass., sent. 11750/2008, Cass., sent. n. 13818/2007).

La normativa sulle indagini bancarie configura **una presunzione legale *iuris tantum* in favore dell'Am-**

ministrazione finanziaria (o c.d. presunzione relativa), la quale non deve fornire ulteriori elementi a supporto della pretesa tributaria (Cass. sent. 12 maggio 2008, n. 11750). Dunque, «l'onere probatorio spetta al contribuente, non al fisco e la controprova non deve essere generica ma analitica, con riferimento a tutte le movimentazioni, in entrata e in uscita, contestate».

L'Amministrazione finanziaria può invitare il contribuente a **comparire di persona o a compilare degli appositi questionari** al fine di chiedere ed ottenere ulteriori dati o notizie. La convocazione del contribuente è solo **una facoltà**, non un obbligo per gli uffici finanziari.

Se i dati rilevati dall'indagine bancaria non trovano riscontro nella contabilità, opera una **presunzione legale** *iuris tantum* **relativa** di evasione, che il contribuente può comunque superare giustificando le operazioni e i rilievi emersi in fase di verifica.

In altre parole, «qualora l'accertamento, effettuato dall'Ufficio finanziario si fondi su verifiche di conti correnti bancari, l'onere probatorio dell'Amministrazione è soddisfatto, secondo il D.P.R. n. 600 del 1973, art. 32, comma 1, n. 2), attraverso i dati e gli elementi risultanti dai conti predetti, determinandosi un'inversione dell'onere della prova, a carico del contribuente, il quale deve dimostrare, con una prova non generica, ma analitica, per ogni versamento bancario, che gli elementi desumibili, dalla movimentazione bancaria, non sono riferibili ad operazioni imponibili» (Cass., ord. 29 settembre 2020, n. 20606 che richiama le sentenze n. 4829/2015 e n. 5758/2018).

- ***I prelevamenti***

In tema di indagini bancarie, tuttavia, deve segnalarsi la pronuncia della Corte costituzionale che ha dichiarato parzialmente illegittimo **l'art. 32, comma 1, numero 2, secondo periodo, del D.P.R. n. 600/73.** In particolare, la Corte costituzionale ha affermato che detta norma è costituzionalmente illegittima, in relazione agli artt. 3 e 53 Cost., «limitatamente alle parole "o compensi", nella parte in cui ha esteso ai lavoratori autonomi l'ambito operativo della presunzione in base alla quale le somme prelevate dal conto corrente costituiscono compensi assoggettabili a tassazione, se non sono annotate nelle scritture contabili e se non sono indicati i soggetti beneficiari dei pagamenti». (Corte Cost. sent. n. 228 del 6 ottobre 2014). Secondo la Corte costituzionale, dunque, i prelievi bancari dei professionisti non equivalgono a compensi tassabili, a differenza di quanto accade per i prelievi effettuati dall'imprenditore.

Con riferimento alle operazioni di prelievo da conto corrente bancario, la richiamata sentenza della Corte costituzionale ha stabilito che la presunzione prevista dalla norma in discorso «è lesiva del principio di ragionevolezza nonché della capacità contributiva, essendo arbitrario ipotizzare che i prelievi ingiustificati da conti correnti bancari effettuati da un lavoratore autonomo siano destinati ad un investimento nell'ambito della propria attività professionale e che questo a sua volta sia produttivo di un reddito». Conseguenza di detto assunto è che, non operando la presunzione legale che determina l'inversione dell'onere della prova, non spetta al contribuente che svolge l'attività di lavoratore autonomo provare la causa giustificatrice di ciascun prelievo bancario.

La norma dichiarata costituzionalmente illegittima ha cessato di avere efficacia dal giorno successivo alla pubblicazione della sentenza (artt. 136 Cost. e 30, comma 3 della legge costituzionale n. 87 dell'11 marzo 1953); di conseguenza gli effetti della pronunzia retroagiscono e si applicano anche ai rapporti giuridici non consolidati e non coperti da decisioni passate in giudicato (Cass. Ord. 20 settembre 2020, n. 20841 che

richiama Cass., sent. n. 6926 del 07/05/2003).
In linea con la pronuncia della Corte costituzionale del 2014, dunque, la presunzione **non** opera più **per i lavoratori autonomi**, a prescindere dal relativo importo.
Successivamente all'intervento della Consulta, il Legislatore (D. L. n. 193/2016 collegato alla legge di bilancio 2017) ha novellato l'art. 32 in discorso proprio con riferimento ai **prelevamenti** (e non anche ai versamenti) **non giustificati**. La novella, infatti, ha introdotto un limite agli importi dei prelevamenti o importi riscossi che possano, in via presuntiva, essere considerati dall'Ufficio accertatore come ricavi dell'**impresa**.
La presunzione relativa ai prelevamenti per le imprese si applica per importi superiori a 1.000 euro giornalieri e, comunque, a 5.000 euro mensili. Dunque, dal 3/12/2016, la presunzione in base alla quale i prelevamenti dal conto corrente bancario non giustificati costituiscono importi non dichiarati, opera per le imprese soltanto se di importo superiore a € 1000,00 giornalieri e comunque € 5000,00 mensili.
La modifica normativa sulla presunzione riguardante i prelevamenti bancari dell'impresa ha natura sostanziale e, dunque, non opera retroattivamente (Cass. n. 19774/2020); ne consegue, che i limiti sull'entità del prelevamento che fa scattare la presunzione assumerà rilevanza, ai fini accertativi, solamente a partire dall'entrata in vigore del d.l. n. 193/2016. Una parte della giurisprudenza di merito, in realtà, sostiene che la norma abbia natura procedimentale e, quindi, sia applicabile retroattivamente.

- ***I versamenti***

I predetti limiti giornalieri e mensili sono applicabili esclusivamente ai prelievi non giustificati e non anche ai **versamenti**, per i quali rimane quindi in essere la

regola secondo cui costituiscono presunzione di reddito qualora non giustificati a prescindere dal relativo importo.
Dunque, in materia di versamenti, qualora non giustificati, opera la presunzione in base alla quale -**a prescindere dall'importo**- costituiscono reddito **sia per le imprese sia per i lavoratori autonomi**.

Soggetti sottoponibili ad accertamenti bancari: il problema dell'utilizzo, da parte dell'amministrazione finanziaria, del risultato delle indagini bancarie su conti formalmente intestati a soggetti diversi dal contribuente accertato

La giurisprudenza sul tema dei conti intestati a terzi (generalmente legati da vincoli familiari al contribuente sottoposto ad accertamento) tende ad orientarsi per la legittimità dell'operato dell'amministrazione finanziaria.
La Corte di cassazione (ord. n. 21424 del 15 settembre 2017) ha affermato che in sede di accertamento di proventi non dichiarati a carico di una società, l'Ufficio può avvalersi di dati provenienti sia dal suo conto, sia da quelli dei terzi (soci e amministratori), con la conseguenza che i versamenti eseguiti dai soci e non adeguatamente giustificati legittimano la rettifica in capo alla società. In altri termini, l'Agenzia delle entrate, in assenza di prova contraria fornita dalla **società con una ristretta compagine**, ai fini dell'attività di accertamento e rettifica nell'ambito di controlli sulle imposte dirette può avvalersi dei dati che risultano dai conti correnti bancari intestati ai soci di una società con una compagine ristretta di persone, poiché si può presumere che le movimentazioni siano da ricondurre alla stessa società.
Ne consegue che gli accertamenti bancari posti in essere dall'Ufficio per accertare eventuali maggiori redditi, non possono ritenersi limitati, con riferimento alle società di capitali, ai soli conti ascrivibili alla società, ma possono riguardare anche i conti dei **soci**, degli **amministratori**, dei **procuratori generali** allorché risulti provata dall'amministrazione finanziaria, anche tramite presunzioni, la natura fittizia dell'intestazione o, comunque, la sostanziale riferibilità all'ente dei conti medesimi o di alcuni loro singoli dati senza necessità di provare, altresì,

che tutte le movimentazioni di tali rapporti rispecchino operazioni aziendali atteso che, ai sensi dell'art. 32 del D.P.R. 600/1973 e dell'omologa norma in tema di IVA, incombe sul contribuente dimostrarne l'estraneità alla propria attività di impresa.
Corte di cassazione (ord. n. 28314 del 27 novembre 2017 che richiama Cass. Sez. V sent. n. 428/2015): «in tema di imposte sui redditi, lo **stretto rapporto familiare** e la **composizione ristretta del gruppo sociale** è sufficiente a giustificare, salva la prova contraria, la riferibilità delle operazioni riscontrate sui conti correnti bancari di tali soggetti all'attività economica della società sottoposta a verifica, sicché in assenza di prova di attività economiche svolte dagli intestatari dei conti, idonee a giustificare i versamenti e i prelievi riscontrati, ed in presenza di un contestuale rapporto di collaborazione con la società, deve ritenersi soddisfatta la prova presuntiva a sostegno della pretesa fiscale, con spostamento dell'onere della prova contraria sul contribuente. (Nella specie, la S.C. ha enunciato il principio con riferimento a conti bancari intestati ad amministratori, legati da evidenti rapporti di parentela, e nessuno degli intestatari svolgeva attività economica idonea a giustificare simili importi reddituali)».

2.2. LA COLLABORAZIONE OBBLIGATORIA DEL CONTRIBUENTE.

Nel corso dell'attività istruttoria, il contribuente ha l'**obbligo di ottemperare agli inviti e alle richieste** dell'Amministrazione finanziaria, in ragione del **principio di cooperazione** tra amministrazione e contribuente.
Il **comportamento reticente e poco collaborativo del contribuente** - ovvero l'inottemperanza alle richieste dell'Amministrazione finanziaria - è sanzionato dall'ordinamento sia con una **sanzione amministrativa** (da 258 euro a 2.065 euro) sia **pregiudicando il successivo diritto di difesa del contribuente**, in quanto le notizie e i dati non addotti e gli atti, i documenti, i libri e i registri non trasmessi in risposta agli inviti

dell'ufficio non possono essere presi in considerazione a favore del contribuente, in sede amministrativa e contenziosa (art. 32, comma 4, d.P.R. n. 600/1973). L'art. 6, comma 3, del d.lgs. 24 settembre 2015, n. 156 ha precisato che la disposizione in commento non si applica «a dati, notizie, atti, registri o documenti richiesti dall'amministrazione nel corso dell'istruttoria delle istanze di interpello».

Il contribuente ha l'obbligo di ottemperare alle richieste dell'Amministrazione finanziaria, mentre quest'ultima ha la **facoltà e non l'obbligo di interpellare il contribuente** inviandogli questionari o invitandolo a comparire di persona. **Solo in taluni casi** per l'Amministrazione vi è **l'obbligo di interpellare il contribuente prima di procedere ad accertamenti.**

Come anticipato al *cap. VII (par. 1.1.2)*, la norma sui c.d. questionari in materia di accertamenti delle imposte sui redditi, è stata individuata come espressione del principio di collaborazione, inteso sia come fonte di "diritti" ma anche come fonte di "doveri" per il contribuente.

L'art. 32 del d.P.R. 600/1973, al **punto n. 4** del primo comma, stabilisce che gli Uffici possono «inviare ai contribuenti questionari relativi a dati e notizie di carattere specifico rilevanti ai fini dell'accertamento nei loro confronti nonché nei confronti di altri contribuenti con i quali abbiano intrattenuto rapporti, con invito a restituirli compilati e firmati». Il successivo comma 3, tuttavia, stabilisce che «Le notizie ed i dati non addotti e gli atti, i documenti, i libri ed i registri non esibiti o non trasmessi in risposta agli inviti dell'ufficio non possono essere presi in considerazione a favore del contribuente, ai fini dell'accertamento in sede amministrativa e contenziosa. Di ciò l'ufficio deve informare il contribuente contestualmente alla richiesta».

Sulle cause di inutilizzabilità, infine, il quarto comma dell'art. 32 cit. recita che esse «non operano nei confronti del contribuente che depositi in allegato all'atto introduttivo del giudizio di primo grado in sede contenziosa le notizie, i dati, i documenti, i libri e i registri, dichiarando comunque contestualmente di non aver potuto adempiere alle richieste degli uffici per causa a lui non imputabile».

Il tenore letterale della norma è quindi chiaro nell'affermare l'inutilizzabilità (sia in sede di accertamento procedimentale sia nella successiva ed eventuale fase processuale) della documentazione non prodotta nel termine fissato dall'Ufficio; termine che nel caso dei "questionari" non può essere inferiore a quindici giorni. Detto termine, tuttavia, «può essere prorogato per un periodo di venti giorni su istanza dell'operatore finanziario, per giustificati motivi, dal competente direttore centrale o direttore regionale per l'Agenzia delle entrate, ovvero, per il Corpo della guardia di finanza, dal comandante regionale».

La Cassazione (sent. n. 28049 del 2009) ha affermato che la norma che prevede l'invio dei c.d. questionari, così come quella che prevede la comparizione personale del contribuente (art. 32, comma 1, n. 2), si prefigge «il meritorio scopo (...) di favorire il dialogo e l'intesa tra fisco e cittadino - rapporti che debbono essere necessariamente improntati a lealtà, correttezza e collaborazione, in quanto siano in gioco obblighi di solidarietà come quello in materia tributaria (C. cost., sent. n. 351/2000) - e di evitare, per quanto possibile, il ricorso a procedure contenziose».

L'Amministrazione finanziaria ha il dovere di informare il contribuente sulle conseguenze del mancato invio dei questionari richiesti. Infatti, in ragione del "canone di lealtà" che trova fondamento negli artt. 6 e 10 dello Statuto dei diritti
del contribuente, l'omissione dell'avvertimento - prescritto dalla norma a carico dell'Ufficio - in ordine alle conseguenze derivanti al contribuente dalla mancata risposta al questionario, e cioè l'inutilizzabilità in sede amministrativa e contenziosa di dati e notizie non addotti, comporta l'inoperatività di tale preclusione (Cass. n. 453 del 2013).

Il principio di collaborazione, ad ogni modo, è fonte non solo di "diritti" ma anche di "doveri" per il contribuente.

Infatti, la documentazione non prodotta in risposta al questionario è inutilizzabile in quanto come «l'invio, da parte dell'Amministrazione finanziaria, del questionario previsto, in sede di accertamento fiscale, dall'art. 32, quarto comma, del d.P.R. 29 settembre 1973, n. 600, per fornire dati, notizie e chiarimenti, assolve, infatti, alla funzione di assicurare - giusta i canoni di lealtà, correttezza e collaborazione propri degli obblighi di solidarietà della materia tributaria - un dialogo preventivo tra Fisco e contribuente per favorire la definizione delle reciproche posizioni onde evitare l'instaurazione del contenzioso giudiziario. Ne consegue che l'omessa o intempestiva risposta è legittimamente sanzionata con la preclusione amministrativa e processuale di allegazione di dati e documenti non forniti nella sede precontenziosa» (*ex plurimis* Cass., 14 aprile 2014, n. 10489).

2.3. LA COLLABORAZIONE DEI COMUNI.

L'artt. 44 del d.P.R. n. 600/73 istituzionalizzano **la partecipazione dei comuni all'accertamento sintetico dei redditi delle persone fisiche.**
Il Comune partecipa all'attività di accertamento fiscale nell'ambito dell'ordinario contesto operativo di svolgimento delle proprie attività istituzionali, **trasmettendo all'Agenzia delle Entrate informazioni utilizzabili ai fini dell'accertamento dei tributi statali**.
In sostanza, gli enti locali, attraverso il loro coinvolgimento partecipato, possono realizzare l'ampliamento dell'azione di contrasto all'evasione fiscale trasmettendo all'Agenzia delle Entrate o alla Guardia di finanza apposite **"segnalazioni qualificate",** che riguardano non solo **dati anagrafici,** ma anche **atti e negozi sospetti** relativi ai soggetti che evidenziano, senza ulteriori elaborazioni logiche, comportamenti evasivi ed elusivi.
Per uniformare e diffondere il processo di partecipazione di Comuni all'accertamento dei tributi statali è stato stipulato protocollo di intesa nazionale tra l'Agenzia delle Entrate, Guardia di Finanza, ANCI e IFEL.

QUESTIONARIO

1. Quali sono i poteri di indagine esercitabili dall'Amministrazione finanziaria? (**VIII., sez. II, 1**)
2. L'anagrafe tributaria. (**VIII., sez. II, 1**)
3. Le modalità di accesso nell'abitazione del contribuente sono soggette a vincoli particolari? (**VIII., sez. II, 2**)
4. Qual è la natura del processo verbale di constatazione? (**VIII., sez. II, 2**)
5. Nei confronti di quali soggetti possono essere fatte le indagini bancarie? (**VIII., sez. II, 2.1**)
6. Cosa s'intende per presunzione legale *iuris tantum* nelle indagini bancarie? (**VIII., sez. II, 2.1**)
7. Cosa s'intende per principio di cooperazione tra amministrazione e contribuente? (**VIII., sez. II, 2.2**)

SCHEDA DI SINTESI

L'attività di accertamento, tra l'altro, può prendere le mosse dall'acquisizione di elementi presso il contribuente (verifiche, ispezioni, accessi, richieste di documenti, questionari, ecc.) oppure da elementi in possesso dell'Agenzia delle Entrate (dichiarazioni, atti registrati, comunicazioni varie).

La cd. anagrafe tributaria è la banca dati utilizzata dall'Amministrazione finanziaria per la raccolta e l'elaborazione dei dati relativi alla fiscalità dei contribuenti, identificati mediante il loro codice fiscale rilasciato su richiesta del contribuente o d'ufficio.

L'attività di verifica fiscale in loco, dunque, si traduce in una serie di operazioni che iniziano con l'accesso, si snodano attraverso ispezioni e verificazioni e si concludono con la predisposizione di un processo verbale di constatazione.

Il processo verbale di constatazione è un atto non impugnabile autonomamente, il contribuente deve attendere la notifica dell'avviso di accertamento per poter adire la commissione tributaria.

I verbalizzanti del processo verbale di constatazione rivestono la qualifica di pubblici ufficiali e, dunque, il processo verbale da loro redatto assume la valenza di atto pubblico.

Ai fini dell'accertamento dei redditi del contribuente, l'Agenzia delle Entrate (previa autorizzazione del direttore centrale dell'accertamento dell'Agenzia delle entrate o del direttore regionale della stessa) e la Guardia di finanza (previa autorizzazione del comandante regionale) possono svolgere indagini bancarie senza il limite imposto dal segreto bancario: non sono, in tal caso, applicabili le garanzie proprie dei diritti di libertà personale in quanto, alla base del segreto bancario, non vi sono valori della persona umana da tutelare.

Quando l'accertamento effettuato dall'Ufficio finanziario si fonda su verifiche di conti correnti bancari, l'onere probatorio dell'Amministrazione è soddisfatto attraverso i soli dati e gli elementi risultanti dai conti predetti e si determina un'inversione dell'onere della prova, a carico del contribuente, il quale deve dimostrare che gli elementi desumibili dalla movimentazione bancaria non sono riferibili a operazioni imponibili.

Il contribuente ha l'obbligo di ottemperare alle richieste dell'Amministrazione finanziaria, mentre quest'ultima ha la facoltà e non

l'obbligo di interpellare il contribuente inviandogli questionari o invitandolo a comparire di persona. Solo in taluni casi per l'Amministrazione vi è l'obbligo di interpellare il contribuente prima di procedere ad accertamenti.
L'art. 32 del d.P.R. 600/1973, al punto n. 4 primo periodo (ossia, la norma sui c.d. questionari in materia di accertamenti delle imposte sui redditi) è stata individuata come espressione del principio di collaborazione, inteso sia come fonte di "diritti" ma anche come fonte di "doveri" per il contribuente.

TI RICORDI

Nel caso delle c.d. verifiche *in loco*, l'Amministrazione finanziaria deve rispettare, ai sensi dell'art. 12 dello Statuto dei diritti del contribuente, il principio del contraddittorio endoprocedimentale.
In ragione di detto principio, l'avviso di accertamento non può essere emanato prima di 60 giorni dalla comunicazione del processo verbale di constatazione al contribuente sottoposto a verifica.
In caso di mancato rispetto di questo termine dilatorio, salvo casi di particolare e motivata urgenza, l'atto impositivo è nullo.

SEZIONE III - Il provvedimento conclusivo dell'attività di accertamento

SOMMARIO:

1. LE COMUNICAZIONI IN SEGUITO AI CONTROLLI AUTOMATICI, FORMALI E ALLA LIQUIDAZIONE DELLE IMPOSTE SUI REDDITI A TASSAZIONE SEPARATA. L'AVVISO DI LIQUIDAZIONE.

Le comunicazioni (di regolarità o irregolarità), come si è visto, vengono emesse in seguito a tre diverse tipologie di controllo di cui sin qui si è detto:

1. il controllo automatico;
2. il controllo formale;
3. la liquidazione delle imposte sui redditi a tassazione separata (Tfr, arretrati, ecc.) per i quali, comunque, non sono dovuti interessi e sanzioni nel caso in cui il contribuente paghi entro 30 giorni.

Le **comunicazioni c.d. di irregolarità** non sono veri e propri atti impositivi e, quindi, **non sono impugnabili** dinanzi alle Commissioni tributarie. In altri termini, le comunicazioni in parola, non contenendo una pretesa tributaria definita, sono dei meri inviti al contribuente a fornire, in via preventiva, elementi chiarificatori delle anomalie riscontrate in sede di liquidazione automatizzata della dichiarazione. Per tale ragione non sono espressione di un potere autoritativo e, non contenendo una pretesa impositiva definitiva, non producono effetti negativi immediati per il destinatario che, quindi, non può impugnarle

(per un approfondimento sul punto, però, si rinvia al capitolo sul processo e, in particolare, al paragrafo sugli atti impugnabili in quanto la giurisprudenza non esclude la facoltà di impugnare anche gli avvisi bonari; secondo la più recente giurisprudenza, infatti, in questi casi il contribuente non ha l'onere ma la facoltà di impugnarli).
Se dopo la comunicazione della irregolarità, il contribuente non procede al pagamento per regolarizzare la sua posizione, l'Amministrazione emette un **avviso di liquidazione**, ossia il provvedimento impositivo vero e proprio che il contribuente ha l'onere di impugnare nei termini di decadenza innanzi alla Commissione tributaria competente, pena la definitività della liquidazione operata dall'Amministrazione finanziaria.

2. L'AVVISO DI ACCERTAMENTO.

L'Amministrazione finanziaria, se al termine dell'**attività di controllo sostanziale** accerta violazioni tributarie, **emette d'ufficio** nei confronti del contribuente un **avviso di accertamento.** In buona sostanza, è il provvedimento con il quale l'ufficio, dopo aver svolto un'attività di controllo sostanziale, notifica formalmente la pretesa tributaria al contribuente.
L'avviso di accertamento è:

- un **provvedimento di natura amministrativa;**
- è un **atto vincolato,** in quanto l'Amministrazione finanziaria non ha alcuna discrezionalità né in ordine all'*an* né in ordine al contenuto del provvedimento;
- è un **atto autoritativo**, in quanto i suoi effetti sono limitati alla sfera del contribuente, a prescindere dal controllo giurisdizionale sulla sua legittimità, e diviene definitivo, pur se presenta dei vizi, se non impugnato nei termini (TESAURO; FALSITTA).

La giurisprudenza di legittimità ha affermato **la natura di atto amministrativo sostanziale** - non processuale - dell'atto impositivo tributario, inteso quale ***species* dell'atto amministrativo**, poiché espressivo della pretesa avanzata dall'Amministrazione finanziaria all'esito di un vero e proprio procedimento amministrativo (Cass., 10 gennaio 2014, ord. n. 351).

Stante la **natura sostanziale e non processuale dell'atto di imposizione tributaria,** l'impugnazione dell'avviso di accertamento non rappresenta la "domanda giudiziale" *ad opponendum* (tipica del processo civile di opposizione al decreto ingiuntivo) con cui l'Amministrazione in veste di attore cita in giudizio il convenuto nelle vesti del contribuente.
Ribadendo la natura di atto sostanziale e non processuale dell'avviso di accertamento, la Corte di cassazione ha aggiunto che «l'avviso di accertamento tributario non è un atto processuale, bensì amministrativo, e su di esso non può quindi essere apposta la procura alle liti, che ai sensi dell'art. 12, comma terzo, del d.lgs. 31 dicembre 1992, n. 546, deve essere conferita a mezzo di atto pubblico, scrittura privata autenticata o in calce o a margine di un atto del processo. Peraltro, il giudice tributario, pur in presenza della mancanza o invalidità della procura, non può dichiarare subito l'inammissibilità del ricorso, ma a norma degli artt. 12, comma quinto, e 18, commi terzo e quarto, del medesimo d.lgs. n. 546 del 1992 (nell'interpretazione data dalla sentenza della Corte costituzionale n. 189 del 2000), deve dapprima invitare la parte a regolarizzare la situazione, e, solo in caso di inottemperanza, pronunciare la relativa inammissibilità» (Cass., Sez. un., 30 giugno 2009, n. 15241).

3. I VIZI DI INVALIDITÀ DELL'AVVISO DI ACCERTAMENTO.

Il legislatore tributario non detta una disciplina generale sull'**invalidità dell'avviso di accertamento**. La disciplina dei vizi di questo provvedimento, dunque, devono essere estrapolati, in via interpretativa, dalla L. n. 241 del 1990 e dalle singole leggi di imposta.
La nullità dell'avviso di accertamento si concretizza nei casi previsti dall'art. 21- *septies*, comma 1, L. n. 241 del 1990, quando:

- **mancano gli elementi essenziali** (omessa sottoscrizione dell'atto, omessa notifica, mancata motivazione, così come previsto dall'art. 42, ultimo comma, d.P.R. n. 600 del 1973);
- l'avviso **è viziato da difetto assoluto di attribuzione**, ossia in caso di tributo inesistente, o se è emesso da ufficio funzionalmente o territorialmente incompetente;
- l'avviso è stato adottato in **violazione o elusione del giudicato**;

- **negli altri casi espressamente previsti dalla legge**, come nel caso di avviso di accertamento non conforme a risposta (anche tacita) data dall'ufficio finanziario in sede di interpello.

Nel diritto tributario, in particolare, non sempre il legislatore esplicita se un vizio rende l'atto **annullabile** o soltanto **irregolare;** un criterio che può aiutare l'interprete è la valutazione della **gravità della irregolarità.** Vanno cioè tenuti presenti due aspetti: l'idoneità del vizio ad impedire all'atto impositivo di assolvere la propria funzione, e l'incidenza che esso ha sulle garanzie del contribuente: solo in tal caso renderebbe l'atto nullo.
Detto assunto è estrapolabile dalla sentenza delle Sezioni Unite che - nell'affermare la nullità dell'avviso di accertamento emesso in violazione del comma 7 dell'art. 12 dello statuto dei diritti del contribuente (Cass., Sez. un., 29 luglio 2013, sent. n. 18184)- ha stabilito che «la "sanzione" della invalidità dell'atto conclusivo del procedimento, pur non espressamente prevista, deriva ineludibilmente dal sistema ordinamentale, comunitario e nazionale, nella quale la norma opera e, in particolare, dal rilievo che il vizio del procedimento si traduce, nella specie, in una divergenza dal modello normativo (non certo innocua o di lieve entità - non paragonabile, ad es., alla omessa indicazione del responsabile del procedimento, ora sanzionata *ex lege* da nullità per le cartelle di pagamento: Cass., Sez. un., n. 11722 del 2010 -, bensì) di particolare gravità, in considerazione della rilevanza della funzione, di diretta derivazione da principi costituzionali, cui la norma stessa assolve - sopra delineata - e della forza impediente, rispetto al pieno svolgimento di tale funzione, che assume il fatto viziante».
Quando il legislatore, ad esempio, sanziona l'obbligo di motivazione degli atti tributari con la "nullità" in caso di inottemperanza, **l'interprete del caso concreto non deve limitarsi ad accertare la violazione dell'obbligo formale ma deve esaminare il contenuto sostanziale della pretesa tributaria,** cioè "i presupposti di fatto e le ragioni giuridiche" che hanno determinato la decisione dell'amministrazione (art. 7, comma 1, dello Statuto, seguito, in relazione alle singole imposte, dal D.Lgs. n. 32/2001), non essendo, invece, necessario dar conto, in quella sede (e, comunque, non a pena di invalidità, salvo eccezioni espresse), del rispetto di regole procedimentali (come, ad esempio, quelle attinenti al tempo di emanazione del provvedimento). L'osservanza delle regole del procedimento, infatti,

ove contestata, sarà oggetto di dibattito e di valutazione nelle sedi stabilite (amministrativa in caso di istanza di autotutela, contenziosa in caso di ricorso al giudice tributario) (in questo senso, si veda Cass., Sez. un., 29 luglio 2013, sent. n. 18184).

Determina, invece, l'annullabilità dell'atto un particolare vizio di legittimità che è la violazione del **divieto di doppia imposizione.** In generale non è possibile tassare due volte lo stesso soggetto per lo stesso presupposto, o soggetti diversi per lo stesso presupposto, o applicare diverse imposte sullo stesso presupposto. In tutti questi casi il secondo atto è illegittimo.

La casistica giurisprudenziale sulle eccezioni sollevate dal contribuente per "vizi formali dell'avviso di accertamento" può riassumersi nei punti che seguono.

La motivazione dell'avviso di accertamento

L'avviso di accertamento deve essere sempre **motivato**, a pena di nullità, e deve indicare:

- gli imponibili accertati e le aliquote applicate;
- le imposte liquidate, al lordo e al netto delle detrazioni, delle ritenute di acconto e dei crediti d'imposta;
- l'ufficio presso il quale è possibile ottenere informazioni nonché il responsabile del procedimento;
- le modalità e il termine del pagamento;
- l'organo giurisdizionale al quale è possibile ricorrere.

Per **la motivazione**, ovvero l'indicazione delle ragioni di fatto e di diritto poste alla base dell'atto si rimanda al *capitolo VII, Par. 1.1.1.* Qui ci si limita a ricordare che l'Amministrazione finanziaria, per motivi di efficienza, ha la possibilità di motivare un avviso di accertamento *per relationem*, ovvero di motivare l'avviso **rinviando ad altro atto, che deve essere necessariamente allegato** *ex* **art. 42, d.P.R. n. 600/1973,** pur essendo meramente conoscibile dal contribuente.

La funzione della motivazione, dunque, è quella di mettere il contribuente in condizione di **conoscere** le ragioni della pretesa tributaria (**funzione di garanzia**) e di esercitare, se lo ritiene opportuno,

il suo **diritto di difesa** mediante la presentazione del ricorso (AMATUCCI; FALSITTA; TESAURO).
La motivazione va distinta dalla **prova**, in quanto quest'ultima ha la funzione di dimostrare all'autorità giudiziaria che la **pretesa avanzata è fondata**; pertanto, la prova non è elemento proprio dell'avviso di accertamento.

L'esistenza di una adeguata motivazione dell'avviso di accertamento non implica l'assolvimento dell'onere della prova

(Cass., 20 gennaio 2016, sent. n. 955; 7 maggio 2014 sent., n. 9810): l'esistenza di una adeguata motivazione dell'atto impositivo «non implica anche la prova dei fatti sui quali essa si regge: diverse ed entrambe essenziali essendo le funzioni che l'una (motivazione dell'atto) e l'altra (prova dei fatti che ne sono posti a fondamento) sono dirette ad assolvere.
Mentre la motivazione dell'avviso di accertamento o di rettifica, presidiata dall'art. 7 della legge 27 luglio 2002, n. 212, ha la funzione di delimitare l'ambito delle contestazioni proponibili dall'Ufficio nel successivo giudizio di merito e di mettere il contribuente in grado di conoscere l'*an* ed il *quantum* della pretesa tributaria al fine di approntare una idonea difesa, sicché il corrispondente obbligo deve ritenersi assolto con l'enunciazione dei presupposti adottati e delle relative risultanze; la prova attiene al diverso piano del fondamento sostanziale della pretesa tributaria ed al suo accertamento in giudizio in presenza di specifiche contestazioni dello stesso, sicché in definitiva tra l'una e l'altra corre la stessa differenza concettuale che vi è tra allegazione di un fatto costituivo della pretesa fatta valere in giudizio e prova del fatto medesimo».

Avviso di accertamento sottoscritto da funzionario privo di qualifica dirigenziale

L'art. 42 DPR 600/73 che, al terzo comma, stabilisce che "L'accertamento è nullo se l'avviso non reca la sottoscrizione, le indicazioni, la motivazione di cui al presente articolo e ad esso non è allegata la documentazione di cui all'ultimo periodo del secondo comma". Dunque, l'accertamento è nullo solo se privo di sottoscrizione. La Giurisprudenza (Cass., 9 novembre 2015, n. 22800) ha dichiarato validi gli atti firmati dai dirigenti dell'Agenzia delle Entrate decaduti a seguito della sentenza della Corte Costituzionale n. 37 del 2015, purché trattasi di capi dell'ufficio fiscale (mentre irrilevante è la qualifica dirigenziale). In particolare, «in ordine agli avvisi di accertamento in rettifica e agli accertamenti d'ufficio, il d.P.R. n. 600 del 1973, art. 42, impone sotto pena di nullità che l'atto sia sottoscritto dal "capo dell'ufficio" o "da altro impiegato della carriera direttiva da lui delegato", senza richiedere che il capo dell'ufficio o il funzionario delegato abbia a rivestire anche una qualifica dirigenziale; ciò ancorché una simile qualifica sia eventualmente richiesta da altre disposizioni. In esito alla evoluzione legislativa e ordinamentale, sono impiegati della carriera direttiva, ai sensi della norma appena evocata, i "funzionari di area terza" di cui al contratto del comparto agenzie fiscali fissato per il quadriennio 2002-2005. In questo senso la norma sopra citata, individua l'agente capace di manifestare la volontà della amministrazione finanziaria negli atti a rilevanza esterna, identificando quale debba essere la professionalità per legge idonea a emettere quegli atti. Da ciò deriva che la sorte degli atti impositivi formati anteriormente alla sentenza n. 37 del 2015 della Corte costituzionale, sottoscritti da soggetti al momento rivestenti funzioni di capo dell'ufficio, ovvero da funzionari della carriera direttiva appositamente delegati, e dunque da soggetti idonei ai sensi dell'art. 42 del d.P.R. n. 600 del 1973, non è condizionata dalla validità o meno della qualifica dirigenziale attribuita per effetto della censurata disposizione di cui art. 8, 24° comma, del dl. n. 16 del 2012».

In altri termini, secondo la Corte di cassazione, le carriere dell'Agenzia sono rilevanti per qualificare il rapporto di lavoro o di servizio e, pertanto, sono una vicenda interna al funzionamento dell'Agenzia. Ai sensi dell'art. 42 DPR n. 600/1973, l'accertamento è valido quando è sottoscritto dal capo dell'ufficio o da altro impiegato della carriera direttiva da lui delegato (carriera direttiva che non significa titolarità di una posizione dirigenziale). In conclusione, «l'avviso di accertamento è nullo senza la firma del capo ufficio o di un altro impiegato alla carriera direttiva da lui delegato. Oggi vanno considerati impiegati alla carriera direttiva, i funzionari della terza area. E ai meri fini della validità dell'atto non occorre che i funzionari deleganti e delegati possiedano la qualifica di dirigente, anche qualora sia richiesta da altre disposizioni. Qualora poi sia il contribuente a contestare la legittimazione della firma, è onere del fisco provare il possesso dei requisiti previsti dalla legge».

Dunque, non deve essere fornita la prova del possesso della qualifica dirigenziale in capo al sottoscrittore dell'avviso «poiché per "impiegato della carriera direttiva" deve intendersi, secondo la classificazione prevista dal c.c.n.l. del comparto agenzie fiscali per il quadriennio 2002-2005, un funzionario di terza area, del quale non è richiesta la qualifica di dirigente» (Cass. sent. 15 febbraio 2017, n. 3978 che richiama Cass. nn. 22800 e 22810 del 2015).

Termini per sollevare l'eccezione del difetto sottoscrizione dell'avviso di accertamento

La lettera dell'art. 42 DPR 600/73 che, al terzo comma, stabilisce che "L'accertamento è nullo se l'avviso non reca la sottoscrizione, le indicazioni, la motivazione di cui al presente articolo e ad esso non è allegata la documentazione di cui all'ultimo periodo del secondo comma".

La nullità derivante dal difetto di sottoscrizione non è una nullità assoluta, pertanto non è rilevabile d'ufficio ma deve essere eccepita dal contribuente nel giudizio di primo grado a pena di decadenza. In maggior dettaglio, la giurisprudenza del Giudice di legittimità è consolidata nell'affermare che nel processo tributario, la nullità dell'avviso di accertamento non è rilevabile d'ufficio e la relativa eccezione, se non formulata nel giudizio di primo grado, non è ammissibile qualora venga proposta nelle successive fasi del giudizio (Cass., 24 giugno 2016, n. 13126; Cass., 5 maggio 2010, n. 10802, n. 8114 del 2002, n. 13087 del 2003, n. 3731 del 1993).

In buona sostanza, è pacifico che «la nullità dell'avviso di accertamento non è rilevabile d'ufficio e la relativa eccezione, se non formulata nel giudizio di primo grado, è inammissibile qualora venga proposta per la prima volta nei gradi successivi» (Cass., n. 1700 del 2010; Cass., n. 10802 del 2010; Cass., 5 giugno 2002, n. 8114, n. 13087 del 2003).

In questo senso, anche recentemente la Corte di cassazione (sent. 13 gennaio 2017, n. 706) ha affermato che se il contribuente non contesta tempestivamente il potere sostitutivo del funzionario di sottoscrivere l'accertamento, non sorge "in capo all'amministrazione l'onere di provare e produrre la delega a firmare".

Mancata produzione della delega alla sottoscrizione dell'avviso di accertamento

Ai sensi del combinato disposto degli artt. 57, comma 2, d.lgs. n. 546/1992 e 61, comma 2, del d.P.R. n. 600 del 1973, a fronte di tempestiva eccezione in primo grado da parte del contribuente è onere della Amministrazione (ai sensi dell'art. 2697 cod. civ.) produrre la delega. La Corte di cassazione ha infatti precisato che il contribuente, a pena di decadenza, ha l'onere di sollevare detta eccezione con il ricorso introduttivo del giudizio di primo grado (Cass., sent. 13 gennaio 2017, n. 706 che richiama Cass., 24 giugno 2016, n. 13126).

Dunque, "in caso di contestazione, l'onere della prova dell'esistenza della delega del capo dell'ufficio in favore del sottoscrittore (impiegato della carriera direttiva) dell'atto impositivo spetta all'Amministrazione (Cass. nn. 17044 del 2013, 18758 del 2014, 22800 del 2015, 9736 e 12781 del 2016), ma detta prova non deve necessariamente essere fornita sin dal primo grado, poiché si tratta di provvedimento che non attiene alla legittimazione processuale, avendo l'avviso d'accertamento natura sostanziale" (Cass. sent. 15 febbraio 2017, n. 3978 che richiama Cass. nn. 17044 del 2013 e 12781 del 2016).

Mancata sottoscrizione di atti impositivi emessi con sistemi informativi automatizzati

Quando l'atto impugnato è prodotto da un sistema informativo automatizzato e riporta l'indicazione a stampa del nominativo del soggetto competente alla sua adozione, trova applicazione l'art. 15, comma 7, del D.L. n. 78/2009 (conv. con legge n. 102/2009) in base al quale "La firma autografa prevista sugli atti di liquidazione, accertamento e riscossione dalle norme che disciplinano le entrate tributarie erariali amministrate dalle Agenzie fiscali [...] può essere sostituita dall'indicazione a stampa del nominativo del soggetto responsabile dell'adozione dell'atto in tutti i casi in cui gli atti medesimi siano prodotti da sistemi informativi automatizzati".

Dunque, anche se in linea generale l'atto amministrativo tributario può essere nullo quando difetta di sottoscrizione, per effetto delle modifiche introdotte dal comma 7, articolo 15, del Dl 78/2009, la firma autografa può essere sostituita dalla firma a stampa quando l'atto impositivo è prodotto da sistemi informativi automatizzati.

4. LA NOTIFICA DELL'AVVISO DI ACCERTAMENTO.

La **notificazione** dell'avviso di accertamento è di notevole importanza in quanto, non solo ha lo scopo di attestare la **conoscenza legale** dell'avviso, ma **l'avviso di accertamento viene ad esistenza proprio mediante la notificazione**. L'atto di imposizione in tanto esiste ed esplica effetti giuridici, in quanto sia notificato al destinatario (AMATUCCI, FALSITTA, TESAURO).

Le modalità di **notifica degli atti tributari** sono disciplinate da**ll'art. 60 d.P.R. n. 600/1973** che rinvia espressamente alle norme del **codice di**

procedura civile (artt. 137 e ss. c.p.c.).
La notifica può essere eseguita nelle **mani proprie del contribuente** con alcune peculiarità: la notificazione è eseguita per il tramite di **messi comunali** ovvero **messi speciali autorizzati** dall'Amministrazione finanziaria. Il messo ha il compito di far sottoscrivere l'atto ovvero di indicare i motivi per i quali l'interessato non lo ha sottoscritto.
La notificazione può avvenire anche **a mezzo del servizio postale** con l'invio dell'atto a mezzo raccomandata con avviso di ricevimento. La notificazione è eseguita a mezzo di raccomandata "per atti giudiziari" (legge 890/1982) (c.d. cartolina verde), ma per ipotesi specificamente previste dalla legge, può essere utilizzata anche una raccomandata "ordinaria" con avviso di ricevimento (c.d. cartolina bianca).

5. LA DECADENZA DELLA POTESTÀ ACCERTATIVA DELL'AMMINISTRAZIONE FINANZIARIA E IL c.d. RADDOPPIO DEI TERMINI.

L'avviso di accertamento ed anche l'avviso che modifichi un precedente avviso devono essere notificati al contribuente, **a pena di decadenza**, entro dei **termini prestabiliti**: se l'Amministrazione finanziaria non rispetta detti termini decade dalla potestà impositiva.
L'avviso emesso dopo la scadenza dei termini di decadenza è da considerare **illegittimo** ed è **onere del contribuente dedurre**, sin dal primo grado del giudizio, **il vizio della tardività dell'accertamento**.
Il quadro normativo che fissa i termini per la notifica dell'avviso di accertamento ha subito importanti modifiche nel giro di pochi mesi; infatti, l'**art. 43 del D.P.R. n. 600/73** (per l'accertamento dell'imposta sui redditi) e l'**art. 57 del D.P.R. n. 633/72** (per l'accertamento dell'IVA) sono stati dapprima modificati dall'**art. 2 del d.lgs. n. 128/2015 (entrato in vigore il 2 settembre 2015)** e, poi, dalla **legge di stabilità per l'anno 2016 (L. 28/12/2015, n. 208), entrata in vigore il 1° gennaio 2016**.
Le richiamate modifiche susseguitesi nell'arco temporale di tre mesi hanno creato complessi problemi di coordinamento delle discipline transitorie che regolano, appunto, i termini di decadenza per la notifica dell'avviso di accertamento (sia che abbia ad oggetto l'imposta sui redditi sia che riguardi l'imposta sul valore aggiunto).

✓ **Per il periodo d'imposta anno 2016 e per quelli successivi** (ai sensi del primo periodo del comma 132 della legge di stabilità per il 2016), si applicano i nuovi artt. 43 e 57 cit. come riformulati dai commi 130 e 131 della richiamata legge di stabilità.

Termini per l'accertamento dell'imposta sui redditi (art. 43 del d.p.r. n. 600/73)

«1. Gli avvisi di accertamento devono essere notificati, **a pena di decadenza**, **entro il 31 dicembre del quinto anno successivo a quello in cui è stata presentata la dichiarazione.** 2. Nei casi di **omessa presentazione della dichiarazione o di presentazione di dichiarazione nulla** l'avviso di accertamento può essere notificato entro il 31 dicembre del **settimo anno** successivo a quello in cui la dichiarazione avrebbe dovuto essere presentata. 3. Fino alla scadenza del termine stabilito nei commi precedenti l'accertamento può essere integrato o modificato in aumento mediante la notificazione di nuovi avvisi, in base alla sopravvenuta conoscenza di nuovi elementi da parte dell'Agenzia delle entrate. Nell'avviso devono essere specificamente indicati, a pena di nullità, i nuovi elementi e gli atti o fatti attraverso i quali sono venuti a conoscenza dell'ufficio delle imposte»

Termini per l'accertamento dell'iva (art. 57 del d.p.r. n. 633/72)

«1. Gli avvisi relativi alle rettifiche e agli accertamenti previsti nell'articolo 54 e nel secondo comma dell'articolo 55 devono essere notificati, **a pena di decadenza**, **entro il 31 dicembre del quinto anno successivo a quello in cui è stata presentata la dichiarazione**. 2. Nei casi di **omessa presentazione della dichiarazione o di presentazione di dichiarazione nulla** l'avviso di accertamento dell'imposta a norma del primo comma dell'articolo 55 può essere notificato entro il 31 dicembre del **settimo anno** successivo a quello in cui la dichiarazione avrebbe dovuto essere presentata. 3. Nel caso di richiesta di rimborso dell'eccedenza d'imposta detraibile risultante dalla dichiarazione annuale, se tra la data di notifica della richiesta di documenti da parte dell'ufficio e la data della loro consegna intercorre un periodo superiore a quindici giorni, il termine di decadenza, relativo agli anni in cui si è formata l'eccedenza detraibile chiesta a rimborso, è differito di un periodo di tempo pari a quello compreso tra il sedicesimo giorno e la data di consegna. 4. Fino alla scadenza del termine stabilito nei commi precedenti le rettifiche e gli accertamenti possono essere integrati o modificati, mediante la notificazione di nuovi avvisi, in base alla sopravvenuta conoscenza di nuovi elementi da parte dell'Agenzia delle entrate. Nell'avviso devono essere specificamente indicati, a pena di nullità, i nuovi elementi e gli atti o fatti attraverso i quali sono venuti a conoscenza dell'ufficio dell'imposta sul valore aggiunto».

✓ **Per i periodi d'imposta precedenti al 2016,** a seconda di quando è avvenuta la notifica dell'avviso di accertamento si applicano gli artt. 43 e 7 cit. prima che fossero novellati dall'art. 2 del d.lgs. n. 128/2015 (entrato in vigore il 2 settembre 2015) o i richiamati articoli nella loro versione originale.

Dunque, ancora per diversi anni in sede di contenzioso tributario, è di interesse la disciplina anteriore che fissava **a pena di decadenza**, **entro il 31 dicembre del quarto anno successivo a quello in cui è stata presentata la dichiarazione, salvo che operasse il c.d. raddoppio dei termini perché il fatto integrava una fattispecie penale.**

Il problema del c.d. raddoppio dei termini per l'accertamento

Cass., sent. n. 16728 del 9 agosto 2016: «Con la L. 28 dicembre 2015, n. 208, art. 1, commi da 130 a 132 il legislatore ha dettato una nuova disciplina dei termini di accertamento, disponendo la sostituzione dei suddetti D.P.R. n. 633 del 1972, art. 57 e D.P.R. n. 600 del 1973, art. 43 di guisa che, per i profili d'interesse, gli avvisi relativi alle rettifiche e agli accertamenti previsti nel D.P.R. n. 633 del 1972, art. 54 e art. 55, comma 2 nonché quelli considerati dal D.P.R. n. 600 del 1973 "...devono essere notificati, a pena di decadenza, entro il

31 dicembre del quinto anno successivo a quello in cui è stata presentata la dichiarazione" (commi 130 e 131), senza alcuna previsione di raddoppio di termini.

Il legislatore ha peraltro dettato anche una disciplina transitoria, sia pure affidata ad una combinazione di rimandi.

Per un verso, difatti, l'art. 1, comma 132 dinanzi richiamato prescrive che "le disposizioni di cui al D.P.R. 26 ottobre 1972, n. 633, art. 57, commi 1 e 2, e al D.P.R. 29 settembre 1973, n. 600, art. 43, commi 1 e 2, come sostituiti dai commi 130 e 131 del presente articolo, si applicano agli avvisi relativi al periodo d'imposta in corso alla data del 31 dicembre 2016 e ai periodi successivi", aggiungendo che "per i periodi d'imposta precedenti, gli avvisi di accertamento devono essere notificati, a pena di decadenza, entro il 31 dicembre del quarto anno successivo a quello in cui è stata presentata la dichiarazione ovvero, nei casi di omessa presentazione della dichiarazione o di dichiarazione nulla, entro il 31 dicembre del quinto anno successivo a quello in cui la dichiarazione avrebbe dovuto essere presentata" ed ulteriormente specificando che "in caso di violazione che comporta obbligo di denuncia ai sensi dell'art. 331 c.p.p. per alcuno dei reati previsti dal D.Lgs. 10 marzo 2000, n. 74, i termini di cui al periodo precedente sono raddoppiati relativamente al periodo d'imposta in cui è stata commessa la violazione; il raddoppio non opera qualora la denuncia da parte dell'Amministrazione finanziaria, in cui è ricompresa la Guardia di finanza, sia presentata o trasmessa oltre la scadenza ordinaria dei termini di cui al primo periodo. Resta fermo quanto disposto dal D.L. 28 giugno 1990, n. 167, art. 5 quater, comma 5 convertito, con modificazioni, dalla L. 4 agosto 1990, n. 227, e successive modificazioni".

Per altro verso, ed è questa l'ipotesi che viene in considerazione, si è stabilito anche che "sono comunque fatti salvi gli effetti degli avvisi di accertamento, dei provvedimenti che irrogano sanzioni amministrative tributarie e degli altri atti impugnabili con i quali l'Agenzia delle entrate fa valere una pretesa impositiva o sanzionatoria, notificati alla data di entrata in vigore del presente decreto" (D.Lgs. 3 agosto 2015, n. 128, art. 2, comma 3, che non è stato modificato dalla successiva L. n. 208 del 2015).

La disciplina transitoria, per conseguenza, è articolata su due piani:

A) qualora gli avvisi di accertamento, sia pure relativi a periodi d'imposta precedenti a quello in corso alla data del 31 dicembre 2016, non siano stati ancora notificati, si applica la disciplina dettata dalla L. n. 208 del 2015, art. 1, comma 132;

B) qualora, invece, gli avvisi di accertamento relativi a periodo d'imposta precedenti a quello in corso alla data 31 dicembre 2016 siano stati già notificati, si applica la disciplina dettata dal D.Lgs. n. 128 del 2015, art. 2.

La salvezza contemplata da quest'ultima norma, riferendosi senza distinzione agli effetti degli avvisi, non può che riguardare l'intero corredo disciplinare, sul piano delle conseguenze, scaturente dal diritto vivente, dinanzi sunteggiato, al cospetto del quale è destinata a cedere l'applicabilità immediata delle norme introdotte nel 2015 in tema di raddoppio dei termini, derivante dalla loro natura procedimentale.

Né si può invocare il principio del *favor rei*, l'applicazione del quale è predicabile unicamente al cospetto di norme sanzionatorie, non già allorquando, come nel caso in esame, si tratti dei poteri di accertamento dell'ufficio (in termini, Cass., ord. 6 ottobre 2014, n. 21041; conf., ord. 6 novembre 2015, n. 22744)».

La disciplina applicabile agli avvisi di accertamento notificati prima del 2 settembre 2015 è, dunque, ancora regolata dai principi dettati dalla Corte Costituzionale laddove afferma che il **raddoppio dei termini** per l'accertamento trova applicazione indipendentemente dall'effettiva presentazione della denuncia e anche nel caso in cui l'obbligo di denuncia fosse sorto dopo lo spirare dei termini ordinari per l'accertamento di cui al primo comma dell'art. 43 del D.P.R. n.600/1973 (per le imposte sui redditi) e dell'art. 57 del D.P.R. n. 633/72 per l'IVA. D'altra parte, ‹‹**i termini raddoppiati di accertamento non costituiscono una "proroga" di quelli ordinari,** da disporsi a discrezione dell'amministrazione finanziaria procedente, in presenza di "eventi peculiari ed eccezionali". Al contrario, i termini raddoppiati sono anch'essi termini fissati direttamente dalla legge, operanti automaticamente in presenza di una speciale condizione obiettiva (allorché, cioè, sussista l'obbligo di denuncia penale per i reati tributari previsti dal d.lgs. n. 74 del 2000), senza che all'amministrazione finanziaria sia riservato alcun margine di discrezionalità per la loro applicazione››. Inoltre, ‹‹non sono violati i parametri costituzionali per l'incertezza in cui versa il contribuente, il quale deve attendere il decorso del termine raddoppiato per avere la sicurezza dell'insussistenza dell'obbligo di denuncia penale. Si è visto, infatti, che tale incertezza è meramente eventuale e soggettiva e dipende non da una discrezionale valutazione dell'amministrazione finanziaria sulla denunciabilità penale dei fatti, ma solo dal momento in cui l'ufficio tributario venga concretamente a conoscenza degli elementi obiettivi comportanti l'obbligo di denuncia›› (Corte cost. sent. n. 247/11).

In altri termini, alla luce della formulazione letterale dell'art. 43 cit. e dell'art. 57 **cit., l'unica condizione necessaria per l'applicazione del raddoppio dei termini dell'accertamento va ravvisata nella sussistenza dell'obbligo di denuncia penale,** indipendentemente dal momento in cui tale obbligo sorgeva ed indipendentemente dal suo adempimento. Infatti, secondo l'assunto della Corte costituzionale (sent. n. 247/11) il c.d. raddoppio dei termini non rappresenta una proroga di quello ordinario ma un termine di legge "certo" e "ragionevole". In particolare, il termine raddoppiato «non è irragionevolmente ampio, perché è di poco superiore al termine di prescrizione dei reati suddetti (sei anni) e la sua entità è adeguata a soddisfare la *ratio legis* di dotare l'amministrazione finanziaria di un maggior lasso di tempo per acquisire e valutare dati utili a contrastare illeciti tributari, i quali, avendo rilevanza penale, sono stati non ingiustificatamente ritenuti dal legislatore particolarmente gravi e, di norma, di complesso accertamento. In particolare, la gravità e la difficoltà di rilevamento di detti illeciti derivano sia dalla non arbitraria ipotizzabilità (in base a chiari ed obiettivi elementi indiziari) dei reati perseguibili d'ufficio previsti dal d.lgs. n. 74 del 2000; sia dal fatto che tali reati – in considerazione delle modalità della condotta criminosa ovvero della misura del danno arrecato all'erario – normalmente richiedono controlli, verifiche ed indagini fiscali particolarmente difficili al fine di determinare l'effettiva capacità contributiva dei soggetti passivi d'imposta» (Corte cost. sent. n. 247/11).

Diversamente, per gli avvisi di accertamento relativi a periodi di imposta anteriori al 2016 notificati dopo il 2 settembre 2015, trova applicazione l'art. 2 del d.lgs. n. 128/2015 che viene sostanzialmente riprodotto dal comma 132 della legge di stabilità per il 2016 e stabilisce -sia per gli accertamenti in materia di IVA sia per gli accertamenti in materia di imposta sui redditi-che: «il raddoppio non opera qualora la denuncia da parte dell'Amministrazione finanziaria, in cui è ricompresa la Guardia di finanza, sia presentata o trasmessa oltre la scadenza ordinaria dei termini» ordinari per l'accertamento.

Per gli avvisi di accertamento notificati prima del 2 settembre 2015, in presenza di un reato tipizzato dal d.lgs. n. 74/2000, la Corte di cassazione ha stabilito il seguente principio di diritto: «non ha rilievo il fatto che la denuncia sia stata compiuta in un momento in cui gli ordinari termini di decadenza erano oramai spirati». Infatti, «l'obbligo di denuncia, da un lato, sussiste solo ove vi siano seri indizi di reato, il che è un dato obiettivo non lasciato alla discrezionalità del funzionario dell'ufficio tributario; dall'altro, non è escluso dalla configurabilità di una causa di estinzione del reato come la prescrizione. (...). Il giudice tributario, in definitiva, deve vagliare la sola presenza dell'elemento idoneo a comportare la proroga, quindi verificare la sussistenza di seri indizi di reati utili a determinare l'insorgenza dell'obbligo di presentazione della denuncia, senza estendere l'esame all'accertamento del reato» (Cass., sent. n. 16728 del 9 agosto 2016).

QUESTIONARIO

1. Le comunicazioni in seguito ai controlli automatici e formali (c.d. avvisi bonari) sono impugnabili? (**VIII., sez. III, 1**)
2. L'avviso di accertamento: natura del provvedimento. (**VIII., sez. III, 2**)
3. I vizi di invalidità dell'avviso di accertamento. (**VIII., sez. III, 2**)
4. Quali sono le modalità di notifica dell'avviso di accertamento? (**VIII., sez. III, 3**)
5. I termini di decadenza per l'accertamento e il problema del c.d. raddoppio dei termini (**VIII., sez. III, 5**).

SCHEDA DI SINTESI

L'Amministrazione finanziaria, se al termine dell'attività istruttoria riscontra violazioni tributarie, emette d'ufficio nei confronti del contribuente un avviso di accertamento. In buona sostanza è l'atto con cui l'Ufficio, dopo aver svolto un'attività di controllo sostanziale, notifica formalmente la pretesa tributaria al contribuente "rettificando" il reddito dichiarato.

L'avviso di accertamento è un provvedimento di natura amministrativa; è un atto vincolato, in quanto l'Amministrazione finanziaria non ha alcuna discrezionalità né in ordine all'*an* né in ordine al contenuto del

provvedimento; è un atto autoritativo, in quanto i suoi effetti sono limitati alla sfera del contribuente, a prescindere dal controllo giurisdizionale sulla sua legittimità, e diviene definitivo, pur se presenta dei vizi, se non impugnato nei termini.
Nel diritto tributario, in particolare, non sempre il legislatore esplicita se un vizio rende l'atto annullabile o soltanto irregolare; un criterio che può aiutare l'interprete è la valutazione della gravità della irregolarità. Vanno cioè tenuti presenti due aspetti: l'idoneità del vizio ad impedire all'atto impositivo di assolvere la propria funzione, e l'incidenza che esso ha sulle garanzie del contribuente: solo in tal caso renderebbe l'atto nullo.
La notificazione dell'avviso di accertamento ha non solo lo scopo di attestare la conoscenza legale dell'avviso, ma ha anche di portare ad esistenza l'avviso di accertamento in sé; infatti, l'atto di imposizione in tanto esiste ed esplica effetti giuridici, in quanto sia notificato al destinatario.
Le modalità di notifica degli atti tributari sono disciplinate dall'art. 60 d.P.R. n. 600/1973 che rinvia espressamente alle norme del codice di procedura civile (artt. 137 ss. c.p.c.).
L'avviso di accertamento ed anche l'avviso che modifichi un precedente avviso devono essere notificati al contribuente, a pena di decadenza, entro dei termini prestabiliti: se l'Amministrazione finanziaria non rispetta detti termini decade dalla potestà impositiva.
L'avviso emesso dopo la scadenza dei termini di decadenza è da considerare illegittimo ed è onere del contribuente dedurre, sin dal primo grado del giudizio, il vizio della tardività dell'accertamento.

TI RICORDI

L'autotutela tributaria, anche in materia tributaria, è espressione di un potere-dovere di ripristino della legalità violata, incidente sul diritto del contribuente (art. 7 l. n. 212/2000): l'Amministrazione finanziaria riesamina un atto, emanato in precedenza, e ravvisandovi vizi lo annulla o lo revoca. Nell'ambito dell'autotutela si distingue tra: annullamento e revoca.
In materia tributaria l'autotutela si configura essenzialmente come annullamento, in quanto gli atti impositivi sono atti tipicamente vincolati; mentre la revoca presupponendo valutazioni discrezionali è difficilmente riscontrabile nella prassi.

CAPITOLO IX
L'elusione e l'abuso del diritto

SOMMARIO:

1. NOZIONE DI ELUSIONE.

L'elusione fiscale è il meccanismo attraverso il quale **il contribuente mira ad evitare il prelievo tributario a suo carico,** attraverso lo sfruttamento di smagliature delle norme tributarie. L'elusione non è violazione di legge ma **aggiramento di un precetto fiscale,** in quanto è conforme alla lettera ma non alla *ratio* della norma tributaria (TESAURO).

L'evasione, a differenza dell'elusione, invece, si realizza occultando il presupposto d'imposta e si tratta di un comportamento *contra legem,* in quanto il contribuente si sottrae, fraudolentemente, all'obbligo impositivo previsto dalla norma tributaria.

Sia l'evasione che l'elusione consentono un risparmio d'imposta, ma mentre la prima è *contra legem*, l'elusione è *extra legem*.

Quindi, mentre l'evasore pone in essere un comportamento fraudolento, il quale rientra nell'area dell'illecito, l'elusore opera "alla luce del sole" (LUPI, TESAURO) e persegue la riduzione del carico tributario non in modo illegale, ma mediante l'**abuso del diritto**, ovvero abusando di forme giuridiche previste dall'ordinamento stesso.

Diversamente è sempre consentito il **risparmio lecito di imposta**: "resta ferma la libertà di scelta del contribuente tra regimi opzionali diversi offerti dalla legge e tra operazioni comportanti un diverso carico fiscale" (comma 4 dell'art. 10 bis dello statuto del contribuente).

2. GLI STRUMENTI DI CONTRASTO DELL'ELUSIONE.

L'ordinamento giuridico prevede diversi **strumenti** al fine di contrastare comportamenti elusivi del contribuente:

- **la normativa antiabuso:** si tratta di **norme a contenuto generale** espressamente antiabuso, che conferiscono all'Amministrazione finanziaria il potere di qualificare una operazione come abusiva ed imporre il pagamento del tributo eluso. A seguito dell'emanazione del d.lgs. 24 settembre 2015, n. 156, la norma antiabuso è recata dall'art. **10-*bis* della legge n. 212 del 2000** (anteriormente alle modifiche la norma antielusiva era rappresentata dall'art. 37-*bis* del d.P.R. n. 600 del 1973);
- **le norme antielusive speciali:** si tratta di **norme tributarie specifiche** che hanno lo scopo di contrastare comportamenti previsti come antielusivi dal legislatore. In tal caso l'antielusività non è esplicita ma **risiede nella *ratio* delle norme,** le quali sono implicitamente antielusive;
- **l'interpretazione antielusiva:** si tratta di **interpretazioni "sostanzialistiche"** ed **estensive** delle norme tributarie, ovvero tale interpretazione va adottata quando il contribuente si avvale di strumenti che appaiono estranei alla fattispecie di norma impositiva, ma che, in realtà, vi possono rientrare, a condizione che le regole interpretative lo consentano (TESAURO).

3. L'ABUSO DEL DIRITTO NEL NOSTRO ORDINAMENTO PRIMA DELL'INTRODUZIONE DELL'ART. *10-BIS* DELLA LEGGE 27 LUGLIO 2000, N. 212.

Prima dell'introduzione dell'art. 10 *bis* dello Statuto del contribuente, ad opera del d.lgs. n. 156/2015, l'istituto dell'abuso del diritto aveva trovato il suo ancoraggio normativo nell'articolo 37-bis del D.P.R. 600/1973 (oggi abrogato, appunto, dalla novella del 2015).
In particolare, travalicando i confini dell'art. 37-bis D.P.R. n. 600/1973, la Cassazione aveva ricondotto alla violazione del principio costituzionale di

capacità contributiva l'uso distorto di strumenti giuridici diretto a ottenere un vantaggio fiscale indebito.

Ne conseguiva che, poiché il previgente art. 37-bis cit. si poneva nella prospettiva di aggiramento della norma tributaria in "frode della legge", il principio antielusivo elaborato dalla giurisprudenza incontrava confini stretti.

Una parte della giurisprudenza di legittimità aveva sostenuto che il rilievo dell'abuso del diritto da parte del contribuente potesse anche avvenire d'ufficio da parte del giudice tributario, negando così il contraddittorio, prima dell'emissione dell'avviso di accertamento, previsto dall'art. 37-bis del D.P.R. n. 600/1973.

In proposito, infatti, la Corte di cassazione (sentenza 15 novembre 2013, n. 25671) aveva asserito che «il principio di divieto di abuso del diritto – secondo il quale il contribuente non può trarre indebiti vantaggi fiscali dell'utilizzo distorto di strumenti giuridici idonei ad ottenere un risparmio fiscale – comporta la sua applicazione d'ufficio da parte del giudice tributario, a prescindere da un qualsiasi richiamo da parte dell'Amministrazione, sulla base dei fatti acquisiti al processo. In tal senso più recentemente anche Cass. civ., Sez. V, 15 ottobre 2014, n. 21794 "in tema di accertamento rettificativo dei redditi, la disciplina antielusiva dell'interposizione, prevista dall'art. 37, terzo comma, del d.P.R. 29 settembre 1973, n. 600, non presuppone necessariamente un comportamento fraudolento da parte del contribuente, essendo sufficiente un uso improprio, ingiustificato o deviante di un legittimo strumento giuridico, che consenta di eludere l'applicazione del regime fiscale che costituisce il presupposto d'imposta; ne deriva che il fenomeno della simulazione relativa, nell'ambito della quale può ricomprendersi l'interposizione fittizia di persona, non esaurisce il campo di applicazione della norma, ben potendo attuarsi lo scopo elusivo anche mediante operazioni effettive e reali».

Anteriormente all'emanazione dell'art. 10-bis della legge n. 212/2000, inoltre, le operazioni elusive potevano anche assumere rilevanza penale – in particolare, nel quadro del paradigma punitivo della dichiarazione infedele –, ma solo se contrastanti con specifiche disposizioni (per tutte, tra le ultime, Cass., sez. III, 6 marzo 2013-3 maggio 2013, n. 19100; Cass., sez. III, 12 giugno 2013-31 luglio 2013, n. 33187; Cass., sez. III, 20 marzo 2014–3 aprile 2014, n. 15186). Si era negata, invece, la punibilità della cosiddetta "elusione non codificata", sul rilievo che – anche alla luce di quanto affermato dalla Corte di giustizia dell'Unione europea (in particolare, nella sentenza Halifax) – in assenza di un preciso fondamento normativo, non potrebbe ritenersi sanzionabile la violazione del principio generale del divieto di abuso del diritto.

4. L'ABUSO DEL DIRITTO.

L'art. 1 del D.lgs. 5 agosto 2015, n. 128, recante "Disposizioni sulla certezza del diritto nei rapporti tra fisco e contribuente" -nell'ambito della più generale operazione di revisione delle vigenti disposizioni antielusive "*al fine di unificarle al principio generale del divieto dell'abuso del diritto*"- ha dettato una nuova disciplina dell'abuso del diritto in aderenza ai principi e ai criteri direttivi contenuti nella raccomandazione della Commissione europea sulla pianificazione fiscale aggressiva n. 2012/772/Ue del 6 dicembre 2012.

- ***Definizione del concetto di abuso del diritto in ambito fiscale***

La Giurisprudenza è consolidata nell'affermare che «in materia tributaria è configurabile l'abuso del diritto nell'operazione che abbia quale suo elemento predominante ed assorbente lo scopo di eludere il fisco, ossia quella che non abbia una giustificazione economica apprezzabile differente dall'intento di conseguire un risparmio di imposta» (Cass. ord. 6 novembre 2020, n. 24839 che richiama Cass. n. 869/2019).
Ricorre questo istituto in presenza di "una o più operazioni prive di sostanza economica che, pur nel **rispetto formale delle norme** fiscali, realizzano essenzialmente vantaggi fiscali indebiti (prima parte primo comma dell'art. 10 bis cit.).
La giurisprudenza ha sintetizzato il concetto affermando che «il divieto di abuso del diritto si traduce in **un principio generale antielusivo**, che preclude al contribuente il conseguimento di vantaggi fiscali ottenuti mediante l'uso distorto, pur se non contrastante con alcuna specifica disposizione normativa, di strumenti giuridici idonei ad ottenere un risparmio d'imposta, in difetto di ragioni economicamente apprezzabili che giustifichino l'operazione» (Cass. 10 settembre 2020, n. 187667 che richiama Cass., 13 luglio 2018, n. 18632).

- "**operazioni prive di sostanza economica**" = «i fatti, gli atti e i contratti, anche tra loro collegati, inidonei a produrre effetti significativi diversi dai vantaggi fiscali. Sono indici di mancanza di sostanza economica, in particolare, la non coerenza della qualificazione delle singole operazioni con il fondamento giuridico del loro insieme e la non conformità dell'utilizzo degli strumenti giuridici a normali logiche di mercato» (comma 2, lett. a dell'art. 10 bis cit.);
- "**vantaggi fiscali indebiti**" = «i benefici, anche non immediati, realizzati in contrasto con le finalità delle norme fiscali o con i principi dell'ordinamento tributario» (comma 2, lett. b dell'art. 10 bis cit.).

Dunque, «il carattere elusivo, sotto il profilo fiscale, di una determinata operazione, si fonda normativamente sul difetto di valide ragioni economiche e sul conseguimento di un indebito vantaggio fiscale, sicché il divieto di comportamenti abusivi non vale ove quelle operazioni possano spiegarsi altrimenti che con il mero conseguimento di risparmi di imposta, poiché va sempre garantita la libertà di scelta del contribuente tra diverse operazioni comportanti anche un differente carico fiscale» (Cass. ord. 6 novembre 2020, n. 24839 che richiama Cass., n. 439/2015 e n. 3938/2014).

In ogni caso, non si considerano abusive "le operazioni giustificate da **valide ragioni extrafiscali**, non marginali, anche di ordine organizzativo o gestionale, che rispondono a finalità di miglioramento strutturale o funzionale dell'impresa ovvero dell'attività professionale del contribuente" (comma 3, art. 10 bis cit.).

È fatta salva, altresì, la **libertà di scelta del contribuente** tra regimi opzionali diversi offerti dalla legge e tra operazioni comportanti un diverso carico fiscale. In sostanza, viene consacrato il diritto del contribuente a scegliere la soluzione fiscale meno onerosa (comma 4, art. 10 bis cit.).

La condotta abusiva ricorre in presenza di una "operazione economica che abbia quale suo elemento predominante e assorbente lo scopo di eludere il fisco". Ne consegue che incombe «sull'Amministrazione finanziaria la prova sia del **disegno elusivo** sia delle modalità di manipolazione e di **alterazione degli schemi negoziali** classici, considerati come irragionevoli in una normale logica di mercato e perseguiti solo per pervenire a quel risultato fiscale, mentre grava sul contribuente l'onere di allegare l'esistenza di ragioni economiche alternative o concorrenti che giustifichino operazioni in quel modo strutturate» (Cass. 10 settembre 2020, n. 187667 che richiama Cass. civ., 20 giugno 2018, n. 16217).

Anche la Corte costituzionale si è pronunciata su questo istituto ricordando che, in materia tributaria, secondo la costante giurisprudenza di legittimità (*ex plurimis*, Corte di cassazione, sezioni unite civili, sentenze 23 dicembre 2008, n. 30055 e n. 30057; Corte di cassazione, quinta sezione civile, sentenza 7 novembre 2012, n. 19234), il generale divieto di abuso del diritto si traduce «in **un principio generale antielusivo, che trae fondamento dai principi costituzionali di capacità contributiva e di progressività dell'imposizione**. Tale principio preclude al contribuente di conseguire vantaggi fiscali mediante l'uso distorto, anche se non contrastante con alcuna specifica disposizione, di strumenti giuridici idonei ad ottenere un'agevolazione o un risparmio d'imposta, in difetto di ragioni economicamente apprezzabili che giustifichino l'operazione, diverse dalla mera aspettativa di quei benefici. Esso comporta che il negozio non sia opponibile all'amministrazione finanziaria per ogni profilo di indebito vantaggio tributario che il contribuente pretenda di far discendere dall'operazione elusiva. Il ricordato orientamento implica, come suo naturale corollario, che il divieto di abuso del diritto in materia tributaria deve considerarsi operante nel nostro ordinamento fin da prima dell'entrata in vigore dell'art. 37-bis del d.P.R. n. 600 del 1973, con la conseguenza che quest'ultima disposizione, introdotta dall'art. 7, comma 1, del decreto legislativo 8 ottobre 1997, n. 358 (Riordino delle imposte sui redditi applicabili alle operazioni di cessione e conferimento di aziende, fusione, scissione e permuta di partecipazioni), costituirebbe una norma speciale, con la quale il legislatore ha applicato la clausola generale antielusiva nel settore delle imposte sui redditi» (Corte cost., sent. n. 132 del 7 luglio 2015).

- ***Conseguenze della qualificazione in termini di "abusività" delle operazioni.***

Le operazioni che sono qualificate dall'Amministrazione finanziaria come "abusive", alla stregua della definizione sin qui esplicitata, non sono opponibili alla medesima amministrazione, «che ne disconosce i

vantaggi determinando i tributi sulla base delle norme e dei principi elusi e tenuto conto di quanto versato dal contribuente per effetto di dette operazioni» (seconda parte primo comma dell'art. 10 bis cit.).
L'Amministrazione finanziaria, al fine di rendere inopponibili a sé gli effetti fiscali delle operazioni ritenute abusive, deve procedere alla notifica dell'avviso di accertamento.
Con detto accertamento, dunque, l'Amministrazione finanziaria disconosce **i vantaggi tributari** conseguiti mediante gli atti, fatti e i negozi posti in essere dal contribuente e viene richiesto il **versamento della differenza** tra le imposte determinate in base alle disposizioni eluse e le imposte eventualmente già versate per effetto dell'operazione inopponibile.
Il procedimento impositivo antiabusivo *ex* art. 10-bis è un **procedimento speciale,** con **contraddittorio obbligatorio.**
L'Amministrazione finanziaria – prima di emettere l'avviso di accertamento – ha l'obbligo di richiedere chiarimenti e notizie al contribuente, il quale ha l'onere di rispondere entro **60 giorni** sulle ragioni economiche, per le quali è stata realizzata una determinazione operazione.
L'avviso di accertamento deve essere **motivato,** a pena di nullità, in relazione alla condotta abusiva, alle norme o ai principi elusi, agli indebiti vantaggi fiscali realizzati, nonché ai chiarimenti forniti dal contribuente.
Sul piano sanzionatorio-penale, il legislatore del 2015 ha introdotto un'apposita previsione, nell'ambito dell'art. 10-bis, volta a chiarire che «le operazioni abusive non danno luogo a fatti punibili ai sensi delle leggi penali tributarie. Resta ferma l'applicazione delle sanzioni amministrative tributarie».

5. L'INTERPELLO ANTI-ABUSO.

Per la disciplina dell'interpello antiabuso espressamente previsto dall'art. 10-bis, comma 5, della legge n. 212 del 2000 cfr. la Sezione II del presente Capitolo ("*I rapporti con l'Amministrazione finanziaria*").
L'Amministrazione finanziaria (con la circolare dell'Agenzia delle entrate 9/E del 2016) ha adottato i primi chiarimenti sulle novità in tema di interpello antiabuso.

Nella circolare si afferma che le istanze presentate non potranno genericamente limitarsi a chiedere il parere dell'Agenzia in ordine alla abusività di una determinata operazione o fattispecie, ma dovranno declinare, nel dettaglio:

a) gli elementi qualificanti l'operazione o le operazioni;
b) il settore impositivo rispetto al quale l'operazione pone il dubbio applicativo;
c) le puntuali norme di riferimento, comprese quelle passibili di una contestazione in termini di abuso del diritto con riferimento all'operazione rappresentata;
d) le valide ragioni extrafiscali, non marginali, anche di ordine organizzativo o gestionale, che rispondono a finalità di miglioramento strutturale o funzionale dell'impresa ovvero dell'attività professionale del contribuente.

6. IL POTERE DELL'AMMINISTRAZIONE FINANZIARIA DI RIQUALIFICARE GLI ATTI NEGOZIALI POSTI IN ESSERE DAI CONTRIBUENTI.

L'istituto dell'abuso del diritto può interferire ma deve essere tenuto distinto da quello della possibilità dell'Amministrazione finanziaria di riqualificare un negozio giuridico concluso dai contribuenti che, in quanto tale, costituisce il presupposto per una forma di imposizione.
In linea generale, la questione giuridica se l'Ufficio abbia o meno la possibilità di riqualificare, ai fini fiscali, i negozi giuridici posti in essere dai privati (es. cessione di immobile da demolire come cessione di terreno edificabile, oppure la cessione di quote societarie in un negozio di cessione di ramo d'azienda) è stata affrontata dagli interpreti con riferimento a diverse tipologie d'imposta. Tant'è che detta questione ermeneutica ha trovato una diversa soluzione a seconda che la controversia avesse ad oggetto imposte dirette (ad esempio, per la tassazione delle plusvalenze determinate dalla cessione di beni immobili, detenuti per meno di cinque anni se si tratta di edifici o di terreni edificabili a prescindere dalla durata temporale della detenzione) o l'imposta di registro.
Diversamente, il tema della riqualificazione giuridica del negozio giuridico da parte dell'Ufficio non è stato dibattuto con riferimento all'imposta indiretta dell'IVA in quanto il regime di tassazione di detta

imposta è «strettamente correlato alla natura oggettiva del bene ceduto, vale a dire allo stato di fatto e di diritto dello stesso all'atto della cessione, prescindendo quindi dalla destinazione del bene da parte dell'acquirente» (Circolare n. 28/E del 21 giugno 2011).
Il fondamento normativo del potere in discorso viene, tradizionalmente, rivenuto nell'art. 31 (Attribuzioni degli uffici delle imposte), D.P.R. 29/09/1973, n. 600 (Disposizioni comuni in materia di accertamento delle imposte sui redditi) che, a sua volta, in tema di imposta di registro ed ipotecaria è richiamato dall'art. 53 bis del D.P.R. 26 aprile 1986, n. 131. Le norme in discorso, in termini molto più generali, rappresentano il fondamento normativo del potere di accertamento dell'Amministrazione finanziaria per l'esercizio dei controlli sull'attuazione dei tributi.

> ✓ Il problema della riqualificazione di un atto negoziale, in materia di imposte dirette, si è posto per l'istituto della «**plusvalenza**» (che opera, appunto, esclusivamente nelle imposte dirette).

Così, ad esempio, la Cassazione (sentenze n. 4150 del 21 febbraio 2014 e n. 15629 del 9 luglio 2014) ha negato la possibilità per l'Amministrazione Finanziaria di riqualificare la cessione di bene immobile da demolire in termini di cessione di area edificabile. All'origine della prassi dell'Amministrazione Finanziaria di riqualificare, ai fini delle imposte dirette, la cessione di immobile da demolire (non imponibile se posseduto da più di 5 anni) in cessione di terreno edificabile (sempre imponibile), vi era la Risoluzione n. 395/E del 22 ottobre 2008. Come noto, infatti, l'art. 67 TUIR, comma 1, lett. b) definisce redditi diversi, sottoposti a tassazione: le plusvalenze derivanti da cessione a titolo oneroso di beni immobili acquisiti/costruiti da meno di 5 anni, esclusi quelli ottenuti per successione; in ogni caso, le plusvalenze derivanti da cessioni a titolo oneroso di terreni suscettibili di utilizzazione edificatoria secondo gli strumenti urbanistici vigenti al momento della cessione.
Nella prima decisione (sent. n. 4150 del 21 febbraio 2014), la Cassazione afferma che non è rilevante la circostanza fattuale che l'immobile «insorga su terreno che abbia una ulteriore potenzialità edificatoria, o che in base a non oggettivamente riscontrate (…)

intenzioni delle parti, il capannone medesimo sia stato destinato alla demolizione». Nella successiva pronuncia (sent. n. 15629 del 9 luglio 2014), i Giudici di legittimità aggiungono che «dalla "stessa lettera del citato art. 81 (ora 67) e dell'art. 16 (17) comma 1, lett. g bis TUIR non possono rientrare... le cessioni aventi ad oggetto non un terreno "suscettibile di utilizzazione edificatoria" ma un terreno sul quale insorge un fabbricato e che, quindi, è da ritenersi già edificato" (così Cass. n. 4150/2014 la quale ha escluso la tassazione separata di una plusvalenza realizzata a seguito di vendita di "capannone ad uso commerciale e relative pertinenze", censito al catasto fabbricati, ritenendo irrilevante sia l'ulteriore potenzialità edificatoria del terreno su cui esso insisteva, sia l'asserita, ma non dimostrata, intenzione delle parti di demolire il predetto capannone)». In particolare, la *ratio* dell'**art. 67 TUIR** va ravvisata nella volontà di «assoggettare ad imposizione la plusvalenza che [...] scaturisce non "in virtù di un'attività produttiva del proprietario o possessore, ma per l'avvenuta destinazione edificatoria in sede di pianificazione urbanistica" dei terreni». Conclude la Corte osservando che oggetto dell'atto è un fabbricato, e, quindi, un «"terreno già edificato" e tale entità sostanziale non può essere mutata (con conseguente incongruenza di ogni diversa riqualificazione), in terreno suscettibile di potenzialità edificatoria, sulla base di presunzioni derivate da elementi soggettivi, interni alla sfera dei contraenti, e, soprattutto, la cui realizzazione (nel caso in specie attraverso la demolizione del fabbricato) è futura (rispetto all'atto oggetto di tassazione), eventuale e rimessa alla potestà di soggetto diverso (l'acquirente) da quello interessato dall'imposizione fiscale"».

Dunque, secondo la Cassazione, in tema di imposte dirette non è possibile riqualificare l'atto di cessione sulla base di elementi e scelte personali dell'acquirente (ad esempio, la decisione di demolire o meno l'immobile dopo l'acquisto). Dette circostanze rappresentano elementi futuri, incerti, ed estranei alla sfera tributaria del venditore, in capo al quale non dovrebbero, pertanto, determinare conseguenze. In altri termini, ai fini della tassazione di eventuali plusvalenze, è rilevante la destinazione edificatoria che sin dall'origine viene assegnata all'area, e non quella attribuita, a seguito di un intervento da parte del cedente o del cessionario, ad un'area già edificata.

✓ Il problema della riqualificazione di una serie di atti di compravendita per stabilire se debbano essere considerati come "**cessione di singoli beni strumentali**" oppure come una unitaria "**cessione d'azienda**" secondo la nozione civilistica di cui all'art. 2555 del Codice Civile (contraddistinta dall'organizzazione dei beni finalizzata all'esercizio dell'impresa).

(Cass., sent. 22 luglio 2016, n. 15175): «ai fini dell'applicazione dell'imposta di registro, e di riflesso anche ai fini dell'imposizione IVA, deve attribuirsi rilievo preminente alla sua causa reale ed alla effettiva regolamentazione degli interessi realmente perseguiti dai contribuenti (Cass. 7 luglio 2003 n. 10660; Cass. 25 febbraio 2002, n. 2713). Particolarmente "in materia di imposta sugli atti", questa Corte (Cass. 23 novembre 2001 n. 14900) ha precisato (e ribadito nelle successive decisioni n. 11457 del 30 maggio 2005, n. 2713 del 25 febbraio 2002 e n. 10660 del 7 luglio 2003, pure di questa sezione) che "la scelta legislativa di privilegiare, nella contrapposizione fra "la intrinseca natura e gli effetti giuridici" ed "il titolo o la forma apparente" di essi, il primo termine, unitariamente considerato" assume un "rilievo di fondo" ed implica che "gli stessi concetti privatistici sull'autonomia negoziale regrediscono a semplici elementi della fattispecie tributaria" per cui, "anche se non potrà prescindersi dall'interpretazione della volontà negoziale secondo i canoni generali (...)", nella individuazione della materia imponibile dovrà darsi prominenza assoluta alla causa reale sull'assetto cartolare, con conseguente tangibilità, sul piano fiscale, delle forme negoziali". Il tema dell'indagine non consiste nell'accertare ciò che le parti hanno scritto ma cosa le stesse hanno effettivamente realizzato con il regolamento negoziale adottato».

✓ In numerose pronunce, poi, la Corte di cassazione ha riqualificato la **cessione di quote societarie come cessione di azienda**.

6.1. IL POTERE DI RIQUALIFICARE GLI ATTI AI FINI DELL'IMPOSTA DI REGISTRO (ART. 20 D.P.R. 131/1986).

In ragione della formulazione letterale dell'art. 20 cit. -in vigore fino al 31 dicembre 2017- la tematica del potere dell'Amministrazione finanziaria di riqualificare i negozi giuridici di diritto privato ha interessato soprattutto l'**imposta di registro**.

In particolare, lettera dell'art. 20, del D.P.R. 26 aprile 1986, n. 131 (sotto la rubrica "Interpretazione degli atti") stabiliva che "*l'imposta è applicata secondo la intrinseca natura e gli effetti giuridici degli atti presentati alla registrazione, anche se non vi corrisponda il titolo o la forma apparente*".

La Legge di bilancio per il 2018 (L. 27 dicembre 2017, n. 205) ha inserito un inciso finale alla richiamata disposizione di legge e, pertanto, a decorrere dal 1° gennaio 2018, l'art. 20 recita: "l'imposta è applicata secondo la intrinseca natura e gli effetti giuridici dell'atto presentato alla registrazione, anche se non vi corrisponda il titolo o la forma apparente, sulla base degli elementi desumibili dall'atto medesimo, prescindendo da quelli extratestuali e dagli atti ad esso collegati, salvo quanto disposto dagli articoli successivi".

L'anno successivo, sulla norma in discorso, è intervenuto nuovamente il legislatore (art. 1, comma 1084, della l. n. 145 del 2018) stabilendo che «l'articolo 1, comma 87, lettera a), della legge 27 dicembre 2017, n. 205, costituisce interpretazione autentica dell'articolo 20, comma 1, del testo unico di cui al decreto del Presidente della Repubblica 26 aprile 1986, n. 131», così attribuendogli efficacia retroattiva.

Si ricorda, infine, che la richiamata legge n. 205/17, oltre ad aver modificato l'art. 20 cit., a partire dal 1° gennaio 2018 ha inserito anche un inciso all'art. 53-bis (Attribuzioni e poteri degli uffici) che, come detto in precedenza, rappresenta il fondamento normativo del potere di riqualificare gli atti negoziali per sottoporli ad una corretta imposizione fiscale. In maggior dettaglio, la novella normativa ha introdotto l'inciso "Fermo restando quanto previsto dall'articolo 10-bis della legge 27 luglio 2000, n. 212" (ossia, la normativa sul c.d. abuso del diritto), nell'*incipit* dell'originaria lettera della norma che recita: "le attribuzioni e i poteri di cui agli articoli 31 e seguenti del decreto del Presidente della Repubblica 29 settembre 1973, n. 600, e successive modificazioni, possono essere esercitati anche ai fini dell'imposta di registro, nonché delle imposte ipotecaria e catastale previste dal testo unico di cui al decreto legislativo 31 ottobre 1990, n. 347".

La posizione della giurisprudenza sull'art. 20 del d.p.r. 26 aprile 1986, n. 131 prima delle modifiche apportate dalla legge di bilancio per il 2018.

La Corte di cassazione, in merito all'originaria disposizione, ha escluso che la potestà dell'Amministrazione finanziaria di riqualificare un atto negoziale, ai fini dell'applicazione dell'imposta di registro, fosse riconducibile all'istituto dell'abuso del diritto; conseguentemente, ha affermato che non potesse trovare applicazione il relativo procedimento speciale per l'accertamento dell'abusività.

In proposito si richiama la recentissima pronuncia del Giudice di legittimità (Cass. sent. n. 5362/2017) che ha affermato "la giurisprudenza della Corte è pacifica nel ritenere che l'art. 20 d.p.r. 131/1986 non è disposizione predisposta al recupero di imposte «eluse», perché l'istituto dell'«abuso del diritto» ora disciplinato dall'art. 10 bis 1. 27 luglio 2000 n. 212 presuppone una mancanza di «causa economica» che non è invece prevista per l'applicazione dell'art. 20 d.p.r. n. 131 cit. Norma che semplicemente impone, ai fini della determinazione dell'imposta di registro, di qualificare l'atto o il «collegamento» negoziale in ragione del loro «intrinseco». E cioè in ragione degli effetti «oggettivamente» raggiunti dal negozio o dal «collegamento» negoziale, come per esempio. può avvenire con il conferimento di beni in una Società e la cessione di quote della stessa che se «collegati» potrebbero essere senz'altro idonei a realizzare «oggettivamente» gli effetti della vendita e cioè il trasferimento di cose dietro corrispettivo del pagamento del prezzo. E la fattispecie regolata dall'art. 20 d.p.r. n. 131 cit. nemmeno ha a che fare con l'istituto della simulazione, atteso che la riqualificazione in parola avviene anche se le parti hanno realmente voluto quel negozio o quel «collegamento» negoziale e questo appunto perché ciò che conta sono gli effetti «oggettivamente» prodottisi (così le sentenze n. 9582 del 11 maggio 2016; n. 10211 del 18 maggio 2016; n. 9573 del 11 maggio 2016, tutte emesse il 21 aprile 2016 ed ancora la sentenza n. 18454 del 21 settembre

2016 ; n. 2050 del 27 gennaio 2017).

Esclusa ogni finalità antielusiva dell'art. 20 TUR, per calcolare correttamente l'imposta di registro è fondamentale **qualificare correttamente l'atto che deve essere assoggettato a detta imposta**.

La necessità di individuare la "**causa in concreto**" del negozio, tuttavia, sempre secondo la Corte di cassazione (sent. n. 2054/2017) presuppone che, preliminarmente, vada in concreto escluso che il contribuente avesse esercitato una legittima scelta di avvalersi "di un tipo negoziale invece di un altro". Infatti, se è indubitabile che l'Amministrazione in forza dell'art. 20 cit. «non è tenuta ad accogliere acriticamente la qualificazione prospettata dalle parti ovvero quella "forma apparente" al quale lo stesso art. 20 fa riferimento, è indubbio che in tale attività riqualificatoria essa non può travalicare lo schema negoziale tipico nel quale l'atto risulta inquadrabile, pena l'artificiosa costruzione di una fattispecie imponibile diversa da quella voluta e comportante differenti effetti giuridici. In altre parole, non deve ricercare un presunto effetto economico dell'atto tanto più se e quando - come nel caso di specie - lo stesso è il medesimo per due negozi tipici diversi per gli effetti giuridici che si vogliono realizzare».

Dunque, secondo la Cassazione, ancorché non si prescinda dall'interpretazione della volontà negoziale secondo i canoni generali, l'art. 20 TUR comporta che nell'individuazione della materia imponibile debba darsi preminenza assoluta alla causa reale sull'assetto cartolare. L'art. 20 TUR, in altri termini, costituisce indice rivelatore di criteri di qualificazione autonomi rispetto alle ordinarie regole interpretative civilistiche.

Da qui è stato affermato il principio della "**indisponibilità della qualificazione contrattuale ai fini fiscali**". In altri termini, in materia fiscale sono «prive di rilievo le questioni relative all'interpretazione dei contratti e all'autonomia negoziale delle parti poiché ha importanza non cosa le parti abbiano scritto, ma ciò che esse abbiano effettivamente realizzato col complessivo regolamento negoziale adottato, anche indipendentemente dal contenuto delle dichiarazioni rese. Pertanto, quando gli atti sono plurimi e funzionalmente collegati non può rilevare che la causa concreta dell'operazione complessiva, posto che il ritenere l'imposta di registro come imposta di negozio correlata alla causa concreta dell'operazione costituisce applicazione del principio costituzionale di capacità contributiva. Un'interpretazione atomistica dell'operazione negoziale non è in grado di misurare il reale movimento di ricchezza, che si rivela soltanto nella dimensione complessiva dell'affare» (Cass. 26 gennaio 2018, n. 2007 che richiama Cass. n. 6758 del 2017).

La posizione della giurisprudenza sull'art. 20 del d.p.r. 26 aprile 1986, n. 131 dopo le modifiche apportate dalla legge di bilancio 2018: norma innovativa o di interpretazione autentica? l'intervento chiarificatore della legge di bilancio per il 2019

Con la legge di bilancio per il 2019, è intervenuto nuovamente il legislatore (art. 1, comma 1084, della l. n. 145 del 2018) stabilendo che «l'articolo 1, comma 87, lettera a), della legge 27 dicembre 2017, n. 205, costituisce **interpretazione autentica** dell'articolo 20, comma 1, del testo unico di cui al decreto del Presidente della Repubblica 26 aprile 1986, n. 131», così attribuendo alla novella efficacia retroattiva.
Detta norma è stata oggetto di sindacato della Corte costituzionale che è stata investita della questione di legittimità dalla Corte di cassazione che, a sua volta, all'indomani delle modifiche apportate all'art. 20 TUR dalla legge di bilancio per il 2018, si era interrogata sulla natura della novella. In particolare, si era chiesta se la stessa avesse natura interpretativa e, quindi, fosse applicabile retroattivamente o se, al contrario, avesse una portata innovativa e, quindi, non limitasse il potere dell'Amministrazione finanziaria di riqualificare in chiave sostanzialistica gli atti stipulati entro il 31 dicembre 2017.

L'orientamento della corte di cassazione antecedente alla sentenza della corte costituzionale n. 158/2020

L'orientamento della Corte di cassazione, prima dell'intervento qualificatorio del legislatore nel senso di norma di interpretazione autentica, era consolidato nel senso della natura innovativa e, quindi, non applicabile retroattivamente.

(Cass., sent. n. 2007 del 26 gennaio 2018): «Alla norma **non** si può riconoscere l'**effetto interpretativo** di quella previgente poiché essa introduce dei limiti all'attività di riqualificazione giuridica della fattispecie che prima non erano previsti, fermo restando che l'amministrazione finanziaria può dimostrare la sussistenza dell'abuso del diritto previsto dall'art. 10 bis della legge 212/2000 (introdotto dal D.Lgs. 5 agosto 2015, n. 128), il quale, alla lettera a, attribuisce espressamente rilevanza al collegamento negoziale, ma nel solo ambito, appunto, dell'abuso del diritto e non più in quello della mera riqualificazione giuridica. E mette conto considerare che l'orientamento giurisprudenziale prevalente ha escluso la natura antielusiva dell'art. 20 a beneficio di quella della qualificazione giuridica della fattispecie (Cass. 21676 del 2017; n. 6758 del 2017; n. 1955 del 2015; n. 24594 del 2015; n. 24594 del 2015; n. 1955 del 2015; contra n. 2054 del 2017; n. 6835 del 2013; n. 24452 del 2007; n. 2713 del 2002), per il che non si può affermare che la modifica introdotta all'art. 20 d.p.r. 131/86 dalla legge 27 dicembre 2017 n. 205 abbia natura interpretativa alla luce dell'art. 10 bis della legge 212/2000 poiché tale ultima norma disciplina il diverso ambito dell'abuso del diritto.

Non varrebbe obiettare che la relazione illustrativa alla legge 205/17 assegna alla disposizione concernente l'imposta di registro il compito di "chiarire" il criterio di individuazione della natura e degli effetti che devono essere presi in considerazione ai fini della registrazione. Tale elemento può, infatti, agevolmente superarsi sulla base del tenore testuale infine adottato dallo stesso art.1 co.87 in esame, il quale dichiara espressamente di apportare talune "modificazioni" all'art. 20 d.P.R. 131/86, palesandosi così quale **disposizione prettamente innovativa del precedente assetto normativo**. E ciò trova conferma, in accordo con il dato letterale del nuovo disposto, anche in ragione del fatto che tale modificazione ha determinato una rivisitazione strutturale profonda ed antitetica della fattispecie impositiva pregressa; là dove l'art. 20 previgente (secondo l'indirizzo di legittimità) imponeva la tassazione sulla base di elementi (il dato extratestuale ed il collegamento negoziale) che vengono invece oggi espressamente esclusi; fatto salvo il loro "recupero", come detto, nel diverso ambito della sopravvenuta disciplina dell'abuso del diritto di cui all'art. 10 bis legge 212/00 cit.. In definitiva, va dunque affermato che l'art.1, comma 87, lett. a), della legge 27 dicembre 2017, n. 205 non avendo natura interpretativa, ma innovativa, non esplica effetto retroattivo; conseguentemente, gli atti antecedenti alla data di sua entrata in vigore (1° gennaio 2018) continuano ad essere assoggettati ad imposta di registro secondo la disciplina risultante dalla previgente formulazione dell'art. 20 d.P.R. 131/86».

La sentenza della corte costituzionale n. 158/2020

La Corte di cassazione, con ordinanza del 23 settembre 2019, n. 23549, ha sollevato d'ufficio, in riferimento agli artt. 3 e 53 della Costituzione, questioni di legittimità costituzionale dell'art. 20 del d.P.R. n. 131/1986 (TUR), così come modificato dalla legge 30 dicembre 2018, n. 145, in quanto secondo il giudice *a quo* tale «nuova e più ristretta» formulazione del citato art. 20 sarebbe lesiva:

a) dell'art. 53 Cost., sotto il profilo dell'effettività dell'imposizione, in quanto – in contrasto con il principio «imprescindibile ed anche storicamente radicato» della prevalenza della sostanza sulla forma – «l'esenzione del collegamento negoziale dall'opera di qualificazione giuridica dell'atto produce l'effetto pratico di sottrarre ad imposizione una tipica manifestazione di capacità contributiva»;

b) dell'art. 3 Cost., sotto il profilo dell'eguaglianza e

ragionevolezza, dal momento che «a pari manifestazioni di forza economica (e quindi di capacità contributiva) non possano corrispondere imposizioni di diversa entità […] a seconda che […] le parti abbiano stabilito di realizzare il proprio assetto di interessi con un solo atto negoziale piuttosto che con più atti collegati», non essendo il collegamento negoziale un indice di diversificazione di fattispecie legittimante un trattamento non omogeneo delle situazioni prese a comparazione.

La Corte costituzionale, con la sentenza 21 luglio 2020, n. 158, ha affermato che, alla luce degli interventi legislativi del 2017 e del 2018, è indiscutibile che l'Amministrazione finanziaria nell'interpretare l'atto presentato a registrazione deve prescindere dagli elementi «extratestuali e dagli atti ad esso collegati», salvo quanto disposto dagli articoli successivi del medesimo d.P.R. n. 131 del 1986. Dunque, l'«interpretazione adeguatrice» della Cassazione diffusasi all'indomani della novella dell'art. 20 TUR che, nella sostanza, confermava l'originaria interpretazione dell'art. 20 cit. "si risolverebbe in un'arbitraria e illogica *interpretatio abrogans* delle disposizioni censurate".

In buona sostanza, «il censurato intervento normativo appare finalizzato a ricondurre il citato art. 20 all'interno del suo alveo originario, dove l'interpretazione, in linea con le specificità del diritto tributario, risulta circoscritta agli effetti giuridici dell'atto presentato alla registrazione (ovverossia al *gestum*, rilevante secondo la tipizzazione stabilita dalle voci indicate nella tariffa allegata al testo unico), senza che possano essere svolte indagini circa effetti ulteriori, salvo che ciò sia espressamente stabilito dalla stessa disciplina del testo unico». D'altra parte, «proprio la clausola finale del censurato art. 20 "salvo quanto disposto dagli articoli successivi" concorre ad avvalorare la suddetta valenza sistematica dell'intervento legislativo del 2017 nell'assetto della disciplina del tributo. Invero, per effetto della novella, le ipotesi riconducibili all'accezione restrittiva generale della nozione di «atto» presentato alla registrazione sono individuabili solo al di fuori di quelle, espressamente regolate dallo stesso testo unico, che ammettono la rilevanza degli effetti di separati atti o fatti collegati o, in altri termini, di vicende rientranti nel complessivo programma di azione costituito da un precedente negozio, che incideranno sul regime fiscale di quest'ultimo o comporteranno trattamenti d'imposta diversificati».

In conclusione, «il legislatore, con la denunciata norma ha inteso, attraverso un esercizio non manifestamente arbitrario della propria discrezionalità, riaffermare la natura di "imposta d'atto" dell'imposta di registro, precisando l'oggetto dell'imposizione in coerenza con la struttura di un prelievo sugli effetti giuridici dell'atto presentato per la registrazione, senza che assumano rilievo gli elementi extratestuali e gli atti collegati privi di qualsiasi nesso testuale con l'atto medesimo, salvo le ipotesi espressamente regolate dal testo unico. In tal modo risulta rispettata la coerenza interna della struttura dell'imposta con il suo presupposto economico, coerenza sulla cui verifica verte il giudizio di legittimità costituzionale (su tale esigenza, *ex multis,* sentenze n. 10 del 2015, n. 116 del 2013, n. 223 del 2012 e n. 111 del 1997). Ne consegue che le questioni prospettate con riferimento agli artt. 3 e 53 Cost. sono non fondate» (Corte cost., sent. 21 luglio 2020, n. 158).

7. L'INTERPOSIZIONE FITTIZIA.

L'istituto dell'interposizione fittizia trova il suo fondamento normativo nell'**art. 37, comma 3, d.p.r. n. 600/1973**. Detta norma è applicabile alle sole ipotesi di interposizione fittizia di persona (Cass. sent. 15 novembre 2013, n. 25671 e 15 aprile 2011, n. 8671 che confermano la sent. n. 3979 del 3 aprile 2000).

L'art. 37 cit. prevede che l'Amministrazione finanziaria – in sede di accertamento di rettifica o d'ufficio - possa colpire i redditi di cui il contribuente è **titolare effettivo e non interposto,** quando si dimostri anche sulla base di presunzioni gravi, precise e concordanti, che egli ne

è l'effettivo possessore per interposta persona.
Tale norma disciplina **i fenomeni di interposizione fittizia,** la cui regola generale prevede che nelle situazioni in cui vi sia divario tra **titolarità apparente** e **possesso effettivo** di un reddito, l'imposta deve essere posta a carico del possessore effettivo e non ovviamente della persona interposta.
Dunque, il meccanismo dell'interposizione fittizia si realizza ogni volta che l'accordo simulatorio ha ad oggetto l'attribuzione della qualità di parte del contratto ad un soggetto che, invece, ne resta estraneo e presta soltanto il proprio nome.
Spetta all'Ufficio provare dimostrare, anche in via presuntiva, la natura fittizia dell'intestazione (con indizi gravi, precisi e concordanti).

Le differenze tra l'interposizione fittizia e l'abuso del diritto

L'abuso del diritto è fattispecie riconducibile al fenomeno dell'**elusione**, mentre l'interposizione fittizia a quello dell'**evasione** (fenomeno, quest'ultimo, che ha anche conseguenze penali).
Le differenze sono così sintetizzabili.
-) In caso di **abuso del diritto**, l'Amministrazione finanziaria contesta «il fatto che sia stato utilizzato uno strumento giuridico negoziale di per sé lecito ma, tuttavia, piegato per **una finalità distorta**, costituendo solo un mezzo per perseguire vantaggi fiscali non leciti» (Cass. 10 settembre 2020, n. 187667). L'elusione che ricorre in presenza di abuso del diritto può consistere in ipotesi di interposizione reale quando il soggetto interposto è effettivo titolare del reddito e nei suoi confronti si realizzano gli effetti previsti dalle norme tributarie; in sostanza egli funge da schermo per il conseguimento di un vantaggio fiscale che, diversamente, non si realizzerebbe in capo all'interponente. L'**interposizione è reale** perché l'operazione è voluta e strutturata per conseguire un vantaggio fiscale che può anche una connotazione elusiva. Nella interposizione reale c'è una perfetta coincidenza tra la realtà apparente e la realtà effettiva: l'unico soggetto titolare del reddito è colui che appare tale. In sostanza, l'interposizione reale è

un comportamento fiscalmente legittimo, ovvero è un comportamento elusivo, se ne ricorrono i presupposti.

-) Con la **interposizione fittizia di persona**, invece, si contesta appunto una interposizione "non reale": il titolare effettivo del reddito evade il fisco imputando fittiziamente ad un altro soggetto il proprio reddito; «non è l'uso di uno strumento negoziale, di per sé lecito, che viene in considerazione, ma la **creazione di una situazione di apparenza negoziale** i cui effetti, in realtà, non sono voluti dalle parti contraenti» (Cass. 10 settembre 2020, n. 187667).

A titolo esemplificativo, è stato escluso che sussista interposizione fittizia nel contratto d'affitto di azienda (e né, quindi, sottrazione ad imposizione di parte del reddito ricavato dall'operazione) se l'Ufficio non dimostra che i redditi, dei quali risultino titolari i soggetti che considera interposti (ossia i soci), siano in realtà riferibili al soggetto interponente, ossia la società (Cass. sent. n. 29370/2017).

Ulteriore rilievo pratico della distinzione tra i due istituti concerne le modalità di accertamento:

-) in caso di **abuso del diritto**, l'accertamento dell'elusione, inoltre, deve seguire – necessariamente e a pena di nullità dell'avviso – il procedimento di cui ai commi 6 e seguenti dell'art. 10 bis dello Statuto del contribuente di cui si è detto in precedenza (obbligo di richiesta di chiarimenti al contribuente, motivazione dell'avviso di rettifica e onere della prova in capo all'Amministrazione). Quando l'Amministrazione accerta il fenomeno elusivo provvede ad applicare l'imposta prevista dalla norma elusa, cioè quella prevista per la fattispecie che doveva realizzarsi.

-) Nell'ipotesi di **interposizione fittizia di persona**, invece, i redditi vengono direttamente imputati, ai sensi dell'art. 37 comma 3 cit., al soggetto interponente con facoltà per l'interposto di chiedere il rimborso dell'imposta versata. Infatti, le persone interposte, qualora dimostrino di aver pagato imposte in relazione a redditi in seguito imputati ad altri contribuenti, possono chiederne il **rimborso**. Solo dopo che l'accertamento sia divenuto definitivo, l'Amministrazione finanziaria procede al rimborso nei confronti del soggetto interponente.

QUESTIONARIO

1. Quali sono le differenze tra elusione, evasione e risparmio lecito di imposta? (**IX.1**)
2. Per quale motivo si parla di elusione mediante abuso del diritto? (**IX.1**)
3. Quali sono gli strumenti di controllo dell'elusione? (**IX.2**)
4. Nel nostro ordinamento giuridico qual è la norma antiabuso considerata norma avente carattere generale? (**IX.4**)
5. Quali sono i requisiti necessari affinché il comportamento abusivo sia perseguibile? (**IX.4**)
6. L'Amministrazione finanziaria che intende accertare una ipotesi di "abuso del diritto" deve seguire un procedimento speciale? (**IX.4**)
7. L'abuso del diritto è penalmente rilevante? (**IX.4**)
8. Il potere dell'amministrazione finanziari di riqualificare gli atti ai fini dell'imposta di registro è riconducibile alla figura dell'abuso del diritto? (**IX.6**)
9. Cosa s'intende per interposizione fittizia? (**IX.7**)
10. Quali sono le differenze, anche con riferimento alle modalità accertative, tra abuso del diritto e interposizione fittizia? (**IX.7**)

SCHEDA DI SINTESI

L'elusione fiscale è il meccanismo attraverso il quale il contribuente mira ad evitare il prelievo tributario a suo carico, attraverso lo sfruttamento di smagliature delle norme tributarie. L'elusione non è violazione di legge ma aggiramento di un precetto fiscale, in quanto è conforme alla lettera ma non alla ratio della norma tributaria.
L'evasione, a differenza dell'elusione, invece, si realizza occultando il presupposto d'imposta e si tratta di un comportamento *contra legem*, in quanto il contribuente si sottrae, fraudolentemente, all'obbligo impositivo previsto dalla norma tributaria.
Sia l'evasione che l'elusione consentono un risparmio d'imposta, ma mentre la prima è *contra legem* e pertanto va repressa, l'elusione è *extra*

legem, e come tale va prevenuta.
Ricorre l'abuso del diritto quando si è in presenza di una o più operazioni prive di sostanza economica che, pur nel rispetto formale delle norme fiscali, realizzano essenzialmente vantaggi fiscali indebiti.
L'istituto dell'abuso del diritto può interferire ma deve essere tenuto distinto da quello della possibilità dell'Amministrazione finanziaria di riqualificare un negozio giuridico concluso dai contribuenti che, in quanto tale, costituisce il presupposto per una forma di imposizione.
Il meccanismo dell'interposizione fittizia si realizza ogni volta che l'accordo simulatorio ha ad oggetto l'attribuzione della qualità di parte del contratto ad un soggetto che, invece, ne resta estraneo e presta soltanto il proprio nome.

TI RICORDI

L'istituto dell'interpello consente al contribuente di chiede all'Amministrazione finanziaria l'interpretazione di una norma tributaria. Sono previste 5 tipologie di interpello: ordinario (o interpretativo), probatorio, antiabuso, disapplicativo e sui nuovi investimenti.
Gli interpelli sono facoltativi, ad eccezione di quello disapplicativo che è per sua natura obbligatorio.

CAPITOLO X
La riscossione

SOMMARIO:

1. LA FASE DI RISCOSSIONE.

La riscossione è la fase successiva a quella di accertamento. Come per l'accertamento, anche la riscossione avviene secondo modalità ben precise: l'ente impositore, infatti, può ricevere/prelevare le somme dovute soltanto nei modi previsti dalla legge, con la conseguenza che l'obbligazione tributaria non può essere estinta con forme di estinzione proprie di altri rapporti obbligatori.

Nel nostro sistema tributario, la regola generale prevede la cd. **riscossione volontaria**, ovvero la riscossione dei tributi avviene mediante il pagamento spontaneo del contribuente, salvo le ipotesi di cd. **riscossione coattiva**; ossia le ipotesi in cui, in ragione dell'inadempimento del contribuente, l'ente impositore procede coattivamente sulla scorta degli atti in suo possesso.

L'Agenzia delle Entrate svolge l'attività di riscossione **"coattiva"** dei tributi - in mancanza del pagamento spontaneo del contribuente - tramite l'**Agente della riscossione**.

L'Agente della riscossione esercita **funzioni** che essenzialmente consistono:

- **nell'incasso di pagamenti effettuati mediante versamenti diretti e mediante ruolo;**
- **nel provvedere all'esecuzione forzata;**
- **nell'effettuare i rimborsi ai contribuenti.**

Per la riscossione delle entrate degli enti locali, l'art. 7, comma 2, del D.L. n. 70/2011, alla lettera gg- quater) consente ai Comuni di avvalersi anche dell'**ingiunzione fiscale** (disciplinata dal regio decreto n. 639/1910 ed integrata dalle disposizioni del D.P.R. n. 602/1973), se la gestione è svolta direttamente ovvero affidata in concessione ai privati iscritti nell'apposito albo dei soggetti abilitati. In particolare, il R.D. n. 639/1910 aveva previsto la possibilità per lo Stato e per gli Enti Pubblici di riscuotere le proprie entrate con una procedura più veloce rispetto al procedimento per ingiunzione utilizzabile dai privati. La procedura ivi disciplinata è tuttora utilizzabile dagli enti locali in alternativa all'affidamento all'Agente per la riscossione, per la riscossione di entrate tributarie e patrimoniali locali.

- Differenze tra "il **ruolo**" e l'**ingiunzione fiscale** ai sensi del R.D. 14/4/1910 n. 639 (Approvazione del testo unico delle disposizioni di legge relative alla riscossione delle entrate patrimoniali dello Stato).

La riscossione mediante "ruolo" significa riscossione affidata ad un soggetto estraneo all'ente impositore chiamato "agente della riscossione".

L'ingiunzione fiscale è uno strumento che consente di riscuotere le entrate tributarie e patrimoniali dei Comuni e, a seconda del tipo di entrata riscossa, l'ingiunzione è accompagnata da alcuni atti prodromici tipici (ad esempio l'avviso di accertamento per riscuotere entrate di natura tributaria).

Si tratta di un atto amministrativo col quale l'ente creditore individua il *quantum* dovuto intimandone il pagamento. Ove il contribuente non proceda al pagamento o non si opponga entro 30 giorni, l'ingiunzione diviene definitiva e l'ente può procedere ad esecuzione forzata utilizzando gli strumenti espropriativi previsti dal D.P.R. n. 602/1973.

Ne consegue che gli enti locali possono (ma non sono obbligati) riscuotere le proprie entrate utilizzando l'ingiunzione fiscale, piuttosto che procedere alla riscossione mediante ruolo affidato all'Agente della riscossione.

L'ingiunzione fiscale può essere emessa direttamente dagli organi dell'Ente Locale oppure da soggetti terzi delegati dall'Ente medesimo.

L'ingiunzione contiene l'indicazione del debito d'imposta, l'ordine di pagare ed è il titolo esecutivo per la riscossione di alcune imposte indirette (ossia, l'atto necessario e sufficiente a legittimare l'esecuzione forzata).

La natura dell'ingiunzione fiscale

Corte di cassazione (ord. n. 10896/2019): «Quanto alla natura della ordinanza ingiunzione, questa Corte ha già affermato che l'ingiunzione fiscale, anche dopo l'entrata in vigore (1° gennaio 1990) del D.P.R. n. 43 del 1988, che ha generalizzato le modalità di riscossione mediante ruolo, costituisce un atto rivolto a portare la pretesa fiscale a conoscenza del debitore ed a formare il titolo per l'eventuale esecuzione forzata (Cass. n. 2912/2017). L'ingiunzione fiscale è espressione del potere di auto-accertamento e di autotutela della Pubblica Amministrazione, con natura giuridica di atto amministrativo che cumula in sé le caratteristiche del titolo esecutivo e del precetto, legittimando, in caso di mancato pagamento, la riscossione coattiva mediante pignoramento dei beni del debitore. Essa segue il mancato pagamento dell'avviso di accertamento e non lo sostituisce. Una volta divenuto definitivo l'avviso di accertamento, infatti, il rapporto giuridico tributario deve considerarsi esaurito, sicché la successiva ingiunzione fiscale non integra un nuovo atto impositivo ma un atto liquidatorio (Cass. 13132/2017)».

2. LA RISCOSSIONE VOLONTARIA.

Il nostro ordinamento tributario – basato sull'autotassazione – prevede il pagamento delle imposte **spontaneamente** o su **iniziava del contribuente** di quanto dovuto, nei casi tassativamente previsti dalla legge (art. 1 ss., d.P.R. n. 602/1973):

1. **ritenuta diretta,** per le imposte sui redditi;
2. **versamento diretto,** per le imposte sui redditi, l'IRAP e l'IVA;
3. **ruolo,** per tutti i tributi **(strumento di riscossione sia volontaria che coattiva).**

2.1. LE RITENUTE DIRETTE.

La ritenuta diretta è una delle **forme tipiche di riscossione** che viene impiegata nel campo delle **imposte dirette** nei casi in cui una Pubblica Amministrazione corrisponda ad un contribuente determinati compensi.
La somma pagata dalla Pubblica Amministrazione è decurtata «a monte» di una **ritenuta,** che può essere **a titolo di acconto** o **a titolo definitivo.**
Nel **primo caso,** la ritenuta operata non esaurisce il rapporto tributario, poiché il contribuente dovrà dichiarare il compenso percepito, liquidare le relative imposte e versarle al netto della ritenuta subita.
Nel **secondo caso,** invece, il prelievo operato è definitivo, in quanto l'Amministrazione effettua il pagamento al contribuente al netto dell'intera imposta dovuta in relazione alla somma percepita.
A titolo esemplificativo, sono riscosse con ritenuta diretta le imposte sui redditi di lavoro dipendente del personale delle Pubbliche Amministrazioni e le imposte sulle vincite e sui premi del lotto e delle lotterie nazionali.

2.2. I VERSAMENTI DIRETTI.

Il versamento diretto è **la forma di riscossione volontaria principale** e consiste nello **spontaneo versamento** delle imposte da parte del contribuente all'Erario.
In gran parte dei casi esso si concretizza nel versamento alla **Tesoreria dello Stato** mediante una delega irrevocabile ad una Banca o alle Poste Italiane. La delega per le **imposte dirette, l'IRAP, l'IVA e molti altri tributi** (ad esempio i contributi previdenziali ed assistenziali) è costituita dal **modello F24**. Detto modello consente il cd. **versamento unitario** delle imposte, ovvero il versamento cumulativo delle principali imposte.

Il metodo del versamento diretto trova applicazione, tra l'altro, per i versamenti degli acconti e dei saldi delle imposte sui redditi indicate nella dichiarazione, delle relative addizionali e dell'IRAP, per i versamenti periodici e a saldo dell'IVA e per i versamenti delle ritenute operate dai sostituti d'imposta (la cd. **ritenuta ordinaria**).
La **ritenuta ordinaria alla fonte,** che si ricollega al fenomeno della «sostituzione» di cui all'art. 64, d.P.R. n. 600/1973, **va distinta dalla ritenuta diretta:** in quest'ultima, infatti, il sostituto d'imposta coincide con il soggetto creditore dell'imposta (lo Stato); mentre, nella ritenuta ordinaria, **il sostituto d'imposta non coincide con il soggetto creditore dell'imposta (lo Stato)** sicché, una volta effettuata la ritenuta sulla somma versata al sostituito, egli è tenuto a versare la ritenuta stessa all'Erario.

2.3. LA COMPENSAZIONE.

Nell'ambito dell'adempimento tramite versamento diretto va altresì segnalato **l'adempimento mediante compensazione** tra le partite attive (crediti) e passive (debiti): istituto disciplinato in ambito civilistico dagli articoli 1241 e seguenti del codice civile.
In materia tributaria, si distingue tra compensazione verticale e compensazione orizzontale:

- la **compensazione verticale** avviene all'interno di un singolo tributo (per esempio, utilizzo di un credito IRPEF di un anno per saldare il debito IRPEF dell'anno successivo);
- la **compensazione orizzontale** avviene tra tributi e contributi diversi (per esempio, utilizzo di un saldo IVA a credito per regolare un debito IRES).

La compensazione nei rapporti tra contribuente ed Erario è ammessa solo nei casi espressamente disciplinati dal legislatore e purché non sussista uno specifico divieto di legge in tal senso. Per esempio, come già ricordato con riferimento all'istituto dell'accollo, vige uno specifico **divieto di compensazione in caso di accollo** del debito d'imposta altrui (D.L. n. 124/2019, collegato alla legge di bilancio 2020).
Si ricorda, altresì, che il d.l. n. 50/17 (conv. in l. 96/2017) ha introdotto novità in materia di compensazione crediti IVA infrannuali.

Negli ultimi anni, invero, si sono estremamente ampliate le fattispecie in cui il contribuente può saldare un debito tributario mediante la compensazione con posizioni creditizie vantate verso l'Amministrazione finanziaria. Tant'è che, in alcuni casi, ora è possibile estinguere l'obbligazione tributaria portando in compensazione non solo crediti erariali ma anche crediti commerciali verso la PA.

Si parla di compensazione mediante **crediti di imposta** quando si estinguono imposte erariali utilizzando in compensazione i crediti erariali (es. crediti Irpef, Ires, IVA ecc.).

Si parla, invece, di **compensazione di crediti commerciali** vantati nei confronti della Pubblica amministrazione, quando il contribuente-impresa ha effettuato dei lavori per conto di una Pubblica amministrazione e non ha ancora ricevuto il pagamento per la prestazione effettuata. Con riferimento solo a specifici debiti erariali oggetto di cartelle di pagamento, il contribuente può utilizzare quel credito commerciale per pagare il debito tributario purché l'Amministrazione interessata (ossia, quella per la quale l'impresa ha effettuato i lavori e non ha proceduto al pagamento) ne certifichi il credito.

La compensazione riguarda solo crediti commerciali nascenti dall'avvenuta esecuzione di "somministrazioni, forniture e appalti" e detti crediti, oltre a dover essere certificati, devono essere "non prescritti, certi, liquidi ed esigibili verso lo Stato, Regioni e province autonome, enti locali, enti del Servizio sanitario nazionale".

3. IL RUOLO: STRUMENTO DI RISCOSSIONE VOLONTARIA E COATTIVA.

Come anticipato, la riscossione mediante "ruolo" significa riscossione affidata ad un soggetto estraneo all'ente impositore chiamato "agente della riscossione".

Il **ruolo** è un sistema di riscossione impiegato sia per la **riscossione volontaria** sia per la **riscossione coattiva:**

-) la riscossione volontaria ricorre nelle ipotesi in cui non sono previsti né la ritenuta diretta né il versamento diretto;

-) la riscossione coattiva, invece, scatta con l'**inadempimento dell'obbligazione tributaria**.

Le somme che risultano dovute a seguito dei controlli, di qualsiasi tipo, e degli accertamenti effettuati dall'Amministrazione finanziaria vengono iscritte a ruolo.
Il ruolo (ai sensi dell'art. 10 d.P.R. 602/73) non è altro che **un elenco,** formato dall'ente impositore, dei debitori e delle somme da essi dovute: il ruolo è un **provvedimento amministrativo collettivo** che contiene un elenco di **somme da riscuotere** predisposto dall'Ufficio impositore, contenente le generalità di diversi contribuenti residenti nella propria circoscrizione ed i dati relativi ai tributi da questi dovuti (ammontare, periodo di riferimento).
La formazione del ruolo è disciplinata dal DM 321/99.
Iscrivere a ruolo significa, pertanto, inserire nell'elenco il nominativo del debitore e la somma dovuta. L'**estratto di ruolo** è, invece, l'elenco delle somme dovute da ogni singolo debitore.

Il ruolo nella riscossione coattiva

L'agente della riscossione che attiva il procedimento di riscossione coattiva, procede sulla base del ruolo, ai sensi degli artt. 49 e seg. del D.P.R. n. 602/73.
Dal 1° ottobre 2011 (art. 29 D.L. n. 78/2010) sono considerati **atti della riscossione e titoli esecutivi** gli avvisi di accertamento delle imposte sui redditi, dell'IRAP e dell'Iva nonché gli atti di irrogazione delle sanzioni per tali imposte; la nuova procedura di riscossione prescinde dalla formazione della cartella di pagamento.
L'avviso di accertamento, per essere immediatamente esecutivo, deve contenere **anche l'intimazione ad adempiere** - entro il termine di presentazione del ricorso - all'obbligo di pagamento della somma stabilita.
Gli atti devono altresì recare espressamente l'indicazione che gli stessi costituiscono titolo esecutivo idoneo ad attivare le procedure esecutive e cautelari nonché l'indicazione del soggetto che, decorsi sessanta giorni dal termine ultimo per il pagamento, procederà alla riscossione delle somme richieste, anche ai fini dell'esecuzione forzata.
L'eventuale ricorso proposto dal contribuente **non**

sospende l'esecuzione dell'avviso di accertamento, in quanto l'Ente impositore ha l'obbligo di iscrivere a ruolo provvisoriamente e riscuotere parte della somma accertata anche in pendenza di giudizio.

In caso di **sentenza sfavorevole** per il contribuente da parte delle Commissioni Tributarie, l'Amministrazione finanziaria deve **rideterminare il dovuto e notificare una intimazione ad adempiere;** il contribuente deve versare le somme dovute **entro 60 giorni dal ricevimento dell'intimazione.**

Sia l'avviso di accertamento che l'intimazione ad adempiere divengono **esecutivi decorsi 60 giorni dalla notifica;** in essi vi è l'avvertimento che, decorsi 30 giorni dal termine ultimo per il pagamento, la riscossione è affidata in carico agli agenti della riscossione anche ai fini dell'esecuzione forzata.

In caso di inadempimento del contribuente, il ruolo, proprio perché legittima l'esecuzione forzata, ha natura giuridica di **titolo esecutivo** e rende **esigibile** l'obbligazione tributaria derivante dall'avviso di accertamento o di liquidazione.

Il ruolo – come ogni atto amministrativo – deve essere **motivato,** ovvero sul titolo esecutivo va riportato il riferimento all'eventuale precedente atto di accertamento o, in mancanza, la motivazione della pretesa tributaria (art. 7, comma 3, Statuto dei diritti del contribuente).

L'iscrizione a ruolo deve essere **legittimata** da una **dichiarazione** presentata dal contribuente o da un **avviso di accertamento** o da un **avviso di liquidazione.**

La sospensione del ruolo in via amministrativa

Come già detto, il ricorso del contribuente non sospende la riscossione da parte dell'Amministrazione finanziaria; il contribuente ricorrente può sia chiedere **la sospensione alla Commissione tributaria competente** sia richiedere **la sospensione del ruolo all'ufficio dell'Agenzia delle Entrate.**

L'Amministrazione finanziaria ha il **potere di**

sospendere la riscossione solo quando manca il pericolo per la riscossione.

Vi è coesistenza tra il potere sospensivo della Commissione tributaria ed il potere sospensivo dell'amministrazione: il potere sospensivo delle Commissioni ha natura cautelare ed ha lo scopo di tutelare il contribuente in presenza del *fumus boni iuris* e *periculum in mora*; il potere sospensivo dell'Amministrazione finanziaria, invece, non presuppone un pericolo di danno per il contribuente, ma un pericolo per la riscossione.

In caso di rigetto dell'istanza di sospensione non è prevista alcuna tutela giurisdizionale, in quanto si tratta di un potere di autotutela amministrativa.

La domanda di sospensione amministrativa del ruolo può essere presentata dal contribuente, a pena di decadenza, **entro 60 giorni** da quando Agenzia delle entrate-Riscossione gli ha notificato la cartella o altri atti di riscossione. La domanda non è ripetibile.

3.1. ISCRIZIONE A RUOLO IN BASE ALLA DICHIARAZIONE.

L'iscrizione a ruolo in base alla dichiarazione del contribuente può realizzarsi in tre **ipotesi:**

1. **mancato versamento di somme** che risultano dovute in base alla liquidazione fatta nella stessa dichiarazione;
2. quando dai controlli automatici e dal controllo formale della dichiarazione, risulta **riscuotibile una somma maggiore di quella liquidata e versata dal dichiarante;**
3. quando vi **sono da riscuotere imposte relative ai redditi soggetti a tassazione separata.**

Prima di procedere alle iscrizioni a ruolo derivanti dalla liquidazione dei tributi o dal controllo automatico o formale della dichiarazione dei redditi, **a pena di nullità,** l'Amministrazione finanziaria **deve** inviare una comunicazione al contribuente, invitandolo a versare la somma dovuta (il cd. **invito a pagamento).**

Il contribuente, **entro un termine congruo e comunque non inferiore a 30 giorni** dalla ricezione della richiesta, è tenuto a fornire i chiarimenti necessari o a produrre i documenti mancanti (art. 6, comma 5, Statuto dei diritti del contribuente).

3.2. ISCRIZIONE A RUOLO IN BASE ALL'AVVISO DI ACCERTAMENTO O AVVISO DI LIQUIDAZIONE.

Per agevolare la riscossione dei tributi è stato introdotto **il sistema degli accertamenti esecutivi.** Detto sistema vale dal 2010 per le imposte sui redditi, IVA e IRAP (art. 29 D.L. n. 78/2010) e, dal 2020, per i tributi degli enti locali. Infatti, la legge di bilancio per il 2020 -fermo restando l'attuale assetto dei soggetti abilitati alla riscossione delle entrate locali- ha riformato la relativa disciplina prevedendo, tra l'altro, ai commi 784-815 dell'art. 1 che: in caso di versamento diretto delle entrate degli enti locali tutte le somme a qualsiasi titolo riscosse affluiscano direttamente alla tesoreria dell'ente locale titolare del tributo; anche gli enti locali possono avvalersi dell'istituto dell'accertamento esecutivo, sulla falsariga di quanto già previsto per le entrate erariali (cd. ruolo), che consente di emettere un unico atto di accertamento avente i requisiti del titolo esecutivo.
Le somme dovute in base agli avvisi di accertamento o di liquidazione emessi nei confronti del contribuente, in ragione della loro esecutività, sono iscritte al ruolo.
L'eventuale ricorso del contribuente, nei confronti dell'atto impositivo notificato (avviso di accertamento o avviso di liquidazione), non sospende l'esecuzione del credito tributario indicato nell'atto impositivo impugnato giacché l'Ente impositore può iscrivere a ruolo, provvisoriamente, e riscuotere la parte degli importi accertati anche in pendenza di giudizio.
In materia di **imposte sui redditi** e di **Iva sono esigibili:**

- dopo la notifica dell'avviso di accertamento, per un terzo dell'ammontare corrispondente agli imponibili o ai maggiori imponibili accertati e dei relativi interessi;
- dopo la sentenza della Commissione tributaria provinciale si possono verificare **due ipotesi:**

1. **il ricorso è respinto:** il ricorrente deve versare **due terzi** del

tributo, con gli interessi e con detrazione di quanto già versato;
2. **il ricorso è accolto parzialmente:** il ricorrente deve versare **l'intero importo** stabilito in sentenza, qualora sia inferiore ai due terzi dell'imposta accertata e delle sanzioni irrogate, ovvero una somma pari a **due terzi** di tali importi e con detrazione di quanto già versato;
- dopo la sentenza della Commissione tributaria regionale, è esigibile **l'intero importo** stabilito in sentenza, con interessi e sanzioni irrogate.

In caso di accoglimento (parziale o integrale) del ricorso del contribuente, gli importi eventualmente versati in pendenza di giudizio ed eccedenti rispetto a quanto stabilito in sentenza, devono essere **rimborsati** dall'Amministrazione finanziaria resistente.

3.3. ISCRIZIONI A TITOLO PROVVISORIO E A TITOLO DEFINITIVO.

Il nostro ordinamento tributario distingue – in relazione al grado di stabilità del titolo della riscossione – tra iscrizioni provvisorie ed iscrizioni a titolo definitivo.
Le **iscrizioni a ruolo a titolo provvisorio** sono quelle effettuate in base ad accertamenti non definitivi, in cui il Fisco iscrive **solo una parte** di quanto dovuto dal contribuente. Si tratta di avvisi di accertamento impugnati dal contribuente e non ancora definiti con sentenza passata in giudicato.
Come si è detto nel precedente paragrafo, le iscrizioni a ruolo a titolo provvisorio sono fatte in base ad un atto *sub judice* (TESAURO) e producono per l'Amministrazione finanziaria **un'entrata non definitiva,** in quanto deve essere rimborsata se il processo si conclude a favore del contribuente.
Le **iscrizioni a ruolo a titolo definitivo,** invece, sono quelle che hanno come titolo le dichiarazioni e gli accertamenti definitivi, in cui il Fisco iscrive **la totalità** delle imposte, sanzioni ed interessi dovuti.
I ruoli definitivi sono formati nei casi in cui vi sia una **sostanziale certezza** in ordine alla sussistenza del credito dell'Amministrazione finanziaria, come accade qualora il debito d'imposta risulti direttamente dalla dichiarazione del contribuente (dichiarazione dei redditi, sostituti d'imposta, IVA) o da un

avviso di accertamento divenuto definitivo, in quanto non impugnato entro i termini da parte del contribuente.
In conclusione, le differenze tra le iscrizioni a ruolo a titolo provvisorio e a titolo definitivo riguardano non solo il titolo che legittima l'iscrizione, ma anche gli effetti che ne derivano; altra differenza poi riguarda il termine entro cui devono essere effettuate.
I ruoli si distinguono altresì in **ruoli ordinari** e **ruoli straordinari**: quest'ultimi – in deroga alle regole della riscossione provvisoria - sono formati al di fuori delle tempistiche ordinarie, nei casi in cui vi sia un fondato pericolo per la riscossione (ad esempio, nel caso di fallimento del contribuente).

3.4. GLI EFFETTI DEL RUOLO NEI CONFRONTI DEI TERZI.

Secondo la regola generale prevista dall'ordinamento tributario, il ruolo esplica effetti **solo** nei confronti del soggetto a cui si rivolge e non ha, quindi, **efficacia nei confronti dei terzi.**
Nel caso di pluralità di soggetti obbligati in solido, il ruolo ha dunque effetti solo nei confronti dei soggetti che sono iscritti, unica **eccezione** è l'ipotesi in cui il terzo sia proprietario di un bene gravato da **privilegio speciale** (FALSITTA, TESAURO): in tal caso i soggetti sono **estranei** al processo di esecuzione, ma il particolare diritto di garanzia che insiste sui loro beni ne consente il pignoramento e la vendita in ragione del titolo esecutivo costituito dall'obbligato principale.

4. LA CARTELLA DI PAGAMENTO.

Come anticipato, il ruolo ha valore giuridico di titolo esecutivo: «per la riscossione delle somme non pagate il concessionario procede ad espropriazione forzata sulla base del ruolo, che costituisce titolo esecutivo» (art. art. 49 cit., comma primo, d.P.R. n. 602773).
L'Ufficio dell'Agenzia delle Entrate competente per territorio, *ex* art. 12 DPR 602/73, forma i ruoli, distinti per ciascuno degli ambiti territoriali nei quali gli agenti della riscossione operano. Il ruolo è sottoscritto – anche mediante firma elettronica – dal titolare dell'Ufficio o suo delegato, e la sottoscrizione rende il ruolo esecutivo.
L'Agente della riscossione forma per ogni contribuente un apposito atto

denominato **cartella di pagamento** che viene notificato al contribuente stesso. Con la predetta cartella è chiesto il **pagamento delle somme dovute** – così come risulta dal ruolo – **entro il termine di 60 giorni,** con l'avvertimento che in caso di mancato pagamento verrà attivata la **procedura di riscossione forzata.**
La peculiarità è data dal fatto che la sequenza procedimentale della riscossione coattiva prevede:

- in luogo del titolo esecutivo, il **ruolo formato dall'ente impositore**;
- in luogo del precetto, la **cartella di pagamento** (*ex multis* Cass. ord. n. 6721/12) **o l'avviso di mora o intimazione di pagamento** (*ex multis* Cass. n. 13483/09, ord. n. 3374/12). In particolare, se l'esecuzione forzata non ha inizio entro un anno e, comunque, non prima di 60 giorni) dalla notifica della cartella di pagamento, l'Agente della riscossione deve notificare un nuovo avviso contenente l'**intimazione ad adempiere** (art. 50, comma secondo, d.P.R. n. 602/73).

La **cartella di pagamento** (c.d. *cartella esattoriale*) è l'**atto** che l'Agente della riscossione invia ai contribuenti **per la riscossione dei crediti** vantati dagli enti creditori (Agenzia delle Entrate, Inps, Comuni, etc.).
La *funzione fondamentale* di questo atto è quella di comunicare al contribuente la sua posizione debitoria nei confronti dell'ente impositore a fronte di un credito ritenuto certo, liquido ed esigibile e, pertanto, deve contenere tutte le indicazioni utili per consentire al contribuente di vagliare le ragioni e, quindi, la legittimità della pretesa creditoria.
Il **contenuto minimo della cartella di pagamento** è descritto dall'art. 6, d.m. n. 321/1999 ed è costituito dagli elementi che devono essere elencati nel ruolo ai sensi dell'art. 1, commi 1 e 2, del medesimo d.m. n. 321/1999 la descrizioni delle somme dovute, le istruzioni sul pagamento (dove, come ed entro quale scadenza), l'invito a provvedere entro 60 giorni, come e a chi richiedere la rateazione, le spiegazioni per proporre eventuali ricorsi; inoltre, **a pena di nullità**, il nome del responsabile del procedimento di iscrizione a ruolo e di quello di emissione e notificazione della cartella.
Sullo specifico tema, la Corte di cassazione (ord. n. 3533 del 23 febbraio

2016) ha precisato che «ai sensi del D.L. 248 del 2007, art. 36, comma 4 ter, l'indicazione del responsabile del procedimento di iscrizione a ruolo e di quello di emissione e di notificazione della stessa cartella è prevista, in relazione ai ruoli consegnati agli agenti della riscossione a decorrere dal 1 giugno 2008 (…), a pena di nullità; in base al tenore letterale di detta disposizione è tuttavia sufficiente, al fine di non incorre nella detta nullità, l'indicazione di persona responsabile del procedimento, a prescindere quindi dalla funzione (apicale o meno) della stessa effettivamente esercitata; siffatta indicazione appare peraltro sufficiente ad assicurare gli interessi sottostanti alla detta indicazione, e cioè la trasparenza dell'attività amministrativa, la piena informazione del cittadino (anche ai fini di eventuali azioni nei confronti del responsabile) e la garanzia del diritto di difesa».

La cartella, inoltre, indica l'importo da corrispondere a titolo di compenso per la riscossione, il c.d. **aggio.** L'aggio è calcolato su base percentuale e varia a seconda che ci sia stata una riscossione spontanea o entro 60 giorni dalla notifica della cartella o ancora dopo la scadenza di quest'ultimo termine).

L'indicazione nella cartella di pagamento dell'**invito a pagare entro 60 giorni** le somme iscritte a ruolo, oltre ad essere una **richiesta di pagamento, equivale al precetto** dell'esecuzione forzata ordinaria: infatti, se il contribuente non paga, l'Agente della riscossione può intraprendere l'azione esecutiva, senza altri avvisi, 60 giorni dopo la notifica (TESAURO).

L'impugnazione della cartella di pagamento

La cartella di pagamento può essere impugnata **entro 60 giorni** dalla notifica della stessa per i crediti tributari (innanzi alle Commissioni tributarie) ed **entro 40 giorni** per i crediti degli enti previdenziali (*ex* art. 24, comma 5, d.lgs. 26 febbraio 1999, n. 46, innanzi al Giudice del lavoro; lo stesso vale per l'**avviso di addebito** dell'INPS, che dal 1° gennaio 2011, ha sostituito la cartella di pagamento per i crediti di natura previdenziale di detto Istituto *ex* art. 30 del d.l. 31 maggio 2010, n. 78, convertito dalla legge n. 122 del 2010).

Tuttavia, quando l'iscrizione al ruolo delle somme

riportate nella cartella di pagamento deriva da un precedente atto impositivo (avviso di accertamento, di liquidazione o di irrogazione di sanzione) -che deve già essere stato oggetto di precedente comunicazione al debitore per consentirgli di impugnarlo- la cartella di pagamento può essere impugnata soltanto per **vizi propri** della cartella stessa (ad esempio, la mancata indicazione degli elementi essenziali della cartella previsti dalla legge, la notifica irregolare, ecc..).

La notifica della cartella di pagamento

La cartella di pagamento deve essere **notificata entro termini perentori**, previsti a pena di decadenza, dagli ufficiali della riscossione (dipendenti, appositamente nominati, dall'Agente della riscossione), da altri soggetti abilitati dall'Agente della riscossione ovvero dai messi comunali o dagli agenti della polizia municipale, qualora vi sia una convenzione tra Comune ed Agente della riscossione.
Dalla data di notificazione decorre il termine di **60 giorni** dal quale può iniziare **l'esecuzione forzata**; dalla notifica decorre anche il termine di 60 giorni entro cui può essere proposto **ricorso contro il ruolo e contro la cartella.**
La notifica può avvenire: a mezzo di raccomandata (A) o a mezzo PEC (B).

A) La notifica a mezzo di raccomandata con avviso di ricevimento.

Ai sensi dell'art. 26 del d.P.R. n. 602/73, la notifica della cartella di pagamento «può essere eseguita anche mediante invio di raccomandata con avviso di ricevimento; in tal caso, la cartella è notificata in plico chiuso e la notifica si considera avvenuta nella data indicata nell'avviso di ricevimento sottoscritto da una delle persone previste dal secondo comma o dal portiere dello stabile dove è l'abitazione, l'ufficio o l'azienda».

La Corte di cassazione (sent. n. 11708/2011) ha asserito che quando si utilizza detta modalità di notifica, in ragione del d.m. 9 aprile 2011, «è sufficiente, per il relativo perfezionamento, che la spedizione postale sia avvenuta con consegna del plico al domicilio del destinatario, senz'altro adempimento ad opera dell'ufficiale postale. Il precedente filone giurisprudenziale, invece, considerava giuridicamente inesistente e dunque non suscettibile di sanatoria per raggiungimento dello scopo, la notificazione a mezzo posta eseguita direttamente dall'Agente della riscossione (Cass. civ., sez. Trib., sentenza 29 dicembre 2010, n. 533; conforme Cass. civ., sez. Trib., sentenza 21 gennaio 1994, n. 563)».

Recentemente, poi, la medesima Corte ha confermato la legittimità della notifica della cartella mediante raccomandata con avviso di ricevimento, senza alcun adempimento ulteriore da parte dell'agente postale, il cui unico obbligo è quello di far firmare l'avviso di ricevimento e il registro di consegna della raccomandata al soggetto legittimato a riceverla. Nell'eventualità in cui nell'avviso non siano indicate le generalità del consegnatario o la firma di quest'ultimo risulti illeggibile, la notificazione è da ritenere correttamente compiuta (sent. 17 gennaio 2013, n. 1091).

In relazione a detta modalità di notificazione, non è affatto necessario che «l'agente della riscossione produca l'originale o la copia della cartella di pagamento notificata né che dia la prova del contenuto del plico spedito con lettera raccomandata. Infatti, sempre l'art. 26 cit., stabilisce che «quando la notificazione della cartella di pagamento avviene mediante consegna nelle mani proprie del destinatario o di persone di famiglia o addette alla casa, all'ufficio o all'azienda, non è richiesta la sottoscrizione dell'originale da parte del consegnatario».

Il principio di diritto che viene in rilievo è, infatti, quello per il quale, non solo non va redatta alcuna relata di notificazione o annotazione specifica sull'avviso di ricevimento in ordine alla persona cui è stato consegnato il plico, ma l'atto pervenuto all'indirizzo del destinatario deve ritenersi ritualmente consegnato a quest'ultimo, stante la presunzione di conoscenza di cui all'art. 1335 cod. civ., superabile solo se il medesimo dia prova di essersi trovato senza sua colpa nell'impossibilità di prenderne cognizione» (Cass., Sez. III, sent. n. 9246 del 7 maggio 2015 che richiama Cass. n. 15315/14, Cass. n. 9111/12).

Inoltre, «la prova dell'arrivo della raccomandata fa presumere, ex art. 1335 cod. civ., l'invio e la conoscenza dell'atto, spettando al destinatario l'onere eventuale di provare che il plico non conteneva l'avviso, non operando tale presunzione ed invertendosi l'onere della prova soltanto se il mittente affermi di avere inserito più di un atto nello stesso plico ed il destinatario contesti tale circostanza» (Cass., Sez. III, sent. n. 9246 del 7 maggio 2015 che richiama Cass. ord. n. 20786/14).

La notifica della cartella esattoriale mediante raccomandata con avviso di ricevimento

«La cartella esattoriale può essere notificata, ai sensi dell'**art. 26 del d.P.R. 29 settembre 1973, n. 602**, anche direttamente da parte del Concessionario mediante **raccomandata con avviso di ricevimento**, nel qual caso, secondo la disciplina degli artt. 32 e 39 del d.m. 9 aprile 2001, è sufficiente, per il relativo perfezionamento, che la spedizione postale sia avvenuta con consegna del plico al domicilio del destinatario, senz'altro adempimento ad opera dell'ufficiale postale se non quello di curare che la persona da lui individuata come legittimata alla ricezione apponga la sua firma sul registro di consegna della corrispondenza, oltre che sull'avviso di ricevimento da restituire al mittente» (Cass., Sez. III, sent. n. 9246 del 07/05/2015 che richiama Cass. n. 11708/11; Cass. n. 6395/14).

B) La notifica a mezzo PEC.

Con il d.lgs. 24 settembre 2015, n. 159, è stato, ulteriormente, previsto che la notifica della cartella possa essere eseguita, **a mezzo posta elettronica certificata (PEC)**, all'indirizzo risultante dagli elenchi a tal fine previsti dalla legge. Modalità di notifica che diviene esclusiva nel caso di imprese individuali o costituite in forma societaria, nonché di professionisti iscritti in albi o elenchi.

Nello specifico il D.P.R. n. 602/1973, all'art. 26, comma 2, attualmente recita: «La notifica della cartella può essere eseguita, con le modalità di cui al decreto del Presidente della Repubblica 11 febbraio 2005, n. 68, a mezzo posta elettronica certificata, all'indirizzo del destinatario risultante dall'indice nazionale degli indirizzi di posta elettronica certificata (INI-PEC), ovvero, per i soggetti che ne fanno richiesta, diversi da quelli obbligati ad avere un indirizzo di posta elettronica certificata da inserire nell'INI-PEC, all'indirizzo dichiarato all'atto della richiesta. In tali casi, si applicano le disposizioni dell'articolo 60 del decreto del Presidente della Repubblica 29 settembre 1973, n. 600».

Il richiamato art. 60 del d.P.R. n. 600/73, poi, disciplina nel dettaglio le modalità con le quali procedere alla notifica in caso di casella di posta elettronica "satura" o di indirizzo di posta elettronica del destinatario non valido o inattivo.

La Cassazione, inoltre, ha ritenuto comunque valida la notifica avvenuta con questa modalità anche quando alla PEC è allegata una copia per immagine di una cartella esattoriale. In particolare, è stato affermato che la notifica telematica di una cartella di pagamento può avvenire, indifferentemente, sia allegando al messaggio PEC un documento informatico, che sia duplicato informatico dell'atto originario (il c.d. "**atto nativo digitale**"), sia mediante una copia per immagini su supporto informatico di documento in originale cartaceo (la c.d. "**copia informatica**") (cfr. Cass., ord. n. 30948/2019).

L'intimazione ad adempiere

L'intimazione ad adempiere è un **atto necessario** quando si vuole iniziare l'esecuzione forzata dopo sia decorso **un anno dalla notifica** della cartella di pagamento.
Detta intimazione ha sostituito l'avviso di mora e comunque. Essa ha la finalità di avvisare nuovamente il contribuente del contenuto del ruolo.

scadenza del pagamento: interessi di mora, dilazioni e sospensioni

Il pagamento delle somme iscritte a ruolo deve essere fatto **entro 60 giorni** dalla notifica della cartella di pagamento; se il contribuente non effettua il pagamento dovuto, sull'importo iscritto a ruolo si applicano, a decorrere dalla data di notifica e sino alla data del pagamento, **interessi di mora** ad un tasso predeterminato annualmente con provvedimento del Direttore dell'Agenzia delle Entrate.
Il contribuente può richiedere all'Agente della riscossione **la dilazione del pagamento** delle somme iscritte a ruolo.
L'art. 19 del D.P.R. n. 602/1973 prevede la possibilità di ripartire il pagamento delle somme iscritte a ruolo in rate mensili. Il contribuente, tuttavia, decade dal beneficio della rateazione in caso di mancato pagamento nel corso del periodo di rateazione di otto rate, anche non consecutive.

La dilazione dei pagamenti

Con il d.lgs. n. 159/2015 è stato previsto, in presenza di certe condizioni stabilite dalla legge, la facoltà di rateazione del debito tributario dietro semplice richiesta del contribuente che dichiari di versare in una situazione

temporanea di difficoltà.
La decadenza dalla rateizzazione si verifica in caso di mancato pagamento di 5 rate, anche non consecutive.
In linea generale, comunque, «in materia tributaria, non costituisce acquiescenza, da parte del contribuente, l'aver chiesto ed ottenuto, senza alcuna riserva, la rateizzazione degli importi indicati nella cartella di pagamento, atteso che non può attribuirsi al puro e semplice riconoscimento d'essere tenuto al pagamento di un tributo, contenuto in atti della procedura di accertamento e di riscossione (denunce, adesioni, pagamenti, domande di rateazione o di altri benefici), l'effetto di precludere ogni contestazione in ordine all'*an debeatur*, salvo che non siano scaduti i termini di impugnazione e non possa considerarsi estinto il rapporto tributario» (Cass., ord. 26 giugno 2020, n. 12735 che richiama Cass. n. 3347 del 2017).

5. LA PRESCRIZIONE DELL'AZIONE ESECUTIVA. IL PROBLEMA DELL'INDIVIDUAZIONE DEL TERMINE DI PRESCRIZIONE DEL TRIBUTO ISCRITTO IN TITOLO ESECUTIVO PARAGIURISDIZIONALE.

Nell'ambito del diritto tributario quando il contribuente invoca l'istituto della "prescrizione" occorre, preliminarmente, chiarire se essa sia intesa in senso proprio -ossia, come modalità di estinzione dell'obbligazione tributaria diversa dall'adempimento- o se, in realtà, si faccia riferimento alla decadenza del potere dell'amministrazione di accertare o di portare in esecuzione la pretesa tributaria.
Per i termini di decadenza che legittimano il potere autoritativo dell'Amministrazione finanziaria di accertare e/o liquidare il credito tributario verso un determinato contribuente, si rimanda a quanto già detto nel capitolo *VIII* sui controlli della medesima Amministrazione.
Con riferimento al potere dell'Amministrazione finanziaria di portare in esecuzione (avvalendosi dell'Agente della riscossione) la pretesa tributaria procedendo con la notifica della cartella di pagamento, invece, trovano applicazione i generali principi del diritto civile.

- **Il termine ordinario di prescrizione decennale.**

Il termine di prescrizione dell'azione esecutiva è sicuramente quello ordinario decennale quando la definitività del credito accertato e portato in esecuzione deriva da **sentenza passata in giudicato** con la quale è stato respinto il ricorso del contribuente avverso l'atto impositivo impugnato.

- **Il problema dell'individuazione del termine di prescrizione del tributo iscritto in titolo esecutivo paragiurisdizionale.**

Diversamente, la Giurisprudenza è stata chiamata ad affrontare se alla prescrizione del credito tributario accertato dall'Amministrazione finanziaria con atto avente valore di titolo esecutivo sia o meno applicabile il termine di prescrizione decennale previsto dall'art. 2953 cod. civ. ("effetti del giudicato sulle prescrizioni brevi"): «i diritti per i quali la legge stabilisce una prescrizione più breve di dieci anni, quando riguardo ad essi è intervenuta sentenza di condanna passata in giudicato, si prescrivono con il decorso di dieci anni». In altri termini, la questione ermeneutica affrontata è stata quella di stabilire se la disposizione codicistica in discorso sia applicabile anche nelle ipotesi in cui la definitività dell'accertamento del credito derivi da atti diversi rispetto ad una sentenza passata in giudicato.
È pacifico che la decorrenza del termine per fare opposizione a cartella di pagamento è perentorio, ossia determina la decadenza dalla possibilità di proporre impugnazione. Altresì pacifico è che la decadenza dalla possibilità di impugnare l'atto impositivo determini l'effetto sostanziale della irretrattabilità del credito; mentre è stato oggetto di discussione se detta inoppugnabilità determinasse anche l'effetto di rendere applicabile l'art. 2953 cod. civ. ai fini della operatività della conversione dell'eventuale termine di prescrizione breve in quello ordinario decennale.
Le Sezioni unite della Corte di cassazione sono giunte alla conclusione che la scadenza del termine perentorio per proporre opposizione a cartella di pagamento, «pur determinando la decadenza dalla possibilità di proporre impugnazione, produce soltanto l'effetto sostanziale della irretrattabilità del credito» iscritto nella cartella notificata, senza determinare anche l'effetto della c.d. "conversione" dell'eventuale termine di prescrizione breve «in quello ordinario (decennale), ai sensi

dell'art. 2953 cod. civ. Tale ultima disposizione, infatti, si applica soltanto nelle ipotesi in cui intervenga un titolo giudiziale divenuto definitivo, mentre la suddetta cartella, avendo natura di atto amministrativo, è priva dell'attitudine ad acquistare efficacia di giudicato». Inoltre, «**è di applicazione generale il principio secondo il quale la scadenza del termine perentorio stabilito per opporsi o impugnare un atto di riscossione mediante ruolo o comunque di riscossione coattiva produce soltanto l'effetto sostanziale della irretrattabilità del credito ma non determina anche l'effetto della c.d. "conversione" del termine di prescrizione breve eventualmente previsto in quello ordinario decennale, ai sensi dell'art. 2953 cod. civ**. Tale principio, pertanto, si applica con riguardo a tutti gli atti - comunque denominati - di riscossione mediante ruolo o comunque di riscossione coattiva di crediti degli enti previdenziali ovvero di crediti relativi ad entrate dello Stato, tributarie ed extratributarie, nonché di crediti delle Regioni, delle Province, dei Comuni e degli altri Enti locali nonché delle sanzioni amministrative per la violazione di norme tributarie o amministrative e così via. Con la conseguenza che, qualora per i relativi crediti sia prevista una prescrizione (sostanziale) più breve di quella ordinaria, la sola scadenza del termine concesso al debitore per proporre l'opposizione, non consente di fare applicazione dell'art. 2953 cod. civ., tranne che in presenza di un titolo giudiziale divenuto definitivo» (Cass. Sez. un., sent. 17 novembre 2016, n. 23397).
La decisione sin qui è esposta è stata, tra l'altro, avvalorata dal richiamo alla pronuncia della Corte costituzionale (sentenza n. 280 del 2005) che ha affermato che è conforme alla costituzione «soltanto una ricostruzione del sistema tributario che "non lasci il contribuente esposto, senza limiti temporali, all'azione esecutiva del fisco" ed ha osservato che l'esigenza, pur costituzionalmente inderogabile, di rinvenire termini decadenziali nella materia non può essere soddisfatta facendo riferimento a termini fissati per attività interne all'Amministrazione».

- **Il termine di prescrizione breve.**

Chiarito che se a fondamento del titolo esecutivo paragiurisdizionale (cartella di pagamento o avviso di addebito) non c'è un accertamento coperto da giudicato, il termine di prescrizione che incombe sull'Agente della riscossione per azionare l'azione esecutiva è quello del diritto sostanziale iscritto nel titolo esecutivo e non quello decennale ex art. 2953 c.c., diventa di primaria importanza individuare qual è il termine di prescrizione di ciascun credito tributario per il quale viene avviata la procedura di riscossione coattiva.

In proposito, in termini generali, opera la regola generale che se non è diversamente previsto dalla legge opera la prescrizione ordinaria decennale. Ad ogni modo, non sempre è chiaro se ci sia una previsione speciale di legge che fissi un termine di prescrizione breve. Per tale ragione si riporta lo schema che segue.

I contribuzioni previdenziali

Per le contribuzioni di previdenza e di assistenza sociale obbligatoria il temine di prescrizione è quinquennale *ex* art. 3, commi 9 e 10, della legge n. 335/1995.

I tributi locali

Per i tributi locali (come, ad esempio, ICI, TARI, ICIAP), qualora la cartella di pagamento notificata non sia stata impugnata, la prescrizione per la riscossione è quinquennale *ex* art. 2948 n. 4 cod. civ. Poiché la mancata impugnazione non vale a convertire questo termine nel più lungo termine decennale previsto dall'art. 2953 c.c. solo per le sentenze passate in giudicato (Cass., sent. 24 ottobre 2019, n. 27317 che richiama la sent. n. 20956 del 6 agosto 2019).

Così, ad esempio, in tema di TARSU, la Cassazione ha affermato che essendo questa «un tributo locale che si struttura come prestazione periodica, con connotati di autonomia nell'ambito di una "*causa debendi*" di tipo continuativo, in quanto l'utente è tenuto al pagamento di essa in relazione al prolungarsi, sul piano temporale, della prestazione erogata dall'ente impositore, al relativo credito si applica la prescrizione breve quinquennale di cui all'art. 2948, comma 1, n. 4 c.c.» (Cass., 2 marzo 2018, n. 4962).

Rappresenta un'eccezione il termine di prescrizione della tassa per la circolazione (c.d. bollo auto) che soggiace al termine di prescrizione triennale.

I tributi erariali: l'orientamento non uniforme della giurisprudenza

Secondo l'orientamento minoritario i crediti erariali che hanno carattere periodico in quanto la loro liquidazione nasce dalla presentazione della dichiarazione annuale e la loro esecuzione si attua con un pagamento periodico annuale (ossia, hanno una "causa *debendi* continuativa"), sono riconducibili alla fattispecie prevista dall'art. 2948, n. 4 del cod. civ. che fissa il termine di prescrizione quinquennale dallo stesso previsto (la norma, infatti, stabilisce che «si prescrivono in cinque anni: …gli interessi e, in generale, tutto ciò che deve pagarsi periodicamente ad anno o in termini più brevi»).

In particolare, i sostenitori di questo orientamento rilevano che per le imposte dirette l'art. 7 TUIR recita che l'imposta è dovuta per anni solari e, quindi, ogni anno e, quindi, da tale disposizione ne discende il carattere della "periodicità" della obbligazione. Lo stesso dicasi per la dichiarazione annuale relativa all'I.V.A. in cui il presupposto del tributo nasce anche trimestralmente ma la dichiarazione è unica.

Anche secondo i sostenitori di questa tesi, comunque, la prescrizione breve non si applicherebbe a quei debiti tributari che non hanno il carattere della periodicità come, ad esempio, l'imposta di registro.

L'orientamento maggioritario, invece, ritiene che, nel caso di tributi erariali, opera l'ordinario termine di prescrizione decennale di cui all'art. 2946 cod. civ. A sostegno di questa tesi si adduce l'argomentazione che l'obbligazione tributaria, stante l'autonomia dei singoli periodi d'imposta, non può considerarsi una prestazione periodica, derivando il debito, anno per anno, da una nuova ed autonoma vantazione in ordine alla sussistenza dei presupposti impositivi (*ex multis* (Cass., ord. 19 luglio 2020, n. 16232 che richiama Cass. n. 24322/2014 e n. 2941/2007).

Le sanzioni

Opera il termine di prescrizione breve di 5 anni in quanto espressamente previsto dall'art. 20, comma 3, del d.lgs. n. 472/1997 che recita che «il diritto alla riscossione della sanzione irrogata si prescrive nel termine di cinque anni».

Diversamente, quando la sanzione è la conseguenza di un atto impositivo sulla cui legittimità è sceso il giudicato, in virtù dell'art. 2953 cod. civ., all'azione esecutiva avviata con la notifica della cartella di pagamento -che indica anche l'importo dovuto a titolo di sanzioni- si applica termine di prescrizione decennale. In maggior dettaglio, « il diritto alla riscossione delle sanzioni amministrative pecuniarie previste per la violazione di norme tributarie, derivante da sentenza passata in giudicato, si prescrive entro il termine di dieci anni, per diretta applicazione dell'art. 2953 c.c., che disciplina specificamente ed in via generale la cosiddetta "*actio iudicati*", mentre, se la definitività della sanzione non deriva da un provvedimento giurisdizionale irrevocabile vale il termine di prescrizione di cinque anni, previsto dal D.Lgs. 18 dicembre 1997, n. 472, art. 20 atteso che il termine di prescrizione entro il quale deve essere fatta valere l'obbligazione tributaria principale e quella accessoria relativa alle sanzioni non può che essere di tipo unitario» (*ex multis*, Cass., ord. 1° ottobre 2020, n. 20955 che richiama Cass. 12715/ 2016 e 12715/2009).

Gli interessi

La prescrizione per la riscossione è quinquennale *ex* art. 2948 n. 4 cod. civ. se il titolo esecutivo è paragiurisdizionale. Infatti, «gli interessi dovuti per il ritardo nella loro esazione, i quali integrano un'obbligazione autonoma rispetto al debito principale e suscettibile di autonome vicende, sì che il credito relativo a tali accessori rimane sottoposto al proprio termine di prescrizione quinquennale fissato dall'art. 2948, n. 4, cod. civ.» (Cass., ord. 1° ottobre 2020, n. 20955 che richiama Cass. n. 30901/2019, n. 14049/2006).

6. L'ESECUZIONE FORZATA: IL RIPARTO DI GIURISDIZIONE.

Sintetizzando quanto sin qui detto, il procedimento della riscossione coattiva dei crediti tributari si articola come segue:

a) l'ente impositore forma il **ruolo** e, sottoscrivendolo, lo rende **esecutivo**;

b) l'ente impositore consegna il ruolo all'agente della riscossione che procede alla notifica della **cartella di pagamento** che ha valenza di **precetto**;

c) qualora il contribuente non versi il *quantum* richiesto con la cartella di pagamento entro i 60 giorni dalla notifica, l'Agente della riscossione avvia la fase dell'**esecuzione forzata** che, a sua volta, si articola in una triplice sequenza: notifica dell'**atto di pignoramento**, vendita all'asta dei beni e assegnazione del ricavato.

In maggior dettaglio, ai sensi dell'art. 50 del d.P.R. n. 602/73, l'Agente della riscossione «procede ad espropriazione forzata quando è inutilmente decorso il termine di sessanta giorni dalla notificazione della cartella di pagamento, salve le disposizioni relative alla dilazione ed alla sospensione del pagamento» (primo comma) e «se l'espropriazione non è iniziata entro un anno dalla notifica della cartella di pagamento, l'espropriazione stessa deve essere preceduta dalla notifica, da effettuarsi con le modalità previste dall'articolo 26, di un avviso che contiene l'intimazione ad adempiere l'obbligo risultante dal ruolo entro cinque giorni» (comma 2).

Dunque, l'esecuzione forzata (ossia, la notifica dell'atto di **pignoramento**) deve essere avviata non prima di 60 giorni ed entro un anno dalla notifica della cartella di pagamento; tuttavia, se detto termine non è rispettato, l'Agente della riscossione deve necessariamente notificare un'intimazione ad adempiere entro 5 giorni dall'espropriazione, cosicché il contribuente è nuovamente informato del contenuto del ruolo.

Ai sensi del comma 3 del medesimo art. 50 cit., l'intimazione ad adempiere perde "trascorso un anno dalla notifica" (prima della modifica apportata dal D.L. n. 76/2020, il termine era di 180 giorni).

Il **pignoramento** segna l'inizio del processo esecutivo per espropriazione forzata anche quando vi procede l'Agente della riscossione.

Il quadro normativo che regola l'esecuzione forzata in materia tributaria è sostanzialmente quello dettato in ambito civilistico (art. 45 ss. d.P.R. n. 602/1973). Infatti, il procedimento di espropriazione forzata nell'esecuzione tributaria è regolato «dalle norme ordinarie applicabili in rapporto al bene oggetto di esecuzione» in quanto non derogate dal capo II del medesimo d.P.R. e con esso compatibili (art. 49, comma 2, d.P.R. n. 602/1973).

Le norme derogatorie o speciali sono principalmente due:

-) l'**art. 2 d.lgs. 546/92**, in tema di riparto di giurisdizione, che stabilisce che per i giudizi di merito, la giurisdizione in materia tributaria spetta alle commissioni tributarie, tuttavia in ragione del secondo capoverso del comma 1, restano escluse dalla giurisdizione tributaria «le controversie riguardanti gli atti dell'esecuzione forzata tributaria successivi alla notifica della cartella di pagamento e, ove previsto, dell'avviso di cui all'art. 50 del D.P.R. 29 settembre 1973 n. 602, per le quali continuano ad applicarsi le disposizioni del medesimo d.p.r.»;

-) l'**art. 57 d.P.R. n. 602/1973**, in tema di opposizione all'esecuzione e di opposizione agli atti esecutivi nel procedimento di riscossione coattiva: «Non sono ammesse: a) le opposizioni regolate dall'articolo 615 del codice di procedura civile, fatta eccezione per quelle concernenti la pignorabilità dei beni; b) le opposizioni regolate dall'articolo 617 del codice di procedura civile relative alla regolarità formale ed alla notificazione del titolo esecutivo».

La Corte costituzionale, con la sentenza 31 maggio 2018, n. 114 ha dichiarato l'illegittimità costituzionale della lettera a), nella parte in cui non prevede che, nelle controversie che riguardano gli atti dell'esecuzione forzata tributaria successivi alla notifica della cartella di pagamento o all'avviso di cui all'art. 50 del D.P.R. n. 602 del 1973, sono ammesse le opposizioni regolate dall'art. 615 del codice di procedura civile.

Il riparto di giurisdizione (art. 2 d.lgs. 546/92)

Con la nuova disciplina del contenzioso tributario (d.lgs. n. 546 del 1992) e con quella della riscossione mediante ruolo (d.lgs. n. 46 del 1999), estesa a tutte le entrate dello Stato, anche diverse dalle imposte sui redditi, e di quelle degli altri enti pubblici, il quadro normativo muta radicalmente in termini di maggior tutela per il contribuente assoggettato ad esecuzione coattiva. In particolare, l'art. 2, del d.lgs. n. 546/92, traccia «una linea di demarcazione della giurisdizione, posta dalla cartella di pagamento e dall'eventuale successivo avviso recante l'intimazione ad adempiere: fino a questo limite la cognizione degli atti dell'amministrazione, espressione del potere di imposizione fiscale, è devoluta alla giurisdizione del giudice tributario; a valle, la giurisdizione spetta al giudice ordinario e segnatamente al giudice dell'esecuzione» (Corte cost., sent. 31 maggio 2018, n. 114).

Esemplificando, il riparto della giurisdizione tra giudice ordinario e giudice tributario in riferimento all'impugnazione degli atti che connotano la fase dell'esecuzione forzata è il seguente:

- **GIUDICE TRIBUTARIO**: impugnazione degli **atti propedeutici all'esecuzione esattoriale**, ossia cartella di pagamento ed avviso di mora. Il relativo giudizio è regolato dal d.lgs. n. 546/92.
- **GIUDICE ORDINARIO**: impugnazione degli **atti dell'esecuzione**, ossia atto di pignoramento ed atti successivi, rispettivamente previsti nella sezione II (per l'espropriazione mobiliare), III (per l'espropriazione presso terzi), IV (per l'espropriazione immobiliare) del capo II (espropriazione forzata) del titolo II (riscossione coattiva) del D.P.R. n. 602/73. Il relativo giudizio è regolato dal secondo comma dell'art. 57 del D.P.R. n. 602/73 che rimanda agli artt. 617 e seg. cod. proc. civ..

Più nello specifico la Corte di cassazione, in ordine al riparto di giurisdizione, ha affermato che:

1) le cause concernenti il titolo esecutivo, in relazione al diritto di procedere ad esecuzione forzata tributaria, si propongono davanti al giudice tributario (art. 2, secondo periodo del 1°

comma del d.lgs. n. 546 del 1992; art. 9, 2° comma, cod. proc. civ.);

2) le opposizioni all'esecuzione di cui all'art. 615 cod. proc. civ. concernenti la pignorabilità dei beni si propongono davanti al giudice ordinario (art. 9, 2° comma, cod. proc. civ.);

3) le opposizioni agli atti esecutivi di cui all'art. 617 cod. proc. civ., ove siano diverse da quelle concernenti la regolarità formale e la notificazione del titolo esecutivo, si propongono al giudice ordinario (art. 9, 2° comma, cod. proc. civ.);

4) le opposizioni di terzo all'esecuzione di cui all'art. 619 cod. proc. civ. si propongono al giudice ordinario (art. 58 del d.lgs. n. 546/1992; art. 9, 2° comma, cod. proc. civ.) (*ex plurimis*, Cass. n. 18505 del 2013).

Fino al recente intervento delle Sezioni unite della Cassazione (Cass., Sez. un., sent. 23 ottobre 2017, n. 24965), invece, vigeva un contrasto in ordine all'individuazione del giudice (ordinario o tributario) cui è devoluta la cognizione dell'opposizione al precetto nella quale si contesta la regolarità formale o la notificazione del titolo esecutivo e, in particolare, ove il contribuente, di fronte all'atto di precetto, deduca di non avere mai ricevuto in precedenza la notificazione del titolo esecutivo.

Secondo un orientamento superato dalle richiamate Sezioni Unite, l'opposizione agli atti esecutivi riguardante un atto di pignoramento, che il contribuente assume essere viziato per nullità derivata dall'omessa notificazione degli atti presupposti, è ammissibile e va proposta dinanzi al giudice ordinario, ai sensi dell'art. 57 del d.P.R. n. 602 del 1973 e degli artt. 617 e 9 cod. proc. civ., perché la giurisdizione dell'autorità giudiziaria ordinaria sussiste quando sia impugnato un atto dell'esecuzione forzata tributaria successivo alla notificazione del titolo esecutivo, restando irrilevante il vizio dedotto e, quindi, anche quando detto vizio venga indicato nella mancata notificazione della cartella di pagamento: in tale ipotesi, il giudice ordinario dovrà verificare solo se ricorra il denunciato difetto di notifica all'esclusivo fine di pronunciarsi sulla nullità del consequenziale pignoramento basato su crediti tributari (cfr. Cass., Sez. un., n. 21690 del 2016 e n. 8618 del 2015; Cass. n. 24235 del 2015 e Cass. sent. n. 9246 del 7 maggio 2015).

Secondo altro orientamento avallato dalle Sezioni Unite del 2017 (*ex multis* Sez. un., sent. 23 ottobre 2017, n. 24965; Sez. un., 5 giugno 2017 n., 13913; Sez. un., 5 luglio 2011, n. 14667), invece, l'opposizione agli atti esecutivi attraverso la quale il contribuente invoca la nullità derivata dalla asserita nullità degli atti presupposti, si risolve nell'impugnazione degli atti presupposti che hanno natura tributaria; ne consegue che l'opposizione è ammissibile e va proposta davanti al giudice tributario (ai sensi degli artt. 2, comma 1, secondo periodo, e 19 – estensivamente interpretato – del d.lgs. n. 546 del 1992).
Dunque, sebbene «l'art. 19 del d.lgs. n. 546/92 si limiti a individuare gli atti di cui possono conoscere le commissioni tributarie, senza precisare quale possa essere l'oggetto del giudizio, deriva chiaramente dal sistema che anche in materia tributaria si possono svolgere contestazioni a tutto tondo: chi ricorre contro atti relativi a crediti tributari è quindi ammesso a denunciarne l'irregolarità formale, introducendo contenuti analoghi a quelli che, nel sistema del codice di rito, rientrano nel perimetro dell'opposizione agli atti esecutivi (in termini, Cass., Sez. un., 5 maggio 2011, n. 9840; Sez. un., 17 aprile 2012, n. 5994); ma egli è anche ammesso, qualora non si siano formate preclusioni, a contestare il diritto del creditore di procedere esecutivamente, introducendo contenuti analoghi a quelli che, nel sistema del codice di rito, appartengono al perimetro dell'opposizione all'esecuzione.
Laddove restano esclusi dalla giurisdizione tributaria gli atti dell'esecuzione tributaria successivi alla notificazione, effettivamente e validamente eseguita, della cartella o dell'intimazione di pagamento (Cass., Sez. un., n. 7822/20, cit., punto 3.5.)» (Cass., Sez. un., sent. 16 dicembre 2020, n. 28709).

L'opposizione agli atti esecutivi in cui si eccepisce la mancata notifica della cartella di pagamento è ammissibile davanti al giudice tributario

(Cass., Sez. un., sent. 23 ottobre 2017 n. 24965; Sez. un., 5 giugno 2017, n. 13913): «l'opposizione agli atti esecutivi avverso l'atto di pignoramento asseritamente viziato per omessa o invalida notificazione della cartella di pagamento (o di altro atto prodromico al pignoramento), è ammissibile e va proposta – ai sensi degli artt. 2, comma 1, e 19 del d.lgs. n. 546 del 1992, dell'art. 57 del d.P.R. n. 602 del 1973 e dell'art. 617 c.p.c. – davanti al **giudice tributario**, risolvendosi nell'impugnazione del primo atto in cui si manifesta al contribuente la volontà di procedere alla riscossione di un ben individuato credito tributario.

Al fine di individuare la giurisdizione rileva, principalmente, il dedotto vizio dell'atto di precetto, cioè la mancata notificazione dell'atto presupposto (di natura tributaria), e non la natura di primo atto dell'espropriazione forzata (art. 491 cod. proc. civ.).

L'art. 19, comma 3, D.lgs. n. 546/92 prevede un'ipotesi d'impugnazione congiunta che consente di impugnare un atto autonomamente impugnabile "non conosciuto" unitamente al successivo atto notificato e, quindi, "conosciuto" al fine di farne valere eventuali profili di illegittimità; la mancata notificazione della cartella di pagamento rende, quindi, l'atto di precetto impugnabile, unitamente alla cartella di pagamento, dinanzi alla commissione tributaria.

Sotto il profilo letterale l'orientamento secondo cui sarebbe devoluta al giudice ordinario l'impugnazione dell'atto di precetto, incentrato sulla mancata notifica della cartella di pagamento, sarebbe in contrasto con l'art. 57 del d.P.R. n. 602 del 1973, nella parte in cui stabilisce che non sono ammesse le opposizioni regolate dall'art. 617 cod. proc. civ. riguardanti la regolarità formale e la notificazione del titolo esecutivo: con riferimento alle procedure esecutive aventi ad oggetto entrate tributarie sarebbe, quindi, un rimedio precluso dal divieto espresso dal predetto art. 57 d.p.r. 602/1973.

La soluzione compatibile con il rispetto del diritto di difesa, sancito dall'articolo 24 Cost. è data dal riconoscimento della facoltà per il contribuente di impugnare davanti al giudice tributario la cartella di pagamento (atto presupposto), congiuntamente all'atto di precetto (atto successivo), ai sensi dell'art. 19, comma 3, D.lgs. 546/92.

Anche se l'impugnazione degli atti dell'esecuzione successivi alla cartella di pagamento e, comunque, all'atto presupposto è attratta alla giurisdizione del giudice ordinario, ai sensi dell'art. 2, comma 1, secondo periodo D.lgs. n. 546/1992, esigenze di ordine sistematico impongono di ammettere la tutela giurisdizionale davanti al giudice tributario, allorché si contesti l'avvenuta notifica della sottostante cartella di pagamento nel caso in cui il contribuente per la prima volta viene a conoscenza dell'atto presupposto a seguito della notifica del titolo esecutivo formato nei propri confronti.

L'impugnazione dell'atto di precetto è strumentale all'impugnazione della cartella di pagamento onde far valere il difetto di notifica della stessa, non quale vizio proprio dell'atto di precetto, ma quale motivo di nullità della cartella stessa, trattandosi della soluzione in concreto praticabile per far valere l'illegittimità della cartella ed arrestare la procedura esecutiva, in considerazione delle già citate limitazioni, in materia fiscale, nel giudizio di opposizione ex art. 57 d.p.r. n. 602/1973.

Né appare convincente ripartire la giurisdizione, nell'ipotesi in esame, in base al *petitum* formale contenuto nell'impugnazione proposta dal contribuente: a) giurisdizione tributaria, ove sia richiesto solo l'annullamento dell'atto presupposto dal pignoramento; b) giurisdizione ordinaria, ove sia richiesta solo la dichiarazione di nullità dell'atto di precetto. Non solo il *petitum* sostanziale è unico (il contribuente ha interesse a rendere non azionabile la pretesa tributaria, facendo valere una soluzione di continuità nell'iter procedimentale) e una simile ricostruzione sarebbe inutilmente artificiosa, obbligando ad una duplice azione davanti a giudici diversi. Non ha neanche importanza se, in punto di fatto, che l'atto presupposto sia stato effettivamente notificata trattandosi di rilievo che attiene al merito in quanto la giurisdizione non può farsi dipendere dal raggiungimento della prova della notificazione e, quindi, *secundum eventum*.

Tale soluzione non contrasta col disposto dell'art. 57 del d.P.R. n. 602 del 1973, nella parte in cui stabilisce che non sono ammesse le opposizioni regolate dall'art. 617 cod. proc. civ. riguardanti la regolarità formale e la notificazione del titolo esecutivo. Tale inammissibilità, infatti, va interpreta nel senso che comporta solo il divieto di proporre dette opposizioni davanti al giudice ordinario, senza però che ciò impedisca di proporre la questione al giudice tributario, impugnando, unitamente al precetto, la cartella di pagamento per mancata notificazione.

L'art. 57 del d.P.R. n. 602 del 1973, nel prevedere l'inammissibilità davanti al giudice ordinario di alcune opposizioni in sede di esecuzione forzata, va interpretato nel senso che le situazioni soggettive poste a base di esse possano essere preventivamente tutelate davanti al giudice tributario».

Principio di diritto: «**in materia di esecuzione forzata tributaria, sussiste la giurisdizione del giudice tributario nel caso di opposizione riguardante l'atto di precetto, che si assume viziato per l'omessa o invalida notificazione della cartella di pagamento di natura tributaria (o degli altri atti presupposti)**».

La correttezza di questo impianto ermeneutico è stata confermata dalla Corte costituzionale che ha affermato che, in ragione del riparto di giurisdizione –alla stregua del quale è inammissibile l'opposizione all'esecuzione ex art. 615 c.p.c. in quanto è proponibile il ricorso ex art. 19 del d.lgs. n. 546/92 – «si colloca quella più recente giurisprudenza di legittimità (Corte di cassazione, sezioni unite civili, sentenza 5 giugno 2017, n. 13913), che, a composizione di un contrasto, ravvisa nel primo atto della riscossione coattiva (quale l'atto di pignoramento) di cui il contribuente abbia avuto conoscenza, in mancanza di precedenti atti ritualmente notificati, quello recante l'esercizio della potestà impositiva, la cui contestazione radica una controversia devoluta alla giurisdizione del giudice tributario ed onera il contribuente del ricorso ex art. 19 del d.lgs. n. 546 del 1992 (nel prescritto termine di decadenza). Anche in tale evenienza la tutela del contribuente c'è, ma è attivata con lo strumento processuale di accesso al giudice tributario costituito dal ricorso ex art. 19 del d.lgs. n. 546 del 1992 (nel prescritto termine di decadenza), non essendo ammissibile invece l'opposizione ex art. 615 cod. proc. civ. (senza termine di decadenza). Resta comunque salvo il meccanismo della *translatio iudicii* per cui, quando un giudice declina la propria giurisdizione, il processo continua davanti al giudice munito di giurisdizione, con salvezza degli effetti sostanziali e processuali che la domanda avrebbe prodotto se il giudice di cui è stata dichiarata la giurisdizione fosse stato adìto fin dall'inizio» (Corte cost. sent. n. 114/18).

L'opposizione all'esecuzione e agli atti esecutivi ex art. 57 d.p.r. n. 602/73

Il contenuto dell'art. 57 del d.P.R. n. 602/73 va esaminato distinguendo le due disposizioni in esso contenute.

A) L'opposizione all'esecuzione ex lettera a) dell'art. 57 cit.

In linea generale, l'ampio *genus* delle opposizioni all'esecuzione (disciplinate agli artt. 615 e 616 c.p.c.), con cui il debitore o il terzo contestano il diritto dell'Agente della riscossione a procedere ad esecuzione forzata, investono il Giudice ordinario della tematica verifica della sussistenza delle condizioni dell'azione esecutiva (esistenza del titolo esecutivo, sua idoneità soggettiva ed oggettiva a fondare l'esecuzione, pignorabilità dei beni).

L'analisi della lettera a) dell'art. 57 cit., che sancisce che l'opposizione all'esecuzione è ammessa solo quando attiene alla pignorabilità dei beni, impone di scomporne il contenuto sotto due profili.

Con la prima parte della lettera a), il legislatore «esclude che sia ammissibile l'opposizione all'esecuzione per il solo fatto che il contribuente opponente formuli un *petitum* con cui contesta il diritto dell'amministrazione finanziaria o dell'agente della riscossione di procedere ad esecuzione forzata, come sarebbe invece possibile secondo il canone ordinario dell'opposizione ex art. 615 cod. proc. civ. In questa parte l'art. 57 va raccordato con l'art. 2 del d.lgs. n. 546 del 1992, che demanda alla giurisdizione del giudice tributario le contestazioni del titolo (normalmente, la cartella di pagamento) su cui si fonda la riscossione esattoriale. Se il contribuente contesta il titolo della riscossione coattiva, la controversia così introdotta appartiene alla giurisdizione del giudice tributario e l'atto processuale di impulso è il ricorso ex art. 19 del d.lgs. n. 546 del 1992, proponibile avverso "il ruolo e la cartella di pagamento", e non già l'opposizione all'esecuzione ex art. 615 cod. proc. civ.» (Corte cost. sent. n. 114/18).

Dunque, la norma, laddove sancisce l'inammissibilità dell'opposizione all'esecuzione, non fa altro che puntualizzare che questa forma di tutela, "quando riguarda atti che radicano la giurisdizione del giudice tributario", va fatta valere dal contribuente davanti alla Commissione tributaria anziché innanzi al Giudice ordinario con le forme previste dall'art. 615 c.p.c. La norma, in buona sostanza, non fa altro che ribadire il criterio del riparto di giurisdizione: «l'inammissibilità dell'opposizione ex art. 615 cod. proc. civ. si salda, in simmetria complementare, con la proponibilità del ricorso ex art. 19 del d.lgs. n. 546 del 1992, assicurando, in questa parte, la continuità della tutela giurisdizionale» (Corte cost. sent. n. 114/18).

Si aggiunga che se non ci fosse la preclusione contenuta della lettera a) dell'art. 57 cit. (che, come detto, non ammette la proposizione dell'opposizione all'esecuzione *ex* art. 615 c.p.c. se non per far valere l'impignorabilità dei beni) e se, per assurdo, si acconsentisse ad una tutela giurisdizionale concorrente secondo la prospettazione del *petitum* del ricorrente, di fatto si permetterebbe al contribuente di utilizzare lo strumento dell'opposizione all'esecuzione *ex* art. 615 c.p.c. (che non è soggetta a termine di decadenza) per "una funzione recuperatoria di un ricorso *ex* art. 19 del d.lgs. n. 546 del 1992 non proposto affatto o non proposto nel prescritto termine di decadenza (di sessanta giorni)" (Corte cost. sent. n. 114/18).

In realtà, però, alla luce della lettera della norma (prima della pronuncia della Corte costituzionale n. 114/2018), l'opposizione all'esecuzione ex art. 615 c.p.c. era inammissibile non solo nell'ipotesi in cui la tutela invocata dal contribuente ricadeva nella giurisdizione del giudice tributario (e la tutela stessa fosse quindi attivabile con il ricorso ex art. 19 d.lgs. n. 546/92), ma anche allorché la giurisdizione del giudice tributario non fosse invece affatto configurabile. Così, ad esempio, «è possibile ipotizzare anche altre evenienze che si collocano a valle della notifica della cartella di pagamento, in cui la doglianza del contribuente sia diretta a contestare il diritto di procedere a riscossione coattiva e non già la mera regolarità formale della procedura, come nell'ipotesi dell'intervenuto adempimento del debito tributario o di una sopravvenuta causa di estinzione dello stesso per essersi il contribuente avvalso di misure di favore per l'eliminazione del contenzioso tributario, quale, ad esempio, la cosiddetta "rottamazione" delle cartelle di pagamento ex art. 6 del decreto-legge 22 ottobre 2016, n. 193 (Disposizioni urgenti in materia fiscale e per il finanziamento di esigenze indifferibili), convertito, con modificazioni, in legge 1° dicembre 2016, n. 225».

Stante questa lacuna, la Corte costituzionale ha stabilito che laddove il contribuente debba contestare il diritto a procedere alla riscossione ma la controversia interessa atti dell'esecuzione forzata tributaria successivi alla notifica della cartella di pagamento (o all'avviso di cui all'art. 50 del d.P.R. n. 602 del 1973) e, quindi, il contribuente stesso non può adire la Commissione tributaria (in quanto ciò gli sarebbe precluso dall'art. 2 del d.lgs. n. 546/92), deve ammettersi l'azionabilità innanzi al Giudice ordinario delle opposizioni all'esecuzione regolate dall'art. 615 c.p.c. (Corte cost. sent. n. 114/18).

La Corte di cassazione, avallando la ricostruzione del sistema di tutela giurisdizionale affermato dalla Corte costituzionale, ha comunque riaffermato che, anche dopo l'esaminata pronuncia n. 114/18, non è ammissibile una c.d. opposizione recuperatoria, «ossia quella con la quale si fa valere una ragione che non è stato possibile dedurre in precedenza a causa della omessa legale dell'atto prodromico». Si deve ritenere che «non vi è spazio per un'opposizione ex art. 615 cod. proc. civ. laddove era possibile la tutela giurisdizionale innanzi al giudice tributario ai sensi dell'art. 19 d.lgs. n. 546 del 1992». Ne consegue che, dinnanzi al Giudice dell'esecuzione, «non possono essere dedotti motivi che potevano farsi valere, ai sensi degli artt. 2 e 19 del d.lgs. n. 546 del 1992, con ricorso alla giurisdizione tributaria, neppure quando il contribuente non abbia avuto conoscenza dell'atto prodromico da impugnare. In tal caso, infatti, l'impugnazione, ancorché tardiva, si deve comunque proporre al giudice tributario nei termini previsti dal rito» (Cass., ord. n. 31484 del 3 dicembre 2019).

Con la seconda parte della lettera a), invece, il legislatore ammette sempre l'opposizione all'esecuzione ex art. 615 c.p.c. avanti al Giudice ordinario quando essa attiene alla pignorabilità dei beni.

B) L'opposizione agli atti esecutivi ex lettera b) dell'art. 57 cit.

Mentre con l'opposizione all'esecuzione l'esecutato

contesta il diritto di procedere alla riscossione, con l'opposizione agli atti esecutivi il contribuente contesta la mera regolarità formale del titolo esecutivo o di atti della procedura.

Alla stregua della lett. b) dell'art. 57 cit., anche prima della pronuncia della Corte cost. n. 114/18, le **opposizioni agli atti esecutivi** (ossia, quelle relative alla regolarità formale degli atti della procedura di riscossione) sono tutte ammesse con la sola eccezione delle opposizioni che riguardano la regolarità formale e la notificazione del titolo esecutivo. Questa deroga, tuttavia, non è limitativa della tutela giurisdizionale del contribuente «perché queste ultime opposizioni sono attratte alla giurisdizione del giudice tributario. Quindi la tutela del contribuente c'è in ogni caso, senza che le regole di riparto della giurisdizione possano significare alcuna soluzione di continuità della garanzia giurisdizionale nel rispetto dei parametri evocati dal giudice rimettente (artt. 24 e 113 Cost.)» (Corte cost. n. 114/18).

Gli atti dell'esecuzione impugnabili ai sensi degli artt. 615/617 c.p.c.

In linea generale, ai sensi dell'art. 491 c.p.c., l'espropriazione forzata inizia con il pignoramento e, con riferimento alla riscossione dei crediti tributari, l'50 del d.P.R. n. 602/73 abilita il concessionario a procedere ad espropriazione forzata quando è inutilmente decorso il termine di sessanta giorni dalla notificazione della cartella di pagamento.

Avverso gli atti di esecuzione forzata o prodromici ad essa sono esperibili i mezzi di impugnazione nelle forme e nei termini di cui agli artt. 615 e/o 617 c.p.c., con le limitazioni fissate dall'art. 57 d.P.R. n. 602/73 di cui si è testè detto.

Le misure esecutive in senso stretto (ossia, quelle misure che danno avvio al processo esecutivo) sono:

1. **pignoramento mobiliare;**
2. **pignoramento presso terzi con la procedura**

semplificata, così come prevista dalla Legge di Stabilità 2013 (art. 75 *bis,* d.P.R. n. 602 del 1973);

3. **pignoramento immobiliare** (art. 78, d.P.R. n. 602 del 1973).

Destinatario dell'azione esecutiva può essere anche un **terzo,** in ragione del privilegio speciale sugli immobili ai quali il tributo si riferisce: l'Amministrazione finanziaria può sottoporre ad esecuzione forzata l'immobile, anche se di proprietà di un terzo, in forza del **«diritto di séguito»,** purché l'Amministrazione si attivi nei confronti del terzo prima che maturi il termine di decadenza del privilegio (TESAURO).

La sospensione dell'esecuzione

Con riferimento al potere cautelare, a tutela del contribuente, di sospensione della riscossione si configura una tutela complementare (ma senza sovrapposizioni) tra la giurisdizione tributaria e quella ordinaria. In particolare, «come il giudice tributario, sempre che abbia giurisdizione, può sospendere l'esecuzione ai sensi dell'art. 47 del d.lgs. 546 del 1992 quando dall'atto impugnato può derivare al ricorrente un danno grave ed irreparabile, così il giudice (ordinario) dell'esecuzione − ove sia egli, e non il giudice tributario, ad avere la giurisdizione − può sospendere l'esecuzione quando ricorrano gravi motivi e vi sia fondato pericolo di grave e irreparabile danno (art. 60 del d.P.R. n. 602 del 1973). La necessità della tutela cautelare mediante sospensione dell'esecuzione dei ruoli esattoriali è già stata affermata da questa Corte che, relativamente ad entrate di natura non tributaria, aveva dichiarato l'illegittimità costituzionale di una disciplina di settore che rendeva applicabile, in forza di rinvio, la previgente procedura di riscossione coattiva disciplinata dal d.P.R. n. 602 del 1973 (sentenza n. 318 del 1995)» (Corte cost., sent. 31 maggio 2018, n. 114).

6.1. GLI STRUMENTI ALTERNATIVI ALL'ESECUZIONE FORZATA.

Dopo la modifica dell'art. 19 della legge sul processo tributario (d.lgs. n. 546/1992) che ha visto l'inserimento dell'iscrizione di ipoteca sugli immobili (ex art. 77 d.P.R. 602/73) e del fermo di beni mobili registratiti (ex art. 86 d.P.R. 602/73) tra gli atti impugnabili innanzi alle Commissioni tributarie, la giurisprudenza si è nuovamente interrogata sulla natura di questi mezzi che hanno la particolarità di poter essere attivati sia in corso di esecuzione forzata, sia in una fase prodromica e, proprio per questo, ne è stata messa in evidenza la natura "cautelare".

1. **Iscrizione di ipoteca sui beni immobili** (art. 77 d.P.R. n. 602/1973);
2. **Fermo dei beni mobili registrati** (art. 86 d.P.R. n. 602/1973);
3. **Il "blocco" del pagamento** da parte delle pubbliche amministrazioni qualora le somme dovute siano superiori ai 10.000 euro (art. 48 *bis* d.P.R. n. 602/1973). La legge di bilancio per il 2018 ha abbassato l'importo a 5.000 euro.

1. Le ipotesi in cui l'Agente della riscossione può procedere all'espropriazione immobiliare sono indicati dall'art. 76 d.P.R. n. 602/1973). In particolare, successivamente alla novella dell'art. 76 ad opera del d.l. n. 69/2013, sono state introdotte limitazioni all'espropriazione immobiliare escludendo alcuni beni da quelli espropriabili (la prima casa o beni strumentali di imprese e società) e al fissando delle soglie di entità del credito sotto le quali non si può procedere con questa forma di espropriazione.

Ai sensi del successivo art. 77 del medesimo d.P.R. n. 602/73, l'Agente della riscossione può iscrivere garanzia ipotecaria «anche al solo fine di assicurare la tutela del credito da riscuotere» e «anche quando non si siano ancora verificate le condizioni per procedere all'espropriazione» (comma 1 bis).

Ai sensi del comma 2 bis del medesimo art. 77, prima di poter iscrivere l'ipoteca sull'immobile del debitore, l'Agente della riscossione ha l'obbligo, per legge, di notificare al contribuente il **preavviso di ipoteca**.

Detto atto consiste in un elenco dettagliato degli addebiti e delle relative cartelle, con la precisazione che l'omesso pagamento dell'importo dovuto entro trenta giorni determina l'iscrizione ipotecaria. La mancata notifica della comunicazione preventiva rende illegittima l'iscrizione ipotecaria.

Quando il contribuente impugna questa **comunicazione preventiva di iscrizione ipotecaria** notificata dall'Agente della riscossione, il ricorso va presentato al giudice competente per il credito indicato nella cartella esattoriale portata in esecuzione. Infatti, si tratta di un atto autonomamente impugnabile rispetto alla vera e propria iscrizione di ipoteca (per la quale è, invece, sempre competente il Giudice dell'esecuzione).

Come hanno chiarito le Sezioni unite della Cassazione (Cass. ord. n. 15354 del 22 luglio 2015), la comunicazione preventiva di iscrizione ipotecaria (così come il preavviso di fermo amministrativo) **non è ancora atto dell'esecuzione forzata e, per questo, non è oggetto di sindacato del Giudice dell'esecuzione**; tuttavia, **può essere impugnato dinanzi al Giudice tributario solo quando ha ad oggetto debiti fiscali, mentre va impugnato innanzi al Giudice del lavoro (se ha ad oggetto debiti previdenziali), nonché al Tribunale ordinario o al Giudice di pace per tutte le altre ipotesi**.

In conclusione, la giurisdizione sulle controversie relative all'iscrizione ipotecaria appartiene «alla giurisdizione del giudice tributario solo qualora i crediti garantiti dall'ipoteca abbiano natura tributaria, spettando altrimenti la giurisdizione al giudice ordinario» (Cass., ord. n. 23113/2015).

2. Il fermo dei beni mobili registrati – le c.d. *ganasce fiscali*– consiste nel divieto di circolazione del veicolo intestato al debitore o al coobbligato, anche se non ne comporta l'inalienabilità; chiunque circola con un veicolo sottoposto a fermo è soggetto a sanzione amministrativa nonché alla confisca del veicolo.

Sulla natura di questo strumento le Sezioni unite della Corte di cassazione hanno da tempo affermato che «**il fermo amministrativo di beni mobili registrati ha natura non già di atto di espropriazione forzata, ma di procedura a questa alternativa**, trattandosi di misura puramente afflittiva volta ad indurre il debitore all'adempimento, sicché la sua impugnativa, sostanziandosi in un'azione di accertamento negativo della pretesa creditoria, segue le regole generali del rito ordinario di cognizione in tema di riparto della competenza per materia e per valore» (Cass., Sez. un., 22 luglio 2015, ord. n. 15354).

In particolare, non essendo un atto dell'espropriazione forzata, non è applicabile la regola di esclusione dalla giurisdizione tributaria fissata dall'art. 2, comma 1, del d.lgs. n. 546/1992, secondo cui "restano escluse dalla giurisdizione tributaria soltanto le controversie riguardanti gli atti della esecuzione forzata tributaria".

Nel caso di impugnazione del provvedimento di fermo di beni mobili registrati ex art. 86 d.P.R. n. 602/1973, il discrimine tra giurisdizione tributaria ed ordinaria, dunque, è dato «dalla natura del credito sotteso al provvedimento di fermo». Infatti, «ai fini della giurisdizione, rileva la natura dei crediti posti a fondamento del provvedimento di fermo, con la conseguenza che la giurisdizione spetterà al giudice tributario o al giudice ordinario a seconda della natura tributaria o meno dei crediti, ovvero ad entrambi se il provvedimento di fermo si riferisce in parte a crediti tributari e in parte a crediti non tributari"» (Cass., Sez. un., 22 luglio 2015, ord. n. 15354 che richiama ord. n. 14831/2008, ord. n. 5575/2012).

Si segnala che secondo un precedente orientamento della Corte di cassazione, invece, il provvedimento di fermo amministrativo dei beni mobili registrati doveva essere considerato "un atto funzionale all'espropriazione forzata e, quindi, mezzo di realizzazione del credito dell'amministrazione, per cui la tutela giurisdizionale nei confronti dello stesso si deve realizzare dinanzi al giudice ordinario, con le forme dell'opposizione all'esecuzione e agli atti esecutivi (art. 57 del d.P.R. n. 602 del 1973)" (ord. 17 gennaio 2007 n. 875 e nello stesso senso Cass., Sez. un., 23 giugno 2006, ord. n. 14701).

3. Il "blocco" del pagamento da parte delle pubbliche amministrazioni qualora le somme dovute siano superiori ai 10 mila euro (art. 48 *bis*, d.P.R. n. 602 del 1973). A decorrere dal 1° marzo 2018 l'importo è stato abbassato a 5 mila euro.

Ai sensi della richiamata norma, «le società a prevalente partecipazione pubblica, prima di effettuare, a qualunque titolo, il pagamento di un importo superiore a cinquemila euro, verificano, anche in via telematica, se il beneficiario è inadempiente all'obbligo di versamento derivante dalla notifica di una o più cartelle di pagamento per un ammontare complessivo pari almeno a tale importo e, in caso affermativo, non procedono al pagamento e segnalano la circostanza all'agente della riscossione competente per territorio, ai fini dell'esercizio dell'attività di riscossione delle somme iscritte a ruolo». Il comma 2 rimanda poi ad un regolamento del Ministro dell'economia e delle finanze, da adottarsi ai sensi dell'art. 17, comma 3, della l. n. 400/88, che stabilisce «le modalità di attuazione delle disposizioni di cui al comma 1».

Detto regolamento è stato emanato con D.M. 18 gennaio 2008 n. 40, il quale prevede che la p.a., prima del pagamento, debba inoltrare una richiesta di verifica - secondo la procedura descritta nell'art. 4 – all'Agente della riscossione, il quale a sua volta è tenuto a eseguirla e comunicarne l'esito. All'esito delta verifica, le soluzioni possibili sono due: o non sussiste inadempimento, ed allora nulla asta al pagamento; ovvero, l'inadempimento è riscontrato, sicché si avvia la procedura di recupero della somma fiscalmente dovuta, con la comunicazione, da parte di Equitalia, di tale inadempimento all'amministrazione pagatrice.

In questo ultimo caso, si innesca la procedura di recupero del credito fiscale ed emerge la condizione sospensiva che il legislatore ha introdotto: secondo il comma 4 dell'art. 3 del regolamento, infatti, il soggetto pubblico non procede al pagamento delle somme dovute al beneficiario fino alla concorrenza dell'ammontare del debito comunicato, per i trenta giorni successivi a quello della comunicazione. I successivi scenari sono ancora due: o intervengono pagamenti da parte del beneficiario o provvedimenti dell'ente creditore che fanno venire meno l'inadempimento o ne riducono l'ammontare, sicché, previa comunicazione di Equitalia, si potrà procedere al pagamento di quanto effettuabile, ovvero, in assenza dell'attivazione della procedura di riscossione fiscale, la p.a. debitrice pagherà le somme spettanti al beneficiario (art. 3, comma 6).

Il descritto quadro normativo è stato definito dalla Corte di cassazione come "complesso sistema" che delinea "una mera causa di sospensione temporanea del pagamento all'esito di una procedura di verifica dettagliatamente regolata nelle modalità e nei termini, finalizzata in buona sostanza a favorire modalità di estinzione del debito alternative al pagamento. A fortiori è da escludere che lo stesso possa interpretarsi, tanto più in mancanza di espressa indicazione in tal senso, come idoneo a paralizzare la forza esecutiva di sentenza passata in giudicato, né tanto meno a precludere la proposizione di un giudizio di ottemperanza" (Cass.

sent. 4 maggio 2016, n. 8846).

7. LA TRANSAZIONE FISCALE.

Il Codice della crisi dell'impresa (d.lgs. 12 gennaio 2019, n. 14 che entrerà in vigore il 1° settembre 2021) ha, con qualche modifica, riprodotto l'istituto della transazione fiscale *ex* art. 182-ter l.f. (introdotto dal d.lgs. n. 5/2006).

La principale novità è la previsione della possibile omologazione della transazione fiscale da parte del Tribunale, nell'ambito dell'accordo di ristrutturazione dei debiti, anche in assenza di adesione da parte del Fisco alla proposta formulatagli dall'impresa debitrice (art. 48 d.lgs. n. 14/19 come modificato dal d.lgs. n. 147/20). La nuova norma, al quinto comma, recita: «il tribunale omologa gli accordi di ristrutturazione o il concordato preventivo anche in mancanza di adesione da parte dell'amministrazione finanziaria o degli enti gestori di forme di previdenza o assistenza obbligatorie quando l'adesione è determinante ai fini del raggiungimento delle percentuali di cui all'articolo 57, comma 1, 60 comma 1, e 109, comma 1, e quando, anche sulla base delle risultanze della relazione del professionista indipendente, la proposta di soddisfacimento della predetta amministrazione o degli enti gestori di forme di previdenza o assistenza obbligatorie è conveniente rispetto all'alternativa liquidatoria».

L'istituto della **transazione fiscale** (già come previsto dal d.lgs. n. 5/2006) si affianca al **concordato preventivo** e all'**accordo di ristrutturazione dei debiti** nel novero degli strumenti volti a scongiurare la dichiarazione liquidatoria (ossia, il "fallimento").

In realtà, la transazione fiscale costituisce una procedura «endo-concorsuale», ovvero compresa in una più ampia procedura concorsuale, che ne costituisce la premessa necessaria. Infatti, una domanda di concordato preventivo o di omologazione di un accordo di ristrutturazione (art. 182 bis L.F.) che non preveda il pagamento integrale e senza dilazione dei debiti erariali, è inammissibile se non è assistita da transazione fiscale. Dunque, la transazione fiscale è obbligatoria ogniqualvolta nella proposta di concordato preventivo o di ristrutturazione dei debiti sia previsto che i debiti fiscali vengano pagati in misura non integrale e/o con dilazione. Tuttavia, come anticipato, dal 1° settembre 2021, in presenza di alcune condizioni sarà possibile l'omologazione della domanda di concordato preventivo o ristrutturazione del debito da parte del Tribunale anche in assenza del consenso dell'Amministrazione finanziaria.

Si tratta di **un accordo di tipo transattivo** tra impresa ed Erario riguardo ai **debiti tributari** già consolidati in capo all'impresa in condizioni di crisi.

La proposta di transazione può essere **presentata esclusivamente dal debitore**, il quale può proporre il **pagamento, anche parziale, dei tributi** amministrati dalle Agenzie fiscali e dei relativi accessori, **ad eccezione dei tributi** che costituiscono risorsa propria **dell'Unione Europea**, tra cui l'IVA.

Se **il credito tributario è assistito da privilegio**, la percentuale, i tempi di pagamento e le eventuali garanzie non possono essere inferiori a quelli offerti ai creditori con un grado di privilegio inferiore o a coloro che hanno una posizione giuridica ed interessi economici omogenei a quelli delle Agenzie fiscali.

Se **il credito ha natura chirografaria**, il trattamento non può essere differenziato rispetto a quello degli altri creditori chirografari.

Per le complesse questioni giuridiche sul trattamento dei crediti tributari che riguardano la natura "endogena" ovvero "esogena" dei flussi generati dalla prosecuzione dell'attività d'impresa nell'ambito del concordato preventivo in continuità, i criteri di distribuzione ai creditori del patrimonio del debitore, la possibilità di derogare al principio del divieto del trattamento deteriore dei crediti fiscali con riguardo ai cosiddetti "creditori strategici", la certificazione dei crediti tributari, i criteri di valutazione della proposta di transazione fiscale da parte del Fisco, il coordinamento della transazione fiscale con gli istituti deflativi del contenzioso, la possibilità di dilazionare il pagamento dei debiti fiscali oltre l'arco temporale oggetto del piano di risanamento, il comportamento dell'Amministrazione finanziaria in caso di moratoria ultrannuale nel concordato preventivo in continuità, gli effetti della rinegoziazione della transazione fiscale nell'ambito degli accordi di ristrutturazione, i criteri da utilizzare per l'individuazione dell'Ufficio competente, si rinvia alla circolare dell'Agenzia delle Entrate 23 luglio 2018, n. 16 .

<u>Nelle more dell'entrata in vigore del codice della crisi dell'impresa</u>, il d.l. 7 ottobre 2020, n. 125, convertito, con modificazioni, dalla l. 27 novembre 2020, n. 159. Ha introdotto modifiche alla disciplina del concordato

preventivo e degli accordi di ristrutturazione dei debiti, novellando l'**art. 180, comma 4, L.F.** e l'**art. 182 bis L.F.**. In particolare, le modifiche prevedono che il Tribunale possa omologare il concordato preventivo o l'accordo di ristrutturazione dei debiti anche in mancanza di voto o adesione da parte dell'Amministrazione finanziaria quando ritenga, anche in base alle risultanze del professionista attestatore, che la proposta dell'imprenditore sia migliorativa rispetto all'ipotesi liquidatoria.
Con la circolare n. 34/E del 29.12.2020, l'Agenzia delle Entrate ha inteso fornire nuove istruzioni in materia di valutazione delle proposte di trattamento del credito tributario (c.d. transazione fiscale) presentate nell'ambito delle procedure di gestione della crisi di impresa in considerazione del particolare momento di emergenza derivante dall'epidemia da COVID-19.

8. LA C.D. ROTTAMAZIONE DELLE CARTELLE DI PAGAMENTO.

Con il termine "rottamazione" delle cartelle di pagamento si fa riferimento ad una **definizione agevolata** di debiti iscritti a ruolo, versando le somme dovute senza corrispondere le sanzioni e gli interessi di mora. La procedura è attivabile dal contribuente presentando domanda entro termini perentori previsti dalla legge, nonché versare gli importi calcolati e ripartiti su più rate. Quindi l'integrale pagamento delle somme a titolo di capitale, di interessi e di aggi maturati a favore dell'agente della riscossione (compresi rimborsi spese per procedure esecutive e di notifica della cartella di pagamento) determina l'estinzione delle somme iscritte al ruolo a titolo di interessi di mora e sanzioni.
L'agente della riscossione, relativamente ai carichi definibili, non può avviare nuove azioni esecutive ovvero iscrivere nuovi fermi amministrativi e ipoteche, fatti salvi i fermi amministrativi e le ipoteche già iscritti alla data di presentazione della dichiarazione, e non può, altresì, proseguire le procedure di recupero coattivo precedentemente avviate, a condizione che non si sia ancora tenuto il primo incanto con esito positivo ovvero non sia stata presentata istanza di assegnazione ovvero non sia stato già emesso provvedimento di assegnazione dei crediti pignorati.
Detta forma di definizione agevolata è stata introdotta per la prima volta dal Decreto Fiscale (D.L. 22 ottobre 2016, n. 193, convertito dalla Legge 1° dicembre 2016, n. 225).

La presentazione della dichiarazione determina, a favore dell'agente della riscossione, la sospensione dei termini di prescrizione e di decadenza per il recupero dei carichi che sono oggetto di tale dichiarazione.
L'**art. 1 del Decreto fiscale collegato alla Manovra 2018 (D.L. 148/2017)** ha previsto la c.d. **rottamazione bis**, ossia ha riaperto i termini della "rottamazione" prevista dall'art. 6 del D.L. 193/2016 (conv. con mod. nella legge 225/2017) nonché ha introdotto alcune novità.
Il **c.d. decreto fiscale collegato alla Manovra 2019** (ossia, il D.L. n. 119/2018 conv. nella legge n. 136 del 13 dicembre 2018) ha introdotto la **c.d. rottamazione ter.** Successivamente il **decreto-legge n. 34/2019** (c.d. **decreto Crescita**"), convertito con modificazioni dalla L. n. 58/2019, ha riaperto i termini per la presentazione della domanda fino al 31 luglio 2019, mentre e **il c.d. decreto fiscale collegato alla legge di bilancio 2020** (ossia, il D.L. n. 124/2019 conv. nella legge n. 157 del 24 dicembre 2019) ha riaperto i termini per il pagamento della prima o unica rata della rottamazione ter, scaduta il 31 luglio.
Al momento della stampa del presente compendio pende proposta di provvedimento normativo per consentire una ulteriore proroga della rottamazione delle cartelle al 30 aprile 2021.

QUESTIONARIO

1. Chi esercita la riscossione? **(X.1)**
2. Cosa s'intende per riscossione volontaria? **(X.2)**
3. La compensazione orizzontale e verticale **(X.2.3.)**
4. Qual è la distinzione tra ritenuta a titolo di acconto e a titolo definitivo? **(X.2.1)**
5. Il ruolo. Quanti tipi di ruolo conosce? **(X.3)**
6. Quali sono le tre ipotesi per l'iscrizione a ruolo in base alla dichiarazione? **(X.3.1)**
7. Cosa s'intende per cartella di pagamento? **(X.4)**
8. Quali sono le modalità di notifica delle cartelle di pagamento? **(X.4)**
9. Qual è il termine di prescrizione del credito iscritto in cartella di pagamento? **(X.5)**
10. Quali sono le misure cautelari e le misure esecutive a tutela del fisco? **(X.6)**
11. Cosa s'intende per fermo dei beni mobili registrati? **(X.6)**

12. Cosa s'intende per transazione fiscale? (**X.7**)
13. Cosa s'intende per rottamazione delle cartelle? (**X.8**)

SCHEDA DI SINTESI

La cd. riscossione volontaria (ovvero, la riscossione dei tributi mediante il pagamento spontaneo del contribuente) è la regola generale del nostro ordinamento tributario. In caso di inadempimento del contribuente opera la cd. riscossione coattiva.
Dal 1° ottobre 2011 (art. 29 D.L. n. 78/2010) sono considerati atti della riscossione e titoli esecutivi anche gli avvisi di accertamento delle imposte sui redditi, dell'IRAP e dell'Iva nonché gli atti di irrogazione delle sanzioni per tali imposte. Detta previsione è stata estesa agli enti locali dalla legge di bilancio per il 2020.
La procedura di riscossione avviata sulla scorta di un accertamento esecutivo, dunque, prescinde dalla formazione della cartella di pagamento. L'avviso di accertamento, per essere immediatamente esecutivo, deve contenere anche l'intimazione ad adempiere - entro il termine di presentazione del ricorso - all'obbligo di pagamento della somma stabilita.
Il pagamento delle imposte da parte del contribuente deve avvenire con le modalità tassativamente previste dalla legge (art. 1 ss., d.P.R. n. 602/1973): ritenuta diretta (per le imposte sui redditi); versamento diretto (per le imposte sui redditi, l'IRAP e l'IVA); ruolo, per tutti i tributi (strumento di riscossione sia volontaria che coattiva).
L'agente della riscossione che attiva il procedimento di riscossione coattiva, procede sulla base del ruolo, ossia un sistema di riscossione impiegato sia per la riscossione volontaria sia per la riscossione coattiva. Il ruolo non è altro che un elenco, formato dall'ente impositore, dei debitori e delle somme da essi dovute. Dunque, il ruolo è un provvedimento amministrativo collettivo che contiene un elenco di somme da riscuotere predisposto dall'Ufficio impositore, contenente le generalità di diversi contribuenti residenti nella propria circoscrizione ed i dati relativi ai tributi da questi dovuti (ammontare, periodo di riferimento).
L'Agente della riscossione forma per ogni contribuente un apposito atto

denominato cartella di pagamento, che viene notificato al contribuente stesso.
La cartella di pagamento contiene la richiesta di pagamento delle somme iscritte a ruolo nonché l'intimazione che se, entro il termine di 60 giorni, il pagamento non avverrà, l'Agente stesso avvierà la procedura di riscossione forzata.
La peculiarità è data dal fatto che, in luogo del titolo esecutivo, nella riscossione tributaria si ha il ruolo formato dall'ente impositore e, in luogo del precetto, vi è la cartella di pagamento.
La transazione fiscale è obbligatoria ogniqualvolta nella proposta di concordato preventivo o di ristrutturazione dei debiti sia previsto che i debiti fiscali vengano pagati in misura non integrale e/o con dilazione, tuttavia il nuovo codice della crisi dell'impresa prevede la possibilità di omologazione della domanda da parte del Tribunale anche in assenza del consenso dell'Amministrazione finanziaria.

TI RICORDI

L'Agenzia delle entrate-Riscossione svolge le funzioni relative alla riscossione nazionale. È un ente pubblico economico istituito ai sensi dell'art. 1 del D.L. 22 ottobre 2016, n. 193, convertito con mod. dalla L. 1° dicembre 2016 n. 225. L'ente ha assunto la qualifica di agente della riscossione con i poteri e secondo le disposizioni di cui al titolo I, capo II, e al titolo II, del d.P.R. 29 settembre 1973, n. 602.
L'Ente è sottoposto all'indirizzo e alla vigilanza del MEF ed è strumentale dell'Agenzia delle entrate a cui è attribuita la titolarità della riscossione nazionale.
L'Agenzia delle entrate provvede a monitorare costantemente l'attività dell'Agenzia delle entrate-Riscossione, secondo principi di trasparenza e pubblicità.
L'Agenzia può anche svolgere le attività di riscossione delle entrate tributarie o patrimoniali dei comuni e delle province e delle società da essi partecipate. Nella Regione Sicilia, invece, la Società incaricata di gestire la riscossione dei tributi e delle altre entrate è Riscossione Sicilia S.p.A.
L'Agenzia delle entrate-Riscossione ha autonomia organizzativa, patrimoniale, contabile e di gestione.
L'Agenzia delle entrate-Riscossione è subentrata, a titolo universale, nei rapporti giuridici attivi e passivi, anche processuali, delle società del Gruppo Equitalia sciolte a decorrere dal 1° luglio 2017 (ad eccezione di Equitalia Giustizia).

Capitolo XI
Il rimborso

Sommario:

1. Premessa. – **2.** Crediti per rimborsi da indebito. – **3.** Crediti per rimborsi «non da indebito». – **3.1.** Rimborsi da dichiarazione. – **4.** Il rimborso su istanza del contribuente. – **5.** Il rimborso di ufficio. – **6.** Interessi per ritardo nel rimborso.

1. PREMESSA.

Il contribuente può risultare creditore dell'Amministrazione finanziaria in tre ipotesi:

1. versamento di una somma non dovuta;
2. versamento di acconti che, a consuntivo, superano il dovuto;
3. crediti d'imposta in senso stretto.

2. CREDITI PER RIMBORSI DA INDEBITO.

Il primo tipo di credito è quello di **rimborso da indebito** il quale si realizza quando il versamento effettuato non era dovuto in quanto, per esempio, era inesistente l'obbligazione tributaria o è intervenuto un errore di calcolo nella determinazione dell'importo del tributo dovuto.
In altri casi, il rimborso si realizza successivamente, in quanto il versamento, pur dovuto in base a disposizioni di legge, è restituito dall'Amministrazione finanziaria in tutto o in parte a seguito di operazioni di conguaglio o per esempio per l'intervento di una pronuncia di incostituzionalità delle disposizioni che prevedevano il pagamento del tributo.
Tale prima figura è sussumibile nel generale principio sancito dall'art. 2033 c.c., secondo il quale chi ha eseguito un pagamento non dovuto ha **diritto alla** restituzione.
A seconda dei casi, i rimborsi possono essere richiesti con:

- la dichiarazione dei redditi
- specifica domanda.

3. CREDITI PER RIMBORSI «NON DA INDEBITO».

I rimborsi non derivanti da indebito sono **figure peculiari** del diritto tributario, in quanto non derivano da un pagamento non dovuto del contribuente.
Si tratta di **versamenti di acconti** che, a consuntivo, superano il dovuto come nel caso di crediti emergenti dalle dichiarazioni dei redditi o dichiarazioni IVA.
Nella riscossione delle imposte periodiche (imposte sui redditi ed IVA), tra l'altro, vi sono una pluralità di obblighi di versamento: ogni contribuente deve effettuare, nel corso del periodo d'imposta, dei **versamenti d'acconto** che sono calcolati in base all'imposta dovuta per il periodo precedente e valgono come acconti dell'imposta che risulterà dovuta per il periodo in corso.

3.1. RIMBORSI DA DICHIARAZIONE.

Il saldo creditorio che risulta dalle dichiarazioni periodiche può essere **riportato all'anno successivo,** può essere chiesto **a rimborso** ovvero può essere **ceduto a terzi.**
Nel caso delle imposte sui redditi, quando il contribuente si avvale del modello 730, si può ottenere il rimborso direttamente dal datore di lavoro o ente pensionistico in busta paga o nella pensione. In alternativa al rimborso, il contribuente ha la possibilità scegliere di utilizzare il credito che risulta dal 730, per pagare con compensazione, altre imposte. Se, per qualunque motivo, il rimborso non viene effettuato, si può farne richiesta all'ufficio dell'Agenzia delle Entrate del luogo di residenza. In questo caso, occorre allegare una certificazione con cui il datore di lavoro o l'ente pensionistico attesti di non aver eseguito il conguaglio e di non aver, quindi, rimborsato le imposte.
Sempre in materia di imposte sui redditi, quando il contribuente utilizza il modello Redditi (che dal 2017 sostituisce il modello Unico), il contribuente deve espressamente indicare di voler ricevere il rimborso

del credito. La scelta alternativa è quella del riporto del credito all'anno successivo o la sua compensazione con altri tributi da versare. Dopo gli opportuni controlli, la somma è rimborsata dall'Agenzia delle Entrate.

In materia di IVA, ai sensi dell'art. 30 del D.P.R. n. 633/72, il contribuente può scegliere tra la compensazione o il rimborso del credito IVA. Tuttavia, in ragione dell'art. 30 cit., la "compensazione" opera come regola generale, mentre la richiesta di rimborso può essere presentata solo nei casi previsti dai successivi commi dell'art. 30 cit. o nel caso di cessazione dell'attività di impresa (comma 2, art. 30 cit.).

Per il rimborso del credito IVA si rimanda alla *Parte speciale, cap. XVII.*

4. IL RIMBORSO SU ISTANZA DEL CONTRIBUENTE.

Nel sistema tributario vige la regola generale che il rimborso deve essere **richiesto dal contribuente mediante un'istanza** all'Agenzia dell'Entrate, entro termini e modalità previsti dalle leggi tributarie.

La Corte di cassazione (sent. 27 febbraio 2009, n. 4773) ha asserito che l'istanza presentata ad un **ufficio incompetente** è atto idoneo ad impedire la decadenza del diritto al rimborso e a formare il silenzio-rifiuto per la successiva proposizione del ricorso.

Termini di decadenza e rilascio di garanzia

Per **il rimborso di ritenute dirette e di versamenti diretti**, l'istanza deve essere presentata **entro il termine di decadenza di 48 mesi dal versamento**.

Se l'operazione di rimborso riguarda ritenute indebitamente versate, tale istanza può essere presentata sia dal «sostituto» (colui che hai versato) che dal «sostituito» (colui che ha subito la ritenuta). La tardività dell'istanza è rilevabile d'ufficio *ex* art. 2969 c.c.

Il termine di 48 mesi inizia a decorrere dal momento in cui è stato effettuato il versamento, o da quando è stata operata la ritenuta, ma solo nel caso in cui la ritenuta o il versamento siano indebiti *ab origine*.

Per le imposte indirette (imposta di registro, imposta sulle successioni e donazioni, imposta ipotecaria e catastale, tributi doganali), è previsto **un termine**

decadenziale di 3 anni dall'avvenuto pagamento indebito.

In caso di mancanza di specifiche disposizioni, il contribuente che voglia richiedere il rimborso, può farlo entro **2 anni dal pagamento** (ad esempio, ai fini IVA) ovvero, se posteriore, dal giorno in cui è sorto il diritto al rimborso è previsto un **termine residuale** (art. 21, comma 2, d.lgs. n. 546 del 1992).

In materia di IVA, ai sensi dell'art. 38-bis del d.P.R. 633/1972 (come novellato dal d.lgs. n. 175/14) in alcuni casi è possibile chiedere l'erogazione del rimborso anche senza rilasciare **garanzia fidejussoria**.

La Corte di cassazione «ha qualificato la fideiussione prevista dall'art. 38-bis d.P.R. n. 633/1972 per la copertura del rimborso accelerato IVA come garanzia autonoma, non accessoria all'obbligo tributario» (Cass., Sez. un., 15 ottobre 1998, n. 10188; poi, tra molte, Cass. 15 marzo 2004, n. 5239; Cass. 19 dicembre 2014, n. 26965; Cass. 1° ottobre 2015, n. 19609). La fideiussione *ex* art. 38-bis d.P.R. n. 633/1972, tra l'altro, è valida persino nell'ipotesi di inesistenza dell'apparente beneficiario del rimborso e anche qualora l'ufficio erogante fosse in colpa, salva unicamente l'*exceptio doli* (Cass., 10 gennaio 2012, n. 65).

Diniego, sospensione, compensazione

Se l'Ufficio emette un **provvedimento di diniego di rimborso**, il contribuente può impugnare detto provvedimento ai sensi dell'art. 21, comma 2, d.lgs. n. 546/1992 («Il ricorso avverso il rifiuto tacito della restituzione di cui all'articolo 19, comma 1, lettera g), può essere proposto dopo il novantesimo giorno dalla domanda di restituzione presentata entro i termini previsti da ciascuna legge d'imposta e fino a quando il diritto alla restituzione non è prescritto. La domanda di restituzione, in mancanza di disposizioni specifiche, non può essere presentata dopo due anni dal pagamento ovvero, se posteriore, dal giorno in cui si è verificato il presupposto per la restituzione»).

L'istituto della **sospensione del rimborso**, invece, è espressione del potere di autotutela dell'Amministrazione finanziaria e la sua funzione "cautelare" va intesa nel senso che con esso si salvaguarda la possibilità di consentire l'operatività del meccanismo della compensazione tra reciproche posizioni debitorie/creditorie pendenti tra le parti.

Una ipotesi di sospensione *ex lege* è prevista dai primi due commi dell'art. 23 del d.lgs. n. 472/1997 che, sotto la rubrica "sospensione dei rimborsi e compensazione", stabiliscono: «nei casi in cui l'autore della violazione o i soggetti obbligati in solido, vantano un credito nei confronti dell'amministrazione finanziaria, il pagamento può essere sospeso se è stato notificato atto di contestazione o di irrogazione della sanzione o provvedimento con il quale vengono accertati maggiori tributi, ancorché non definitivi. La sospensione opera nei limiti di tutti gli importi dovuti in base all'atto o alla decisione della commissione tributaria ovvero dalla decisione di altro organo» e «in presenza di provvedimento definitivo, l'ufficio competente per il rimborso pronuncia la compensazione del debito».

A fronte della richiesta di rimborso, l'Amministrazione finanziaria, inoltre, può eccepire in **compensazione** un credito verso il contribuente (per i presupposti si rimanda a quanto detto nel *Cap. X.*). In proposito, la Cassazione ha precisato che, nel processo tributario, «qualora il contribuente agisca per ottenere il rimborso di un proprio credito di imposta, l'Amministrazione finanziaria, ferma restando la facoltà di esercitare discrezionalmente i poteri autoritativi di sospensione del pagamento delle somme pretese dal creditore e di pronuncia di compensazione nel caso sia a propria volta titolare di controcrediti tributari nei confronti del contribuente, è comunque legittimata, nel corso del giudizio instaurato dal creditore, ad opporre in compensazione ai sensi dell'art. 1243 c.c., i propri crediti certi, liquidi ed esigibili, spettando conseguentemente al giudice la verifica della ricorrenza dei requisiti richiesti per la pronuncia della compensazione legale» (Cass., n. 21082/2019).

Il rimborso nel caso di somme riscosse mediante ruolo

Per le somme riscosse mediante ruolo, la legge non prevede espressamente la domanda di rimborso: quando vi è l'iscrizione a ruolo, il contribuente si può tutelare impugnando il ruolo e chiedendo, nel contempo, l'annullamento del ruolo e la condanna dell'Amministrazione finanziaria al rimborso delle somme indebitamente riscosse.

Il ruolo è un atto della riscossione, ragion per cui la mancata impugnazione del ruolo **non preclude** la domanda di rimborso delle somme indebitamente riscosse (TESAURO).

La preclusione comunque non opera per qualsiasi tipo di iscrizione a ruolo e per qualsiasi titolo di indebito: tale preclusione, in primo luogo, non opera per **le iscrizioni a ruolo a titolo provvisorio**; in secondo luogo, non opera quando vi sono errori materiali o duplicazioni dovuti dall'Ufficio impositore, in quanto l'Ufficio dovrà provvedere a rimborsare le somme indebitamente iscritte **a prescindere da qualsivoglia iniziativa di parte**.

5. IL RIMBORSO DI UFFICIO.

Di regola, il rimborso deve essere richiesto su istanza dell'interessato, ma vi sono dei **casi in cui** il rimborso deve essere **disposto di ufficio**.

In tali casi, l'*iter* da seguire per la tutela giurisdizionale è sempre il medesimo: **istanza di rimborso** e successivo **ricorso alle Commissioni**; in tali casi opera solo il termine di prescrizione del diritto.

Il rimborso d'ufficio riguarda:

-) i crediti risultanti dalle dichiarazioni dei redditi (nei casi in cui si è detto sopra);

-) le somme riscosse in via provvisoria nel corso del giudizio di primo grado, dopo che il Giudice di primo grado (Commissione tributaria provinciale) annulli l'atto impositivo e, quindi, sorge l'obbligo del rimborso d'ufficio delle somme già riscosse in ragione dell'atto annullato;

-) le somme indebitamente riscosse a causa di errori materiali o duplicazioni imputabili all'ufficio dell'Agenzia delle entrate (art. 41 d.P.R. n. 602/1973).

Con riferimento a quest'ultima ipotesi, la Corte di cassazione ha precisato che solo gli errori materiali commessi dall'Ufficio finanziario contemplano il rimborso d'ufficio *ex* art. 41 d.p.r. n. 602 del 1973. Sono invece esclusi i rimborsi d'imposta che derivano da errori materiali del contribuente. In particolare, va escluso «che il contribuente possa invocare il diverso termine previsto dall'art. 43, d.p.r. n. 600 del 1973 - che consente all'Amministrazione finanziaria di modificare i risultati della dichiarazione, e quindi l'entità del debito d'imposta, con la notifica di accertamenti in rettifica o di accertamenti d'ufficio – dal momento che, attesa l'evidenziata diversità di posizione rivestita dal contribuente e dall'amministrazione nel rapporto giuridico d'imposta, al primo non si applicano i termini e le modalità stabiliti per l'azione della seconda» (Cass., sent. 2 marzo 2012, n. 3271).

6. INTERESSI PER RITARDO NEL RIMBORSO.

In caso di ritardo nel rimborso di imposte, il contribuente ha diritto alla corresponsione degli interessi nella misura fissata dalla legge.

Quando il diritto al rimborso sorge con la dichiarazione, gli interessi decorrono dal semestre successivo alla data di presentazione della dichiarazione.

Per i rimborsi di tasse ed imposte indirette sugli affari e ritenute indebitamente pagate spettano al contribuente gli interessi di mora, i quali si computano per ogni semestre intero.

QUESTIONARIO

1. Cosa s'intende per rimborso da indebito? (**XI.2**)
2. Cosa s'intende per rimborso "non da indebito" (**XI.3**)?

3. Il rimborso su istanza del contribuente (**XI.4**)
4. I termini di decadenza per l'istanza di rimborso (**XI.4**)

SCHEDA DI SINTESI

Il contribuente può risultare creditore dell'Amministrazione finanziaria in tre ipotesi: versamento di una somma non dovuta; versamento di acconti che, a consuntivo, superano il dovuto; crediti d'imposta in senso stretto.

Nel sistema tributario vige la regola generale che il rimborso deve essere richiesto dal contribuente mediante un'istanza all'Agenzia dell'Entrate, entro termini e modalità previsti dalle leggi tributarie.

TI RICORDI

All'interno dell'ampia categoria delle dichiarazioni tributarie è di particolare rilievo la dichiarazione per le imposte dirette, comunemente chiamata "dichiarazione dei redditi", le cui peculiarità sono: l'annualità; l'unicità; la perentorietà; l'obbligatorietà.

CAPITOLO XII
Le sanzioni tributarie

SOMMARIO:

1. ILLECITI PENALI E ILLECITI AMMINISTRATIVI.

La *violazione* di una norma tributaria rappresenta un *illecito*, che può comportare l'applicazione di una sanzione amministrativa o penale.
Un illecito è *penale* quando la sanzione prevista dalla legge è la reclusione o la multa (delitto), ovvero l'arresto o l'ammenda (contravvenzione), secondo il generale *criterio formale della pena* che involge l'intero sistema giuridico italiano. Le sanzioni penali sono irrogate dall'autorità giudiziaria a seguito di un procedimento penale.
Gli illeciti *amministrativi*, invece, sono caratterizzati da *sanzioni pecuniarie* (pagamento di una somma di denaro) e da *sanzioni accessorie* (aventi carattere interdittivo). Le sanzioni amministrative sono irrogate direttamente dall'amministrazione finanziaria.

2. LE SANZIONI AMMINISTRATIVE.

Il sistema sanzionatorio amministrativo è delineato dal **d.lgs. 18 dicembre 1997 n. 472** (come modificato dal d.lgs. n. 158/2015, la cui efficacia, inizialmente postergata al 1° gennaio 2017, è stata anticipata dalla legge Stabilità 2016 al 1° gennaio 2016).

Le pene amministrative possono essere *pecuniarie* (obbligo di pagamento all'Ente impositore di una somma di denaro) o *accessorie*.

La quantificazione della sanzione **pecuniaria** irrogabile in concreto viene stabilita *discrezionalmente* e può essere determinata in misura **fissa, in proporzione** all'ammontare del tributo evaso, ovvero può **variare da un minimo ad un massimo** (in una misura stabilita discrezionalmente, a seconda della gravità della violazione, e avendo riguardo alla condotta dell'agente, alla sua personalità ed alle condizioni economiche e sociali).

In aggiunta alla sanzione pecuniaria, nei casi espressamente previsti dalla legge, possono essere irrogate al trasgressore le **sanzioni amministrative accessorie a contenuto interdittivo,** applicabili per una durata massima di 6 mesi. Si tratta esclusivamente delle ipotesi individuate all'art. 21, ovvero:

- interdizione dalle cariche di amministratore, sindaco e revisore;
- interdizione dalla partecipazione a gare per l'affidamento di appalti pubblici e forniture;
- interdizione dal conseguimento di licenze, concessioni o autorizzazioniper l'esercizio di imprese o di attività di lavoro autonomo e la loro sospensione;
- sospensione dall'esercizio di attività di lavoro autonomo o di impresa

La pena amministrativa ha natura afflittiva, non risarcitoria correlata al danno provocato: essa intende punire il trasgressore e, pertanto, è attribuita alla persona autrice della violazione a seguito della sua *colpevolezza* (DE MITA).

L'art. 7 del d.lgs. n. 269/2003 ha previsto che «le sanzioni amministrative relative al rapporto fiscale proprio di società o di enti con personalità giuridica, sono esclusivamente a carico della persona giuridica». Dunque, per le sanzioni amministrative relative agli illeciti compiuti dagli enti collettivi, *la responsabilità delle violazioni è attribuita esclusivamente alla persona giuridica* e non, dunque, alla persona fisica, autore della stessa (SINISCALCHI).

L'art. 3 d.lgs. n. 472/1997, sotto la rubrica "principio di legalità" stabilisce che "Nessuno può essere assoggettato a sanzioni se non in forza di una legge entrata in vigore prima della commissione della violazione" (comma 1); "Salvo diversa previsione di legge, nessuno può essere assoggettato a sanzioni per un fatto che, secondo una legge posteriore, non costituisce violazione punibile. Se la sanzione è già stata irrogata con provvedimento definitivo il debito residuo si estingue, ma non è ammessa ripetizione di quanto pagato" (comma 2); "Se la legge in vigore al momento in cui è stata commessa la violazione e le leggi posteriori stabiliscono sanzioni di entità diversa, si applica la legge più favorevole, salvo che il provvedimento di irrogazione sia divenuto definitivo" (comma 3).

Da ciò derivano più principi:

- **Principio di legalità:** nessuno può essere assoggettato a sanzione se non in forza di una legge. Da esso, i corollari:
  - **riserva assoluta di legge;**
  - **tassatività dei fatti illeciti e delle previsioni sanzionatorie;**
  - **divieto di analogia.**
- **Principio di irretroattività:** nessuno può essere assoggettato a sanzione se non in forza di una legge entrata in vigore prima della commissione della violazione.
- **Principio del *favor rei*:** nel caso di fattispecie interessata da una successione di norme nel tempo (per cui la legge in vigore al momento della commissione prevede una sanzione diversa rispetto a quella prevista dalla legge in vigore al momento dell'applicazione della sanzione) si applica la legge più favorevole al contribuente. Da esso, i corollari:
  - **retroattività dell'abrogazione dell'illecito** (che però non consente la ripetizione di quanto già *versato* a titolo di sanzione);
  - **retroattività della norma più favorevole;**
  - **irretroattività della norma più sfavorevole.**

Secondo l'art. 5, comma 1, d.lgs. n. 472/1997, «nelle violazioni tributarie punite con sanzioni amministrative ciascuno risponde della propria azione od omissione, cosciente e volontaria, sia essa dolosa o colposa. Le violazioni commesse nell'esercizio dell'attività di consulenza tributaria e comportanti la soluzione di problemi di speciale difficoltà sono punibili solo in caso di dolo o colpa grave».

Devono quindi sussistere:

- il **fatto,** cioè un **comportamento commissivo** o **omissivo,** violativo di una norma
- **l'elemento soggettivo psicologico,** il quale a sua volta sussiste quando concorrono:
  - **imputabilità del soggetto:** art. 4 d.lgs. n. 472/1997 "*non può essere assoggettato a sanzione chi, al momento in cui ha commesso il fatto, non aveva, in base ai criteri indicati nel codice penale, la capacità di intendere e di volere*";
  - **colpevolezza,** sotto forma di *dolo* o *colpa.*

Per quanto concerne la **prova** dell'elemento soggettivo, si è affermato che consistendo l'illecito amministrativo tributario tipicamente nella violazione di leggi e regolamenti, l'Amministrazione può prescindere da complessi accertamenti inconciliabili con le esigenze dell'azione impositiva: la colpa può ritenersi sussistente ove l'agente abbia violato il **precetto, pur avendo avuto l'astratta possibilità di osservarlo** (DEL FEDERICO).

L'onere della prova dell'assenza di colpa grava sul contribuente, ai fini dell'affermazione o meno della sua responsabilità

(Cass., 15 giugno 2011, n. 13068): «In tema di sanzioni amministrative per violazione di norme tributarie, ai fini dell'affermazione di responsabilità del contribuente, ai sensi dell'art. 5, d.lgs. n. 472 del 1997, occorre che l'azione od omissione causativa della violazione sia volontaria, ossia compiuta con coscienza e volontà, e colpevole, ossia compiuta con dolo o negligenza, e la prova dell'assenza di colpa grava sul contribuente, sicché va esclusa la rilevabilità d'ufficio di una presunta carenza dell'elemento soggettivo, sotto il profilo della mancanza assoluta di colpa. (In applicazione del principio, la S.C. ha ritenuto che l'Ufficio avesse adempiuto al proprio onere probatorio, dimostrando la "culpa in vigilando" del contribuente, che era stato avvisato dal proprio consulente, incaricato della tenuta delle scritture contabili, di non avere ricevuto dal precedente consulente parte della contabilità, per cui spettava al contribuente medesimo contestare la fondatezza, l'attendibilità ed il significato della circostanza evidenziata dall'Amministrazione)».

2.1. IPOTESI DI PLURALITÀ DI OBBLIGATI.

Responsabilità solidale

Nell'ipotesi in cui venga irrogata una sanzione a carico di un trasgressore (persona fisica), l'obbligo di pagare la suddetta sanzione ricadrà anche in capo al soggetto che ne ha (eventualmente) beneficiato (art. 11, d.lgs. 472/1997).

È prevista anche la **responsabilità del consulente fiscale** eventualmente **a titolo di concorso** con l'autore della trasgressione; tuttavia, nelle ipotesi di attività di consulenza concernenti la risoluzione di problemi di particolare complessità, la responsabilità del consulente –essendo una responsabilità "professionale" - è limitata ai casi di dolo e colpa grave (analogamente alla disposizione civilistica, di cui all'art. 2236 c.c.). In questo senso, il secondo periodo del primo comma dell'art. 5 cit. recita: "Le violazioni commesse nell'esercizio dell'attività di consulenza tributaria e comportanti la soluzione di problemi di speciale difficoltà sono punibili solo in caso di dolo o colpa grave".

In tali casi, l'Amministrazione è tenuta a dimostrare la sussistenza dell'elemento soggettivo nella forma del dolo o della colpa grave, indicando, a pena di nullità, gli elementi probatori nell'atto di contestazione della sanzione (DE MITA), mentre la colpa semplice è presunta in capo a chi, con coscienza e volontà, ha commesso l'illecito.

Cessione d'azienda e altre ipotesi di trasferimento d'azienda, ivi compreso il "conferimento"

Il cessionario d'azienda (art. 14, d.lgs. n. 472/1997) è responsabile in solido per il pagamento delle imposte e, dunque, delle sanzioni amministrative relative ad illeciti tributari commessi dal cedente nell'anno dell'avvenuta cessione e per i due anni precedenti. Onde evitare che il cessionario diventi responsabile di debiti che non conosce, **l'obbligazione del cessionario è limitata al debito risultante,** alla data del trasferimento, **dagli atti degli uffici dell'Amministrazione Finanziaria e degli enti preposti all'accertamento dei tributi di loro competenza,** tenuti a rilasciare, su richiesta dell'interessato, un certificato sull'esistenza di contestazione in corso e di quelle già definite, per le quali i debiti non sono stati soddisfatti (SINISCALCHI - DE MITA). Nel caso in cui il certificato risulti negativo, o nel caso in cui non venga rilasciato entro 40 giorni dalla richiesta, il cessionario è liberato da responsabilità, ad esclusione, in ogni caso, dell'ipotesi in cui la cessione d'azienda sia avvenuta in frode dei creditori tributari o del fisco (la frode si presume quando il trasferimento sia stato effettuato entro 6 mesi dalla contestazione di un reato). Salvo il caso di frode, la responsabilità solidale del cessionario non trova applicazione nei casi di "crisi di impresa", ossia quando la cessione d'azienda avviene nell'ambito di una procedura concorsuale, di un accordo di ristrutturazione dei debiti (ai sensi dell'art. 182-bis R.D. 267/1942), di un piano attestato (ai sensi dell'art. 67, comma 3, lett. d) del R.D. 267/1942) o di un procedimento di composizione della crisi da sovra indebitamento o di liquidazione del patrimonio.

Concorso di persone

Quando la **violazione** della norma tributaria viene **commessa da più persone,** non si configura una responsabilità solidale (esse non sono obbligate in solido), bensì ciascuna soggiace alla sanzione singolarmente irrogata.

- La regola del concorso di persone nell'illecito tributario subisce, tuttavia, una deroga nel caso in cui la violazione consista nell'omissione di un comportamento cui sono obbligati in solido più soggetti; in tale fattispecie viene irrogata una sola sanzione e il pagamento di uno dei soggetti solidalmente obbligati, libera gli altri, salvo il diritto di regresso nei rapporti interni (art. 9, d.lgs. n. 472/1997).

- Si configura il concorso nella commissione dell'illecito tributario, tanto nell'ipotesi di contribuzione alla violazione a *livello materiale,* quanto a *livello psicologico*. Tuttavia, l'autore materiale dell'illecito non viene punito nel caso in cui sia stato determinato a compiere la violazione con violenza o minaccia o sia stato inconsapevolmente indotto in errore dal reale responsabile dell'illecito (c.d. **autore mediato**): si pensi al socio di società di persona indotta in errore, quanto alla dichiarazione del reddito di partecipazione, dal socio amministratore, non avendo potuto esaminare la documentazione della società; oppure al contribuente indotto in errore dal professionista.

2.2. LE CAUSE DI NON PUNIBILITÀ.

L'art. 6 d.lgs. 472/1997 esclude l'applicabilità delle sanzioni nei seguenti casi:

1. **errore incolpevole sul fatto** che ha determinato la violazione (es.: omessa indicazione dei cespiti ereditari nella dichiarazione di successione, perché sconosciuti);
2. **errore di diritto inevitabile** derivante da inevitabile ignoranza della legge tributaria, nonostante l'adempimento di doveri strumentali di informazione e conoscenza;
3. **obiettiva incertezza** sul significato della disposizione violata, dovuta, ad esempio, all'oscurità del testo o ad orientamenti interpretativi contraddittori (viene esclusa la punibilità in caso di *indeterminatezza delle richieste* di informazioni o dei modelli per la dichiarazione e per il pagamento dei tributi);
4. **forza maggiore**, intesa quale fenomeno del mondo esterno che ha reso inevitabile il comportamento dell'agente (es. calamità naturali);
5. **mancato versamento delle imposte per fatto imputabile a terzi** e denunciato all'Autorità Giudiziaria. Non è *terzo* l'amministratore rispetto alla società.

L'esimente del mancato versamento delle imposte per fatto imputabile al terzo, nell'ambito delle società di capitali

(Cass., 16 novembre 2012, n. 20113): «La sanzione amministrativa non è irrogabile qualora sia dimostrato, come prevede l'art. 6, d.lgs. n. 472 del 1997, che il fatto è stato commesso da un terzo a seguito di condotta penalmente rilevante debitamente denunciata all'autorità giudiziaria. Tanto premesso, detta esimente non può essere invocata qualora la condotta penalmente rilevante sia commessa dall'amministratore di una società di capitali, che abbia falsificato i Modelli F24 per potersi appropriare del denaro destinato dalla contribuente all'Erario. Infatti, in tema di società di capitali vige il rapporto di immedesimazione organica, in virtù del quale gli illeciti commessi dagli amministratori sono imputati all'ente».

A queste, si aggiungono:

1. le **violazioni formali** che non incidono sulla determinazione del debito d'imposta, o che, comunque, non recano pregiudizio per l'azione di controllo dell'Ufficio (art. 6 d.lgs. 602/1973);
2. le **violazioni commesse conformandosi ad indicazioni** contenute in atti dell'Amministrazione finanziaria o dovute a ritardi, omissioni o errori riconducibili all'Amministrazione stessa, in virtù del **principio del legittimo affidamento** (art. 10 statuto dei diritti del contribuente);
3. **mancata risposta dell'ufficio all'istanza di interpello ordinario** presentata dal contribuente entro 120 giorni (art. 11, comma 3).

2.3. CONCORSO DELLE VIOLAZIONI E CUMULO DELLE SANZIONI.

- **Concorso formale:** un soggetto, con una sola azione od omissione, commette più violazioni della *stessa* disposizione *(concorso formale omogeneo)* ovvero *diverse* violazioni, anche relative a tributi diversi *(concorso formale eterogeneo)*. In caso di concorso formale, si ha **cumulo giuridico:** si applica soltanto la sanzione più grave, aumentata da 1/4 al doppio. Nel caso di mediazione e di conciliazione giudiziale, il cumulo giuridico opera limitatamente alla singola imposta e alla singola annualità.

- **Concorso materiale omogeneo:** un soggetto, con più azioni od omissioni, commette *diverse violazioni della stessa disposizione* (es.: attraverso l'emissione di diverse fatture prive dell'indicazione di alcuni elementi identificativi del contribuente).
  - Concorso materiale omogeneo **di violazioni formali:** violazione di norme che non incidono sulla determinazione dell'imponibile o sulla liquidazione del tributo. In questo caso si ha **cumulo giuridico.**
  - Concorso materiale **di violazioni non formali:** violazione di norme che incidono sulla determinazione dell'imponibile o sulla liquidazione del tributo. In questo caso si ha **cumulo materiale** delle sanzioni: sono irrogate, andandosi a sommare, tante sanzioni quante sono le violazioni.
- **Concorso materiale eterogeneo:** un soggetto, con più azioni od omissioni, commette *diverse violazioni di più disposizioni*. In questo caso si ha **cumulo materiale.**
- **Continuazione**: un soggetto commette più violazioni, anche in tempo diversi, funzionalmente connesse tra loro per il fine dell'evasione (DE MITA). In questo caso, a norma dell'art. 12, comma 2, d.lgs. 472/1997, si applica la sanzione che dovrebbe infliggersi per la violazione più grave aumentata sino al doppio.

Gli *elementi costitutivi* della continuazione sono (DE MITA -TESAURO):

- **pluralità di violazioni**, anche in periodi diversi d'imposta;
- la loro **obiettiva convergenza** data dalla loro "**progressione**" e dall'**unico fine** (alterare la determinazione dell'imponibile o la liquidazione del tributo).

A differenza della continuazione nel reato penale, la continuazione nell'ambito degli illeciti tributari è slegata dall'accertamento dell'elemento soggettivo del dolo dell'agente, tendente alla realizzazione dell'evasione.
Nell'ipotesi di violazioni continuate commesse in periodi d'imposta diversi, può accadere che l'Amministrazione contesti le violazioni con

più atti, senza considerare il vincolo della continuazione; in tali ipotesi, al termine dell'istruttoria, provvede a determinare la sanzione complessiva, tenendo conto delle violazioni oggettive del precedente provvedimento.

2.4. I PROCEDIMENTI SANZIONATORI: L'IRROGAZIONE DELLE SANZIONI.

Le sanzioni vengono irrogate *dall'ufficio* o dall'*ente competente all'accertamento* del tributo cui si riferiscono, attraverso uno dei seguenti procedimenti:

A) Procedimento sanzionatorio di contestazione-irrogazione.

Il procedimento ordinario, disciplinato dall'art. 16, d.lgs. n. 472/1997, si avvia con la notifica al trasgressore dell'atto di contestazione contenente, a pena di nullità, l'indicazione dei fatti attribuiti all'autore dell'illecito, degli elementi probatori, le norme applicate e i criteri seguiti per la determinazione delle sanzioni e le loro entità; l'atto di contestazione deve, inoltre contenere l'invito al pagamento della somma dovuta entro il termine previsto per la proposizione del ricorso (60 giorni) dalla notifica, con l'indicazione della possibilità di scegliere:

1. **la definizione in via breve** della controversia, mediante il pagamento della sanzione ridotta ad un terzo della misura indicata (tale procedimento esclude l'applicazione delle sanzioni accessorie);
2. **l'invito a produrre deduzioni difensive** all'ufficio che ha emanato l'atto; qualora l'ufficio non intenda accogliere la difesa dell'interessato deve provvedere, entro un anno dalla presentazione delle deduzioni, ad emanare l'atto di irrogazione delle sanzioni con apposita motivazione circa le deduzioni formulate. L'art. 16 cit. sancisce, in caso di produzione di deduzioni difensive, l'improcedibilità del ricorso del contribuente;
3. **l'impugnazione dell'atto di contestazione** innanzi alla Commissione Tributaria, nel termine, suddetto di 60 giorni, che comporta la conversione *ex lege* dell'atto di contestazione in provvedimento di irrogazione delle sanzioni. Il suddetto

procedimento è obbligatorio per le sanzioni relative a violazioni non formali, mentre è facoltativo negli altri casi (De Mita).

B) Procedimento semplificato.

In deroga alle previsioni di cui all'art. 16, il successivo art. 17 (commi 1 e 2) stabilisce che, nel caso di sanzioni collegate al tributo cui si riferiscono, è comminata l'irrogazione immediata – senza contestazione – attraverso **la notifica di un atto contestuale all'avviso di accertamento**, motivato a pena di nullità (in tale caso è ammessa la definizione agevolata, mediante il pagamento di un terzo della misura della sanzione irrogata).

C) Procedimento di iscrizione al ruolo.

Il procedimento ultra-semplificato (art. 17, comma 3) riguarda le sanzioni per omesso o ritardato pagamento dei tributi che non necessitano di particolari indagini e possono essere irrogate direttamente mediante iscrizioni al ruolo.

2.5. TERMINE DI NOTIFICA ED ESTINZIONE DELL'ILLECITO.

È previsto un **termine decadenziale** per la comunicazione della sanzione, decorso il quale, qualora l'Amministrazione non abbia agito, si verifica **l'estinzione dell'illecito**: l'atto di contestazione e l'atto di irrogazione possono essere notificati **entro il 31 dicembre del quinto anno** dalla commissione della violazione. Nel caso in cui la notifica venga effettuata tempestivamente ad almeno uno degli autori della violazione o dei soggetti obbligati in solido, il termine di decadenza suddetto viene prorogato di un anno.

Il debito sanzionatorio si estingue in via ordinaria, mediante il **pagamento dell'obbligazione**.

Il diritto alla riscossione del credito relativo ad una sanzione, già irrogata, si prescrive nel termine di *cinque anni* a decorrere dal momento in cui è divenuto definitivo l'atto di irrogazione; in caso di impugnazione del provvedimento di irrogazione, viene interrotto il termine di prescrizione, che non corre sino alla definizione del procedimento.

Altra causa di estinzione dell'illecito e, ove sia già stata irrogata, anche della sanzione, è la **morte dell'autore** della violazione; in ogni caso, però, continua a sussistere, in capo ai soggetti responsabili (coobbligati) a titolo di garanzia, la responsabilità solidale, anche qualora la sanzione non sia stata ancora irrogata.

2.6. IL RAVVEDIMENTO OPEROSO E L'ATTENUAZIONE DELLE SANZIONI.

L'istituto del ravvedimento operoso consente ai contribuenti di sanare il tardivo pagamento mediante il versamento del tributo maggiorato di una sanzione ridotta rispetto a quella che sarebbe dovuta nel caso in cui la violazione fosse contestata dall'amministrazione (oltre, ovviamente, agli interessi). Con questo strumento si concede al contribuente di rimediare volontariamente ad eventuali dimenticanze o errori di calcolo commessi in sede di pagamento dei tributi dovuti o per mancata presentazione della dichiarazione dei redditi, IVA e altre comunicazioni obbligatorie.
L'art. 13 del d.lgs. n. 472/1997 prevede, quindi, particolari **fattispecie di attenuazione** delle sanzioni pecuniarie, **qualora il contribuente si ravveda** e proceda, spontaneamente, a regolarizzare la propria posizione fiscale (adempimenti formali, versamento del tributo nonché versamento degli interessi moratori, se dovuti).
Sino al 2014, il ravvedimento era inammissibile ove la violazione fosse stata già constatata o, comunque, fossero iniziati accessi, ispezioni, verifiche o altre attività amministrative di accertamento delle quali il trasgressore fosse venuto formalmente a conoscenza.
La legge di stabilità 2015 (in vigore a partire dal 1° gennaio 2015), poi modificata dal d.lgs. n. 158/2015 (in vigore dal 1° gennaio 2016), anche se limitatamente ai **tributi amministrati dall'Agenzia delle Entrate,** ha eliminato le cause ostative relative alla violazione già constatata, mantenendo solo quelle relative alla *notifica di atti di liquidazione e di accertamento (ivi inclusi gli avvisi di irrogazione sanzioni e gli atti di recupero dei crediti d'imposta).* In altri termini, il contribuente non ha limiti temporali per ravvedersi, e neppure l'inizio di una procedura d'accertamento sarebbe d'ostacolo alla correzione dell'errore corredata dal beneficio della sanzione ridotta, ma solo la notifica di atti di liquidazione e di avvisi di accertamento preclude l'accesso all'istituto in esame.

La novella del 2015 ha previsto inoltre la possibilità di ravvedersi entro i termini di decadenza dell'azione di accertamento con l'applicazione di sanzioni ridotte che crescono quanto più si avvicina il termine decadenziale.
Il d.l. 30 aprile 2019, n. 34 (conv., con modificazioni, dalla L. 28 giugno 2019, n. 58), introducendo l'art. 13 bis del d.lgs. n. 472/97. ha con una norma interpretativa chiarito che per i tributi amministrati dall'Agenzia delle entrate è consentito al contribuente di avvalersi dell'istituto del ravvedimento anche in caso di versamento frazionato (c.d. **ravvedimento parziale**).

2.7. I PRINCIPALI ILLECITI AMMINISTRATIVI.

Il d.lgs. n. **471**/1997 concernente le sanzioni amministrative in materia di imposte sui redditi ed IVA ed il d.lgs. n. **473**/1997, relativo alle sanzioni in materia di tributi sugli affari, sulla produzione e sui consumi, nonché su altri tributi indiretti, consentono di raccogliere in **tre gruppi** gli illeciti amministrativi e le relative sanzioni, ad essi correlate:

1) **illeciti relativi alla violazione di obblighi meramente formali (di** documentazione e contabilità) la cui sanzione corrispondente è elastica e varia da un minimo ad un massimo;
2) **illeciti relativi alla dichiarazione tributaria** che comportano sanzioni commisurate all'entità dell'imposta evasa, che varia da un minimo ad un massimo;
3) **illeciti relativi ai versamenti di somme a titolo d'imposta** (FALSITTA), la cui sanzione è ragguagliata a una misura percentuale del tributo non versato.

Il D.Lgs. n. 471/1997 è stato novellato dal D.Lgs. n. 158 del 24 settembre 2015 per conformarlo ad alcuni principi espressi dalla Corte di Giustizia dell'Unione Europea in materia di "registrazioni IVA": è stata prevista, in particolare, l'applicazione di una sanzione in misura fissa nel caso in cui la violazione fiscale non abbia comportato alcun danno alle casse dell'erario, con specifico riferimento alla violazione degli obblighi di documentazione e registrazione delle operazioni.
Si segnala, inoltre, da un lato, una generale riduzione delle sanzioni in presenza di circostanze che la rendono spropositata rispetto al fatto

commesso; dall'altro, tale riduzione è compensata da un inasprimento della disciplina nel caso di recidiva.

3. LE SANZIONI PENALI.

La vigente disciplina dei reati tributari è contenuta nel **d.lgs. n. 74/2000** e **riguarda le violazioni con alto grado di offensività, relative a taluni tributi,** contraddistinte dall'elemento soggettivo del **dolo specifico di evasione:** sono reati che hanno la natura di delitti.
La normativa in discorso è stata dapprima novellata dal d.lgs. 24 settembre 2015, n. 158 e, da ultimo, dal decreto fiscale collegato alla legge di bilancio per il 2020 (**d.l. n. 124/2019**, conv. con mod. dalla l. 19 dicembre, n. 157) che ha inasprito le pene per alcuni reati e modificato alcune soglie di punibilità.
Per **"imposta evasa"** si intende la « differenza tra l'imposta effettivamente dovuta e quella indicata nella dichiarazione, ovvero l'intera imposta dovuta nel caso di omessa dichiarazione, al netto delle somme versate dal contribuente o da terzi a titolo di acconto, di ritenuta o comunque in pagamento di detta imposta prima della presentazione della dichiarazione o della scadenza del relativo termine; non si considera imposta evasa quella teorica e non effettivamente dovuta collegata a una rettifica in diminuzione di perdite dell'esercizio o di perdite pregresse spettanti e utilizzabili» (art. 1, lett. f, d.lgs. n. 74/2000).
Da ciò discende che la responsabilità penale è (in via generale) direttamente connessa alla dichiarazione (ivi comprese quelle presentate in qualità di sostituto d'imposta nei casi previsti dalla legge): saranno cioè penalmente sanzionabili quelle condotte integranti una fattispecie di reato legislativamente prevista, nelle quali l'agente intendeva conseguire un indebito risparmio di imposta mediante una "dichiarazione" difforme rispetto a quella effettivamente dovuta.
A questa regola fa eccezione la normativa in materia di IVA (cfr. *infra),* che punisce penalmente anche il solo omesso versamento dell'imposta (ancorché correttamente dichiarato).

A) Reati in materia di dichiarazione annuale dei redditi e dell'IVA.

Questi delitti non sono comunque punibili a titolo di tentativo (art. 6

d.lgs. n. 74/2000).

- **la dichiarazione fraudolenta mediante uso di fatture o altri documenti per operazioni inesistenti (art. 2 d.lgs. 74/2000):** ricorre la fattispecie quando “chiunque, al fine di evadere le imposte sui redditi o sul valore aggiunto, avvalendosi di fatture o altri documenti per operazioni inesistenti, indica in una delle dichiarazioni relative a dette imposte elementi passivi fittizi”. Il secondo comma, poi, specifica che «il fatto si considera commesso avvalendosi di fatture o altri documenti per operazioni inesistenti quando tali fatture o documenti sono registrati nelle scritture contabili obbligatorie, o sono detenuti a fine di prova nei confronti dell’amministrazione finanziaria»;
- **la dichiarazione fraudolenta mediante altri artifici (art. 3 d.lgs. 74/2000):** ricorre la fattispecie quando « chiunque, al fine di evadere le imposte sui redditi o sul valore aggiunto, compiendo operazioni simulate oggettivamente o soggettivamente ovvero avvalendosi di documenti falsi o di altri mezzi fraudolenti idonei ad ostacolare l’accertamento e ad indurre in errore l’amministrazione finanziaria, indica in una delle dichiarazioni relative a dette imposte elementi attivi per un ammontare inferiore a quello effettivo od elementi passivi fittizi o crediti e ritenute fittizi, quando, congiuntamente: a) l’imposta evasa è superiore, con riferimento a taluna delle singole imposte, a euro trentamila; b) l’ammontare complessivo degli elementi attivi sottratti all’imposizione, anche mediante indicazione di elementi passivi fittizi, è superiore al cinque per cento dell’ammontare complessivo degli elementi attivi indicati in dichiarazione, o comunque, è superiore a euro un milione cinquecentomila, ovvero qualora l’ammontare complessivo dei crediti e delle ritenute fittizie in diminuzione dell’imposta, è superiore al cinque per cento dell’ammontare dell’imposta medesima o comunque a euro trentamila».
- la **dichiarazione infedele (art. 4, d.lgs. n. 74/2000):** fuori dai casi rientranti nelle precedenti fattispecie, si ha “dichiarazione infedele” quando «chiunque, al fine di evadere le imposte sui redditi o sul valore aggiunto, indica in una delle dichiarazioni annuali relative a dette imposte elementi attivi per un ammontare

inferiore a quello effettivo od elementi passivi inesistenti, quando, congiuntamente: a) l'imposta evasa è superiore, con riferimento a taluna delle singole imposte, a euro centomila; b) l'ammontare complessivo degli elementi attivi sottratti all'imposizione, anche mediante indicazione di elementi passivi inesistenti, è superiore al dieci per cento dell'ammontare complessivo degli elementi attivi indicati in dichiarazione, o, comunque, è superiore a euro due milioni»;

- la **omessa dichiarazione (art. 5 d.lgs. n. 74/2000):** un soggetto, al fine di evadere le imposte sui redditi e sull'IVA, omette di presentare, pur essendovi obbligato, una delle dichiarazioni relative alle suddette imposte, quando l'imposta evasa è superiore, con riferimento a taluna delle singole imposte, ad € 50.000,00, ovvero omette di presentare la dichiarazione di sostituto d'imposta, quando l'ammontare delle ritenute non versate è superiore ad € 50.000,00. Non si considera omessa la dichiarazione presentata con un ritardo non superiore a 90 giorni dalla scadenza del relativo termine, o che non sia stata sottoscritta dal contribuente o che sia stata redatta su uno stampato non conforme al modello prescritto.

B) Delitti in materia di documenti contabili.

- l'**emissione di fatture o altri documenti per operazioni inesistenti**, al fine di consentire l'evasione di terzi **(art. 8 d.lgs. 74/2000)**;
- l'**occultamento o la distruzione anche parziale delle scritture contabili o i documenti di cui è obbligatoria la conservazione** (con la finalità di evadere le imposte sui redditi o sul valore aggiunto, ovvero di consentire l'evasione a terzi), in modo da non consentire la ricostruzione dei redditi (ai fini della determinazione delle imposte sui redditi) o del volume di affari (ai fini dell'IVA) **(art. 10 d.lgs. n. 74/2000)**.

C) Reati in materia di riscossione dei tributi.

- la **sottrazione fraudolenta al pagamento** delle imposte **(art. 11 d.lgs. n. 74/2000)**: viene commessa da colui che *"aliena simultaneamente o compie altri atti fraudolenti sui propri o su* *altri beni idonei a rendere in tutto o in parte inefficace la procedura di riscossione coattiva*". Il fatto costituisce reato soltanto se è commesso con il fine specifico di sottrarsi al pagamento di imposte sui redditi o sul valore aggiunto, ovvero di interessi o sanzioni amministrative relativi a dette imposte, per un importo complessivamente non inferiore ad € 50.000,00;

- l'**omesso versamento di ritenute dovute o certificate (art. 10-*bis* d.lgs. 74/2000):** il fatto costituisce reato solo se l'omesso versamento riguarda un importo complessivamente non inferiore a € 150.000,00 per ciascun periodo di imposta;
- l'**omesso versamento IVA (art. 10-*ter* d.lgs. 74/2000):** il fatto costituisce reato solo se l'omesso versamento riguarda un importo complessivamente non inferiore a € 250.000,00 per ciascun periodo di imposta;
- l'**indebita compensazione (art- 10-*quater* d.lgs. 74/2000)**.

3.1. CAUSA DI NON PUNIBILITÀ: IL PAGAMENTO DEL DEBITO.

Per i reati di omesso versamento di ritenute dovute o certificate (art. 10-bis), di omesso versamento di IVA (art. 10-ter) e di indebita compensazione (art. 10-quater), l'art**. 13 d.lgs. n. 74/2000** prevede la non punibilità del reato «se, **prima della dichiarazione di apertura del dibattimento di primo grado**, i debiti tributari, comprese sanzioni amministrative e interessi, sono stati estinti mediante **integrale pagamento** degli importi dovuti, anche a seguito delle speciali procedure conciliative e di adesione all'accertamento previste dalle norme tributarie, nonché del ravvedimento operoso».

I reati in materia di dichiarazione (artt. 2, 3, 4, 5), invece, «non sono punibili se i debiti tributari, comprese sanzioni e interessi, sono stati estinti mediante integrale pagamento degli importi dovuti, a seguito del ravvedimento operoso o della presentazione della dichiarazione omessa entro il termine di presentazione della dichiarazione relativa al periodo d'imposta successivo, sempreché il ravvedimento o la presentazione siano intervenuti **prima che l'autore del reato abbia avuto formale conoscenza di accessi, ispezioni, verifiche o dell'inizio di qualunque attività di accertamento amministrativo o di procedimenti penali**» (art. 13, comma 2, cit.).

3.2. LE PENE ACCESSORIE.

In aggiunta alla pena principale, in alcuni casi possono essere applicate:

- l'**interdizione dagli uffici direttivi delle persone giuridiche e dalle imprese**;
- l'**incapacità a contrarre con la P.A.** per un periodo non inferiore ad 1 anno e non superiore a 3 anni;
- l'**interdizione dalle funzioni di rappresentanza ed assistenza in materia tributaria**;
- l'**interdizione perpetua dall'ufficio di componente di Commissione Tributaria**;
- la **pubblicazione della sentenza**;
- l'**interdizione temporanea dai pubblici uffici;**
- la **sospensione della condizionale**;
- la **confisca dei beni** che rappresentano il *profitto ricavato* o il *prezzo dell'azione fraudolenta*, salvo che tali beni appartengano a persona diversa dall'autore del reato. Il decreto fiscale collegato alla legge di bilancio per il 2020 (**d.l. n. 124/2019**, conv. con mod. dalla l. 19 dicembre, n. 157) ha introdotto l'art. 12 ter al d.lgs. n. 74/2000 che prevede "casi particolari di confisca" riconducibili all'art. 240 bis cod. penale.
- la **confisca per equivalente**: qualora non sia possibile procedere alla *confisca dei beni*, si applica la confisca dei beni di cui il reo ha la disponibilità, per un valore corrispondente al prezzo del reato (art. 1, comma 143, L. n. 244 del 2007). In ogni caso, la confisca non opera per la parte che il contribuente s'impegna a versare all'erario anche in presenza di sequestro.

La confisca nei reati tributari

(Cass. pen., sent. 12 febbraio 2019, n. 6348): assume «particolare rilievo l'individuazione dell'ambito di confiscabilità del profitto nei reati tributari, inteso come qualsivoglia vantaggio patrimoniale conseguito alla consumazione del reato, che può consistere anche in un "risparmio di spesa", corrispondente cioè al mancato decremento del patrimonio del debitore che non adempie tempestivamente all'obbligazione tributaria (cfr. Sez. un., 31 gennaio 2013, n. 18374, Rv. 255036, ric. Adami). Ed invero, premesso che il profitto è confiscabile sia in forma diretta, ai sensi della generale previsione di cui all'art. 240 cod. pen., che per equivalente (Sez. III, n. 23108 del 23 aprile 2013, Rv. 255446), è stato affermato che la confisca diretta del profitto di reato è comunque istituto ben distinto dalla confisca per equivalente (Sez. un., 30 gennaio 2014, n. 10561, Rv. 258648, ric. Gubert).

(…) A fronte di una pluralità di orientamenti che pervenivano a differenti conclusioni, vi è stato anche in materia l'intervento delle Sezioni Unite di questa Corte (con la già citata sentenza n. 31617 del 26 giugno 2015, Rv. 264437) che, sviluppando un concetto invero già espresso dalla sentenza n. 10561 del 30 gennaio 2014, ric. Gubert, hanno evidenziato che, ove il profitto o il prezzo del reato sia rappresentato da una somma di denaro, questa, non soltanto si confonde automaticamente con le altre disponibilità economiche dell'autore del fatto, ma perde, per il fatto stesso di essere ormai divenuta una appartenenza del reo, qualsiasi connotato di autonomia quanto alla relativa identificabilità fisica. Non avrebbe infatti alcuna ragione d'essere, né sul piano economico né su quello giuridico, la necessità di accertare se la massa monetaria percepita quale profitto o prezzo dell'illecito sia stata spesa, occultata o investita: ciò che conta è che le disponibilità monetarie del percipiente si siano accresciute di quella somma, legittimando, dunque, la confisca in forma diretta del relativo importo, ovunque o presso chiunque custodito nell'interesse del reo, per cui a rilevare è la prova della percezione illegittima della somma, non la sua materiale destinazione. Soltanto, quindi, nelle ipotesi in cui sia impossibile la confisca di denaro, sorge la eventualità di dare luogo a una confisca degli altri beni di cui disponga l'imputato e per un valore corrispondente a quello del prezzo o del profitto del reato, giacché in tal caso si avrebbe quella necessaria novazione soggettiva che costituisce il naturale

presupposto per poter procedere alla confisca di valore. Nel solco dei principi elaborati dalle Sezioni Unite, il tema è stato ulteriormente approfondito da due successive pronunce di questa Corte (Sez. III, 9 febbraio 2016, n. 28223 non mass. e Sez. III, 30 ottobre 2017, n. 8995, Rv. 272353), con le quali, applicando a contrario i principi sopra richiamati, si è anche precisato che la natura fungibile del denaro non consente però la confisca diretta delle somme depositate su conto corrente bancario del reo, ove si abbia la prova che le stesse non possano in alcun modo derivare dal reato e costituire, pertanto, profitto dell'illecito (…).
In quest'ottica, ipotizzando che il contribuente sia titolare di un rapporto di conto corrente bancario o postale che, alla scadenza del termine per il pagamento dell'imposta, presenti un saldo negativo, è chiaro che il denaro versato successivamente non può essere ritenuto "profitto" del reato, ma unità di misura equivalente al debito tributario scaduto e non onorato. Qualora invece il conto bancario o postale presenti, alla scadenza, saldi attivi, il profitto dell'omesso versamento dell'imposta equivale al correlativo mancato decremento del saldo. In definitiva, la natura fungibile del denaro non è sufficiente in questi casi a qualificare di per sé come "profitto" l'oggetto del sequestro, essendo necessario anche provare che la disponibilità della somma successivamente sequestrata costituisca essa stessa risparmio di spesa conseguito con il mancato versamento dell'imposta o che si tratti di liquidità rimasta nella disponibilità del contribuente».

3.3. IL RAPPORTO TRA LE SANZIONI AMMINISTRATIVE E LE SANZIONI PENALI. IL PRINCIPIO DI SPECIALITÀ.

Il sistema sanzionatorio tributario è improntato alla regola della **"unicità della sanzione"**: se lo stesso illecito è sanzionato sia dal punto di vista amministrativo, sia dal punto di vista penale, si applica la disposizione speciale.

Per disposizione speciale, deve intendersi una norma che, rispetto ad una norma generale, contiene tutti gli elementi di questa, più un ulteriore elemento specializzante.
Tanto premesso, il citato principio di specialità considerato in concreto, comporterà l'applicazione della norma sanzionatoria penale (considerata speciale) rispetto a quella sanzionatoria amministrativa, in quanto caratterizzata dall'elemento specializzante del dolo specifico o della soglia di punibilità; pertanto, allo stato della legislazione vigente, la sanzione amministrativa sarà applicata solo nelle ipotesi in cui non ricorrano i presupposti della sanzione penale (DE MITA).
Una deroga al principio di specialità ricorre nell'ipotesi di illeciti commessi da una persona fisica nell'interesse degli altri (ad esempio, in ambito societario): permane, in questi casi, la responsabilità per la sanzione amministrativa delle persone giuridiche che siano solidalmente tenute al pagamento della stessa, unitamente con la persona fisica: in tale ipotesi, infatti, l'applicazione della sanzione penale esclude la sanzione amministrativa nei confronti della persona fisica autrice della violazione, ma non sottrae alla sanzione amministrativa la persona giuridica che, invece, non è punibile penalmente (DE MITA).
La *ratio* di tale deroga consiste nel tentativo di evitare che, attraverso la strumentalizzazione del principio di specialità, gli enti si sottraggano all'irrogazione della sanzione amministrativa, una volta applicata la sanzione penale alla persona fisica, autore dell'illecito (dipendenti o amministratori).

3.4. RAPPORTI TRA PROCESSO PENALE PER REATI TRIBUTARI E PROCESSO TRIBUTARIO.

Processo tributario e processo penale per reati tributari sono **indipendenti (cd. principio del doppio binario):** non esiste alcuna pregiudizialità tra i due processi, pertanto non è prevista alcuna sospensione nel caso di contemporaneità. Secondo l'art. 20, d.lgs. n. 74/2000: «il procedimento amministrativo di accertamento ed il processo tributario non possono essere sospesi per la pendenza del processo penale avente ad oggetto i medesimi fatti, dal cui accertamento, comunque, dipende la relativa definizione».

QUESTIONARIO

1. Qual è il criterio individuato dal legislatore per la distinzione tra l'illecito amministrativo e l'illecito penale in campo tributario? (**XII.1**)
2. Quali sono i principi fondamentali del sistema sanzionatorio amministrativo? (**XII.2**)
3. Quali sono le misure sanzionatorie amministrative accessorie interdittive? (**XII.2**)
4. Quali sono le cause di non punibilità previste in ambito tributario? (**XII.2.2**)
5. Quando si configura il concorso materiale omogeneo di violazioni formali? (**XII.2.3**)
6. Cosa è il ravvedimento operoso? È ammissibile il ravvedimento operoso parziale? (**XII.2.6**)
7. Quali sono i principali illeciti amministrativi? (**XII.2.7**)
8. Quali sono le categorie principali di reati tributari? (**XII.3**)
9. Cosa si intende per principio della "unicità della sanzione"? (**XII.3.3**)

SCHEDA DI SINTESI

L'illecito derivante dalla violazione di una norma tributaria può essere sanzionato sia in via amministrativa sia in sede penale. Le sanzioni penali sono irrogate dall'autorità giudiziaria a seguito di un procedimento penale; le sanzioni amministrative, invece, sono irrogate direttamente dall'Amministrazione finanziaria.

Gli illeciti amministrativi e le relative sanzioni sono, di norma, raggruppati in tre tipologie: quelli relativi alla violazione di obblighi meramente formali (di documentazione e contabilità) la cui sanzione corrispondente è elastica e varia da un minimo ad un massimo; quelli relativi alla dichiarazione tributaria che comportano sanzioni commisurate all'entità dell'imposta evasa, che varia da un minimo ad un massimo; quelli relativi ai versamenti di somme a titolo d'imposta, la cui sanzione è ragguagliata a una misura percentuale del tributo non versato.

La disciplina dei reati tributari è contenuta nel d.lgs. n. 74/2000 e riguarda le violazioni con alto grado di offensività, relative a taluni tributi, contraddistinte dall'elemento soggettivo del dolo specifico di

evasione: sono reati che hanno la natura di delitti.
Sono classificati in reati in materia di dichiarazione annuale dei redditi e dell'IVA, in materia di documenti contabili e in materia di riscossione dei tributi.
Non esiste alcun rapporto di pregiudizialità tra il processo tributario e il processo penale per l'eventuale accertamento del reato tributario connesso all'atto impositivo impugnato.

TI RICORDI

Il contribuente può rettificare ovvero integrare una dichiarazione precedente - che sia stata, a suo tempo, validamente e tempestivamente (ossia nei termini stabiliti) presentata – una volta che siano scaduti i termini di presentazione della dichiarazione stessa.
Tale facoltà del dichiarante può essere esercitata nello stesso termine entro cui l'ufficio impositore può rettificare la dichiarazione (ossia entro il 31 dicembre del quarto anno successivo a quello in cui è stata presentata la prima dichiarazione); inoltre, il ravvedimento da parte del contribuente comporta una riduzione della sanzione amministrativa applicata.

CAPITOLO XIII
Il processo tributario

SOMMARIO:

1. LE COMMISSIONI TRIBUTARIE.

Per orientamento costante delle Sezioni unite, la giurisdizione si ripartisce tra giudice ordinario e tributario a seconda della natura del credito azionato (tra varie, Cass., Sez. un., sent. 16 dicembre 2020, n. 28709, Cass., Sez. un., 7 luglio 2014, n. 15425; Sez. un., 31 luglio 2017, n. 18979). La giurisdizione tributaria ha carattere pieno ed esclusivo, appunto *ratione materiae* (Cass., Sez. un., 16 marzo 2009, n. 6315) e si radica indipendentemente dal contenuto della domanda (Cass., Sez. un., 27 settembre 2006, n. 20889).
L'elenco degli atti impugnabili contenuto nell'art. 19 del d.lgs. n. 546/92 (di cui si dirà nei successivi paragrafi), invero, non è idoneo, di per sé, a delimitare la giurisdizione del giudice tributario in quanto gli stessi non sono tutti, necessariamente, atti tipicamente fiscali: essi, infatti, sono "atti neutri", ossia "utilizzabili a sostegno di qualsiasi pretesa patrimoniale (tributaria o no) della mono pubblica" (Cass., Sez. un., sent. 11 febbraio 2008 n. 3171). Di conseguenza, per il riparto della giurisdizione, è rilevante unicamente il titolo giuridico della "pretesa patrimoniale" e non già l'atto che la contiene: l'inclusione di un atto nell'elenco dell'art. 19, pertanto, è indice della sua impugnabilità (per la tutela del diritto ritenuto violato dall'interessato) davanti al giudice

tributario e non già della giurisdizione di questo (Cass., Sez. un., 8 ottobre 2008 n. 24775).

Le controversie tra Amministrazione finanziaria e contribuente si svolgono dinanzi alla **Commissione Tributaria Provinciale** (o "CTP") in primo grado, alla **Commissione Tributaria Regionale** (o "CTR") in secondo grado e alla **Corte di Cassazione** in ultimo grado.

Sono devolute alla giurisdizione delle Commissioni Tributarie «tutte le controversie **aventi ad oggetto i tributi di ogni genere e specie,** comunque denominati, compresi quelli regionali, provinciali e comunali e il contributo per il Servizio Sanitario Nazionale, le sovrimposte e le addizionali, le relative sanzioni nonché gli interessi e ogni altro accessorio» (art. 2, comma 1, d.lgs. n. 546/1992, recentemente modificato dal d.lgs. n. 156/2015).

La Corte costituzionale (sent. n. 130 del 5 maggio 2008) aveva dichiarato l'illegittimità costituzionale della precedente formulazione del presente comma nella parte in cui attribuiva alla giurisdizione tributaria le controversie relative alle sanzioni comunque irrogate da uffici finanziari, anche laddove esse conseguissero alla violazione di disposizioni non aventi natura tributaria.

In recepimento di tale pronuncia, il legislatore, con il d.lgs. n. 156/2015, ha modificato la formulazione dell'art. 2 del d.lgs. n. 546/1992, eliminando dalle controversie rientranti nella cognizione del giudice tributario quelle relative alle "*sanzioni amministrative, comunque irrogate dagli uffici finanziari*" e a determinati canoni gestiti dagli enti locali.

La giurisdizione delle Commissioni Tributarie comprende, inoltre, l'imposta o il canone comunale sulla pubblicità e il diritto sulle pubbliche affissioni, oltre che le controversie in materia catastale.

Tutte le ipotetiche questioni che insorgono nelle suddette materie vengono devolute alle Commissioni Tributarie a condizione che le stesse riguardino **i rapporti tra contribuenti e Amministrazione finanziaria**, restando invece incardinate nell'ambito della competenza del giudice ordinario le controversie tra i privati, anche qualora abbiano ad oggetto rapporti regolati da norme tributarie (come, ad esempio, le controversie relative all'esercizio di rivalsa IVA) (SINISCALCHI).

Chiarito che le controversie attribuite alla giurisdizione tributaria sono quelle relative all'*accertamento, alla riscossione ed alla comminazione delle sanzioni*, ne deriva che tutti gli atti dell'Amministrazione finanziaria che precedono o seguono l'emanazione di detti atti, se impugnati davanti al Giudice Tributario, possono essere dallo stesso soltanto disapplicati, mentre possono essere impugnati con ricorso innanzi al Giudice Amministrativo, che ha il potere di annullarli, qualora ledano gli interessi legittimi del ricorrente (art. 7 Statuto dei diritti del Contribuente).

Per quanto riguarda la distribuzione di competenze tra le varie commissioni tributarie, nel processo tributario, a differenza di quanto avviene per le altre giurisdizioni rispetto alle quali vengono applicati i criteri del territorio, della funzione e della materia, viene utilizzato esclusivamente il **criterio della territorialità** (art. 4, d.lgs. n. 546/1992), in base al quale è territorialmente competente la CTP per le controversie proposte nei confronti di soggetti (enti impositori, agenti della riscossione e soggetti di cui all'art. 53 del d.lgs. n. 446/1997) che hanno sede nella sua circoscrizione.

Le CTR, invece, sono competenti per gli appelli promossi avverso le sentenze emesse dalle Commissioni Tributarie Provinciali, che hanno sede nella loro circoscrizione.

Ai sensi dell'art. 5, d.lgs. n. 546/1992, **la competenza è inderogabile**: i privati non possono accordarsi per ritenere competente una commissione tributaria diversa da quella indicata dalla legge.

A ciascuna delle Commissioni Tributarie Provinciali e Regionali è preposto un **presidente**, che presiede anche la prima sezione. Il presidente di una commissione tributaria con oltre quindici sezioni può delegare le proprie attribuzioni non giurisdizionali ad uno o più presidenti di sezione.

A **ciascuna sezione** è assegnato un **presidente**, un **vice-presidente** e non meno di **quattro giudici tributari**. Ogni **collegio giudicante** è presieduto dal presidente della sezione o dal vicepresidente e giudica con numero invariabile di tre votanti.

Non possono essere componenti delle commissioni tributarie, finché permangono in attività di servizio o nell'esercizio delle rispettive funzioni o attività professionali:

a. i membri del Parlamento nazionale e del Parlamento europeo;
b. i consiglieri regionali, provinciali, comunali e circoscrizionali e gli amministratori di altri enti che applicano tributi o hanno

partecipazione al gettito dei tributi indicati nell'art. 2 del d.lgs. n. 546/1992, nonché coloro che, come dipendenti di detti enti o come componenti di organi collegiali, concorrono all'accertamento dei tributi stessi;

c. i dipendenti dell'Amministrazione finanziaria che prestano servizio presso gli uffici delle Agenzie delle entrate, delle dogane e del territorio;

d. gli appartenenti al Corpo della Guardia di finanza;

e. i soci, gli amministratori e i dipendenti delle società concessionarie del servizio di riscossione delle imposte o preposte alla gestione dell'anagrafe tributaria e di ogni altro servizio tecnico del Ministero delle finanze;

f. i prefetti;

g. coloro che ricoprono incarichi direttivi o esecutivi nei partiti o movimenti politici;

h. coloro che in qualsiasi forma, anche se in modo saltuario o accessorio ad altra prestazione, esercitano la consulenza tributaria, detengono le scritture contabili e redigono i bilanci, ovvero svolgono attività di consulenza, assistenza o di rappresentanza, a qualsiasi titolo e anche nelle controversie di carattere tributario, di contribuenti singoli o associazioni di contribuenti, di società di riscossione dei tributi o di altri enti impositori;

i. gli appartenenti alle Forze armate ed i funzionari civili dei Corpi di polizia;

j. coloro che sono iscritti in albi professionali, elenchi, ruoli e il personale dipendente individuati nell'art. 12 del d.lgs. n. 546/1992, e successive modificazioni, ed esercitano, anche in forma non individuale, le attività individuate nella lettera h).

2. I SOGGETTI DEL PROCESSO.

2.1. LE PARTI.

Ai sensi dell'art. 10 del d.lgs. n. 546/92, «sono parti nel processo dinanzi alle commissioni tributarie oltre al ricorrente, l'ufficio dell'Agenzia delle entrate e dell'Agenzia delle dogane e dei monopoli di cui al decreto legislativo 30 luglio 1999, n. 300, gli altri enti impositori, l'agente della riscossione ed i soggetti iscritti nell'albo di cui all'articolo 53 del decreto legislativo 15 dicembre 1997, n. 446, che hanno emesso l'atto impugnato o non hanno emesso l'atto richiesto. Se l'ufficio è un'articolazione dell'Agenzia delle entrate, con competenza su tutto o parte del territorio nazionale, individuata con il regolamento di amministrazione di cui all'articolo 71 del decreto legislativo 30 luglio 1999, n. 300, è parte l'ufficio al quale spettano le attribuzioni sul rapporto controverso».

Alla stregua della lettera della norma citata, quindi, quando l'atto impositivo impugnato è la cartella di pagamento può sorgere il problema di individuare quale è il soggetto che assume il ruolo di "parte del processo" in veste di soggetto attivo della pretesa tributaria. La giurisprudenza, per stabilire se detto ruolo spetta all'ente impositore o all'agente della riscossione, è consolidata nell'operare detto distinguo:

-) se il contribuente impugna l'atto per far valere vizi o errori commessi dall'**agente della riscossione** nell'emettere la cartella di pagamento, parte del processo tributario *ex* art. 10 cit. è, appunto, l'agente della riscossione;

-) se il contribuente impugna l'atto dell'agente della riscossione «per mancanza o per mancata notificazione dell'atto impositivo presupposto, la legittimazione passiva spetta all'**ente impositore**, su cui incombe l'onere probatorio dell'adozione e della notifica del proprio atto, al cui adempimento è funzionale l'eventuale chiamata in causa del d.lgs. n. 546 del 1992, *ex* art 23, dell'agente del servizio alla riscossione perché provveda a produrre la documentazione in suo possesso» (*ex multis* Cass., 2 marzo 2018, n. 4962 che richiama Cass. n. 22729/2016, n. 8370/2015).

Anche nel processo tributario possono sussistere dei casi di **litisconsorzio** (art. 14 d.lgs. n. 546/1992). Il litisconsorzio è ***necessario*** quando la pronuncia giudiziale non può avere effetto che per più soggetti contemporaneamente; il giudizio celebrato senza la partecipazione di tutti i litisconsorti necessari è affetto da **nullità assoluta.** Il litisconsorzio è *facoltativo* quando non è necessario che siano presenti tutti i cointeressati all'esito favorevole del ricorso (TESAURO).

A titolo esemplificativo, la giurisprudenza ha ravvisato queste ipotesi di *litisconsorzio necessario:*

- la controversia tra sostituito e sostituto d'imposta, relativa alla legittimità delle ritenute d'acconto operate dal secondo: si ritiene che debba prendervi parte anche l'Amministrazione finanziaria, in quanto il sostituito, non potendo agire contro il sostituto innanzi al giudice ordinario, può solo richiedere all'Amministrazione finanziaria il rimborso delle ritenute e, in caso di diniego di quest'ultima, rivolgersi al giudice tributario;
- la controversia tra cedente e cessionario del credito da rimborso IVA, che, allo stesso modo, deve avere come parte necessaria l'Amministrazione finanziaria;
- tra soci e società di persone, al fine di garantire l'unitarietà del procedimento atteso che l'avviso di accertamento a carico di società di persone produce simultaneamente effetti sui soci, creandosi un rapporto inscindibile che pretende una gestione processuale unitaria.

2.2. LA DIFESA IN GIUDIZIO.

Il contribuente sta in giudizio con l'assistenza di uno o più difensori, che siano avvocati, dottori commercialisti, ragionieri, periti commerciali o consulenti del lavoro (anche dipendenti dei Caf in determinate ipotesi).
Il contribuente può stare in giudizio personalmente nelle controversie di modico valore, ovvero qualora la parte possieda i requisiti previsti per i difensori abilitati.
Il patrocinio a spese dello Stato è disciplinato dal d.P.R. n. 115/2002.
L'Agenzia delle entrate partecipa al processo con la difesa di suoi funzionari nei primi due gradi di giudizio e con l'assistenza dell'Avvocatura dello Stato per il giudizio dinanzi alla Corte di cassazione.
La capacità di stare in giudizio "direttamente", cioè senza l'assistenza di un difensore abilitato, è stata estesa dal legislatore anche all'agente della riscossione ed ai soggetti di cui all'art. 53 del d.lgs. n. 446/1997, secondo le recenti modifiche introdotte dal d.lgs. n. 156/2015.
L'istituzione dell'Agenzia delle Entrate – Riscossione, sul piano giurisprudenziale, ha fatto sorgere contrasti interpretativi sul regime della

sua rappresentanza in giudizio. In particolare, secondo un primo orientamento della Corte di cassazione era esclusa la facoltà dell'Agenzia delle entrate-Riscossione di avvalersi del patrocinio di avvocati del libero foro senza l'adozione delle onerose forme del patrocinio c.d. autorizzato dell'Avvocatura erariale e quindi senza l'adozione, per ciascun giudizio, di apposita motivata delibera da sottoporre al competente organo di vigilanza e da produrre in giudizio a pena di inammissibilità del ricorso in Cassazione e -secondo alcune Commissioni tributarie regionali- del ricorso in appello. In particolare, prima del successivo intervento delle Sezioni unite, la Corte di cassazione aveva statuito che «l'Agenzia delle Entrate Riscossione, quale successore *ope legis* di Equitalia, *ex* art. 1 del d.l. n. 193 del 2016, conv. in I. n. 225 del 2016, ove si costituisca formalmente in giudizio in un nuovo processo come in uno già pendente alla data della propria istituzione, deve avvalersi del patrocinio dell'Avvocatura dello Stato a pena di nullità del mandato difensivo, salvo che alleghi le fonti del potere di rappresentanza ed assistenza dell'avvocato del libero foro prescelto, fonti che devono essere congiuntamente individuate sia in un atto organizzativo generale contenente gli specifici criteri legittimanti il ricorso ad avvocati del libero foro, sia in un'apposita delibera, da sottoporre agli organi di vigilanza, la quale indichi le ragioni che, nel caso concreto, giustificano tale ricorso alternativo ai sensi dell'art. 43 del r.d. n. 1611 del 1933» (Cass. ordd. nn. 15003 e 15689 del 2018 e Cass. 9 novembre 2018, n. 28684; successivamente Cass. ord. 9 novembre 2018, n. 28741; Cass. ord. 28 dicembre 2018, n. 33639; Cass. 24 gennaio 2019, n. 1992).
Tuttavia, le Sezioni unite, con la sentenza n. 30008 del 19 novembre 2019, hanno disatteso l'orientamento citato secondo cui è invalido il conferimento del mandato ad avvocato del libero foro in difetto tanto dell'atto organizzativo generale che di un'apposita delibera specifica (per la precisione, dell'atto organizzativo generale, contenente gli specifici criteri legittimanti il ricorso ad avvocati privati, nonché della specifica e motivata deliberazione dell'ente stesso che indichi le ragioni per cui non si sia fatto ricorso all'assistenza tecnica dell'Avvocatura dello Stato).

La rappresentanza in giudizio dell'agenzia delle entrate-riscossione

Sulla rappresentanza in giudizio dell'Agenzia delle entrate-Riscossione, le Sezioni Unite hanno affermato i seguenti principi di diritto (Cass., Sez. un., 19 novembre 2019, sent. n. 30008):

1. «impregiudicata la generale facoltà di avvalersi anche di propri dipendenti delegati davanti al tribunale ed al giudice di pace, per la rappresentanza e la difesa in giudizio l'Agenzia delle Entrate Riscossione si avvale:
- dell'Avvocatura dello Stato nei casi previsti come ad essa riservati dalla convenzione con questa intervenuta (fatte salve le ipotesi di conflitto e, ai sensi dell'art. 43, comma 4, r.d. 30 ottobre 1933, n. 1933, di apposita motivata delibera da adottare in casi speciali e da sottoporre all'organo di vigilanza), oppure ove vengano in rilievo questioni di massima o aventi notevoli riflessi economici, ovvero, in alternativa e senza bisogno di formalità, né della delibera prevista dal richiamato art. 43, comma 4, r.d. cit.;
- di avvocati del libero foro - nel rispetto degli articoli 4 e 17 del decreto legislativo 18 aprile 2016, n. 50 e dei criteri di cui agli atti di carattere generale adottati ai sensi del comma 5 del medesimo art. 1 d.l. 193 del 2016
- in tutti gli altri casi ed in quelli in cui, pure riservati convenzionalmente all'Avvocatura erariale, questa non sia disponibile ad assumere il patrocinio»

2. «quando la scelta tra il patrocinio dell'Avvocatura erariale e quello di un avvocato del libero foro discende dalla riconduzione della fattispecie alle ipotesi previste dalla Convenzione tra l'Agenzia e l'Avvocatura o di indisponibilità di questa ad assumere il patrocinio, la costituzione dell'Agenzia a mezzo dell'una o dell'altro postula necessariamente ed implicitamente la sussistenza del relativo presupposto di legge, senza bisogno di allegazione e di prova al riguardo, nemmeno nel giudizio di legittimità».

2.3. IL GIUDICE.

Il giudice tributario deve essere un giudice terzo e imparziale.
È fornito di poteri istruttori d'ufficio, nei limiti della domanda.
Il processo tributario, infatti, è informato al **principio di disponibilità**

delle parti, relativamente all'allegazione dei fatti ed al **principio inquisitorio** rispetto alla prova dei fatti dedotti.
Ferma restando la regola dell'onere della prova a carico delle parti, è fatta possibilità per le stesse di richiedere al giudice l'espletamento dei poteri istruttori d'ufficio, oppure di ordinare all'altra parte o ad un terzo l'esibizione di un documento di cui ritengano necessaria l'acquisizione in giudizio (art. 210 c.p.c.).
L'art. 7, d.lgs. n. 546/1992, nel disciplinare i poteri istruttori spettanti alle commissioni tributarie, stabilisce che i giudici tributari esercitano tutte le facoltà di accesso, richiesta dati, informazioni e chiarimenti conferite agli uffici tributari ed all'ente locale dalle singole leggi d'imposta, nei limiti dei fatti dedotti dalle parti; possono inoltre, qualora risulti necessario acquisire elementi di particolare complessità tecnica, richiedere apposite relazioni da organi tecnici dello Stato o di altri enti pubblici, ovvero disporre una consulenza tecnica d'ufficio.

3. GLI ATTI IMPUGNABILI.

L'art. 19, d.lgs. n. 546/1992, prevede un elenco tassativo di **atti *autonomamente* impugnabili** nel processo tributario:

- l'avviso di accertamento;
- l'avviso di liquidazione del tributo;
- il provvedimento di irrogazione di sanzioni;
- il ruolo e la relativa cartella di pagamento;
- l'avviso di mora (ora detto intimazione ad adempiere);
- gli atti delle operazioni catastali;
- il rifiuto espresso o tacito di restituzione;
- il diniego o revoca di agevolazioni e rigetto di domande di definizione agevolata;
- l'iscrizione di ipoteca e fermo di beni mobili registrati;
- la decisione di rigetto dell'istanza di apertura di procedura amichevole presentata ai sensi della direttiva (UE) 2017/1852 del Consiglio del 10 ottobre 2017 o ai sensi degli Accordi e delle Convenzioni internazionali per evitare le doppie imposizioni di cui l'Italia è parte ovvero ai sensi della Convenzione relativa all'eliminazione delle doppie imposizioni in caso di rettifica degli utili di imprese associate n.

90/436/CEE.

Gli atti diversi non sono soggetti ad autonoma impugnazione, ma solo con l'atto
successivo impugnabile.
Il ricorso avverso un atto non autonomamente impugnabile ex art. 19 d.lgs. 546/1992 è **inammissibile**.

Il problema dell'impugnabilità del provvedimento emesso dall'agenzia delle entrate in materia di interpello disapplicativo

Secondo un orientamento, il fondamento della diretta impugnazione di tale provvedimento deriverebbe dalla natura vincolante della decisione assunta dall'Ufficio. In questo senso, la Corte di cassazione (Cass., sent. n. 17010 del 5 ottobre 2012) ha affermato che il contribuente può impugnare innanzi al giudice tributario «tutti gli atti adottati dall'ente impositore che, con l'esplicitazione delle concrete ragioni (fattuali e giuridiche) che la sorreggono, porti, comunque, a conoscenza del contribuente una ben individuata pretesa tributaria, senza necessità di attendere che la stessa, ove non sia raggiunto lo scopo dello spontaneo adempimento cui è *naturaliter* preordinata, si vesta della forma autoritativa di uno degli atti dichiarati espressamente impugnabili dal D.Lgs. n. 546 del 1992, art. 19: sorge, infatti, in capo al contribuente destinatario, già al momento della ricezione della notizia, l'interesse, ex art. 100 c.p.c., a chiarire, con pronuncia idonea ad acquisire effetti non più modificabili, la sua posizione in ordine alla stessa e, quindi, ad invocare una tutela giurisdizionale, comunque, di controllo della legittimità sostanziale della pretesa impositiva (e/o dei connessi accessori vantati dall'ente pubblico)». La richiamata pronuncia, ad ogni modo, precisa che il contribuente abbia una mera facoltà di impugnare il provvedimento in discorso e, pertanto, il mancato esercizio di detta facoltà non determina alcuna conseguenza sfavorevole in ordine alla possibilità di contestare la pretesa tributaria in un secondo momento.

Secondo un diverso orientamento (CTR Lombardia, sentenza n. 2149/34/15), invece, il provvedimento emesso dall'Agenzia delle Entrate in sede di interpello disapplicativo non è autonomamente impugnabile sia perché detto atto non è ricompreso tra quelli tassativamente indicati nell'art. 19 d.lgs. 546/92, sia perché il processo tributario è un tipico processo impugnatorio (e la decisione su questo tipo di provvedimenti non potrebbe concludersi con la conferma o la demolizione del provvedimento impugnato, bensì imporrebbe la sostituzione dell'organo giurisdizionale all'Ufficio in una determinazione tecnica a contenuto discrezionale).

L'impugnabilità dell'interpello è ora esclusa dall'art. 6 del d.lgs. n. 156/2015. Si rinvia al *Cap. VII, par. 5.6*.

Il problema dell'impugnabilità dell'estratto di ruolo

È ormai pacifico nella giurisprudenza che «l'estratto di ruolo può essere impugnato dal contribuente non autonomamente, ma unitamente al ruolo e alla cartella di pagamento che non siano mai stati notificati, non essendo a ciò di ostacolo il disposto del D.Lgs. n. 546 del 1992, art. 19, comma 3, ult. parte, perché una lettura costituzionalmente orientata impone di ritenere che l'impugnabilità dell'atto precedente non notificato unitamente all'atto successivo notificato – impugnabilità prevista da tale norma – non costituisca l'unica possibilità di far valere l'invalidità della notifica di un atto del quale il contribuente sia comunque venuto legittimamente a conoscenza e quindi non escluda la possibilità di far valere l'invalidità stessa anche prima, giacché l'esercizio del diritto alla tutela giurisdizionale non può essere compresso, ritardato, reso più difficile o gravoso, ove non ricorra la stringente necessità di garantire diritti o interessi di pari rilievo, rispetto ai quali si ponga un concreto problema di reciproca limitazione» (Cass., ord. 26 giugno 2020, n. 12735 che richiama la sentenza delle Sezioni unite n. 19704 del 2015 e anche Cass. n. 27799 del 2018).

Il problema dell'impugnabilità del c.d. avviso bonario

La Cassazione ha affermato che «in tema di contenzioso tributario, sono qualificabili come avvisi di accertamento o di liquidazione, impugnabili **ai sensi dell'art. 19 del d.lgs. 31 dicembre 1992, n. 546, tutti quegli atti** con cui l'Amministrazione comunica al contribuente una pretesa tributaria ormai definita, ancorché tale comunicazione non si concluda con una formale intimazione di pagamento, sorretta dalla prospettazione in termini brevi dell'attività esecutiva, bensì con un invito bonario a versare quanto dovuto, non assumendo alcun rilievo la mancanza della formale dizione "avviso di liquidazione" o "avviso di pagamento"» (Cass., sent. n. 2616/2015 che richiama sez. unite 24 luglio 2007, n. 16293, sez. V 15 maggio 2008, n. 12194, sez. V 15 giugno 2010, n. 14373).

Con specifico riferimento agli atti prodromici all'emissione della cartella di pagamento (denominati atti d'intimazione di pagamento), la Cassazione ritiene che essi "hanno certamente natura di avvisi di liquidazione del tributo, essendo inerenti all'imposta sui concorsi pronostici e sulle scommesse che, operando con gli automatismi del totalizzatore, comportano soltanto il riversamento di un'imposta già predefinita nell'ammontare complessivo del costo di ogni scommessa" (Cass., sez. 5, sent. n. 2616/2015 che richiama Cass. sez. V, 22 febbraio 2012, n. 2598).

Tuttavia, per tutelare il contribuente, la Cassazione afferma altresì che «la mancata impugnazione da parte di quest'ultimo di un atto non espressamente indicato dall'art. 19 citato non determina, in ogni caso, la non impugnabilità (e quindi la cristallizzazione) di quella pretesa, che va successivamente reiterata in uno degli atti tipici espressamente previsti dall'art. 19", atteggiandosi dunque, l'impugnativa ad opera del contribuente di un atto non espressamente contemplato dall'art. 19 ma idoneo ad esprimere compiutamente la pretesa impositiva come **facoltà e non come onere**»

(Cass., sez. V, sent. n. 2616/2015 che richiama Cass., sez. V, 5 ottobre 2012, n. 17010; Cass., sez. V, 27 luglio 2011, n. 16100; Cass., Sez. un., 11 maggio 2009, n. 10672).

4. IL RICORSO IN PRIMO GRADO.

4.1. LA NOTIFICAZIONE DEGLI ATTI PROCESSUALI.

Come hanno recentemente sintetizzato le Sezioni unite della Corte di cassazione, «nel processo tributario le notificazioni sono eseguite, in primo luogo, secondo le norme degli artt. 137 e seguenti c.p.c. (art. 16, comma 2, del d.lgs. 31 dicembre 1992, n. 546), tra le quali v'è l'art. 149 c.p.c., che consente la notificazione a mezzo del servizio postale, in base alle regole dettate dalla I. 20 novembre 1982, n. 890; in secondo luogo, la notificazione può essere eseguita -oltre che mediante consegna diretta all'impiegato dell'amministrazione finanziaria o dell'ente locale- a mezzo del servizio postale raccomandato con avviso di ricevimento (art. 16, comma 3, nel testo applicabile *ratione temporis*). Qualora la notificazione sia eseguita a mezzo posta, «...il ricorso s'intende proposto al momento della spedizione nelle forme sopra indicate» (art. 20, comma 2), ossia in quelle richiamate dai commi 2 e 3 dell'art. 16» (Cass., Sez. un., 10 gennaio 2020, n. 300).

Inoltre, nel processo tributario come nel processo civile, «non v'è alcuna ragione logica e giuridica per distinguere il regime della notificazione diretta a mezzo di raccomandata postale dall'ordinaria notificazione tramite ufficiale giudiziario che si avvalga del servizio postale. Indubbio è, quindi, che le notificazioni dirette a mezzo raccomandata postale dei ricorsi in materia tributaria rientrano nell'ambito della riserva al fornitore del servizio universale contemplata dall'art. 4 del d.lgs. n. 261/99» (Cass., Sez. un., 10 gennaio 2020, n. 300 che richiama Cass., Sez. un., 29 maggio 2017, nn. 13452 e 13453, punto 3.8).

La questione della notifica a mezzo posta quando ci si avvale di un operatore di posta privata anziché universale coinvolge i temi unionali della libertà di concorrenza e della graduale eliminazione degli ostacoli frapposti al mercato unico, che hanno trovato un complesso articolato di princìpi nella direttiva n. 97/67/CE del Parlamento europeo e del

Consiglio del 15 dicembre 1997, poi modificata dalla direttiva n. 2008/6/CE del Parlamento europeo e del Consiglio del 20 febbraio 2008, progressivamente attuate dal diritto interno. Per questo le Sezioni unite della Corte di cassazione sono intervenute per coordinare la giurisprudenza nazionale con quella unionale (pronuncia emessa con riferimento al processo tributario ma estendibile anche al processo civile), affermando il seguente principio di diritto: «In tema di notificazione di atti processuali, posto che nel quadro giuridico novellato dalla direttiva n. 2008/6/CE del Parlamento e del Consiglio del 20 febbraio 2008 è prevista la possibilità per tutti gli operatori postali di notificare atti giudiziari, a meno che lo Stato non evidenzi e dimostri la giustificazione oggettiva ostativa, è nulla e non inesistente la notificazione di atto giudiziario eseguita dall'operatore di posta privata senza relativo titolo abilitativo nel periodo intercorrente fra l'entrata in vigore della suddetta direttiva e il regime introdotto dalla L. n. 124 del 2017, e tale nullità è sanabile per raggiungimento dello scopo per effetto della costituzione della controparte».

4.2. L'INTRODUZIONE DEL PROCESSO.

L'atto introduttivo del processo tributario è **il ricorso** alla Commissione Territoriale Provinciale.

A pena di inammissibilità, il ricorso deve contenere (art. 18, d.lgs. n. 546/1992) l'indicazione:

- della Commissione Tributaria adita;
- delle generalità del ricorrente (e dell'eventuale legale rappresentante, con la specificazione della residenza e del domicilio eletto, nonché del codice fiscale e dell'indirizzo di posta elettronica certificata);
- dell'oggetto della domanda,
- dell'atto impugnato,
- dell'ufficio contro il quale viene proposto il ricorso,
- dei motivi di impugnazione.

Inoltre, il ricorso deve essere sottoscritto dal difensore, deve contenere l'indicazione della categoria di cui all'art. 12 del d.lgs. n. 546/1992 cui il medesimo appartiene, nonché dell'incarico al difensore e dell'indirizzo

di posta elettronica certificata di quest'ultimo.
Nel ricorso possono inoltre figurare:

- **l'istanza di sospensione cautelare** del provvedimento impugnato, qualora sussista il presupposto prescritto dall'**art. 47 d.lgs. n. 546/92**, ossia che, in pendenza del giudizio, si verifichi un **danno grave ed irreparabile** *(periculum in mora);*
- **l'istanza di discussione in pubblica udienza.**

L'art. 47 del d.lgs. n. 546/92 evita «la protrazione della sospensione per un tempo irragionevole. Per un verso, con norma acceleratoria il comma 6 stabilisce che "Nei casi di sospensione dell'atto impugnato la trattazione della controversia deve essere fissata non oltre novanta giorni dalla pronuncia" e, per altro verso, il successivo comma 8 prevede che "In caso di mutamento delle circostanze la commissione su istanza motivata di parte può revocare o modificare il provvedimento cautelare prima della sentenza...". Con norma di chiusura, poi, il comma 7 dispone che la pubblicazione della sentenza in ogni caso determina la cessazione degli effetti della sospensione» (Cass., Sez. un., sent. 16 dicembre 2020, n. 28709).
Il ricorso va **notificato alla controparte entro il termine di decadenza di 60 giorni** dalla notificazione dell'atto impugnato e, entro 30 giorni dall'avvenuta notifica, depositato in copia conforme all'originale o in originale, unitamente all'atto impugnato e ai documenti che si intendono allegare a fondamento della pretesa, nella segreteria del **giudice adito.**
Entro **60 giorni dalla notifica del ricorso**, le parti resistenti hanno l'onere di **costituirsi in giudizio**, se intendono partecipare attivamente al processo, mediante il deposito del fascicolo nella segreteria assegnataria della causa, contenente le controdeduzioni e gli eventuali documenti.
La costituzione in giudizio deve avvenire con le modalità indicate dall'art. 22 d.lgs. n. 546/92: «Il ricorrente, entro trenta giorni dalla proposizione del ricorso, a pena d'inammissibilità deposita, nella segreteria della commissione tributaria adita, o trasmette a mezzo posta, in plico raccomandato senza busta con avviso di ricevimento, l'originale del ricorso notificato a norma degli articoli 137 e seguenti del codice di procedura civile ovvero copia del ricorso consegnato o spedito per posta, con fotocopia della ricevuta di deposito o della spedizione per

raccomandata a mezzo del servizio postale. All'atto della costituzione in giudizio, il ricorrente deve depositare la nota di iscrizione al ruolo, contenente l'indicazione delle parti, del difensore che si costituisce, dell'atto impugnato, della materia del contendere, del valore della controversia e della data di notificazione del ricorso».

La mancata costituzione in giudizio del ricorrente, unico titolare del diritto di azione, rende inammissibile il ricorso e inibisce la costituzione in giudizio della controparte.

Se in corso di giudizio il ricorrente manifesta la volontà di rinunciare al ricorso, il processo si estingue, previa accettazione della parte avversa costituita.

L'oggetto della domanda *(petitum) è* rappresentato dal tipo di provvedimento che s'intende far adottare al giudice.

Nel processo tributario *è* prevista, per il contribuente, la possibilità di esperire le seguenti azioni:

- le **azioni di impugnazione,** finalizzate ad ottenere l'annullamento parziale o totale dell'atto impugnato (ad es. l'avviso di accertamento);
- le **azioni di condanna,** dirette ad ottenere un provvedimento che obblighi l'Amministrazione finanziaria a porre in essere uno specifico comportamento (come, ad esempio, il pagamento di un rimborso di imposta rifiutato); tale azione presuppone che sia stata previamente presentata un'istanza da parte del contribuente e che vi sia stato un rifiuto (espresso o tacito).

I motivi del ricorso, ovvero la *causa petendi*, consistono nell'indicazione delle ragioni di fatto e di diritto poste a fondamento della pretesa giudiziale, attraverso la deduzione dei vizi formali e sostanziali che, secondo il ricorrente, rendono l'atto impugnato illegittimo.

Tutti i motivi di ricorso vanno presentati nell'atto introduttivo del giudizio; tuttavia, l'integrazione del ricorso può avvenire con la proposizione di nuovi motivi (c.d. *motivi aggiunti)*, qualora il ricorrente lo ritenga necessario, dopo essere venuto a conoscenza del deposito, da parte delle altre parti, di documenti non conosciuti al momento dell'instaurazione del giudizio, entro il termine perentorio di sessanta giorni, decorrenti dalla data del suddetto deposito.

4.3. IL RECLAMO E LA MEDIAZIONE TRIBUTARIA OBBLIGATORIA.

Con la riforma del processo tributario (D.lgs. n. 156/2015), dal 1° gennaio 2016 è stato introdotto l'obbligo del procedimento di reclamo-mediazione, anche alle controversie sui tributi locali. L'istituto del reclamo-mediazione, avente natura deflativa del contenzioso tributario, era inizialmente riservato agli atti emessi dall'Agenzia delle entrate, ma, a seguito delle modifiche apportate dal d.lgs. n. 156/2015, è stato esteso a tutti gli altri enti impositori, agli agenti della riscossione ed ai soggetti iscritti all'albo di cui all'art. 53 del d.lgs. n. 53/1997, nonché per le liti in materia catastale.
L'articolo 17 bis del d.lgs. n. 546/1992, come riformulato dall'art. 9 del d.lgs. n. 56/2015, in particolare, prevede che il ricorso è procedibile solo dopo che sia trascorso il tempo utile (90 giorni, oltre la sospensione feriale dei termini laddove prevista) per esperire la procedura amministrativa volta alla composizione della lite.
L'**obbligo** del procedimento di reclamo-mediazione, tuttavia, si applica a tutte le controversie di valore fino a **ventimila euro** se l'atto impositivo è stato notificato entro il 31 dicembre 2017, e, a tutte le controversie di valore fino a **cinquantamila euro**, per quelle scaturite dalla notifica di atti impositivi dal 1° gennaio 2018. Sono escluse dall'ambito di applicabilità del reclamo/mediazione le controversie di valore indeterminabile (circolare n. 9/E del 2012, par. 1,3,2), ad eccezione delle liti in materia catastale.
Per la determinazione del valore della controversia occorre rimandare all'art. 12 del medesimo d.lgs. n. 546/1992 laddove si stabilisce che il valore della lite coincide con l'importo del tributo al netto degli interessi e delle eventuali sanzioni irrogate con l'atto impugnato.
La fase amministrativa del procedimento di reclamo-mediazione dura **90 giorni**; durante questo periodo **sono sospesi i termini** per il pagamento e la riscossione, nonché per la costituzione in giudiziose avanti la Commissione Tributaria Provinciale.
Il termine di 30 giorni per la costituzione in giudizio del ricorrente ex art. 22 d.lgs. n. 546/92, dunque, decorre dopo che sia trascorso il tempo utile per esperire la procedura.
Il reclamo può contenere una motivata proposta di mediazione, completa della rideterminazione dell'ammontare della pretesa.

L'organo destinatario, se non intende accogliere il reclamo volto all'annullamento totale o parziale dell'atto, né l'eventuale proposta di mediazione, formula d'ufficio una proposta di mediazione avuto riguardo all'eventuale incertezza delle questioni controverse, al grado di sostenibilità della pretesa e al principio di economicità dell'azione amministrativa.

La costituzionalità di questo istituto deflattivo

La Corte costituzionale (ord. n. 38 del 15 febbraio 2017) ha ricordato che l'art. 17-*bis* del d.lgs. n. 546 del 1992 impone obbligatoriamente il reclamo solo a chi intenda proporre ricorso avverso un atto emesso dall'Agenzia delle entrate con il quale sia richiesto il pagamento di un importo inferiore a ventimila euro. Inoltre, «la previsione in esame riguarda solo i contribuenti parti di controversie rientranti nell'àmbito di applicazione dell'impugnato art. 17-bis e non, quindi, tutti gli altri contribuenti (in particolare, quelli che sono parti di controversie relative ad atti emessi da enti impositori diversi dall'Agenzia delle entrate o di controversie relative ad atti emessi da tale Agenzia ma di valore superiore a ventimila euro)». Con questo strumento, «il legislatore ha perseguito l'interesse generale alla deflazione del contenzioso tributario in modo ragionevole, prevedendo il rinvio dell'accesso al giudice con riguardo alle liti (quelle nei confronti dell'Agenzia delle entrate) che notoriamente rappresentano il numero più consistente delle controversie tributarie ed, al contempo, a quelle di esse che comportano le minori conseguenze finanziarie sia per la parte privata che per quella pubblica.

Va dunque dichiarata manifestamente infondata la paventata illegittimità della norma in quanto la scelta del legislatore è stata congrua, rispetto alla ratio dell'intervento normativo, ed è frutto di un corretto esercizio della discrezionalità legislativa, non censurabile né sul piano del diritto alla tutela giurisdizionale, né su quello del rispetto dei princìpi di uguaglianza e di ragionevolezza».

4.4. LA TRATTAZIONE DELLA CAUSA.

Scaduti i termini per la costituzione in giudizio, il Presidente di Sezione della CTP verifica che non sussistano cause di inammissibilità del ricorso (mancanza di uno degli elementi essenziali del ricorso, mancata costituzione in giudizio del ricorrente, ricorso tardivo, difformità della copia del ricorso rispetto all'originale), nomina il relatore e fissa l'udienza di trattazione, da comunicarsi alle parti almeno 30 giorni liberi prima dell'udienza.
Le parti costituite possono depositare *documenti* fino a 20 giorni liberi prima dell'udienza, *memorie illustrative* fino a 10 giorni liberi prima dell'udienza e, eventualmente, l'*istanza di discussione in pubblica udienza*; ove nessuna parte presenti detta istanza, la causa sarà trattata in camera di consiglio, senza la presenza delle parti che, in tale caso, possono presentare *memorie di replica* fino a 5 giorni liberi prima.
La trattazione della causa, dunque, può avvenire in camera di consiglio o in pubblica udienza.
Al termine della trattazione, la commissione tributaria emette un provvedimento, che può essere:

- **sentenza**: il provvedimento con cui si definisce il giudizio e può essere *di natura meramente processuale* (definisce solo questioni pregiudiziali relative a giurisdizione, estinzione del processo e inammissibilità del ricorso), *di mero accertamento* (dichiara l'insussistenza dei vizi dedotti e lascia in vita l'atto impugnato), *di annullamento* (accoglie la domanda ed annulla l'atto impugnato), *di condanna* (nel caso in cui il ricorrente abbia chiesto un rimborso all'Amministrazione finanziaria)
- **ordinanza**: non definisce il giudizio, ma contiene decisioni di carattere strumentale o preparatorio (DE MITA), nonché *cautelare* (sia di accoglimento con conseguente sospensione del provvedimento gravato, che di rigetto);
- **decreto**: regola lo svolgimento del processo ed è emesso dal Presidente della Commissione o della Sezione.

4.5. L'ISTRUTTORIA DELLA CAUSA.

La Giurisprudenza della Corte di cassazione è consolidata nell'affermare che «anche nel processo tributario, vale la regola generale in tema di distribuzione dell'onere della prova dettata dall'art. 2697 c.c. e che, pertanto, in applicazione della stessa, **l'amministrazione finanziaria che vanti un credito nei confronti del contribuente, è tenuta a fornire la prova dei fatti costitutivi della propria pretesa, essendosi ormai da tempo chiarito che la c.d. presunzione di legittimità degli atti amministrativi** (un tempo evocata per giustificare la loro idoneità ad incidere unilateralmente nella sfera giuridica altrui) **non opera nei confronti del giudice ordinario**» (da ultimo Cass., sent. n. 955 del 20 gennaio 2016 che richiama, *ex multis*, Cass. n. 1946 del 10 febbraio 2012, n. 13665 del 5 novembre 2001; n. 2990 del 23 maggio 1979).

Detto principio di diritto era valevole anche prima che l'art. 3-bis, comma 5, d.l. 30 settembre 2005, n. 203, (conv., con modificazioni, dalla legge 2 dicembre 2005, n. 248) abrogasse l'art. 7, comma 3, d.lgs. 31 dicembre 1992, n. 546, ossia la norma che attribuiva alle commissioni tributarie la facoltà di ordinare alle parti il deposito di documenti ritenuti necessari per la decisione della controversia (in particolare, la norma recitava: "È sempre data alle commissioni tributarie facoltà di ordinare alle parti il deposito di documenti ritenuti necessari per la decisione della controversia").

Infatti, anche prima dell'abrogazione del comma 3 dell'art. 7 cit., la giurisprudenza riteneva che alla luce del **principio di terzietà del giudice** e **del giusto processo** sancito dall'art. 111 Cost., nonché del **principio dispositivo** di cui all'art. 115 c.p.c., l'esercizio dei poteri di acquisizione d'ufficio da parte del giudice tributario non potesse sopperire al mancato assolvimento dell'onere della prova che grava comunque sulle parti. In altri termini, l'acquisizione d'ufficio di mezzi probatori, in base all'art. 2697 cod. civ. è un potere meramente integrativo, non esonerativo, dell'onere probatorio; conseguentemente, con esso, il Giudice può solo sopperire all'impossibilità di una parte di esibire documenti in possesso dell'altra.

Alla luce dei richiamati principi (terzietà del Giudice, giusto processo e principio dispositivo), dunque, anche oggi interpretarsi l'art. 7 del d.lgs. n. 546/192 che in merito ai "poteri delle commissioni tributarie" stabilisce che:

- le commissioni tributarie, ai fini istruttori e nei limiti dei fatti dedotti dalle parti, esercitano tutte le facoltà di accesso, di

richiesta di dati, di informazioni e chiarimenti conferite agli uffici tributari ed all'ente locale da ciascuna legge d'imposta (comma 1);
- le commissioni tributarie, quando occorre acquisire elementi conoscitivi di particolare complessità, possono richiedere apposite relazioni ad organi tecnici dell'amministrazione dello Stato o di altri enti pubblici compreso il Corpo della Guardia di finanza, ovvero disporre consulenza tecnica. I compensi spettanti ai consulenti tecnici non possono eccedere quelli previsti dalla legge 8 luglio 1980, n. 319, e successive modificazioni e integrazioni (comma 2);
- non sono ammessi il giuramento e la prova testimoniale (comma 3);
- le commissioni tributarie, se ritengono illegittimo un regolamento o un atto generale rilevante ai fini della decisione, non lo applicano, in relazione all'oggetto dedotto in giudizio, salva l'eventuale impugnazione nella diversa sede competente (comma 4).

Si è posto l'interrogativo se il giudizio tributario, caratterizzato da un'istruttoria giudiziale "monca" della possibilità di raccogliere prove *costituende* davanti a giudice terzo e, dunque, di rinnovare davanti ad esso eventuali dichiarazioni di persone informate dei fatti raccolte dai verbalizzanti in sede amministrativa e dotate di valore indiziario, sia vìolativo dei principi costituzionali del giusto processo.

La non ammissibilità per legge delle prove costituende nel giudizio tributario è controbilanciata dalla possibilità di produrre dichiarazione rese da terzi in sede extraprocessuale

La Corte di cassazione ha stabilito il seguente principio di diritto: «secondo la giurisprudenza del Giudice delle leggi (v. C. cost. 18/00) e reiterate pronunzie di questa Corte il giudizio tributario, seppur nella sua particolarità, non vìola (...) il principio cd. della "parità delle armi", cui dà copertura costituzionale l'art. 111 Cost., giacché, fermo restando il divieto di ammissione della prova testimoniale sancito dall'art. 7 d.lgs. 546/1992, **il potere di introdurre in giudizio dichiarazioni rese da terzi in sede extraprocessuale, con il valore probatorio proprio degli elementi indiziari, compete non solo**

> **all'Amministrazione finanziaria, che tali dichiarazioni abbia raccolto nel corso d'indagine amministrativa, ma, altresì, con il medesimo valore probatorio, al contribuente** (cfr. in tal senso, tra le altre, Cass. 5018/15, 11785/10, 16032/05, 4269/02)» (Cass., Sez. un., sent. 6 ottobre 2015, n. 24823).

4.6. LA CONCILIAZIONE GIUDIZIALE.

La conciliazione giudiziale è un istituto deflativo del contenzioso e consiste nell'accordo fra le parti del processo (Fisco e contribuente), avente ad oggetto la definizione totale o parziale della controversia.
Si applica a tutte le controversie tributarie, in primo o in secondo grado, anche se instaurate a seguito di rigetto dell'istanza di reclamo ovvero di mancata conclusione dell'accordo di mediazione.
Può essere proposta: dalla Commissione tributaria, che può prospettare alle parti il tentativo di conciliazione o dalle parti stesse (contribuente, Agenzia delle Entrate, Ente locale, agente della riscossione).
Il tentativo di conciliazione comunque non è vincolante. Infatti, se il contribuente nel tentare l'accordo non lo raggiunge, può sempre proseguire con il contenzioso
Si distingue tra conciliazione ***fuori udienza*** e conciliazione ***in udienza***.
La conciliazione fuori udienza (art. 48, d.lgs. n. 546/1992, modificato dal d.lgs. n. 156/2015) si perfeziona con la sottoscrizione dell'accordo tra le parti, in cui sono indicate le somme dovute, con relativi termini e modalità di pagamento. Secondo quanto previsto a seguito delle recenti modifiche legislative, l'accordo sottoscritto costituisce titolo esecutivo per la riscossione delle somme dovute all'ente impositore e per il pagamento delle somme dovute al contribuente, con efficacia novativa del precedente rapporto.
La conciliazione in udienza (art. 48-*bis*, d.lgs. n. 546/1992, introdotto dal d.lgs. n. 156/2015) prevede l'ipotesi in cui l'accordo sia raggiunto, appunto, in udienza. In tal caso, ciascuna delle parti può presentare, fino a 10 giorni liberi prima della data di trattazione, un'istanza per la conciliazione, in tutto o in parte, della controversia. In sede di udienza, la commissione tributaria, se sussistono le condizioni di ammissibilità, invita le parti alla conciliazione, con la possibilità di concedere un rinvio

per l'eventuale perfezionamento dell'accordo.
La conciliazione in udienza si perfeziona con la redazione del processo verbale, in cui vanno indicate le somme dovute, nonché i relativi termini e le modalità di pagamento. Il processo verbale così redatto costituirà titolo per la riscossione delle somme dovute all'ente impositore e per il pagamento delle somme dovute al contribuente, analogamente a quanto sopra visto per l'accordo sottoscritto in caso di conciliazione fuori udienza. A seguito della conciliazione, la commissione tributaria dichiara l'estinzione del giudizio per cessata materia del contendere.
La conciliazione giudiziale permette al contribuente di usufruire di una **riduzione delle sanzioni amministrative**.

4.7. GLI EVENTI ANOMALI DEL PROCESSO.

1. Sospensione: quando il giudice deve pronunciarsi su una causa che dipende dalla risoluzione di una questione rientrante nella cognizione di un altro giudice, provvede a sospendere il giudizio in corso, con ordinanza. **Sono cause di sospensione**:

- proposizione di questione di legittimità costituzionale;
- proposizione di ricorso presso la Corte di Giustizia Europea per l'interpretazione di una legge comunitaria;
- proposizione del ricorso per ricusazione del giudice;
- regolamento di giurisdizione dinanzi alla Corte di cassazione;
- presentazione della querela di falso;
- decisione pregiudiziale in ordine allo stato o alla capacità delle persone, esclusa la valutazione sulla capacità di stare in giudizio;
- ogni altro caso in cui la commissione adita o altra commissione tributaria debba risolvere una controversia dalla cui definizione dipende la decisione della causa;
- «su richiesta conforme delle parti, nel caso in cui sia stata presentata un'istanza di apertura di procedura amichevole ai sensi degli Accordi e delle Convenzioni internazionali per evitare le doppie imposizioni di cui l'Italia è parte ovvero ai sensi della Convenzione relativa all'eliminazione delle doppie imposizioni in caso di rettifica degli utili di imprese associate n. 90/436/CEE» (art. 39, comma 1 *ter*, d.lgs. n. 546/1992 come modificato dal d.lgs. n. 156/2015);

- su richiesta «del contribuente, nel caso in cui sia stata presentata un'istanza di apertura di procedura amichevole ai sensi della direttiva (UE) 2017/1852 del Consiglio del 10 ottobre 2017» (art. 39, comma 1 *ter*, d.lgs. n. 546/1992 come modificato dal d.lgs. n. 49/2020).
- **Interruzione**: qualora, dopo la presentazione del ricorso, si verifichi una delle seguenti ipotesi:
- il venir meno, per morte o altre cause, o la perdita della capacità di stare in giudizio di una delle parti, diversa dall'ufficio impositore, o del suo rappresentante legale o la cessazione di tale rappresentanza;
- la morte, la radiazione dall'albo o la sospensione di uno dei difensori tecnici delle parti private.

2. Estinzione: cause di estinzione sono:
- la rinuncia al ricorso, previa accettazione delle controparti costituite, venendo meno l'interesse del ricorrente alla coltivazione del ricorso;
- il mancato impulso delle parti, qualora alle stesse spetti di proseguire, riassumere o integrare il giudizio e non vi abbiano provveduto entro i termini perentori fissati dalla legge o dal giudice;
- il venir meno della pretesa fatta valere dall'Amministrazione finanziaria, l'annullamento in autotutela dell'atto impugnato, oppure l'avvenuta conciliazione tra le parti o, ancora, la soddisfazione della pretesa da parte del ricorrente, senza che vi sia rinuncia al ricorso, che determinano la cessazione della materia del contendere.

Il problema della "cessazione della materia del contendere" in presenza di una pagamento non spontaneo, di una rateizzazione o di uno sgravio di una cartella di pagamento

(Cass., ord. 1° ottobre 2020, n. 20962): «la cessazione della materia del contendere presuppone che le parti si diano reciprocamente atto del sopravvenuto mutamento della situazione sostanziale dedotta in giudizio e sottopongono conclusioni conformi in tal senso al giudice (Cass., Sez. un., 26 luglio 2004, n. 13969). Principio, questo, applicabile, anche nel processo tributario, occorrendo che la parte che ha agito in giudizio per la tutela dei propri interessi ne abbia conseguito l'integrale soddisfacimento direttamente ad opera della controparte (Cass., Sez. V, 18 gennaio 2006, n. 909; Cass., Sez. VI, 10 dicembre 2013, n. 27598) e che, ove il fatto sopravvenuto sia assunto da una sola parte in assenza di conclusioni conformi, il giudice ha il compito di valutare l'avvenuto soddisfacimento (Cass., Sez. VI, 16 marzo 2015, n. 5188).

Invero, il **pagamento** come anche la **rateizzazione** degli importi indicati nella cartella di pagamento non integra acquiescenza alla pretesa tributaria, atteso che non può attribuirsi al puro e semplice riconoscimento d'essere tenuto al pagamento di un tributo, contenuto in atti della procedura di accertamento e di riscossione, l'effetto di precludere ogni contestazione in ordine all'*an debeatur*, salvo che non siano scaduti i termini di impugnazione e non possa considerarsi estinto il rapporto tributario (V, 8 febbraio 2017, n. 3347), risultando irripetibile il versamento solo di quanto spontaneamente pagato (Cass., Sez. V, 30 gennaio 2018, n. 2231).

Il principio della inidoneità del pagamento non spontaneo (bensì coatto) a provocare la cessazione della materia del contendere è, del resto, speculare al principio, anch'esso affermato da questa Corte, della sussistenza dell'interesse dell'Ufficio alla controversia in caso di **sgravio di una cartella di pagamento** in seguito a una sentenza favorevole al contribuente, in quanto trattasi di comportamento che può fondarsi anche sulla mera volontà di evitare le eventuali ulteriori spese del procedimento espropriativo (Cass., Sez. V, 1° aprile 2016, n. 6334; Cass., Sez. VI, 16 luglio 2019, n. 18976)».

5. LE IMPUGNAZIONI.

La parte soccombente in un grado di giudizio può impugnare la sentenza, instaurando un nuovo giudizio che rimuova gli effetti pregiudizievoli della pronuncia del giudice del grado precedente.

1. Appello alla CTR: l'atto di appello va proposto nel termine di **60**

giorni dall'avvenuta notifica (ad istanza di parte) di copia autentica della sentenza di primo grado; qualora la parte non abbia provveduto alla notifica, il termine previsto è di **6 mesi,** decorrenti dal deposito della sentenza. L'appellante può chiedere alla CTR di sospendere, in tutto o in parte, l'esecutività della sentenza impugnata, se sussistono gravi e fondati motivi; il contribuente può, comunque, chiedere la sospensione dell'esecuzione dell'atto se da questa può derivargli un danno grave ed irreparabile.
Va evidenziato che nel processo tributario d'appello, diversamente da quello civile, è ammissibile la produzione di documenti nuovi per la prima volta in appello. In questo senso, la Corte di cassazione (sent. n. 16959 del 5 ottobre 2012) ha chiarito che, in tema di contenzioso tributario, l'art.58, secondo comma, del d.lgs. 31 dicembre 1992, n. 546 ha espressamente previsto e consentito la produzione di nuovi documenti in appello. Ne consegue che, nel processo tributario, mentre prove ulteriori, rispetto a quelle già acquisite nel giudizio di primo grado, non possono essere disposte in appello, salvo che la parte dimostri di non averle potute fornire nel precedente grado di giudizio, i documenti possono essere liberamente prodotti anche in sede di gravame, ancorché preesistenti al giudizio svoltosi in primo grado.

2. **Ricorso per Cassazione:** è un giudizio ordinario (non tributario) e segue le regole dettate dal codice di procedura civile agli artt. 360 e ss. c.p.c. (art. 62 d.lgs. n. 546/1992). I termini per l'introduzione del giudizio rispecchiano quelli previsti per l'impugnazione di secondo grado: **60 giorni** dalla notifica della sentenza della Commissione (in questo caso) Regionale (termine breve) e **6 mesi** dal deposito della stessa, se non notificata (termine lungo). È prevista la possibilità, in presenza di accordo delle parti, di impugnare la sentenza della CTP direttamente con ricorso per Cassazione (c.d. ricorso ***per saltum*****).** Analogamente a quanto previsto in sede di appello, anche in tale grado di giudizio è possibile la sospensione dell'esecutività della sentenza e dell'esecuzione dell'atto in presenza dei medesimi presupposti.
3. **Revocazione:** si propone innanzi al medesimo giudice che ha emesso la sentenza che si intende revocare, fondandosi sul presupposto che i vizi di cui risulta afflitta la pronuncia, siano

talmente gravi ed evidenti da poter essere rilevati dallo stesso organo giudicante che ha adottato il provvedimento giurisdizionale. Si applicano le regole di cui all'art. 395 c.p.c. (art. 64 d.lgs. n. 546/1992). Pertanto, la sentenza è soggetta a revocazione:

- se la sentenza è l'effetto del dolo di una delle parti in danno dell'altra;
- se si è giudicato in base a prove riconosciute o comunque dichiarate false dopo la sentenza o che la parte soccombente ignorava essere state riconosciute o dichiarate tali prima della sentenza;
- se dopo la sentenza sono stati trovati uno o più documenti decisivi che la parte non aveva potuto produrre in giudizio per causa di forza maggiore o per effetto dell'avversario;
- se la sentenza è l'effetto di errore di fatto risultante dagli atti della causa (cioè, quando la decisione è stata basata su un fatto la cui verità è incontestabilmente esclusa, oppure quando è stata emessa in ragione dell'inesistenza di un fatto, la cui verità è positivamente stabilita);
- se la sentenza è contraria ad altra precedente, avente fra le parti autorità di cosa giudicata, purché non abbia pronunciato sulla relativa eccezione;
- se la sentenza è l'effetto del dolo del giudice, accertato con sentenza passata in giudicato.

La revocazione è **ordinaria** quando è proponibile contro sentenze non passate in giudicato, per motivi non proponibili in diverso modo (es.: errore di fatto, non proponibile in Cassazione in quanto vizio non rientrante tra quelli previsti dall'art. 360 c.p.c.); è **straordinaria** quando è proponibile anche contro sentenze passate in giudicato. Mentre per la prima, il ricorso segue i termini di proponibilità degli altri mezzi di impugnazione (60 giorni termine breve, 6 mesi termine lungo), la revocazione straordinaria va proposta *entro 60 giorni dalla scoperta del dolo o dalla dichiarazione di falsità delle prove, ovvero dal giorno del ritrovamento del documento decisivo* ai fini della decisione o, ancora, *dal giorno in cui è passata in giudicato la sentenza* accertativa del dolo del giudice.

Il giudizio di revocazione si compone di due fasi: una **rescindente** (che ha ad oggetto il motivo di revocazione e si conclude con una sentenza a contenuto processuale) ed una **rescissoria** (che ha lo stesso oggetto della sentenza da revocare e si conclude con una pronuncia nel merito, che si sostituisce a quella revocata).

6. IL GIUDICATO TRIBUTARIO E L'ESECUZIONE DELLE SENTENZE.

Le pronunce di merito del giudice, quando diventano definitive, producono l'effetto del **giudicato sostanziale** tra le parti (art. 2909 c.c.), costituito dall'accertamento di una situazione giuridica soggettiva, ovvero dell'esistenza o meno del diritto fatto valere in giudizio (TESAURO).

Per **cosa giudicata** intesa in senso **formale**, invece, ci si riferisce alla stabilità che una sentenza acquisisce quando, decorsi i termini decadenziali, non è più impugnabile in via ordinaria, ma solo con il mezzo di revocazione straordinaria.

D'altra parte, va precisato che, a seguito delle recenti innovazioni legislative, è stata introdotta l'immediata esecutorietà, per tutte le parti in causa, delle sentenze delle commissioni tributarie. In particolare, sono previste:

- l'esecuzione provvisoria delle sentenze emesse dalle commissioni tributarie su ricorsi avverso atti impositivi o dinieghi di rimborso nonché di quelle emesse su ricorsi avverso gli atti relativi alle operazioni catastali tributarie (art. 67-*bis*, d.lgs. n. 546/1992);
- la riscossione frazionata del tributo in caso di sentenza favorevoleall'Amministrazione finanziaria (art. 68, d.lgs. n. 546/1992);
- l'esecutività immediata delle sentenze di condanna al pagamento di somme in favore del contribuente (non più subordinata al passaggio in giudicato) (art. 69, d.lgs. n. 546/1992), con la previsione che il pagamento, se superiore a € 10.000, potrà essere subordinato dal giudice alla prestazione di idonea garanzia.

Ebbene, in caso di sentenze esecutive di cui ai punti precedenti (e di ulteriori specifiche ipotesi), nonché di sentenze passate in giudicato, il creditore può intraprendere **il giudizio di ottemperanza** (art. 70 del d.lgs. n. 546/1992) innanzi alle commissioni tributarie, al fine di richiedere di adottare, in luogo dell'ente impositore (o degli altri soggetti che possono stare in giudizio) inadempiente, i provvedimenti

necessari all'esecuzione del giudicato (LUPI).A seguito delle modifiche introdotte dal d.lgs. n. 156/2015, il giudizio di ottemperanza costituisce, dunque, l'unico strumento di esecuzione delle sentenze tributarie.
Il giudizio di ottemperanza può essere promosso, con ricorso, soltanto dopo che siano scaduti i termini previsti per l'adempimento da parte dell'ente impositore o, qualora detto temine non sia stabilito, dopo **30 giorni** decorrenti dalla notifica di una diffida ad adempiere (nelle ipotesi di sentenza provvisoriamente esecutivi, sono previsti termini diversi).
Il ricorso deve essere promosso innanzi alla CTP, nel caso in cui si richieda l'ottemperanza ad una sentenza emessa dal suddetto organo giudicante, non impugnata; invece, nell'ipotesi in cui s'intenda proporre ricorso per ottemperanza di una sentenza passata in giudicato, la competenza è della CTR.
Rispetto al giudizio di primo grado, la procedura di ottemperanza prevede talune diversità: in particolare, il ricorso deve essere depositato in doppio originale presso la segreteria della commissione tributaria adita, a cui spetta il compito di comunicarlo alla controparte, che potrà, entro 20 giorni, trasmettere le proprie osservazioni ed allegare la documentazione dell'eventuale adempimento.
Decorso detto termine, il Presidente fissa l'udienza di trattazione del ricorso in Camera di Consiglio, non oltre 90 giorni dalla costituzione del ricorrente (mediante il deposito del ricorso).
A seguito dell'udienza di trattazione, il Collegio adotta con sentenza i provvedimenti indispensabili per l'ottemperanza, in luogo dell'Amministrazione che dovrebbe provvedere in forza della condanna. La Commissione può, inoltre, nominare un *commissario ad acta*, che, in caso di perdurante inadempimento da parte dell'ente impositore, provveda ad adottare i provvedimenti necessari per dare completa ed esatta esecuzione alla sentenza di cui si chiede l'ottemperanza. Avverso le sentenze di ottemperanza è ammesso solo il ricorso per Cassazione, per inosservanza delle norme sul procedimento.
Una volta adottati tutti i provvedimenti necessari a portare a compimento il *dictum* stabilito nella sentenza, il Collegio dichiara chiuso il procedimento con apposita ordinanza.

QUESTIONARIO

1. Quali sono gli organi della giurisdizione tributaria? (**XIII.1**)
2. Come sono composte le Commissioni tributarie? Esistono situazioni di incompatibilità? (**XIII.1**)
3. Le Commissioni Tributarie Provinciali e le Commissioni Tributarie Regionali hanno competenze differenti? (**XIII.1**)
4. Quali sono le controversie che rientrano nella giurisdizione della Commissione Tributaria? (**XIII.1**)
5. Quali sono gli atti impugnabili? (**XIII.3**)
6. In che modo il contribuente partecipa al processo tributario? (**XIII.4.1**)
7. Qual è l'atto introduttivo del giudizio tributario? (**XIII.4.1**)
8. Sono ammissibili le azioni di condanna? (**XIII.4.1**)
9. Cosa si intende per sospensione del provvedimento impugnato? (**XIII.4.1**)
10. Cos'è il reclamo e in cosa si differenzia dal ricorso? (**XIII.4.2**)
11. Che cos'è la mediazione? (**XIII.4.2**)
12. Cosa s'intende per conciliazione giudiziale? (**XIII.4.4**)
13. Per quali tipologie di controversie è esclusa la conciliazione tributaria? (**XIII.4.4**)
14. Quali sono gli eventi anomali del processo tributario? (**XIII.4.5**)
15. Quali sono i motivi di proponibilità del ricorso di revocazione straordinaria? (**XIII.5**)
16. Impugnazioni nel processo tributario (**XIII.5**)
17. Cos'è il giudizio di ottemperanza? (**XIII.6**)

SCHEDA DI SINTESI

Sono devolute alla giurisdizione delle Commissioni Tributarie «tutte le controversie aventi ad oggetto i tributi di ogni genere e specie, comunque denominati, compresi quelli regionali, provinciali e comunali e il contributo per il Servizio Sanitario Nazionale, le sovrimposte e le addizionali, le relative sanzioni nonché gli interessi e ogni altro accessorio».

Gli atti autonomamente impugnabili innanzi alle Commissioni tributarie sono: l'avviso di accertamento; l'avviso di liquidazione del tributo; il provvedimento di irrogazione di sanzioni; il ruolo e la relativa cartella di pagamento; l'avviso di mora (ora detto intimazione ad adempiere); gli

atti delle operazioni catastali; il rifiuto espresso o tacito di restituzione; il diniego o revoca di agevolazioni e rigetto di domande di definizione agevolata; l'iscrizione di ipoteca e fermo di beni mobili registrati.
L'obbligo del procedimento di reclamo-mediazione, tuttavia, si applica a tutte le controversie di valore fino a ventimila euro se l'atto impositivo è stato notificato entro il 31 dicembre 2017, e, a tutte le controversie di valore fino a cinquantamila euro, per quelle scaturite dalla notifica di atti impositivi dal 1° gennaio 2018.
La fase amministrativa del procedimento di reclamo-mediazione dura 90 giorni; durante questo periodo sono sospesi i termini per il pagamento e la riscossione, nonché per la costituzione in giudiziose avanti la Commissione Tributaria Provinciale. Il termine di 30 giorni per la costituzione in giudizio del ricorrente, dunque, decorre una volta che sia trascorso il tempo utile per esperire la procedura.

TI RICORDI

L'interpello disapplicativo ha carattere "obbligatorio": consente al contribuente di richiedere un parere in ordine alla sussistenza delle condizioni che legittimano la disapplicazione di norme tributarie che, allo scopo di contrastare comportamenti elusivi, limitano deduzioni, detrazioni, crediti d'imposta o altre posizioni soggettive del soggetto passivo.
L'istanza del contribuente è finalizzata ad ottenere un parere in ordine alla disapplicazione di una norma antielusiva che, in linea di principio, trova applicazione in riferimento alla fattispecie prospettata, limitando deduzioni, detrazioni, crediti d'imposta, ecc. A tal fine, il contribuente deve provare che nella situazione concreta non possono realizzarsi gli effetti elusivi che la norma intende evitare.

DIRITTO TRIBUTARIO PARTE SPECIALE

CAPITOLO XIV
L'imposta sul reddito delle persone fisiche (IRPEF)

SOMMARIO:

1. I CARATTERI GENERALI DELL'IRPEF.

Nel sistema tributario italiano il tributo più importante è **l'Imposta sul Reddito delle Persone Fisiche** (IRPEF), istituita con d.P.R. 29 settembre 1973 n. 597 e attualmente regolata dal Testo Unico delle Imposte sui Redditi (TUIR), approvato con d.P.R. 22 dicembre 1986, n. 917, che riunisce in un solo testo tutte le norme relative alle imposte dirette.

Questa imposta è considerata un importante strumento per la realizzazione di un sistema tributario efficiente e democratico, in quanto realizza gli obiettivi della riforma tributaria del 1972-1973 attraverso l'applicazione dei **principi della progressività**, della **semplicità**, della **trasparenza** e della **flessibilità.**

L'IRPEF è un'imposta:

- **generale**, in quanto colpisce l'insieme dei redditi del

contribuente e non i singoli redditi che a lui fanno capo;
- **personale**, in quanto tiene conto della sua situazione economica e sociale (familiare) del contribuente;
- **progressiva**, in quanto l'aliquota è crescente, cioè aumenta all'aumentare della base imponibile.

1.1. IL PRESUPPOSTO D'IMPOSTA.

Ai sensi dell'art. 1 TUIR, il presupposto dell'imposta sul reddito delle persone fisiche è costituito dal **possesso di redditi**, in denaro o in natura, rientranti in una delle categorie tassativamente previste dall'art. 6 del medesimo TUIR.
È opportuno, a tal proposito, chiarire che il termine "possesso" utilizzato dal legislatore per individuare il presupposto dell'IRPEF non coincide con il concetto, di cui all'art. 1140 c.c., bensì esprime la **relazione giuridica** tra il reddito ed il soggetto, cui dev'essere attribuito (FALSITTA).
Ciò posto, esistono categorie di redditi tassabili nel momento in cui sono percepiti (redditi di capitale, redditi di lavoro, redditi diversi), per cui il concetto di "possesso" va inteso come "percezione". Diverso, invece, è il caso dei redditi fondiari ove la nozione di possesso è strettamente connessa all'immobile, o ancora per il reddito d'impresa, correlato alle risultanze delle scritture contabili.
Se ne deduce un'eterogeneità di nozioni ascrivibili al possesso e, pertanto, la necessità di individuare, per ogni singola categoria reddituale, i fatti che ne determinano la tassabilità.

2. I SOGGETTI PASSIVI.

I soggetti passivi dell'IRPEF sono tutte le **persone fisiche residenti** e **non residenti** nel territorio dello Stato:
- *le persone fisiche residenti* subiscono l'imposizione per tutti i redditi, comunque e ovunque prodotti (c.d. "*worldwide income taxation principle*");
- *le persone fisiche non residenti* sono soggetti all'IRPEF esclusivamente per i redditi prodotti nello Stato italiano.

La nozione di "residenza" ai fini fiscali non corrisponde alla nozione civilistica di residenza e, per questo, ai fini dell'imposta sul reddito delle persone fisiche.
Il concetto di **residenza fiscale** (art. 2, comma 2, TUIR), viene ancorato a tre condizioni alternative. In particolare, si considerano **residenti in Italia** le persone fisiche che nella maggior parte del periodo d'imposta (ossia, 183 giorni nell'anno solare per le persone fisiche) rispettino uno dei seguenti requisiti:

- **residenza anagrafica** (ossia, risultano iscritte nelle anagrafi della popolazione residente);
- **domicilio civilistico** (ossia, non sono iscritte nelle anagrafi, ma hanno il domicilio nello Stato, ai sensi dell'art. 43 c.c.);
- **residenza civilistica** (ossia, non sono iscritte nelle anagrafi, ma hanno la residenza nello Stato).

Poiché le predette condizioni sono alternative tra loro, è sufficiente che ricorra anche una sola di esse affinché un soggetto sia considerato fiscalmente residente in Italia e, quindi, debba dichiarare tutti i redditi posseduti, indipendentemente dal luogo nel quale siano stati prodotti.
Al contrario, se invece, un soggetto non possiede alcuna delle caratteristiche sopra citate, non è considerato residente fiscalmente in Italia. Pertanto, questi è chiamato a dichiarare e quindi tassare nel nostro Paese soltanto i redditi ivi percepiti.
Inoltre, si presumono residenti i cittadini italiani cancellati dalle anagrafi della popolazione residente ed emigrati negli Stati o territori aventi un regime fiscale privilegiato (c.d. paradisi fiscali) individuati con d.m. 4 maggio 1999.

L'anagrafe dei cittadini italiani all'estero (c.d. aire)

Il trasferimento della residenza all'estero per un periodo superiore a 12 mesi comporta l'obbligo di iscrizione all'**AIRE** (Anagrafe dei cittadini italiani residenti all'estero).
L'iscrizione all'AIRE costituisce un "*diritto-dovere*" del cittadino, in quanto essa è condizione per l'esercizio di alcuni diritti come quello di voto per corrispondenza nel paese di residenza (art. 6 l. n. 470/88).
Sulla valenza probatoria dell'iscrizione del cittadino nell'anagrafe dei residenti all'estero (c.d. AIRE) non vi è

unanimità. Infatti, secondo una parte della giurisprudenza, detta iscrizione non è sufficiente ad escludere la residenza fiscale in Italia in quanto l'iscrizione in sé «non è elemento determinante per escludere la residenza fiscale in Italia, allorché il soggetto abbia nel territorio dello Stato il proprio domicilio, inteso come sede principale degli affari ed interessi economici, nonché delle proprie relazioni personali, non risultando determinante, a tal fine, il carattere soggettivo ed elettivo della "scelta" dell'interessato - rilevante solo quanto alla libertà dell'effettuazione della stessa, ma non ai fini della verifica del risultato di quella scelta - ma dovendosi contemperare la volontà individuale con le esigenze di tutela dell'affidamento dei terzi, per cui il centro principale degli interessi vitali del soggetto va individuato dando prevalenza al luogo in cui la gestione di detti interessi viene esercitata abitualmente in modo riconoscibile dai terzi» (Cass., 4 aprile 2012, n. 5382).

La rilevanza "fiscale" del "paese" in cui è collocata la residenza estera

Speculare al tema del trasferimento della residenza all'estero, è la rilevanza che il fisco italiano attribuisce alla "qualificazione" del Paese in cui è collocata la residenza estera per l'applicazione di alcune norme in materia di imposte sui redditi (sia ai fini IRPEF sia ai fini IRES).

Il legislatore valuta con sfavore le residenze poste in Paesi «a regime fiscale privilegiato» elencati nella ***cd. black list*** (ossia, i c.d. **"paradisi fiscali"**).

Si fa riferimento alla "lista" perché, prima che l'art. 10 del d.lgs. n. 147/2015 abrogasse l'art. 168-bis TUIR, questa norma demandava ad un apposito Decreto del Ministro delle Finanze (D.M. del 4 settembre 1996) l'individuazione dei Paesi e territori che non consentivano un adeguato scambio di informazioni e, quindi, erano inseriti nella c.d. *blacklist*.

Nell'attuale definizione di Paesi *blacklist*, stante l'abrogazione del richiamato decreto, per qualificare un

Paese come tale si fa riferimento agli Stati o territori che non «consentono un adeguato scambio di informazioni e nei quali il livello di tassazione non è sensibilmente inferiore a quello applicato in Italia» (art. 10 d.lgs. n. 147/2015).

Dunque, i «paradisi fiscali» sono quei Paesi o territori ove la tassazione è particolarmente bassa o nulla ("sensibilmente inferiore" a quella italiana) e con i quali l'Italia non ha concluso o non sono più in vigore "accordi per lo scambio di informazioni".

3. LA BASE IMPONIBILE.

La base imponibile dell'IRPEF è il *valore economico del reddito su cui si calcola l'imposta* attraverso l'applicazione di un'aliquota. In particolare, la base imponibile è costituita da **tutti i redditi prodotti** dal soggetto passivo nel periodo d'imposta, cioè nell'anno solare. La grandezza così determinata prende anche il nome di **base imponibile lorda.**

Da essa occorre sottrarre gli oneri deducibili per poter calcolare la **base imponibile netta,** cioè la grandezza sulla quale effettivamente si andrà a calcolare l'imposta applicando le aliquote stabilite per legge.

Sono esclusi dalla base imponibile *i **redditi soggetti a tassazione separata**: si* tratta dei redditi tassativamente elencati dall'art. 17 TUIR, per i quali, comunque, il contribuente può optare per la tassazione ordinaria (art. 3, comma 2, TUIR).

Non concorrono altresì a formare la base imponibile:

- i redditi esenti dall'imposta e quelli soggetti a ritenuta alla fonte a titolo di imposta o ad imposta sostitutiva (art. 3, comma 3, lett. a), TUIR);
- gli assegni periodici destinati al mantenimento dei figli (art. 3, comma 3, lett. b), TUIR);
- gli assegni familiari, l'assegno per il nucleo familiare e gli emolumenti per carichi di famiglia erogati nei casi consentiti dalla legge (art. 3, comma 3, lett. d), TUIR);
- la maggiorazione sociale dei trattamenti pensionistici prevista dall'articolo 1, L. 29 dicembre 1988, n. 544 (art. 3, comma 3,

lett. d-*bis)*, TUIR).

- le somme corrisposte a titolo di borsa di studio dal Governo italiano a cittadini stranieri in forza di accordi e intese internazionali (art. 3, comma 3, lett. *d-ter)*, TUIR).

4. SCHEMA E FUNZIONAMENTO DELL'IMPOSTA.

Il procedimento per determinare l'ammontare dell'imposta da pagare consta delle seguenti fasi:

1. Determinazione del reddito complessivo lordo (art. 8 TUIR): è la **somma dei singoli redditi netti** che appartengono ad una delle categorie indicate dall'art. 6 TUIR.

2. Determinazione del reddito imponibile (o **base imponibile netta**): **è la** differenza tra il reddito complessivo lordo e gli oneri deducibili *ex* art. 10 TUIR.

3. Determinazione dell'imposta lorda: si calcola applicando al reddito imponibile netto le aliquote crescenti per scaglioni di reddito e sommando i risultati ottenuti per ogni singolo scaglione.

4. Determinazione dell'imposta da pagare (o **imposta netta**): si calcola sottraendo dall'imposta lorda le detrazioni, gli oneri detraibili, le ritenute d'acconto e gli eventuali crediti e acconti d'imposta.

5. FASE I) LA DETERMINAZIONE DEL REDDITO COMPLESSIVO LORDO: LE SINGOLE CATEGORIE DI REDDITO.

I singoli redditi sono classificati nelle seguenti categorie (art. 6 TUIR):

a) Redditi da lavoro dipendente (artt. 49 - 52, TUIR);
b) Redditi di lavoro autonomo (artt. 53 - 54, TUIR);
c) Redditi fondiari (artt. 25 - 43, TUIR);
d) Redditi di capitale (artt. 44 - 48, TUIR);
e) Redditi di impresa (artt. 55 - 66, TUIR);
f) Redditi diversi (artt. 67 - 71, TUIR).

Ai sensi dell'art. 8 TUIR «il reddito complessivo si determina sommando i redditi di ogni categoria che concorrono a formarlo e sottraendo le perdite derivanti dall'esercizio di arti e professioni. Non concorrono a formare il reddito complessivo dei percipienti i compensi non ammessi in deduzione ai sensi dell'articolo 60». Inoltre, ai sensi del successivo art. 9 TUIR, «i redditi e le perdite che concorrono a formare il reddito complessivo sono determinati distintamente per ciascuna categoria (…) in base al risultato complessivo netto di tutti i cespiti che rientrano nella stessa categoria».

5.1. CATEGORIA A: REDDITI FONDIARI.

Sono redditi fondiari quelli inerenti ai terreni e ai fabbricati situati nel territorio dello Stato che sono o devono essere iscritti, con attribuzione di rendita, nel catasto dei terreni o nel catasto edilizio urbano (art. 25, comma 1, TUIR).
Essi si distinguono in:

- redditi dominicali dei terreni;
- redditi agrari;
- redditi dei fabbricati.

Il reddito fondiario non è un reddito "effettivo", ossia colpisce il contribuente **indipendentemente dalla effettiva percezione del reddito.** Infatti, non sempre il reddito derivante dal terreno o dall'unità immobiliare garantisce al contribuente un'effettiva e concreta percezione dei proventi nel periodo d'imposta. Il possessore può, ad esempio, rispettivamente usufruire direttamente del terreno o dell'immobile, non coltivarlo, darlo in affitto o in locazione. Al fine di consentirne la tassazione, il legislatore colpisce il reddito fondiario in misura medio-ordinaria applicando le tariffe d'estimo alle particelle di un terreno o di un fabbricato.
Qualora poi più soggetti siano contitolari del diritto di proprietà o di altro diritto reale sull'immobile, il reddito fondiario sarà ripartito fra i vari contitolari in maniera tale che ognuno risponda solo per la parte di diritto vantata.

A) Reddito dominicale.

Il **reddito dominicale** è costituito dalla **parte dominicale del reddito medio ordinario determinabile dal terreno attraverso l'esercizio delle attività agricole ovvero dalla rendita attribuibile al fondo in quanto derivante dalla terra nel suo stato naturale e dai capitali in essa investiti**.

Non si considerano produttivi di reddito dominicale i terreni che costituiscono pertinenze di fabbricati urbani, quelli dati in affitto per usi non agricoli, nonché quelli produttivi di reddito di impresa.
L'imputazione dei redditi fondiari presuppone:

- una **condizione soggettiva**, data dal possesso del terreno;
- una **condizione oggettiva**, data dalla natura del terreno atto ad una produzione agricola.

Si tratta di un reddito misto, in quanto costituito da due elementi:

- **la rendita fondiaria**, spettante al proprietario del suolo per la fertilità del terreno;
- **l'interesse per i capitali durevolmente investiti** nel terreno per opere di bonifica, costruzioni di fabbricati rurali etc.

Il reddito dominicale può essere soggetto a **variazioni** che vanno denunciate all'Ufficio tecnico erariale dal contribuente.
Esse possono essere:

- **in aumento**, se viene sostituita la coltura censita in catasto con altra piùproduttiva;
- **in diminuzione**, se viene sostituita la coltura censita in catasto con altrameno produttiva, per naturale esaurimento del terreno, per causa di forza maggiore o per altri eventi fitopatologici o entomologici.

B) Reddito agrario.

Il **reddito agrario**, invece, è quello proprio **dell'imprenditore agricolo**, cioè di colui che coltiva il fondo, direttamente o anche mediante l'opera di terzi, al fine di ricavarne il maggior profitto possibile. Mentre, quindi, il reddito dominicale è costituito dalla rendita attribuibile al fondo, il reddito agrario **deriva dallo sfruttamento del fondo.**
Secondo la definizione fornita dall'articolo 32 TUIR, il reddito agrario è costituito **dalla parte del reddito medio ordinario dei terreni imputabile al capitale d'esercizio e al lavoro di organizzazione della produzione impiegati, nei limiti della potenzialità del terreno, nell'esercizio di attività agricole su di esso.**
Il terreno, naturalmente, deve essere atto alla produzione agricola e non deve essere di pertinenza di fabbricati urbani o dato in affitto per uso

non agricolo. A norma dell'art. 32 del TUIR, sono considerate agricole:

- le attività dirette alla coltivazione del terreno e alla silvicoltura;
- l'allevamento di animali con mangimi ottenibili per almeno un quarto dal terreno;
- le attività dirette alla manipolazione, trasformazione e alienazione dei prodotti agricoli e zootecnici, ancorché non svolte sul terreno, che rientrano nell'esercizio normale dell'agricoltura e che abbiano per oggetto prodotti ottenuti per almeno la metà dal terreno e dagli animali allevati su di esso.

La determinazione del reddito agrario e del reddito dominicale avviene attraverso **il metodo del catasto,** cioè attraverso una serie di operazioni che permettono di attribuire a ciascun terreno una propria rendita catastale mediante l'applicazione delle tariffe d'estimo fissate dalla legge e sottoposte a revisione periodica.

C) Reddito dei fabbricati.

Il **reddito dei fabbricati,** a norma dell'art. 36 del TUIR, è costituito dal **reddito medio ordinario ritraibile da ciascuna unità immobiliare urbana, cioè quello che deriva dal possesso a titolo di proprietà, usufrutto o di altro diritto reale di costruzioni di qualsiasi specie e destinazione che generino reddito autonomo.** Sono considerate parte integrante delle costruzioni anche le aree da esse occupate e le pertinenze delle unità immobiliari.

Ai fini del calcolo del reddito in questione, sono, invece, **escluse,** se non sono oggetto di locazione:

-) **le unità immobiliari destinate all'esercizio esclusivo del culto, le costruzioni rurali utilizzate nell'ambito delle attività agricole** (reddito agrario);

-) **gli immobili relativi ad imprese commerciali e quelli che costituiscono beni strumentali per l'esercizio di arti e professioni**, che concorrono a formare rispettivamente reddito d'impresa o di lavoro autonomo.

Anche la determinazione del reddito dei fabbricati avviene col **sistema del catasto,** il cui scopo è quello di accertare la proprietà immobiliare e determinarne il reddito.

Ad oggi, il reddito è determinato **applicando le tariffe d'estimo**

rivalutate ai vani catastali in cui è diviso l'immobile, tenendo conto:

- della zona *censuaria*, cioè del valore del mercato;
- della *categoria* che si determina in base alla destinazione e al tipo;
- della *classe,* che si determina in base alla redditività dell'immobile.

I criteri di determinazione del reddito da fabbricati variano a seconda che si tratti di **unità abitative locate, non locate** o costituenti **abitazione principale**.
Tuttavia, a partire dal 2011, le persone fisiche proprietarie di immobili o titolari di diritti reali di godimento su immobili locati per alcune finalità, relativamente a tali redditi fondiari, hanno facoltà di applicare la c.d. **cedolare secca**. La cedolare secca è sostitutiva dell'IRPEF e delle relative addizionali, nonché dell'imposta di registro, di bollo, sul contratto di locazione e sulla sua eventuale proroga o risoluzione.

5.2. CATEGORIA B: REDDITI DI CAPITALE.

I redditi di capitale sono quelli che derivano dall' **"impiego di un capitale"** (articolo 44, lett. *h*, TUIR), come accade per esempio per gli interessi da mutui o da prestiti obbligazionari o per i dividendi da partecipazioni al capitale sociale. I redditi di capitale si caratterizzano per essere certi nell'*an*, ma non sempre certi nel *quantum* (cioè è sempre programmato l'evento che dovrebbe dar luogo alla percezione dei redditi, ma non è certa la sua entità).
Il reddito di capitale è rilevante non nel periodo d'imposta in cui esso matura, ma **nel periodo d'imposta in cui esso viene percepito** (c.d. **principio di cassa)** (art. 45, comma 1, TUIR).
Per l'enumerazione completa dei redditi di capitale si rimanda all'art. 44 TUIR. In questa sede, a titolo esemplificativo, si ricordano gli interessi derivanti da mutui, depositi e conti correnti, le rendite perpetue, i compensi per prestazioni di fideiussione o di altra garanzia, i redditi compresi nei capitali corrisposti in dipendenza di contratti di assicurazione sulla vita e di capitalizzazione, i redditi derivanti dai rendimenti delle prestazioni pensionistiche, i redditi imputati al beneficiario di trust ai sensi dell'articolo 73, comma 2, TUIR, anche se

non residenti.

Tra i redditi di capitale, inoltre, si segnalano **gli utili derivanti dalla partecipazione** al capitale o al patrimonio di società ed enti soggetti all'imposta sul reddito delle società (salvo il disposto della lettera d, comma 2, art. 53, TUIR) e gli utili derivanti da associazioni in partecipazione e dai contratti indicati nel primo comma dell'art. 2554 del codice civile (salvo il disposto della lettera c del comma 2 dell'art. 53, TUIR). A sua volta, per i redditi di capitale qualificabili come "utili di partecipazione" si rimanda al successivo art. 47 TUIR che, nel definire detta nozione, al primo comma chiarisce che «indipendentemente dalla delibera assembleare, si presumono prioritariamente distribuiti l'utile dell'esercizio e le riserve», salvo per quest'ultime, le precisazioni contenute nel successivo comma 5 (per la tassazione degli utili derivanti dalle partecipazioni societarie di rimanda al *Cap. XV, par. 3*).

La differenza tra i redditi di capitale e i "redditi diversi da investimenti finanziari" (c.d. capital gain)

Diversamente dai redditi di capitale, i redditi diversi di natura finanziaria sono incerti sia nell'*an* sia nel *quantum* (non è cioè programmato – ed è quindi "incerto" l'evento al cui verificarsi si potrebbe produrre la plusvalenza tassabile come reddito).

Nei redditi diversi di natura finanziaria sono compresi i ***capital gains,*** vale a dire le plusvalenze derivanti alla persona fisica da cessioni di partecipazioni. Si sottolinea che, anche in questa categoria dei redditi diversi, la cessione degli investimenti finanziari non deve avvenire nell'esercizio di un'attività d'impresa, individuale o societaria perché in questi casi, se si dovesse realizzare una plusvalenza essa concorrerebbe alla formazione del reddito d'impresa del soggetto che ha realizzato la plusvalenza stessa.

La tassazione dei redditi di capitale e dei redditi diversi di natura finanziaria

I redditi di capitale sono generalmente soggetti a una ritenuta a titolo di acconto (e quindi all'obbligo della dichiarazione degli stessi) ad eccezione di quanto viene corrisposto alle persone fisiche non imprenditori ed ai soggetti non residenti per i quali la ritenuta è a titolo d'imposta.

In seguito all'approvazione del d.l. 24 aprile 2014, n. 66 (conv. nella l. 23 giugno 2014, n. 89), il legislatore ha previsto, a decorrere dal 1° luglio 2014, l'incremento dell'**aliquota unica di tassazione dal 20% al 26% sui redditi di capitale nonché sui redditi diversi di natura finanziaria,** applicabile alle persone fisiche, agli enti non commerciali e alle società semplici. L'aliquota applicabile ai titoli di Stato italiani (Bot, Btp, etc.) e degli Stati esteri c.d. in *whitelist*, invece, è quella del 12,50%.

In realtà, per le plusvalenze derivanti da "redditi diversi di natura finanziaria" (ossia, cessioni a titolo oneroso di attività finanziarie), bisogna introdurre un ulteriore distinguo:

a. se si tratta di **partecipazioni qualificate** in società, le plusvalenze concorrono per una quota percentuale del loro ammontare al reddito imponibile;
b. se si tratta di **partecipazioni non qualificate** in società, o di titoli o certificati di massa diversi da quelli di natura partecipativa, sono assoggettati ad imposta sostitutiva del 26%.

Tranne il caso in cui la cessione riguardi "partecipazioni qualificate", dunque, la **differenza tra redditi diversi da investimenti finanziari e redditi da capitale**, è importante non perché sono assoggettati ad una diversa aliquota ma perché solo nei redditi diversi derivanti da alcune transazioni finanziarie è possibile compensare eventuali minusvalenze con plusvalenze. Infatti, mentre i redditi di capitale sono per definizione sempre positivi, le negoziazioni di titoli possono invece dar luogo a componenti negative, cioè a minusvalenze.

Inoltre, se la produzione del reddito di capitale genera dei costi (si pensi ad una commissione pagata ad un intermediario), questi ultimi sono qualificati dalla legge come irrilevanti (art. 45, comma 1, TUIR) e quindi non sono deducibili. Altresì, non sono deducibili le perdite in cui il contribuente incorra (ad esempio: non è deducibile la perdita che il creditore degli interessi patisca a causa dell'insolvenza del creditore; non si possono "compensare" gli interessi passivi di una somma presa a mutuo con gli interessi attivi di una somma data a mutuo; non si possono "compensare" gli interessi di un conto corrente passivo con gli interessi attivi di un conto corrente attivo; ecc.). La ragione della indeducibilità dei costi nei redditi di capitale è probabilmente da ascrivere all'intento del legislatore di voler semplificare i calcoli e facilitare l'azione di controllo.

Riassumendo:

-) i redditi di capitale possono essere solo positivi, non possono essere compensati con altre minusvalenze e vengono tassati per il tramite dell'intermediario che funge da sostituto d'imposta applicando una ritenuta o una imposta sostitutiva a titolo definitivo;

-) i redditi diversi possono assumere anche segno negativo, ossia possono generare minusvalenze (ad esempio, quando il prezzo finale è inferiore a quello pagato con l'acquisto iniziale). Le minusvalenze possono essere compensate con successive plusvalenze; in altri termini, generano un credito fiscale che nell'anno in corso o nei quattro successivi (decorrenti, in genere, dalla vendita o dal rimborso di uno strumento finanziario) può essere compensato con eventuali plusvalenze future.

A differenza dei redditi di capitale, per i redditi diversi, la tassazione può avvenire anche in sede di dichiarazione dei redditi da parte del contribuente quando questi opta per il regime fiscale dichiarativo.

Per la tassazione degli utili societari si rinvia allo specifico paragrafo nel capitolo relativo all'IRES (Cap. XV, par. 3).

5.3. CATEGORIA C: REDDITI DA LAVORO DIPENDENTE.

I redditi di lavoro dipendente (disciplinati dagli artt. 49 - 52 TUIR) sono quelli che **derivano da rapporti aventi per oggetto la prestazione di lavoro, con qualsiasi qualifica, alle dipendenze e sotto la direzione di altri,** compreso il lavoro a domicilio quando è considerato lavoro dipendente secondo le norme della legislazione sul lavoro.

Parimenti sono considerati redditi di lavoro dipendente le pensioni di ogni genere e gli assegni ad esse equiparati, nonché gli interessi e la rivalutazione sui crediti di lavoro.

Più nello specifico, occorre richiamare l'art. 49 del TUIR che definisce la nozione di reddito di lavoro dipendente, stabilendo che sono considerati tali i redditi derivanti da rapporti aventi per oggetto la prestazione di lavoro subordinato prestato con qualsiasi qualifica, compreso il lavoro a domicilio quando considerato tale secondo le norme sulla legislazione del lavoro. La nozione di reddito di lavoro è ancora più ampia se si tiene conto anche dell'art. 6, comma 2, TUIR laddove stabilisce che le somme percepite in sostituzione di redditi e le indennità conseguite, anche in forma assicurativa, a titolo di risarcimento di danni consistenti nella perdita di redditi, esclusi quelli dipendenti da invalidità permanente o da morte, costituiscono redditi della stessa categoria di quelli sostituiti o perduti; pertanto tutte le indennità e le somme o i valori percepiti in sostituzione della retribuzione per lavoro dipendente o equiparati (ad esempio: l'indennità di cassa integrazione, l'indennità di disoccupazione, l'indennità di mobilità, l'indennità di malattia o maternità, l'indennità di TBC e post-tubercolare, l'indennità per la donazione di sangue, l'indennità per congedo matrimoniale, sono assoggettati a tassazione come redditi di lavoro dipendente, così come, a seguito della modifica operata alla medesima norma dall'art. 1 comma 1 lett. a) del D.L. n. 557/1993, gli interessi moratori e quelli per dilazione di pagamento costituiscono redditi della stessa categoria di quelli da cui derivano i crediti su cui tali interessi sono maturati).

La determinazione del reddito di lavoro dipendente è, poi, effettuata secondo le disposizioni previste dall'art. 51 del TUIR che stabilisce che vi concorrono tutte le somme e i valori (beni e servizi) che il dipendente percepisce nel periodo d'imposta, a qualunque titolo, anche sotto forma di erogazioni liberali, e quindi, tutte quelle somme che siano in qualunque modo riconducibili al rapporto di lavoro, anche se non provenienti direttamente dal datore di lavoro. Alla stregua dell'art. 51 T.U.I.R., quindi, confluiscono nella nozione di reddito da lavoro dipendente le somme percepite anche a titolo di trattamenti accessori (straordinario, mensilità aggiuntive, gratifiche e comunque tutti quei compensi che adempiono a tali funzioni), i premi una tantum e periodici, i compensi incentivanti, i compensi in natura, le erogazioni liberali in denaro e in natura, nonché le altre indennità comunque denominate (es. quelle di cassa o di maneggio denaro, di residenza, alloggio, vestiario, per lavori nocivi e pericolosi, sostitutive del servizio di trasporto, di contingenza, di missione, di salvataggio, nonché tutte quelle connesse alle peculiari modalità di svolgimento della prestazione come quelle relative alla sede disagiata, al rischio, al luogo sempre variabile e diverso dell'attività, al volo o alla navigazione o ai trasferimenti della sede di lavoro, oltre alle più comuni ferie non godute e trasferte, ecc.); i rimborsi di spese, nei limiti e alle condizioni previste dalla normativa vigente; le mance, che per i *croupiers* concorrono nella misura del 75% dell'ammontare percepito nel periodo d'imposta; i premi per assicurazioni sanitarie, sulla vita e sugli infortuni extra professionali (quelli relativi ad assicurazioni per infortuni professionali sono, invece, esclusi da tassazione) pagati dal datore di lavoro e i rimborsi effettuati dal datore di lavoro a fronte di spese sanitarie che danno diritto alla detrazione (art. 15 TUIR), sostenute dal lavoratore dipendente; i premi per operazioni a premio che hanno origine nell'ambito della prestazione di lavoro dipendente e assegnati in funzione e nello svolgimento dell'attività (ad esempio perché connessi al raggiungimento di un determinato quantitativo di vendite), anche se erogati da soggetti diversi dal datore di lavoro (Agenzia delle Entrate - risoluzione n. 101/E del 27 luglio 2005); le indennità per licenziamento ingiustificato dei lavoratori dipendenti (che devono intendersi di natura retributiva o comunque tendenti a risarcire un lucro cessante); gli omaggi di beni effettuati dal datore di lavoro ai propri dipendenti che acquistano beni aziendali (Agenzia delle Entrate - risoluzione n. 202/E del 29 ottobre 2003); i compensi percepiti da soggetti (anche non lavoratori) impegnati in lavori socialmente utili (articolo 50 comma 1 lett. l) del TUIR); la quota associativa versata unitamente ai contributi di assistenza sanitaria integrativa (Agenzia delle Entrate - risoluzione n. 96/E del 25 luglio 2005).

Redditi assimilati

Sono assimilati a redditi di lavoro dipendente:

- i compensi percepiti dai lavoratori soci delle cooperative di produzione e lavoro, delle cooperative di servizi, delle cooperative agricole e di prima trasformazione dei prodotti agricoli e delle cooperative della piccola pesca (art. 50, comma 1, lett. a, TUIR);
- le indennità e i compensi percepiti a carico di terzi dai prestatori di lavoro dipendente per incarichi svolti in relazione a tale qualità, ad esclusione di quelli che per clausola contrattuale devono essere riversati al datore di lavoro e di quelli che per legge devono essere riversati allo Stato (art. 50, comma 1, lett. b, TUIR);
- le somme da chiunque corrisposte a titolo di borsa di studio o di assegno, premio o sussidio per fini di studio o di addestramento professionale, se il beneficiario non è legato da rapporti di lavoro dipendente nei confronti del soggetto erogante (art. 50, comma 1, lett. c, TUIR);
- le somme e i valori in genere, a qualunque titolo percepiti nel periodo d'imposta, anche sotto forma di erogazioni liberali, in relazione agli uffici di amministratore, sindaco o revisore di società, associazioni e altri enti con o senza personalità giuridica, alla collaborazione a giornali, riviste, enciclopedie e simili, alla partecipazione a collegi e commissioni, nonché quelli percepiti in relazione ad altri rapporti di collaborazione aventi per oggetto la prestazione di attività svolte senza vincolo di subordinazione a favore di un determinato soggetto nel quadro di un rapporto unitario e continuativo senza impiego

di mezzi organizzati e con retribuzione periodica prestabilita (art. 50, comma 1, lett. c-*bis*, TUIR);

- le remunerazioni dei sacerdoti (art. 50, comma 1, lett. d, TUIR);
- le indennità, i gettoni di presenza e gli altri compensi corrisposti dallo Stato, dalle regioni, dalle province e dai comuni per l'esercizio di pubbliche funzioni (art. 50, comma 1, lett. f, TUIR);
- le indennità percepite dai membri del Parlamento nazionale e del Parlamento europeo (art. 50, comma 1, lett. g, TUIR);
- le rendite vitalizie e le rendite a tempo determinato, costituite a titolo oneroso, diverse da quelle aventi funzione previdenziale (art. 50, comma 1, lett. h, TUIR);
- gli altri assegni periodici, comunque denominati, alla cui produzione non concorrono attualmente né capitale né lavoro (art. 50, comma 1, lett. i, TUIR);
- i compensi percepiti dai soggetti impegnati in lavori socialmente utili in conformità a specifiche disposizioni normative (art. 50, comma 1, lett. l, TUIR).

Determinazione del reddito da lavoro dipendente

Il reddito di lavoro dipendente è costituito da tutte le somme e i valori che il lavoratore percepisce in un periodo d'imposta, anche sotto forma di erogazioni liberali (cd. *fringe benefit)*; per la determinazione di tale tipologia di reddito si utilizza il cosiddetto "principio di cassa" (art. 51 TUIR, primo comma).

Tuttavia, tale principio subisce un'eccezione: infatti, si considerano percepiti nel periodo d'imposta anche quelle somme e quei valori che sono corrisposti entro il 12 gennaio dell'anno successivo a quello di riferimento.

Il secondo comma dell'art. 51 cit., tuttavia, individua gli emolumenti che il contribuente percepisce e che non devono essere considerati "reddito di lavoro dipendente" (si rimanda al testo della norma per la loro individuazione).

Nel calcolo del reddito di lavoro dipendente non sono prese in considerazione, e quindi non sono deducibili dall'imponibile, le spese per la produzione del reddito sostenute dal lavoratore (es. i costi per raggiungere il posto di lavoro). Il reddito è tassato al lordo: vi è solo la possibilità di detrarre dall'imposta una somma (detrazioni per lavoro dipendente) che identifica forfettariamente le spese sostenute dal lavoratore.

La base imponibile determinata ai fini del reddito di lavoro dipendente è utilizzata anche ai fini previdenziali (cosiddetto "*principio dell'unificazione della base imponibile fiscale e previdenziale*"), tranne per alcune eccezioni espressamente previste dal legislatore. Va precisato, tuttavia, che in materia previdenziale si applica il **criterio di competenza**, in quanto si fa riferimento solo ai redditi maturati nel periodo d'imposta.

Tassazione del reddito da lavoro dipendente

I redditi di lavoro dipendente vengono tassati mediante una ritenuta alla fonte (a titolo di acconto dell'imposta complessivamente dovuta dal dipendente) operata dal datore di lavoro in qualità di sostituto d'imposta, calcolata in base all'ammontare del reddito. Il datore di lavoro è tenuto, a sua volta, a versare all'erario le ritenute effettuate; in questo modo l'imposta dovuta affluisce immediatamente nelle casse dello Stato, rendendo minima l'evasione fiscale. Analogo procedimento avviene per i **lavoratori delle Amministrazioni statali** i quali sono soggetti, per i redditi da lavoro dipendente, ad una **ritenuta diretta in acconto,** secondo lo stesso meccanismo della ritenuta alla fonte. Con la ritenuta diretta è lo stesso Stato che effettua direttamente il prelievo.

Se il lavoratore dipendente non ha altri redditi, la ritenuta operata è definitiva e il lavoratore non è soggetto ad ulteriore imposizione; se il lavoratore ha altri redditi da dichiarare, o percepisce redditi da più datori di lavoro, la ritenuta opera come a titolo di acconto. In quest'ultimo caso, troverà applicazione l'ordinario regime di imposizione progressiva tipico dell'IRPEF, cui andrà detratta la ritenuta d'acconto subita.

Il datore di lavoro, quale sostituto d'imposta, è anche tenuto a rilasciare al lavoratore **una certificazione unica (CU)** che attesta l'ammontare del reddito erogato nell'anno di imposta precedente al suo rilascio, delle ritenute operate, delle detassazioni d'imposta operate e dei contributi previdenziali versati all'INPS o ad altre casse previdenziali.

5.4. CATEGORIA D: REDDITI DA LAVORO AUTONOMO.

I redditi di lavoro autonomo (artt. 53 e 54, TUIR) **sono quelli derivanti dall'esercizio abituale, ancorché non esclusivo, di attività lavorative diverse da quelle di impresa o di lavoro dipendente,** anche se esercitate in forma di associazione priva di personalità giuridica.

Elementi caratterizzanti sono:

- **autonomia,** intesa quale assenza di un qualsiasi vincolo di subordinazione a terzi;
- **abitualità,** che distingue tali redditi da quelli diversi;
- **professionalità,** in quanto l'attività anche se svolta in forma associata ha il carattere della regolarità e sistematicità, non può essere occasionale;
- **residualità,** nel senso che l'attività prestata non deve avere l'organizzazione dell'impresa né del lavoro dipendente.

L'articolo 53, comma 2, TUIR indica espressamente altri redditi che sono considerati di lavoro autonomo:

- i redditi derivanti dall'utilizzazione economica, da parte dell'autore o inventore, di opere dell'ingegno, di brevetti industriali e di processi, formule o informazioni relativi ad esperienze acquisite in campo industriale, commerciale o scientifico, se non sono conseguiti nell'esercizio di imprese

commerciali;
- i redditi conseguiti in seguito alle partecipazioni agli utili derivanti da contratti di associazione in partecipazione quando l'apporto è costituito esclusivamente dalla prestazione di lavoro;
- i redditi derivanti dalla partecipazione agli utili spettanti ai promotori e ai soci fondatori di società per azioni, in accomandita per azioni e a responsabilità limitata;
- le indennità per la cessazione dei rapporti di agenzia;
- i redditi derivanti dall'attività di levata dei protesti esercitata dai segretari comunali;
- le indennità corrisposte ai giudici onorari di pace e ai viceprocuratori onorari.

I redditi di lavoro autonomo possono essere distinti in:

a) **redditi prodotti da lavoratori autonomi professionali,** cioè coloro che esercitano abitualmente (anche se in modo non esclusivo) arti o professioni;
b) **redditi prodotti da altri lavoratori autonomi.**

Questa distinzione è rilevante in quanto alle differenti categorie di redditi di lavoro autonomo si applicano regole diverse di determinazione del reddito fiscale soggetto a tassazione.
In linea di massima, il reddito imponibile può essere determinato con due criteri diversi:

- **il criterio analitico;**
- **il criterio forfetario.**

I lavoratori autonomi esercenti arti o professioni determinano il reddito di lavoro autonomo soggetto a tassazione con il criterio analitico, mentre il criterio forfetario è applicato in caso di percezione di specifiche fattispecie (ad es. redditi derivanti dalla cessione di diritti di autore).

Determinazione del reddito

Il reddito derivante **dall'esercizio abituale di arti e professioni** è costituito dalla **differenza tra i compensi in denaro o in natura** (calcolati al netto dei contributi previdenziali ed assistenziali obbligatori) **percepiti nel**

periodo d'imposta e le spese inerenti all'attività stessa effettivamente sostenute nel periodo **(principio di cassa).**
Sono deducibili le quote annuali di ammortamento dei beni strumentali (cioè dei beni utilizzati nell'esercizio dell'arte o della professione), applicando al costo dei beni i coefficienti stabiliti con apposito decreto ministeriale per categorie di beni omogenei.
Per i redditi di lavoro autonomo determinati **in modo forfetario** si applica una percentuale forfetaria a titolo di spese all'ammontare dei componenti positivi. Ad esempio, in caso di cessione di diritti di autore il reddito è costituito dall'ammontare dei proventi percepiti nel periodo d'imposta, ridotto del 25 per cento a titolo di deduzione forfetaria delle spese, ovvero del 40 per cento se i relativi compensi sono percepiti da soggetti di età inferiore a 35 anni.
Anche per il reddito da lavoro autonomo è stato adottato il sistema della **ritenuta alla fonte.** I compensi erogati al professionista o all'artista sono generalmente assoggettati alla *ritenuta d'acconto del 20%.* Le ritenute subite, certificate dal sostituto d'imposta, vanno detratte dall'imposta complessivamente dovuta dal lavoratore autonomo.

5.5. CATEGORIE E: REDDITI D'IMPRESA.

Ai sensi dell'art. 55, comma 1, TUIR per **reddito d'impresa** si intende il **reddito che deriva dall'esercizio di imprese commerciali, ossia dall'esercizio professionale ed abituale, anche se non esclusivo, delle attività indicate nell'art. 2195 c.c. e delle attività agricole indicate nell'art. 32, comma 2, lett. b) e c), TUIR, che eccedono i limiti ivi stabili, anche se non organizzate in forma di impresa.**
Le attività indicate nell'art. 2195 c.c. sono le seguenti:

- attività industriali dirette alla produzione di beni e servizi;
- attività intermediarie nella circolazione dei beni;
- attività di trasporto;
- attività bancarie e assicurative;
- altre attività ausiliarie delle precedenti.

Le attività a cui, invece, fa riferimento l'art. 32, comma 2, lett. b) e c), TUIR anche se non organizzate in forma di impresa sono:

- attività volte all'allevamento di animali con mangimi ottenuti per meno di un quarto dal terreno;
- attività dirette alla manipolazione, conservazione, trasformazione, commercializzazione e valorizzazione, ancorché non svolte sul terreno, di prodotti ottenuti prevalentemente dalla coltivazione del fondo o del bosco o dall'allevamento di animali.

Inoltre, ai sensi dell'art. 55, comma 2, TUIR, sono considerati redditi di impresa:

a. i redditi derivanti dall'esercizio di attività che, pur non rientrando nell'art. 2195 del codice civile, sono organizzate in forma di impresa (come una scuola o una clinica privata);

b. i redditi derivanti da attività dirette allo sfruttamento di miniere, cave, torbiere, saline, laghi, stagni e altre acque interne;

c. i redditi derivanti dalle attività agricole di cui all'articolo 32 quando esercitate da soggetti "commerciali": da società di capitali residenti aventi per oggetto esclusivo o principale l'esercizio di un'attività commerciale, da società in nome collettivo e in accomandita semplice e da stabili organizzazioni di persone fisiche non residenti esercenti attività di impresa, anche se non superino i limiti ivi stabiliti.

Determinazione del reddito d'impresa

Per la determinazione del reddito d'impresa dei soggetti IRPEF, salvo quanto espressamente stabilito per le persone fisiche (artt. 55 e 56 TUIR), bisogna far riferimento alle norme emanate in materia IRES (Imposta sul Reddito delle Società). Questo perché, in seguito all'introduzione dell'IRES (che ha preso il posto dell'IRPEG), le norme che disciplinano il reddito d'impresa sono state spostate dalla sezione dedicata all'IRPEF, a quella dedicata all'IRES (sezione I, Capo II, titolo II del nuovo TUIR).

Il punto di partenza per la determinazione del reddito d'impresa da assoggettare a tassazione è rappresentato dal conto economico che, insieme allo stato patrimoniale e alla nota integrativa, vanno a costituire il bilancio di esercizio di una impresa. Per poter determinare il reddito, tutte le imprese soggette alla tenuta delle scritture contabili in regime ordinario, comprese le imprese individuali e le società di persone, devono redigere il bilancio.

Sui regimi contabili applicabili e sui regimi fiscali agevolati si rimanda alla *Parte generale, Cap. VII, par. 4.*

A tutte queste, quindi, si rende applicabile l'art. 83 TUIR che stabilisce che il reddito d'impresa è determinato apportando all'utile o alla perdita risultante dal conto economico, relativo all'esercizio chiuso nel periodo d'imposta, le variazioni in aumento o in diminuzione conseguenti all'applicazione dei criteri stabiliti nelle disposizioni del TUIR (c.d. variazioni fiscali).

L'utile o la perdita fiscale sono la risultanza tra le componenti positive e negative del reddito.

A) Sono componenti positivi del reddito:

- i ricavi d'impresa (art. 85);
- le plusvalenze patrimoniali (art. 86);
- le sopravvenienze attive (art. 88);
- i dividendi e gli interessi (art. 89);
- i redditi degli immobili che non costituiscono beni strumentali dell'impresa (art. 90);
- le variazioni delle rimanenze (art. 92).

B) Sono componenti negativi del reddito:

- i costi per l'acquisto di beni e servizi da cui traggono origine i ricavi;
- le spese per prestazione di lavoro dipendente (art. 92);
- gli interessi passivi (art.96);
- gli oneri fiscali e contributivi (art.99) e oneri di utilità sociale (art.100);
- le minusvalenze patrimoniali, le sopravvenienze passive e le

perdite (art.101);
- gli ammortamenti (art.102-104);
- gli accantonamenti per quiescenza e previdenza (art.104);
- altri accantonamenti (art.107).

Non concorrono, invece, alla determinazione del reddito i ricavi esenti e quelli soggetti alla ritenuta alla fonte a titolo definitivo d'imposta.

Criteri per la determinazione del reddito d'impresa

Il legislatore ha indicato **i principi** in forza dei quali deve essere determinato il reddito d'impresa.

1. **Principio della competenza** (articolo 109, commi 2 e 3, TUIR).
   I ricavi, le spese e gli altri componenti positivi e negativi, per i quali non sono previste deroghe espresse, concorrono a formare il reddito nell'esercizio di competenza. Il principio di competenza prevede che le componenti positive e negative di reddito concorrono a formare il reddito d'impresa nell'esercizio di maturazione ovvero quando si perfezionano le operazioni da cui derivano. Si distingue dal principio di cassa che, invece, fa riferimento al momento dell'effettivo pagamento o incasso.
2. **Principio di inerenza** (articolo 109, comma 5, TUIR).
   Le spese, gli oneri e tutti gli elementi di costo sono deducibili solo se hanno un collegamento significativo con l'attività dell'impresa. Pertanto, per la deducibilità dei costi è sufficiente che gli stessi siano inerenti all'attività di impresa nel complesso e non, quindi, ad uno specifico componente positivo di reddito.
3. **Principio della certezza e della obiettiva determinabilità** (articolo 109, comma 1, TUIR).
   I ricavi, le spese e gli altri componenti di cui nell'esercizio di competenza non sia ancora certa l'esistenza o determinabile in modo obiettivo

l'ammontare concorrono a formarlo nell'esercizio in cui si verificano tali condizioni.

4. **Principio della imputazione al conto economico** (articolo 109, comma 4, TUIR)
Le spese e gli altri componenti negativi non sono ammessi in deduzione se e nella misura in cui non risultano imputati al conto economico relativo all'esercizio di competenza.

Sulla applicazione dei principi si qui richiamati in tema di determinazione del reddito di impresa, la Corte di cassazione ha stabilito che «l'onere della prova dei presupposti dei costi e degli oneri deducibili concorrenti alla determinazione del reddito d'impresa, ivi compresa la loro inerenza e la loro diretta imputazione ad attività produttive di ricavi, tanto nella disciplina del d.P.R. n. 597 del 1973, e del d.P.R. n. 598 del 1973, che del d.P.R. n. 917 del 1986, incombe al contribuente il quale è tenuto altresì a dimostrare la coerenza economica dei costi sostenuti nell'attività d'impresa, ove sia contestata dalla Amministrazione finanziaria anche la congruità dei dati relativi a costi e ricavi esposti nel bilancio e nelle dichiarazioni, in difetto di tale prova essendo legittima la negazione della deducibilità di parte di un costo sproporzionato ai ricavi o all'oggetto dell'impresa» (Cass., 16 giugno 2017, n. 15035).
Per un approfondimento di questi criteri si rimanda al capitolo *XV sull'IRES, par. 4.4 e par. 4.4.1*

5.6. CATEGORIA F: REDDITI DIVERSI.

I redditi diversi, espressamente indicati negli articoli 67 e seguenti del TUIR, sono quei redditi (impropriamente definiti residuali) che non rientrano nelle altre categorie di reddito.
Il presupposto affinché un provento rientri in tale categoria è che i **percettori siano persone fisiche, e che le stesse percepiscano tali redditi al di fuori dell'esercizio d'impresa, arti o professioni e lavoro dipendente.**

La norma presenta una varietà di figure reddituali, non collegate fra loro, ma accomunate dal fatto che, comunque, determinano un incremento di ricchezza, slegato dai requisiti richiesti dalle categorie specifiche, indicate sopra.
Per espressa previsione normativa, è applicabile a tali redditi il principio di cassa, e pertanto concorrono a formare il reddito complessivo del contribuente solo nel periodo d'imposta in cui sono percepiti, indipendentemente dall'avvenuta maturazione.

Le principali tipologie di redditi diversi sono:

- plusvalenze realizzate mediante la lottizzazione di terreni;
- plusvalenze conseguite da cessioni immobiliari;
- indennità di esproprio di aree;
- plusvalenze realizzate da cessioni di attività finanziarie (*si rimanda a quanto detto in precedenza sub redditi di capitale*);
- proventi derivanti da attività di lavoro autonomo occasionale;
- proventi derivanti da affitto o usufrutto di azienda;
- proventi da sublocazione di beni immobili;
- indennità di trasferta e rimborso spese a sportivi dilettanti;
- redditi di immobili situati all'estero.

In passato si è discusso sulla tassabilità o meno dei **redditi provenienti da attività illecite**. Il legislatore, con l'art. 14, comma 4, l. n. 537/1993, è intervenuto sull'argomento, stabilendo definitivamente la tassabilità, ossia che i proventi da attività illecita concorrono alla formazione del reddito imponibile. In particolare, con una norma interpretativa il legislatore ha chiarito che, qualora detti proventi illeciti non siano classificabili in alcuna delle categorie di cui all'art. 6, comma 1, TUIR, i medesimi vanno comunque considerati quali redditi diversi (cfr. art. 36, comma 34-bis, del d.l. 4 luglio 2006, n. 223).
Sul punto la Cassazione ha precisato che «nel novero delle categorie reddituali di cui all'art. 6, TUIR – d.P.R. n. 917 del 1986 - devono intendersi ricompresi, a mente della disposizione di interpretazione autentica dell'art. 14, d.l. n. 537 del 1993, anche i proventi derivanti dalle attività suscettibili di qualificazione di illiceità civile, penale o amministrativa non ostando alla tassazione la condanna alla restituzione delle somme illecitamente procurate ovvero al risarcimento dei danni»

(Cass., 9 dicembre 2008, n. 28896).

Per le plusvalenze derivanti da ***cessioni di attività finanziarie*** *si rinvia a quanto detto in precedenza al punto B in merito ai redditi di capitale.*

Plusvalenze da cessioni immobiliari

L'art. 67 TUIR, comma 1, lett. b) definisce redditi diversi, sottoposti a tassazione: le plusvalenze derivanti da cessione a titolo oneroso di beni immobili acquisiti/costruiti da meno di 5 anni, esclusi quelli ottenuti per successione; in ogni caso, le plusvalenze derivanti da cessioni a titolo oneroso di terreni suscettibili di utilizzazione edificatoria secondo gli strumenti urbanistici vigenti al momento della cessione.

Dunque, quando non sono realizzate nell'esercizio di impresa, sono assoggettate ad imposizione le plusvalenze il cui corrispettivo è stato originato dalla cessione a titolo oneroso di beni immobili acquistati o costruiti da non più di cinque anni e non adibiti ad abitazione principale del cedente o dei suoi familiari. Se il bene proviene da una successione a causa di morte, indipendentemente da quando viene alienato l'immobile, la plusvalenza non è imponibile.

Con riferimento all'espressione "terreno suscettibile di utilizzazione edificatoria", la giurisprudenza vi fa rientrare anche la cessione che ha ad oggetto un terreno con potenzialità edificatoria (Cass. ord. n. 24691/14). Infatti, «atteso il chiaro tenore letterale dell'art 67 Tuir, non contenente alcuna distinzione e/o specificazione, la norma assoggetta a tassazione la plusvalenza realizzata a seguito di cessione di terreno sul quale lo strumento urbanistico vigente consenta, a qualunque titolo e per qualunque scopo, di edificare, senza che, pertanto, a nulla rilevi cosa e a qual fine si costruisca, e che la prevista "utilizzazione edificatoria" sia meramente strumentale alla sua destinazione agricola, e, che, quindi la possibilità di costruire sia soggetta a restrizioni, - considerato anche che —siffatta interpretazione non appare in contrasto con i precetti costituzionali (e, in particolare, con l'art 3), rientrando nella piena discrezionalità del legislatore non tassare la plusvalenza solo quando la stessa ha ad oggetto terreni agricoli e non suscettibili in alcun modo di utilizzazione edificatoria, e prevederne invece la tassabilità nella differente ipotesi di terreno agricolo ma (sia pur con limiti) suscettibile di edificazione, e che, con l'evoluzione legislativa in particolare con la L. n. 448 del 2001, art. 7 è stata espressamente prevista "la tassabilità della plusvalenza" per i terreni edificabili con destinazione agricola» (Cass. sent. n. 23845/16).

La plusvalenza diviene imponibile al momento della percezione del corrispettivo.

La plusvalenza ex art. 67 comma 1 lett. b) del TUIR, ai sensi del successivo art. 68, è costituita dalla differenza tra il corrispettivo percepito nel periodo d'imposta ed il prezzo d'acquisto aumentato di ogni altro costo inerente, rivalutato in base alla variazione dei prezzi al consumo ISTAT. Sono considerate spese inerenti, ad esempio, le spese notarili, l'imposta di registro, le spese di manutenzione straordinaria, purché queste siano documentate.

6. FASE II) DETERMINAZIONE DEL REDDITO IMPONIBILE.

Per determinare **il reddito imponibile,** che costituisce la base di applicazione delle aliquote per il calcolo dell'imposta dovuta, occorre in via preliminare calcolare l'ammontare del **reddito complessivo lordo.**

Nella prima fase prevista nello schema di calcolo e funzionamento dell'IRPEF, sono stati, pertanto, individuati e qualificati i singoli redditi, aggregandoli secondo le rispettive categorie di appartenenza, ai fini del calcolo del **reddito complessivo.** È bene precisare, in ogni caso, che per alcune categorie reddituali, il risultato del calcolo suddetto può essere una perdita, di conseguenza, il reddito complessivo corrisponderà al risultato di una somma algebrica, ottenuta:

- **sommando i redditi netti di ogni categoria,** percepiti dal contribuente, con esclusione di quelli soggetti a ritenuta alla fonte a titolo d'imposta, o che hanno scontato l'imposta sostitutiva e quelli soggetti a tassazione separata;

- **sottraendo le eventuali perdite** derivanti dall'esercizio di imprese commerciali o dall'esercizio di arti e professioni.

Le perdite delle imprese commerciali in contabilità semplificata e quelle derivanti dall'esercizio di arti e professioni, concorrono algebricamente con altri redditi a determinare il reddito complessivo, senza possibilità di riportare a nuovo il risultato negativo.
Per determinare il **reddito complessivo netto,** ovvero la base imponibile, è necessario decurtare dal reddito complessivo lordo **gli oneri deducibili** indicati nell'art. 10, TUIR; la legge non definisce il concetto di onere o spesa deducibile o detraibile, ma solo un elenco tassativo, con la conseguenza che non è ammessa la deduzione dal reddito di spese diverse da quelle elencate.
Dal reddito complessivo, tra i numerosi oneri contenuti nell'elenco, di cui all'art. 10 citato, si deducono, se non sono deducibili nella determinazione dei singoli redditi che concorrono a formarlo, i seguenti oneri sostenuti dal contribuente:

- **i canoni, livelli, censi ed altri oneri gravanti sui redditi degli immobili** che concorrono a formare il reddito complessivo, compresi i contributi ai consorzi obbligatori per legge o in dipendenza di provvedimenti della pubblica amministrazione; sono in ogni caso esclusi i contributi agricoli unificati;
- **le spese mediche e quelle di assistenza specifica** necessarie nei casi di grave e permanente invalidità o menomazione, sostenute dai soggetti indicati nell'articolo 3, L. 5 febbraio 1992, n. 104.
  Ai fini della deduzione la spesa sanitaria relativa all'acquisto di medicinali deve essere certificata da fattura o da scontrino fiscale contenente la specificazione della natura, qualità e quantità dei beni e l'indicazione del codice fiscale del destinatario. Si considerano rimaste a carico del contribuente anche le spese rimborsate per effetto di contributi o di premi di assicurazione da lui versati e per i quali non spetta la detrazione d'imposta o che non sono deducibili dal suo reddito complessivo né dai redditi che concorrono a formarlo, nonché, quelli che, pur essendo versati da altri, concorrono a formare il suo reddito;
- **gli assegni periodici corrisposti al coniuge,** ad esclusione di quelli destinati al mantenimento dei figli, in conseguenza di

separazione legale ed effettiva, di scioglimento o annullamento del matrimonio o di cessazione dei suoi effetti civili, nella misura in cui risultano da provvedimenti dell'autorità giudiziaria;

- **gli assegni periodici corrisposti in forza di testamento o di donazione modale** e, nella misura in cui risultino da provvedimenti dell'autorità giudiziaria, **gli assegni alimentari** corrisposti a persone indicate nell'art. 433 del codice civile;
- **i contributi previdenziali ed assistenziali** versati in ottemperanza a disposizioni di legge, nonché quelli versati facoltativamente alla gestione della forma pensionistica obbligatoria di appartenenza, ivi compresi quelli per la ricongiunzione di periodi assicurativi. Sono, altresì, deducibili i contributi versati al fondo di cui all'articolo 1, d.lgs. 16 settembre 1996, n. 565. I contributi di cui all'articolo 30, comma 2, L. 8 marzo 1989, n. 101, sono deducibili alle condizioni e nei limiti ivi stabiliti;
- **i contributi versati alle forme pensionistiche complementari** di cui al d.lgs. 5 dicembre 2005, n. 252, alle condizioni e nei limiti previsti dall'art. 8 del medesimo decreto. Alle medesime condizioni ed entro gli stessi limiti sono deducibili i contributi versati alle forme pensionistiche complementari istituite negli Stati membri dell'Unione europea e negli Stati aderenti all'Accordo sullo spazio economico europeo che sono inclusi nella lista di cui al decreto del Ministro dell'economia e delle finanze emanato ai sensi dell'articolo 168-*bis*;
- **i contributi, le donazioni e le oblazioni** erogati in favore delle organizzazioni non governative idonee ai sensi dell'art. 28, L. 26 febbraio 1987, n. 49;
- diverse **erogazioni liberali in denaro**.

L'indeducibilità dei contributi previdenziali, versati per il riscatto di laurea prima dell'entrata in vigore dell'art. 13, d.lgs. 47/2000

In materia di oneri deducibili, la Cassazione ha, da ultimo, chiarito che «In tema di IRPEF, la deducibilità dal reddito complessivo dei contributi previdenziali, prevista dall'art. 10, primo comma lett. e), d.P.R. 22 dicembre 917 del 1986 (nel testo anteriore alla modifica apportata dall'art. 13, primo comma, lett. a), n. 1, d.lgs. 18 febbraio del 2000, n. 47), è limitata ai casi in cui l'obbligo della contribuzione deriva direttamente ed esclusivamente da disposizioni di legge, mentre non è applicabile nelle ipotesi in cui la contribuzione si riconnetta ad una scelta volontaria del lavoratore. Ne consegue che i contributi versati per il riscatto del periodo di laurea non sono deducibili, allorché siano stati versati prima dell'entrata in vigore dell'art. 13, primo comma, lett. a), n. 1, d.lgs. n. 47 del 2000, al quale ha esteso il beneficio della deducibilità alle contribuzioni facoltative, ma non ha natura interpretativa, e, quindi, efficacia retroattiva, senza che ciò possa dare adito a dubbi di legittimità costituzionale, in riferimento all'art. 3 Cost.». (Cass., 3 febbraio 2012, n. 1569).

7. FASE III) CALCOLO DELL'IMPOSTA.

Sul reddito imponibile, determinato dal reddito complessivo al netto degli oneri deducibili, viene calcolata **l'imposta lorda,** applicando ad esso le aliquote crescenti per scaglione di reddito. Ciò significa che le aliquote dell'imposta non si applicano all'intero reddito imponibile, ma solo alla parte di esso che rientra nello scaglione corrispondente.
Le aliquote dei diversi scaglioni (escluse le addizionali comunali e regionali) sono le seguenti:

Scaglioni di reddito	**Aliquote**
Fino a 15.000 euro	23%
Oltre 15.000 euro e fino a 28.000 euro	27%
Oltre 28.000 euro e fino a 55.000 euro	38%
Oltre 55.000 euro e fino a 75.000 euro	41%
Oltre 75.000 euro	43%

7.1. ADDIZIONALE REGIONALE E COMUNALE.

Le addizionali regionali e comunali IRPEF sono **addizionali all'imposta sul reddito** introdotte **per dar luogo ad un federalismo fiscale** che desse maggiore autonomia agli enti locali.

Sia l'addizionale regionale che quella comunale sono dovute da tutti i cittadini, residenti e non, che devono pagare l'IRPEF. Sono dunque esclusi solo quei soggetti che non sono tenuti al pagamento dell'IRPEF per l'anno in questione.
Anche le addizionali comunali dell'IRPEF si applicano a tutti i contribuenti, fatta eccezione per quelli che non sono tenuti a pagare l'imposta per l'anno fiscale in questione.
La base imponibile è costituita, anche in questo caso, dalla totalità dei redditi dichiarati al netto degli oneri deducibili e della rendita catastale dell'abitazione principale, con relative pertinenze.
L'aliquota è fissata dagli enti territoriali nei limiti della percentuale massima indicata dalla legge. Nell'ambito dell'autonomia impositiva è possibile esentare alcune fasce di contribuenti, in considerazione di condizioni reddituali svantaggiate.

7.2. L'IMPOSTA SOSTITUTIVA PER I REDDITI PRODOTTI ALL'ESTERO E REALIZZATI DA PERSONE FISICHE CHE TRASFERISCONO LA RESIDENZA FISCALE IN ITALIA.

A partire dal 1° gennaio 2017, ai sensi dell'art. 24 bis del TUIR (introdotto dall'art. 1, comma 152, L. 11 dicembre 2016, n. 232), le persone fisiche che trasferiscono la propria residenza in Italia possono optare per l'assoggettamento dei **redditi prodotti all'estero** individuati secondo i criteri di cui all'articolo 165, comma 2, all'imposta sostitutiva calcolata in via forfetaria, a prescindere dall'importo dei redditi percepiti, nella misura di euro 100.000 per ciascun periodo d'imposta.
L'opzione è prevista solo in capo alle persone fisiche che non siano state fiscalmente residenti in Italia per un tempo almeno pari a nove periodi d'imposta nel corso dei dieci precedenti l'inizio del periodo di validità dell'opzione.
L'opzione, esercitabile dopo aver ottenuto risposta favorevole a specifica istanza di interpello presentata all'Agenzia delle entrate, cessa di produrre effetti dopo quindici anni ma è revocabile. La revoca o la decadenza dal regime precludono l'esercizio di una nuova opzione.
Con l'introduzione dell'art. 24 ter del TUIR (dal 1° gennaio 2019), le persone fisiche titolari di **redditi da pensione di fonte estera** che trasferiscono la propria residenza fiscale nel Mezzogiorno

d'Italia, possono optare per un'imposta sostitutiva, calcolata in via forfettaria (aliquota del 7%), su tutti i "redditi di qualunque categoria, prodotti all'estero".

8. FASE IV) L'IMPOSTA NETTA.

L'imposta netta si ottiene sottraendo dall'imposta lorda **le detrazioni previste dalla legge,** tra cui:

a. le **detrazioni per carichi di famiglia,** riconosciute al contribuente che ha familiari a carico (coniuge, figli minorenni e altri familiari, per i quali sussiste l'obbligo di mantenimento (art. 12 TUIR);
b. le **detrazioni sostitutive delle spese di produzione,** attribuite a colui che ha reddito di lavoro dipendente e taluni redditi assimilati, ai pensionati e a chi ha redditi di lavoro autonomo o d'impresa di ammontare minimo (art. 13 TUIR). Consistono in detrazioni aventi un carattere oggettivo, il cui ammontare effettivamente spettante, decresce all'ammontare del reddito complessivo imponibile;
c. le **detrazioni per oneri,** ammesse nella misura del 19% per determinate spese sostenute dal contribuente nel periodo d'imposta.

I principali oneri detraibili dal reddito complessivo IRPEF sono (art. 15 TUIR):

- gli interessi passivi per mutui agrari;
- gli interessi passivi per i mutui ipotecari contratti per l'acquisto della prima casa;
- le spese sanitarie (per la parte eccedente euro 129,11);
- le spese funebri;
- le spese di istruzione;
- i premi per assicurazione della vita;
- le spese per la manutenzione ed il restauro di immobili di interesse storico e artistico;
- le erogazioni liberali destinate a finalità particolarmente meritevoli;
- le spese veterinarie;

- le spese per badanti.

È, altresì, prevista una detrazione forfetaria per i contribuenti con redditi sotto determinate soglie, titolari di contratti di locazione di unità immobiliari adibite ad abitazione principale (art. 16 TUIR); nonché, una detrazione -in misura percentuale e dentro determinati *plafond*- delle spese documentate per interventi di recupero del patrimonio edilizio e di riqualificazione energetica degli edifici (art. 16-*bis*, TUIR).
Tanto premesso, dallo scomputo delle detrazioni si ottiene **l'ammontare dell'imposta netta**, astrattamente dovuta per il periodo d'imposta di riferimento: rappresenta l'oggetto dell'obbligazione tributaria relativa a quella manifestazione di capacità contributiva che è il reddito complessivo.
Dall'imposta netta così ottenuta, si scomputano, inoltre:

- i crediti d'imposta;
- i versamenti d'acconto;
- le ritenute subite a titolo di acconto.

Qualora l'ammontare dell'imposta netta risulti inferiore alla somma di crediti d'imposta, versamenti d'acconto e ritenute, l'eccedenza costituirà **un credito di imposta** per il contribuente, che può chiederne il rimborso in sede di dichiarazione dei redditi, oppure riportare l'eccedenza in diminuzione dell'imposta relativa al periodo di imposta successivo.
Nel caso inverso (l'ammontare dell'imposta netta supera la somma dei crediti d'imposta, dei versamenti d'acconto e delle ritenute), la differenza deve essere versata.

9. I REDDITI SOGGETTI A TASSAZIONE SEPARATA.

Talune tipologie reddituali, percepite *una tantum*, in un unico periodo d'imposta, vengono assoggettate all'imposta sul reddito delle persone fisiche, mediante una tassazione separata e non concorrono alla determinazione del reddito complessivo (soggetto ad imposizione progressiva), pur conservando la natura reddituale della categoria cui appartengono (A. SINISCALCHI).
La finalità della c.d. tassazione separata è quella di evitare che redditi percepiti in anni successivi, rispetto alla loro maturazione avvenuta in

periodi d'imposta precedenti, vengano assoggettati al sistema della progressività delle aliquote determinando, così, un pregiudizio per il contribuente e una lesione del principio di capacità contributiva. Per questo ai redditi in discorso non viene applicata l'aliquota progressiva, bensì una aliquota **proporzionale** individuata con le modalità fissate dall'art. 21 TUIR.

Nel regime della tassazione separata rientrano i redditi indicati tassativamente dall'art. 17 TUIR, tra i quali si ricordano:

- **le indennità di fine rapporto**, di cui all'art. 2120 c.c. e le indennità equipollenti, percepite dai lavoratori dipendenti e da altre categorie;
- gli emolumenti **arretrati** per prestazioni di lavoro dipendente riferibili ad anni precedenti, nonché i premi di risultato corrisposti oltre l'anno successivo a quello di maturazione;
- **le plusvalenze derivanti dalla cessione di aziende** possedute per più di 5 anni;
- **le indennità per perdita dell'avviamento** spettante al conduttore di esercizi commerciali, in ipotesi di cessazione della locazione;
- **il risarcimento** attribuito a titolo di perdita di redditi pluriennali;
- **i redditi attribuiti ai soci** di società di persone in caso di recesso esclusione, riduzione del capitale e liquidazione della società.

QUESTIONARIO

1. Quali sono i caratteri essenziali dell'IRPEF? (**XIV.1**)
2. Qual è il presupposto dell'IRPEF? (**XIV.1.1**)
3. Che si intende per "possesso" del reddito ai fini dell'IRPEF? (**XIV.1.1**)
4. Che differenza c'è tra un soggetto residente ed uno non residente ai fini dell'IRPEF? (**XIV.2**)
5. Quali sono i redditi esclusi dalla base imponibile? (**XIV.3**)
6. In quante fasi è suddivisibile il calcolo per la determinazione dell'imposta dovuta? (**XIV.4**)
7. Come si determina il reddito complessivo lordo? (**XIV.5**)

8. Quali sono le categorie di reddito previste dal TUIR? (**XIV.5**)
9. In che consiste il reddito di capitale? (**XIV.5.2**)
10. Quali differenze intercorrono tra i redditi di capitali e i *capital gains*? (**XIV.5.2**)
11. Quali sono i redditi di lavoro dipendente? (**XIV.5.3**)
12. Quali sono le attività previste dall'art. 2195 cc., dal cui esercizio derivano i redditi di impresa? (**XIV.5.5**)

SCHEDA DI SINTESI

Il presupposto dell'imposta sul reddito delle persone fisiche è costituito dal possesso di redditi, in denaro o in natura, rientranti in una delle categorie tassativamente previste dall'art. 6 TUIR.
Il procedimento per determinare l'ammontare dell'imposta da pagare consta delle seguenti fasi:
1. determinazione del reddito complessivo lordo (art. 8 TUIR): è la somma dei singoli redditi netti diminuita delle perdite derivanti dall'esercizio di imprese commerciali in contabilità semplificata e dall'esercizio di arti e professioni arti e professioni;
2. determinazione del reddito imponibile (o base imponibile netta): è la differenza tra il reddito complessivo lordo e gli oneri deducibili ex art. 10 TUIR;
3. determinazione dell'imposta lorda: si calcola applicando al reddito imponibile netto le aliquote crescenti per scaglioni di reddito e sommando i risultati ottenuti per ogni singolo scaglione;
4. determinazione dell'imposta da pagare (o imposta netta): si calcola sottraendo dall'imposta lorda le detrazioni.

TI RICORDI

Ogni contribuente ha un proprio domicilio fiscale (art. 58 d.P.R. n. 600/1973) in un Comune dello Stato. Il domicilio fiscale determina l'Ufficio finanziario territorialmente competente ai fini dell'accertamento fiscale.
Per le persone fisiche residenti in Italia, il domicilio fiscale è nel Comune alla cui anagrafe risultano iscritte. Le persone fisiche non residenti in Italia, invece, hanno il proprio domicilio fiscale nel Comune in cui si è prodotto il reddito.

La residenza fiscale, invece, è un concetto di diritto tributario sostanziale, rilevante alla luce del principio di tassazione del reddito mondiale dei soggetti residenti (c.d. *worldwide taxation principle*), il quale determina la tassazione in Italia della totalità dei redditi del residente, anche se prodotti all'estero: la residenza del soggetto è dunque il principale criterio di collegamento con lo Stato ai fini della soggettività ad imposizione.

CAPITOLO XV
L'imposta sul reddito delle società

SOMMARIO:

1. PREMESSA.

Il **presupposto dell'imposta** sul reddito delle società (IRES) è il possesso dei "redditi in denaro o in natura rientranti nelle categorie indicate nell'articolo 6" (art. 72 TUIR); ossia i redditi da lavoro dipendente, i redditi di lavoro autonomo, i redditi fondiari, i redditi di capitale, i redditi di impresa e i redditi diversi di cui si è detto nel capitolo sull'IRPEF.

L'**IRES** è **un'imposta proporzionale** (non progressiva) che colpisce il reddito delle società di capitali e di altri enti collettivi. In questo senso, detta imposta si determina applicando **l'aliquota del 24%** al reddito complessivo netto del periodo d'imposta *ex* art. 77 TUIR (d.P.R. 22 dicembre 1986, n. 917). L'aliquota è stata ridotta al 24% dalla legge di bilancio per il 2017 a far data dal periodo di imposta 2017 (prima l'aliquota era fissata nella misura del 27,5%).

L'IRES è dovuta per periodi d'imposta, a ciascuno dei quali corrisponde

un'obbligazione tributaria autonoma, ad eccezione del riporto agli esercizi successivi delle eccedenze di imposta e delle perdite fiscali.
Il **periodo d'imposta** è costituito dall'esercizio o periodo di gestione della società, se determinato dalla legge o dall'atto costituivo. Se la durata dell'esercizio o periodo di gestione non è determinato dalla legge o dall'atto costitutivo, o se è determinato in due o più anni, il periodo d'imposta è costituito dall'anno solare.

Robin Hood Tax

A carico di alcune categorie di operatori economici attivi nel settore dell'energia era stata introdotta una **maggiorazione dell'aliquota IRES** (cd. Robin Hood Tax).
La *ratio* della *Robin Hood Tax* consisteva nel colpire sia i profitti di "congiuntura" sia quelli "eccessivi", ovvero **gli extra-profitti** nel settore dell'energia.
Con la sentenza della Corte Costituzionale n. 10/2015 dell'11 febbraio 2015, la *Robin Hood Tax* è stata dichiarata **incostituzionale**. In particolare, l'addizionale in esame è stata ritenuta contraria alla Costituzione in quanto **colpisce l'intero reddito dell'impresa e non i soli sovraprofitti**, perché manca un meccanismo che consenta di tassare separatamente e più severamente solo l'eventuale parte di reddito suppletivo connessa alla posizione privilegiata dell'attività esercitata dal contribuente al permanere in una data congiuntura.

2. I SOGGETTI PASSIVI.

I soggetti passivi dell'IRES indicati dall'art. 73 TUIR sono riconducibili a quattro categorie:

1. **le società di capitali**;
2. **gli enti commerciali,** pubblici o privati, diversi dalle società;
3. **gli enti non commerciali**, pubblici o privati, diversi dalle società;
4. **le società e gli enti non residenti.**

Non sono soggetti all'imposta **alcuni enti pubblici** (organi ed amministrazioni dello Stato, Comuni, comunità montane, Province e Regioni).

La natura (commerciale o non) dell'attività svolta

Sulla base del *requisito della* **commercialità** si opera la classificazione di soggetti passivi IRES riconducibili alle categorie delle **società commerciali e enti commerciali** e delle **società ed enti non commerciali**.

Per individuare la natura commerciale di un ente - pubblico o privato - è necessario riferirsi alla sua attività essenziale per realizzare direttamente i suoi scopi primari, ovvero il suo **oggetto esclusivo o principale**, determinato in base alla legge, all'atto costitutivo o allo statuto, se esistente in forma di atto pubblico o di scrittura privata autenticata o registrata, ovvero - in mancanza dell'atto costitutivo o dello statuto nelle predette forme - in base all'attività effettivamente esercitata nel territorio dello Stato (art. 73, comma 4 e 5, TUIR).

Tra gli enti diversi dalle società che possono considerarsi soggetti passivi dell'IRES vi rientrano anche **i *trust*, le associazioni non riconosciute**, **i consorzi** ed infine anche le **altre organizzazioni** non appartenenti ad altri soggetti passivi nei confronti dei quali il presupposto si verifichi in modo unitario ed autonomo (comitati, fondi di previdenza e fondazioni).

I *trust* sono assimilati agli **enti commerciali o non commerciali** a seconda che abbiano o non abbiano, per oggetto esclusivo o principale, lo svolgimento di natura commerciale.

Gli enti di tipo associativo (associazioni, consorzi), invece, sono considerati come enti di natura non commerciale" purché l'attività svolta abbia due caratteristiche:

- deve trattarsi di attività rivolta agli associati e partecipanti;
- tale attività non va retribuita con corrispettivi specifici.

Nel caso in cui venga **a mancare anche solo una di tali condizioni, l'attività assume natura commerciale,** con la conseguente applicazione delle regole fiscali ordinarie in materia di reddito d'impresa.
Sono previste delle **particolari regole** per le associazioni politiche, sindacali, religiose, assistenziali, culturali, sportive, di promozione sociale e di formazione extrascolastica: in tali casi, anche le attività svolte verso corrispettivi non sono commerciali, ma si richiede che siano svolte in diretta attuazione degli scopi istituzionali.

La residenza

Sulla base del requisito della **residenza** si opera la classificazione di soggetti passivi IRES riconducibili alle categorie delle **società ed enti residenti in Italia e** delle **società ed enti non residenti per i redditi prodotti in Italia**.
Si considerano **residenti** le società e gli enti che "per la maggior parte del periodo d'imposta" (art. 73, comma 3, TUIR) hanno in Italia:

- la **sede legale;**
- la **sede dell'amministrazione;**
- l'**oggetto principale**.

Per i soggetti non residenti la tassazione IRES, si applica il principio della tassazione su base territoriale, in base al quale la tassazione ha carattere reale, in quanto limitata ai redditi prodotti in Italia.
Si considerano prodotti in Italia i redditi indicati nell'art. 23 TUIR che individua dei criteri di localizzazione dei redditi; ossia, criteri in base ai quali si individua il luogo in cui un reddito si considera prodotto, sia per stabilire se un reddito di un non residente dev'essere tassato in Italia, sia per stabilire se un reddito di un residente è da considerare prodotto all'estero.

La stabile organizzazione in Italia per gli enti commerciali residenti all'estero

Non bisogna confondere il concetto di "residenza" (ossia, presupposto per individuare il soggetto passivo dell'imposta), con il concetto di "stabile organizzazione" (ossia, il criterio con il presupposto per determinare la base imponibile una volta stabilito che il soggetto commerciale, pur residente all'estero, produce redditi in Italia e, quindi, è soggetto passivo IRES).

La **nozione di stabile organizzazione** è recata dall'art. 162 TUIR che - in conformità alla nozione fornita dalle convenzioni internazionali conformi al modello Ocse - definisce quest'ultima come la «sede fissa di affari per mezzo della quale l'impresa non residente esercita, in tutto o in parte, la sua attività sul territorio dello Stato».

La stabile organizzazione non identifica un soggetto giuridico nuovo, diverso dalla società non residente in Italia, sebbene sia anche considerata un'autonoma entità rispetto all'impresa di cui essa è parte, ma è da considerare una fattispecie che produce effetti costitutivi di situazioni giuridiche che fanno capo al non residente (TESAURO).

Ai fini della configurazione della stabile organizzazione sono necessari i seguenti presupposti:

- esistenza di una sede d'affari, ovvero qualsiasi locale, infrastruttura o installazione adibita per l'esercizio dell'attività dell'impresa;
- la fissità di tale sede d'affari, ovvero che essai sia situata in un determinato luogo (fissità fisica) e con un certo grado di permanenza (fissità cronologica);
- lo svolgimento dell'attività d'impresa, in tutto o in parte, mediante l'utilizzo di tale sede fissa d'affari.

In presenza di tali presupposti si parla di stabile organizzazione materiale; invece costituisce una stabile organizzazione personale dell'impresa non residente, il soggetto - residente o non residente - che in Italia abitualmente conclude in nome dell'impresa contratti diversi da quelli d'acquisto di beni.

Le società c.d. esterovestite

Il nostro ordinamento (art. 73, comma 5-*bis*, TUIR) prevede delle **presunzioni legali relative** di residenza fiscale in Italia:

- le società estere che detengono partecipazioni di controllo in società italiane e che, a loro volta, sono controllate da soggetti residenti;
- e le società estere che sono amministrate da un organo prevalentemente composto da persone residenti in Italia.

In questi casi si parla di **società esterovestite.**
L'**esterovestizione** consiste nella **localizzazione fittizia della residenza fiscale di un soggetto residente** (persona fisica o giuridica) **in Stati o territori comunitari ed extracomunitari**, anche se la residenza effettiva continua ad essere in Italia, per ottenere un vantaggio tributario altrimenti non ottenibile.
Le presunzioni di residenza sono necessarie al fine di **contrastare** tali fenomeni di esterovestizione della residenza fiscale, che rappresentano **una forma di evasione fiscale internazionale** che si realizza, appunto, mediante la formale e fittizia localizzazione all'estero della residenza fiscale di società che, in realtà, sono fiscalmente qualificabili come residenti in Italia.
Sono, inoltre, da considerare residenti in Italia i *trust* esteri istituiti in Paesi in cui non sono stati stipulati trattati che prevedono lo scambio di informazioni, se almeno un disponente e un beneficiario siano residenti in Italia; ovvero se il disponente abbia trasferito in *trust* immobili o diritti reali immobiliari (art. 73, comma 3, TUIR).

3. LA TASSAZIONE DEGLI UTILI SOCIETARI E DEI DIVIDENDI EROGATI.

La tassazione degli utili societari pone **un problema di doppia imposizione**: una prima tassazione in capo alla società, a titolo di IRES in quanto gli utili derivano dalla produzione di reddito, ed una seconda tassazione in capo al socio all'atto della distribuzione.
In linea di principio, gli ordinamenti tributario per eliminare la doppia imposizione degli utili societari e dei dividendi distribuiti possono seguire i seguenti sistemi:

- il **sistema della trasparenza:** la società non è tassata ed il reddito della società è imputato direttamente ai soci, presso i quali avviene la tassazione. Nel caso di applicazione del regime della cd. tassazione per trasparenza, la distribuzione di dividendi diventa priva di rilievo fiscale: **gli utili delle società partecipate si imputano ai soci a prescindere dalla distribuzione di dividendi.**
- il **sistema dell'esenzione:** il reddito è tassato esclusivamente presso la società che lo ha prodotto.
- il **sistema del credito d'imposta:** ai soci viene accreditata l'imposta che colpisce i redditi della società.

Il regime della trasparenza è il criterio di imputazione del reddito generato dalle società e opera diversamente a seconda della natura della società.

-) **Automaticamente** nelle **società di persone**, ai sensi del primo comma dell'art. 5 TUIR, «i redditi delle società semplici, in nome collettivo e in accomandita semplice residenti nel territorio dello Stato sono imputati a ciascun socio, indipendentemente dalla percezione, proporzionalmente alla sua quota di partecipazione agli utili». Stante l'imputazione a ciascun socio, poi, questo dichiara il reddito di capitale percepito ai sensi dell'art. 47 TUIR.

-) In seguito all'esercizio dell'**opzione per la trasparenza** nelle **società assoggettate all'IRES** (artt. 115 e 116 TUIR).

Se le società ordinariamente soggette ad IRES non optano per il regime della trasparenza *ex* artt. 115 e 116 TUIR, **i dividendi** erogati da società, invece, sono **tassati in capo al percettore secondo il principio di cassa**, ossia solo al momento della percezione.

La misura della **tassazione dei dividendi** è condizionata da 3 fattori.

1. La natura del soggetto (persona fisica o persona giuridica) che possiede la partecipazione (per esempio, i dividendi percepiti da imprenditori individuali o società commerciali di persone sono tassati per una quota percentuale del loro ammontare).
2. La percentuale di partecipazione rispetto al capitale sociale ossia, se si tratta o meno di una partecipazione qualificata).
3. La residenza fiscale della società partecipata (ovvero, se è estera

o meno).

Le regole per la tassazione dei dividendi distribuiti, a partire dal 2019, per gli utili conseguiti a partire dal 2018, sono le seguenti:

a) **Persone fisiche non in regime di impresa**: ritenuta a titolo di IRPEF del 26% (redditi di capitale, per i quali si rimanda agli artt. 47 e 47 *bis* TUIR).

Nel caso in cui i dividendi provengano da un Paese *blacklist*, gli stessi concorrono alla formazione del reddito in misura integrale. A seguito delle modifiche introdotte ad opera del D.lgs. 147/2015, è stato precisato che «*si considerano provenienti da società residenti in Stati o territori a regime privilegiato gli utili relativi al possesso di partecipazioni dirette in tali società*». In sostanza, il dividendo qualora si origini da una partecipazione diretta nella società *black-list* è integralmente imponibile, indipendentemente dalla esistenza del controllo su detta società.

b) **Società di persone e persone fisiche operanti in regime di impresa (ditte individuali)**: tassazione progressiva IRPEF, con le ordinarie aliquote, ma applicate su una base imponibile sensibilmente ridotta.

c) **Società di capitali ed altri soggetti IRES**: ritenuta a titolo IRES su una base imponibile pari al 5% degli utili distribuiti (in questi casi si parla di sistema di esenzione).

4. LA BASE IMPONIBILE: DETERMINAZIONE DEL REDDITO COMPLESSIVO.

La **base imponibile** sulla quale applicare l'aliquota unica è determinata sulla base del reddito complessivo netto a cui va applicata la specifica aliquota del 24%; dunque, essendo **un'imposta proporzionale** che colpisce il reddito della società, maggiore è il reddito della società o dell'ente e maggiore è la misura dell'imposta da versare.

L'impresa soggetta all'IRES ha diritto a calcolare la deducibilità e la detraibilità dei costi inerenti in modo da ridurre la **base imponibile.** Il reddito complessivo che va a formare la base imponibile ed è individuato in modo differente a seconda che si tratti di enti commerciali o non commerciali.

Il **reddito complessivo IRES** delle società e degli enti è diversamente

considerato a seconda della natura del contribuente.
-) Per gli enti commerciali residenti in Italia, esso è considerato **sempre reddito d'impresa, a prescindere da quale fonte provenga**, (art. 81 TUIR). Ne deriva che, se una società possiede degli immobili o dei capitali, i redditi relativi non sono redditi fondiari o di capitali ma sono componenti del reddito d'impresa: si tratta quindi di un **reddito omogeneo** (TESAURO).
-) Per gli enti non commerciali, il reddito complessivo è un **reddito eterogeneo** (TESAURO), in quanto è costituito dalla **sommatoria dei redditi** (fondiari, di capitale, di impresa e diversi) **posseduti,** ovunque prodotti, ad esclusione di quelli esenti dall'imposta e di quelli soggetti a ritenuta alla fonte a titolo d'imposta sostitutiva.

Anche la **determinazione del reddito complessivo** cambia a seconda della natura del contribuente.
-) Per gli enti commerciali residenti in Italia, il reddito complessivo è determinato sulla base del bilancio: tale calcolo si fa partendo dal conto economico (utile o perdita), apportando le «variazioni» in aumento e in diminuzione, previste dalle norme fiscali che disciplinano il reddito d'impresa.
Il presupposto per la determinazione del reddito imponibile IRES è il **principio di derivazione rafforzata** del reddito fiscale determinato dal risultato civilistico: i **criteri di qualificazione, imputazione temporale e classificazione in bilancio** hanno rilievo **anche per la determinazione del reddito imponibile**.
Ne consegue che il risultato del **conto economico** è il punto di partenza per determinare il reddito imponibile IRES. Il conto economico, a sua volta, contiene sia la rappresentazione delle spese e dei **costi sostenuti** sia dei proventi e **ricavi conseguiti**, con riferimento ad un dato arco temporale: è redatto in forma scalare, seguendo lo schema previsto dall'art. 2425 c.c.
I costi e i proventi si imputano a conto economico nel rispetto dei principi contabili (nazionali o internazionali) di natura civilistica. La rappresentazione del bilancio civilistico si fonda sul principio della prevalenza della sostanza sulla forma, pertanto l'applicazione di questo principio può giustificare anche la disattivazione delle regole di competenza fiscale. In proposito, si ricorda che il d.lgs. n. 139/2015 ha

apportato significative modifiche al Codice Civile, sia nella parte che tratta la struttura dello Stato patrimoniale e del Conto economico, sia in merito ai criteri di valutazione di cui all'art. 2426 c.c. (che, nell'ambito della definizione dei principi di redazione del bilancio, fissa, appunto, il principio della prevalenza della sostanza sulla forma).

In altri termini, vi è un **nesso di dipendenza** o **derivazione** del reddito fiscale (ossia, il reddito imponibile) dal risultato civilistico (ossia, il risultato economico): essendo quest'ultimo fiscalmente rilevante, sia i componenti positivi che quelli negativi concorrono a tale risultato.

Il principio di derivazione rafforzata, prima della riforma dell'art. 83, comma 1, TUIR (modificato dal D.L. n. 244/2016), si applicava solo ai soggetti che predisponevano il bilancio di esercizio secondo i principi internazionali (IAS-IFRS), mentre ora trova applicazione anche per le imprese commerciali che redigono il bilancio secondo i principi contabili nazionali fatta eccezione per le c.d. micro imprese ossia quelle definite dall'art. 2435-ter cod. civ. (art. 83, comma 1 bis, TUIR). Per le c.d. microimprese, se le disposizioni tributarie non disciplinano chiaramente un determinato componente positivo o negativo di reddito, lo stesso rileva automaticamente - così come determinato ai fini civilistici - anche ai fini fiscali. La *ratio* di tale principio di derivazione parziale consiste nell'assicurare all'imposta una base economica attendibile, rappresentata dal risultato economico redatto in base alle norme civilistiche, integrate dai principi contabili di riferimento.

In conclusione, **per i soggetti che redigono il bilancio in base ai principi contabili internazionali e per i soggetti, diversi dalle c.d. microimprese, che redigono il bilancio in conformità alle disposizioni del codice civile, valgono, anche in deroga alle disposizioni del TUIR, i criteri previsti dai rispettivi principi contabili, ovvero qualificazione, classificazione e imputazione temporale**.

Il principio della derivazione delle risultanze fiscali da quelle contabili (c.d. derivazione rafforzata) è mitigato dal meccanismo delle **variazioni (in aumento e in diminuzione)** da apportare all'utile di esercizio esposto nel bilancio (art. 109 TUIR).

-) Per gli enti commerciali residenti all'estero che producono redditi in Italia, il reddito imponibile IRES è determinato diversamente a seconda che tali enti siano dotati o meno di una stabile organizzazione in Italia (di cui si è detto in precedenza).

-) Per gli enti non commerciali, il calcolo del reddito complessivo è effettuato sommando i redditi di ogni categoria e sottraendo le perdite derivanti dall'esercizio di imprese commerciali; ciascun reddito è determinato secondo le regole proprie della categoria di appartenenza.

Se gli enti non commerciali non sono residenti in Italia, come per quelli residenti nel nostro Paese, il reddito complessivo è determinato dalla somma dei singoli redditi prodotti in Italia, individuati secondo le regole della singola categoria di appartenenza.

4.1. IL RIPORTO DELLE PERDITE.

In tema di perdite, la **regola-base** prevede che se, ad un esercizio in perdita, ne segue uno in utile, la tassazione non può non tenere conto del fatto che **l'utile** non incrementa il patrimonio della società, ma **bilancia la perdita** dell'esercizio precedente.

Si ha **perdita fiscale** nel caso in cui il **reddito imponibile** del periodo d'imposta sia **negativo**, cioè vi siano componenti negativi maggiori dei componenti positivi.

La disciplina generale delle perdite fiscali è recata dall'art. 84, TUIR: la perdita può essere utilizzata per ridurre l'importo del reddito complessivo dei periodi d'imposta successivi, ma in misura non superiore all'80% del reddito imponibile di ciascuno di essi.

Le perdite realizzate nei **primi 3 periodi d'imposta** dalla data di costituzione della società possono essere **computate in diminuzione del reddito complessivo dei periodi d'imposta successivi entro il limite (e per l'intero importo)**, che trova capienza nel reddito imponibile di ciascuno di essi, purché facciano riferimento ad una nuova attività produttiva (art. 84, comma 2, TUIR).

Il potere di riportare le perdite fiscalmente riconosciute viene peraltro meno quando ricorrono due condizioni:

a. il **trasferimento della maggioranza** dei diritti di voto nelle assemblee ordinarie della società;
b. la **modificazione dell'attività principale** di fatto esercitata nei periodi d'imposta in cui le perdite si sono realizzate.

Tale ultima limitazione ha una finalità antielusiva, ossia quella di evitare il cd. ***commercio delle "bare fiscali"***, **ovvero la vendita delle società in perdita**, non si applica qualora le partecipazioni riguardino società che nel biennio precedente abbiano rispettato determinati «indici di vitalità» (ossia indici connessi al numero di dipendenti, all'ammontare dei ricavi, alle spese per prestazioni di lavoro subordinato…).

4.2. I COMPONENTI POSITIVI: I RICAVI.

I **ricavi,** in quanto componenti positivi, sono i **corrispettivi** conseguiti dalle **cessioni di beni** e dalle **prestazioni di servizi** alla cui produzione o al cui scambio è diretta l'attività d'impresa.
Tali ricavi sono definiti in considerazione del **principio di competenza:** non si ha ricavo quando viene incassato il corrispettivo (principio della cassa), ma **quando il corrispettivo si considera conseguito.**
Ai sensi dell'art. 85 TUIR sono **assimilati ai ricavi i corrispettivi delle cessioni** di:

- materie prime e sussidiarie, di semilavorati ed altri beni mobili, esclusi quelli strumentali, acquistati o prodotti per essere impiegati nella produzione;
- attività finanziarie che non costituiscono immobilizzazioni finanziarie. I ricavi, oltre che dai corrispettivi, derivano dalle indennità, da contributi e dall'autoconsumo.

-) Le **indennità** sono da considerare ricavi le indennità conseguite a titolo di risarcimento, anche in forma assicurativa, per la perdita o per il danneggiamento di beni, la cui cessione genera ricavi. Tali indennità sono equiparate ai corrispettivi e, in quanto componenti positive, sostituiscono i ricavi.

-) I **contributi** costituiscono ricavi i contributi in denaro, o il valore normale di quelli in natura, spettanti sotto qualsiasi denominazione in base a contratto e quelli spettanti esclusivamente in conto esercizio, a norma di legge. I contributi, diversi da quelli considerati ricavi e quelli per l'acquisto di beni ammortizzabili costituiscono sopravvenienze attive (art. 88 TUIR).

-) Si comprendono tra i ricavi il valore normale dei **beni** relativi all'impresa che siano assegnati ai soci o, in via più generale, **destinati a finalità estranee all'esercizio dell'impresa**. In tal caso, il ricavo va quantificato sulla base del valore normale del bene, in quanto manca il corrispettivo. Il valore normale è il prezzo praticato in condizioni di libera concorrenza per i beni o servizi della stessa specie o similari e al medesimo stadio di commercializzazione (art. 9 TUIR).

I proventi non reddituali

I proventi non reddituali sono quei proventi che non concorrono alla formazione del reddito e in materia si distinguono:

- i sovrapprezzi di emissione;
- gli interessi di conguaglio;
- l'annullamento di azioni proprie.

I **sovrapprezzi di emissione** sono le somme percepite dalla società per l'emissione di azioni ad un prezzo superiore al loro valore nominale, mentre gli **interessi di conguaglio** sono somme che i sottoscrittori di nuove azioni corrispondono in aggiunta al prezzo delle azioni, allo scopo di porsi su un piano paritario con i precedenti azionisti.

In entrambi i casi si tratta di **entrate non reddituali ma patrimoniali,** che hanno natura di conferimenti, per tale motivo la distribuzione ai soci di riserve costituite con sovrapprezzi di emissione delle azioni e con interessi di conguaglio non costituisce reddito per i soci, ma **restituzione dei conferimenti.**

Altra ipotesi è **l'annullamento di azioni proprie:** in caso di riduzione del capitale sociale mediante l'annullamento di tali azioni, la differenza negativa o positiva tra il costo delle azioni annullate e la corrispondente quota del patrimonio netto non concorre alla formazione del reddito. Tale operazione di annullamento, però, comporta un costo per la società, consistente nell'acquisto di azioni proprie, il quale può essere superiore o inferiore alla quota di patrimonio netto corrispondente alla riduzione di capitale sociale.

L'art. 91, comma 1, lett. *c),* TUIR presuppone che **l'operazione** non abbia carattere reddituale ma **meramente patrimoniale** e, quindi, «sterilizza» l'operazione ai fini reddituali (TESAURO).

4.3. I COMPONENTI NEGATIVI: I COSTI.

Tra i componenti negativi si ricordano le spese sostenute, in denaro o in natura, per **prestazioni di lavoro dipendente** che sono integralmente

deducibili (ad eccezione di quelle indicate dal secondo comma dell'art. 95 TUIR), indipendentemente dalla loro tassazione in capo al dipendente, anche se non sostenuti in adempimento di obblighi contrattuali, ossia a titolo di liberalità.
Entro limiti prestabiliti sono deducibili le spese di vitto, alloggio e trasporto da parte delle imprese, in favore dei dipendenti, in occasione delle trasferte (art. 95, comma 3, TUIR).
Anche i **compensi degli amministratori della società** sono deducibili nell'esercizio in cui sono corrisposti, in applicazione del principio di cassa ed indipendentemente dall'esercizio in cui tali costi sono imputati al conto economico (art. 95, comma 5, TUIR). La parte variabile del compenso erogata sotto forma di partecipazione agli utili è deducibile anche se non imputata al conto economico. Dunque, in deroga al generale principio della competenza fissato dall'art. 109, comma 1, primo periodo, TUIR, sono ammessi in base al criterio di cassa in deduzione dal reddito d'impresa, sia i compensi amministratori determinati in misura fissa, sia quelli commisurati agli utili di esercizio.
Sintetizzando, per la corretta deducibilità fiscale dei compensi erogati agli amministratori devono ricorrere tre presupposti: il rispetto del principio di cassa, l'esistenza di una delibera assembleare che preveda la remunerazione degli amministratori medesimi, la corretta imputazione del compenso al conto economico della società.
Con specifico riferimento al presupposto dell'esistenza di una delibera assembleare che preveda la remunerazione degli amministratori, la Giurisprudenza di legittimità ha ribadito di essere «ferma nel ritenere che qualora la determinazione della misura del compenso degli amministratori di società di capitali, ai sensi dell'art. 2389, primo comma cod. civ., non sia stabilita nell'atto costitutivo, è necessaria un'esplicita delibera assembleare, che non può considerarsi implicita in quella di approvazione del bilancio, posto che: a) la natura imperativa e inderogabile della previsione normativa, discendente dall'essere la disciplina del funzionamento delle società dettata, anche, nell'interesse pubblico al regolare svolgimento dell'attività economica, oltre che dalla previsione come delitto della percezione di compensi non previamente deliberati dall'assemblea (art. 2630, secondo comma cod. civ., abrogato dall'art. 1 del d.lgs. 11 aprile 2002, n. 61); b) la distinta previsione della delibera di approvazione del bilancio e di quella di determinazione dei

compensi (art. 2364 n. 1 e 3 cod. civ); c) la mancata liberazione degli amministratori dalla responsabilità di gestione, nel caso di approvazione del bilancio (art. 2434 cod. civ.); d)il diretto contrasto delle delibere tacite ed implicite con le regole di formazione della volontà della società (art. 2393, secondo comma, cod. civ.). Conseguentemente, l'approvazione in sé del bilancio, pur se contenente la posta relativa ai compensi degli amministratori, non è idonea ai predetti fini, salvo che un'assemblea convocata solo per l'approvazione del bilancio, essendo totalitaria, non abbia espressamente discusso e approvato la proposta di determinazione dei compensi degli amministratori- cfr. Cass. n. 20265/2013; Cass. n. 22761/2014; Cass. n. 17673/2013; Cass. Sez. un., 29 agosto 2008, n. 21933; Cass. n. 28243/2005.
Tali principi, ribaditi di recente da Cass. n. 5349/2014, che ha pure sottolineato come la necessità della preventiva delibera assembleare è funzionale alla certezza del costo, sono stati ulteriormente confermati da questa Corte con la sentenza n. 21953/2015, esaminando incidentalmente, con motivazioni che devono intendersi qui integralmente richiamate, la questione circa l'applicabilità della disciplina codicistica (art. 2389 c.c.) in tema di compensi degli amministratori di società di capitali agli amministratori di s.r.l. anche in seguito alla riforma del diritto societario conseguente al d.lgs. n. 6/2003 che non pare potersi escludere anche in assenza di esplicito richiamo alla disciplina in tema di spa» (Cass., ord. 8 giugno 2016, n. 11779).
In altri termini, non possono essere considerati «costi deducibili della società i compensi corrisposti gli amministratori» quando questi sono «genericamente inseriti all'interno della delibera di approvazione del bilancio», a meno che venga in concreto accertato «non solo che la questione fosse stata esaminata in sede di approvazione del bilancio, ma anche l'esistenza di un'approvazione specifica della proposta di determinazione dei compensi agli amministratori» (Cass., ord. 8 giugno 2016, n. 11779).

Gli interessi passivi

L'art. 109 TUIR, per gli interessi passivi che costituiscono componenti negative del reddito, detta una previsione speciale. In particolare, il quinto comma, ai primi due periodi, precisa che «le spese e gli altri componenti negativi diversi dagli interessi passivi, tranne gli oneri fiscali, contributivi e di utilità sociale, sono deducibili se e nella misura in cui si riferiscono ad attività o beni da cui derivano ricavi o altri proventi che concorrono a formare il reddito o che non vi concorrono in quanto esclusi. Se si riferiscono indistintamente ad attività o beni produttivi di proventi computabili e ad attività o beni produttivi di proventi non computabili in quanto esenti nella determinazione del reddito sono deducibili per la parte corrispondente al rapporto tra l'ammontare dei ricavi e altri proventi che concorrono a formare il reddito d'impresa o che non vi concorrono in quanto esclusi e l'ammontare complessivo di tutti i ricavi e proventi».

Dunque, la lettera del quinto comma dell'art. 109 TUIR **esclude la verifica dell'inerenza per la deducibilità degli interessi passivi**. In questo senso, la Corte di cassazione ha affermato che «la disposizione succitata esonera gli interessi passivi dal regime cui sono sottoposte "le spese e gli altri componenti negativi" del reddito, deducibili solo "se e nella misura in cui si riferiscono ad attività o beni da cui derivano ricavi o altri proventi che concorrono a formare il reddito". Gli interessi passivi sarebbero, per converso, soggetti ad una diversa disciplina giuridica, che ne consentirebbe l'indiscussa deducibilità, con il solo rispetto dei limiti di cui al D.P.R. n. 917 del 1986, art. 63» (Cass. sent. n. 6204/15).

Per i soggetti passivi IRES **gli interessi passivi sono deducibili,** nell'esercizio di competenza, **fino a concorrenza degli interessi attivi** e proventi assimilati, realizzati nel medesimo periodo. L'eccedenza, invece, è deducibile solo entro specifici limiti previsti dalla legge.

L'indeducibilità degli oneri fiscali

L'art. 99 TUIR stabilisce che le imposte su redditi (IRES ed IRPEF) e le imposte per le quali è prevista la rivalsa, anche facoltativa (IVA), sono indeducibili.

L'indeducibilità degli oneri fiscali deriva dal fatto che

dalla base imponibile di un'imposta sul reddito non è deducibile la somma versata per pagare l'imposta stessa, la quale non è un costo di produzione ma una conseguenza del reddito prodotto.
Le **altre imposte,** invece, sono **deducibili, secondo il principio di cassa** e non secondo il principio di competenza.
Gli **oneri contributivi,** ad associazioni sindacali e di categoria, sono **deducibili** nell'esercizio in cui sono corrisposti, secondo il principio di cassa.
Gli **oneri di utilità sociale,** invece, consistono in erogazioni liberali che, essendo rivolte all'utilità di terzi, non sono inerenti all'impresa e, pertanto, sono **generalmente indeducibili, anche se** il legislatore ne ammette la deduzione **entro precisi limiti** (es. le spese a favore dei dipendenti per fini educativi - art. 100 TUIR).

4.4. I CRITERI PER DETERMINARE I COMPONENTI DEL REDDITO D'IMPRESA: IL PRINCIPIO DI COMPETENZA ECONOMICA.

L'**art. 109 TUIR** che detta le norme generali sui componenti del reddito d'impresa (norme generali sui componenti del reddito d'impresa) afferma che «i ricavi, le spese e gli altri componenti positivi e negativi, per i quali le precedenti norme della presente Sezione non dispongono diversamente, concorrono a formare il reddito nell'esercizio di competenza; tuttavia i ricavi, le spese e gli altri componenti di cui nell'esercizio di competenza non sia ancora certa l'esistenza o determinabile in modo obiettivo l'ammontare concorrono a formarlo nell'esercizio in cui si verificano tali condizioni».
Dunque, in ambito fiscale, così come in quello civilistico, l'imputazione temporale dei componenti negativi e positivi che concorrono a determinare il reddito d'impresa dev'essere fatta, in generale, applicando il principio di competenza, il quale si contrappone al principio di cassa.
Il **principio di cassa** dà rilievo al **momento finanziario**: i componenti di reddito assumono rilievo quando avvengono i pagamenti in caso di componenti negativi e gli incassi in caso di componenti positivi.

Il **principio di competenza economica**, invece, dà rilievo al **momento economico**: i ricavi devono essere imputati all'esercizio in cui sono conseguiti in senso economico, ovvero quando si verifica lo scambio con i terzi.

Il principio dettato dal primo comma dell'art. 109 TUIR, secondo cui i ricavi, le spese ed altri componenti positivi e negativi concorrono a formare il reddito nell'esercizio di competenza, al secondo comma del medesimo articolo indica una serie di criteri specifici che hanno lo scopo di individuare l'esercizio di competenza di determinati componenti reddituali.

In particolare, è previsto che per le:

- **cessioni di beni mobili**, i corrispettivi si considerano conseguiti alla data di consegna o di spedizione;
- **cessioni di beni immobili**, i corrispettivi si considerano conseguita alla data di stipulazione dell'atto, ma se la stipulazione è successiva, vale la data in cui si verifica l'effetto traslativo;
- **prestazioni di servizi**, i corrispettivi si considerano conseguiti alla data in cui le prestazioni sono ultimate; per quelle dipendenti dai cd. contratti di durata (contratti di somministrazione, di locazione, di assicurazione e di mutuo), rileva la data di maturazione dei corrispettivi.

Tali criteri fissano la **competenza temporale**: essi individuano la **data** in cui i costi si considerano sostenuti e quella in cui i ricavi si considerano conseguiti.

Il principio di competenza economica va "coordinato" con il **principio della correlazione**: **i costi sono correlati ai ricavi**, ovverosia **i costi devono essere dedotti**, non nell'esercizio in cui sono sostenuti ma **nell'esercizio in cui sono conseguiti i ricavi che hanno concorso a produrre**; dunque, i costi non sono tutti deducibili nel periodo in cui si considerano sostenuti.

Le deroghe al principio di competenza

Il legislatore tributario ha previsto **delle deroghe al principio di competenza economica**: si parla, in tali ipotesi, di «**competenza fiscale**», diversa dalla competenza economica-civilistica (TESAURO).

Una **deroga** di ampia portata è prevista **per i costi**:

questi, se non certi nell'*an* ed oggettivamente determinabili nel *quantum*, **non sono deducibili nell'esercizio di competenza, ma nel successivo periodo** in cui divengano certi nell'*an* e quantificabili con criteri oggettivi.

La *ratio* di tale disciplina è di individuare **criteri differenti** per il diritto tributario e per il diritto civile: il diritto tributario consente di dedurre i costi solo se certi ed oggettivamente determinabili; il diritto civile prevede la rilevazione dei costi anche se soltanto probabili.

Con riferimento ai **ricavi**, è previsto che **se questi non sono certi ed oggettivamente determinabili**, **non possono essere calcolati ai fini fiscali nell'esercizio di competenza, ma nel successivo esercizio** in cui la loro esistenza diviene certa ed il loro ammontare determinabile oggettivamente.

In tal caso, non vi è divergenza tra disciplina fiscale e disciplina civilistica, giacché, anche in sede civilistica, devono essere computati solo i ricavi effettivamente conseguiti.

La legge prevede, comunque, espresse deroghe al principio di competenza sia in materia di costi (ad esempio, gli oneri fiscali e contributivi e i compensi dovuti agli amministratori che sono deducibili per cassa) sia per specifici componenti positivi.

4.4.1. GLI ULTERIORI CRITERI IN TEMA DI DEDUCIBILITÀ DEI COMPONENTI NEGATIVI DEL REDDITO D'IMPRESA.

I **componenti negativi di reddito** sono deducibili a condizione che siano rispettate le prescrizioni generali sulla deducibilità dei costi.

Le regole generali, in materia di componenti negativi, sono tre:

1. il **principio di competenza** (di cui si è appena detto);
2. il **principio di inerenza;**
3. **il principio della previa imputazione al conto economico.**

I principi sin qui indicati si riferiscono alla deducibilità dei costi nel corso di una gestione non fraudolenta dell'impresa. Tuttavia, nell'ambito di operazioni fraudolente, si pone anche il problema della reale esistenza delle operazioni fatturate e portate in detrazione come componenti negativi del reddito di impresa. Poiché detta tematica presenta elementi di omogeneità con quello dell'illegittime detrazioni IVA in presenza delle c.d. frodi carosello, si rimanda al *Cap. XVII, par. 7.1*.

Il principio dell'inerenza

L'inerenza è un **requisito essenziale** per la deducibilità di un costo o di una spesa, ossia è un **nesso funzionale rispetto all'attività d'impresa svolta** (TESAURO; FALSITTA), da intendersi come relazione tra il concetto di spesa e l'attività d'impresa produttiva di reddito imponibile. Si parla di costo o spesa "inerente" quando essi sono necessari per la produzione dei ricavi.

La Corte di cassazione ha precisato che, in caso di verifica fiscale, l'onere della prova dell'effettiva inerenza della spesa qualificata come "costo deducibile" incombe sul contribuente (Cass. sent. n. 739/2010).

L'inerenza, oltre ad essere il contenuto di una regola generale, è anche la motivazione di diverse norme in materia di costi.

Il legislatore, infatti, al fine di evitare casi ambigui, ha posto **regole rigide in tema di non deducibilità**, totale o parziale, di determinati **costi**, la cui *ratio* è da collegare proprio al principio di inerenza.

Tale requisito di inerenza, dunque, **esclude** la deducibilità dei costi che sono estranei alla vita dell'impresa; sono però previsti dei **limiti** alla deducibilità di tali costi, quando si tratta di costi non riferibili ai proventi o ricavi imponibili.

Se dall'attività d'impresa derivano **proventi imponibili** e **proventi non imponibili**, è necessario distinguere diverse categorie:

- i costi che si riferiscono ad attività o beni che originano **proventi esenti** sono integralmente **indeducibili**;

- costi che si riferiscono, **indistintamente,** ad operazioni imponibili e ad operazioni esenti sono **deducibili per la parte** corrispondente al **rapporto** tra l'ammontare dei ricavi ed altri proventi che concorrono a formare il reddito d'impresa o che non vi concorrono in quanto esclusi e l'ammontare complessivo di tutti i ricavi e proventi (es. le cc.dd. spese generali);
- i costi che non sono soggetti alla regola dell'inerenza (gli oneri fiscali, contributivi ed utilità sociali).

Il principio della previa imputazione al conto economico

La regola della previa imputazione del conto economico è prevista dell'**art. 109, comma 4, TUIR,** in base al quale **i componenti negativi non sono deducibili se non sono imputati al conto economico** relativo **all'esercizio di competenza.** Secondo tale principio, i costi - imputati in base al criterio di competenza - sono iscritti nel conto economico dell'esercizio; un costo, quindi, che non è stato stanziato nel conto economico, non può essere dedotto ai fini fiscali.

Il legislatore ha previsto delle **deroghe al principio della previa imputazione al conto economico**, cosicché **sono deducibili** i componenti negativi:

- imputati al conto economico di un esercizio precedente, se la deduzione è stata rinviata in conformità delle norme del Testo unico che obbligano o consentono il rinvio (es. le spese di pubblicità);
- che pur non essendo imputabili al conto economico, sono deducibili per espressa disposizione di legge (es. i compensi spettanti ai promotori e soci fondatori);
- riferendosi specificamente ai ricavi e ad altri proventi che, pur non risultando imputati al conto economico, concorrono a formare il reddito imponibile, se e nella misura in cui

risultano da elementi certi e precisi, ovvero dei cc.dd. costi "in nero", ossia le spese ad imputazione specifica non contabilizzate e non considerate in sede di calcolo del reddito d'impresa, che sono collegati a ricavi o altri proventi ugualmente non iscritti e non dichiarati.

La deducibilità dei costi pluriennali: il c.d. ammortamento

La deducibilità di alcune spese relative a più esercizi, ovvero le spese o costi pluriennali, è oggetto di **disciplina specifica**, in quanto **l'utilità di tali spese non si esaurisce in un solo periodo d'imposta** ed inoltre tali spese sono caratterizzate da maggiore indeterminatezza rispetto alle altre immobilizzazioni materiali.

L'**ammortamento** è un procedimento tecnico-contabile che riguarda i costi ad utilizzazione pluriennale.

Secondo il principio di competenza economica, i costi di beni – materiali e immateriali - sono imputati agli esercizi nei quali si manifestano i ricavi che essi concorrono a produrre: di conseguenza i costi - la cui utilità si estende a più esercizi - devono essere **ammortizzati**, ossia ripartiti nei diversi esercizi in cui sono utilizzati.

Non è possibile procedere all'ammortamento di terreni in quanto sono beni non suscettibili di deperimento.

Il legislatore detta regole differenti sulla "misura" delle quote deducibili a seconda della natura del bene oggetto di ammortamento. Per i beni materiali si rimanda all'art. 102 TUIR, per quelli immateriali all'art. 103 TUIR.

Si parla di c.d. super-ammortamenti ai fini fiscali, quando il legislatore -al fine di introdurre agevolazioni fiscali- per alcuni beni introduce possibilità di maggiorare le quote di ammortamento.

Con la legge di bilancio per il 2020, le due principali agevolazioni per l'Industria 4.0 ("super" e "iper" ammortamento) sono state trasformate in **credito d'imposta.**

Le spese incrementative

Per spese incrementative si intendono le spese di manutenzione, riparazione, ammodernamento e trasformazione che hanno i requisiti (contabili) per essere patrimonializzate, e quindi vanno ad incrementare il costo fiscalmente riconosciuto dei beni cui si riferiscono (**cd. capitalizzazione delle spese**). Si tratta di spese che, in senso lato, aumentano o migliorano la produttività, la sicurezza, la vita utile del bene cui si riferiscono. È il caso, ad esempio, di una spesa di manutenzione straordinaria effettuata su di un impianto che migliora la capacità di produzione dello stesso.
Le spese incrementative aumentano il costo fiscale del bene e quindi incidono sulla determinazione delle quote di ammortamento.
Laddove, invece, tali spese non abbiano i requisiti (contabili) per essere patrimonializzate (ad esempio, spese di manutenzione ordinaria), il legislatore fiscale ha previsto una **forfetizzazione dell'ammontare deducibile** (art. 102, comma 6, TUIR).
Le spese di manutenzione cd. «in abbonamento», ossia le spese dovute in base a contratti di manutenzione, **sono deducibili nell'esercizio in cui sono sostenute.**

4.5. I BENI «RELATIVI ALL'IMPRESA».

Anche il tema dell'individuazione dei beni "relativi all'impresa" è funzionale alla determinazione del reddito d'impresa: i componenti positivi e negativi che concorrono a determinare il reddito complessivo sono infatti collegati a tali beni. **Tutti i beni appartenenti alle società sono da considerare sempre relativi all'impresa**; diversamente l'imprenditore individuale può essere proprietario sia di beni relativi all'impresa, sia di altri beni (beni cc.dd. personali, ovvero usati per i bisogni familiari e personali).
Ai sensi dell'**art. 65 TUIR**, i beni relativi all'impresa devono essere distinti in **tre categorie**.

1. **Beni-merce:** sono quei beni alla cui produzione o scambio è diretta l'attività d'impresa; vi rientrano, inoltre, le partecipazioni

e i titoli che costituiscono immobilizzazioni finanziarie; quest'ultime sono tali quando sono iscritte nell'attivo patrimoniale.

Tali beni, a fine esercizio, sono rilevati e valutati come **rimanenze**: alla somma dei beni-merce prodotti o acquisiti da un'impresa in un dato esercizio e di quelli residuati da precedenti esercizi deve corrispondere la somma dei bei alienati nell'esercizio e di quelli giacenti in magazzino alla fine dell'esercizio. Le rimanenze di magazzino hanno la funzione di trasferire il costo dei beni invenduti da un esercizio all'altro, cosicché il costo di acquisto è imputato all'esercizio il cui bene genera ricavi.

2. **Beni strumentali:** sono quei beni inseriti nel processo di produzione dell'impresa in modo durevole e, per tale motivo, sono utilizzati in più esercizi.

   Tali beni, a fine esercizio, sono classificati nelle immobilizzazioni e partecipano alla determinazione del reddito dei singoli esercizi, nei quali sono utilizzati attraverso le quote di ammortamento; il costo del bene strumentale viene ammortizzato a partire dall'esercizio in cui entra in funzione.

3. **Beni meramente patrimoniali:** sono una **categoria residuale** di beni che si individuano per esclusione rispetto ai beni-merce e ai beni strumentali. È il caso, ad esempio, di un immobile posseduto da una società e destinato alla locazione.

Il «valore fiscalmente riconosciuto»

Nel TUIR, se non disposto diversamente, il costo dei beni è rappresentato dal **corrispettivo pagato per l'acquisto del bene,** in caso di provenienza esterna, **o dal costo di fabbricazione,** in caso di provenienza interna (produzione in proprio del bene).

Ai fini della determinazione del reddito d'impresa, **il costo** dei beni (art. 110 TUIR):

- è assunto al **lordo delle quote di ammortamento** già dedotte;
- comprende anche gli **oneri accessori** di diretta imputazione, ovvero i costi connessi all'acquisto del bene e al suo inserimento nel ciclo

> produttivo (spese notarile, spese di trasporto, costi di montaggio, costi di collaudo), ad **esclusione** degli **interessi passivi** e delle **spese generali.**

Il «valore fiscalmente riconosciuto» dei beni strumentali è pari al **costo al netto degli ammortamenti.**

Il c.d. transfer pricing

Il trattamento fiscale dei prezzi di trasferimento (c.d. *transfer pricing*), ossia il trattamento fiscale dei prezzi praticati nell'ambito di transazioni fra società, imprese, stabili organizzazioni o in generale enti appartenenti al medesimo gruppo multinazionale, è disciplinato dall'art. 110, comma 7 del TUIR. Più nello specifico, quando si fa riferimento al complesso fenomeno del *transfer pricing*, significa che l'Agenzia delle Entrate, nell'esercizio della sua potestà accertativa, prende in esame relazioni economiche intercorrenti tra imprese residenti in Stati diversi le quali fanno parte dello stesso gruppo. In buona sostanza, l'Ufficio verifica se le transazioni commerciali *intercompany* sono avvenute nel rispetto del principio di libera concorrenza (*arm's length principle*), in modo tale che sussista corrispondenza tra il prezzo stabilito nelle operazioni commerciali tra imprese associate e quello che sarebbe pattuito tra imprese indipendenti, in condizioni similari, sul libero mercato.

La *ratio* del *transfer pricing* è quella di evitare che mediante l'alterazione del "valore" delle transazioni *intercompany* le società residenti in diversi Stati -ma facenti parte di un medesimo gruppo- possano "trasferire" il reddito imponibile da Stati a elevata fiscalità verso territori caratterizzati da una minore pressione fiscale.

Il comma 7 dell'art. 110 cit. è stato novellato dal D.L. n. 50 del 24 aprile 2017 e l'attuale lettera della disposizione in esame recita: «i componenti del reddito derivanti da operazioni con società non residenti nel territorio dello Stato, che direttamente o indirettamente controllano l'impresa, ne sono controllate o sono controllate dalla stessa società che controlla l'impresa, sono determinati con riferimento alle condizioni e ai prezzi che sarebbero stati pattuiti tra soggetti indipendenti operanti in condizioni di libera concorrenza e in circostanze comparabili, se ne deriva un aumento del reddito. La medesima disposizione si applica anche se ne deriva una diminuzione del reddito, secondo le modalità e alle condizioni di cui all'articolo 31-quater del decreto del Presidente della Repubblica 29 settembre 1973, n. 600. Con decreto del Ministro dell'economia e delle finanze, possono essere determinate, sulla base delle migliori pratiche internazionali, le linee guida per l'applicazione del presente comma».

Si tratta di una **norma con finalità antielusive**, in quanto intende evitare che, nei rapporti economici tra imprese italiane ed imprese estere facenti parte di un medesimo gruppo, siano poste in essere pratiche elusive volte al trasferimento di utili da imprese italiane ad imprese residenti all'estero, mediante la fissazione di prezzi non corrispondenti al valore di mercato in libera concorrenza.

Accade cioè che un'impresa italiana ceda dei beni, o presti dei servizi, ad un'impresa estera (appartenente al medesimo gruppo) ed applichi prezzi inferiori al valore normale comprimendo, così, i propri utili a favore della consociata.

Ai fini fiscali, dunque, **non hanno rilevanza i prezzi pattuiti**, ma solo i prezzi che corrispondono al "valore normale" (prima del 2017) o "valore determinato in libera concorrenza" (dopo aprile 2017): l'impresa italiana che non ha operato con prezzi conformi a detto valore, deve effettuare delle rettifiche in aumento nella dichiarazione dei redditi.

Con il D.Lgs. n. 147 del 14 settembre 2015, è stata introdotta una norma di interpretazione autentica (art. 5, comma 2) volta a chiarire che la disciplina contenuta nel comma 7 dell'art. 110 del TUIR non ha valenza per le operazioni che intercorrono tra soggetti residenti o localizzati nel territorio dello Stato. In sostanza, il legislatore ha affermato l'inapplicabilità del ***transfer price* interno**, superando di fatto l'indirizzo interpretativo della Cassazione che, invece, si era espressa in senso positivo (sentenza n. 23551 del 2012 e circolare n. 53/E del 1999).

4.6. LE PLUSVALENZE PATRIMONIALI.

Le plusvalenze patrimoniali sono **componenti positivi** e designano una **differenza positiva** tra due valori - valore finale e valore "base" - dello stesso bene **in due momenti diversi**.

La plusvalenza è quindi la differenza tra un valore finale ed un valore-base. Il valore-base è dato dal «valore fiscalmente riconosciuto», ossia dal costo del bene incrementato e ridotto dalle variazioni derivanti dall'applicazione delle norme fiscali; il valore fiscale di un bene è pari alla differenza tra costo fiscale ed ammortamenti, ossia il costo fiscale non ammortizzato.

Il valore finale, in caso di realizzo, è dato dal corrispettivo; se non c'è un controvalore, si considera il cd. valore normale.

Le plusvalenze patrimoniali derivano dalla **cessione di beni diversi dai beni-merce** (art. 86 TUIR) e cioè dalla cessione di **beni strumentali** e di **beni patrimoniali.**

Si tratta quindi di **beni diversi da** quelli che generano **ricavi** e gli eventi che rendono **tassabili** le plusvalenze sono i seguenti:

- il realizzo mediante cessione a titolo oneroso, risarcimento o conferimento in società;
- il distacco del bene dall'impresa mediante assegnazione ai soci, autoconsumo o destinazione a finalità estranee all'esercizio dell'impresa;
- il trasferimento all'estero della sede dell'impresa o della residenza dell'imprenditore, con perdita della residenza fiscale italiana.

La plusvalenza patrimoniale diviene, dunque, **tassabile ogniqualvolta**

cessa il legame tra attività d'impresa e bene da cui origina la plusvalenza.
Le **plusvalenze iscritte in bilancio** (cd. rivalutazioni) sono fiscalmente irrilevanti, nel senso che **non incrementano il valore fiscale riconosciuto dei beni rivalutati**.

4.6.1. LE PLUSVALENZE DEI TITOLI: LA *PARTICIPATION EXEMPTION*.

Le plusvalenze dei titoli, delle partecipazioni immobilizzate e dei titoli assimilati devono essere determinate con gli stessi criteri con cui sono determinate le plusvalenze degli altri beni, ossia con la differenza fra corrispettivo (anche valore normale) e «valore fiscalmente riconosciuto».
Nello stato patrimoniale, i titoli di partecipazione fanno parte dell'attivo circolante quando costituiscono un impiego transitorio di liquidità; fanno invece parte delle immobilizzazioni finanziarie quando costituiscono un investimento durevole.
Quindi, i titoli di partecipazioni in società di capitali o altri enti commerciali, quando fanno parte dell'attivo circolante, sono equiparati alle merci, per cui la loro cessione genera ricavi; invece la cessione dei titoli che costituiscono immobilizzazioni finanziarie danno origine a plusvalenze (ma anche minusvalenze) che - se vi sono determinati requisiti - fruiscono dell'**esenzione**, ovvero del regime di ***participation exemption***; se non sussistono quei requisiti, le relative plusvalenze sono tassate integralmente e le minusvalenze sono deducibili.
La *participation exemption* (abbreviata in Pex) è il criterio utilizzato nel nostro ordinamento, come in molti altri sistemi fiscali europei, per coordinare la tassazione delle società con quella dei soci, nell'intento di evitare una doppia tassazione della medesima capacità economica. In altri termini, la ***ratio*** del regime di esenzione delle plusvalenze mira ad **impedire la doppia imposizione economica** dei redditi prodotti da società di capitali; tale regime non ha funzioni agevolative ma solo esigenze di tipo sistematico.
Nonostante il nome, l'*exemption* non è un'esenzione, ma uno strumento tecnico per coordinare i livelli di tassazione di un unico flusso di capacità economica, obiettivo fino al 2003 raggiunto attraverso il sistema del credito di imposta (LUPI).

La necessità di coordinamento non riguarda solo i redditi di periodo, cioè utili per la società e successivamente dividendi per i soci, ma anche plusvalenze e minusvalenze su partecipazioni societarie.
Le plusvalenze derivanti da cessioni di partecipazioni in società soggette ad IRES, residenti o non residenti in Italia, in società di persone commerciali e di quote e strumenti finanziari assimilati alle azioni, possono godere - in presenza di particolari condizioni - del regime di "***participation exemption***". In altri termini, le plusvalenze derivanti azioni o quote di partecipazioni in società od enti, in presenza di determinati requisiti, possono essere dedotte dal reddito fiscale imponibile.
L'esenzione da IRES delle plusvalenze non è integrale ma è per quota percentuale (differenziata, poi, per gli imprenditori individuali) e si applica in presenza di quattro requisiti, due di tipo soggettivo e altri due di tipo oggettivo: periodo di possesso (le partecipazioni devono essere state possedute ininterrottamente per un certo periodo di tempo precedente a quello della loro cessione); classificazione in bilancio (le partecipazioni devono essere state classificate nel primo bilancio d'esercizio chiuso durante il periodo di possesso, nella categoria delle immobilizzazioni finanziarie); residenza fiscale (la società partecipata non deve aver sede, ai fini fiscali, in uno dei Paesi «a regime fiscale privilegiato», salvo l'esonero da tale regime, conseguito mediante l'apposita procedura di interpello); la società partecipata deve svolgere da un certo periodo di tempo una attività di tipo commerciale, così come indicata dall'art. 55 TUIR.

Le partecipazioni in una holding

Le *holding* sono società finanziarie la cui attività consiste in via esclusiva o prevalente nell'assunzione di partecipazioni.
Ai fini dell'applicazione della *participation exemption* relativa alle **partecipazioni detenute in una holding, i requisiti della residenza fiscale e dello svolgimento di attività commerciale della società partecipata si riferiscono alle società indirettamente partecipate** e si verificano quando tali requisiti sussistono nei confronti delle partecipate che rappresentano la maggior parte del valore del patrimonio sociale della *holding*.

Lo scopo del legislatore tributario è quello di impedire che, con l'inserimento di una *sub-holding* nella struttura del gruppo, vengano aggirati i requisiti richiesti per l'applicazione del regime di *participation exemption.*
La *sub-holding,* dunque, è considerata uno schermo e le caratteristiche della *sub-holding* sono riferite direttamente alla *holding* (TESAURO).

4.7. LE MINUSVALENZE PATRIMONIALI.

Le **minusvalenze patrimoniali,** al contrario delle plusvalenze patrimoniali, **si determinano con la cessione di un bene** - diverso dal bene-merce - **ad un prezzo inferiore** al suo valore fiscalmente riconosciuto.
Si tratta di componenti negativi che sono **deducibili integralmente** se realizzati mediante **cessione a titolo oneroso** ovvero mediante **risarcimento** per perdita o distruzione del bene.
Le minusvalenze patrimoniali, invece, sono **indeducibili se:**

- **soltanto iscritte** in bilancio (cd. minusvalenze da valutazione);
- da **autoconsumo,** ossia derivanti dall'assegnazione dei beni ai soci o dalla loro destinazione a finalità estranee all'esercizio dell'impresa.

Discorso a parte va fatto per **le minusvalenze su partecipazione,** ovvero quelle minusvalenze **realizzate con la cessione di partecipazioni immobilizzate** in presenza o meno delle condizioni previste per fruire del regime dell'esenzione o regime della *participation exemption:*

- in caso di cessione di partecipazioni che hanno i requisiti per il regime dell'esenzione, allora le minusvalenze sono integralmente **indeducibili;**
- in caso di cessione di partecipazioni che non hanno le condizioni per il regime dell'esenzione, allora sono integralmente **deducibili.**

Per gli **imprenditori individuali** e per **le società commerciali di persone,** ai sensi dell'art. **64 TUIR,** le minusvalenze realizzate, relative a partecipazioni con i requisiti del regime dell'esenzione, sono **indeducibili** nella misura corrispondente alla percentuale esente indicata dalla legge.

4.8. LE SOPRAVVENIENZE ATTIVE E PASSIVE.

Le sopravvenienze costituiscono **componenti reddituali e sono imputate temporalmente secondo il principio di competenza;** tuttavia, lo strumento delle sopravvenienze non può essere utilizzato per superare violazioni del criterio di competenza (FALSITTA).
Le sopravvenienze **attive** si differenziano in due tipi: sopravvenienze in senso proprio e sopravvenienze in senso improprio.
Le **sopravvenienze in senso proprio** (o in senso stretto) sono previste dall'art. 88, comma 1, TUIR. Consistono in eventi che modificano componenti positivi o negativi di reddito che hanno già concorso alla formazione del reddito in precedenti esercizi: l'evento sopravvenuto può comportare una modificazione in positivo o in negativo del componente già calcolato; per tale motivo si distingue tra sopravvenienze attive e sopravvenienze passive.
Le **sopravvenienze in senso improprio** (o in senso lato) derivano da eventi estranei alla normale gestione dell'impresa; esse, infatti, non apportano modifiche alle voci di reddito precedentemente computate ai fini fiscali. In tale categoria vi rientrano, ad esempio, le indennità conseguite a titolo di risarcimento, anche in forma assicurativa, per danni non connessi alla perdita di beni che generano ricavi o plusvalenze, i proventi, in denaro o in natura, conseguiti a titolo di contributo o di liberalità (cd. contributi in conto capitale), la cessione di contratti di *leasing* finanziario.
Infine, non configurano sopravvenienze attive i versamenti in denaro o in natura a fondo perduto o in conto capitale ricevuti dalla società dai propri soci, né le rinunce ai crediti da parte dei soci né gli apporti effettuati dai possessori di strumenti similari alle azioni.

Le sopravvenienze passive, ai sensi dell'art. 101, comma 4, TUIR, ai fini dell'IRES sono **deducibili** per:

- **il mancato conseguimento di ricavi o altri proventi** che hanno concorso alla determinazione del reddito in precedenti esercizi;

- **il sostentamento di spese, perdite od oneri a fronte di ricavi o altri proventi** che hanno concorso a formare il reddito in precedenti esercizi;
- **la sopravvenuta insussistenza di attività iscritte in bilancio in precedenti esercizi** diversi dalle partecipazioni con i requisiti del regime dell'esenzione.

4.9. LE PERDITE DI BENI.

Le perdite di beni strumentali e patrimoniali rientrano tra i **componenti negativi** e sono in linea generale **deducibili**.
È possibile **distinguere tra** perdite afferenti a un bene relativo all'impresa e perdite su crediti:

- **la perdita afferente a un bene relativo all'impresa** è deducibile nei limiti del valore fiscalmente riconosciuto, che coincide, nel caso di bene strumentale, con il costo non ammortizzato e, nel caso di bene meramente patrimoniale, con il costo di acquisto o di produzione;
- **la perdita su crediti** è deducibile **se** risultano elementi certi e precisi; è deducibile, **in ogni caso**, se il debitore è assoggettato a procedure concorsuali o a un accordo di ristrutturazione dei debiti (di cui Regio decreto 16 marzo 1942, n. 267 o, a partire dal 1° settembre 2021, dal codice della crisi dell'impresa) o se la perdita è relativa a crediti aventi certi requisiti previsti dall'art. 101, comma 5 TUIR (perdita di modesto ammontare ed è trascorso un periodo di sei mesi dalla scadenza).

4.10. GLI ACCANTONAMENTI.

Il sistema tributario prevede un **criterio generale** che consente la deduzione di costi certi nell'*an* e nel *quantum* (TESAURO); a tale regola generale fanno **eccezione** gli **accantonamenti** deducibili ai fini IRES.
Ai sensi dell'**art. 107, comma 4, TUIR**, **gli accantonamenti fiscalmente deducibili sono solo quelli espressamente previsti**, ossia costituiscono **un numero chiuso**, ragion per cui tutti gli accantonamenti diversi da quelli tassativamente disciplinati, effettuati ai fini civilistici

nel bilancio d'esercizio, sono indeducibili.

Le ipotesi tassative di accantonamenti fiscalmente deducibili sono:

- gli accantonamenti ai fondi per le indennità di fine rapporto e ai fondi di previdenza del personale dipendente, nei limiti delle quote maturate nell'esercizio;
- gli accantonamenti al fondo di copertura per rischi su crediti;
- gli accantonamenti al fondo delle spese per lavori ciclici di manutenzione e revisione di navi ed aeromobili;
- gli accantonamenti da parte delle imprese concessionarie per spese di ripristino o di sostituzione dei beni;
- gli accantonamenti effettuati a fronte di oneri derivanti da operazioni a premio e da concorsi a premio.

4.11. LE VARIAZIONI: LE RIMANENZE DI MAGAZZINO.

Le variazioni in aumento

Le variazioni fiscali in aumento derivano da norme:

- che impongono di includere nel calcolo del reddito imponibile quei componenti positivi non inclusi nel conto economico o - se inclusi - considerati in misura inferiore di quanto prescritto dalla norma fiscale;
- che rendono indeducibili, in tutto o in parte, componenti negativi imputati al conto economico.

Le variazioni in diminuzione

Le variazioni fiscali in diminuzione riducono il reddito imponibile rispetto all'utile civilistico in quanto **eliminano o riducono**, definitivamente o temporaneamente, **un componente positivo del conto economico**.

Anche le variazioni fiscali in diminuzione possono riguardare **tanto gli elementi positivi quanto gli elementi negati del conto economico**.

In relazione ai componenti positivi, il conto economico può contenere ricavi o proventi esenti, o non soggetti al regime ordinario di tassazione; da ciò **può derivare una riduzione del reddito imponibile**.

In relazione ai componenti negativi, le variazioni che

riducono il reddito imponibile rispetto all'utile di bilancio possono derivare dalla deducibilità, in sede fiscale, di costi non imputati nel conto economico. Tale **ipotesi** è comunque da considerare **eccezionale**, in quanto è una **deroga al principio generale della previa imputazione dei costi al conto economico, ai sensi dell'art. 109, comma 4, TUIR, secondo il quale può essere dedotto solo ciò che è imputato al conto economico (con eccezione delle deroghe espressamente previste)**.

Dunque, in ragione di quanto sin qui detto concorrono a formare il reddito d'impresa non solo i ricavi ed i costi, ma anche le **variazioni delle rimanenze sui beni-merce**, ossia di quei beni alla cui produzione o commercio è rivolta l'attività dell'impresa, insieme con le materie prime e sussidiarie, i semilavorati ed altri beni mobili (esclusi quelli strumentali).

Le rimanenze finali di un esercizio costituiscono **le esistenze iniziali dell'esercizio successivo** (**art. 92 TUIR**); la valutazione delle rimanenze finali si effettua:

- **per i beni infungibili**, in base al loro **costo specifico**;
- **per i beni fungibili**, in base al loro **costo specifico** o, in alternativa, per **categorie omogenee** per **natura** e per **valore**.

Se, però, le rimanenze si sono **formate nel corso di diversi esercizi** mediante incrementi suddivisi in gruppi distinti, ci si chiede quali beni sono stati prelevati.

Secondo il criterio del LIFO ("*Last In First Out*", ossia "ultimo entrato primo uscito"), si considerano alienati per primi i beni che fanno parte degli incrementi formati negli esercizi precedenti, a partire comunque dall'incremento più recente. Nel rispetto di tale criterio, quindi, si considerano venduti per primi i beni acquistati o prodotti per ultimi, ragion per cui le giacenze di magazzino sono valutate in base ai costi più vecchi e, dunque, il reddito imponibile risulta compresso.

Sono consentiti anche altri metodi: ci si riferisce al **criterio del FIFO** (“*First In First Out*”, ossia “primo entrato primo uscito”), il metodo della media ponderata o varianti del LIFO.
Il magazzino va valutato secondo il valore di costo o in base al valore di realizzo, scegliendo quello minore.
La valutazione in base al valore di realizzo è consentita quando il valore del magazzino, determinato in base al costo, risulta superiore a quello di mercato dell’ultimo mese dell’esercizio: in tal caso l’impresa può valutare le rimanenze moltiplicando l’intera quantità dei beni, a prescindere dall’esercizio di formazione, per il suddetto valore normale (la cd. **svalutazione del magazzino**).

I titoli e le partecipazioni sociali non immobilizzate

Le valutazioni dei titoli – partecipazioni e obbligazioni che in bilancio fanno parte dell’attivo circolante – che **non** costituiscono **immobilizzazioni si effettuano con i medesimi criteri di variazione previsti per i beni-merci**, salvo particolari eccezioni.
Nello specifico:

- devono essere raggruppati in categorie omogenee;
- nel primo esercizio, ogni titolo è valutato dividendo il costo complessivo per le quantità;
- nei successivi esercizi, le maggiori quantità sono distinte per periodi di formazione; se le quantità sono diminuite, si applica il criterio del LIFO;
- le rimanenze di un esercizio costituiscono esistenze iniziali dell’esercizio successivo;
- la svalutazione - in caso di valore fiscale superiore al valore di presumibile realizzo - è fiscalmente ammessa solo per le obbligazioni e titoli simili.

I titoli che costituiscono un investimento durevole nel tempo sono classificati in bilancio come immobilizzazioni finanziarie e giacché non sono beni-merce, non possono essere valutati tra le rimanenze. La loro cessione dà luogo a plusvalenze parzialmente esenti o a minusvalenze non deducibili, se fruiscono del regime dell'esenzione; se invece non ricorrono i requisiti di tale regime, allora la plusvalenza realizzata è tassabile e la minusvalenza realizzata è deducibile.

I lavori in corso e le opere di durata ultrannuale

A fine esercizio è necessario calcolare e rilevare in bilancio anche il **valore dei lavori in corso e dei servizi in corso di esecuzione** (**art. 92, comma 6, TUIR**): si tratta sempre di **rimanenze**, valutate in base alle spese sostenute nell'esercizio.

Le forniture e i servizi di durata ultrannuale, invece, hanno una più articolata normativa, prevista dall'**art. 93 TUIR**.

Di conseguenza i lavori su commessa di durata inferiore all'anno, anche se non ultimati nell'esercizio, sono valutati secondo il criterio previsto per i prodotti in corso di lavorazione, ossia in base ai costi sostenuti.

La regola è, dunque, che devono essere rilevati, tra le rimanenze, i lavori eseguiti in base ai corrispettivi pattuiti; quando vi sono stati di avanzamento dei lavori, si tiene conto dei corrispettivi liquidati.

Quando l'opera è conclusa, si ha la liquidazione definita dei corrispettivi ed i corrispettivi definitivamente liquidati non faranno parte delle rimanenze, ma dei ricavi.

5. AIUTO ALLA CRESCITA ECONOMICA (ACE).

L'art. 1 del D.L. 6 dicembre 2011, n. 201 ("Decreto Monti") ha introdotto una particolare agevolazione fiscale, denominata **"Aiuto alla crescita economica"** o **"ACE",** consistente nella facoltà di dedurre dal reddito imponibile netto un importo pari al rendimento figurativo degli incrementi di capitale proprio realizzati a partire dal 2011. Detta norma agevolativa ha la finalità di incentivare la capitalizzazione delle imprese

attraverso la detassazione di una parte degli incrementi del patrimonio netto.
In altre parole, l'agevolazione si sostanzia nella deduzione -dal reddito d'impresa imponibile- del rendimento figurativo degli apporti di capitale di rischio e costituisce un incentivo alla capitalizzazione, sotto forma di conferimenti in denaro e di utili reinvestiti nell'impresa, con la riduzione del carico d'imposta sui redditi che derivano dal finanziamento con capitale di rischio.
La Legge di bilancio per il 2017 ha modificato le regole per il calcolo dell'agevolazione ACE (Aiuto alla crescita economica) per i soggetti IRPEF estendendo agli imprenditori individuali e alle società di persone le stesse regole previste per le società di capitali.
Si tratta, pertanto, di una misura di favore volta ad incentivare gli incrementi patrimoniali da parte delle società e delle imprese.
Gli incrementi di capitale proprio sono dati, in estrema sintesi, dalla differenza tra apporti in denaro dei soci e utili accantonati a riserva e decrementi del patrimonio per attribuzioni ai soci (cd. variazione in aumento del capitale proprio).
Con la manovra di bilancio per il 2019 la misura era stata abrogata, ma la legge di bilancio per il 2020 l'ha ripristinata (art. 1, comma 287, l. n. 160/2019).

6. *PATENT BOX.*

La legge di stabilità 2015 (art. 1, commi 37-45, della legge n. 190/2014, come da ultimo modificata dalla legge di stabilità 2016) ha introdotto un'agevolazione fiscale, la cd. **Patent Box.**
È un regime opzionale di tassazione per i redditi derivanti dall'utilizzo di opere dell'ingegno, di brevetti industriali, di marchi, di disegni e modelli, nonché di processi, formule e informazioni relativi ad esperienze acquisite nel campo industriale, commerciale o scientifico giuridicamente tutelabili.
Possono esercitare l'opzione i soggetti titolari di reddito d'impresa, indipendentemente dal tipo di contabilità adottata e dal titolo giuridico in virtù del quale avviene l'utilizzo dei beni.
L'opzione deve essere esercitata nella dichiarazione dei redditi relativa al primo periodo d'imposta per il quale si intende optare per la stessa, è

valida per cinque periodi di imposta, è irrevocabile e rinnovabile.
Il regime ha l'obiettivo di rendere il mercato italiano maggiormente attrattivo per gli investimenti nazionali ed esteri di lungo termine, tutelando al contempo la base imponibile italiana, in quanto:

- incentiva la collocazione in Italia dei beni immateriali attualmente detenuti all'estero da imprese italiane o estere;
- incentiva il mantenimento dei beni immateriali in Italia, evitandone la ricollocazione all'estero;
- favorisce l'investimento in attività di ricerca e sviluppo.

QUESTIONARIO

1. Qual è l'imposta diretta principale che grava sulle persone giuridiche? (**XV.1**)
2. Le società commerciali residenti all'estero quando sono assoggettate all'IRES? (**XV.2**)
3. Quando sono tassati gli utili e la distribuzione dei dividendi? (**XV.3**)
4. Da cosa è rappresentata la base imponibile dell'IRES? (**XV.4**)
5. Cosa s'intende per principio di competenza economica e quali sono le deroghe a tale principio? (**XV.4.4**)
6. Quali sono i presupposti per dedurre le componenti negative del reddito di impresa? (**XV.4.4.1**)
7. Cosa s'intende per principio della previa imputazione del conto economico? (**XV.4.4.1**)
8. Cosa s'intende per valore fiscalmente riconosciuto? (**XV.4.5**)
9. Cosa s'intende per plusvalenze patrimoniali? (**XV.4.6**)
10. Cosa significa regime di *participation exemption*? (**XV.4.6.1**)
11. Cosa si intende per sopravvenienze attive e passive? (**XV.4.8**)
12. Cosa si intende con l'acronimo A.C.E.? (**XV.5**)
13. Cos'è la *patent box*? (**XV.6**)

SCHEDA DI SINTESI

L'imposta sul reddito delle società (IRES) è un'imposta proporzionale che colpisce il reddito delle società di capitali e di altri enti collettivi.

L'IRES si determina applicando l'aliquota del 24% al reddito complessivo netto del periodo d'imposta.

I soggetti passivi dell'IRES sono riconducibili a quattro categorie: le società di capitali; gli enti commerciali, pubblici o privati, diversi dalle società; gli enti non commerciali, pubblici o privati, diversi dalle società; le società e gli enti non residenti.

Tra gli enti diversi dalle società che possono considerarsi soggetti passivi dell'IRES vi rientrano anche i trust, le associazioni non riconosciute, i consorzi ed infine anche le altre organizzazioni non appartenenti ad altri soggetti passivi nei confronti dei quali il presupposto si verifichi in modo unitario ed autonomo (comitati, fondi di previdenza e fondazioni).

Ai fini della determinazione del reddito imponibile è rilevante il distinguo tra società/enti commerciali e società/enti non commerciali.

L'esterovestizione consiste nella localizzazione fittizia della residenza fiscale di un soggetto residente (persona fisica o giuridica) in Stati o territori comunitari ed extracomunitari, anche se la residenza effettiva continua ad essere in Italia, per ottenere un vantaggio tributario altrimenti non ottenibile.

Le presunzioni di residenza sono necessarie al fine di contrastare tali fenomeni di esterovestizione della residenza fiscale, che rappresentano una forma di evasione fiscale internazionale che si realizza, appunto, mediante la formale e fittizia localizzazione all'estero della residenza fiscale di società che, in realtà, sono fiscalmente qualificabili come residenti in Italia.

Per la determinazione del reddito complessivo ai fini della determinazione dell'IRES delle società e degli enti commerciali residenti, ai sensi dell'art. 83 TUIR, si deve procedere apportando all'utile o alla perdita risultante dal conto economico del bilancio d'esercizio, relativo all'esercizio chiuso nel periodo d'imposta, le variazioni in aumento o in diminuzione: il risultato del conto economico è il punto di partenza per determinare il reddito imponibile IRES (principio di dipendenza o derivazione del reddito fiscale dal risultato civilistico).

L'imputazione temporale dei componenti negativi e positivi che concorrono a determinare il reddito d'impresa, di regola, avviene applicando il principio di competenza (e, non quello della cassa).

La *participation exemption* (abbreviata in Pex) è il criterio utilizzato nel nostro ordinamento, come in molti altri sistemi fiscali europei, per coordinare la tassazione delle società con quella dei soci, nell'intento di evitare una doppia tassazione della medesima capacità economica: il regime di esenzione delle plusvalenze mira ad impedire la doppia imposizione economica dei redditi prodotti da società di capitali.

TI RICORDI

Le imposte si distinguono in: imposte dirette (hanno come presupposto le manifestazioni dirette e immediate di ricchezza) e imposte indirette (hanno come presupposto l'utilizzazione della ricchezza, cioè atti o fatti che fanno indirettamente desumere la disponibilità di un reddito o di un patrimonio e sono rivelatori di capacità contributiva).
Un ulteriore criterio di classificazione delle imposte è quello che distingue in: imposte fisse (previste in misura fissa predeterminata) e imposte variabili, per le quali è prevista una aliquota.
All'interno delle imposte variabili, poi, si distingue tra imposte proporzionali come l'IRES (aliquota costante al variare della base imponibile), imposte progressive come l'IRPEF (con aliquota crescente all'aumentare della base imponibile) e imposte regressive (con aliquota decrescente all'aumentare della base imponibile).

CAPITOLO XVI
I profili fiscali delle operazioni straordinarie

SOMMARIO:

1. PREMESSA.

Le operazioni straordinarie sono eventi mediante i quali si attua l'organizzazione o riorganizzazione aziendale: tali eventi possono avere per oggetto sia i beni dell'impresa (cessioni e conferimenti d'azienda, scambi di partecipazioni) sia i soggetti (trasformazioni, fusioni, scissioni).
Nella maggior parte dei casi, tali operazioni costituiscono fenomeni neutrali ai fini della determinazione del reddito.

2. LA CESSIONE D'AZIENDA.

La cessione d'azienda - a titolo oneroso - genera, ai fini del reddito d'impresa, una plusvalenza patrimoniale, pari alla differenza tra il corrispettivo percepito ed il valore fiscalmente riconosciuto dell'azienda.
Nel caso in cui tale differenza, anziché positiva, sia negativa, il risultato della cessione dà luogo ad una minusvalenza patrimoniale.
In base alla natura giuridica del soggetto cedente ed alla durata di possesso dell'azienda ceduta in capo allo stesso cedente, è possibile individuare diverse **modalità di tassazione delle plusvalenze:**

- **nel caso di cessione d'azienda da parte di società**

commerciali, sia di persone che di capitali, si applica il regime ordinario: la plusvalenza (o minusvalenza) **concorre alla determinazione del reddito d'impresa** secondo i principi di competenza, a prescindere dall'esercizio di percezione del corrispettivo, nell'esercizio in cui avviene la stipula dell'atto di cessione ovvero, se diversa e successiva, alla data in cui si verifica l'effetto traslativo o costitutivo della proprietà. In alternativa al regime ordinario, se l'azienda è stata posseduta da almeno 3 anni e l'attività d'impresa continui a sussistere anche dopo la cessione d'azienda, la società cedente può optare, nella dichiarazione dei redditi, per il **regime della rateizzazione delle plusvalenze** in quote costanti nell'esercizio in cui è stata realizzata e nei successivi, ma non oltre il quarto;
- **nel caso di cessione d'azienda da parte di un imprenditore individuale vi è l'opzione,** nella dichiarazione dei redditi, in alternativa al regime ordinario e al regime della rateizzazione, **per il regime della tassazione separata**, purché l'azienda sia stata posseduta **da più di 5 anni.** In tal caso l'imposta è calcolata applicando l'aliquota corrispondente alla metà del reddito complessivo conseguito dal cedente nel periodo anteriore all'anno in cui è sorto il diritto alla percezione.

Il trasferimento d'azienda - a titolo gratuito (successione o donazione) - da parte dell'imprenditore individuale **non determina plusvalenze tassabili** in capo al dante causa.
Si tratta di **operazioni fiscali neutre**, a condizione che l'erede o il donatario assuma l'azienda agli stessi valori fiscalmente riconosciuti in capo al *de cuius* o al donante.

2.1. LE CESSIONI DELLE CC.DD. PARTECIPAZIONI STRATEGICHE.

Per **cessioni di partecipazioni strategiche** si intendono quelle **cessioni di partecipazioni sociali iscritte nell'attivo immobilizzato**; tali cessioni determinano **plusvalenze imponibili con tassazione immediata o tassazione frazionata in più esercizi**, ai sensi dell'art. 86 TUIR.
Quando le partecipazioni strategiche immobilizzate possiedono tutti i

requisiti richiesti per applicare il regime dell'esenzione o della *participation exemption*, allora le plusvalenze derivanti dalla cessione di partecipazioni strategiche sono in una certa misura percentuale esenti a seconda della natura giuridica del soggetto cedente.

3. IL CONFERIMENTO D'AZIENDA.

L'art. 176 TUIR dispone che **i conferimenti d'azienda** effettuati **tra** soggetti **residenti in Italia,** nell'esercizio di imprese commerciali, **non determinano la monetizzazione di plusvalenze o minusvalenze,** ma sono una mera riorganizzazione dell'azienda, ragion per cui si tratta di **operazioni fiscalmente neutre.**

Tale norma costituisce una **deroga al principio generale** in base al quale i conferimenti, sia in natura che in denaro, sono equiparati alle cessioni a titolo oneroso, ossia sono **eventi idonei a far emergere redditi imponibili** (conferimenti realizzativi).

La neutralità di tale operazione è fondata sulla **continuità dei «valori fiscali»** dei beni del complesso aziendale conferito, indipendentemente dai valori contabili.

In sostanza, i beni del complesso aziendale sono assunti allo stesso valore fiscalmente riconosciuto che essi avevano in capo al conferente e l'eventuale differenza rispetto al loro valore di iscrizione in bilancio deve risultare da un apposito prospetto di riconciliazione della dichiarazione dei redditi.

In regime di esenzione o di *participation exemption*, la successiva cessione delle partecipazioni - ricevute a seguito del conferimento d'azienda effettuato in regime di neutralità fiscale - **non può qualificarsi come elusiva** ai sensi dell'art. 37-*bis* d.P.R. n. 600/1973 **(art. 176, comma 4, TUIR).**

3.1. IL CONFERIMENTO DI PARTECIPAZIONI DI CONTROLLO E COLLEGAMENTO.

Il legislatore tributario ha previsto **norme particolari per i conferimenti di partecipazioni di controllo o di collegamento.**

Ai sensi dell'art. 175, comma 1, TUIR, alle **plusvalenze** che derivano dal conferimento di tali partecipazioni **si applica il regime di**

continuità contabile: tale regime non è di neutralità fiscale, ma è un **regime derogatorio del regime ordinario di cui all'art. 9, comma 2, TUIR.**
In sostanza, la valorizzazione del corrispettivo in capo al conferente è effettuata al **valore normale delle partecipazioni conferite,** con la conseguenza che **la plusvalenza non è tassata perché resta latente,** ossia non risulta né dalla contabilità dell'impresa conferente, né da quella della conferitaria.
Se, invece, **uno dei soggetti dell'operazione rileva un differenziale positivo,** ossia la partecipazione conferita assume un valore contabile superiore a quello che aveva presso la conferente, vi è **tassazione della plusvalenza.**
Ai sensi dell'art. 175, **comma 2, TUIR,** nei casi di conferimenti di partecipazioni di controllo o di collegamento che non rientrano nel regime di *participation exemption* e si ottengono in cambio partecipazioni che hanno requisiti della *participation exemption*, **è negata l'applicabilità del regime di continuità contabile e di conseguenza la non tassabilità dei plusvalori latenti** (TESAURO).

3.2. LO SCAMBIO DI PARTECIPAZIONI.

Lo scambio di partecipazioni sociali tra soggetti residenti in Italia può avvenire mediante permuta o mediante conferimenti.
Lo scambio mediante permuta di partecipazioni sociali si ha quando la **società conferitaria** (necessariamente una s.p.a. o una s.a.p.a., soggetto passivo IRES) dà in permuta azioni proprie ai soci, dopo averle anticipatamente acquistate, ricevendo in cambio **quote o azioni della società scambiata** (necessariamente deve essere una società di capitali residente).
Lo scambio di azioni è da considerare fiscalmente **neutro;** per tale ragione **non si applicano imposte sulle plusvalenze realizzate con la permuta, salvo che si verifichino le seguenti condizioni:**

- le azioni o quote ricevute in cambio devono avere lo stesso valore fiscalmente riconosciuto delle azioni o quote date in permuta;
- le azioni o quote ricevute dalla società acquirente devono consentire alla stessa di acquisire o integrare il controllo della

società scambiata.

Lo scambio mediante conferimento di partecipazioni sociali si ha quando un **socio conferente conferisce** le proprie partecipazioni **in una società acquirente o conferitaria, ricevendo in cambio** azioni o quote emesse dalla società acquirente a seguito **dell'aumento del proprio capitale sociale.**
Anche in tal caso, **l'operazione è** da considerare **fiscalmente neutra, purché si verifichino le seguenti condizioni:**

- le azioni o quote ricevute dalla società acquirente devono consentire alla stessa di acquisire o integrare il controllo della società scambiata;
- il valore della partecipazione della società conferitaria deve essere uguale all'ultimo valore fiscalmente riconosciuto delle partecipazioni conferite; se contabilizzate ad un valore superiore dalla società conferitaria, la differenza costituisce una plusvalenza tassabile in capo al soggetto conferente.

4. LE TRASFORMAZIONI OMOGENEE.

La trasformazione - così come la fusione e la scissione - **è un'operazione straordinaria di riorganizzazione aziendale: muta la forma sociale di una società,** ma il soggetto è sempre il medesimo.
Si parla di trasformazione omogenea in caso di trasformazione di una società commerciale in altro soggetto commerciale; ad esempio, in caso di trasformazione di una società di capitali in un'altra società di capitali o di trasformazione di una società di persone in un'altra società di persone.
Ma si è in presenza di una trasformazione omogenea anche nel caso di una società di persone si trasforma in una società di capitali **(trasformazione omogenea progressiva)** o di una società di capitali in una società di persone **(trasformazione omogenea regressiva).** In tali casi, è necessario suddividere l'esercizio in cui si verifica l'operazione in **due autonomi periodi d'imposta,** in relazione ai quali bisogna determinare il reddito imponibile in base alla disciplina vigente per il tipo sociale di appartenenza (FALSITTA; TESAURO).
Le trasformazioni omogenee - anche quelle progressive o regressive -

sono **operazioni fiscalmente neutrali sotto il profilo reddituale:** la stessa non determina né realizzo né distribuzione delle plusvalenze o minusvalenze dei beni, comprese le rimanenze e l'avviamento (art. 170, comma 1, TUIR)
Nel caso di **trasformazione progressiva,** le **riserve** di una società di persone costituite da utili e tassate a carico dei soci, per effetto del regime della trasparenza, **non** sono **tassabili** qualora, a seguito della trasformazione, siano distribuite ai soci.
Nel caso di **trasformazione regressiva,** le **riserve di capitale** - se distribuite ai soci - **non** sono **tassabili,** ossia non concorrono alla formazione del reddito imponibile degli stessi; le **riserve di utili** invece - se distribuite ai soci o utilizzate per scopi diversi dalla copertura delle perdite - sono attribuite e **tassate** ***pro quota*** in capo ai soci, nell'esercizio di distribuzione, purché siano iscritte nel bilancio della società trasformata con l'indicazione della loro origine.

4.1. LE TRASFORMAZIONI ETEROGENEE.

La trasformazione eterogenea è stata introdotta nel nostro ordinamento con la riforma del diritto societario, attuata dal d.lgs. n. 6/2003.
Dal punto di vista fiscale, si parla di decommercializzazione dell'ente e di commercializzazione dell'ente.
La **decommercializzazione dell'ente** si ha quando **un ente** qualificabile come **"commerciale" si trasforma in un ente "non commerciale"**: i beni dell'ente trasformato si considerano realizzati in base al valore normale, salvo i casi in cui siano confluiti nell'azienda dell'ente stesso (se l'ente esercita un'attività d'impresa in via secondaria).
In tal caso la fuoriuscita di tali beni dal regime d'impresa comporta la determinazione delle plusvalenze e delle minusvalenze latenti e la trasformazione determina la destinazione dei beni aziendali a finalità estranee all'attività d'impresa (FALSITTA; TESAURO).
La **commercializzazione dell'ente**, invece, si ha quando **un ente qualificato come "non commerciale" si trasforma in un soggetto "commerciale":** i beni dell'ente trasformato - se non già soggetti al regime d'impresa - si considerano conferiti nella società che risulta dalla trasformazione, con conseguente realizzo di plusvalenze e minusvalenze latenti, determinate in base al valore normale ed imponibili in base alla

disciplina ordinaria dei redditi diversi.

5. LA FUSIONE.

La **fusione è un'operazione fiscalmente neutrale**, ai fine delle imposte sul reddito.
In particolare, l'**art. 172 TUIR** prevede:

- che la fusione di società non costituisce realizzo né distribuzione delle plusvalenze e minusvalenze dei beni della società fuse o incorporate (comprese quelle relative alle rimanenze e all'avviamento);
- irrilevanza in capo alla risultante o all'incorporante delle differenze di fusione (avanzi o disavanzi);
- il cambio delle partecipazioni originarie non fa emergere reddito alcuno in capo ai soci, salvo l'ipotesi del conguaglio.

Gli effetti retroattivi della fusione

Gli effetti fiscali della fusione, di regola, corrispondono temporalmente con quelli civilisti ma l'art. 172, comma 9, TUIR prevede che l'atto di fusione possa prevedere che l'operazione abbia effetti retroattivi ai fini fiscali, decorrenti da una data non anteriore a quella in cui si è chiuso l'ultimo esercizio di ciascuna delle società fuse o incorporate.
La retrodatazione impedisce che l'operazione di fusione assuma valore di autonomo periodo d'imposta; in caso di retrodatazione, quindi, l'esercizio nel quale avviene la fusione non viene frazionato, ma ai fini fiscali, il suo risultato reddituale è imputato integralmente alla società risultante dalla fusione.

Il riporto delle perdite

Con le operazioni di fusione le società incorporate dalla fusione hanno il diritto di «riportare a nuovo» le perdite fiscali pregresse delle società partecipanti alla fusione.
Per evitare che si realizzino operazioni di fusione strumentali a finalità elusive - ossia al solo scopo di consentire all'incorporante di utilizzare le perdite fiscali pregresse dell'incorporata - si sono previste delle

limitazioni al riporto delle perdite dell'incorporata. In particolare, specifici limiti sono dettagliati dal comma 7 dell'art. 172 TUIR che, da ultimo, è stato modificato dall'art. 1, comma 2, D.Lgs. 29 novembre 2018, n. 142.

L'avanzo Il trattamento fiscale dell'avanzo – sia da concambio sia da annullamento – non è assoggettabile a tassazione, quale componente positivo di reddito, all'atto della sua iscrizione nel bilancio d'esercizio della società risultante dalla fusione. In caso di successiva distribuzione ai soci, l'avanzo è imponibile in capo agli stessi. L'avanzo di fusione deve essere utilizzato per ricostruire le eventuali riserve in sospensione d'imposta esistenti nel patrimonio delle società fuse o incorporate. La parte residua di avanzo è assoggettata al regime fiscale del capitale e delle riserve della società fusa o incorporata, diverse da quelle in sospensione d'imposta.

Il disavanzo Il trattamento fiscale del disavanzo di fusione – sia da concambio che da annullamento – prevede l'indeducibilità di tale componente negativo di reddito, in quanto la fusione è fiscalmente neutrale.

Si ha disavanzo quando il valore del patrimonio netto contabile della incorporata è inferiore al costo della partecipazione.

I valori iscritti in bilancio, eventualmente maggiorati, per effetto dell'imputazione del disavanzo non sono imponibili nei confronti dell'incorporante o della società risultante dalla fusione: la rivalutazione dei cespiti, a seguito di fusione, è consentita per fini civilistici ma non è riconosciuta a fini fiscali (salva l'applicazione del cosiddetto affrancamento a pagamento mediante imposta sostitutiva ex art. 176, comma 2-ter, TUIR).

Le riserve Ai sensi dell'art. 172, comma 5, TUIR, le riserve che risultano dall'ultimo bilancio della società incorporate o fuse devono essere ricostituite nel bilancio della società

che risulta dalla fusione o incorporante.
Secondo la regola generale, le riserve devono essere ricostituite e diventano tassabili se la società subentrante non le ricostituisce nel bilancio.
In sostanza, si distingue tra riserve tassate, ossia le riserve libere, per la parte non annullata a seguito dell'operazione di fusione, che mantengono la loro natura e le riserve in sospensione d'imposta, ossia le riserve tassabili in ogni caso e che devono essere ricostituite nel bilancio della società risultante dalla fusione o incorporante; queste ultime, in caso di mancata ricostituzione, concorrono a formare il reddito imponibile della società risultante dalla fusione o incorporante nell'anno d'imposta in cui è avvenuta la fusione.
Le riserve, infine, non sono ricostituite se si tratta di riserve tassabili in caso di distribuzione ai soci: in tal caso sono ricostituite nei limiti in cui vi sia un avanzo o un aumento di capitale sociale superiore alla somma dei capitali delle società partecipanti alla fusione.

5.1. L'OPERAZIONE DI *LEVERAGED BUYOUT* (C.D. LBO).

Il *leveraged buyout* è un'operazione di finanza volta all'acquisizione di una società mediante lo sfruttamento della capacità di indebitamento della società stessa.
Il *leveraged buyout*, nella prassi, prevede la creazione di una società-veicolo costituita da coloro che vogliono acquisire il governo della società *target*. La società-veicolo, oltre al capitale di rischio versato dai soci fondatori, ha una intrinseca "capacità di indebitamento" mediante il reperimento di finanziamenti esterni necessari all'acquisizione della società target.
L'acquisizione, in parola può avvenire mediante un'operazione di fusione per incorporazione tra la società target (incorporata) e la società-veicolo (incorporante) riconducibile al paradigma dell'art. 2501 bis c.c. (Fusione a seguito di acquisizione con indebitamento).
Più in generale, quindi, l'operazione di LBO da un punto di vista

strettamente economico è una operazione di acquisto di una partecipazione (totalitaria o di controllo) di una società, di un'azienda, di un ramo d'azienda o di un gruppo di attività (target), che ha come caratteristica quella di ricorrere al debito per finanziare la maggior parte del valore di acquisto. Il rimborso del debito così contratto è collegato alla generazione di flussi di cassa e/o alla cessione di attività della società target.
Si aggiunga che l'operazione economica in discorso, oltre a trovare fondamento giuridico nell'istituto disciplinato dall'art. 2501 bis c.c. (Fusione a seguito di acquisizione con indebitamento), trova una sua declinazione anche nella Circolare dell'agenzia delle Entrate n. 6/E del 30 marzo 2016 che, appunto, fornisce i «chiarimenti in merito al trattamento fiscale delle operazioni di acquisizione con indebitamento – La deducibilità degli interessi passivi ed il trattamento delle componenti reddituali destinate a soggetti localizzati in paesi esteri». Nella richiamata circolare (pag. 16) è espressamente prevista la possibilità per i soggetti IRES di dedurre gli interessi passivi relativi a prestiti contratti dalla società veicolo, purché ciò avvenga nella misura prevista dall'art. 96 TUIR (contestazione questa che non è mai stata sollevata dall'Agenzia).

6. LA SCISSIONE.

L'operazione straordinaria inversa alla fusione è la scissione totale o parziale di una società in altre preesistenti o di nuova costituzione.
È una operazione fiscalmente neutra per i soci: la sostituzione delle partecipazioni sociali non costituisce né realizzo né distribuzione di plusvalenze o minusvalenze né conseguimento di ricavi, salvo l'ipotesi di tassabilità del conguaglio.
A seguito di scissione vi possono essere avanzi e disavanzi (da concambio o da annullamento); anche per le differenze di scissione **il principio è sempre quello della neutralità fiscale, visto ed applicato per la fusione.**

7. LA LIQUIDAZIONE ORDINARIA.

La disciplina fiscale della liquidazione ordinaria dell'impresa distingue il reddito prodotto durante la sua gestione ordinaria dal reddito prodotto durante la fase della liquidazione che, entro certi limiti, costituisce un unico periodo d'imposta. È necessario distinguere **due periodi d'imposta:**

- **ante-liquidazione**: il periodo che intercorre tra l'inizio dell'esercizio ordinario e l'inizio della liquidazione, il cui reddito d'impresa deve essere determinato in base ad un apposito conto economico;
- **di liquidazione:** il reddito d'impresa è determinato in base al bilancio finale di liquidazione.

Altra distinzione riguarda **la durata della liquidazione**:

- se la liquidazione è **rapida**, non oltre il periodo d'imposta in cui è iniziata, si ha un bilancio finale di liquidazione con determinazione del reddito e presentazione della dichiarazione;
- se la liquidazione dura **più di un anno** ma **meno di cinque**, opera una disciplina speciale: provvisorietà dei risultati dei singoli esercizi e conguaglio sulla base del bilancio finale di liquidazione;
- se la liquidazione dura **più di cinque esercizi**, i risultati dei singoli esercizi intermedi cessano di essere provvisori ed assumono carattere di definitività.

QUESTIONARIO

1. Cosa s'intende per operazioni straordinarie? (**XVI.1**)
2. Qual è la differenza tra cessione d'azienda a titolo oneroso e a titolo gratuito? (**XVI.2**)
3. Cosa s'intende per cessioni delle cc.dd. partecipazioni strategiche? (**XVI.2.1**)
4. Cosa s'intende per continuità di valori fiscali? (**XVI.3**)
5. Quali sono le modalità di scambio delle partecipazioni? (**XVI.3.2**)
6. Qual è la differenza tra trasformazioni omogenee ed eterogenee? (**XVI.4; 4.1**)
7. Cosa s'intende per effetti retroattivi della fusione? (**XVI.5**)
8. Cosa s'intende per avanzo e disavanzo nella fusione? (**XVI.5**)
9. Qual è la speciale disciplina in caso di fallimento o di l.c.a.? (**XVI.8**)

SCHEDA DI SINTESI

Nella maggior parte dei casi, le operazioni straordinarie costituiscono fenomeni neutrali ai fini della determinazione del reddito.

La cessione d'azienda - a titolo oneroso - genera, ai fini del reddito d'impresa, una plusvalenza patrimoniale, pari alla differenza tra il corrispettivo percepito ed il valore fiscalmente riconosciuto dell'azienda. Nel caso in cui tale differenza, anziché positiva, sia negativa, il risultato della cessione dà luogo ad una minusvalenza patrimoniale.

Per cessioni di partecipazioni strategiche si intendono quelle cessioni di partecipazioni sociali iscritte nell'attivo immobilizzato; tali cessioni determinano plusvalenze imponibili con tassazione immediata o tassazione frazionata in più esercizi.

Il conferimento d'azienda effettuato tra soggetti residenti in Italia, nell'esercizio di imprese commerciali, non determina la monetizzazione di plusvalenze o minusvalenze, ma è una mera riorganizzazione dell'azienda, ragion per cui si tratta di operazione fiscalmente neutra.

La trasformazione - così come la fusione e la scissione - è un'operazione straordinaria di riorganizzazione aziendale: muta la forma sociale di una società, ma il soggetto è sempre il medesimo.

Si parla di trasformazione omogenea in caso di trasformazione di una società commerciale in altro soggetto commerciale.

Le trasformazioni omogenee - anche quelle progressive o regressive - sono operazioni fiscalmente neutrali sotto il profilo reddituale: la stessa non determina né realizzo né distribuzione delle plusvalenze o minusvalenze dei beni, comprese le rimanenze e l'avviamento.

TI RICORDI

La *participation exemption* (c.d. *Pex*) è il criterio utilizzato per coordinare la tassazione delle società con quella dei soci, nell'intento di evitare una doppia tassazione della medesima capacità economica. Con il regime di esenzione delle plusvalenze si vuole impedire la doppia imposizione economica dei redditi prodotti da società di capitali.

Detto regime non ha funzioni agevolative ma solo esigenze di tipo sistematico; infatti, nonostante il nome, l'*exemption* non è un'esenzione ma uno strumento tecnico per coordinare i livelli di tassazione di un unico flusso di capacità economica.

CAPITOLO XVII
L'imposta sul valore aggiunto

SOMMARIO:

1. LE ORIGINI E LA FUNZIONE DELL'IVA.

L'**imposta sul valore aggiunto** è disciplinata nel d.P.R. 26 ottobre 1972, n. 633.
Nel nostro ordinamento fiscale, l'IVA ha sostituito l'Imposta Generale sulle Entrate (IGE). L'IGE colpiva il valore pieno dei beni e dei servizi *scambiati* ad *ogni* fase del processo produttivo e distributivo. La tassazione, quindi, diventava più gravosa quanto più numerosi erano i passaggi di beni e servizi prima del consumo finale. Per questo si diceva che essa fosse una *imposta plurifase cumulativa* (detta "a cascata").
L'IVA è stata, quindi, introdotta in sostituzione dell'IGE per adeguare il nostro sistema tributario a quello degli altri Paesi della Comunità Europea.

La Comunità Europea, infatti, in attuazione del principio della libera circolazione dei beni e dei servizi e della libera concorrenza (DE MITA), introdusse, con la prima e la seconda Direttiva 67/227/CEE e 67/228/CEE dell'11 aprile 1967, l'imposta sugli scambi, sul modello della TVA francese.
La disciplina comunitaria dell'imposta sugli scambi è stata poi riorganizzata con la sesta Direttiva 77/388/CEE del 17 maggio 1977, più volte modificata e quindi codificata nella Direttiva 2006/112/CE del 28 novembre 2006.
Per questo si dice che l'IVA è un tributo "armonizzato".
La disciplina italiana dell'IVA – introdotta e contenuta nel D.P.R. n. 633/1972 – deve, pertanto, essere ricostruita alla luce delle fonti comunitarie, in considerazione della prevalenza del diritto comunitario sul diritto interno (TESAURO).

2. I PRESUPPOSTI APPLICATIVI.

L'IVA costituisce la principale tra le *imposte indirette.*
Essa colpisce le *cessioni di beni* e le *prestazioni di servizi* effettuate nel territorio dello Stato nell'esercizio di imprese o nell'esercizio di arti e professioni, nonché le *importazioni* da chiunque effettuate.
Per l'applicazione dell'IVA devono sussistere quindi tre presupposti:

- **presupposto oggettivo**: "colpisce le cessioni di beni e le prestazioni di servizi ... nonché le importazioni da chiunque effettuate"
- **presupposto territoriale**: "nel territorio dello Stato";
- **presupposto soggettivo**: "imprese o arti e professioni".

Le operazioni economiche sono rilevanti ai fini IVA (sono dunque operazioni *incluse* nel suo campo di applicazione) unicamente se rispettano tutti questi presupposti.
Nell'ambito delle operazioni *incluse*, si distingue tra:

- operazioni **imponibili**, che implicano il sorgere del debito di imposta e di tutti gli obblighi formali annessi, e per le quali è previsto il diritto di esercitare la detrazione dell'IVA assolta sugli acquisti;
- operazioni **non imponibili**, che non comportano la formazione

del debito di imposta, ma, tuttavia, richiedono ugualmente l'adempimento di determinati obblighi formali e, in ogni caso, prevedono il diritto di detrazione dell'IVA assolta sugli acquisti;
- operazioni **esenti**, le quali, pur non comportando il sorgere del debito di imposta, a loro volta richiedono l'adempimento di taluni obblighi formali, ma, a differenza delle operazioni non imponibili, limitano l'esercizio del diritto di detrazione.

Laddove non sia integrato anche uno solo dei predetti requisiti, le operazioni sono *escluse* dall'imposizione.
Le operazioni *escluse* sono estranee al campo di applicazione dell'IVA, ciò significa che non comportano il sorgere del debito di imposta, né, tantomeno, l'adempimento di obblighi formali.

2.1. IL PRESUPPOSTO OGGETTIVO.

L'IVA si applica su:

1. le **cessioni di beni** a **titolo oneroso,** ossia gli atti a titolo oneroso che comportano il trasferimento della proprietà, ovvero la costituzione o il trasferimento di diritti reali di godimento su beni di ogni genere (art. 2, d.P.R. n. 633 del 1972).
   Ai fini dell'applicazione dell'IVA, sono *assimilate* a cessioni di beni, pur non integrandone i requisiti, anche le seguenti operazioni:
   - le vendite con riserva della proprietà;
   - le locazioni con clausola di trasferimento della proprietà vincolante per ambedue le parti;
   - i passaggi dal committente al commissionario e dal commissionario al committente di beni venduti o acquistati in esecuzione di contratti di commissione (questa operazione comporta la doppia fatturazione con IVA: dal committente al commissionario e dal commissionario all'acquirente finale);
   - le cessioni gratuite di beni, la cui produzione o il cui commercio rientra nell'attività propria dell'impresa;
   - la destinazione di beni al consumo personale o familiare dei soggetti passivi, ovvero ad altre finalità estranee all'esercizio di

impresa, dell'arte o della professione (il cd. autoconsumo);
- effettuate da altri enti privati o pubblici (tra cui vanno compresi i consorzi e le associazioni o organizzazioni senza personalità giuridica).

Vi sono, poi, talune operazioni che, pur presentando i caratteri delle cessioni dei beni, non vengono considerate tali e, perciò, sono **escluse** dal campo di applicazione dell'IVA, ovvero:
- i contriabuti pubblici erogati a fondo perduto;
- le cessioni che hanno per oggetto denaro o crediti di denaro;
- le cessioni che si collocano nell'ambito delle operazioni straordinarie di impresa, tra cui le cessioni e i conferimenti di azienda o di rami d'azienda;
- le cessioni che hanno per oggetto terreni non edificabili;
- i passaggi di beni dipendenti da fusioni, scissioni o trasformazioni di società;
- la cessione di valori bollati e postali, ecc.;
- le cessioni di beni soggetti alla disciplina dei concorsi e delle operazioni a premi.

2. le **prestazioni di servizi,** ossia le prestazioni che comportano obbligazioni difare, non fare o permettere, quale che ne sia la fonte, dietro un corrispettivo (vi rientrano i contratti d'opera, d'appalto, di trasporto, mandato, spedizione, agenzia, deposito e mediazione).
Alle prestazioni di servizi in senso proprio, vengono assimilate:
- le concessioni di beni in locazione, affitto, noleggio e simili;
- le cessioni di diritti su beni immateriali (ad esempio, la cessione dei diritti d'autore);
- i prestiti di denaro e di titoli non rappresentativi di merci;
- le somministrazioni di alimenti e bevande;
- le cessioni di contratto;
- l'autoconsumo di servizi, ovvero le prestazioni di servizi, aventi un valore superiore ad € 25,82, destinate all'uso personale o familiare del soggetto passivo, oppure destinate gratuitamente ad altre finalità estranee all'impresa.

Non sono invece considerate prestazioni di servizi e, dunque, sono **escluse** dal campo IVA:

- le cessioni di diritti d'autore effettuate dagli autori;
- i prestiti obbligazionari;
- le cessioni di contratti che hanno per oggetto beni la cui cessione è esclusa da imposta (denaro, terreni non edificabili, etc.);

3. le **importazioni da chiunque effettuate** (in questo caso, dunque, è irrilevante il presupposto soggettivo), ossia l'introduzione da parte degli Stati membri dell'Unione Europea di beni provenienti da Paesi terzi;
4. gli **acquisti intracomunitari,** ossia gli acquisti a titolo oneroso della proprietà o di altro diritto reale di godimento, di beni spediti o trasportati in Italia da altro Stato membro dal cedente o dall'acquirente o da terzi per loro conto.

2.2. IL PRESUPPOSTO TERRITORIALE.

Le operazioni rientranti nel campo di applicazione dell'IVA, per poter essere assoggettate ad imposizione in Italia, devono essere effettuate nel territorio dello Stato (art. 7, d.P.R. n. 633/1972).
A tal proposito, si distinguono:

- operazioni interne o nazionali, svolte sul territorio italiano e che perciò sono soggette ad IVA in Italia;
- operazioni internazionali, effettuate anche sul territorio di uno Stato estero, la cui disciplina varia a seconda che siano operazione extracomunitarie ovvero intracomunitarie (SINISCALCHI).

Per quanto riguarda le *cessioni*, il criterio della territorialità è dato dalla presenza del bene sul territorio, al momento dell'esecuzione dell'operazione.
Per quanto riguarda le *prestazioni di servizi*, i criteri di localizzazione delle operazioni legano la territorialità delle prestazioni di servizi allo *status* del committente:

- se il committente è un soggetto passivo IVA, nazionale o estero, e quindi si tratta di un'operazione *business to business* (B2B) si applica il principio di destinazione: la prestazione si intende effettuata nel luogo in cui è stabilito (con domicilio o residenza) il committente;

- se il committente è un soggetto privato e quindi si tratta di un'operazione *business to consumer* (B2C), si applica il principio di origine: la prestazione si considera eseguita nel luogo in cui è domiciliato o residente il prestatore del servizio, a prescindere da dove sia effettuata in realtà.

2.2.1. LE OPERAZIONI EXTRACOMUNITARIE.

Per operazioni extracomunitarie, si intendono gli scambi (importazioni o esportazioni) tra soggetti stabiliti in Paesi dell'Unione Europea e soggetti stabiliti in Paesi extracomunitari.
I Paesi dell'UE – compresa l'Italia - hanno adottato il principio della tassazione del Paese di destinazione, che comporta la tassazione delle importazioni e la detassazione delle esportazioni.

A) Le importazioni.

L'importazione in Italia di un bene o di un servizio provenienti da Paesi extracomunitari costituisce, dunque, un'operazione imponibile.
I beni importati in Italia sono tassati come i beni ivi prodotti, in applicazione del suddetto principio di destinazione, mentre i beni esportati non sono soggetti ad IVA e comportano la restituzione dell'imposta che ha gravato su tali beni all'interno dello Stato.
L'IVA sulle importazioni ha una disciplina diversa da quella dell'IVA sugli scambi interni: è un **tributo doganale** avente la finalità di uniformare il trattamento fiscale dei beni provenienti da Paesi extracomunitari a quello dei beni prodotti all'interno dell'Unione Europea.
La base imponibile dell'IVA all'importazione è costituita dal valore pieno della merce; rispetto ai beni importati, l'IVA funziona come **imposta monofase**, in quanto viene applicata su ciascuna operazione di importazione, non essendovi applicazione delle imposte sulle pregresse fasi produttive e distributive.

B) Le esportazioni.

Le **esportazioni dirette** (o **cessioni all'esportazione**) di beni, eseguite mediante il trasporto o la spedizione al di fuori del territorio comunitario, rappresentano **operazioni non imponibili**.

Fanno parte della categoria delle esportazioni dirette:

- **le cessioni di beni** consegnati in Italia **a cessionari non residenti**, purché il trasporto o la spedizione al di fuori del territorio dell'Unione europea avvenga entro 90 giorni dalla data di consegna;
- **le esportazioni triangolari**, che hanno luogo quando un soggetto passivo italiano cede ad un altro soggetto passivo italiano dei beni e provvede, su incarico di questi, al trasporto o alla spedizione dei beni, al cliente del cessionario al di fuori dell'UE.

Le operazioni non imponibili in questione possono essere di tre tipi:

1. cessioni all'esportazione (art. 8);
2. operazioni assimilate alle cessioni all'esportazione (art. 8-bis)
3. servizi internazionali o connessi agli scambi internazionali (art. 9).

Sono considerate **operazioni non imponibili** anche **le esportazioni indirette**, ossia le *cessioni di beni e le prestazioni di servizi rese a soggetti esportatori abituali* (soggetti che, in un dato periodo di tempo, hanno effettuato esportazioni almeno per il 10% del loro volume di affari).

A questi soggetti viene concesso il diritto di acquistare, nell'anno successivo, la stessa quantità di beni o servizi senza pagamento dell'IVA (**plafond**).

Da tanto deriva che il regime di non imponibilità si applica, non solo alle esportazioni, ma anche alle cessioni interne agli esportatori abituali che, per avvalersi dell'agevolazione di effettuare acquisti senza l'applicazione dell'imposta, devono previamente firmare una **dichiarazione di intenti** con i propri fornitori (TESAURO).

2.2.2. LE OPERAZIONI INTRACOMUNITARIE.

Il d.l. 331/1993 disciplina gli **scambi intracomunitari,** ossia i trasferimenti di beni all'interno dell'Unione Europea (*acquisti intracomunitari* e *cessioni intracomunitarie*), posto in essere tra due soggetti passivi IVA appartenenti a diversi Paesi dell'UE.
Gli scambi intracomunitari non sono soggetti a controlli fiscali, né a tassazione doganale, ma subiscono la tassazione del Paese di destinazione, per cui le vendite effettuate tra soggetti passivi IVA all'interno dell'Unione sono tassate a carico del compratore, cioè nello Stato di destinazione.
In conclusione, nel regime degli scambi intracomunitari, il debitore dell'IVA è il cessionario (acquirente), che, tuttavia, autoliquida l'IVA sull'operazione, integrando la fattura ricevuta dal fornitore ed effettuandone la registrazione sul registro delle fatture emesse, in sostituzione del pagamento dell'imposta in dogana (SINISCALCHI).

2.3. IL PRESUPPOSTO SOGGETTIVO.

Perché un'operazione di cessione di beni o di prestazione di servizi risulti rilevante ai fini IVA, occorre che sussista anche il profilo soggettivo della realizzazione di tali **operazioni nell'esercizio di imprese, ovvero di arte o di professioni.**

- L'art. 4, d.P.R. n. 633/1972 definisce **l'esercizio di impresa** come:
  - **l'esercizio per professione abituale,** ancorché non esclusiva, **delle attività commerciali** individuate dall'art. 2195 c.c. (attività industriale diretta alla produzione di beni o di servizi; attività intermediaria nella circolazione dei beni; attività di trasporto per terra, o per acqua o per aria; attività bancaria o assicurativa; altre attività ausiliarie alle suddette) **o delle attività agricole** individuate dall'art. 2135 c.c., **anche se non organizzate in forma indipendente**;
  - **l'esercizio di attività, organizzate in forma di impresa,** dirette alla prestazione di servizi che non rientrano nelle categorie di cui all'art. 2195 c.c.

Per esercizio d'impresa "*per professione abituale*" s'intende un'attività svolta con regolarità, sistematicità e ripetitività, finalizzata al conseguimento di un determinato obiettivo, anche se non in via esclusiva, restando escluse da tale fattispecie le attività svolte in modo occasionale (SINISCALCHI).

L'art. 4 citato, al comma 2, prevede una **presunzione assoluta** di effettuazione nell'esercizio di impresa di qualsiasi cessione o prestazione compiuta dalle società commerciali di ogni genere e dagli enti pubblici e privati che hanno come oggetto esclusivo o principale l'esercizio di un'attività commerciale o agricola. Qualora l'oggetto di questi ultimi sia, invece, diverso, l'IVA verrà applicata solo alle cessioni e prestazioni effettivamente realizzate nell'esercizio di attività commerciali o agricole.

Infine, il comma 5 della disposizione in parola, prevede una **regola per reagire alla prassi antielusiva** consistente nell'intestare a società beni acquistati per la soddisfazione di interessi personali dei soci, al fine di godere della detrazione dell'IVA. A mente di tale disposizione, non si considerano in ogni caso attività commerciali:

- il possesso e la gestione di abitazioni, imbarcazioni, aerei ed altri mezzi di trasporto ad uso privato, o di complessi sportivi o ricreativi, se i soci o i familiari possano fruirne gratuitamente o, in ogni caso, per un corrispettivo inferiore al valore normale, nonché
- il possesso, non strumentale, né accessorio ad altre attività, di immobilizzazioni costituite da partecipazioni sociali o obbligazioni o titoli similari, al fine di percepire dividendi, interessi o altri frutti, in mancanza di strutture dirette ad esercitare attività finanziaria, ovvero attività di indirizzo, di coordinamento o altri interventi nella gestione delle società partecipate.

- **L'esercizio di arti e professioni,** invece, comprende nella propria definizione **tutte le attività di lavoro autonomo, non d'impresa,** anche meramente materiali, escluse quelle autonome solo formalmente e non sul piano sostanziale (in quanto inserite in un'organizzazione altrui), **svolte per professione abituale,** ancorché non esclusiva (FALSITTA).

Posto così l'ambito soggettivo delle operazioni imponibili IVA, si tratta

di capire su chi grava alla fine l'onere contributivo.
Si è detto infatti che l'Iva grava sulle singole operazioni del *consumo*.
Tuttavia, essa non viene versata allo Stato dal consumatore finale del prodotto (ultimo acquirente), bensì dal soggetto che *cede il* bene o *presta* il servizio: il produttore (o, meglio, l'operatore economico).
Risulta quindi una scissione tra il soggetto obbligato a versare il tributo e il soggetto su cui grava l'onere economico del pagamento.
Per comprendere le modalità di funzionamento dell'IVA, è necessario, quindi, operare una distinzione tra:

- **soggetti passivi** o **contribuenti di diritto,** rappresentati dagli operatori economici (imprenditori, artisti o professionisti), che immettono beni e servizi al consumo e che liquidano l'imposta dovuta allo Stato, non sulla singola operazione, ma sul totale delle operazioni concluse in un determinato periodo e nei cui confronti il tributo è **neutrale** (DE MITA);
- **consumatori finali** o **contribuenti di fatto,** che subiscono effettivamente l'imposta su ogni operazione di consumo, risultante dall'aliquota specifica applicata sul prezzo pagato, senza possibilità di recuperarla successivamente e, perciò, sono *definitivamente incisi* dai tributi.

Il produttore viene gravato da una serie di obblighi formali – fatturazione, registrazione, etc. – ma colui che viene inciso economicamente dal tributo, il titolare della manifestazione della capacità contributiva è, in realtà, il consumatore, secondo il meccanismo della **rivalsa obbligatoria.**

2.4. LE OPERAZIONI ESENTI.

L'art. 10 del d.P.R. 633/1972 prevede una serie di **operazioni esenti,** *per ragioni sociali o per esigenze di tecnica tributaria,* che non rilevano ai fini della tassazione, operando un'interruzione nella continuità del ciclo produttivo, in quanto riducono l'entità delle detrazioni spettanti (DE MITA), ma che comportano, tuttavia, una serie di obblighi formali a carico del soggetto passivo.
Generalmente, l'esenzione rappresenta un **vantaggio per il consumatore finale,** che acquista il bene o usufruisce del servizio,

senza sopportare il carico economico dell'IVA, mentre costituisce uno **svantaggio per il soggetto passivo** che effettua l'operazione, in quanto il costo dell'IVA sugli acquisti non può essere trasferito sul consumatore (essendogli precluso il diritto di detrazione).
Tra le operazioni esenti rientrano:

- le operazioni relative ad azioni e quote sociali;
- le operazioni sanitarie, sociosanitarie e di assistenza;
- le operazioni relative alla riscossione dei tributi;
- talune operazioni di trasporto urbano di persone;
- le prestazioni del servizio postale;
- talune operazioni di carattere finanziario (operazioni creditizie, assicurative, valutarie, relative a valori mobiliari);
- le prestazioni di mandato e mediazione;
- talune operazioni immobiliari;
- l'esercizio di giochi o scommesse;
- le operazioni in oro da investimento;
- le attività educative e culturali.

Normalmente le **cessioni di fabbricati ad uso abitativo** sono soggette ad esenzione, ma ci sono delle eccezioni.
A tal proposito occorre distinguere tra **immobili ad uso abitativo** (appartenenti alle categorie catastali da A/1 ad A/9) ed **immobili strumentali** (appartenenti alle categorie catastali B, C, D, E ed A/10).
Le cessioni di fabbricati ad uso abitativo sono dunque esenti IVA, ad eccezione dei casi seguenti:

- le cessioni di fabbricati effettuate **entro i 5 anni** dall'ultimazione della costruzione o dell'intervento, effettuate da imprese di costruzione o di ristrutturazione;
- su opzione del cedente, le cessioni di fabbricati effettuate **dopo i 5 anni** dall'ultimazione della costruzione o dell'intervento, effettuate da imprese di costruzione o di ristrutturazione;
- su opzione del cedente, le cessioni di alloggi sociali.

Anche per le cessioni di fabbricati strumentali per natura vige la regola dell'esenzione, tranne che nelle seguenti ipotesi:

- le cessioni di fabbricati effettuate **entro i 5 anni** dall'ultimazione della costruzione o dell'intervento, effettuate

da imprese di costruzione o da imprese che vi abbiano eseguito opere di intervento;
- le cessioni per le quali il cedente abbia scelto, nel relativo atto, l'opzione per l'imposizione.

Le **locazioni di fabbricati ad uso abitativo** sono sempre esenti IVA, salvo che il locatore eserciti un'opzione per l'imponibilità; questa opzione può essere esercitata da qualsiasi locatore nel caso dei fabbricati strumentali per natura ovvero di alloggi sociali mentre, nel caso dei fabbricati abitativi (diversi dagli alloggi sociali), può essere esercitata solo nel caso in cui il locatore sia un'impresa costruttrice o di ristrutturazione.

3. IL MOMENTO IMPOSITIVO.

Nel regime dell'IVA assume un ruolo fondamentale l'individuazione del **momento impositivo,** che corrisponde al *momento a partire dal quale si realizzano le condizioni necessarie perché l'imposta diventi esigibile* (art. 6 d.P.R. n. 633/1972): tale data rappresenta il *dies a quo* del termine entro cui l'operazione deve essere fatturata e registrata.
L'esigibilità si concretizza quando un'operazione viene posta in essere e comporta:

- **per chi effettua operazioni attive,** cedente: il decorso del termine per l'adempimento agli obblighi formali e sostanziali previsti dalla disciplina IVA (fatturazione, registrazione, versamento, etc.), oltreché l'obbligo di computo **dell'IVA a debito**
- **per il compratore,** cessionario: il diritto di calcolare **l'IVA a credito** (ovvero, il diritto di detrazione).

Per **le cessioni di beni,** l'operazione si considera effettuata (e, dunque, l'IVA esigibile), al momento in cui si verifica **l'effetto traslativo,** ossia, al momento della stipula del contratto, se si tratta di beni immobili, oppure al momento della consegna, in caso di beni mobili.
Per **le prestazioni di servizi,** invece, assume rilievo il **pagamento del corrispettivo,** e non la conclusione della prestazione.
Per entrambe le categorie di operazioni, sono previste talune ipotesi

anticipate di effettuazione delle operazioni:

- **l'emissione della fattura,** per cui l'operazione s'intende effettuata;
- **il pagamento del corrispettivo,** che vale come ipotesi anticipata di effettuazione delle cessioni di beni (in quanto, come si è detto, il versamento nelle operazioni relative a prestazioni di servizi, equivale alla fattispecie principale di compimento dell'operazione).

Nel caso di cessioni di beni, la regola della coincidenza del momento impositivo con la stipula del contratto o con la consegna dei beni subisce le seguenti deroghe:

- in caso di **cessioni i cui effetti traslativi o costitutivi si producono posteriormente** (esempio pratico è la vendita di cosa futura), che si considerano effettuate al momento della realizzazione di tali effetti;
- in caso di **cessioni di beni per atto della pubblica autorità** (ad esempio, una sentenza) e per le **cessioni periodiche o continuative di beni in esecuzione di contratti di somministrazione;**
- **passaggi di beni dal committente al commissionario;**
- **cessioni** del tradente all'accipiente, **in esecuzione di contratti estimatori.** Nel caso di **autoconsumo,** di beni le operazioni si considerano effettuate al momento del prelievo dei beni, o, nel caso di prestazioni di servizi, al momento dell'ultimazione della prestazione.

4. LA BASE IMPONIBILE. LE OPERAZIONI NON IMPONIBILI.

La **base imponibile** nelle operazioni di cessione di beni o di prestazione di servizi è costituita **dall'ammontare complessivo dei corrispettivi dovuti** al cedente o al prestatore, secondo le condizioni contrattuali pattuite.
Più nello specifico, ai sensi dell'art. 13, d.P.R. n. 633/72, "la base imponibile delle cessioni di beni e delle prestazioni di servizi è costituita dall'ammontare complessivo dei corrispettivi dovuti al cedente o prestatore secondo le condizioni contrattuali, compresi gli oneri e le

spese inerenti all'esecuzione e i debiti o altri oneri verso terzi accollati al cessionario o al committente, aumentato delle integrazioni direttamente connesse con i corrispettivi dovuti da altri soggetti". Dunque, ai fini dell'IVA, non rileva il valore normale del bene o il valore di mercato del servizio, bensì il corrispettivo stabilito.

Nella base imponibile vengono compresi anche gli oneri accessori e le spese inerenti all'esecuzione del contratto, nonché i debiti e gli oneri verso terzi accollati al cessionario o al committente e le integrazioni dovute da altri soggetti.

Qualora le parti non abbiano pattuito un corrispettivo contrattuale, la base imponibile è costituita dal **valore normale** del bene o della prestazione.

Per "valore normale" di un bene si intende, nel caso sussistano operazioni analoghe, l'importo che il cessionario o il committente dovrebbe corrispondere ad un altro cedente o prestatore, in condizioni di mercato concorrenziale, per ottenere lo stesso bene o un'operazione equivalente (il c.d. **valore normale comparato).**

Nel caso in cui, invece, non sussistano termini di confronto, per le cessioni di beni, **il prezzo di acquisto dei beni o,** in mancanza, **il prezzo di costo;** per le prestazioni di servizi, **le spese sostenute** dal soggetto passivo per l'esecuzione dei servizi stessi (SINISCALCHI).

Il successivo art. 15, sotto la rubrica "Esclusioni dal computo della base imponibile", elenca una serie di operazioni relative a **somme che, pur essendo addebitate alla controparte, non hanno natura di controprestazione per la cessione del bene o la prestazione del servizio a cui si riferiscono** e, pertanto, sono escluse dal computo della base imponibile, anche se accessorie ad operazioni imponibili, non imponibili o esenti.

Tra le operazioni escluse dalla base imponibile si ricordano:

- le somme aventi natura risarcitoria, tra cui gli interessi moratori e le penalità per ritardi o irregolarità nell'adempimento del cliente;
- le anticipazioni fatte per conto di altri;
- le spese fatte dal mandatario con rappresentanza;
- il valore normale dei beni ceduti a titolo di sconto, premio o abbuono.

Con riferimento all'ultima ipotesi richiamata – ossia, i cosiddetti "sconti merce" (o sconti in natura) che, nella prassi commerciale, rappresentano il riconoscimento gratuito al cliente (nell'ambito di determinate operazioni di compravendita) di quantità aggiuntive di un certo bene prodotto o commercializzato dall'impresa venditrice- la giurisprudenza ha chiarito che detti "sconti o premi", alla stregua del tenore letterale dell'art. 15 cit., possono non essere assoggettati ad Iva se ricorre un duplice presupposto:

a) la cessione a titolo di sconto sia prevista nelle originarie pattuizioni contrattuali;
b) il bene ceduto a titolo di sconto non sia soggetto ad aliquota più elevata rispetto ai beni oggetto della cessione cui lo sconto si riferisce.

Sul punto anche la Corte di cassazione ha ribadito che "l'art. 15 comma secondo n. 2 del D.P.R. n. 633/1972 stabilisce che il valore normale dei beni ceduti a titolo di sconto, premio o abbuono non concorre a formare la base imponibile soltanto se la cessione gratuita venga effettuata in conformità alle condizioni contrattuali originarie e deve cioè essere stipulata al momento della stipulazione del contratto: a tal fine, non può essere considerata da sola idonea a documentare le condizioni originarie del contratto la annotazione nella bolla di accompagnamento della quantità della merce ceduta a titolo di sconto, il che può costituire solo un elemento indiziario, fermo restando che, in caso di contestazione, compete al contribuente fornire la prova sia della conformità delle indicazioni riportate nella bolla alle condizioni negoziali originarie sia eventualmente della contestualità temporale tra stipulazione del contratto e redazione della bolla di consegna" (Cass., 18 giugno 2003, n. 9753).

5. LE ALIQUOTE.

Per determinare l'imposta dovuta dal soggetto passivo, si applica **l'aliquota** in vigore al momento dell'effettuazione dell'operazione, alla base imponibile.
Sono previste:

- un'aliquota ordinaria al 22% (art. 16, d.p.r. n. 633/1972, come modificato dal d.l. n. 138 del 2011, a decorrere dal 1° ottobre 2013);

- un'aliquota ridotta al 10% per i generi di largo consumo;
- un'aliquota ancor più ridotta per i generi di prima necessità, al 4%.

6. IL DIRITTO DI RIVALSA.

L'operatore economico (soggetto passivo), che pone in essere una cessione di beni o una prestazione di servizi, ovvero un'operazione imponibile, diventa debitore nei confronti dello Stato ed ha il diritto di rivalersi nei confronti del cessionario o del committente.
L'esercizio della rivalsa rappresenta tanto un diritto, quanto un obbligo per il soggetto passivo: l'art. 18, d.P.R. n. 633/1972, dispone espressamente **l'obbligo di rivalsa** a carico del cedente o prestatore, che **deve addebitare l'imposta** nei confronti dei destinatari dell'operazione, **attraverso l'emissione di una fattura.** Pertanto, l'obbligo non riguarda l'esercizio del credito di rivalsa, ma riguarda la fase costitutiva del credito suddetto, i cui elementi sono rappresentati dall'emissione della fattura e dall'addebito dell'imposta.
La mancata emissione della fattura e il mancato addebito dell'IVA in fattura vengono sanzionati; peraltro, dal lato del cessionario, all'obbligo di emissione di fattura con addebito, corrisponde il diritto di ricevere la suddetta fattura, con la finalità di annotarla sul registro degli acquisti per poi esercitare il diritto di detrazione.

7. IL DIRITTO DI DETRAZIONE.

Ai sensi dell'art. 19, d.P.R. n. 633/1972, il diritto alla detrazione ha per oggetto *"l'imposta assolta o dovuta dal soggetto passivo o a lui addebitata a titolo di rivalsa"*.
Ciò sta a significare che il soggetto passivo ha il diritto di scomputare dall'IVA relativa alle operazioni attive effettuate, l'ammontare dell'IVA relativa ai beni ed ai servizi acquistati o importati, a condizione che si tratti di acquisti inerenti ad attività strettamente strumentali all'esercizio di impresa, di arte o di professione. La funzione dell'istituto della detrazione è quella di rendere il tributo tendenzialmente **neutrale** per il soggetto passivo.
L'art. 6 d.P.R. n. 633/1972 dispone che il diritto di detrazione dell'IVA

dagli acquisti di beni e servizi effettuati o importati nasce nel momento in cui l'imposta diventa esigibile.

Può essere esercitato non **oltre la dichiarazione relativa al secondo anno successivo** a quello in cui il diritto alla detrazione è sorto.

Perché il soggetto passivo possa esercitare il diritto di detrazione, è tenuto ad adempiere, preventivamente, agli obblighi formali e, in particolare, all'annotazione sul registro degli acquisti delle fatture e delle bollette doganali relative agli acquisti ed alle importazioni, rispetto a cui s'intende operare la detrazione, prima della liquidazione periodica o prima della dichiarazione annuale, nella quale viene effettuata la detrazione (TESAURO).

Solo la prova dell'inerenza dei costi alle finalità imprenditoriali giustifica la detrazione dell'imposta assolta sugli acquisti

Relativamente alla prova della connessione degli acquisti con le finalità imprenditoriali, ai fini della detrazione, la Cassazione si è, da ultimo, in tal senso espressa: "Solo la prova dell'inerenza giustifica la detrazione dell'imposta assolta sugli acquisti, ai sensi dell'art. 19, d.p.r. n. 633 del 1972 in materia di Iva e art. 109, d.p.r. n. 918 del 1986 per le imposte sui redditi. È il contribuente, che invoca la detrazione, a dover dimostrare (ex art. 2697 c.c.), ai fini della richiesta della detrazione/deduzione delle spese sostenute, che le operazioni passive sono state effettuate "in stretta connessione con le finalità imprenditoriali". Inoltre, l'inerenza dei costi resta sottoposta alla valutazione del giudice di merito, che deve seguire un "criterio logico" e la cui censura è ammessa solo per vizio di motivazione (Cass., 3 gennaio 2013, n. 9).

7.1. I LIMITI ALL'ESERCIZIO DELLA DETRAZIONE. LE FRODI CAROSELLO.

In linea generale, «una regolare fattura, conforme ai requisiti di forma e contenuto richiesti dalla vigente disciplina (e, in ispecie, dall'art. 21 del d.P.R. n. 633/1972), fa presumere la verità di quanto in essa rappresentato, sicché costituisce titolo per il contribuente ai fini del diritto alla detrazione dell'IVA, spettando all'Ufficio, di fronte alla sua

esibizione, provare il difetto delle condizioni per la detrazione» (Cass. 28 febbraio 2017, n. 5173).
Dunque, una fattura che è «conforme ai requisiti di forma e contenuto richiesti dalla vigente disciplina (D.P.R. n. 633 del 1972, art. 21 e, con riguardo al diritto unionale, art. 22, par. 3, della Sesta direttiva) fa presumere la verità di quanto ivi rappresentato, sicché costituisce titolo per il contribuente ai fini del diritto alla detrazione dell'Iva. L'art. 168, lett. a), della direttiva 2006/112 indica le condizioni sostanziali per beneficiare di tale diritto: occorre, da un lato, che l'interessato sia un soggetto passivo ai sensi di tale direttiva e, dall'altro, che i beni o servizi invocati a base di tale diritto siano utilizzati a valle dal soggetto passivo ai fini delle proprie operazioni soggette a imposta e, a monte, che detti beni o servizi siano forniti da un altro soggetto passivo (v. tra le tante Corte di Giustizia 6 settembre 2012, Tóth, C-324/11; Corte di Giustizia 22 ottobre 2015, Ppuh, C-277/14; Corte di Giustizia 19 ottobre 2017, SC Paper Consult, C-101/16)» (Cass. 24 luglio 2020, n. 15897).

La "detraibilità" dell'IVA incontra però specifici limiti:
- **indetraibilità analitica**, o **specifica**: non è detraibile l'IVA relativa all'acquisto di beni o servizi afferenti operazioni esenti o comunque non soggette ad IVA;
- **indetraibilità pro-quota:** nelle ipotesi di acquisti effettuati ad uso promiscuo, ovvero riferibili, tanto ad operazioni attive soggette ad imposta, quanto ad operazioni non soggette, l'IVA è indetraibile per quella parte imputabile alle operazioni non soggette;
- **indetraibilità oggettiva**: vi sono casi in cui non risulta agevole accertare l'inerenza di taluni beni o servizi acquistati all'attività del contribuente, per cui il legislatore *presume* la non inerenza degli acquisti all'esercizio di attività di impresa, di arte o professionale e, pertanto esclude la detraibilità dell'IVA relativa ad essi; così, non è detraibile, ad esempio, l'IVA relativa agli acquisti di aerei ed imbarcazioni, alle spese di rappresentanza, all'acquisto di beni di lusso, di alimenti o bevande;
- agli enti non commerciali è consentita la detrazione dell'IVA soltanto per gli acquisti fatti nell'esercizio di attività agricole o commerciali, in ogni caso, gestite con una contabilità separata

da quella relativa all'attività principale.

Le "frodi carosello"

Alle ipotesi di "indetraibilità" sin qui indicate, se ne aggiungo ulteriori elaborate dalla giurisprudenza a fronte di meccanismi fraudolenti comunemente chiamati "**frodi carosello**", ossia fatturazioni che documentano molteplici passaggi di beni tra società con residenze fiscali in altri Paesi (normalmente extra UE); passaggi, questi, posti in essere al solo fine di procurarsi un diritto alla detrazione IVA che altrimenti non ci sarebbe (tra le tante v. Cass. 24490 del 2015, Cass. n. 20059 del 2014, Cass. 24426 del 2013, Cass. 23074 del 2012).

Il meccanismo delle frodi carosello implica l'acquisizione di materiali a prezzi più contenuti al fine di praticare prezzi di vendita più bassi, con alterazione a proprio favore del libero mercato. In presenza di detti acquisti a prezzi inferiori al valore di mercato si presume la piena conoscenza della frode e la consapevole partecipazione «all'accordo simulatorio del beneficiario finale, con la conseguenza che l'IVA assolta dal medesimo beneficiario nelle operazioni commerciali con la società filtro non è detraibile ai sensi dell'art. 19, d.p.r. 26 ottobre 1972, n. 633, anche se le predette operazioni siano state effettivamente compiute e le relative fatture, al pari dell'intera documentazione contabile, sembrino perfettamente regolari» (Cass., sent. 6 giugno 2012, n. 9107).

La questione ermeneutica di maggior rilievo interessa il riparto dell'onere della prova tra fisco e contribuente sull'esistenza del diritto alla detraibilità dell'IVA indicata in fattura; questione che, tra l'altro, viene esaminata distinguendo tra fatturazione per **operazioni oggettivamente inesistenti e operazioni soggettivamente inesistenti.**

La Cassazione, in proposito, ha ribadito che «ai fini della ripartizione dell'onere della prova, occorre considerare che **il diniego del diritto di detrazione segna**

un'eccezione al principio di neutralità dell'I.V.A. che tale diritto costituisce e, pertanto, in caso di fatture che l'Amministrazione ritenga relative ad operazioni inesistenti, ivi compresa l'ipotesi di inesistenza soggettiva, spetta, in primo luogo, all'Amministrazione finanziaria provare che, a fronte dell'esibizione del titolo, difettano le condizioni, oggettive e soggettive, per la detrazione; una volta raggiunta questa prova, spetterà al contribuente fornire la prova contraria, ossia di aver svolto le trattative in buona fede, ritenendo incolpevolmente che le merci acquistate fossero effettivamente rifornite dalla società cedente» (Cass. 24 luglio 2020, n. 15897).

- Nel caso di **operazioni oggettivamente inesistenti:** la fattura «è la mera espressione cartolare di una operazione mai venuta in essere: la relativa prova ricade sull'Amministrazione finanziaria, mentre il contribuente è tenuto a fornire, in tale evenienza, la prova contraria. Attesa l'assenza di operazioni non è, invece, configurabile alcuna buona fede» (Cass. 28 febbraio 2017, n. 5173).
- Nel caso di **operazioni soggettivamente inesistenti** (ossia, fatture emesse dalle c.d. cartiere): «l'operazione è effettiva ed esistente ma la fattura è stata emessa da un soggetto diverso da quello che ha effettuato la cessione o la prestazione in essa rappresentata (e della quale il cessionario o il committente è stato realmente destinatario). L'IVA, conseguentemente, non è, in linea di principio, detraibile perché versata ad un soggetto non legittimato alla rivalsa, né assoggettato al l'obbligo di pagamento dell'imposta. In altri termini, non entrano nel conteggio del dare ed avere ai fini IVA le fatture emesse da chi non è stato controparte nel rapporto relativo alle operazioni fatturate, in quanto tali fatture riguardano operazioni, per quanto lo riguarda, inesistenti, senza che rilevi che le stesse fatture costituiscano la "copertura" di prestazioni acquisite da altri soggetti (v. Cass. 20060 del 2015). Ai sensi

> dell'articolo 168, lett. a), della direttiva 2006/112, infatti, per poter beneficiare del diritto a detrazione, occorre, da un lato, che l'interessato sia un soggetto passivo ai sensi di tale direttiva e, dall'altro, che i beni o servizi invocati a base di tale diritto siano utilizzati a valle dal soggetto passivo ai fini delle proprie operazioni soggette a imposta e che, a monte, detti beni o servizi siano forniti da un altro soggetto passivo» (Cass. 28 febbraio 2017, n. 5173).

Nel caso di operazioni soggettive inesistenti, tuttavia, è «configurabile, anche in applicazione della giurisprudenza della Corte di giustizia dell'Unione europea, una esigenza di tutela della buona fede del contribuente, fermo restando, in ogni caso, che i singoli non possono avvalersi fraudolentemente o abusivamente delle norme del diritto dell'Unione, sicché un soggetto passivo che sapeva o avrebbe dovuto sapere che, con il proprio acquisto, partecipava ad un'operazione che si iscriveva in un'evasione dell'IVA dev'essere considerato, ai fini della direttiva 2006/112, partecipante a tale evasione, indipendentemente dalla circostanza che egli tragga o meno beneficio dalla rivendita dei beni o dall'utilizzo dei servizi nell'ambito delle operazioni soggette a imposta da lui effettuate a valle.

Nella ripartizione dell'onere della prova occorre considerare che il diniego del diritto a detrazione segna un'eccezione all'applicazione del principio fondamentale che tale diritto costituisce: incombe, quindi, sull'amministrazione tributaria provare, sia pure anche solo in base a presunzioni, gli elementi oggettivi – senza esigere dal destinatario della fattura verifiche che non gli incombono – che il contribuente, al momento in cui acquistò il bene od il servizio, sapeva o avrebbe dovuto sapere, con l'uso dell'ordinaria diligenza, che il soggetto formalmente cedente aveva, con l'emissione della relativa fattura, evaso l'imposta o partecipato a una frode, e cioè che il contribuente disponeva di indizi idonei ad avvalorare un tale sospetto ed a porre sull'avviso qualunque imprenditore onesto e mediamente esperto sulla sostanziale inesistenza del contraente (Corte di Giustizia, in C-285/11, Bonik; Corte di Giustizia, in C- 277/14, Ppuh, par. 50)» (Cass. 28 febbraio 2017, n. 5173; Cass. 24 luglio 2020, n. 15897).

In concreto, l'Amministrazione finanziaria assolve detto onere probatorio sia dimostrando «l'interposizione fittizia nella operazione commerciale, ossia la natura di interposto o di "cartiera" del soggetto emittente le fatture», sia dimostrando «secondo il consolidato orientamento della Corte di Giustizia, la circostanza che l'operazione si inserisca in una fattispecie fraudolenta di evasione dell'I.V.A. non comporta ineludibilmente la perdita, per il cessionario, del diritto di detrazione. E', infatti, configurabile una esigenza di tutela della buona fede del soggetto passivo, il quale non può essere sanzionato, con il diniego del diritto di detrazione, se "non sapeva e non avrebbe potuto sapere che l'operazione interessata si collocava nell'ambito di un'evasione commessa dal fornitore o che un'altra operazione facente parte della catena delle cessioni, precedente o successiva a quella da detto soggetto passivo, era viziata da evasione dell'Iva" (Corte di Giustizia 6 luglio 2006, Kittel, C-439/04 e C-440/04; Corte di Giustizia 21 giugno 2012, Mahagèben e David, C-80/11 e C142/11; Corte di Giustizia 22 ottobre 2015, Ppuh, C-277/14). In altri termini, l'Amministrazione ha l'onere di provare, sia pure anche solo in base a presunzioni, non solo l'oggettiva fittizietà del fornitore, ma anche la consapevolezza del destinatario al momento in cui acquistò il bene od il servizio, che l'operazione si inseriva in una evasione d'imposta, dimostrando che il contribuente era a conoscenza, o avrebbe dovuto esserlo, con l'uso dell'ordinaria diligenza, che il soggetto formalmente cedente, con l'emissione della relativa fattura, aveva evaso l'imposta o partecipato a una frode, e cioè che il contribuente disponeva di indizi idonei ad avvalorare un tale dubbio ovvero, con espressione efficace, "a porre sull'avviso qualunque imprenditore onesto e mediamente esperto sulla sostanziale inesistenza del contraente" (Corte di Giustizia 6 dicembre 2012, Bonik, C-285/11; Corte di Giustizia, Ppuh, C-277/14, par. 50).

Tale onere può essere assolto dall'Amministrazione finanziaria mediante presunzioni, e, dunque, non occorre la prova "certa" e incontrovertibile di ogni operazione e dettaglio, come prevede per l'I.V.A. il D.P.R. n. 633 del 1972, art. 54, comma 2 (analogamente per le imposte dirette: v. D.P.R. n. 600 del 1973, art. 39, comma 1, lett. d)) e mediante elementi indiziari (v. Cass. n. 14237 del 07/06/2017; Cass. n. 20059 del 24/09/2014; Cass. n. 25778 del 05/12/2014; Cass. n. 10414 del 12/05/2011; nello stesso senso Corte di Giustizia 6 luglio 2006, Kittel, C439/04 e C-440/04; Corte di Giustizia 21 giugno 2012, Mahagèben e David, C-80/11 e C-142/11)» (Cass. 24 luglio 2020, n. 15897).

Inoltre, «in ordine alla prova sull'elemento soggettivo del cessionario committente non è poi ipotizzabile un automatismo probatorio a suo detrimento.

La Corte di Giustizia (22 ottobre 2015, Ppuh, C-277/14) ha, infatti, espressamente escluso la compatibilità con il diritto unionale di una previsione di legge nazionale che consideri inesistente, in base a criteri predeterminati, il soggetto emittente la fattura e, conseguentemente, neghi al destinatario il diritto a detrazione, dovendosi piuttosto tenere conto della concreta vicenda e delle circostanze di volta in volta presenti, spettando all'Amministrazione dimostrare, ed al giudice verificare, "alla luce di elementi oggettivi e senza esigere dal destinatario della fattura verifiche che non gli incombono, che tale destinatario sapeva o avrebbe dovuto sapere che l'operazione invocata per fondare il suo diritto alla detrazione si iscriveva in un'evasione dell'Iva". Non è,

> quindi possibile fissare in via astratta e preventiva circostanze che ostino al riconoscimento del diritto di detrazione e va, dunque, esclusa, ogni predeterminata ed astratta inversione dell'onere della prova (Corte di Giustizia 15 novembre 2017, Rochus e Finanzamt, C-374/16 e C-375/16; v. anche Corte di Giustizia 7 settembre 2017, Equiom, C-6/16, che, seppure con riferimento ad una diversa questione, precisa che "le autorità nazionali competenti non possono limitarsi ad applicare criteri generali predeterminati, ma devono procedere, caso per caso, a un esame complessivo dell'operazione interessata").
> Raggiunta tale prova dall'Amministrazione, grava sul contribuente l'onere di dimostrare – oltre all'effettività del suo interlocutore – la propria buona fede, ossia, "di aver agito in assenza di consapevolezza di partecipare ad un'evasione fiscale e di aver adoperato la diligenza massima esigibile da un operatore accorto, secondo i criteri di ragionevolezza e di proporzionalità, in rapporto alle circostanze del caso concreto, al fine di evitare di essere coinvolto in una tale situazione, in presenza di indizi idonei a farne insorgere il sospetto" (Cass. Sez. U, n. 21105 del 2017), non assumendo rilievo, a tal fine, nè la regolarità della contabilità e dei pagamenti, nè la mancanza di benefici dalla rivendita delle merci o dei servizi (Cass. n. 9851 del 20/4/2018)» (Cass. 24 luglio 2020, n. 15897).

Si segnala che il tema della "fatturazione per operazioni inesistenti" interessa non solo la specifica questione della detraibilità dell'IVA ma anche, più in generale, l'ambito delle imposte dirette in quanto attraverso l'artificio dell'emissione di fatture per operazioni inesistenti il contribuente titolare di un reddito di impresa può portare in detrazione costi inesistenti e, quindi, abbassare la base imponibile sul quale calcolare l'imposta sul reddito *(vedi* il richiamo al *cap. XV par. 4.4.1.*)**.**
L'art. 14, comma 4-bis, della legge n. 537/93 (come modificato dal d.l. n.

16/12, conv. dalla l. n. 44/12) stabilisce che «nella determinazione dei redditi di cui all'*articolo 6*, comma 1, del testo unico delle imposte sui redditi, di cui al *decreto del Presidente della Repubblica 22 dicembre 1986, n. 917*, non sono ammessi in deduzione i costi e le spese dei beni o delle prestazioni di servizio direttamente utilizzati per il compimento di atti o attività qualificabili come delitto non colposo per il quale il pubblico ministero abbia esercitato l'azione penale o, comunque, qualora il giudice abbia emesso il decreto che dispone il giudizio ai sensi dell'articolo 424 del codice di procedura penale ovvero sentenza di non luogo a procedere ai sensi dell'articolo 425 dello stesso codice fondata sulla sussistenza della causa di estinzione del reato prevista dall'articolo 157 del codice penale. (…)»

Detta norma implica che «poiché nel caso di operazioni soggettivamente inesistenti, i beni acquistati – di regola – non sono stati utilizzati direttamente per commettere il reato, ma, nella maggior parte dei casi, per essere commercializzati, non è più sufficiente il coinvolgimento, anche consapevole, dell'acquirente in operazioni fatturate da soggetto diverso dall'effettivo venditore perché non siano deducibili, ai fini delle imposte dirette, i costi relativi a dette operazioni; resta ferma, tuttavia, la verifica della concreta deducibilità dei costi stessi in relazione ai requisiti generali di effettività, inerenza, competenza, certezza, determinatezza o determinabilità» (Cass. 24 luglio 2020, n. 15897 che richiama Cass. n. 24426 del 30/10/2013; Cass. n. 13803 del 18/6/2014; Cass. n. 10167 del 20/6/12; Cass. n. 25249 del 7/12/2016; Cass. 16528 del 22/6/2018; Cass. n. 32587 del 12/12/2019).

7.2. LA DETRAIBILITÀ PRO-RATA.

Quando il soggetto passivo IVA esercita sia attività che danno diritto alla detrazione, sia attività che danno luogo ad operazioni esenti, si applica il criterio del "**pro-rata**", ai fini del calcolo della quota IVA detraibile: il diritto alla detrazione spetta **in misura proporzionale alla prima categoria di operazioni** ed il relativo importo è dato dal risultato del rapporto tra l'ammontare delle operazioni con diritto alla detrazione, effettuate nell'anno, e la somma di tutte le operazioni attive effettuate nello stesso periodo.

Ai sensi dell'art. 19-*bis* del d.P.R. n. 633/1972 sono previste talune operazioni attive che non vanno computate nel calcolo della percentuale di detrazione, tra cui **le cessioni di beni ammortizzabili** e **le operazioni esenti (relative all'attività di impresa)**.

La detrazione, infatti, spetta in relazione all'utilizzo o alla destinazione del bene o del servizio prevedibile al momento dell'acquisto, ma se successivamente il bene o il servizio viene impiegato per un uso diverso rispetto a quello prospettato all'origine, la detrazione operata dev'essere rettificata, in aumento o in diminuzione, in relazione all'utilizzo effettivo degli stessi (art. 19-*bis*).

Per gli acquisti di beni ammortizzabili, la detrazione va rettificata in caso di utilizzo diverso da quello inizialmente previsto, o in caso di mutamenti dell'attività della disciplina delle operazioni attive o della detrazione.

7.3. LA RETTIFICA DELLA DETRAZIONE: LE VARIAZIONI IN AUMENTO O IN DIMINUZIONE DELLE FATTURE EMESSE.

L'art. 21, comma 7, d.P.R. n. 633/1972, dispone che "*Se viene emessa fattura per operazioni inesistenti, ovvero se nella fattura i corrispettivi delle operazioni o le imposte relative sono indicati in misura superiore a quella reale, l'imposta è dovuta per l'intero ammontare indicato o corrispondente alle indicazioni della fattura*".

Da ciò, si desume il principio in base al quale la fattura assume, in ogni caso, **valore costitutivo del debito di imposta per colui che la emette**, anche nel caso in cui ha ad oggetto un'operazione inesistente, o se indica un corrispettivo superiore a quello effettivo, o un'imposta superiore a quella prevista.

La pretesa di sottrarsi al pagamento dell'iva, a seguito dell'emissione di fatture per operazioni inesistenti

Per non procedere al versamento dell'IVA per fattura già emessa e registrata, la base imponibile o l'imposta indicata in fattura deve essere corretta in aumento o in diminuzione, ossia si deve procedere ad una **rettifica**.

Detta correzione può essere effettuata, alternativamente, attraverso l'emissione di una nota di debito o di credito, a seconda che la rettifica comporti l'aumento o la diminuzione dell'imponibile.

L'emissione di una **nota di credito** è a discrezione del

contribuente, ossia facoltativa; mentre la **nota di debito** è sempre obbligatoria.

Nel caso di **variazioni in aumento,** ovvero nell'ipotesi in cui, successivamente all'emissione di una fattura, si verifichino eventi che comportino l'aumento dell'imponibile o dell'imposta (ad esempio, quando viene pattuito un aumento del corrispettivo già fatturato), il cedente (o il prestatore) **ha l'obbligo** di inviare al cessionario (o al committente) una **fattura integrativa,** o **nota di addebito** (o **nota di variazione in aumento),** a prescindere dal tempo trascorso dall'emissione della relativa fattura da rettificare.

Nel caso inverso di **variazioni in diminuzione** (tra cui, le ipotesi più frequenti, possono riguardare una diminuzione del corrispettivo originariamente pattuito, oppure il verificarsi di una causa di invalidità del contratto), **il cedente può (ma non è obbligato)** emettere una **nota di credito,** ovvero una **nota di variazione in diminuzione,** avente contenuto uguale e contrario a quello della fattura originariamente emessa (TESAURO).

Qualora il cedente (o il prestatore) decida di avvalersi della facoltà di rettifica della fattura in diminuzione, il cessionario (o il committente) che abbia già registrato la fattura, è tenuto ad operare la rettifica e, dunque, a ridurre l'IVA detraibile.

Nel caso di emissione di nota di credito è necessario tenere conto delle indicazioni stabilite dall'art. 26 d.P.R. n. 602/73; la norma generale prevede che tutte le note di credito debbano essere emesse entro un anno dalla emissione della fattura relativa alla fornitura o prestazione, tranne alcuni casi in cui non ci sono limiti di tempo per l'emissione.

Più nel dettaglio, il soggetto passivo ha la possibilità di rettificare in diminuzione, **entro un anno** dalla data di effettuazione dell'operazione, qualora vi siano **inesattezze della fatturazione,** o sia **sopravvenuto un**

accordo tra le parti, oppure, **senza alcun limite di tempo,** nelle ipotesi di:

- obbligo derivante da disposizioni di legge;
- in conseguenza di applicazione di sconti o abbuoni, purché siano previsti originariamente in contratto;
- nullità, annullamento, revoca, rescissione o risoluzione del contratto;
- mancato pagamento della fattura a causa di procedure concorsuali o di procedure esecutive rimaste infruttuose.

A tal proposito, si è espressa recentemente la Corte di cassazione, con una pronuncia che, tuttavia, ha precisato: «la pretesa di sottrarsi al pagamento dell'IVA dovuta su fatture emesse per operazioni inesistenti va riconosciuta fondata, allorché il soggetto che ha emesso la fattura ha, in tempo utile, eliminato completamente il rischio di entrate fiscali, riuscendo a farsi restituire e a distruggere le fatture, prima del loro uso da parte del destinatario» (Cass., 13 novembre 2011, n. 21110).

8. GLI OBBLIGHI FORMALI E SOSTANZIALI IN MATERIA DI IVA.

La disciplina relativa all'imposta sul valore aggiunto prevede una serie di adempimenti formali e sostanziali a carico dei soggetti passivi IVA.

8.1. LA DICHIARAZIONE DI INIZIO ATTIVITÀ.

I soggetti che intraprendono l'esercizio di un'impresa, di un'arte o di una professione, o che istituiscono una stabile organizzazione nel territorio dello Stato sono tenuti, entro trenta giorni a comunicare l'inizio dell'attività all'Agenzia delle Entrate, che attribuisce al contribuente un **numero di partita IVA**.

A decorrere dal 1° aprile 2010, tuttavia, l'obbligo suddetto è adempiuto con la presentazione per via telematica della **Comunicazione Unica** al Registro delle Imprese, presso la Camera di Commercio, per coloro i quali sono obbligati all'iscrizione nel citato registro.

Quanto detto vale in egual misura per le modifiche o integrazioni degli elementi dichiarati delle informazioni inerenti all'attività (SINISCALCHI).

8.2. LA FATTURAZIONE E LA REGISTRAZIONE.

I soggetti passivi IVA che compiono cessioni di beni o prestazioni di servizi che rientrano nel campo di applicazione IVA (operazioni imponibili, non imponibili o esenti) sono obbligati ad emettere **fattura** idonea ad identificare i soggetti e l'oggetto delle operazioni (DE MITA).
Dal 1° gennaio 2019, la fattura deve essere fatta in forma **elettronica** (prima l'obbligo era previsto solo nei confronti di alcune pubbliche amministrazioni).
Il D.L. n. 119/2018 conv. nella legge n. 136 del 13 dicembre 2018 (c.d. decreto fiscale collegato alla Manovra 2019), in materia di **fatturazione elettronica** entrata in vigore dal 1° gennaio 2019, contiene disposizioni di semplificazione per l'avvio della fatturazione elettronica, in tema di emissione, annotazione e registrazione delle fatture emesse, in tema di registrazione degli acquisti e in tema di detrazione dell'IVA.
La fattura dev'essere datata e numerata in ordine progressivo e deve contenere i seguenti elementi:

- il tipo di operazione;
- il corrispettivo;
- l'identificazione dei soggetti, emittente e destinatario;
- l'aliquota, l'ammontare dell'imposta e la base imponibile;
- numero di partita IVA del cessionario o del committente, qualora sia debitore dell'imposta in sostituzione del cedente o prestatore;
- l'annotazione che la stessa è compilata dal cliente, oppure, per conto del cedente, da un terzo.

Qualora la fattura si riferisca ad operazioni non imponibili o esenti, deve contenere la relativa indicazione.
Normalmente, la fattura va emessa al momento dell'effettuazione dell'operazione, ma può essere **differita entro il giorno 15 del mese successivo** a quello della consegna o spedizione dei beni, come risultante da apposito documento di trasporto. La fattura può essere differita anche per le prestazioni di servizi effettuate nello stesso mese solare da un unico soggetto, a condizione che le fatture siano

individuabili da idonea documentazione.
La possibilità di avvalersi della **fatturazione differita** non incide, tuttavia, sull'esigibilità dell'imposta che rimane ancorata al momento di effettuazione dell'operazione.
È altresì prevista la possibilità per tutti i soggetti passivi Iva (quindi sia imprese che professionisti) di emettere una **fattura semplificata** per operazioni di importo complessivo non superiore a 100 euro e per le note di variazione.
Rispetto alla fattura ordinaria in alternativa all'indicazione della ditta, ragione sociale, nome e cognome, residenza del cessionario o committente, può essere indicato il solo *codice fiscale* o il *numero di partita Iva*, in caso di soggetto stabilito in Italia, oppure il *numero di identificazione Iva del relativo Stato*, in caso di soggetto stabilito in altro Stato Ue (articolo 21-*bis* del d.P.R. n. 633/1972). Nei rapporti tra cedente e cessionario, l'emissione delle fatture è essenziale per poter esercitare sia il diritto di rivalsa, che il diritto di detrazione.
Come chiarito dalla risoluzione del 25 novembre 2015, n. 98/E, la disciplina in materia di fattura elettronica non ha creato una categoria sostanziale nuova o diversa dalla fattura "ordinaria", con la conseguenza che, pur nel limite della compatibilità con gli elementi che le caratterizzano, continuano a trovare applicazione tutti i chiarimenti già in precedenza emanati con riferimento generale alla fatturazione, nonché le deroghe previste da specifiche disposizioni normative di settore.
Ciascun soggetto passivo deve tenere, ai fini dell'IVA, due **registri:**

- **uno per le operazioni attive** (in cui risulta l'IVA a debito), nel quale registrare sia le fatture immediate, **entro 15 giorni** dall'emissione, sia le fatture differite, entro il termine di emissione delle stesse;
- ed **uno per gli acquisti** (in cui risulta l'IVA a credito), nel quale registrare le fatture relative agli acquisti e alle importazioni effettuate nell'esercizio dell'attività di impresa o professionale, al fine di poter esercitare il diritto di detrazione sugli acquisti.

Ogni mese (o, per i contribuenti di minori dimensioni, ogni trimestre), dev'essere liquidata la differenza risultante tra l'ammontare dell'IVA a debito e l'ammontare dell'IVA a credito.

8.2.1. L'INVERSIONE DELL'ONERE DI FATTURAZIONE: L'AUTO-FATTURA.

Solitamente l'IVA dev'essere applicata ed è dovuta dal soggetto passivo che pone in essere un'operazione rientrante nel campo di applicazione IVA e che deve emettere una fattura che documenti la suddetta operazione, con addebito di imposta.

L'inversione contabile o ***reverse charge,*** è un particolare meccanismo di applicazione dell'IVA, per effetto del quale il destinatario di una cessione di beni o prestazione di servizi, se soggetto passivo nel territorio dello Stato, è tenuto all'assolvimento dell'imposta in luogo del cedente o prestatore. Questo significa che la transazione è soggetta all'imposta, ma quest'ultima è assolta dal compratore.

In altri termini, l'autofattura è una particolare tipologia di fattura in cui l'obbligo di applicare l'IVA e di emettere la fattura è posto a carico del cessionario/committente; per tale ragione si dice che nel caso dell'autofattura si verifica **un'inversione contabile,** obbligo rovesciato o *reverse charge*.

Il riferimento normativo del *reverse charge* IVA in Italia è rappresentato dall'articolo 17, commi 5 e 6 del dpr 633/1972. Il D.L. 193/2016, che ha recentemente riformato il c.d. decreto IVA per effetto dell'introduzione dello spesometro trimestrale, non ha tuttavia inciso sulla parte della normativa IVA relativa al *reverse charge*.

Il venditore emette fattura senza addebitare l'imposta, applicando la norma che prevede l'utilizzo del regime del *reverse charge. Il* destinatario integra la fattura ricevuta con l'indicazione dell'aliquota e dell'importo propria della operazione, **registra il documento sia nel registro IVA delle fatture emesse sia nel registro IVA degli acquisti.**

L'ambito di applicazione del *reverse charge* è stato ampliato dalla Legge di Stabilità 2015, per effetto della quale, ora, involge:

- cessioni di oro industriale e da investimento;
- prestazioni di servizi rese da subappaltatori nei confronti di imprese appaltatrici che svolgono attività di costruzione, o ad altre imprese subappaltatrici;
- cessioni di fabbricati o porzioni di fabbricati strumentali per le quali il cedente abbia scelto di applicare l'IVA, mediante opzione nell'atto di vendita;

- vendita di telefoni cellulari in grado di connettersi ad una rete munita di licenza e funzionanti a frequenze specifiche;
- cessioni di dispositivi a circuito integrato, quali microprocessori e unità centrali di elaborazione prima della loro installazione in prodotti destinati a consumatori finali;
- servizi resi nel settore dell'edilizia (ivi comprese le prestazioni di servizi di pulizia, di demolizione, di installazione di impianti e di completamento relative ad edifici);
- cessioni effettuate nel settore energetico (cessioni di gas e di energia elettrica a un soggetto passivo rivenditore);
- cessioni effettuate nei confronti di operatori della grande distribuzione (ipermercati, supermercati e discount alimentari);
- cessioni di bancali di legno, c.d. *pellet.*

Con riguardo all'ambito oggettivo di applicazione del *reverse charge*, l'Agenzia delle Entrate ha fornito importanti chiarimenti con la Circolare del 22 dicembre 2015, n. 37/E, cui si rinvia.
Da ultimo, è da evidenziare che la legge di stabilità 2016 (art. 1, co. 128, legge n. 208/2015) ha esteso l'inversione contabile anche alle imprese consorziate nei confronti del consorzio di appartenenza, ove detto consorzio sia aggiudicatario di una commessa nei confronti di un ente pubblico, a cui il consorzio sia tenuto ad emettere fattura in base alle disposizioni sullo ***split payment.***

8.2.2. LO *SPLIT PAYMENT*.

La legge di Stabilità 2015 (L. n. 190/2014), ha introdotto un particolare meccanismo di versamento dell'imposta, il c.d. ***split payment***, con finalità antievasiva.
L'art.1, comma 629, della suddetta legge ha introdotto nel corpo del decreto IVA l'**art. 17-*ter*.**
I soggetti interessati sono tutti i ***fornitori*** di beni e servizi effettuati nei confronti delle PA, per i quali i suddetti cessionari o committenti non siano debitori d'imposta ai sensi delle disposizioni in materia d'imposta sul valore aggiunto.
In particolare, le PA interessate sono:

- lo Stato;

- gli organi dello Stato dotati di personalità giuridica;
- gli enti pubblici territoriali e i consorzi tra essi costituiti;
- le camere di commercio, industria, artigianato e agricoltura;
- gli istituti universitari;
- le aziende sanitarie locali;
- gli enti ospedalieri;
- gli enti pubblici di ricovero e cura aventi prevalente carattere scientifico;
- gli enti pubblici di assistenza e beneficienza e quelli di previdenza.

Tale elencazione non è tassativa, ma è suscettibile di interpretazione estensiva per tutte le Pubbliche Amministrazioni.
Restano in ogni caso esclusi dall'ambito soggettivo di riferimento gli enti privati o privatizzati, essendo la natura pubblica un requisito imprescindibile, così come sono esclusi gli enti pubblici economici che operano con un'organizzazione imprenditoriale di tipo privatistico.
In applicazione del meccanismo dello ***split payment*** i fornitori saranno tenuti agli obblighi formali di fatturazione, tuttavia non incasseranno l'IVA addebitata in via di rivalsa, ma solo l'imponibile (cioè il prezzo del bene al netto dell'IVA).
L'IVA sarà versata direttamente dai medesimi enti pubblici.

8.3. LA LIQUIDAZIONI DELL'IVA.

I soggetti passivi IVA sono tenuti ad effettuare **periodicamente la liquidazione dell'IVA**, consistente nella **differenza** (detta **IVA a debito**) tra l'ammontare complessivo dell'imposta esigibile nel mese precedente, che risulta dalle annotazioni eseguite o da eseguire nei registri relativi alle fatture emesse o ai corrispettivi delle operazioni imponibili (**operazioni attive**), e l'importo dell'imposta, risultante dalle annotazioni eseguite, nei registri relativi ai beni ed ai servizi acquistati, sulla base dei documenti di acquisto, per i quali il diritto alla detrazione viene esercitato nello stesso mese (**operazioni passive**).
L'IVA *a debito* risultante dalla suddetta operazione di liquidazione, dev'essere versata mediante modello F24, per via telematica,

- **entro il giorno 16 del mese successivo al mese di riferimento**, per il **contribuente mensile**;

- **entro il giorno 16 del secondo mese successivo al trimestre di riferimento** per il **contribuente trimestrale**, con una maggiorazione del 1% degli interessi.

I **contribuenti minori**, ossia coloro che abbiano realizzato nell'anno solare precedente un **volume di affari** non superiore a differenti soglie (a seconda dell'attività svolta dall'impresa), possono scegliere la liquidazione periodica **trimestrale**, con i relativi versamenti entro il giorno 16 del secondo mese successivo al trimestre di riferimento.
Il **volume di affari** è definito dall'art. 20 come il risultato della somma delle operazioni attive effettuate e registrate nell'anno solare, che rientrano nel campo di applicazione del tributo, e non considerando le cessioni di beni ammortizzabili e i passaggi interni tra più attività separate dello stesso soggetto.

8.4. LA DICHIARAZIONE ANNUALE IVA.

La **dichiarazione IVA** documenta, attraverso un riepilogo, gli adempimenti già eseguiti, liquidazioni comprese, in relazione alle operazioni attive e passive dell'intero periodo d'imposta.
Per ciascun anno, il contribuente, anche se non ha compiuto operazioni, è soggetto alla presentazione all'Agenzia delle Entrate della dichiarazione relativa all'imposta periodica dovuta, **esclusivamente in via telematica**.
Prima del 2017, la dichiarazione poteva essere presentata in via:

- **unificata**, se presentata insieme alla dichiarazione dei redditi, mediante il Modello Unico;
- **autonoma**, se scelta dal contribuente, nel caso in cui si voglia utilizzare l'IVA a credito in compensazione più velocemente oppure per chiedere il rimborso di un credito IVA.

A partire dall'anno 2017 (per presentare la dichiarazione Iva concernente l'anno d'imposta 2016), il modello di dichiarazione annuale non può più essere presentato in forma unificata insieme alla dichiarazione dei redditi.

La natura della dichiarazione IVA

La Corte di cassazione (n. 268 e n. 13090 del 2012) ha affermato che «il ruolo della dichiarazione IVA è soprattutto di riepilogo degli adempimenti già eseguiti e di liquidazione definitiva, in relazione alle operazioni attive e passive per l'intero periodo di imposta. Da essa debbono risultare gli elementi necessari per individuare il contribuente, determinare l'ammontare delle operazioni e dell'imposta ed effettuare i controlli» e quant'altro richiesti dal modello.
La dichiarazione IVA, in larga misura, **è mera riproduzione di dati preesistenti, risultanti dai registri IVA**. È dunque **diversa dalla dichiarazione dei redditi di impresa, che ha per base il conto economico e comporta variazioni in aumento e in diminuzione del risultato di esercizio**».

Nei meccanismi della rivalsa e della detrazione, invece, gli obblighi strumentali e gli adempimenti formali richiesti al contribuente in materia IVA assumono una particolare valenza. Infatti, con la fase periodica di liquidazione e versamento dell'imposta si realizza la sintesi algebrica delle operazioni attive e passive e delle imposte a debito e a credito che ne scaturiscono, mentre la dichiarazione annuale offrirebbe solo la rappresentazione del complesso delle operazioni attive e passive svolte nell'anno solare.

8.5. I VERSAMENTI, I CONGUAGLI E LE ECCEDENZE A CREDITO.

I versamenti dell'IVA sono **periodici**:
- **infrannuali** (da effettuarsi mensilmente o trimestralmente) e
- **annuale**, detto, "**a conguaglio**", laddove dalla dichiarazione annuale emerga una differenza tra l'ammontare dell'imposta dovuta e l'ammontare dei versamenti effettuati nel corso dell'anno precedente.

Qualora, invece, risulti un'**eccedenza** tra la differenza dell'IVA detraibile (sulle operazioni passive) e l'ammontare dei versamenti effettuati in corso d'anno (IVA dovuta), il contribuente può scegliere tra **la compensazione** (ai fini dello scomputo dai debiti periodici IVA del periodo d'imposta successivo), che vale come regola, o **il rimborso.**

Il credito IVA annuale può essere chiesto a rimborso solo in determinati casi:

- da chi cessa l'attività;
- da chi esercita in prevalenza attività che comportano vendite con aliquote inferiori a quelle degli acquisti;
- da chi effettua operazioni non imponibili (esportazioni) per almeno il 25% dell'attività;
- da chi opera prevalentemente fuori del territorio italiano;
- dai non residenti.

La questione della rimborsabilità degli oneri per fideiussioni sostenuti dal contribuente che ha domandato il rimborso del credito iva

Il quesito se il diritto al rimborso previsto dall'art. 8, comma 4, dello Statuto del contribuente valga solo per le spese per polizze stipulate obbligatoriamente o non anche per quelle previste dal D.P.R. n. 633 del 1972, art. 38 bis, comma 6, di natura facoltativa è stato risolto dalla Cassazione in senso favorevole al contribuente.

In proposito la Corte di cassazione ha affermato che l'art. 8, comma 4, della l. n. 212/00 (Statuto dei diritti del contribuente) «in base al suo tenore testuale, ha natura immediatamente precettiva, prevedendo il diritto al rimborso del costo delle fideiussioni richieste sia definitivamente accertato che l'imposta non era dovuta o era dovuta in misura inferiore a quella accertata: si tratta di una disciplina in sè sufficientemente compiuta - essendo stabiliti i presupposti dell'insorgenza del diritto al rimborso, il suo oggetto, il soggetto tenuto a provvedere e il soggetto avente diritto-, tale da attribuire al contribuente un diritto soggettivo perfetto, posto a tutela della sua integrità patrimoniale» (Cass., sent. n. 16409 del 5 agosto 2015).

Dunque, «la norma comprende i costi di tutte le fideiussioni che il contribuente ha richiesto, dovendosi chiaramente intendere l'espressione "ha dovuto richiedere" non nel senso dell'esistenza di un ipotetico obbligo normativo in tal senso, bensì con riferimento alla necessità (onere) della richiesta della fideiussione in rapporto allo scopo perseguito (ottenere la sospensione del pagamento di tributi o la rateizzazione o il rimborso)» (Cass., sent. n. 16409 del 5 agosto 2015).

8.5.1. IL DINIEGO DEL RIMBORSO DEL CREDITO IVA.

Il rimborso del credito IVA «dà origine ad un rapporto giuridico nel quale è il contribuente a rivestire il ruolo attivo assumendo nei confronti dell'Erario la posizione di creditore di una determinata somma di danaro, per il fatto di avergliela in precedenza versata, e, dunque di attore sostanziale con ogni ovvia ricaduta sul piano dell'onere probatorio. In un rapporto siffatto, non può attribuirsi alla motivazione del provvedimento carattere di necessaria esaustività, giacché in tale rapporto l'ufficio assume il ruolo passivo di chi "resiste" alla pretesa creditoria del contribuente e non è pertanto gravato dall'onere di motivare compiutamente le proprie ragioni: si è conseguentemente ritenuta sufficiente una motivazione che delinei gli aspetti essenziali del provvedimento» (Cass., ord. 3 marzo 2020, n. 5827 che richiama Cass. 10797/2010).

Ne consegue che «in caso di controversia avente ad oggetto il rigetto di istanza di rimborso di un tributo, l'Amministrazione ben può prospettare argomentazioni giuridiche ulteriori rispetto a quelle che hanno formato la motivazione del rigetto in sede amministrativa» (Cass., ord. 3 marzo 2020, n. 5827 che richiama Cass. n. 8998/2014).

La Giurisprudenza è, tuttavia, divisa sulla questione se decorso il termine di decadenza del potere di accertamento del diritto al rimborso, senza alcuna contestazione da parte dell'Amministrazione finanziaria, ci sia o meno la "cristallizzazione" del credito indicato dal contribuente in dichiarazione è definitivo e cristallizzato.

Secondo un orientamento giurisprudenziale il diritto alla restituzione, decorsi gli ordinari termini di decadenza l'Ufficio senza che venga sollevata alcuna contestazione di sorta, comporta la definitività del diritto di credito del contribuente in quanto quest'ultimo non è sottoposto al termine decadenziale previsto solo ai fini del recupero dei debiti di imposta. In altri termini, secondo questo orientamento, il diniego di rimborso del credito Iva è soggetto ai termini decadenziali ordinari (Cass. n. 8460/2005). L'unica eccezione riguarda la contestazione dei requisiti per il rimborso, per i quali

vale il termine decennale di prescrizione. Infatti, secondo il tradizionale orientamento della Cassazione (da ultimo, Cass., 10 aprile 2013, n. 8810; Cass. 9 agosto 2016, n. 16768), il diniego di rimborso del credito IVA soggiace al termine di cui all'art. 57 del d.P.R. n. 633/1972 se esso dipenda dalla contestazione della sussistenza dell'eccedenza detraibile indicata dal contribuente (Cass. 22 aprile 2005 n. 8460; Cass. 24 luglio 2013, n. 17969), mentre non vi soggiace se è pacifica sussistenza dell'eccedenza ma vengano contestati i requisiti per l'accesso al rimborso contemplati dall'art. 30 del d.P.R. n. 633/1972 (Cass. 10 gennaio 2004, n. 194; Cass. 16 dicembre 2008, n. 29398; Cass., 9 aprile 2009, n. 8642).
Secondo un diverso orientamento, in tema di rimborso imposte, l'Amministrazione può contestare il credito esposto dal contribuente nella dichiarazione anche dopo la decorrenza del termine di decadenza del potere di accertamento, atteso che esso è riferibile solo ai debiti erariali e non ai crediti.
La questione è stata rimessa alle Sezioni unite della Corte di cassazione, con l'ordinanza n. 15525 del 21 luglio 2020, nella quale si evidenzia che è sempre consentito al contribuente eccepire in sede contenziosa l'errore commesso con la dichiarazione fiscale, così da evitare che vengano richieste somme diverse da quelle dovute. Per converso, è ragionevole consentire anche all'Amministrazione finanziaria analoga eccezione in sede di rimborso, e quindi nonostante siano spirati i termini di decadenza per l'accertamento. A sostegno dell'orientamento contrario, invece, l'ordinanza di remissione evidenzia che in concreto si crea incertezza sulla posizione del contribuente e questa incertezza incide anche sulla "circolazione" del credito, che specialmente in materia di Iva, è molto frequente; ragione per cui, d'altra parte, il potere di controllo dell'Amministrazione finanziaria soggiace all'istituto della decadenza.

8.6. L'OMESSA DICHIARAZIONE IVA CON IMPOSTA A CREDITO.

Nel caso di omesso invio della dichiarazione Iva da cui emerge un credito e questo venga riportato nel modello dell'anno successivo è sorto un contrasto in seno alla giurisprudenza di legittimità che è stato risolto dalle Sezioni unite della Corte di cassazione con le sentenze dell'8 settembre 2016, n. 17757 e n. 17758.
Prima dell'intervento delle Sezioni Unite la giurisprudenza di legittimità

era divisa in due differenti orientamenti.
Secondo un primo orientamento (Cass., n. 544 del 1997; Cass., n. 2063 del 1998), in tema di IVA, il contribuente che ha regolarmente annotato tutte le fatture dalle quali scaturisce per lui un credito d'imposta -e, quindi, ha operato la detrazione del credito nelle liquidazioni periodiche (non presenti però nella successiva dichiarazione annuale)- può comunque computare l'imposta detraibile, risultante dalle liquidazioni periodiche, nella dichiarazione dell'anno successivo, atteso che il diritto alla detrazione si perdeva solo quando questa non veniva computata sia nel mese di competenza che in sede di dichiarazione annuale.
Secondo questa tesi occorre distinguere l'ipotesi dell'omessa registrazione di documenti contabili dall'ipotesi di regolare effettuazione delle detrazioni di legge nelle dichiarazioni periodiche di competenza, alle quali non segua la presentazione della dichiarazione annuale. Nel primo caso, infatti, manca l'esposizione del credito d'imposta e quindi non è ipotizzabile alcuna detrazione, né nel mese di competenza, né nella dichiarazione annuale; sicché non è possibile alcun recupero del credito d'imposta. Nel secondo caso, invece, per il contribuente che abbia omesso la presentazione della dichiarazione annuale, pur avendo regolarmente annotato tutte le fatture dalle quali scaturisca per lui un credito d'imposta e operato la detrazione nella dichiarazione periodica di competenza, non può verificarsi alcuna decadenza, poiché questa si verifica, secondo quanto dispone il quarto comma dell'art. 28 del D.P.R. cit., solo quando la detrazione non venga computata nel mese di competenza e non venga poi recuperata nella dichiarazione annuale.
Il necessario concorso di entrambe le circostanze si giustificherebbe col rilievo che la decadenza consegue al mancato esercizio del diritto di recupero, in sede di dichiarazione annuale, dei crediti d'imposta che avrebbero dovuto esser indicati nei mesi di competenza. La sanzione della decadenza non può essere estesa alla diversa fattispecie in cui la detrazione sia stata regolarmente operata nel mese di competenza e non risulti, invece, dalla dichiarazione annuale, della quale sia stata omessa la presentazione, poiché, nel caso di accertamento induttivo, il fisco deve computare in detrazione non solo i versamenti eseguiti dal contribuente, ma anche le imposte detraibili risultanti dalle dichiarazioni mensili, come prescrive l'art. 55 del citato D.P.R. Sicché il diritto alla detrazione viene meno solo per i crediti d'imposta relativi ad operazioni non registrate o comunque non

risultanti dalle liquidazioni periodiche.

Secondo un successivo e più restrittivo orientamento (Cass., Sez. V, n. 1823 del 2001), invece, il contribuente il quale, pure avendo computato le detrazioni per i mesi di competenza, abbia omesso di computarle nella dichiarazione annuale, perde il diritto a dette detrazioni, ai sensi del quarto comma dell'art. 28 del D.P.R. cit., fermo il diritto al rimborso di quanto versato in eccedenza, in applicazione del secondo comma dell'art. 30 del D.P.R. cit.

La soluzione sostanzialistica delle Sezioni unite

La Corte di cassazione (Sez. un., sent. nn. 17757 e 17758 dell'8 settembre 2016; Cass., ord. 4 marzo 2020, n. 6055) ha stabilito il seguente principio di diritto: «La neutralità dell'imposizione armonizzata sul valore aggiunto comporta che, **pur in mancanza di dichiarazione annuale, l'eccedenza d'imposta - risultante da dichiarazioni periodiche e regolari versamenti per un anno e dedotta entro il termine previsto per la presentazione della dichiarazione relativa al secondo anno successivo a quello in cui il diritto è sorto - sia riconosciuta dal giudice tributario se siano stati rispettati dal contribuente tutti i requisiti sostanziali per la detrazione**; pertanto, in tal caso, il diritto di detrazione non può essere negato nel giudizio d'impugnazione della cartella emessa dal fisco a seguito di controllo formale automatizzato, laddove, pur non avendo il contribuente presentato la dichiarazione annuale per il periodo di maturazione, sia dimostrato in concreto - ovvero non controverso - che si tratti di acquisti fatti da un soggetto passivo d'imposta, assoggettati a IVA e finalizzati a operazioni imponibili».

Ne consegue che «in tema di IVA, il diritto alla detrazione deve essere riconosciuto anche nel caso di violazione di requisiti formali di cui alla Dir. n. 77/388/CEE, artt. 18 e 22, (cd. sesta direttiva) – quali la mancata redazione delle dichiarazioni periodiche o di quella annuale, ovvero l'omessa tenuta del registro IVA acquisti – qualora il contribuente dimostri, mediante fatture o altra idonea documentazione contabile, il rispetto dei requisiti sostanziali di cui alla citata Dir., art. 17, purché detto diritto venga esercitato entro il termine previsto per la presentazione della dichiarazione relativa al secondo anno successivo a quello nel quale è sorto ai sensi del D.P.R. n. 322 del 1998, art. 8, comma 3». (Cass., ord. 4 marzo 2020, n. 6055 che richiama Cass., 27 luglio 2018, n. 19938).

In conclusione, il termine di decadenza è quello biennale - come stabilito dall'art. 19 del d.P.R. n. 633/1972 e ritenuto dalla Corte di giustizia (28 luglio 2016, causa C-332/15, Astone) compatibile con la normativa unionale-; se nel biennio utile non vengono presentate le prescritte dichiarazioni il contribuente decade dal diritto alla detrazione (Cass., ord. 4 marzo 2020, n. 6055).

9. L'IVA PER CASSA.

Con l'art. 32-*bis* del d.l. 22 giugno 2012, n. 83, è stata modificata la disciplina normativa dell'*esigibilità* secondo il *principio di cassa* dell'imposta sul valore aggiunto.

Attraverso le modifiche introdotte nel nuovo regime, si è tentato, per i soggetti IVA caratterizzati da un modesto volume di affari, di far coincidere il momento impositivo del versamento dell'imposta, con quello di incasso del corrispettivo cui l'imposta accede.

QUESTIONARIO

1. Quali sono i presupposti affinché un'operazione rientri nel campo di applicazione IVA? (**XVII.2**)
2. Che caratteristiche hanno le operazioni esenti, ai fini dell'IVA? (**XVII.2.4**)
3. Come si individua il momento impositivo rispetto alla cessione di beni? (**XVII.3**)
4. In che consiste l'istituto della rivalsa? (**XVII.6**)
5. Quali sono i limiti alla detrazione dell'IVA? (**XVII.7.1**)
6. Che obbligo grava sul contribuente in caso di variazioni in aumento, rispetto a fatture emesse? (**XVII.7.3**)

7. Quali sono i principali adempimenti formali a cui è tenuto il soggetto passivo IVA? (**XVII.8**)
8. In cosa consiste la dichiarazione annuale IVA? (**XVII.8.4**)
9. Cosa può fare il contribuente in caso di eccedenza a credito IVA? (**XVII.8.6**)
10. Cosa prevede il regime dell'IVA cd. "per cassa"? (**XVII.9**)

SCHEDA DI SINTESI

Il presupposto di imposta dell'IVA sono le cessioni di beni e le prestazioni di servizi effettuate nel territorio dello Stato nell'esercizio di imprese o nell'esercizio di arti e professioni, nonché le importazioni da chiunque effettuate.
Per l'applicazione dell'IVA devono sussistere quindi tre presupposti: presupposto oggettivo ("colpisce le cessioni di beni e le prestazioni di servizi... nonché le importazioni da chiunque effettuate"), il presupposto territoriale ("nel territorio dello Stato") e il presupposto soggettivo ("imprese o arti e professioni").
Le operazioni economiche sono rilevanti ai fini IVA (sono dunque operazioni incluse nel suo campo di applicazione) unicamente se rispettano tutti questi presupposti.

TI RICORDI

Le imposte si distinguono in: imposte dirette (hanno come presupposto le manifestazioni dirette e immediate di ricchezza) e imposte indirette (hanno come presupposto l'utilizzazione della ricchezza, cioè atti o fatti che fanno indirettamente desumere la disponibilità di un reddito o di un patrimonio e sono rivelatori di capacità contributiva).
L'IVA è la principale tra le imposte indirette.

CAPITOLO XVIII
Le altre imposte indirette

SOMMARIO:

1. L'IMPOSTA DI REGISTRO.

L'imposta di registro è disciplinata dal:

- d.P.R. 26 aprile 1986, n. 131 (c.d. "Testo Unico delle disposizioni concernenti l'imposta di registro"), al quale sono allegate,
- una **Tariffa,** divisa in due parti (la prima inerente alla registrazione in termine fisso, l'altra relativa alla registrazione in caso d'uso),
- una **Tabella** (relativa agli atti per i quali non è prevista la registrazione), ed
- un prospetto dei coefficienti per la determinazione dei diritti di usufrutto a vita e delle rendite o pensioni vitalizie.

L'imposta di registro ha una **natura promiscua,** in quanto può configurarsi alternativamente come:

- una **tassa,** quando si applica in *misura fissa*;
- una **imposta,** quando si applica in *misura proporzionale* al valore dell'atto a cui si riferisce.

Essa si definisce come *una imposta reale indiretta sugli affari,* poiché colpisce la capacità contributiva che si *deduce* da *negozi giuridici* di

vario genere: l'atto giuridico (contratto, operazione societaria, ecc.) diviene, dunque, manifestazione della capacità economica del soggetto e della correlata capacità contributiva. È una *imposta d'atto*, poiché il tributo è ontologicamente legato all'atto stesso.
Il d.P.R. n. 131 del 1986 impone due ordini di obblighi:

- la *registrazione* degli atti ivi elencati (atti scritti, taluni atti verbali);
- il *versamento* del tributo, nel momento e nella misura determinati dalla legge.

L'applicazione dell'imposta è legata alla prestazione di un servizio amministrativo di **registrazione degli atti** da parte dell'ufficio dell'Agenzia delle entrate; in tale ipotesi il tributo ha natura di **tassa**, in quanto viene applicata in misura fissa (TESAURO; LUPI). In altri casi, è legato alla **stipulazione di un atto scritto o da determinati contratti verbali**, ossia alla realizzazione di un evento suscettibile di valutazione economica, rivestendo natura di **imposta**, ed è proporzionale al valore dell'atto, valore assunto dal legislatore come indice di capacità contributiva (FERLAZZO NATOLI; FALSITTA).

1.1. LA REGISTRAZIONE DEGLI ATTI

La **registrazione** consiste nell'**annotazione**, in **apposito registro**, dell'atto scritto o della denuncia verbale, **previo pagamento dell'imposta principale**.
Ai sensi dell'art. 2704 c.c., la registrazione *attesta* l'esistenza dell'atto ed *attribuisce* ad esso data certa.
Ai fini dell'imposta di registro, il legislatore tributario distingue gli atti giuridici in **tre categorie**:

- atti **soggetti a registrazione in termine fisso**;
- atti **soggetti a registrazione in caso d'uso**;
- atti **non soggetti a registrazione** ma che **per volontà dell'interessato** possono essere registrati.

Atti soggetti a registrazione in termine fisso

Per tale tipologia di atti sussiste l'**obbligo** di richiederne la **registrazione entro un determinato termine**, che decorre dalla loro formazione.
Tale termine è di:

- **20** giorni dalla *sottoscrizione* per gli atti formati in Italia;
- **60** giorni per gli atti formati all'estero;
- **30** giorni per gli atti soggetti a registrazione telematica (atti relativi a diritti sugli immobili o autenticata da pubblici ufficiali) e per i *contratti di locazione e affitto di beni immobili* (pena la *nullità* del contratto, ex art. 1, c. 346, L. n. 311 del 2004)*;*
- 5 giorni dalla *pubblicazione* o *emanazione* per gli atti degli organi giurisdizionali.

Sono soggetti a registrazione nel termine fisso:

- gli **atti scritti** indicati nella Tariffa;
- **i contratti verbali** di locazione o affitto di immobili e di trasferimento o affitto di aziende (per alcuni di essi, viene presentata una *denuncia sottoscritta da almeno uno dei contraenti* su modelli predisposti dall'Amministrazione);
- le **operazioni societarie** elencate dall'art. 4 del TUR;
- gli **atti formati all'estero** aventi per oggetto il trasferimento o la locazione di immobili o di aziende esistenti nel territorio dello Stato.

In linea generale devono essere registrati in termine fisso tutti gli atti che hanno **per oggetto prestazioni a contenuto patrimoniale** (parte prima della Tariffa), fatta eccezione per quelli indicati nella seconda parte della Tariffa per i quali vale la regola del caso d'uso e quelli indicati nella tabella degli atti per i quali non vi è obbligo di registrazione.

Atti soggetti a registrazione in caso d'uso

Individuati nella parte seconda della Tariffa, sono quelli per i quali non sussiste l'obbligo di richiedere la registrazione entro lo scadere di un determinato periodo di tempo, ma la registrazione è imposta quando devono essere **depositati presso Amministrazioni Pubbliche** per fini determinati dalla legge.

Non si applica l'imposta in caso d'uso:

- per ottemperare ad obbligo della P.A. nei casi previsti della legge;
- in un giudizio civile, penale, amministrativo;
- per supportare una domanda di insinuazione al passivo fallimentare.

Si applica invece nei seguenti casi:

- **scritture private non autenticate** aventi ad oggetto operazioni rientranti nell'ambito di applicazione IVA;
- **atti formati mediante corrispondenza** (incontro di volontà delle parti);
- **locazioni ed affitti di immobili**, *non* formati per atto pubblico o scrittura privata autenticata di durata non superiore a *trenta* giorni complessivi nell'anno
- **contratti di lavoro autonomo**.

La richiesta di registrazione in tale ipotesi non si configura come un obbligo bensì come un **onere**, affinché si possa trarne interesse dal suo "uso".

La registrazione volontaria

Si parla di registrazione volontaria quando si fa riferimento agli **atti per i quali non vi è l'obbligo di registrazione**.

Nella sostanza, tali atti possono essere registrati **in qualsiasi momento da chiunque** voglia fruire del servizio amministrativo di registrazione dell'atto, **previo pagamento** della relativa imposta di registro **in misura fissa**.

La registrazione d'ufficio

La registrazione d'ufficio (art. 15 d.P.R. n. 131/1986) interviene **quando non è stato osservato l'obbligo di**

richiedere la registrazione. Non esistono norme generali che permettono all'Amministrazione finanziaria di compiere attività di indagine su atti non registrati, ma **ogni volta in cui l'Agenzia delle entrate venga a conoscenza dell'esistenza di un atto per il quale vigeva l'obbligo di registrazione**, essa effettua la registrazione d'ufficio, **e riscuote l'imposta dovuta**.

1.2. I SOGGETTI PASSIVI.

I **soggetti passivi dell'imposta di registro** sono coloro che hanno **l'obbligo di registrazione** e di **pagamento** del tributo.
Si tratta di obblighi distinti, e, di conseguenza, può non esservi coincidenza tra i soggetti tenuti alla registrazione e quelli tenuti al pagamento.
I principali soggetti **obbligati a chiedere la registrazione** sono:

- le **parti contraenti** (o i soggetti che hanno partecipato all'atto) per:
  - scritture private non autenticate;
  - contratti verbali;
  - atti formati all'estero
- il **notaio** e i **pubblici ufficiali** per gli atti che hanno redatto, autenticato, o ricevuto;
- i **cancellieri** e i **segretari** per gli atti dell'autorità giudiziaria (sentenze, ordinanze, decreti) alla cui formazione hanno partecipato, sono **obbligati al versamento del tributo,** tra gli altri:
- **le parti contraenti, i soggetti che hanno partecipato all'atto e i soggetti nel cui interesse è stata richiesta la registrazione:** sono obbligati **in solido** e l'Ufficio fiscale può procedere nei confronti di ciascun obbligato;
- il **notaio e** i **pubblici ufficiali** per gli atti che hanno redatto, autenticato, o ricevuto;
- **le parti in causa;**
- nei casi di *registrazione in caso d'uso* e di *registrazione volontaria*: l'obbligo del versamento grava solo sul **richiedente.**

1.3. I CRITERI PER DETERMINARE L'IMPOSTA DI REGISTRO.

Si è detto che l'imposta di registro è una **imposta d'atto.**
L'imposta di registro, infatti, è **applicata** secondo l'*intrinseca natura* e gli *effetti giuridici* degli *atti* presentati alla registrazione, anche se non vi corrisponda il titolo o la forma apparente (art. 20 TUR).
Prima della riforma dell'art. 20, in materia di imposta di registro, vigeva il principio che **la sostanza dell'atto prevale sulla forma.**
Per evitare l'insorgere di numerosi contenziosi, la legge di bilancio per il 2018 -oltra a novellare l'art. 20 TUR- ha stabilito che tutti gli atti preordinati alla trasformazione del territorio posti in essere mediante accordi o convenzioni tra privati ed enti pubblici, nonché tutti i relativi atti esecutivi, sono assoggettati all'imposta di registro **in misura fissa** e sono **esenti** dalle imposte ipotecarie e catastali.
Per un approfondimento sul potere dell'Amministrazione finanziaria di riqualificare gli atti ai fini dell'imposta di registro si rimanda al *Cap. IX, par. 6 e 6.1.*

Atti complessi

- L'**atto complesso** è quell'atto che **unifica – sotto un'unica causa – più disposizioni interdipendenti, diverse ma connesse fra loro**: tale atto è soggetto ad **unica tassazione** (art. 21, comma 2, TUR).
- Al contrario, se in un solo documento sono racchiusi più atti giuridici, l'imposta si applica distintamente a ciascun atto: **ciascuna disposizione è soggetta ad imposta** come se fosse contenuta in documenti distinti (c.d. **tassazione plurima**, art. 21, comma 1, TUR).

Atti invalidi

L'invalidità di un atto non rileva agli effetti dell'imposta: **l'imposta è dovuta anche se l'atto registrato è invalido**.
Tale principio è il corollario della natura di imposta d'atto del tributo: ciò che rileva è l'atto scritto a prescindere dalla validità e dall'efficacia dello stesso.

Enunciazione di atti non registrati

L'art. 22, comma 1, TUR, stabilisce che se l'atto sottoposto a registrazione enuncia disposizioni contenute in atti scritti o contratti verbali non registrati e posti in essere tra le stesse parti intervenute nell'atto che contiene l'enunciazione, l'imposta di registro si applica **anche alle disposizioni enunciate**.

La norma impone, quindi, l'assoggettamento al tributo - anche in relazione all'atto non registrato- purchè ricorrano due presupposti: a) l'enunciazione dell'atto non registrato sia sufficientemente specifica da consentire di individuarne chiaramente la natura ed i suoi elementi essenziali (ossia, non è sufficiente una enunciazione generica); b) le parti dell'atto enunciato siano le stesse dell'atto enunciante.

Nullità dei patti contrari alla legge del registro

Ai sensi dell'art. 62 TUR, in un'ottica antielusiva, **i patti contrari alle disposizioni del Testo Unico Registro sono nulli anche fra le parti**.

Tale norma fiscale non fa altro che riproporre la regola codicistica della nullità dei contratti contrari a norme imperative, *ex* art. 1418 c.c.: **se è nullo il patto-base, sono nulli anche i patti che ne derivano**, ossia quelli che pongono l'onere economico dell'imposta e delle sanzioni.

Si deve precisare che non è nulla la clausola con cui le parti stabiliscono che l'imposta è a carico di una di esse: tale clausola ha effetto solo tra le parti e non anche nei confronti dell'Amministrazione finanziaria.

Principio di alternatività

Imposta di registro ed IVA sono **tributi tra loro alternativi**.

La norma che sancisce detta alternatività è l'art. 40 TUR, secondo cui per gli atti aventi ad oggetto cessioni di beni e/o prestazioni di servizi compresi nel campo di applicazione dell'IVA, l'imposta di registro si applica in misura fissa. Disposizioni analoghe sono contenute nell'art. 5 TUR.

Base imponibile

La **base imponibile** è data dal **valore dei beni** e dei **diritti dell'atto registrato** come **dichiarato** dalle parti e, in mancanza o se superiore, dal **corrispettivo** pattuito per l'intera durata del contratto.

Per gli atti relativi a **beni immobili ed aziende** il "valore dei beni" è dato dal **valore venale** in comune commercio (art. 51, comma 2, TUR), da intendersi come valore di scambio derivante dal mercato.

Quando **il prezzo o il valore dell'atto non è** ritenuto **congruo** dall'Amministrazione finanziaria, sarà necessario un **giudizio di congruità.**

Il giudizio di congruità **non è ammesso** per le cessioni di **immobili ad uso abitativo** e le relative pertinenze; **non si applica** se la parte acquirente non chiede che l'imposta sia applicata sul valore catastale.

Imposta principale, suppletiva e complementare

- È **principale** l'imposta applicata **al momento della registrazione,** nonché quella richiesta dall'Ufficio, qualora sia diretta a correggere **errori od omissioni effettuati dal contribuente** in sede di autoliquidazione nei casi di presentazione della richiesta di registrazione per via telematica.
- **È suppletiva** l'imposta applicata **successivamente alla registrazione** e diretta a correggere **errori od omissioni dell'Ufficio.**
- È **complementare** l'imposta applicata in ogni altro caso.

Un caso frequente di imposta suppletiva si ha nell'ipotesi in cui l'Amministrazione finanziaria determina diversamente la base imponibile dell'imposta (valore venale del bene).

Di solito l'imposta complementare si applica con l'emanazione di un avviso di accertamento del nuovo valore, cui fa seguito, per la riscossione, l'avviso di liquidazione.

È utile segnalare che, con l'art. 5, comma 3, del d.lgs. n. 147/2015, il legislatore ha introdotto una norma di carattere interpretativo, stabilendo che per le cessioni di immobili e di aziende nonché per la costituzione ed il trasferimento di diritti reali sugli stessi, l'esistenza di un maggior corrispettivo rilevante ai fini delle imposte dirette e dell'IRAP non può essere presunta solo sulla base del valore dichiarato o accertato ai fini dell'imposta di registro o delle imposte ipotecaria e catastale. Dunque, ai fini dell'accertamento di detti valori nell'ambito delle imposte dirette, l'Amministrazione finanziaria dovrà fornire elementi ulteriori presuntivi caratterizzati dai requisiti di gravità, precisione e concordanza.

1.4. LA RISCOSSIONE DELL'IMPOSTA DI REGISTRO.

Nelle ipotesi in cui **il soggetto passivo obbligato** all'imposta di registro **non esegua il pagamento**, l'Amministrazione finanziaria procede alla **formazione del ruolo**, ai fini della successiva **riscossione coattiva** da parte dell'Agente della riscossione.
Se, successivamente, il contribuente presenta **ricorso** dinanzi alla Commissione tributaria, è prevista la **sospensione** della riscossione dell'**imposta suppletiva**, ma non anche dell'imposta principale o complementare.

Registrazione a debito

La registrazione a debito è quella che viene effettuata senza il contemporaneo pagamento dell'imposta dovuta, la cui **riscossione** è – in via eccezionale – **differita**: l'imposta verrà richiesta, quando sarà cessata la pendenza.
La registrazione a debito è prevista solo per **tre categorie di atti**:

- sentenze ed atti dei procedimenti contenziosi cui sono interessate le Amministrazioni dello Stato e gli enti ammessi al gratuito patrocinio;
- atti relativi alla procedura fallimentare;
- sentenze di condanna al risarcimento del danno prodotto da reato.

2. L'IMPOSTA SULLE SUCCESSIONI.

L'**imposta sulle successioni e donazioni** (così come quella sulle donazioni) è disciplinata nel d.lgs. 31 ottobre 1990, n. 346 (c.d. "Testo Unico delle disposizioni riguardanti l'imposta sulle successioni e donazioni" o "TUS").
Soppressa nel 2000 e nel 2001, con l'abolizione prima dell'asse ereditario globale e poi delle singole quote ereditarie, con la riforma del 2006, è stata ripristinata nella forma dell'imposta sulle singole quote ereditarie.

Presupposto oggettivo

L'imposta sulle successioni si applica sui:

- **trasferimenti di beni e diritti per successione a causa di morte**,
- nei casi di immissione nel possesso temporaneo dei beni dell'assente e di dichiarazione di morte presunta.

Ambito soggettivo

Soggetti gravati sono gli **eredi** e i **legatari**, nonché coloro che sono immessi nel possesso dei beni dell'assente o che succedono per effetto della dichiarazione di morte presunta.
Essi sono **solidalmente responsabili** per il pagamento del tributo: il tributo è **ripartito** tra eredi e legatari, *in proporzione delle quote* spettanti, ma la ripartizione ha mera rilevanza interna.

Determinazione dell'imposta

La **base imponibile** dell'imposta sulle successioni è costituita dal **valore globale netto dell'asse ereditario** (art. 8, comma 1, TUS), ossia dal valore dell'attivo ereditario alla data di apertura della successione, una volta dedotte le passività (quali i debiti del defunto, i legati e gli altri oneri di cui l'eredità sia gravata).
L'imposta in esame **non si applica** nei casi previsti dall'art. 3 TUS:

- i trasferimenti gratuiti, effettuati anche mediante i "patti di famiglia" ex art. 768-bis ss. c.c., a

favore dei discendenti e del coniuge, aventi ad oggetto aziende o rami di esse, quote sociali o azioni;
- i trasferimenti a favore di movimenti e partiti politici;
- i trasferimenti a favore dello Stato, Regioni, Province, Comuni, Entipubblici o fondazioni, associazioni riconosciute aventi quale scopo esclusivo l'assistenza, lo studio la ricerca scientifica, l'educazione o altre finalità di pubblica utilità, nonché a favore di ONLUS.

L'imposta sulle successioni si determina applicando un'**aliquota al valore della quota ereditaria o del legato**, **variabile (dal 4% all'8%)** in base al grado di parentela che intercorre tra il defunto e il successore.
Il valore delle quote ereditarie e dei legati, infatti, è ridotto di una **franchigia** per ogni beneficiario e al valore così determinato si applica l'aliquota.
Ai fini dell'applicazione della **franchigia,** bisogna tener presente anche le eventuali donazioni precedenti, nonché gli atti a titolo gratuito e le costituzioni di vincoli di destinazioni effettuate dal *de cuius* al medesimo erede o legatario.

Oneri formali e sostanziali

Entro 12 mesi dall'*apertura della successione i* beneficiari della successione devono presentare all'Ufficio territoriale della Direzione provinciale dell'Agenzia delle Entrate la **dichiarazione di successione.**
La dichiarazione non va presentata se l'eredità sia devoluta al coniuge ed ai parenti in linea retta del *de cuius* e l'attivo ereditario non comprenda beni immobili o diritti reali immobiliari e non superi i 100.000 euro.
L'imposta è poi applicata e liquidata dall'Agenzia delle entrate sulla base della dichiarazione della successione e, entro 3 anni dalla data di presentazione della

dichiarazione, l'imposta viene *notificata* mediante *avviso di liquidazione.*

3. L'IMPOSTA SULLE DONAZIONI.

L'imposta sulle donazioni è strutturata come l'imposta sulle successioni, ed è disciplinata anch'essa dal medesimo TUS.
Ai sensi dell'art. 2, comma 49, d.l. n. 262 del 2006, **si applica,** in capo ai **donatari** o ai **beneficiari,** a:

- le donazioni;
- gli altri atti di trasferimento a titolo gratuito tra vivi;
- la costituzione di vincoli di destinazione di beni.

Sono espressamente escluse le *donazioni di modico valore* e le *erogazioni liberali per spese di mantenimento, educazione, malattia, nozze e abbigliamento.*
La **base imponibile** dell'imposta è data dalla **quota di valore globale** dei beni o diritti oggetto di donazione, **al netto degli oneri** cui è gravato il donatario.
Le aliquote e le franchigie sono le stesse di quelle stabilite per l'imposta di successione.

4. L'IMPOSTA DI BOLLO.

L'imposta di bollo è disciplinata dal d.P.R. 26 ottobre 1972, n. 642.

Presupposto

Il presupposto è costituito dalla **formazione** o dall'uso di determinati atti giuridici, individuati nella Tariffa allegata al citato decreto, la quale distingue:

- atti saoggetti all'imposta **sin dall'inizio:**
  - gli atti rogati, ricevuti o autenticati da notai o da altri pubblici ufficiale,
  - le cambiali,
  - gli assegni bancari e circolari,
  - le scritture private contenenti convenzioni o dichiarazioni anche unilaterali;

- atti soggetti all'imposta **in caso d'uso,** ossia quando gli stessi sono presentati per la registrazione all'Agenzia delle entrate;
- atti **esenti,** previsti dall'allegato B del Decreto (es.: atti legislativi dello Stato, regioni, province, Comuni, atti e documenti elettorali).

Soggetti obbligati

I **soggetti passivi** dell'imposta di bollo – obbligati **in solido** per il pagamento del tributo e delle eventuali sanzioni amministrative – sono:

- nel caso di atti soggetti all'imposta sin dall'inizio: **tutte le parti** che sottoscrivono, ricevano, accettano o negoziano atti, documenti o registri, ovvero li enunciano o li allegano ad altri atti o documenti;
- nel caso di atti soggetti ad imposta in caso d'uso: tutti coloro che utilizzano tale documento, atto o registro.

Determinazione dell'imposta

L'imposta di bollo può essere applicata:

- in **misura fissa,** se colpisce in un'unica misura (di solito pari a 16 euro per foglio) determinati atti giuridici, a prescindere dal valore in essi indicati;
- in **misura proporzionale,** se colpisce l'atto in misura proporzionale al valore in esso indicato (il bollo sulle cambiali).

Versamento

L'imposta di bollo può essere assolta:

- mediante pagamento dell'imposta ad un intermediario convenzionato con l'Agenzia delle entrate, il quale rilascia il *contrassegno* che deve essere applicato sull'atto (*valore bollato*);
- mediante *pagamento virtuale* da effettuarsi presso una banca, le Poste dello Stato o all'Agente della riscossione, purché sia stata

rilasciata un'apposita autorizzazione dell'imposta liquidata dall'Agenzia delle entrate. In questo caso, il contribuente deve presentare una dichiarazione contenente il numero degli atti e documenti emessi nell'anno precedente, distinti per voce di tariffa, secondo un modello approvato dall'Autorità fiscale.

Principio di alternatività

L'art. 6 della Tabella allegata al d.P.R. n. 642 del 1972 prevede l'alternatività tra imposta di bollo e IVA secondo le seguenti modalità:

- i documenti relativi ad operazioni alle quali si applica l'IVA sono esenti da bollo;
- i documenti relativi ad operazioni alle quali non si applica l'IVA, di importo complessivo superiore a 77,47 euro, sono soggetti ad imposta di bollo nella misura di 2 euro.

L'imposta sostitutiva di bollo sulle comunicazioni relative ai depositi di titoli

È prevista l'imposta di bollo c.d. "sostitutiva" alle **comunicazioni alla clientela relative ai prodotti finanziari**, di cui al comma 2-*ter* dell'art. 13 della Tariffa, Parte prima, allegata al d.P.R. n. 642 del 1972. L'imposta proporzionale di bollo applicabile alla comunicazione della specie risulta pari al 2 per mille.

5. LE IMPOSTE IPOTECARIA E CATASTALE.

Le imposte ipotecaria e catastale sono disciplinate dal d.lgs. 31 ottobre 1990, n. 347.

L'imposta ipotecaria

È dovuta ogni qual volta si debbano eseguire le **formalità di trascrizione, iscrizione, rinnovazione e annotazione presso i pubblici registri immobiliari**. L'imposta colpisce in sostanza il passaggio di proprietà di un immobile, nonché l'iscrizione di un diritto o di qualsiasi vincolo (ad esempio, una ipoteca) su di esso. Ogni *atto in cui si pattuisca* la vendita, la donazione, il

passaggio per successione di un immobile, la costituzione di diritti o l'iscrizione di ipoteche su di esso è pertanto soggetto ad imposta ipotecaria, posto che tale atto deve sempre essere annotato presso la conservatoria dei registri immobiliari.
In base alla natura degli atti, anche l'imposta ipotecaria può essere stabilita in misura fissa o proporzionale. L'imposta non è invece dovuta quando tali formalità sono eseguite nell'interesse dello Stato o per donazioni a favore di Regioni, Provincie e Comuni, di enti e fondazioni riconosciute legalmente, di ONLUS.

L'imposta catastale

Colpisce l'esecuzione delle *volture catastali*: il presupposto è, dunque, il trasferimento di beni iscritti in catasto.
Per questa imposta, il d.lgs. n. 347/1990 rinvia interamente alle disposizioni del TUR.

6. LE ACCISE.

Nella scienza delle finanze, con il termine "accisa" si intende **una imposta sulla fabbricazione e vendita di prodotti di consumo**. È un tributo indiretto perché il produttore paga il tributo ma "gira" il relativo peso fiscale sul consumatore che acquista determinati beni (es. benzina). Nel nostro ordinamento interno, le accise sono regolate dal **"Testo Unico Accise", (d.lgs. 26 ottobre 1995, n. 504)**.
L'accisa si distingue da altri tributi indiretti come l'IVA perché:

- è applicata a **specifiche categorie di prodotti**;
- è applicata **sulla quantità**, invece che sul prezzo;
- rappresenta un'alta percentuale del prezzo finale, rispetto al costo di produzione, e **condiziona fortemente il prezzo al consumatore finale**. Per quest'ultima ragione, le accise hanno funzioni di gettito fiscale, ma esprimono anche indirizzi economici e politici e ideologie sociali.

Le accise più importanti sono quelle relative ai <u>prodotti energetici</u> (precedentemente limitati solo agli oli minerali derivati dal petrolio),

all'energia elettrica, agli alcolici e ai tabacchi. I tabacchi sono gravati dall'accisa, ma seguono regolamentazioni diverse. In Italia, ad esempio, la gestione delle accise sui tabacchi viene curata dai **Monopoli di Stato** mentre per gli altri settori viene curata dall'**Agenzia delle Dogane**.
Spesso le accise vanno a sommarsi ad altre imposte come l'IVA o dazi doganali o tasse di importazione.
Recentemente il Giudice delle leggi è intervenuto sulla **natura dell'imposta sulle sigarette elettroniche.**
La Corte Cost., con la sent. n. 83 del 2015 ha dichiarato incostituzionale l'art. 62 quater del d.lgs. n. 504 del 1995 (che sottoponeva ad imposta di consumo – nella misura pari al 58,5 per cento del prezzo di vendita al pubblico, equiparata dunque all'accisa sulle sigarette – la commercializzazione dei prodotti succedanei dei tabacchi lavorati, nonché dei dispositivi per il loro consumo) per due motivi:

1. violazione dell'art. 3 Cost. in ragione della «intrinseca irrazionalità della disposizione che assoggetta ad un'aliquota unica e indifferenziata una serie eterogenea di sostanze, non contenenti nicotina, e di beni, aventi uso promiscuo». Infatti, mentre il regime fiscale dell'accisa prevista per le sigarette e i tabacchi lavorati potrebbe trovare la sua giustificazione nel disfavore nei confronti di un bene riconosciuto come gravemente nocivo per la salute, quale la nicotina, tale presupposto non poteva ravvisarsi in relazione al commercio di prodotti contenenti sostanze diverse dalla nicotina, idonee a sostituire il consumo del tabacco, nonché dei dispositivi e delle parti di ricambio che ne consentono il consumo;
2. violazione dell'art. 23 Cost. per «l'indeterminatezza della base imponibile e la mancata indicazione di specifici e vincolanti criteri direttivi, idonei ad indirizzare la discrezionalità amministrativa nella fase di attuazione della normativa primaria». La disposizione censurata, infatti, affidava ad una valutazione soggettiva ed empirica l'individuazione della base imponibile, senza consentire di ricavare i criteri e i limiti volti a circoscrivere la discrezionalità amministrativa nella definizione del tributo.

La Corte Cost. con la sent. n. 240 del 2017, invece, ha rigettato l'incostituzionalità dell'art. 1, comma 1, lettera f), numero 1), del d.lgs.

188 del 2014 evidenziando che detta nuova imposta di consumo differisce dalla precedente per due ragioni:

1. non vi è più l'equiparazione con l'accisa sulle sigarette tradizionali, poiché l'aliquota è ora fissata nella misura del cinquanta per cento dell'imposta che si applicherebbe su un quantitativo equivalente di sigarette tradizionali;
2. l'imposta non colpisce più «i prodotti contenenti nicotina o altre sostanze idonei a sostituire il consumo dei tabacchi lavorati», nonché i relativi dispositivi necessari per consumarli, bensì i prodotti da inalazione senza combustione costituiti da sostanze liquide, contenenti o meno nicotina.

La sentenza da ultimo richiamata ha, altresì, precisato che «l'imposta di consumo in questione – la cui finalità primaria è data dal recupero di un'entrata erariale (l'accisa sui tabacchi lavorati) erosa dal mercato delle sigarette elettroniche – non contrasta con il principio di capacità contributiva di cui all'art. 53 Cost., anche nella parte in cui assoggetta i liquidi privi di nicotina alla medesima aliquota impositiva dei liquidi nicotinici. Essa, infatti, colpisce beni del tutto voluttuari, immessi in consumo dai fabbricanti e dai produttori, che per ciò stesso dimostrano una capacità contributiva adeguata, così come i consumatori finali sui quali viene traslata l'imposta. D'altronde, al legislatore spetta un'ampia discrezionalità in relazione alle varie finalità alle quali s'ispira l'attività di imposizione fiscale, essendogli consentito, «[…] sia pure con il limite della non arbitrarietà, di determinare i singoli fatti espressivi della capacità contributiva che, quale idoneità del soggetto all'obbligazione di imposta, può essere desunta da qualsiasi indice rivelatore di ricchezza […]» (sentenza n. 111 del 1997)».

7. LA *TOBIN TAX*.

La ***Tobin Tax***, introdotta dalla legge 24 dicembre 2012, n. 228 (c.d. *Legge di stabilità 2013)*, è finalizzata a restituire stabilità ai mercati valutari, agendo sulle transazioni in modo tale da ridurre il numero degli speculatori.

Ambito oggettivo

Si tratta della **tassazione sulle transazioni finanziarie** e **si applica ai trasferimenti di azioni e strumenti partecipativi emessi da società residenti nel territorio dello Stato.**

La **base imponibile** del tributo è data dal **valore della transazione,** pari al valore del saldo netto delle transazioni effettuate giornalmente relative al medesimo strumento finanziario e concluse nella medesima giornata operativa dallo stesso soggetto, ovvero dal **corrispettivo versato.**

L'applicazione dell'imposta avviene **solo in fase di acquisto,** a prescindere dal Paese dal quale proviene l'ordine o del mercato in cui tale società sono quotate. In sostanza, la *Tobin Tax si* applica sulle operazioni di trasferimento di:

- azioni;
- strumenti finanziari partecipativi;
- derivati;
- operazioni ad alta frequenza.

Non si applica invece alle operazioni aventi per oggetto:

- obbligazioni;
- titoli di Stato;
- quote di fondi comuni d'investimento;
- Sicav;
- azioni di società con capitale inferiore ai 500 milioni di euro.

Ambito soggettivo

La Tobin Tax grava su banche;

- società fiduciarie;
- imprese di investimento abilitate all'esercizio professionale nei confronti del pubblico;
- altri soggetti che comunque intervengono nell'esecuzione di operazioni, compresi gli intermediari non residenti.

Tali soggetti sono obbligati anche alla tenuta di un

registro su supporto informatico sul quale effettuare la registrazione delle singole operazioni.

8. SETTORE DEI GIOCHI E DELLE SCOMMESSE.

Il settore dei giochi e delle scommesse è interessato, in particolare, dai seguenti tributi:

1) il prelievo erariale unico ("PREU");
2) l'imposta sugli intrattenimenti;
3) l'imposta unica su concorsi pronostici e scommesse.

Il tributo *sub 1)* si applica sugli apparecchi e congegni che consentono la corresponsione di vincite in denaro e deve essere versato dal soggetto al quale l'Agenzia delle Dogane e **dei** Monopoli ha rilasciato apposito nulla-osta.
Il tributo *sub 2)* riguarda i giochi e le altre attività che si svolgono nel territorio dello Stato, individuate nella Tariffa allegata al d.P.R. n. 640/1972. Soggetto passivo di detta imposta è chiunque organizza intrattenimenti e altre attività elencata nella menzionata Tariffa.
L'imposta unica *sub* 3) è dovuta per i concordi pronostici e le scommesse di qualunque tipo, relativi a qualunque evento, anche se svolto all'estero; tale imposta è dovuta dai gestori, anche in concessione, di concorsi pronostici e scommesse.

QUESTIONARIO

1. Quali sono i presupposti dell'imposta di registro? (**XVIII.1**)
2. Cosa s'intende per registrazione e quali sono gli atti soggetti a registrazione? (**XVIII.1.1**)
3. Come s'interpreta l'imposta di registro ai sensi dell'art. 20 del TUR? (**XVIII.1.3**)
4. Cosa s'intende per principio d'alternatività? (**XVIII.1.3**)
5. Cosa s'intende per registrazione a debito? (**XVIII.1.4**)
6. Cosa s'intende per imposta sulle successioni? (**XVIII.2**)
7. Come si calcola la base imponibile dell'imposta sulle successioni? (**XVIII.2**)
8. Cosa s'intende per imposta sulle donazioni? (**XVIII.3**)
9. Cosa s'intende per imposta di bollo? (**XVIII.4**)

10. Quali sono i soggetti passivi dell'imposta di bollo? **(XVIII.4)**
11. Quali sono le modalità di pagamento dell'imposta di bollo? **(XVIII.4)**

SCHEDA DI SINTESI

L'imposta di registro ha una natura promiscua, in quanto può configurarsi alternativamente come: una tassa, quando si applica in misura fissa; una imposta, quando si applica in misura proporzionale al valore dell'atto a cui si riferisce.
L'imposta sulle successioni si applica sui trasferimenti di beni e diritti per successione a causa di morte, nei casi di immissione nel possesso temporaneo dei beni dell'assente e di dichiarazione di morte presunta.
Il presupposto dell'imposta di bollo è costituito dalla formazione o dall'uso di determinati atti giuridici.

TI RICORDI

La tematica del potere dell'Amministrazione finanziaria di riqualificare i negozi giuridici di diritto privato ha interessato soprattutto l'imposta di registro.
In particolare, lettera dell'art. 20, del D.P.R. 26 aprile 1986, n. 131 (sotto la rubrica "Interpretazione degli atti") stabiliva che "l'imposta è applicata secondo la intrinseca natura e gli effetti giuridici degli atti presentati alla registrazione, anche se non vi corrisponda il titolo o la forma apparente".
La Legge di bilancio per il 2018 (L. 27 dicembre 2017, n. 205) ha inserito un inciso finale alla richiamata disposizione di legge e, pertanto, a decorrere dal 1° gennaio 2018, l'art. 20 recita: "l'imposta è applicata secondo la intrinseca natura e gli effetti giuridici dell'atto presentato alla registrazione, anche se non vi corrisponda il titolo o la forma apparente, sulla base degli elementi desumibili dall'atto medesimo, prescindendo da quelli extratestuali e dagli atti ad esso collegati, salvo quanto disposto dagli articoli successivi". (Cap. IX par. 8 e 8.1).

CAPITOLO XIX
La fiscalità locale

SOMMARIO:

1. PREMESSA.

A partire dagli anni '90, con la valorizzazione dell'autonomia degli enti territoriali e la significativa diminuzione dei trasferimenti da parte dello Stato **(c.d. sistema della finanza derivata)** in favore dei medesimi, la **finanza locale** si è sostanzialmente orientata in un **aumento delle entrate proprie.** Più nel dettaglio, l'espansione dell'autonomia finanziaria ha avuto origine con l'adozione di alcuni provvedimenti di riforma che avevano l'obiettivo di potenziare il sistema di autogoverno negli enti territoriali, riducendone il carattere derivato che per lungo tempo aveva caratterizzato il loro sistema di finanziamento. Detto principio ha trovato una sua definitiva sistemazione istituzionale nella riforma del Titolo V della Costituzione che concretizza e attribuisce veste costituzionale agli obiettivi delle riforme degli anni precedenti (si vedano gli artt. 114, 117 e 119 della Costituzione). Ed invero, il nuovo dettato costituzionale prefigura un **modello di autonomia finanziaria** delle Regioni ed Enti locali, imperniato sul **principio della perequazione** delle risorse complessivamente disponibili.

Lo Stato mantiene il ruolo preminente di **coordinamento** tra la sua potestà normativa tributaria e la potestà normativa degli enti territoriali, con l'obiettivo di offrire a tutti i cittadini un livello minimo di prestazioni, a prescindere dal luogo di residenza.

2. LA PROGRESSIVA TRASFORMAZIONE DELLA FINANZA LOCALE.

Ai fini della comprensione dell'attuale sistema della finanza locale, è opportuno ripercorrere le tappe fondamentali che hanno contribuito all'evoluzione della stessa.

A seguito del periodo di autonomia che caratterizzò la fiscalità locale negli anni '60 e '70, lo Stato, con la finalità di ridurre l'enorme espansione della spesa pubblica ed arginare la grave crisi fiscale erariale, negli anni 1971 e 1973, realizzò diverse riforme, **abolendo l'autonomia tributaria locale** (Imposta di famiglia, Dazi sui consumi ecc.) e **attribuendo all'Erario la quasi totalità delle entrate tributarie.**

Questa scelta che ha reso la finanza locale una mera finanza di trasferimenti, tuttavia, non portò i risultati sperati.

Verso la fine degli anni '70, un breve periodo fu caratterizzato da trasferimenti statali erogati unicamente in base al criterio della "spesa storica", e cioè mediante il ripiano del fabbisogno denunciato da ogni singolo ente in ordine alle proprie spese, indipendentemente dall'analisi della loro consistenza e del loro utilizzo.

Da tale approccio derivò, come conseguenza, una sorta di "premialità garantita" per gli enti che avevano speso in misura maggiore e, viceversa, la penalizzazione di quelli più attenti e "virtuosi", trascurando, contestualmente, la qualità e la quantità dei servizi resi ai cittadini.

L'intervento successivo fu, quindi, l'istituzione di un **fondo perequativo,** con lo scopo di riequilibrare le assegnazioni ai singoli enti; conseguentemente, nel periodo degli anni '80, le entrate dei Comuni risultavano composte di tre parti:

- un trasferimento ordinario erogato dallo Stato, sulla base della spesa storica;
- il contributo perequativo;
- le entrate proprie, sia tributarie sia extratributarie.

Le entrate complessive degli Enti Locali, in conclusione, risultavano coperte per oltre il 70% dalle quote dei trasferimenti statali e regionali e solamente per la restante parte da entrate proprie.

La legge n. 142/1990 (Ordinamento delle autonomie locali) ha riconosciuto ai Comuni l'autonomia statutaria e finanziaria, quest'ultima fondata su risorse, tanto **proprie** che **trasferite.**

In particolare, con riferimento alle **risorse proprie,** la normativa in parola ha stabilito che: *"la legge assicura, altresì, agli Enti Locali potestà impositiva autonoma nel campo delle imposte, delle tasse e delle tariffe, con conseguente adeguamento della legislazione tributaria vigente"* e che *"i trasferimenti erariali devono garantire i servizi locali indispensabili (...)"*.

In tale contesto, assume un rilievo notevole il principio della potestà impositiva che, tuttavia, a fronte della disposizione di cui all'articolo 23 Cost. (in base al quale, solo la legge può imporre prestazioni personali o patrimoniali), si traduce nella possibilità, accordata ai Comuni, di emanare solo norme regolatrici dei procedimenti di imposizione dei singoli tributi già istituiti con legge.

Di conseguenza, ai Comuni non risultava attribuita la potestà o autonomia tributaria piena.

Ciò nonostante, l'esercizio di questa potestà, che si manifestava (e che tutt'ora si manifesta) attraverso i **procedimenti di applicazione, accertamento e riscossione,** costituisce un presupposto fondamentale per la realizzazione delle entrate proprie di natura tributaria ed extratributaria.

In linea con l'impostazione innovativa della legge n. 142/1990, successivamente, con la legge n. 421/1992 il Governo fu delegato a procedere alla revisione della finanza locale, al fine di consentire agli enti territoriali di provvedere ad una rilevante parte del loro fabbisogno finanziario soprattutto attraverso risorse proprie. In attuazione della delega, fu emanato il d.lgs. n. 507/1993, che modificò la disciplina della TARSU *(Tassa per lo smaltimento dei Rifiuti Solidi Urbani),* della TOSAP *(Tassa per l'Occupazione di Spazi e Aree Pubbliche),* e dell'imposta comunale sulla pubblicità e del diritto sulle pubbliche affissioni.

La principale innovazione del sistema di finanza locale, tuttavia, si ebbe con l'istituzione (d.lgs. n. 504/1992) **dell'Imposta comunale sugli immobili** (ICI), un tributo patrimoniale che colpisce il valore di qualsiasi bene immobile.

Questa scelta di finanza pubblica è stata dettata dalla volontà di sostituire gran parte dei trasferimenti erariali con le entrate derivanti dall'ICI in ossequio al principio di autonomia finanziaria dei Comuni (autonomia che, comunque, rimane abbastanza ridotta stanti i limitati margini della potestà regolamentare in materia).

Si segnalano, altresì, come interventi valorizzatori dell'autonomia finanziaria regionale e locale, il d.lgs. n. 446/1997 che, oltre ad istituire due nuove imposte per le Regioni, l'**IRAP** (*Imposta Regionale sulle Attività Produttive*) e un'**Addizionale regionale all'IRPEF**, ha principalmente provveduto al riordino della disciplina dei tributi locali, determinando un notevole mutamento nella struttura dei mezzi finanziari a disposizione dei governi regionali e locali.

La particolarità di quest'ultimo intervento normativo si rinviene nell'art. 52 che, anche per semplificare il rapporto tra ente impositore e contribuente, riconosce ai Comuni una **potestà regolamentare** seppur limitata dal rispetto dell'individuazione e definizione delle fattispecie imponibili, dei soggetti passivi e dell'aliquota massima dei singoli tributi (ossia, gli elementi che in ragione del principio di legalità devono essere stabiliti dalla legge statale).

La disposizione in parola stabilisce, inoltre, che le norme legislative statali assumono **carattere sussidiario** nei confronti di quelle regolamentari, regionali e comunali; pertanto, restano in vigore solamente nel caso in cui il Comune non le sostituisca, regolamentando la materia (cd. **criterio di cedevolezza**).

Successivamente, il d.lgs. n. 267/2000 (cd. Testo unico degli enti locali, c.d. TUEL) ha provveduto a riordinare il quadro normativo relativo all'organizzazione e al funzionamento degli Enti Locali, anche in materia di autonomia regolamentare e impositiva. Ed infatti, l'art. 149, al comma 2 conferisce agli Enti Locali "*un'autonomia finanziaria fondata su certezza di risorse proprie e trasferite*", e al comma 3 stabilisce che "*la legge assicura, altresì, agli Enti Locali potestà impositiva autonoma nel campo delle imposte, delle tasse e delle tariffe con conseguente adeguamento della legislazione tributaria vigente*". "*A tal fine i Comuni e le Province in forza dell'articolo 52, d.lgs. 15 dicembre 1997, n. 446 e successive modificazioni possono disciplinare con regolamento le proprie entrate, anche tributarie, salvo per quanto attiene alla individuazione e definizione delle fattispecie imponibili, dei soggetti passivi e dell'aliquota massima dei singoli tributi, nel rispetto della semplificazione degli adempimenti dei contribuenti*".

Il suddetto potere regolamentare assume i caratteri di una vera e propria **fonte normativa di grado inferiore** che concorre a disciplinare i tributi locali in tutti gli aspetti, ad esclusione di quelli riservati alla legge, in ossequio alla riserva di legge di cui all'art. 23 Cost.

L'esercizio della potestà regolamentare è affidato al Consiglio comunale al quale compete anche l'istituzione e l'ordinamento dei tributi; pertanto, i regolamenti possono riguardare tanto **l'attività di accertamento e riscossione**, quanto la **disciplina delle agevolazioni e l'applicazione delle aliquote** entro i limiti di legge, assicurando un'imposizione trasparente da parte dell'Ente, senza eccessivi aggravi per il contribuente.

Alla riforma del Titolo V della Costituzione è, poi, seguita la L. n. 42/2009, recante: "*Delega al Governo in materia di federalismo fiscale, in attuazione dell'art. 119 della Costituzione*" ed i relativi provvedimenti delegati, vale a dire il D.lgs. n. 23/2011 in materia di federalismo fiscale municipale ed il D.lgs. n. 68/2011 in materia di federalismo fiscale provinciale e regionale.

Sia i comuni sia le Regioni, ai sensi del d.lgs. 28 settembre 1998, n. 360, hanno la facoltà di istituire con proprio atto normativo l'**addizionale IRPEF** (**comunale** o **regionale** a seconda dell'ente che la istituisce), deliberando un'aliquota purchè essa rimanga entro il limite massimo fissato dalla legge.

3. L'IMPOSTA REGIONALE SULLE ATTIVITÀ PRODUTTIVE.

Nel novero delle entrate tributarie delle regioni l'imposta di maggior rilievo è, senza dubbio, l'**IRAP** (Imposta regionale sulle Attività Produttive), istituita - come premesso - con d.lgs. n. 446/1997, prevista in sostituzione dell'ILOR, dei contributi sanitari e di altre imposte.

A differenza delle tradizionali imposte dirette che colpiscono il reddito o il patrimonio, l'IRAP ha come **presupposto di imposta *l'esercizio abituale di un'attività autonomamente organizzata***, diretta alla produzione o allo scambio di beni, ovvero alla prestazione di servizi.

Peraltro, l'IRAP è stata oggetto di numerose dispute dottrinali e giurisprudenziali, relativamente alla conformità o meno alla Costituzione del parametro di riferimento del tributo che non si rinviene in nessuno dei tradizionali indici di manifestazione di capacità

contributiva (patrimonio, reddito, consumo, etc.), bensì nel **valore aggiunto netto di produzione**, ovvero una grandezza economica ottenuta dalla differenza tra valore e costo della produzione, con l'aggiunta di taluni costi, tra cui quelli di lavoro e di interessi. Dunque, l'imposta prescinde dalla produzione di un reddito, colpendo anche attività in perdita, purché producano "valore aggiunto".
Ed invero, parte della dottrina, ha assunto, a sostegno dell'illegittimità costituzionale del parametro impiegato ai fini dell'IRAP, la considerazione che l'imposta, così come strutturata, colpirebbe una grandezza economica che non è espressiva di capacità contributiva, assoggettando ad imposizione anche soggetti in perdita, con l'equiparazione di imprese e lavoratori autonomi (TESAURO; FALSITTA); viceversa, un altro orientamento, a sostegno della conformità a Costituzione dell'imposta in parola, ha evidenziato che la capacità contributiva, giustificativa del tributo, è espressa dalla potenziale idoneità di un'attività a generare un reddito, indipendentemente dalla sua effettiva realizzazione (GALLO).
A dirimere la questione, è intervenuta la Corte costituzionale che, con sentenza n. 156 del 2001, si è pronunciata in via definitiva circa la legittimità costituzionale del suddetto parametro, sostenendo che il valore aggiunto prodotto dalle attività autonomamente organizzate sia indice costituzionalmente idoneo di capacità contributiva, in quanto rappresentativo di una nuova ricchezza, che viene assoggettata ad imposizione "*ancor prima che sia distribuita alfine di remunerare i diversi fattori della produzione*", "*trasformandosi in reddito per l'organizzazione dell'attività, i suoi finanziatori, i suoi dipendenti e collaboratori*".
Più ne dettaglio, la Consulta ha affermato che «Non sono fondate le q.l.c. degli art. 2, 3 comma 1, lett. c), 4, 8 e 11 d.lgs. 15 dicembre 1997, n. 446, sollevate in riferimento all'art. 3, 35 e 53 Cost., in quanto l'IRAP non essendo un'imposta sul reddito ma un'imposta di carattere reale che colpisce il valore aggiunto prodotto dalle attività autonomamente organizzate, l'assoggettamento all'imposta del valore aggiunto prodotto da ogni tipo di attività autonomamente organizzata - sia essa di carattere imprenditoriale o professionale - è pienamente conforme ai principi di eguaglianza e di capacità contributiva, identica essendo, in entrambi i casi, l'idoneità alla contribuzione ricollegabile alla nuova ricchezza

prodotta. È tuttavia vero che mentre l'elemento organizzativo è connaturato alla nozione stessa di impresa, altrettanto non può dirsi per quanto riguarda l'attività di lavoro autonomo, ancorché svolta con carattere di abitualità. È evidente, quindi, che nel caso di una attività professionale che fosse svolta in assenza di elementi di organizzazione risulterà mancante il presupposto stesso dell'IRAP rappresentato dall'esercizio abituale di una attività autonomamente organizzata diretta alla produzione o allo scambio di beni ovvero alla prestazione di servizi", con la conseguente inapplicabilità dell'imposta stessa» (Corte cost., sentenza 21 maggio 2001, n. 156).

3.1. I SOGGETTI PASSIVI DELL'IRAP.

Data la natura reale del tributo, i soggetti passivi dell'IRAP sono coloro i quali esercitano attività tassabili, così come individuate dalla legge, ovvero:

- le società di capitali e gli enti commerciali;
- le società di persone commerciali ed i soggetti ad esse equiparati;
- gli imprenditori individuali;
- gli esercenti arti e professioni, sia in forma individuale che associata, purché dotati di un'organizzazione;
- le stabili organizzazione in Italia di soggetti esteri;
- le Amministrazioni Pubbliche.

Nel caso di società di persone «il presupposto impositivo dell'IRAP si realizza direttamente in capo ai soci (tra varie, Cass., Sez. un., 20 giugno 2012, n. 10145; Sez. un., 29 maggio 2017, n. 13452; 24 luglio 2018, n. 19599): la società è trasparente, in quanto è soltanto lo schermo dietro il quale i soci esercitano collettivamente l'attività economica (Corte cost. 17 settembre 2020, n. 201, punto 3.2.)». Ne consegue che «l'imputazione dell'IRAP per trasparenza comporta (…) la sussistenza del litisconsorzio necessario di tutti i soci nel giudizio concernente la pretesa per irap nei confronti della società» (Cass., Sez. un., sent. 16 dicembre 2020, n. 28709).

Il concetto di "autonoma organizzazione" che determina la soggezione ad irap di un lavoratore autonomo

La Corte di cassazione ha provveduto, con una serie di pronunce, a specificare il suddetto principio, con riguardo agli esercenti arti e professioni, puntualizzando che «affinché si possa affermare la sussistenza di un' "autonoma organizzazione" che determina la soggezione ad IRAP di un lavoratore autonomo, non è sufficiente un fattore soggettivo di autoorganizzazione, ma occorre anche un fattore oggettivo, costituito da un apparato esterno alla persona del professionista e distinto da lui, risultante dall'aggregazione di beni strumentali e/o di lavoro altrui; tale organizzazione è riscontrabile ogni qualvolta il professionista si avvalga, in modo non occasionale, del lavoro di altri, o impieghi beni strumentali eccedenti, per quantità o valore, il minimo comunemente ritenuto indispensabile per l'esercizio dell'attività, costituendo indice di tale eccedenza, fra l'altro, l'avvenuta deduzione dei relativi costi ai fini dell'IRPEF o dell'IVA. È, perciò, inammissibile il ricorso con cui l'Amministrazione non contesti le argomentazioni con cui il giudice di merito ha ritenuto che, nel caso di specie, non sussistessero i suindicati elementi oggettivi propri di una autonoma organizzazione» (Cass., sent. 11 ottobre 2007, n. 21421).

Ai fini IRAP, «il requisito dell'autonoma organizzazione, presupposto d'imposta, ricorre quando il contribuente che eserciti attività di lavoro autonomo: a) sia, sotto qualsiasi forma, il responsabile dell'organizzazione senza essere inserito in strutture organizzative riferibili ad altrui responsabilità ed interesse; b) impieghi beni strumentali eccedenti le quantità che, secondo l'"*id quod plerumque accidit*", costituiscono nell'attualità il minimo indispensabile per l'esercizio dell'attività anche in assenza di organizzazione, oppure si avvalga in modo non occasionale di lavoro altrui. È onere del contribuente che chieda il rimborso dell'imposta asseritamente non dovuta dare la prova dell'assenza di tali condizioni» (Cass., 5 settembre 2014, sent. n. 18749).

Con la legge di stabilità 2016, è stato chiarito, in via normativa, quando ricorre il presupposto dell'autonoma organizzazione ai fini IRAP per i **medici convenzionati con le strutture ospedaliere,** stabilendo che non si configura autonoma organizzazione se gli stessi percepiscono per l'attività svolta in dette strutture più del 75% del proprio reddito complessivo (art. 1, co. 125, legge 208/2015).

3.2. LA BASE IMPONIBILE.

La base imponibile dell'IRAP è il valore di produzione netta derivante dall'attività esercitata nel territorio della regione.

I criteri di determinazione della base imponibile sono notevolmente differenziati, a seconda dei soggetti passivi cui si riferiscono e, inoltre, non esiste una nozione unica di *valore della produzione netta*, in quanto dipende dalla categoria dell'attività esercitata.

a. Per **le società commerciali e gli enti commerciali** (escluse quelle bancarie e assicurative), la base imponibile è rappresentata, ai sensi dell'art. 5, d.lgs. n. 446/1997, dalla differenza tra il valore delle voci di cui alla lettera A) del conto economico, di cui all'art. 2425 c.c., ed il valore dei costi della produzione indicati nella lettera B), tranne le perdite su crediti, le spese per il personale dipendente e gli altri componenti indeducibili, indicati nell'art. 11.
In conclusione, per questa categoria di soggetti, la base imponibile è data dalla differenza tra il valore della produzione e i costi della stessa, con esclusione dei costi dei lavoratori dipendenti, dei collaboratori coordinati e continuativi e dei collaboratori occasionali, nonché dei risultati della gestione straordinaria e finanziaria.

b. Per **le imprese individuali e le società di persone commerciali**, la base imponibile è costituita dalla differenza tra una serie di proventi e oneri stabiliti normativamente (art. 5 *bis,* d.lgs. n. 446/1997).
Tra i proventi rilevanti ai fini del calcolo della base imponibile vi sono i ricavi derivanti dall'attività tipica dell'impresa, nonché le variazioni delle rimanenze finali, mentre l'importo degli oneri deducibili è dato dalla somma dei costi per materie prime, merci e servizi, l'ammortamento e i canoni di leasing dei beni strumentali.

c. Per **gli enti non commerciali** che svolgono esclusivamente attività non commerciali, per gli organi delle amministrazioni erariali, delle province e dei comuni, la base imponibile si ottiene dalla somma delle retribuzioni corrisposte al personale dipendente, dei redditi assimilati a quelli di lavoro dipendente, dei compensi erogati per prestazioni di collaborazione coordinata e continuativa, nonché dei compensi corrisposti a titolo di lavoro autonomo occasionale (art. 10- *bis*, d.lgs. n. 446/1997).

d. Per **i soggetti esercenti arti e professioni**, la base imponibile si ricava dalla differenza tra i compensi percepiti, le relative spese sostenute, compresi gli ammortamenti, ma escluse le spese per il personale dipendente e gli interessi passivi (art. 8, d.lgs. n. 446/1997).

Per ogni periodo d'imposta, il soggetto passivo è tenuto a presentare una specifica dichiarazione, con modalità e termini uguali a quelli previsti per la dichiarazione dei redditi; deve, inoltre procedere all'autoliquidazione ed al relativo versamento di imposta.

4. L'IMPOSTA MUNICIPALE PROPRIA (IMU).

Tra le **imposte comunali** la vecchia ICI (imposta comunale sugli immobili istituita con d.lgs. n. 504/92), poi sostituita dall'IMU, nella finanza tributaria locale rappresenta la risorsa più consistente.
Con d.lgs. 14 marzo 2011, n. 23, all'art. 8 è stata prevista l'introduzione nell'ordinamento tributario nazionale **dell'imposta municipale propria (IMU),** in sostituzione dell'imposta comunale sugli immobili (ICI) e, per la componente immobiliare, dell'imposta sul reddito delle persone fisiche (IRPEF) e delle relative addizionali dovute in riferimento ai redditi fondiari concernenti i beni locati.
L'art. 13, d.l. 6 dicembre 2011, n. 201, convertito dalla L. 22 dicembre 2011, n. 214 ha anticipato, in via sperimentale, l'istituzione dell'IMU, stabilendo che la nuova imposta è applicata in tutti i comuni del territorio nazionale dall'anno 2012, in base agli artt. 8 e 9, d.lgs. n. 23 del 2011, in quanto compatibili, mentre l'applicazione a pieno regime della detta imposta era inizialmente fissata a decorrere dall'anno 2015.
Un aspetto rilevante dell'IMU sperimentale rispetto all'IMU a regime

consisteva nel fatto che l'imposta era dovuta anche per l'abitazione principale e le relative pertinenze.

Inoltre, era riservata allo Stato la quota di imposta pari alla metà dell'importo calcolato applicando alla base imponibile di tutti gli immobili ad eccezione dell'abitazione principale e delle relative pertinenze, nonché dei fabbricati rurali ad uso strumentale. Detta previsione è stata, poi, superata dall'art. 1, comma 380, della legge n. 228 del 2012, alla lett. f) che ha riservato allo Stato solamente il gettito dell'IMU derivante dagli immobili ad uso produttivo classificati nel gruppo catastale D, calcolato ad aliquota *standard*.

In seguito, con d.l. 31 agosto 2013, n. 102, è stata abolita la prima rata del 2013 dell'IMU per gli immobili per i quali tale rata era già stata sospesa con il D. L. n. 54 del 2013, e cioè per le abitazioni principali, per gli alloggi assegnati agli IACP, per gli immobili appartenenti alle cooperative edilizie a proprietà indivisa, nonché per i terreni agricoli ed i fabbricati rurali.

Con d.l. 133/2013, convertito in legge 29 gennaio 2014, n. 5, è stata stabilita l'abolizione anche della seconda rata del 2013, sia per i proprietari delle medesime categorie di immobili escluse dal pagamento della I rata, sia per altre categorie di immobili.

La seconda rata IMU 2013 era, comunque, dovuta sugli immobili di lusso, ossia quelli di particolare pregio e valore, categoria catastale A/1 ossia abitazioni in villa, categoria catastale, A/8 castelli e i palazzi di eminente pregio artistico o storico e categoria catastale A/9.

Successivamente, con la Legge di Stabilità 2014 (legge 27 dicembre 2013, n. 147) è stata realizzata una **riforma della tassazione immobiliare**, attraverso l'abolizione dell'IMU sull'abitazione principale e alcune fattispecie assimilate e la contestuale introduzione di una nuova imposta che ha assunto la denominazione di IUC (*Imposta Unica Comunale*).

L'imposta si basa su due presupposti impositivi:

1. uno, costituito dal possesso di immobili e collegato alla loro natura e valore;
2. l'altro, collegato all'erogazione ed alla fruizione di servizi comunali. L'IUC si compone di:

- l'IMU, di natura patrimoniale, dovuta dal possessore di immobili, escluse le abitazioni principali, non di lusso;
- una componente riferita ai servizi, suddivisa in:

a) TARI- tassa sui rifiuti destinata a finanziare integralmente i costi del servizio di raccolta e smaltimento dei rifiuti; essa è dovuta da chi possieda o detenga a qualunque titolo, locali o aree scoperte, a qualsiasi uso adibiti, suscettibili di produrre rifiuti;

b) TASI-tributo per i servizi indivisibili, a carico sia del possessore sia dell'utilizzatore dell'immobile.

La **legge di bilancio per il 2020** (art. 1, commi 738-783) ha abrogato la IUC e ripristinato l'IMU con le caratteristiche antecedenti alle modifiche che aveva apportato la legge di stabilità per il 2014: «A decorrere dall'anno 2020, l'imposta unica comunale di cui all'articolo 1, comma 639, della legge 27 dicembre 2013, n. 147, è abolita, ad eccezione delle disposizioni relative alla tassa sui rifiuti (TARI)».

Dunque, i commi da 738 a 783 riformano l'assetto dell'imposizione immobiliare locale, unificando le due vigenti forme di prelievo (l'Imposta comunale sugli immobili, IMU e il Tributo per i servizi indivisibili, TASI).

4.1. IL PRESUPPOSTO IMPOSITIVO DELL'IMU.

Il presupposto dell'imposta è il **possesso di immobili (comma 740)**.

Il possesso dell'abitazione principale o assimilata non costituisce presupposto dell'imposta, salvo che si tratti di un'unità abitativa classificata nelle categorie catastali A/1, A/8 o A/9.

Nella definizione di immobile **(comma 741)** rientrano:

- il **fabbricato,** ossia l'unità immobiliare iscritta o da iscrivere nel catasto edilizio urbano, considerandosi parte integrante del fabbricato, anche l'area occupata dalla costruzione e quella che ne forma pertinenza.

  il fabbricato di nuova costruzione è soggetto all'imposta a partire dalla data di ultimazione dei lavori di costruzione ovvero, se antecedente, dalla data in cui è comunque utilizzato;
- l'**area fabbricabile:** l'area utilizzabile a scopo edificatorio in base agli strumenti urbanistici generali o attuativi, ovvero in base alle effettive possibilità edificatorie, determinate in base ai criteri previsti in materia di indennità per espropriazione per pubblica utilità;
- **il terreno agricolo:** il terreno iscritto in catasto, a qualsiasi uso

destinato, compreso quello non coltivato.

L'IMU relativa agli **immobili strumentali** è deducibile ai fini della determinazione del reddito di impresa e del reddito derivante dall'esercizio di arti e professioni. La medesima imposta è indeducibile ai fini dell'imposta regionale sulle attività produttive (comma 772).

4.2. IL SOGGETTO ATTIVO, I SOGGETTI PASSIVI, LA BASE IMPONIBILE.

Il **soggetto attivo** dell'imposta (**comma 742**) è il comune con riferimento agli immobili la cui superficie insiste, interamente o prevalentemente, sul territorio del comune stesso. L'imposta non si applica agli immobili di cui il comune è proprietario ovvero titolare di altro diritto reale di godimento quando la loro superficie insiste interamente o prevalentemente sul suo territorio.
I **soggetti passivi** dell'imposta (**comma 743**) sono i possessori di immobili, intendendosi per tali il proprietario ovvero il titolare del diritto reale di usufrutto, uso, abitazione, enfiteusi, superficie sugli stessi.
In presenza di più soggetti passivi con riferimento ad un medesimo immobile, ognuno è titolare di un'autonoma obbligazione tributaria e nell'applicazione dell'imposta si tiene conto degli elementi soggettivi e oggettivi riferiti ad ogni singola quota di possesso, anche nei casi di applicazione delle esenzioni o agevolazioni.
La **base imponibile** dell'imposta è costituita dal valore degli immobili (**commi 745 e ss.**).
La legge indica nel dettaglio anche i criteri per la determinazione del valore rilevante come base imponibile ai fini IMU dei **terreni agricoli e delle aree fabbricabili.**
I comuni, con espressa deliberazione del consiglio comunale pubblicata nel sito internet del Dipartimento delle finanze del Ministero dell'economia e delle finanze possono aumentare **l'aliquota**.

5. GLI ALTRI TRIBUTI LOCALI.

Le imposte e i tributi propri rappresentano la massima espressione della

nuova **autonomia impositiva tributaria riconosciuta dall'art. 119 Cost.** per il quale gli enti locali hanno risorse autonome, stabiliscono ed applicano entrate e tributi propri.
Come chiarito in precedenza, in materia tributaria **i Comuni** devono fare riferimento all'art. 52 del d.lgs. n. 446/1997, in forza del quale **possono disciplinare con regolamento le proprie entrate,** anche quelle tributarie, **salvo per quanto attiene alla individuazione e definizione delle fattispecie imponibili, dei soggetti passivi e dell'aliquota massima dei singoli tributi,** tenendo presente che per quanto non regolamentato si applicano le disposizioni di legge vigenti.
In ogni caso, gli atti in materia tributaria devono essere adottati dall'Ente in conformità ai principi generali stabiliti dallo Statuto dei diritti del contribuente (l. n. 212/2000) ed inoltre tutti i regolamenti e le relative delibere in materia di sole entrate tributarie sono sottoposti al controllo del Ministero dell'Economia e delle Finanze, al quale è attribuito il potere di impugnare nel termine di sessanta giorni dal ricevimento, i regolamenti in questione, esclusivamente per vizi di legittimità, davanti al TAR competente in relazione alla collocazione territoriale dell'ente locale.
La tipologia di tali entrate iscritte in bilancio al "TITOLO ENTRATE TRIBUTARIE" comprende principalmente la categoria delle Imposte e quella delle Tasse.

L'imposta sulle pubbliche affissioni, la tosap e il canone patrimoniale di concessione (c.d. local tax)

L'**imposta sulla pubblicità ed il diritto sulle pubbliche affissioni** (d.lgs. n. 507/1993) è dovuta per la diffusione di messaggi pubblicitari visivi e acustici, attraverso forme di comunicazioni visive o acustiche in luoghi pubblici o aperti al pubblico; il diritto, invece, è dovuto per l'effettuazione delle pubbliche affissioni. Detti tributi sono dovuti al Comune il quale provvede a disciplinare con apposito regolamento la loro applicazione. In sostituzione dell'imposta comunale sulla pubblicità, il Comune può prevedere che le manifestazioni pubblicitarie siano assoggettate ad un canone per l'istallazione dei mezzi pubblicitari (CIMP).
La **TOSAP**, invece, è dovuta per le **occupazioni di suolo pubblico permanenti o temporanee**, di qualunque natura, effettuate, anche senza titolo, sui beni appartenenti al demanio o al patrimonio indisponibile

dei Comuni e delle Province. La tassa è dovuta al Comune o alla Provincia dal titolare dell'atto di concessione o di autorizzazione sulla base di quanto previsto con apposito regolamento. In sostituzione della Tosap, il Comune può prevedere che l'occupazione sia assoggettata anziché alla tassa ad un canone (COSAP).
La legge di bilancio per il 2020 (art. 1, comma 847, l. 27/12/2019, n. 160) ha abrogato la TOSAP e la COSAP, ma detta abrogazione ha effetti a partire dal 1° gennaio 2021 (art. 4, comma 3 bis, D.L. 30/12/2019, n. 162). La TOSAP e le imposte sulle affissioni sono state unificate nell'unico **canone patrimoniale di concessione** (c.d. ***local tax***) che dovrà comunque coprire il gettito proveniente dalle tasse locali che sostituisce. In tal senso, il comma 817 recita: «il canone è disciplinato dagli enti in modo da assicurare un gettito pari a quello conseguito dai canoni e dai tributi che sono sostituiti dal canone, fatta salva, in ogni caso, la possibilità di variare il gettito attraverso la modifica delle tariffe».
In maggior dettaglio, alla stregua del comma 816 della medesima legge di bilancio «il canone patrimoniale di concessione, autorizzazione o esposizione pubblicitaria (….) è istituito dai comuni, dalle province e dalle città metropolitane (….), e sostituisce: la tassa per l'occupazione di spazi ed aree pubbliche, il canone per l'occupazione di spazi ed aree pubbliche, l'imposta comunale sulla pubblicità e il diritto sulle pubbliche affissioni, il canone per l'installazione dei mezzi pubblicitari e il canone di cui all'articolo 27, commi 7 e 8, del codice della strada, di cui al decreto legislativo 30 aprile 1992, n. 285, limitatamente alle strade di pertinenza dei comuni e delle province. Il canone è comunque comprensivo di qualunque canone ricognitorio o concessorio previsto da norme di legge e dai regolamenti comunali e provinciali, fatti salvi quelli connessi a prestazioni di servizi».
I <u>presupposti impositivi per l'applicazione del nuovo</u>

canone "unico" sono (comma 819).

a) l'occupazione, anche abusiva, delle aree appartenenti al demanio o al patrimonio indisponibile degli enti e degli spazi soprastanti o sottostanti il suolo pubblico;

b) la diffusione di messaggi pubblicitari, anche abusiva, mediante impianti installati su aree appartenenti al demanio o al patrimonio indisponibile degli enti, su beni privati laddove siano visibili da luogo pubblico o aperto al pubblico del territorio comunale, ovvero all'esterno di veicoli adibiti a uso pubblico o a uso privato.

La legge di bilancio per il 2021 ha introdotto alcune esenzioni in regione dell'emergenza Covid-19.

Il nuovo canone patrimoniale di concessione, proprio per la sua natura patrimoniale, secondo i primi commenti in dottrina dovrebbe essere assoggettato alla giurisdizione del Giudice Ordinario in discontinuità con gli approdi giurisprudenziali della Corte costituzionale e della Corte di cassazione sulla Tosap. (anche se la giurisprudenza ha più volte ricordato che il *nomen* non è il criterio idoneo per qualificare una entrata come tributaria o patrimoniale e, quindi, non è un criterio sufficiente per optare per la Giurisdizione delle Commissioni tributarie o per quella ordinaria).

Con riferimento alla Tosap, in particolare, la Cassazione ha ricordato che «la Corte costituzionale, con pronuncia n. 64 del 2008, ha dichiarato costituzionalmente illegittimo, in riferimento all'art. 102 Cost., comma 2, D.Lgs. 31 dicembre 1992, n. 546, art. 2, comma 2, secondo periodo, come modificato dal D.L. 30 settembre 2005, n. 203, art. 3- bis, comma 1, lettera b), convertito, con modificazioni, dalla L. 2 dicembre 2005, n. 248, art. 1, comma 1, nella parte in cui stabilisce che "Appartengono alla giurisdizione tributaria anche le controversie relative alla debenza del canone per l'occupazione di spazi ed aree pubbliche previsto dal D.Lgs. 15 dicembre 1997, n. 446, art. 63, e successive modificazioni".

Per effetto dell'intervento delle Consulta, dell'art. 2 citato, comma 2, il secondo periodo, presenta la seguente attuale formulazione: "(…) Appartengono alla giurisdizione tributaria anche le controversie attinenti l'imposta o il canone comunale sulla pubblicità e il diritto sulle pubbliche affissioni» (Cass., 23 novembre 2018, n. 30362).

Le Sezioni unite, in particolare, avevano «operato la seguente ripartizione di giurisdizione in materia: spettano alle commissioni tributarie le controversie aventi ad oggetto la debenza del canone previsto per l'installazione di mezzi pubblicitari, dal D.Lgs. 31 dicembre 1997, n. 446, art. 62, che – come ritenuto dalla Corte cost. con la sentenza n. 141 del 2009 – costituisce una mera variante dell'imposta comunale sulla pubblicità e conserva, quindi, la qualifica di tributo propria di quest'ultima, mentre spettano alla giurisdizione del giudice ordinario, sulla base del fondamentale criterio di cui alla L. 6 dicembre 1971, n. 1034, art. 5, le controversie relative al canone per la concessione di spazi ed aree per l'installazione di impianti pubblicitari (Sez. un., 7 maggio 2010, Sentenza n. 11090; Sez. un., 3 novembre 2009, Sentenza n. 23195). In tal guisa statuendo, non è stato condiviso un primo approccio (Sez. un., 16 aprile 2009, Sentenza n. 8994) alla cui stregua, a seguito della sentenza n. 64 del 2008 menzionata, sarebbero spettate alla giurisdizione del giudice ordinario non solo le controversie relative al canone per l'occupazione di spazi ed aree pubbliche (COSAP), ma anche quelle relative a qualsivoglia altra tipologia di canone che l'ente locale avrebbe potuto pretendere per la concessione di spazi ed aree per l'installazione di impianti pubblicitari» (Cass. 23 novembre 2018, n. 30362).

La tassa rifiuti (la c.d. tari)

La tassa rifiuti rappresenta il corrispettivo che il Comune richiede all'utente per lo svolgimento del servizio di

raccolta e smaltimento dei rifiuti sul proprio territorio.
I principali interventi legislativi che hanno interessato la tassa rifiuti sono i seguenti.
-) Il Regio decreto 14 settembre 1931, n. 1175 (Testo unico per la finanza locale) che prevedeva «la corresponsione al Comune di un "**corrispettivo per il servizio di ritiro e trasporto delle immondizie domestiche**" ed attribuiva natura privatistica al rapporto tra utente e servizio comunale. Tale configurazione sinallagmatica del rapporto è stata, però, radicalmente mutata – con un primo significativo intervento del legislatore – dall'art. 10 della legge 20 marzo 1941, n. 366 (Raccolta, trasporto e smaltimento dei rifiuti solidi urbani), il quale ha attribuito ai Comuni la facoltà di istituire una "tassa" per la raccolta ed il trasporto delle immondizie e dei rifiuti ordinari (interni ed esterni), ponendo tale prelievo a carico dei soggetti occupanti i fabbricati posti nelle zone in cui si svolge (in regime di privativa comunale) il servizio di raccolta» (così, Corte Cost., sent. n. 238 del 24 luglio 2009).
-) Il d.lgs. 15 novembre 1993, n. 507 istitutivo della c.d. **TARSU** «da applicarsi "in base a tariffa", secondo appositi regolamenti comunali, a copertura (dal cinquanta al cento per cento ovvero, per gli enti locali per i quali sussistono i presupposti dello stato di dissesto, dal settanta al cento per cento) del costo del servizio stesso» (Corte Cost., sent. n. 238/09 cit.).
-) L'art. 49 d.lgs. n. 22/1997 (c.d. "decreto Ronchi") che ha istituito **la tariffa di IGIENE AMBIENTALE (c.d. TIA 1)**.
In attuazione di direttive comunitarie (in particolare, dir. 91/156/CEE, 91/689/CEE e 94/62/CE), l'art. 49 del c.d. decreto Ronchi (entrato in vigore, in seguito a modifiche, il 1° gennaio 1999) ha imposto ai Comuni l'obbligo di effettuare, in regime di privativa, la gestione dei rifiuti urbani ed assimilati. Tale obbligo ha implicato «l'istituzione, da parte dei Comuni medesimi, di una

"tariffa" per la copertura integrale dei costi per i servizi relativi alla gestione dei rifiuti urbani e dei rifiuti di qualunque natura o provenienza giacenti sulle strade ed aree pubbliche e soggette ad uso pubblico, nelle zone del territorio comunale. Tale tariffa – usualmente denominata tariffa di igiene ambientale (TIA) – "è composta da una quota determinata in relazione alle componenti essenziali del costo del servizio, riferite in particolare agli investimenti per le opere e dai relativi ammortamenti, e da una quota rapportata alle quantità di rifiuti conferiti, al servizio fornito, e all'entità dei costi di gestione, in modo che sia assicurata la copertura integrale dei costi di investimento e di esercizio" (comma 4)» (Corte Cost., sent. n. 238/09 cit.).

Con il d.P.R. 27 aprile 1999, n. 158 (regolamento del Ministro dell'ambiente e della tutela del territorio dell'epoca) è stata data attuazione al metodo normalizzato per definire le componenti dei costi e determinare la tariffa di riferimento (metodo previsto dal comma 5 della normativa in epigrafe richiamata).

Alla stregua del c.d. metodo normalizzato «è tenuto al pagamento della tariffa "chiunque occupi oppure conduca locali, o aree scoperte ad uso privato non costituenti accessorio o pertinenza dei medesimi, a qualsiasi uso adibiti, esistenti nelle zone del territorio comunale" (comma 3). La tariffa è ridotta nei casi in cui il produttore di rifiuti assimilati dimostri (mediante attestazione rilasciata da chi effettui il recupero) di aver avviato detti rifiuti al recupero (comma 14). La tariffa è applicata e riscossa dal soggetto che gestisce il servizio (commi 9 e 13)» (Corte Cost., sent. n. 238/09 cit.).

In proposito la Corte Costituzionale ha evidenziato che, diversamente da quanto previsto per la TARSU, la TIA di cui al c.d. "decreto Ronchi": «a) evita di qualificare espressamente il prelievo come "tributo" o "tassa", pur mantenendo il riferimento testuale alla «tariffa»; b) stabilisce che la TIA deve sempre coprire l'intero costo del servizio di gestione dei rifiuti; c) dispone che detta tariffa è dovuta anche per la gestione dei rifiuti "esterni"»; «d) non reca, con riguardo alla TIA, specifiche disposizioni in tema di accertamento, liquidazione e sanzioni. Analogamente alla TARSU, anche per la TIA la riscossione volontaria e coattiva della tariffa può essere effettuata tramite ruolo, secondo le disposizioni del d.P.R. n. 602 del 1973 e del d.P.R. n. 43 del 1988 (comma 15 del medesimo art. 49)» (Corte Cost., sent. n. 238/09 cit.).

-) L'art. 238 d.lgs. n. 152/2006: Tariffa per la gestione dei rifiuti urbani, successivamente denominata «**tariffa integrata ambientale** (TIA)» dal d.l. n. 208/08 (**c.d. TIA 2**).

La normativa in materia di ambiente (entrata in vigore dal 23 aprile 2006) ha soppresso la tariffa di cui all'art. 49 del d.lgs. n. 22 del 1997, sostituendola con la diversa "tariffa per la gestione dei rifiuti urbani" (come testualmente indicato nella rubrica dell'articolo), che una disposizione successiva (l'art. 5, comma 2-quater, del citato decreto-legge n. 208 del 2008) ha denominato "tariffa integrata ambientale (TIA)". Il soggetto tenuto al pagamento della tariffa viene identificato in «chiunque possegga o detenga a qualsiasi titolo locali, o aree scoperte ad uso privato o pubblico non costituenti accessorio o pertinenza dei locali medesimi, a qualsiasi uso adibiti, esistenti nelle zone del territorio comunale, che producano rifiuti urbani» (comma 1, primo periodo). Detta tariffa non costituisce solo «il corrispettivo per lo svolgimento del servizio di raccolta, recupero e smaltimento dei rifiuti solidi urbani», ma ricomprende anche «i costi di realizzazione e di esercizio dell'impianto per lo smaltimento in discarica, i costi sostenuti per la prestazione della garanzia finanziaria ed i costi stimati di chiusura, nonché i costi di gestione successiva alla chiusura per il periodo fissato dalla legge» (ovvero, i costi indicati dall'art. 15 d. lgs. 13

gennaio 2003, n. 36), ed i «costi accessori relativi alla gestione dei rifiuti urbani quali, ad esempio, le spese di spazzamento delle strade» (comma 3, secondo periodo, art. 238 cit.).

Sulla natura della c.d. TIA 2, le Sezioni unite della Corte di cassazione hanno stabilito che «la tariffa di cui all'art. 238 del d.lgs. n. 152 del 2006, come interpretato dall'art. 14, comma 33, del decreto-legge n. 78 del 2010, convertito, con modificazioni, dalla legge n. 122 del 2010, ha natura privatistica ed è, pertanto, soggetta ad IVA ai sensi degli artt. 1, 3, 4, commi 2 e 3, del d.P.R. n. 633 del 1972» (Cass., Sez. un., sent. 7 maggio 2020, n. 8631).

-) Con il c.d. decreto Salva Italia del 2011 è stata introdotta la c.d. **TARES**, ossia l'imposta sui rifiuti rimasta in vigore fino al 31 dicembre 2013.

-) L'art. 1, co. 639 e ss., della Legge 27 dicembre 2013, n. 147 (legge di stabilità per l'anno 2014) istituisce la **TARI** (tassa rifiuti) come componente dell'imposta unica comunale (IUC) insieme con l'imposta municipale propria (IMU) e il tributo per i servizi indivisibili (TASI), quest'ultima componente abolita con la legge di bilancio per il 2020. Dunque, a decorrere dal 1° gennaio 2014, i preesistenti tributi dovuti al Comune da cittadini, enti ed aziende quale pagamento corrispettivo del servizio di raccolta e smaltimento dei rifiuti, noti con l'acronimo di TARSU, e successivamente di TIA e di TARES sono sostituiti dalla TARI.

La TARI sostanzialmente ricalca il modello della TARES. Il suo presupposto è, alternativamente, il possesso ovvero la detenzione di locali o aree scoperte, «suscettibili» di produrre rifiuti urbani. Pertanto, a prescindere dalla sua specifica destinazione (sia esso residenziale, commerciale, industriale, etc.), l'immobile oggettivamente inutilizzabile ed in quanto tale non interessato dalla fruizione del connesso servizio pubblico di nettezza urbana deve intendersi escluso dall'imposizione in parola.

La base su cui calcolare la tassa in discorso è la superficie calpestabile di unità immobiliari, iscritte o iscrivibili nel catasto urbano, suscettibili (a prescindere dalla effettiva produzione) di produrre rifiuti. Dunque, i soggetti passivi dell'imposta sono tutti coloro che occupano locali ed aree scoperte, a qualsiasi titolo utilizzate, situate nel territorio comunale.

Soggetto passivo del tributo è il possessore ovvero il detentore dell'immobile suscettibile di produrre rifiuti urbani. Nel caso di utilizzo di durata non superiore a sei mesi il soggetto passivo è solo il proprietario e non l'utilizzatore.

La disciplina TARI introduce un'importante alternativa al criterio ordinario della determinazione della tariffa, prevedendo che il Comune può stabilire di applicare il tributo, nel rispetto del principio «chi inquina paga», di cui all'art. 14 della dir. CE 2008/98.

Dunque, diversamente dai criteri tradizionali, legati alla quantità e qualità medie ordinarie di rifiuti prodotti per unità di superficie ed a coefficienti di produttività quantitativa e qualitativa di rifiuti per ogni categoria o sottocategoria omogenea, è possibile rinviare a diversi criteri operativi di graduazione delle tariffe. Tuttavia, detta facoltà non consente all'Ente impositore di prescindere da un'adeguata dimostrazione della razionalità dei criteri preferiti in relazione alla situazione locale della produzione di rifiuti per le diverse categorie, dei costi e della gestione del servizio.

La TARI ha due componenti: una parte fissa e una variabile. La parte fissa viene calcolata dall'ente locale tenuto conto del costo del servizio e con riferimento alla superficie dell'abitazione (e delle sue pertinenze) nonché al numero dei componenti il nucleo familiare. La parte variabile, invece, dovrebbe essere determinata dalla quantità di rifiuti indifferenziati e differenziati prodotti dagli occupanti dell'abitazione (residenti fissi e

utilizzatori saltuari non residenti).
All'ARERA (l'Autorità di regolazione per energia, reti e ambiente) è riconosciuta potestà regolamentare in materia.

L'imposta di soggiorno

I comuni capoluogo di provincia, le unioni di comuni, e comuni inclusi negli elenchi regionali delle località turistiche o città d'arte, in base all'art. 4 del d.lgs. n. 23/2011, possono istituire un'**imposta di soggiorno** a carico di coloro che alloggiano nelle strutture ricettive situate sul proprio territorio, da applicare, secondo criteri di gradualità in proporzione al costo per il pernottamento.
Invece, in alternativa all'imposta di soggiorno, i comuni che hanno sede giuridica nelle isole minori e i comuni nel cui territorio insistono isole minori, possono istituire un'**imposta di sbarco.**
La legislazione per l'emergenza covid-19 ha introdotto esenzioni e sospensioni in tema di imposta di soggiorno.

QUESTIONARIO

1. Attraverso quale tipologia di atto si estrinseca la potestà impositiva degli Enti locali? (**XIX.2**)
2. Qual è il presupposto di imposta dell'IRAP? (**XIX.3**)
3. Cosa s'intende per "valore aggiunto netto di produzione"? (**XIX.3**)
4. Quali sono i soggetti passivi dell'IRAP? (**XIX.3.1**)
5. Qual è la base imponibile, ai fini dell'IRAP, per i soggetti esercenti arti e professioni? (**XIX.3.1**)
6. Che rappresenta l'IMU e quale precedente imposta ha sostituito? (**XIX.4**)
7. Qual è il presupposto impositivo dell'IMU? (**XIII.4.1**)
8. Quali sono i soggetti passivi IMU? (**XIX.4.2**)
9. Quali sono gli altri tributi locali? (**XIX.5**)

SCHEDA DI SINTESI

Tra le entrate tributarie delle regioni l'imposta di maggior rilievo è l'IRAP (Imposta regionale sulle Attività Produttive), istituita con d.lgs. n. 446/1997, in sostituzione dell'ILOR, dei contributi sanitari e di altre imposte.
A differenza delle tradizionali imposte dirette che colpiscono il reddito o il patrimonio, l'IRAP ha come presupposto di imposta l'esercizio abituale di un'attività autonomamente organizzata, diretta alla produzione o allo scambio di beni, ovvero alla prestazione di servizi.
La legge di bilancio per il 2020 (art. 1, commi 738-783) ha abrogato la IUC e ripristinato l'IMU con le caratteristiche antecedenti alle modifiche che aveva apportato la legge di stabilità per il 2014: «A decorrere dall'anno 2020, l'imposta unica comunale di cui all'articolo 1, comma 639, della legge 27 dicembre 2013, n. 147, è abolita, ad eccezione delle disposizioni relative alla tassa sui rifiuti (TARI)».
Dunque, i commi da 738 a 783 riformano l'assetto dell'imposizione immobiliare locale, unificando le due vigenti forme di prelievo (l'Imposta comunale sugli immobili, IMU e il Tributo per i servizi indivisibili, TASI).
Il presupposto dell'imposta è il possesso di immobili.

TI RICORDI

Il secondo comma dell'art. 119 della Costituzione riconosce l'autonomia finanziaria degli enti territoriali: "Comuni, le Province, le Città metropolitane e le Regioni hanno risorse autonome. Stabiliscono e applicano tributi ed entrate propri, in armonia con la Costituzione e secondo i principi di coordinamento della finanza pubblica e del sistema tributario. Dispongono di compartecipazioni al gettito di tributi erariali riferibile al loro territorio".
Si ha addizionale quando, sulla base imponibile di una determinata imposta, si prevede l'applicazione di un'ulteriore aliquota rispetto a quella già prevista per l'imposta principale. La misura del tributo è calcolata come aumento percentuale dell'aliquota applicata ad un altro tributo (detto tributo base).

INDICE ANALITICO

C

I

T

U

V

NOTE

NOTE

NOTE

NOTE

NOTE

NOTE

NOTE

NOTE

NOTE

NOTE

NOTE

NOTE

NOTE

NOTE